falstaff

WEIN GUIDE

ITALIEN

2023

406 Weingüter
2300 Weinempfehlungen

FALSTAFF WEIN GUIDE ITALIEN 2023

DIE WEINBAUREGIONEN

LIEBE LESERINNEN UND LESER!

Othmar Kiem, Chefredakteur (l.) und
Simon Staffler, Head of Tastings (r.)
Falstaff Italien

Was Sie in den Händen halten, ist das Ergebnis eines hochkompetenten Verkosterteams, das über viele Wochen Weine aus ganz Italien verkostet, beschrieben und bewertet hat: die erste Ausgabe des Falstaff Wein Guide Italien!

Für 24 Jahre, seitdem es den Falstaff Wein Guide Österreich gibt, war Italien lediglich mit Südtirol in der Welt der Falstaff Wein Guides vertreten. Zum Viertel-Jahrhundert-Jubiläum machen wir nun den großen Schritt und bringen einen eigenen Falstaff Wein Guide Italien heraus. Neben Frankreich ist Italien das führende Weinbauland Europas. Wein und Weinbau haben in Italien eine Jahrtausende alte Tradition. In allen 20 Regionen des Landes, von Südtirol bis Sizilien, vom Friaul bis ins Piemont, wird Wein erzeugt. In den vergangenen Jahrzehnten hat sich viel getan im Weinbauland Italien. In der zweiten Hälfte des vergangenen Jahrrhunderts hat – ausgehend von der Toskana und vom Piemont – eine wahre Qualitätsrevolution stattgefunden. Aus dem Lebensmittel Wein, das den Alltag der Italiener ganz selbstverständlich begleitete, wurde ein Genussmittel. Weinberge wurden neu angepflanzt, viel wurde auch in zeitgemäße Kellertechnologie investiert. Italienische Spitzenweine sind heute bei Weinliebhabern und Collectors weltweit gesucht. In erste Linie sind das Weine aus der Toskana und dem Piemont, aber auch viele andere italienische Regionen positionieren sich zunehmend in diesem weltweiten Spitzenfeld. Aber nicht nur im Spitzenbereich ist Italien bestens platziert. Die Apenninenhalbinsel bietet eine breite Palette von hervorragend erzeugten, authentischen Weinen zu überaus konsumentenfreundlichen Preisen. Gerade die Regionen Süditaliens sind hier eine Entdeckung wert. Dank moderner Kühltechnik und akkurater Arbeit im Weinberg hat dort wohl der größte Qualitätssprung stattgefunden. Brandige oder fehlerhafte Weine gibt es kaum mehr, selbst Weißweine aus südlichen Gefilden begeistern mit ihrer Klarheit und Frische. Ein Megatrend der sich über alle Regionen zieht, ist der zunehmende Bedacht auf Finesse, Saftigkeit und Vielschichtigkeit. Vorbei sind die Zeiten, da italienische Rotweine mit schierer

Schloss San Salvatore, Venetien

Wucht und Fülle beeindruckten. Man hat sich wieder an eines der wichtigsten Elemente von Wein erinnert, die Trinkigkeit. Wein soll ja vor allem getrunken werden, in erster Linie als Begleiter zu Speisen, und da soll er munden. Ein weiterer großer Trend ist der kometenhafte Aufstieg des Schaumweines. Dank Prosecco ist Italien zum größten Schaumweinhersteller weltweit aufgestiegen. Aber auch außerhalb der Prosecco-Welt gibt es in Italien keine Weinbauregion mehr, in der kein Schaumwein erzeugt wird. Die Konsumenten lieben die Frische und das feine Prickeln, sie lieben auch die Tatsache, dass Schaumweine leichter im Alkohol sind. Egal ob in klassischer Flaschengärung oder in Tankgärung, Italien bietet eine große Palette an feinen Schaumweinen.
Stichwort Vielfalt; die ist enorm in Italien. Von Südtirol bis Pantelleria sind es diverse Klimazonen, von Meeresnähe bis hinauf in die Hügel- und Berglagen viele Höhenzonen, hinzu kommen die Vielzahl verschiedener Rebsorten, die verschiedenen Böden und die Jahrgänge. Nutzen Sie diese Vielfalt und lassen Sie sich auch einmal auf Weine aus einem unbekannteren Weinbaugebiet oder einer weniger bekannten Sorte ein. Dabei kann man noch viele wahre Entdeckungen machen!
Über 400 ausgewählte Weingüter sind in diesem Guide vertreten, über 2.300 Weine aus den aktuellen Jahrgängen haben wir verkostet. Das war nur Dank kompetenter Hilfe eines erweiterten Verkostungsteams bestehend aus langjährigen Sommeliers und Weinprofessionals zu meistern. Ihnen sei hier allen nochmals herzlich gedankt. Wir haben mit diesem Falstaff Wein Guide Italien ein Instrument geschaffen, das dem Leser eine profunde Übersicht über das aktuelle Angebot italienischer Weine bietet und ein zuverlässiger Führer durch die verschiedenen Weinbauregionen ist.

Wir wünschen Ihnen viel Spaß bei der Lektüre dieses Guides und ebenso beim Weinkauf.

OTHMAR KIEM
Chefredakteur
Falstaff Italien

SIMON STAFFLER
Head of Tastings
Falstaff Italien

Manarola, Cinque Terre, Ligurien

ITALIEN
WEIN
GUIDE
2023

Schloss Katzenzungen bei Prissan in Südtirol mit dem wahrscheinlich größten Rebstock Europas

DER WEIN GUIDE IN DER PRAXIS

Damit Sie, geschätze Leserinnen und Leser den größtmöglichen Nutzen von diesem Guide haben, möchten wir Ihnen hier einige Hinweise zum Gebrauch mitgeben, die Ihnen die Lektüre erleichtern sollen.

DIE STERNE DES KLASSEMENTS UND IHRE BEDEUTUNG

Die Leistungskraft und das Prestige der Betriebe werden durch das Falstaff Expertenteam bewertet, und zwar auf einer Skala von eins bis fünf Sternen. Dabei haben die einzelnen Gruppen folgende Bedeutung:

★★★★★

Weingut, das immer außergewöhnliche Qualität erzeugt, was nur auf den allerbesten Terroirs des Landes möglich ist. Der Betrieb zählt zu den besten der Welt und genießt für seine Spitzenleistungen entsprechende internationale Anerkennung und Nachfrage.

★★★★

Erzeuger von konstant herausragender Qualität, ein Betrieb mit einer Bedeutung, die über die Grenzen des Landes hinausreicht. Produziert hochklassige Weine, die auch international wahrgenommen werden.

★★★

Erzeuger von sehr hoher Qualität, bringt kontinuierlich Weine hervor, die in ihrer Gattung zu den besten des Landes gezählt werden.

★★

Betrieb von nationaler Reputation, erzeugt regelmäßig sorten- und regionaltypische Weine in sehr guter Qualität.

★

Betrieb mit überregionaler Bedeutung, erzeugt regelmäßig sorten- und regionaltypische Weine in guter Qualität.

DIE BEWERTUNGEN DER WEINE

Die Bewertung der Weine erfolgt nach dem internationalen 100-Punkte-System, das eine sehr differenzierte und genau akzentuierte Bewertung erlaubt. Da für den Falstaff Wein Guide die besten Winzer ihre besten Weine einreichen, würde dies im 20-Punkte-System eine Fülle von ident hoch bewerteten Weinen bedeuten. Das 100-Punkte-System bringt zusätzlich eine internationale Vergleichbarkeit mit sich, die auch für die Winzer selbst strategische Vorteile birgt.

100	Nicht zu übertreffen
95–99	Absolute Weltklasse
90–94	Ausgezeichneter Wein, unter den Besten des Jahrgangs
85–89	Gut bis sehr gut

Weine mit einer Bewertung unter 85 Punkten werden nicht aufgenommen.

SYMBOLIK

- Schaumwein
- biologisch/bio-dynamisch
- vegan
- fruktosearm
- schwefelarm
- histaminarm
- Orange Wine
- Natural Wine

FÖRDERPROGRAMME

Kampagne finanziert
gem. EU REG. 1308/2013

CAMPAIGN FINANCED ACCORDING
TO EU REG. NO. 1308/2013

BEGRIFFSDEFINITIONEN UND ABKÜRZUNGEN

extratrocken	bis max. 4 gr RZ/L
trocken	bis max. 9 gr RZ/L
halbtrocken	bis max. 12 gr RZ/L
lieblich	bis max. 45 gr RZ/L
süß	über 45 gr RZ/L
Barrique	zu 100 Prozent im neuen Holz ausgebaut
Teilbarrique	zum Teil im neuen Holz ausgebaut
großes Holzfass	im großen Holzfass ausgebaut
Stahltank	im Stahltank ausgebaut
AL	Auslese
BA	Beerenauslese
TBA	Trockenbeerenauslese
NK	Naturkork
KK	Kunststoffstöpsel
KR	Kronenkorken
VL	VinoLok (Glas)
DV	Drehverschluss
PK	Presskork
DIAM	Verschluss aus gepresstem Korkgranulat

REBSORTEN ABKÜRZUNGEN

ROTWEINSORTEN

AB	Alicante Bouschet
AG2	Aglianico
AL4	Aleatico
BA	Barbera
BO2	Croatina
BSG	Barsaglina
CA	Carmenère
CDA	Cesanese d'Affile
CF	Cabernet Franc
CG	Ciliegiolo
CN3	Canaiolo Nero
CO3	Corvina
COL	Colorino
CR	Carignan
CS	Cabernet Sauvignon
CV	Corvinone Veronese
FGT	Fogliatonda
FP2	Frappato
GA	Gamay
GA2	Gaglioppo
GN	Grenache
GPL	Groppello
GT	Greco di Tufo
LC	Lambrusco
LG	Lagrein
MA	Malbec
MAN	Malvasia Nera
ME	Merlot
ML2	Molinara
MM3	Mammolo
MO2	Montepulciano
MR2	Marzemino
MV	Mourvèdre
NA	Negroamaro
NC	Nerello Cappuccio
ND	Nero d'Avola
NDT	Nero di Troia
NE	Nebbiolo
NM	Nerello Mascalese
NOC	Nocera
OS	Oseleta
PDS	Piedirosso
PC	Perricone
PL7	Pignolo
PN	Pinot Noir
PR	Primitivo
PU	Pugnitello
PV	Petit Verdot
rbo	Rebo
RF	Refosco
RO2	Rondinella
SGT	Sagrantino
SN	Sangiovese
SP2	Schioppettino
SU	Susumaniello
SY	Syrah
TA	Tannat
TE	Tempranillo
TR5	Teroldego
VMN	Vermentino nero
VN	Vernatsch
VSP	Vespolina

WEISSWEINSORTEN

BL	Bellone
BR	Bronner
CB	Cabernet Blanc
CB2	Chenin Blanc
CCT	Carricante
CH	Chardonnay
CO2	Cortese
CR2	Catarratto
DRL	Durella
FGH	Falanghina
Fiano	Fiano
FRL	Friulano
GL	Glera
GM6	Goldmuskateller
GR2	Garganega
GR5	Grillo
GR6	Grechetto
IZ	Inzolia
JO	Johanniter
KR	Kerner
MA2	Malvasia
MB	Manzoni Bianco
MCN	Marchione
MR	Marsanne
MRC	Maresco
PI2	Picolit
PMS	Petit Manseng
RI2	Ribolla Gialla
RR	Riesling
SB	Sauvignon Blanc
SNE	Sauvignon Nepis
SO	Solaris
SOR	Soreli
TBS	Trebbiano Spoletino
TR	Gewürztraminer
TRE	Trebbiano
VB	Verdicchio Bianco
VD	Verdiso
VE2	Vermentino
VI	Viognier
VR	Vernaccia di San Gimignano
WB	Weißburgunder
XX1	Bombino Bianco

DÖL LER ER
WEIN HAUS
GEMEINSAM
WEIN ERLEBEN.
SHOP.DOELLERER.AT

WEINBAU IN DEN REGIONEN ITALIENS

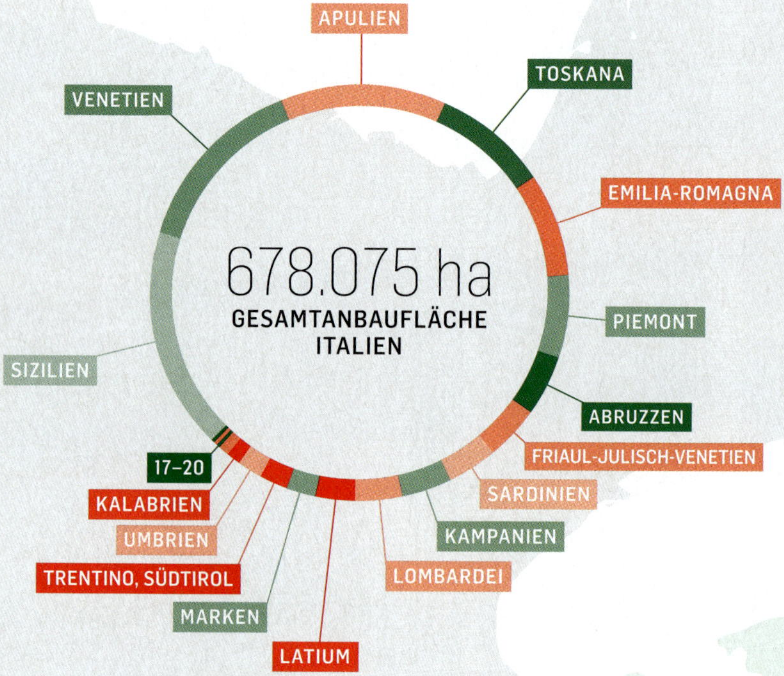

REGSITRIERTE WEINBAUFLÄCHEN PRO REGION JAHRGANG 2020

1	Sizilien	118,620 ha	11	Lombardei	24,705 ha
2	Venetien	94,572 ha	12	Latium	20,326 ha
3	Apulien	88,040 ha	13	Marken	15,972 ha
4	Toskana	60,400 ha	14	Trentino, Südtirol	15,403 ha
5	Emilia-Romagna	53,399 ha	15	Umbrien	12,400 ha
6	Piemont	43,872 ha	16	Kalabrien	8,824 ha
7	Abruzzen	32,685 ha	17	Molise	5,375 ha
8	Friaul-Julisch-Venetien	27,071 ha	18	Basilikata	2,006 ha
9	Sardinien	26,709 ha	19	Ligurien	1,626 ha
10	Kampanien	25,598 ha	20	Aostatal	472 ha

Quelle: Istat data, 2021

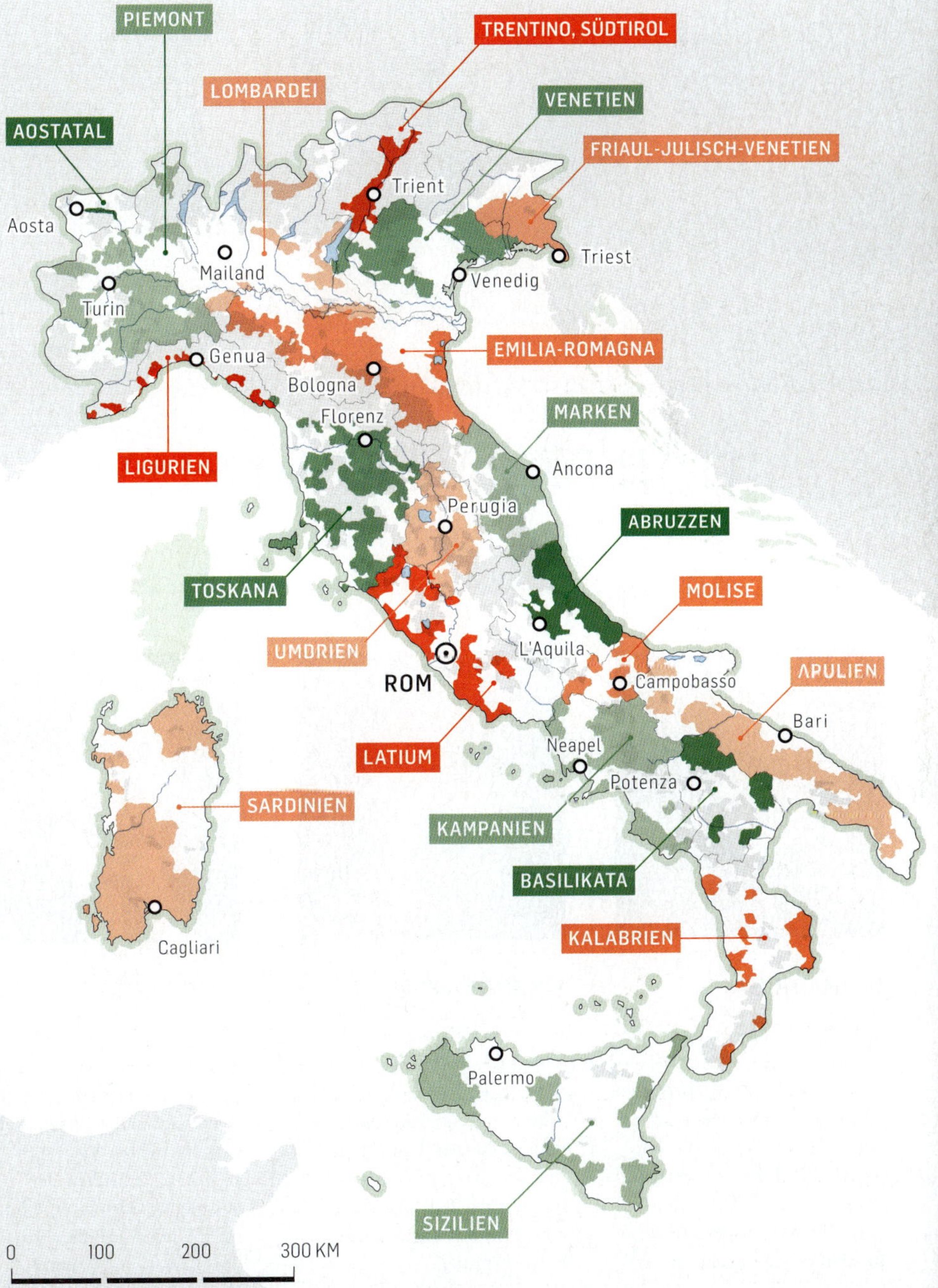
PIEMONT
TRENTINO, SÜDTIROL
LOMBARDEI
VENETIEN
AOSTATAL
FRIAUL-JULISCH-VENETIEN
Trient
Aosta
Triest
Mailand
Venedig
Turin
EMILIA-ROMAGNA
Genua
Bologna
MARKEN
Florenz
LIGURIEN
Ancona
Perugia
ABRUZZEN
TOSKANA
MOLISE
L'Aquila
UMBRIEN
APULIEN
ROM
Campobasso
Bari
Neapel
LATIUM
Potenza
SARDINIEN
KAMPANIEN
BASILIKATA
Cagliari
KALABRIEN
Palermo
SIZILIEN
0
100
200
300 KM

MIT HERZ & WEINVERSTAND

Diese Mitglieder der Falstaff-Verkostungsjury degustierten und diskutierten – mit der richtigen Mischung aus Begeisterungsfähigkeit und kritischer Distanz.

OTHMAR KIEM

Seit 1998 Chef-Redakteur Italien des Falstaff-Magazins. Verfolgt seit vielen Jahren das Wein- und Gourmet-Geschehen in Italien, kennt die führenden Produzenten aus erster Hand und wird als Italien-Experte für seine Kompetenz im In- und Ausland sehr geschätzt.

SIMON STAFFLER

In Meran daheim, in Italien zu Hause, Fachmann für Wein- und Spirituosen, schätzt und genießt auch feines Essen. Italien-Experte und seit 2017 Italien-Redakteur des Falstaff-Magazins. Head of Tastings für Falstaff-Italien.

ELVIS COSTA

Stolzer Südtiroler und Ladiner, in Gröden geboren und aufgewachsen. Seit 2011 Rechtsanwalt in Bozen. Leidenschaftlicher Jäger. Seit Juni 2022 Präsident der Sommeliervereinigung Südtirol. Diplomastudent an der österreichischen Weinakademie in Rust.

SUSANNE LEHMANN

In Stuttgart geboren und aufgewachsen, seit 2016 in Südtirol am Ritten ansässig. Als diplomierte Sommelière seit 2019 sitzt sie im Vorstand der Sommeliervereinigung Südtirol seit Juni 2022 und ist aktuell Diplomastudentin an der Österreichischen Weinakademie in Rust.

JOCHEN HEUSSNER

In der Heimat des Rieslings geboren, Weltenbummler und in Italien zu Hause. Jurist, Sommelier, Unternehmer, Tausendsassa, Brückenbauer, und vor allem Weinforscher: Wenn er nicht gerade an seinem PhD in Geisenheim bastelt, lernt er für das Weinakademiker Diploma.

EMANUELE ALESSANDRO GOBBI

Geboren in Turin, Autor, Verkoster und Wanderer. War acht Jahre lang an Projekten der Universität für Gastronomische Wissenschaften in Pollenzo beteiligt. Schreibt für verschiedene italienische Magazine und ist als Berater für Marketing- und Kommunikationsagenturen tätig.

IRENE FORNI

Lebt zwischen Florenz (Toskana) und Meran (Südtirol) als Gourmet- und Weinjournalistin. Ist ausgebildete Sommeliére, Wein- und Spirituosenverkosterin, sowie Beraterin und Ausbilderin für die Gastronomie. Seit 2021 Leiterin und Koordinatorin des Italian Wine List Award der Milano Wine Week.

DANIELA PICHLER

Verantwortlich für das Office bei Falstaff-Italien, bringt alle Daten und Zahlen sicher und verlässlich in den Kasten. Hält den Redakteuren und Verkostern den Rücken frei und sorgt für den reibungslosen Ablauf. Der Fels in der Brandung.

LUKAS PLATTNER

Ebenfalls in Meran daheim, kennt sich trotz seiner jungen Jahre schon hervorragend aus in der Weinwelt. Ist verantwortlich für die Logistik und die Kommunikation mit den Betrieben. Wenn einmal ein Wein fehlt in der Verkostungsreihe, Lukas weiß, wo er zu suchen ist.

KOLLEKTION DES JAHRES

PODERI ALDO CONTERNO MONFORTE D'ALBA, PIEMONT

Ein Schloss in den Langhe. Jeder, der schon mal die Landstraße von Castiglione Falletto nach Monforte entlanggefahren ist, kennt dieses Bild: in einer scharfen Kurve gleich hinter Castiglione Falletto erscheint linker Hand eine Ansammlung mehrerer zusammenhängender Gebäude mit Türmen und Türmchen: Keller und Betriebsgebäude von Poderi Aldo Conterno. Für die meisten bleibt es auch bei der Ansicht. Ganz im Stil französischer Chateaux ist es für Besucher in der Regel verschlossen. Aldo Conterno war der jüngere Sohn von Giacomo Conterno in Monforte. Ende der 1960er wollte er sich selbstständig machen. Er kaufte das Landhaus »Il Favot« und gründete die »Poderi Aldo Conterno«. Heute leiten seine Söhne Franco, Stefano und Giacomo den Betrieb. »Wein ist für mich etwas ganz Eigenes, fast Intimes«, meint Giacomo, der Jüngste der drei, der sich vor allem um die Weinberge kümmert. Im Unterschied zu

beigestellt

vielen anderen Winzern in den Langhe, die sich seit den 1990er Jahren ständig vergrößert haben, bearbeitet man bei Aldo Conterno nach wie vor die gleichen Flächen: 25 Hektar. Die erzeugte Menge hat sich sogar auf ein Drittel von damals reduziert und liegt aktuell bei 80.000 Flaschen jährlich. Wenn alles gut geht, und nicht wieder einmal der Hagel einen Teil der Ernte vernichtet. »Menge interessiert uns nicht, wir wollen Qualität!«, stellt Giacomo Conterno unmissverständlich klar. Pressemitteilungen, PR-Events, Präsenz bei Präsentationen – all das, was die heutige Weinwelt bestimmt, wird man bei Aldo Conterno vergeblich suchen. Und genau das macht das Weingut so sympathisch. Wer weiß, dass er große Weine erzeugt, muss das nicht dauernd groß hinausposaunen. Der Reichtum der Poderi Aldo Conterno liegt in den Lagen, die sich alle innerhalb der bekannten Großlage »Bussia« in Monforte befinden: Colonello, Cicala und Romirasco.

»Wein ist für mich etwas ganz Eigenes, fast Intimes. […] Menge interessiert uns nicht, wir wollen Qualität!«

GIACOMO CONTERNO

Alle drei Lagen schließen unmittelbar aneinander an, trotzdem gibt es wichtige Unterschiede. Der Boden im Colonello enthält mehr Sand und Magnesium, das verleiht dem Wein frische Frucht und Saftigkeit. Cicala enthält mehr Tuff, die Wurzeln reichen tiefer, dem Wein bringt das mehr Würze und Salzigkeit. Die Böden im Romirasco wiederum enthalten mehr Mangan und Magnesium, die Weine zeichnen sich aus durch feine Würze, besitzen großen Dichte, brauchen aber länger, um rauzukommen. Gerade der Romirasco hat uns schlichtweg begeistert und wir haben ihn mit unserer Höchstnote ausgezeichnet. Gleich dahinter folgen die beiden anderen Crus, von denen derzeit sicher der Colonello der Zugänglichste ist und mit seiner Geschmeidigkeit beeindruckt. Um Romirasco und Cicala in ihrer ganzen Pracht und Fülle zu erleben, darf man ruhig noch einige Jahre zuwarten. 2018 war ja zwar kein wirklich großer Jahrgang in den Langhe, wie das zuletzt etwa 2016 war, trotzdem haben uns die drei Barolo von Aldo Conterno restlos begeistert, sodass wir die Poderi Aldo Conterno gerne mit dem Titel »Kollektion des Jahres« auszeichnen. Übrigens: In den besten Jahren kommt zu diesen drei Lagen-Barolo noch der »Granbussia« hinzu, eine Selektion der besten Trauben aus den drei Lagen. Granbussia 2018 wird aber erst in frühestens fünf Jahren auf den Markt kommen.

Die Verkostungsergebnisse finden Sie auf Seite 174

NEWCOMER DES JAHRES

TENUTA DI CARLEONE RADDA, TOSKANA

Es ist eine Geschichte wie sie vielfach geschrieben wird – häufig in der Toskana, aber auch in anderen italienischen Weinbauregionen. Karl Egger, Unternehmer aus Linz in Österreich, wurde bereits in jungen Jahren in die faszinierende Welt der Spitzenweine eingeführt. Sein Vater hinterließ ihm einen reich bestückten Keller mit vielen edlen Bordeaux' aus den 1960er und 1970er Jahren. Wein, so erinnert er sich, hatte für ihn immer eine große Faszination. Dazu gesellte sich schon bald die Faszination der Toskana. Über mehrere Jahre verbrachte er mit seiner Familie den Sommerurlaub auf einem Weingut bei Radda. Das Licht, die Landschaft, die Menschen und natürlich der Wein ließen ihn nicht mehr los. Als er erfuhr, dass ein altes, halb verfallenes Gehöf in Radda zum Verkauf stand, packte er die Gelegenheit am Schopf. Er erwarb das alte Borgo Castiglioni und renovierte es in jahrelanger Kleinarbeit. Mit den zum Haus gehörenden Weinbergen sowie einigen weiteren in der Nähe gelegenen, gründete Karl Egger sein eigenes Weingut, die Tenuta di Carleone. In Sean O'Calleghan fand Karl Egger schließlich den idealen Partner für sein persönliches Weinabenteuer. Sean, auch »Il Guercio«, der Einäugige genannt, weil seit der Geburt auf einem Auge blind, arbeitete bereits mit dem legendären John Dunkley auf dem Weingut Riecine zusammen, führte es nach dessen Tod erfolgreich weiter. Sean O'Calleghan kennt sich bestens aus mit Sangiovese, der prägenden Traubensorte im Chianti Classico, zugleich auch die wichtigste Sorte auf der Tenuta Carleone. Im Laufe der Jahre entwickelte Sean eine eigene Stilistik, die seine Weine unverkennbar machen. Ihm geht es um Frucht und Trinkigkeit. Die Rotweine baut er daher mit Vorliebe in Betontanks aus, das – so Sean – kommt dem Sangiovese einfach gut zu stehen. Am prägnantes-

beigestellt

ten kommt diese Stilistik im Guercio zum Ausdruck, einem reinen Sangiovese der im Betonfass vergärt und reift. Wem das zu geradlinig ist, wer lieber etwas mehr Fleisch am Knochen bevorzugt, der ist mit dem Uno bestens bedient. Davon reift ein Teil des Weines in gebrauchten Tonneaux. Der erste Jahrgang 2011 war noch gering in der Menge, eingekeltert wurde unter rudimentären Bedingungen. Seitdem hat sich

Im Laufe der Jahre entwickelte Sean O'Calleghan eine eigene Stilistik, die seine Weine unverkennbar machen. Ihm geht es um Frucht und Trinkigkeit.

SEAN O'CALLEGHAN

vieles verändert. Jahr für Jahr ist es Karl Egger gelungen, neue Weinberge dazuzukaufen. Der letzte Coup war die Übernahme des Weingutes L'Aia in Radda, mit dem die Gesamtfläche nun auf 32 Hektar gesteigert wird – in der Hauptsache Sangiovese. Mit dem Kauf von L'Aia wurde auch dortigre alter Keller übernommen. Nach und nach wird er adaptiert und erweitert und in Zukunft soll dort die zentrale Produktions- und Verwaltungsstätte der Tenuta di Carleone entstehen. Der Jahrgang 2022 wird bereits dort eingekeltert. Die Tenuta di Carleone ist auf Kurs. Und was hat sich für Karl Egger verändert? Er hat in der Zwischenzeit die operative Leitung seines Unternehmens in Linz an die nächste Generation abgegeben und möchte in Zukunft noch mehr Zeit in der Toskana verbringen. Die Tenuta di Carleone ist unser Newcomer des Jahres!

Die Verkostungsergebnisse finden Sie auf Seite 331

LEBENSWERK

ELIO ALTARE LA MORRA, PIEMONT

Barolo steht hoch im Kurs. Die Weine sind weltweit gesucht, erreichen stolze Preise und die Beträge, die für Weinberge in Renommierlagen bezahlt werden, steigen in schwindelerregende Höhen. Vor fünfzig Jahren sah das noch ganz anders aus, das wird im heutigen Hype oft vergessen. Es gab einige größere Produzenten, zumeist ohne eigene Weinberge, die Trauben von den Winzern kauften und sie verarbeiteten. Die Betriebe wurden vielfach noch in Mischwirtschaft geführt. Neben Wein gab es einige Stück Vieh, vielleicht auch einige Getreidefelder. Die Weinbauern veräußerten ihre Trauben an die größeren Betriebe. Alle sprachen zwar über Barolo, niemand aber trank ihn. In den 1970er Jahren gab es Betriebe, die bei einer Bestellung von zehn Kisten Dolcetto dem Kunden eine Kiste Barolo kostenlos dazugaben. Heute unvorstellbar! Elio Altere wuchs am elterlichen Bauernhof in Annunziata, einem Ortsteil von La Morra auf. Sein Vater war

beigestellt

Weinbauer, Elio wollte das auch werden. Beinahe hätte die Nachfolge nicht geklappt. Wie damals üblich, verkauften die Altare's den größten Teil ihrer Trauben an Händler. Elio Altare schießen heute noch die Tränen in die Augen, wenn er erzählt, wie schmachvoll es war, die Trauben auf den Markt nach Alba zu bringen und dafür vom Händler einen lächerlich geringen Preis zu erhalten. Aber was hätte er tun sollen, die Trauben wieder mit nach Hause nehmen? Elio Altare hörte von Burgund und von den Preisen, die diese Weine erzielten. Er fuhr hin, besuchte Weingüter und parkte verwundert seinen armseligen Fiat 500 neben den schnittigen Coupes der Burgunder Winzer. »Wie können die soviel Geld für ihren Wein bekommen? Was machen die anders?« Einer gab ihm einen Tipp: »Unsere Weine sind trinkiger und eleganter, eure sind viel zu streng.« Zurück im Piemont war Elio Altare von der Vision beseelt, einen eleganten, schon früher zugänglichen Barolo zu kreieren. Als sein

»Ideen und Arbeit gehen unserer Familie nie aus!«

ELIO ALTARE

Vater ihn sah, wie er die großen alten Holzfässer im Keller durch Barriques ersetzte und im Weingarten einen großen Teil der Trauben runter schnitt, war er überzeugt, sein Sohn sei verrückt geworden, enterbte ihn und vermachte den Hof seinen Töchtern. Erst Jahre danach gelang es Elio, alles wieder zurück zu kaufen. Seine Barolos aus den Lagen Arborina, Cannubi und Ceretta sind weich und geschmeidig und fließen förmlich über die Zunge. Von Traditionalisten wurde Altare vorgeworfen, er würde den Barolo zerstören, seine Weine seien nicht langlebig. »Mag sein,« antwortete er »dass meine Weine nicht so langlebig wie eure sind, dafür aber werden sie getrunken – im Gegensatz zu euren.« Heute kann er hinzufügen: Und sie sind auch langlebig. Sie sind auch nach dreißig Jahren Lagerung klar, zeigen präsente Frucht und geschliffenes Tannin.

Bei Elio klappt die Nachfolge besser als bei seinem Vater. Der Betrieb ist an Tochter Silvia übergeben, die schon lange den Großteil der Arbeiten am Weingut ausführt, die zweite Tochter Elena führt einen Weinhandel in Deutschland. Elio Altare hat es geschafft, hat aus seinem kleinen Betrieb eine unter Weinliebhabern weltweit Marke gemacht. Er könnte sich also ohne weiteres etwas darauf einbilden, großspurig daherkommen, wie vielleicht so manche andere es an seiner Stelle täten. Nicht so Elio Altare. Er ist ganz und gar auf dem Boden geblieben, zeigt sich völlig ohne Allüren, ist und bleibt das, was er immer war: ein kleiner Winzer aus dem Piemont. Mit großem Vergnügen verleihen wir Elio Altare unsere Auszeichnung für sein bemerkenswertes Lebenswerk!

Die Verkostungsergebnisse finden Sie auf Seite 162

TOP-BEWERTUNGEN

DIE BESTEN SCHAUMWEINE

97	**Vintage Collection Franciacorta DOCG 2013 Dosage Zéro Noir**, Ca' del Bosco	Seite 216
96	**61 Nature Franciacorta DOCG 2015 Dosaggio Zero**, Berlucchi	Seite 214
94	**26 °I° Rive di Col San Martino Valdobbiadene DOCG 2021 Extra Brut** Ⓕ, Andreola	Seite 238
94	**Audax Zero.3 Valdobbiadene Prosecco Superiore DOCG Millesimato 2021 Extra Brut**, Bortolomiol	Seite 245
94	**Cuvée 13 Valdobbiadene DOCG 2021 Extra Dry**, Col Vetoraz	Seite 252
94	**Giustino B. Valdobbiadene Prosecco Superiore DOCG 2021** , Ruggeri	Seite 273
94	**Rosé Metodo Classico Lambrusco di Sorbara DOC 2016 Brut**, Cantina della Volta	Seite 297
94	**Vigneto Giardino Asciutto Rive di Colbertaldo Valdobbiadene DOCG 2021**, Adami	Seite 235

97

Vintage Collection Franciacorta DOCG 2013 Dosage Zéro Noir
Ca' del Bosco

100

Primo Grande Cuvée Terlaner Südtirol DOC 2019
Kellerei Terlan

94

Pungirosa Bombino Nero Castel del Monte DOCG 2021
Rivera

DIE BESTEN WEISSWEINE

100	**Primo Grande Cuvée Terlaner Südtirol DOC 2019**, Kellerei Terlan	Seite 103
97	**Dut' Un Bianco Venezia Giulia IGT 2019** Ⓥ, Vie di Romans	Seite 142
97	**Kreuzweg Family Reserve Chardonnay Riserva Südtirol DOC 2018**, Castelfeder	Seite 46
97	**Vigna Rachtl Sauvignon Blanc Riserva Südtirol DOC 2019**, Tiefenbrunner	Seite 105
96	**Appius Weiss Südtirol DOC 2017**, Kellerei St. Michael-Eppan	Seite 100
96	**Dreams Chardonnay Venezia Giulia IGT 2020**, Jermann	Seite 130
96	**Furore Bianco Fiorduva Costa d'Amalfi DOC 2020** ⓘ, Marisa Cuomo	Seite 497
96	**Nama Cuvée Weiss Südtirol DOC 2018**, Nals Margreid	Seite 84
96	**Vigneto Runcata Soave Superiore DOCG 2015** Ⓥ, Tenuta Corte Giacobbe	Seite 253
95	**Costa del Vento Derthona DOC 2017**, Vigneti Massa	Seite 188
95	**Doran Chardonnay Riserva Südtirol DOC 2019**, Kellerei Andrian	Seite 41
95	**Lieben Aich Sauvignon Südtirol DOC 2020**, Manincor	Seite 78
95	**Misco Riserva Castelli di Jesi Verdicchio Riserva Classico DOCG 2019**, Tenuta di Tavignano	Seite 464
95	**Oberberg Sauvignon Blanc Südtirol DOC 2020**, Weingut Kornell	Seite 64
95	**Renaissance Weissburgunder Riserva Südtirol DOC 2018**, Gump Hof - Markus Prackwieser	Seite 56
95	**Stilèma Greco di Tufo Riserva DOCG 2018** Ⓥ, Mastroberardino	Seite 502
95	**Troy Chardonnay Riserva Südtirol DOC 2018**, Cantina Tramin	Seite 106
95	**Vom Kalk Chardonnay Südtirol DOC 2019**, Weingut Ignaz Niedrist	Seite 88

DIE BESTEN ROSÉWEINE

94	**Pungirosa Bombino Nero Castel del Monte DOCG 2021**, Rivera	Seite 520
94	**Aurea Gran Rosé Toscana IGT 2020**, Frescobaldi	Seite 365
94	**La Bisbetica Rosé Umbria Rosato IGP 2021**, Madrevite	Seite 476
93	**Five Roses 78° Anniversario Rosato Salento IGT 2021**, Leone de Castris	Seite 516
93	**Primavera Rosato di Sangiovese Toscana IGT 2021** Ⓥ, Poggio al Sole	Seite 414
93	**RosaMati Toscana Rosato IGT 2021**, Fattoria Le Pupille	Seite 384
93	**Villa Gemma Cerasuolo d'Abruzzo Superiore DOC 2021**, Masciarelli	Seite 489
93	**Wildbacher Metodo Classico Rosé Extra Brut 2016**, Col Sandago	Seite 251

TOP-BEWERTUNGEN

DIE BESTEN ROTWEINE

100	**Sassicaia Bolgheri Sassicaia DOC 2019**, Tenuta San Guido – Sassicaia	Seite 432
100	**Barolo DOCG Romirasco 2018**, Poderi Aldo Conterno	Seite 174
100	**Barolo DOCG Brunate 2018**, Giuseppe Rinaldi	Seite 198
100	**Brunello di Montalcino Riserva DOCG 2016**, Poggio di Sotto	Seite 417
100	**Cerretalto Brunello di Montalcino DOCG 2016**, Casanova di Neri	Seite 336
99	**Barolo Riserva DOCG Vigna Rionda 2016**, Massolino	Seite 189
99	**Flaccianello della Pieve Colli della Toscana Centrale IGT 2019** Ⓑ, Fontodi	Seite 364
99	**Giorgio Primo Toscana IGT 2019**, Tenuta La Massa	Seite 379
99	**Masseto Toscana Rosso IGT 2019**, Masseto	Seite 392

100

Sassicaia Bolgheri Sassicaia DOC 2019
Tenuta San Guido – Sassicaia

100

Barolo DOCG Romirasco 2018
Poderi Aldo Conterno

95

Vin Santo del Chianti Classico DOC 2011
Rocca di Montegrossi

98	**Argentiera Bolgheri Superiore DOC 2019**, Argentiera	Seite 311
98	**Barolo DOCG 2018**, Bartolo Mascarello	Seite 187
98	**Barolo DOCG Cannubi 2018**, Elio Altare	Seite 162
98	**Barolo DOCG Cannubi 2018** V, Comm. G.B. Burlotto	Seite 165
98	**Barolo DOCG Cannubi 2018**, Paolo Scavino	Seite 203
98	**Barolo DOCG Cerretta 2018**, Conterno Giacomo	Seite 173
98	**Barolo DOCG Vite Talin 2016**, Luciano Sandrone	Seite 202
98	**Biserno Toscana Rosso IGT 2019**, Tenuta di Biserno	Seite 439
98	**Brunello di Montalcino Riserva DOCG 2015**, Biondi Santi	Seite 317
98	**Brunello di Montalcino Riserva DOCG 2016**, Capanna	Seite 328
98	**Duemani Costa Toscana Rosso IGT 2019** B, Duemani	Seite 361
98	**Fieramonte Amarone della Valpolicella Classico Riserva DOCG 2015**, Allegrini	Seite 237
98	**Galatrona Merlot Vigna Galatrona Val D'Arno di Sopra DOC 2020** B V, Petrolo	Seite 406
98	**Guado De' Gemoli Bolgheri Superiore DOC 2019**, Chiappini	Seite 354
98	**I Sodi di San Niccolò Toscana Rosso IGT 2018**, Castellare di Castellina	Seite 339
98	**Ipsus Chianti Classico Gran Selezione DOCG 2016**, Il Caggio	Seite 322
98	**Kurni Rosso Marche IGT 2019**, Oasi degli Angeli	Seite 461
98	**Lupi e Sirene Brunello di Montalcino Riserva DOCG 2016**, Podere le Ripi	Seite 410
98	**Madonna delle Grazie Brunello di Montalcino DOCG 2017**, Il Marroneto	Seite 391
98	**Messorio Toscana Rosso IGT 2019**, Le Macchiole	Seite 381
98	**Ornellaia Bolgheri Superiore DOC 2019**, Ornellaia	Seite 402
98	**Palazzi Toscana Rosso IGT 2020**, Tenuta di Trinoro	Seite 446
98	**Vigna di Pianrosso Santa Caterina d'Oro Brunello di Montalcino Riserva DOCG 2016**, Ciacci Piccolomini d'Aragona	Seite 355

DIE BESTEN SÜSSWEINE

95	**Vin Santo del Chianti Classico DOC 2011** B, Rocca di Montegrossi	Seite 425
95	**Epokale Gewürztraminer Spätlese Südtirol DOC 2015**, Cantina Tramin	Seite 106
95	**La Roggia Recioto della Valpolicella Classico DOCG 2019** B, Speri	Seite 278
95	**Le Petit Petit Manseng 2018** B, Manincor	Seite 78
94	**Baronesse Moscato Giallo Passito Südtirol DOC 2020**, Nals Margreid	Seite 84
94	**Ben Ryé Passito di Pantelleria DOC 2020**, Donnafugata	Seite 548
94	**Pasithea Oro Gewürztraminer vendemmia tardiva Südtirol DOC 2019**, Kellerei Girlan	Seite 54

DIE TOP-WEINGÜTER

★★★★★

Allegrini, Fumane di Valpolicella (VR), Venetien
Elio Altare, La Morra (CN), Piemont
Marchesi Antinori, San Casciano in Val di Pesa (FI), Toskana
Argentiera, Donoratico (LI), Toskana
Bertani, Grezzana (VR), Venetien
Biondi Santi, Montalcino (SI), Toskana
Braida, Rocchetta Tanaro (AT), Piemont
Comm. G.B. Burlotto, Verduno (CN), Piemont
Arnaldo Caprai, Montefalco (PG), Umbrien
Casanova di Neri, Montalcino (SI), Toskana
Castello di Ama, Gaiole in Chianti (SI), Toskana
Castello di Fonterutoli, Castellina in Chianti (SI), Toskana
Castello di Monsanto, Barberino Tavarnelle (FI), Toskana
Castello di Volpaia, Radda in Chianti (SI), Toskana
Ca' del Bosco, Erbusco (BS), Lombardei
Ceretto, Alba (CN), Piemont
Ciacci Piccolomini d'Aragona, Montalcino (SI), Toskana
Conterno Giacomo, Monforte d'Alba (CN), Piemont
Poderi Aldo Conterno, Monforte d'Alba (CN), Piemont
Ca' dei Frati, Lugana di Sirmione (BS), Lombardei
Donnafugata, Marsala (TP), Sizilien
Duemani, Riparbella (PI), Toskana
Fèlsina, Castelnuovo Berardenga (SI), Toskana
Gianfranco Fino, Manduria (TA), Apulien
Fontodi, Greve in Chianti (FI), Toskana
Frescobaldi, Firenze (FI), Toskana
Gini, Monteforte (VR), Venetien
Grattamacco, Livorno (LI), Toskana
Franz Haas, Montan (BZ), Südtirol
Isole e Olena, Barberino Tavarnelle (FI), Toskana
Jermann, Dolegna del Collio (GO), Friaul-Julisch-Venetien
Tenuta La Massa, Panzano in Chianti (FI), Toskana
Le Macchiole, Bolgheri (LI), Toskana
Fattoria Le Pupille, Grosseto (GR), Toskana
San Leonardo, Borghetto All'Adige (TN), Trentino
Lungarotti, Torgiano (PG), Umbrien
Manincor, Kaltern (BZ), Südtirol
Tenute Cisa Asinari dei Marchesi di Grèsy, Barbaresco (CN), Piemont
Il Marroneto, Montalcino (SI), Toskana
Bartolo Mascarello, Barolo (CN), Piemont
Masciarelli, San Martino sulla Marrucina (CH), Abruzzen
Masi, Gargagnago di Valpolicella (VR), Venetien
Masseto, Castagneto Carducci (LI), Toskana
Massolino, Serralunga d'Alba (CN), Piemont
Montevertine, Radda in Chianti (SI), Toskana
Oasi degli Angeli, Cupra Marittima (AP), Marken
Ornellaia, Castagneto Carducci (LI), Toskana
Passopisciaro, Castiglione di Sicilia (CT), Sizilien
Petrolo, Mercatale Valdarno Bucine (AR), Toskana
Pio Cesare, Alba (CN), Piemont
Planeta, Menfi (AG), Sizilien
Poggio di Sotto, Montalcino (SI), Toskana
Poliziano, Montepulciano (SI), Toskana
Querciabella, Greve in Chianti (FI), Toskana
Ricasoli, Gaiole in Chinati (SI), Toskana
Giuseppe Rinaldi, Barolo (CN), Piemont
Bruno Rocca, Barbaresco (CN), Piemont
Salvioni, Montalcino (SI), Toskana
Luciano Sandrone, Barolo (CN), Piemont
Kellerei St. Michael-Eppan, Eppan (BZ), Südtirol
Santa Barbara, Barbara (AN), Marken
Tenuta San Guido – Sassicaia, Bolgheri (LI), Toskana
Paolo Scavino, Castiglione Falletto (CN), Piemont
Tenuta Sette Ponti, San Giustino Valdarno (AR), Toskana
Siro Pacenti, Montalcino (SI), Toskana
Talenti, Montalcino (SI), Toskana
Tasca d'Almerita, Palermo (PA), Sizilien

Tedeschi, San Pietro in Cariano (VR), Venetien
Tenuta delle Terre Nere, Randazzo (CT), Sizilien
Tenuta di Biserno, Bibbona (LI), Toskana
Kellerei Terlan, Terlan (BZ), Südtirol
Tiefenbrunner – Schlosskellerei Turmhof, Kurtatsch (BZ), Südtirol
Tenuta di Trinoro, Sarteano (SI), Toskana
Tua Rita, Suvereto (LI), Toskana
Vie di Romans, Mariano del Friuli (GO), Friaul-Julisch-Venetien
Vietti, Castiglione Falletto (CN), Piemont
Zenato, Peschiera del Garda (VR), Venetien

★★★★

Weingut Abraham, Eppan (BZ), Südtirol
Adami, Colbertaldo di Vidor (TV), Venetien
Marchesi Alfieri, San Martino Alfieri (AT), Piemont
Andreola, Farra di Soligo (TV), Venetien
Antonelli, Montefalco (PG), Umbrien
Argiano, Montalcino (SI), Toskana
Arpepe, Sondrio (SO), Lombardei
Cantine Astroni, Napoli (NA), Kampanien
San Salvatore 1988, Sito (SA), Kampanien
Barale Fratelli, Barolo (CN), Piemont
Benanti, Viagrande (CT), Sizilien
Berlucchi, Corte Franca (BS), Lombardei
Bibi Graetz, Fiesole (FI), Toskana
Bortolomiol, Valdobbiadene (TV), Venetien
Boscarelli, Montepulciano (SI), Toskana
Kellerei Bozen, Bozen (BZ), Südtirol
Brancaia, Radda in Chianti (SI), Toskana
Ca' La Bionda, Marano Di Valpolicella (VR), Venetien
Ca' Viola, Dogliani (CN), Piemont
Il Caggio, Castellina in Chianti (SI), Toskana
Caiarossa, Riparbella (PI), Toskana
Camerani, Mezzane di Sotto (VR), Venetien
Canalicchio di Sopra, Montalcino (SI), Toskana
Cantina della Volta, Bomporto (MO), Emilia-Romagna
Dei, Montepulciano (SI), Toskana
Capanna, Montalcino (SI), Toskana
Tenuta di Carleone, Radda in Chianti (SI), Toskana
Podere Il Carnasciale, Mercatale Valdarno (AR), Toskana
Casale del Giglio, Le Ferriere (LT), Latium
Castelfeder, Kurtinig (BZ), Südtirol
Castellare di Castellina, Castellina in Chianti (SI), Toskana
Castello del Terriccio, Castellina Marittima (PI), Toskana
Castello di Bolgheri, Bolgheri (LI), Toskana
Chiappini, Bolgheri (LI), Toskana
Cleto Chiarli, Castelvetro di Modena (MO), Emilia-Romagna
Michele Chiarlo, Calamandrana (AT), Piemont
Tenute Chiaromonte, Acquaviva delle Fonti (BA), Apulien
Domenico Clerico, Monforte d'Alba (CN), Piemont
Elvio Cogno, Novello (CN), Piemont
Col d'Orcia, Montalcino (SI), Toskana
Col Vetoraz, Valdobbiadene (TV), Venetien
ColleMassari, Cinigiano (GR), Toskana
Conte Vistarino, Rocca de' Giorgi (PV), Lombardei
Conterno Fantino, Cuneo (CN), Piemont
Cordero di Montezemolo, La Morra (CN), Piemont
Tenuta Corte Giacobbe, Roncà (VR), Venetien
Famiglia Cotarella, Montecchio (TR), Umbrien
Cottanera, Castiglione di Sicilia (CT), Sizilien
Marisa Cuomo, Furore (SA), Kampanien
Cusumano, Partinico (PA), Sizilien
Cà Maiol, Desenzano del Garda (BS), Lombardei
De Buris - Tommasi Family Estates, S. Pietro in Cariano (VR), Venetien
Dirupi, Montagna in Valtellina (SO), Lombardei
Endrizzi, San Michele all'Adige (TN), Trentino
Ermacora, Premariacco (UD), Friaul-Julisch-Venetien
Weingut Falkenstein, Naturns (BZ), Südtirol
Livio Felluga, Brazzano - Cormons (GO), Friaul-Julisch-Venetien
Marco Felluga - Russiz Superiore, Gradisca D'Isonzo (GO), Friaul-Julisch-Venetien
Feudi di San Gregorio, Sorbo Serpico (AV), Kampanien
Feudo Montoni, Cammarata (AG), Sizilien

Tenute Folonari, Greve in Chianti (FI), Toskana
G.D. Vajra, Barolo (CN), Piemont
Galardi, S. Carlo si Sessa Aurunca (CE), Kampanien
Garofoli, Loreto (AN), Marken
Gigante Wine & Welcome,
Corno di Rosazzo (UD), Friaul-Julisch-Venetien
Giodo, Montalcino (SI), Toskana
Kellerei Girlan, Girlan (BZ), Südtirol
Graci, Giarre (CT), Sizilien
Gump Hof – Markus Prackwieser,
Völs am Schlern (BZ), Südtirol
Il Poggione, San Angelo in Colle (SI), Toskana
Inama, San Bonifacio (VR), Venetien
Kellerei Kaltern, Kaltern (BZ), Südtirol
Edi Keber, Cormons (GO), Friaul-Julisch-Venetien
Weingut Kornell, Siebeneich/Terlan (BZ), Südtirol
Kellerei Kurtatsch, Kurtatsch (BZ), Südtirol
La Viarte, Prepotto (UD), Friaul-Julisch-Venetien
Alois Lageder, Margreid (BZ), Südtirol
Librandi, Cirò Marina (KR), Kalabrien
Lis Fadis,
Cividale del Friuli (UD), Friaul-Julisch-Venetien
Lis Neris,
San Lorenzo Isontino (GO), Friaul-Julisch-Venetien
Lisini, Montalcino (SI), Toskana
Tenuta Luce, Montalcino (SI), Toskana
Cantine Lunae, Luni (SP), Ligurien
Malvirà, Canale (CM), Piemont
Vigneti Massa, Monleale (AL), Piemont
Mastroberardino, Atripalda (AV), Kampanien
Tenuta Mazzolino,
Corvino San Quirico (PV), Lombardei
Il Molino di Grace, Greve in Chianti (FI), Toskana
Montepeloso, Suvereto (LI), Toskana
Tenuta Monteti, Capalbio (GR), Toskana
Monteverro, Capalbio (GR), Toskana
Klosterkellerei Muri-Gries, Bozen (BZ), Südtirol
Nals Margreid, Nals (BZ), Südtirol
Weingut Ignaz Niedrist, Eppan/Girlan (BZ), Südtirol
Nittardi, Castellina in Chianti (SI), Toskana
Oddero Poderi e Cantine, La Morra (CN), Piemont
Tenuta Olim Bauda, Incisa Scapaccino (AT), Piemont
Orma, Castagneto Carduccci (LI), Toskana

Palladino, Serralunga D'Alba (CN), Piemont
Parusso, Monforte D'Alba (CN), Piemont
Piaggia, Poggio a Caiano (PO), Toskana
Pietradolce, Castiglione di Sicilia (CT), Sizilien
Pira – Chiara Boschis, Barolo (CN), Piemont
Podere Forte, Castiglione d'Orcia (SI), Toskana
Podere le Ripi, Montalcino (SI), Toskana
Poggio al Sole, Barberino Tavarnelle (FI), Toskana
Poggio al Tesoro, Castagneto Carducci (LI), Toskana
Polvanera, Gioia del Colle (BA), Apulien
Primosic, Gorizia (GO), Friaul-Julisch-Venetien
Principe Corsini,
San Casciano in Val di Pesa (FI), Toskana
Riecine, Gaiole In Chianti (SI), Toskana
Rivera, Andria (BT), Apulien
Rocca di Frassinello, Gavorrano (GR), Toskana
Rocca di Montegrossi, Gaiole in Chianti (Si), Toskana
Rodaro Paolo Winery,
Cividale del Friuli (UD), Friaul-Julisch-Venetien
Giovanni Rosso, Serralunga d'Alba (CN), Piemont
Rubinelli Vajol, S. Pietro in Cariano (VR), Venetien
Tenute Rubino, Brindisi, Apulien
Ruggeri, Valdobbiadene (TV), Venetien
Girolamo Russo, Passopisciaro (CT), Sizilien
San Polo, Montalcino (SI), Toskana
Tenuta Sant'Antonio,
Colognola ai Colli (VR), Venetien
Cantina Santadi, Santadi (SU), Sardinien
Michele Satta, Castagneto Carducci (LI), Toskana
Schreckbichl - Colterenzio,
Girlan/Eppan (BZ), Südtirol
Secondo Marco, Fumane (VR), Venetien
Siddùra, Luogosanto (OT), Sardinien
Spadafora, Palermo (PA), Sizilien
Speri, San Pietro in Cariano (VR), Venetien
Tenuta di Tavignano, Cingoli (MC), Marken
Tenuta di Fessina, Castiglione di Sicilia (CT), Sizilien
Tommasi Viticoltori,
San Pietro in Cariano (VR), Venetien
Toscani, Casale Marittimo (PI), Toskana
Cantina Tramin, Tramin (BZ), Südtirol
Travaglini, Gattinara (VC), Piemont
Val di Suga, Montalcino (SI), Toskana

Valdo Spumanti, Valdobbiadene (TV), Venetien
Tenuta di Valgiano, Valgiano (LU), Toskana
Villa Calcinaia - Conti Capponi,
Greve in Chianti (FI), Toskana
Villa Sandi, Crocetta del Montello (TV), Venetien
Villa Sparina, Gavi (AL), Piemont
Villa Spinosa, Verona (VR), Venetien
Elena Walch, Tramin (BZ), Südtirol
Ansitz Waldgries, Bozen (BZ), Südtirol
Zuani,
San Floriano del Collio (GO), Friaul-Julisch-Venetien
Zýmē, San Pietro in Cariano (VR), Venetien
Ômina Romana, Velletri (RM), Latium

★★★

Albino Armani 1607, Dolcè (VR), Venetien
Alessandro di Camporeale,
Camporeale (PA), Sizilien
Fattoria Ambra, Carmignano (PO), Toskana
Kellerei Andrian, Andrian (BZ), Südtirol
Antonella Corda, Serdiana (CA), Sardinien
Tenuta di Arceno, San Gusmè (SI), Toskana
Arunda, Mölten (BZ), Südtirol
Astoria, Crocetta del Montello (TV), Venetien
Paternoster, Barile (PZ), Basilicata
Badia di Morrona, Terricciola (PI), Toskana
Baglio del Cristo di Campobello,
Campobello di Licata (AG), Sizilien
Belguardo, Castellina in Chianti (SI), Toskana
Bellenda, Vittorio Venetien (TV), Venetien
BiancaVigna, Conegliano (TV), Venetien
Bindi Sergardi, Castelnuovo Berardenga (SI), Toskana
Bisol 1542, Valdobbiadene (TV), Venetien
Borgo Conventi,
Farra d Isonzo (GO), Friaul-Julisch-Venetien
Brunnenhof Mazzon,
Neumarkt/Mazzon (BZ), Südtirol
Butussi,
Corno di Rosazzo (UD), Friaul-Julisch-Venetien
Caccia Al Piano, Castagneto Carducci (LI), Toskana
Basilica Cafaggio, Panzano in Chianti (FI), Toskana
Camigliano, Montalcino (SI), Toskana
Campo alla Sughera, Bolgheri (LI), Toskana
Attems,
Capriva del Friuli (GO), Friaul-Julisch-Venetien
Cantina Valpolicella Negrar, Negrar (VR), Venetien
Capannelle, Gaiole in Chianti (SI), Toskana
Caprili, Montalcino (SI), Toskana
Carpineta Fontalpino,
Castelnuovo Berardenga (SI), Toskana
Tenuta Carretta, Piobesi d'Alba (CN), Piemont
Casa Emma, Barberino Tavarnelle (FI), Toskana
Casaloste, Greve in Chianti (FI), Toskana
Tenuta Casenuove, Panzano in Chianti (FI), Toskana
Casisano, Montalcino (SI), Toskana
Castel Sallegg, Kaltern (BZ), Südtirol
Castello di Albola, Radda in Chianti (SI), Toskana
Castello di Neive, Neive (CN), Piemont
Castello di Querceto, Greve in Chianti (FI), Toskana
Castello di Radda, Radda In Chianti (SI), Toskana
Castello Tricerchi, Montalcino (SI), Toskana
Castelprile, Radda in Chianti (SI), Toskana
Castiglion del Bosco, Montalcino (SI), Toskana
Ca' dei Maghi, Fumane (VR), Venetien
Ca' Lojera, Peschiera del Garda (VR), Venetien
Famiglia Cecchi, Castellina in Chianti (SI), Toskana
Col Sandago, Susegana (TV), Venetien
Fattoria I Collazzi, Impruneta (FI), Toskana
Colline di Sopra, Montescudaio (PI), Toskana
Donatella Cinelli Colombini,
Montalcino (SI), Toskana
Còlpetrone, Gualdo Cattaneo (PG), Umbrien
Conti Zecca, Leverano (LE), Apulien
Contrada Santo Spirito di Passopisciaro,
Castiglione di Sicilia (CT), Sizilien
Cantine Coppi, Turi (BA), Apulien
Coppo, Canelli (AT), Piemont
Damilano, Barolo (CN), Piemont
Baron di Pauli, Kaltern (BZ), Südtirol
Dorigo, Premariacco (UD), Friaul-Julisch-Venetien
Weingut Eichenstein, Meran (BZ), Südtirol
Poderi Luigi Einaudi, Dogliani (CN), Piemont
Kellerei Eisacktal, Klausen (BZ), Südtirol

Enio Ottaviani,
San Giovanni in Marignano (RN), Emilia-Romagna
Enzo Boglietti, La Morra (CN), Piemont
Felline, Manduria (TA), Apulien
Feudo Antico, Tollo (CH), Abruzzen
Feudo Maccari, Noto (SR), Sizilien
Fongaro, Roncà (VR), Venetien
Fonzone, Paternopoli (AV), Kampanien
Loredan Gasparini,
Volpago Del Montello (TV), Venetien
Tenuta di Ghizzano, Ghizzano di Peccioli (PI), Toskana
Gorghi Tondi, Mazara del Vallo (TP), Sizilien
Tenuta di Gracciano della Seta,
Montepulciano (SI), Toskana
Gualdo del Re, Suvereto (LI), Toskana
Tenuta I Fauri, Chieti (CH), Abruzzen
I Giusti & Zanza, Fauglia (PI), Toskana
Icario Winery, Montepulciano (SI), Toskana
Il Borro, San Giustino Valdarno (AR), Toskana
Fattoria Kappa, Castellina Marittima (PI), Toskana
Weingut Köfererhof, Neustift/Vahrn (BZ), Südtirol
Kränzelhof, Tscherms (BZ), Südtirol
La Gerla, Montalcino (SI), Toskana
Pandolfa, Predappio (FC), Emilia-Romagna
La Regola, Riparbella (PI), Toskana
Landesweingut Laimburg,
Auer/Pfatten (BZ), Südtirol
Lamole di Lamole, Greve in Chianti (FI), Toskana
Le Guaite di Noemi, Mezzane Di Sotto (VR), Venetien
Leone de Castris, Salice Salentino (LE), Apulien
Tenuta di Lilliano, Castellina in Chianti (SI), Toskana
Weingut Loacker, Bozen (BZ), Südtirol
Baron Longo, Neumarkt (BZ), Südtirol
Madrevite, Castiglione del Lago (PG), Umbrien
Fattoria di Magliano,
Magliano in Toscana (GR), Toskana
Malgrà, Bazzana di Mombaruzzo (AT), Piemont
Malojer Gummerhof, Bozen (BZ), Südtirol
Mannucci Droandi, Montevarchi (AR), Toskana
Marcalberto, Santo Stefano Belbo (CN), Piemont
Marrone, La Morra (CN), Piemont
Marsuret, Guia di Valdobbiadene (TV), Venetien
K. Martini & Sohn, Girlan (BZ), Südtirol
Masottina, Conegliano (TV), Venetien
Massimago, Mezzane Di Sotto (VR), Venetien
Masùt da Rive,
Mariano del Friuli (GO), Friaul-Julisch-Venetien
Kellerei Meran, Marling (BZ), Südtirol
Meroi Davino, Buttrio (UD), Friaul-Julisch-Venetien
Merotto, Farra di Soligo (TV), Venetien
Monte del Frà, Sommacampagna (VR), Venetien
Montemercurio, Montepulciano (Si), Toskana
Montevetrano,
San Cipriano Picentino (SA), Kampanien
La Montina, Monticelli Brusati (BS), Lombardei
Gianni Moscardini, Santa Luce (PI), Toskana
Mura Mura, Costigliole d'Asti (AT), Piemont
Kloster Neustift, Vahrn (BZ), Südtirol
Fattoria Nicodemi, Notaresco (TE), Abruzzen
Pagliarese, Castelnuovo Berardenga (SI), Toskana
Panizzi, San Gimignano (SI), Toskana
Pasqua, Verona (VR), Venetien
Perla del Garda, Lonato del Garda (BS), Lombardei
Petra, Suvereto (LI), Toskana
Pfannenstielhof, Bozen (BZ), Südtirol
Weingut Pfitscher, Montan (BZ), Südtirol
Pietroso, Montalcino (SI), Toskana
Weingut Plonerhof, Marling (BZ), Südtirol
Poggio al Lupo, Magliano in Toscana, Toskana
Poggioargentiera, Grosseto (GR), Toskana
Ricci Curbastro, Capriolo (BS), Lombardei
Ritterhof Weingut-Tenuta, Kaltern (BZ), Südtirol
Rocca delle Macìe, Castellina in Chianti (SI), Toskana
Rocche dei Manzoni, Monforte d'Alba (CN), Piemont
Cantina Roeno, Brentino Belluno (VR), Venetien
Ronco Blanchis, Mossa (GO), Friaul-Julisch-Venetien
Ronco del Gelso,
Cormons (GO), Friaul-Julisch-Venetien
Rosset Terroir, Quart (AO), Valle d'Aosta
Hans Rottensteiner, Bozen (BZ), Südtirol
Rupi del Nebbiolo, Sondrio (SO), Lombardei
Tenuta San Giorgio, Montalcino (SI), Toskana
San Leonino, Castellina in Chianti (SI), Toskana
Sancaba, San Casciano dei Bagni (SI), Toskana
Kellerei St. Pauls, St. Pauls/Eppan (BZ), Südtirol
Podere Sapaio, Castagneto Carducci (LI), Toskana

Sardus Pater, Sant' Antioco (SU), Sardinien
Casa Sartori 1898, San Maria di Negrar (VR), Venetien
Scacciadiavoli, Montefalco (PG), Umbrien
Schloss Englar, St. Michael-Eppan (BZ), Südtirol
Scriani, Fumane (VR), Venetien
Sella & Mosca, Alghero (SS), Sardinien
Podere Selva Capuzza,
Desenzano del Garda (BS), Lombardei
Specogna,
Corno di Rosazzo (UD), Friaul-Julisch-Venetien
Statti, Lamezia Terme (CZ), Kalabrien
Tenuta Sette Cieli, Bibbona (LI), Toskana
Tenuta Trerose,
Valiano di Montepulciano (SI), Toskana
Bindella – Tenuta Vallocaia,
Montepulciano (SI), Toskana
Terre del Marchesato,
Castagneto Carducci (LI), Toskana
Terre Nere, Montalcino (SI), Toskana
Tinazzi, Lazise (VR), Venetien
Tolaini, Castelnuovo Berardenga (SI), Toskana
Cantina Tollo, Tollo (CH), Abruzzen
Torre a Cona, Rignano sull'Arno (FI), Toskana
Torrevento, Corato (BA), Apulien
Travaglino, Calvignano (PV), Lombardei
Weingut Untermoserhof - Georg Ramoser,
Bozen (BZ), Südtirol
Valdonica, Sassofortino (GR), Toskana
Vallepicciola, Castelnuovo Berardenga (SI), Toskana
Velenosi, Ascoli Piceno (AP), Marken
Venturini Baldini,
Roncolo di Quattro Castella (RE), Emilia-Romagna
Viandante del Cielo,
Passignano sul Trasimeno (PG), Umbrien
VignAlta, Arqua' Petrarca (PD), Venetien
Villa Medici, Sommacampagna (VR), Venetien
Villa Santo Stefano, Lucca (LU), Toskana
Viticcio, Greve In Chianti (FI), Toskana
Sektmanufaktur Winkler,
Girlan/Eppan (BZ), Südtirol
Weingut Peter Zemmer, Kurtinig (BZ), Südtirol
Zeni 1870, Bardolino (VR), Venetien
Zisola, Noto (SR), Sizilien

★★

Weingut Cora, Eppan (BZ), Südtirol
Weingut Donà, Eppan (BZ), Südtirol
Weingut Innerleiterhof, Schenna (BZ), Südtirol
Weingut Josmoar, Kastelbell-Tschars (BZ), Südtirol
Weingut H. Lentsch, Branzoll (BZ), Südtirol
Weingut Mauslocher, Tscherms (BZ), Südtirol
Weingut Nicolussi-Leck, Kaltern (BZ), Südtirol
Graf Toggenburg – Poggio Rozzi,
Tavarnelle V.P. (FI), Toskana
Schloss Plars, Algund (BZ), Südtirol
Wilhelm Walch, Tramin (BZ), Südtirol
Wassererhof, Völs am Schlern (BZ), Südtirol

Schloss Tirol, Meran und Umgebung

SÜD-TIROL

Schloss Wehrburg, Mittleres Etschtal

EIN RIESE UNTER DEN KLEINEN

In jeder zweiten Gemeinde Südtirols wird Weinbau betrieben. Zentren sind die Hänge um Bozen (St. Magdalena, Leitach, Gries, Siebeneich), das als Überetsch bezeichnete Gebiet von Eppan bis zum Kalterer See mit fast geschlossener Rebfläche, und schließlich die Hänge um Tramin, Kurtatsch, Margreid und Salurn.

Mit rund 5.500 Hektar Weinbergen gehört **SÜDTIROL** zu den flächenmäßigen Schlusslichtern im italienischen Weinbau (entspricht knapp 0,7 Prozent der gesamtitalienischen Anbaufläche). Das große Potenzial des Südtiroler Weinbaus liegt in den unterschiedlichen Höhenlagen. Die Weinberge liegen zwischen 200 und 1.000 Metern Seehöhe. Aus dem traditionellen Rotweinland Südtirol ist ein Weißweinland geworden. Von ehemals 20 Prozent hat sich der Anteil der Weißweine auf knap 65 Prozent gesteigert. Hauptsorten bei Weißwein sind Pinot Grigio, Chardonnay, Weißburgunder und Gewürztraminer, die jeweils etwas über elf Prozent ausmachen. Die größten Flächenzunahmen verzeichneten Sauvignon, Gewürztraminer und Ruländer.

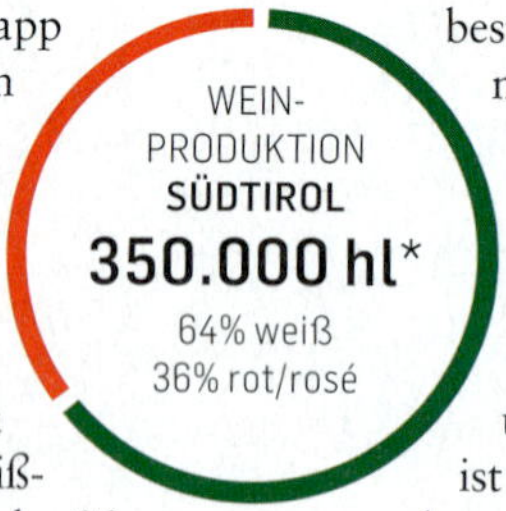

Mit einem Anteil von knapp acht Prozent besteht beim Bioweinbau in Südtirol noch viel Luft nach oben. Bei den Rotweinen hat die traditionelle Leitsorte Vernatsch (Kalterersee, St. Magdalener, Meraner) in den vergangenen Jahren stark abgenommen. Mit rund 600 Hektar und einem Anteil von elf Prozent ist sie zwar immer noch die meistangebaute Rotweinsorte Südtirol, Pinot Grigio und Gewürztraminer aber haben sie im Flächenanteil schon überflügelt. Nachdem Weintrinker in den vergangenen Jahren vor allem auf körperreiche und dicht strukturierte Weine orientiert waren, zeichnet sich eine Re-

* Gesamtweinprodukion Italien: 49.908.000 hl, Jahrgang 2020

naissance des leichten und fruchtbetonten, mit mildem Tannin ausgestatteten Vernatsch ab. Seit Beginn der 1990er-Jahre sorgen auch Südtiroler Rotweine national und international für Aufsehen. Zunächst waren das Bordeaux-Cuvées, dann vor allem Blauburgunder und Weine aus der autochthonen Sorte Lagrein. Das Weinbauland Südtirol ist in sieben Gebiete unterteil: das Überetsch um die Orte Eppan und Kaltern, das Unterland südlich von Bozen, die Landeshauptstadt selbst, das Etschtal um Terlan, Nals und Andrian, Meran und Umgebund, im Westen anschließend das Vinschgau und schließlich das Eisacktal, das einen großen Aufschwung erlebt. Die wichtigsten Absatzmärkte für den Südtiroler Wein sind Südtirol selbst und das restliche italienische Staatsgebiet, gefolgt von Deutschland, den USA und der Schweiz. Neben den erfolgreichen privaten Weinkellereien geben die vielen kleinen Winzerbetriebe dem Weinland die Würze und Vielfalt. Geprägt aber wird Südtirol von den Winzergenossenschaften. Von den maßgeblichen italienischen Weinführern wurden wiederholt Südtiroler Winzergenossenschaften als beste Betriebe Italiens gekürt. Auch einige der besten Weine im Falstaff Weinguide stammen von Südtiroler Winzergenossenschaften. Südtirol – klein in der Menge, groß in der Qualität!

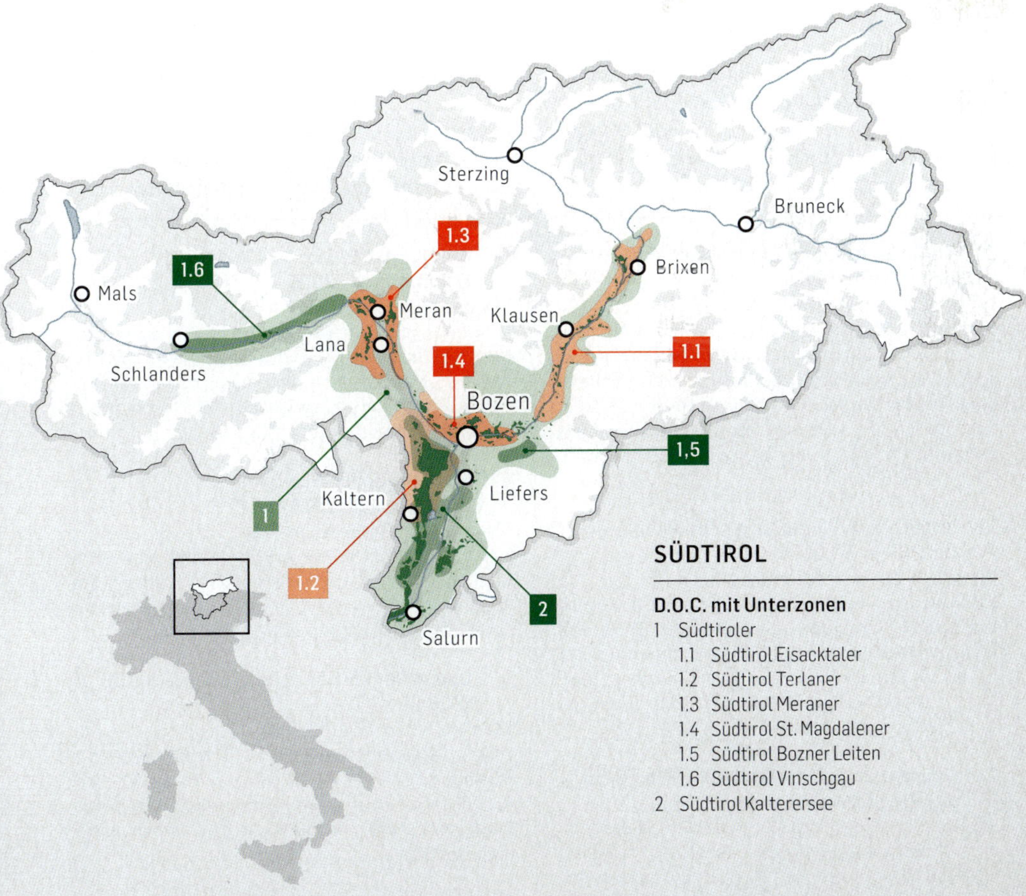

SÜDTIROL

D.O.C. mit Unterzonen

1 Südtiroler
- 1.1 Südtirol Eisacktaler
- 1.2 Südtirol Terlaner
- 1.3 Südtirol Meraner
- 1.4 Südtirol St. Magdalener
- 1.5 Südtirol Bozner Leiten
- 1.6 Südtirol Vinschgau

2 Südtirol Kalterersee

Quelle: Istat date 2021, Südtirol Wein

★★★★

WEINGUT ABRAHAM

Maderneid 29, 39057 Eppan (BZ)
T: +39 349 4650714, info@weingutabraham.it
weingutabraham.it

Ab-Hof-Verkauf: Ja
Kellermeister: Martin Abraham
Kontakt: Martin & Marlies Abraham
Produktion: 30.000 Flaschen, 60 % weiß, 37 % rot, 3 % rosé, 7 Hektar

Seit 2011 verarbeiten Martin und Marlies Abraham die Trauben ihres Weingutes selbst. Ziel sind natürliche, eigenständige und ausdrucksstarke Lagenweine. Martin Abraham lässt seinen Weinen ein langes Hefelager angedeihen, wodurch sie cremiger und tiefgründiger werden. Das kommt besonders im »Abraham Art Pinot Noir« zum Ausdruck, den es nur in Kleinstauflage gibt. Spannend ist der Vergleich der Weißburgunder »Muschelkalk« und »In der Låmm«, die auf verschiedenen Böden wachsen. Überaus gelungen ist auch wieder der »Upupa Gewürztraminer«, eine überzeugende Orange-Interpretation dieser Rebsorte.

94 Abraham Art Pinot Blanc Weinberg Dolomiten IGT 2019
14 Vol.-%, VL, Tonneau Fass
Intensives, strahlendes Strohgelb. In der Nase zunächst tolles Fumé, kalte Butter, Edelholz und gerösteten Walnüssen, schöne Würze, sowie nach goldenem Apfel und reifer Banane im Nachhall. Am Gaumen mit elegantem Schmelz, zeigt tolle Struktur und Ausgewogenheit zwischen Frucht und Säure, auch am Gaumen edler Toast, druckvoll und kompakt, vibriert lange nach, saftig.

93 In der Låmm Weissburgunder Weinberg Dolomiten IGT 2020
13,5 Vol.-%, VL, Tonneau Fass/Stahltank ⓗ
Intensives, leuchtendes Goldgelb. Zunächst verhalten und leicht rauchig, dann Noten von zarter gelber Frucht und Brotkruste.Weich und cremig beim Eintritt, spannt sich über den ganzen Gaumen. Aromen von Pfirsich und feiner, tropischer Frucht getragen von sehr gut eingebauter Säure. Eleganter, langer, salziger Nachhall.

94 Upupa Orange Mitterberg IGT 2019 TR/SB
13,5 Vol.-%, VL, Tonneau Fass ⓞ
Intensives, funkelndes Rotgold. Sehr komplexe Nase mit Aromen von Akazienhonig, Orangenschale, Litschi, Papaya und Ingwer. Am Gaumen ein Touch Gerbstoff, griffig, tolles Aromenspektrum, mit angenehmer Frische im langen Finale.

94 Abraham Art Pinot Noir Weinberg Dolomiten IGT 2018
14 Vol.-%, VL, Tonneau Fass
Funkelndes, aufhellendes Rubin Granat. Fein gezeichnete Nase, zeigt Noten nach Granatapfel, Brombeere und Himbeeren, dezente Würzenoten im Hintergrund. Zeigt am Gaumen schönen Schmelz, griffiges, im Kern feinmaschiges Tannin, im Finale fester Druck, hallt lange nach.

91 Blauburgunder Weinberg Dolomiten IGT 2019
13,5 Vol.-%, VL, Tonneau Fass ⓗ
Funkelndes, aufhellendes Rubin-Granat. Zart gezeichnete Nase mit Noten nach Himbeeren und Rauch, leichte Noten nach Harz und Gewürznelken. Griffiges Tannin im Ansatz, das sich zart öffnet, salzig, feine Würze.

91 Upupa Rot Weinberg Dolomiten IGT 2019 VN/PN
13 Vol.-%, VL, Tonneau Fass ⓗ
Leuchtendes, aufhellendes Rubinrot. Fein gezeichnete Nase mit Noten nach Veilchen, frischen Zwetschken und Kirschen. Rund und geschmeidig in Ansatz und Verlauf, zart angedeutetes Tannin, saftig, im Finale nach frischen Himbeeren, leichtgewichtig.

★★★

KELLEREI ANDRIAN

Kirchweg 2, 39010 Andrian (BZ)
T: +39 0471 257135, office@kellerei-andrian.com
kellerei-andrian.com

Ab-Hof-Verkauf: Ja
Kellermeister: Rudi Kofler
Kontakt: Klaus Gasser
Produktion: 500.000 Flaschen, 40 % weiß, 59 % rot, 1 % süß, 80 Hektar

Die Kellerei Andrian wurde 1893 gegründet und ist damit die älteste Winzergenossenschaft in ganz Südtirol. 2008 hat sie sich der Führung der Kellerei Terlan angeschlossen. Seither steht Andrian für kraftvoll-elegante, vielschichtige Weine. Der Fokus liegt bei den Weißweinen auf Sauvignon und Chardonnay, bei den Rotweinen auf Blauburgunder, Lagrein und Merlot. Mit den aktuellen Jahrgängen sind der samtig-füllige Merlot »Gant« und der spannungsgeladene Chardonnay »Doran« in die Riege der Südtiroler Spitzenweine aufgestiegen.

95 Doran Chardonnay Riserva Südtirol DOC 2019
14 Vol.-%, NK, Tonneau Fass/Stahltank
Sattes, funkelndes Strohgelb. Am Anfang reduktiv, mit leicht speckigen Tönen, Fumé, zeigt mit etwas Belüftung eine intensive Nase nach reifer tropischer Frucht, im Nachhall zart würzig, edler Holzeinsatz. Am Gaumen harmonisch, mit feinem Schmelz, saftig und rassig, gut eingebundenes Holz, rauchiges, langanhaltendes Finale.

93 Andrius Sauvignon Blanc Südtirol DOC 2020
13,5 Vol.-%, NK, großes Holzfass/Stahltank
Strahlendes helles Strohgelb. In der Nase Feuersteinaroma, Zitronenzesten, weißer Pfirsich und Grapefruit. Am Gaumen frisch und präzise, weißer Pfeffer und leichte Exotik, gleitet leichtfüßig über die Zunge langanhaltend und klar.

93 Gant Merlot Riserva Südtirol DOC 2019
14,5 Vol.-%, NK, Barrique
Sattes, funkelndes Rubin mit dunklem Kern. Ansprechende, intensive Nase mit Noten nach Brombeere und Maulbeere, im Hintergrund würzige Komponenten nach Galgant und Lorbeerblatt. Am Gaumen geschliffenes, sehr gut eingebundenes Tannin, zeigt sich mit guter Trinkigkeit, mittleres Gewicht, saftig, im Nachhall nach dunkler Schokolade.

92 Anrar Pinot Noir Riserva Südtirol DOC 2019
14 Vol.-%, NK
Funkelndes Rubinrot mit leicht aufhellenden Rändern. Fein und elegant in der Nase nach kleinen Beeren und Amarenakirschen, mit floralen Noten und etwas Zedernholz. Feines, engmaschiges Tannin im Wechselspiel mit lebendiger Säure am Gaumen, vielschichtig, druckvoll im langen Finale.

91 Tor di Lupo Lagrein Riserva Südtirol DOC 2019
14 Vol.-%, NK, Barrique
Dunkles, fast undurchdringliches Purpurrot mit aufhellendem Rand. In der Nase dominiert von reifen, dunklen Beeren, dazu Wacholder, Veilchen und etwas Sattelleder. Direkt und mundfüllend am Gaumen, mit feinem Holzeinsatz, druckvoll, stark vom Tannin geprägt, liegen lassen .

92 Juvelo Gewürztraminer Passito Südtirol DOC 2020
11,5 Vol.-%, NK, Barrique
Goldgelb und intensiv. Leicht würzige Nase nach Wacholder, Pinienblättern und Aprikose, sowie hellem Honig. Zeigt sich sehr cremig am Gaumen mit fast öliger Struktur, dazu feine Safran Noten und junger Honig, strahlend und langanhaltend.

★★★

ARUNDA

Prof.-Josef-Schwarz-Straße 18, 39010 Mölten (BZ)
T: +39 0471 668033, info@arundavivaldi.it
arundavivaldi.it

Ab-Hof-Verkauf: Mo bis Fr 8–12 und 14–18 Uhr, Sa 8–12 Uhr
Kellermeister/Kontakt: Josef Reiterer
Produktion: 93.333 Flaschen, 100 % Schaumwein

Der Südtiroler Sektpionier Sepp Reiterer führt mit Frau Marianne und Sohn Michael den Betrieb »Arunda« in Mölten auf 1150 Metern Seehöhe – und ist damit die höchstgelegene Sektkellerei Europas. In diesem Jahr präsentiert Arunda die zweite Auflage seines Spitzen-Sekts »Perpetuum«, welcher zu 65 Prozent aus fünf verschiedenen Riserva Jahrgängen und 35 Prozent aus fünf Jahre gereiftem Grundwein besteht. Spannend ist auch der »Zero Brut Nature«, ein Sekt der ohne Dosage und Schwefelzugabe auskommt.

93 Perpetuum Südtiroler Sekt DOC Extra Brut WB/CH/PN
12,5 Vol.-%, NK, Flaschengärung
Brillantes Strohgelb mit hellen, goldenen Reflexen. Tolle, einladende Nase, zart nach gedörrter Ananas, reifer Mango, sowie zart nach hellem Honig, sowie etwas Golden Delicious Apfel. Am Gaumen frisch und mit lebendiger Perlage, kompakt und mit saftigem Verlauf, hallt lange nach.

92 Zero Südtiroler Sekt DOC Brut Nature
12,5 Vol.-%, NK, Flaschengärung
Intensives leuchtendes Strohgelb. In der Nase feiner Duft nach Zitronenzeste, Quitte, Ananas und Buttergebäck. Am Gaumen feine Perlage mit schönem Fruchtschmelz und lebendiger Säure, klarer und toller Trinkfluss.

91 Phineas IV Südtiroler Sekt DOC Brut WB/KR/RR
13 Vol.-%, NK, Amphore/Flaschengärung
Leuchtendes, intensives Orange mit anhaltender Perlage. In der Nase nach gedörrter Marille, zarter Anklang von Datteln, dazu Orangenzesten, im Nachhall nach gerösteten Walnüssen, vielschichtig. Am Gaumen mit kompakter Frucht, wird im hinteren Bereich allerdings leicht phenolisch und zart bitter.

89 Excellor Südtiroler Sekt Rosé DOC
12,5 Vol.-%, NK, Flaschengärung
Hell leuchtendes Lachsrosa. In der Nase Mandarine, Akazie, Stachelbeere und Passionsfrucht. Am Gaumen feine Perlage, stramme Säure, etwas bitter, im Nachhall Zitrusaromen.

★★★★

KELLEREI BOZEN

Moritzinger Weg 36, 39100 Bozen (BZ)
T: +39 0471 270909, info@kellereibozen.com
kellereibozen.com

Ab-Hof-Verkauf: Mo bis Sa 9.30–18.30 Uhr
Kellermeister: Stephan Filippi
Kontakt: Klaus Sparer
Produktion: 3.000.000 Flaschen, 47 % weiß, 52 % rot, 1 % rosé, 350 Hektar

Die Kellerei Bozen wurde 2001 gegründet und 2018 neu errichtet. Der Betrieb um Kellermeister Stephan Filippi bietet ein breites Spektrum an erstklassigen Weinen. Lagrein und St. Magdalener gehören seit jeher zu den Stärken. Mit dem Lagrein »Taber« und dem Lagrein »Prestige« hat die Kellerei einen Maßstab für geschliffene, feine Weine aus dieser Ur-Südtiroler Sorte geschaffen. Besonders am Herzen liegen Filippi der St. Magdalener und die Selektion »Huck am Bach«. Weißburgunder »Dellago« und Sauvignon Riserva »Greel« zeigen, dass Filippi auch mit anderen Sorten hervorragend umgehen kann.

93 Kleinstein Gewürztraminer Südtirol DOC 2021
15 Vol.-%, DIAM, Stahltank
Leuchtendes, intensives Hellgold. In der Nase nach gelbem Pfirsich, Banane, leichte Noten von Muskat, weißes Rosenblatt. Am Gaumen mit sanfter Creme und toller Frische, spannt sich harmonisch über die Zunge, ohne überladen zu wirken, endet feinwürzig, anhaltend.

92 Greel Sauvignon Riserva Südtirol DOC 2020
14 Vol.-%, DIAM, großes Holzfass
Strahlendes, intensives Strohgelb. Zunächst verhalten in der Nase, mit mineralisch-würzigen Noten, sowie dezenter Frucht und floralen Aromen. Anklänge von tropischer Frucht, aber vor allem knackig und druckvoll am Gaumen mit sehr gut integrierter Säure, elegantes Finale.

92 Stegher Chardonnay Riserva Südtirol DOC 2020
14 Vol.-%, DIAM, großes Holzfass
Gelb mit zarten grünlichen Schattierungen. In der Nase angenehme blumige Noten und Anklänge von weißem Fruchtfleisch. Im Mund schöne, erfrischende Säure und hervorragende Geschmeidigkeit mit einem Abgang von Zitrusfrüchten.

93 Taber Lagrein Riserva Südtirol DOC 2020
14 Vol.-%, NK, Barrique
Tiefdunkles Rubin-Violett mit schwarzem Kern. Duftet in der Nase nach Maulbeeren und Holunderbeeren, dazu viel dunkle Schokolade, etwas dunkle Brotkruste. Kerniges, zupackendes Tannin charakterisiert den Gaumen, dazu gut gereifte Frucht, nach dunklen Zwetschken und Holunderbeere, herzhaft, süßer Schmelz im Finale, kernig.

91 Thalman Pinot Nero Riserva Südtirol DOC 2019
13,5 Vol.-%, DIAM, Barrique
Leuchtendes, sattes Rubinrot. Offene und elegante Nase nach reifen Waldbeeren und knackiger Weichselkirsche, etwas Waldboden und leicht nach Veilchen im Nachhall. Spannt sich mit schönem Bogen über den Gaumen, gut integrierte Säure, spürbares, aber samtiges Tannin, saftig bis in den anhaltenden Abgang.

91 Siebeneich Merlot Riserva Südtirol DOC 2018
14,5 Vol.-%, DIAM, Barrique
Tiefdunkles, sattes Rubinrot. In der Nase elegante Fruchtnoten nach reifen Brombeeren und Waldbeere, feine Kräuterwürze und Zimt. Am Gaumen dicht, rund und saftig, Tannine elegant und fein, komplex, im Finale leicht zehrend.

★★★

BRUNNENHOF MAZZON

Gebirgsjägerstraße 5, 39044 Neumarkt/Mazzon (BZ)
T: +39 0471 820687, info@brunnenhof-mazzon.it
brunnenhof-mazzon.it

Ab-Hof-Verkauf: Ja
Kellermeister: Kurt Rottensteiner
Kontakt: Johanna und Kurt Rottensteiner
Produktion: 40.000 Flaschen, 35 % weiß, 60 % rot
7 Hektar
Anbauweise: Bio

Der Brunnenhof ist ein kleines Familienweingut in Mazzon. Die Weingärten werden biologisch bewirtschaftet. Blauburgunder ist mit vier Hektar die wichtigste Sorte. In der Lage Vill stehen über 100 Jahre alte Lagrein-Reben. Die Rotweine vergären am Brunnenhof spontan und reifen mindestens ein Jahr im kleinen Holzfass. Daneben gibt es Gewürztraminer und Manzoni Bianco (»Eva«). Vom Jahrgang 2015 brachte Kurt Rottensteiner den Einzellagen-Blauburgunder »Vigna Zis« auf den Markt: ein Wein, der in der obersten Liga mitspielt. Neu ist ein gepachtetes Weingut in Vill, das mit Chardonnay bepflanzt ist.

89 Eva Manzoni Bianco Vigneti delle Dolomiti IGT 2021
14,5 Vol.-%, DIAM, Stahltank
Funkelndes, sehr helles Strohgelb. Dezente Fruchtaromatik von Pfirsich und Grapefruit sowie zarte Kräuternote. Saftig und mit rassiger Säure, linear und sehr direkt, etwas wärmend mit leichtem Bitterton im Nachhall.

89 Chardonnay Südtirol DOC 2020
13,5 Vol.-%, DIAM, 500-l-Fass
Intensives, leuchtendes Strohgelb mit grünlichem Schimmer. In der Nase Salbei, reife Aprikose, und etwas Jod. Am Gaumen dicht und kräftig gewoben, für ein volles Mundgefühl, mit kompakter Säure, im Finale dann leider vom Holzeinsatz dominiert.

89 Gewürztraminer Südtirol DOC 2021
14,5 Vol.-%, NK
Helles Strohgelb mit zartem grünem Reflex. In der Nase aromatisch und intensiv nach reifen tropischen Früchten wie Mango und Papaya, dann Litschi und verwelkte Rosenblüten, im Nachhall feine Würzigkeit. Am Gaumen mit gewisser Saftigkeit und gewissem Säurespektrum, geschmacksintensiv, mittleres, brandiges Finale.

94 Vigna Zis Mazzon Blauburgunder Riserva Südtirol DOC 2016
14,5 Vol.-%, NK, 500-l-Fass
Intensives Rubin-Granat, funkelt. Eröffnet mit ansprechenden Noten nach Himbeere, dann viel Erdbeere und Granatapfel. Stoffig und saftig, entfaltet sich mit viel präsentem, dichtem Tannin, tiefgründig im Finale fester Druck, zeigt im Finale herzhaft erdige Komponenten, langer Nachhall.

92 Mazzon Pinot Nero Riserva Südtirol DOC 2019
14 Vol.-%, DIAM, 500-l-Fass/großes Holzfass
Hell leuchtendes Rubinrot. In der Nase intensiv duftend nach dunkler Kirsche, Walderdbeeren und Himbeere, unterlegt mit würzigen Noten. Am Gaumen mit fein ausbalancierter Säure und elegantem Tannin, im Finale anhaltend und mit Druck.

91 Lagrein Südtirol DOC 2020
14 Vol.-%, NK,DIAM, 500-l-Fass/großes Holzfass
Besonders dunkelrot. Sehr reichhaltig und komplex, schwarze Früchte, Brombeere und Heidelbeere, Beeren und Wurzeln, Myrte, Lakritze und Wacholder. Im Mund würzige Anklänge im Vordergrund mit einer vollen, dichten und reifen Frucht, angenehm zu trinken.

★★★

CASTEL SALLEGG

Unterwinkel 15, 39052 Kaltern (BZ)
T: +39 0471 963132, info@castelsallegg.it
castelsallegg.it

Ab-Hof-Verkauf: Ja
Kellermeister: Matthias Hauser
Kontakt: Georg Graf Kuenburg
Produktion: 53 % weiß, 44 % rot, 3 % rosé, 30 Hektar

Schloss Sallegg ist ein Ansitz inmitten der Weinberge von Kaltern, einst von Erzherzog Rainer von Österreich erworben und über Erbfolge in den Besitz der Grafen Kuenburg übergegangen. Mit 30 Hektar Rebfläche und drei Weinhöfen ist Castel Sallegg eines der größten Weingüter Kalterns. Die Lagen arrangieren sich rund um den Kalterer See. Georg Graf Kuenburg baut seine Rotweine stets etwas länger aus, um sie trinkreif in den Verkauf zu bringen. Eine Spezialität ist der Rosenmuskateller. Hervorragend sind der Merlot aus der Lage Nussleiten und die Kalterer See Auslese aus der Lage Bischofsleiten.

89 Leopoldine Pinot Blanc Südtirol DOC 2020
14 Vol.-%, NK, Barrique Ⓕ
Funkelndes Strohgelb mit grünlichen Reflexen. In der Nase duftige Noten nach reifem Apfel, Apricot, dann tropische Früchte und ein Hauch Zitrusfruchtaromatik. Am Gaumen elegant, gut ausbalanciert, mineralisch, mit knackigem Säurespektrum, im Finale leider etwas austrocknend.

89 Marei Chardonnay Südtirol DOC 2020
14 Vol.-%, NK, Barrique
Mittleres Strohgelb mit hellen Reflexen. In der Nase Vanillenote, geröstete Haselnüsse, Mango und reifer Pfirsich. Am Gaumen präsentiert er sich extraktreich, mit cremiger Textur und moderater Säure, mit deutlichem Holzüberhang und im Finale leider bitter.

93 Nussleiten Merlot Südtirol DOC 2018
14 Vol.-%, NK, Barrique
Sattes, funkelndes Rubin mit leichtem Granatrand. Sehr kompakte und dichte Nase, fein gezeichnet, nach Holunderbeeren und Brombeeren, im Hintergrund feine Würze. Am Gaumen saftige, klar herausgearbeitete Frucht, feinmaschiges Tannin, im Finale nach Tabak.

92 Bischofsleiten Kalterersee Auslese Klassisch Superiore DOC 2021
13 Vol.-%, DIAM, Stahltank/Tonneau Fass
Intensives, funkelndes Kirschrot. Duftig nach knackiger Kirsche, feinwürzig, geröstete Mandeln. Am Gaumen sehr direkt und geradlinig, mit schöner Frische, feinem, integriertem Tannin, druckvoll im Finale.

90 Cabernet Sauvignon Riserva Südtirol DOC 2018
13,5 Vol.-%, DIAM, Barrique
Intensiv dunkles Rubinrot mit ziegelrotem Rand. Intensiver Duft nach Brombeeren und dunkler Kirsche, Tabaknoten und Bitterschokolade sowie Kräuterwürze. Am Gaumen druckvoll und dicht, engmaschigem Tannin und rundem Finale.

89 Karal Pinot Noir Südtirol DOC 2019
14 Vol.-%, NK, Tonneau Fass
Sehr intensives Rubinrot. In der Nase Bouquet von sehr reifen Früchten, verwelkten Blumen und einigen Zedernholznoten. Im Mund dicht und rund, mit einer guten Spannung, bei welcher die Kirschnote dominiert, im Nachhall deutlich vom Holzüberhang geprägt.

★★★★

CASTELFEDER

Franz-Harpf-Straße 15, 39040 Kurtinig (BZ)
T: +39 0471 820420, info@castelfeder.it
castelfeder.it

Ab-Hof-Verkauf: Ja
Kellermeister: Ivan Giovanett
Kontakt: Ines Giovanett
Produktion: 600.000 Flaschen, 64 % weiß, 36 % rot
72 Hektar

Das Weingut wurde 1969 gegründet. Seit 2011 bewirtschaftet Ivan Giovanett mit Studienkollege Tobias Treis auch die Riesling-Steillage Sorentberg an der Mosel. Das Familiengut liegt in den Gemeinden Neumarkt und Kurtinig im Südtiroler Unterland und umfasst rund 70 Hektar. Hergestellt werden vorwiegend Weißweine sowie autochthone Rotweine. »Family Reserve« ist die neue Spitze der Castelfeder-Qualitätspyramide und hebt die historische Cru-Lage Kreuzweg in den besten Jahrgängen hervor. Der neue Spitzenwein, ein Chardonnay Riserva, wird in einer limitierten Auflage von nur 1400 Flaschen produziert.

Ivan und Ines Giovanett, Weingut Castelfeder

beigestellt

97 Kreuzweg Family Reserve Chardonnay Riserva Südtirol DOC 2018
14 Vol.-%, NK, Barrique
Funkelndes, intensives Strohgelb. Eröffnet mit leicht rauchigen Noten, dann nach Feuerstein und Mango, sehr schönes und ansprechendes Spiel. Am Gaumen feine gereichte Fruchtkomponenten, gut eingebundene Säure die Spannung gibt, vielschichtig, hallte lange nach.

93 Burgum Novum Chardonnay Riserva Südtirol DOC 2019
14 Vol.-%, NK, Barrique
Intensives, tiefes Gelb. Reichhaltige Nase mit Nuancen von gelben Früchten und eleganten Anklängen von gerösteten Mandeln und Gewürzen. Im Mund geschmeidig und umhüllend, samtig und weich, rund, voll, cremig, aber frisch, mit guter Saftigkeit und mineralischen Noten, langer, würziger und salziger Abgang.

92 15 Pinot Grigio Südtirol DOC 2021
13,5 Vol.-%, DIAM, Stahltank
Funkelndes, helles Strohgelb mit grünlichen Reflexen. In der Nase fruchtige Nuancen von Äpfeln, Birnen und Zitronen, dann im Nachhall Quitte und Pfirsich. Am Gaumen frisch und saftig, gut ausbalanciert, mit fruchtsüßem Finale.

VERKOSTUNGSERGEBNISSE
CASTELFEDER

92 Raif Sauvignon Weinberg Dolomiten IGT 2021
13 Vol.-%, DIAM, Stahltank
Helles, strahlendes Strohgelb. In der Nase Tomatenblatt, Cassis, Stachelbeere und etwas Minze. Zarter Fruchtschmelz beim Eintritt, spannt sich schön über den Gaumen. Markante, gut eingebaute Säure, knackige Frucht, saftig und leicht cremig im Nachhall.

92 Tecum Pinot Bianco Riserva Südtirol DOC 2019
13 Vol.-%, NK, großes Holzfass
Strahlendes, helles Goldgelb. In der Nase feine Nuancen von Äpfeln und Birnen, dann im Nachhall ein Touch Feuerstein und ein zarter Ton von weißen Blüten, der edle Holzeinsatz ist merkbar. Am Gaumen gut ausbalanciert, saftig, mit schönem Säurespektrum, zieht sich elegant über den Gaumen, langes Finale.

93 Burgum Novum Pinot Nero Riserva Südtirol DOC 2019
14 Vol.-%, NK, Barrique
Transparentes Rubin mit aufhellenden Rändern. Noten von Kirschen und Brombeeren, reife Veilchen, im Nachhall ein Hauch von Steinpilzen. Am Gaumen ausgewogen, gut eingebauter Holzeinsatz, spannt einen schönen Bogen, anhaltendes Finale mit Druck.

92 Buchholz Pinot Nero Südtirol DOC 2020
13 Vol.-%, DIAM, Barrique
Leuchtendes Rubinrot mit leicht aufhellendem Rand. In der Nase fruchtig nach Erd- und Himbeere, im Nachhall ein Hauch Würze und eine leicht rauchige Note vom Holzausbau. Zeigt sich am Gaumen frisch und saftig, mit schönem Zug und anhaltendem Finale.

92 Mazon Pinot Nero Südtirol DOC 2020
14 Vol.-%, DIAM, Barrique, Sattes, funkelndes Rubinrot mit leicht aufhellendem Rand. In der Nase Nuancen von reifer Kirsche, im Nachhall leicht rauchige und ledrige Noten. Am Gaumen mit knackiger Säure, kompakt und stoffig, langes fruchtiges Finale.

91 Glen Pinot Nero Südtirol DOC 2020
13,5 Vol.-%, DIAM, Barrique
Leuchtendes, sattes Rubinrot. In der Nase leicht grünwürzig und Aromen nach weißem Pfeffer, im Nachhall Anklänge von frischen Erd- und Himbeeren. Am Gaumen fruchtsüß, harmonisch, mit schöner Saftigkeit und präziser Frucht, angenehmes und langanhaltendes Finale.

91 Burgum Novum Lagrein Riserva Südtirol DOC 2019
13,5 Vol.-%, NK, Barrique
Intensives dunkles Purpurrot mit aufhellenden Rändern. In der Nase intensives Aroma nach Waldfrüchten und Veilchen, dann treten dunkle Schokolade und Kaffee hervor. Am Gaumen präsentiert er sich saftig, füllig, stark vom Tannin geprägt, für weitere Lagerung geeignet.

beigestellt

★★

WEINGUT CORA

Unterrrainerstraße 39, 39057 Eppan (BZ)
T: +39 335 5442552, mail@cora-weingut.com
cora-weingut.it

Ab-Hof-Verkauf: Ja
Kellermeister/Kontakt: Lorenz San Nicolò
Produktion: 4.000 Flaschen, 50 % weiß, 50 % rot
1 Hektar

Der Cora Hof ist ein kleiner Weinbaubetrieb nahe St. Pauls im Überetsch. Mit 50 Jahren hat sich der Geologe Lorenz San Nicolò als Autodidakt ins Weinabenteuer gestürzt – unterstützt von Weinbaukollegen und ermutigt von seiner Frau. Die Weinberge befinden sich auf eiszeitlichen Sedimenten, welche in einem Gletschersee abgelagert wurden. »Kampferde« werden diese fruchtbaren, stark verfestigten Böden genannt. Sie bilden ideale Voraussetzungen für schwere Rotweine. Das Angebot umfasst zwei Weine: einen fleischigen, dichten Merlot und einen duftigen Goldmuskateller.

Lorenz San Nicolò,
Weingut Cora

90 Ouvertüre Mitterberg IGT 2020 GM6/SB
12,5 Vol.-%, NK, Stahltank
Leuchtendes Strohgelb mit goldenem Kern. Intensive, exotische Fruchtaromatik in der Nase, mit Noten von Litschi, Papaya, und Maracuja, sowie Hauch von Muskat. Rundes Mundgefühl, Integrierte, aber lebendige Säure, mit sattem Nachhall.

90 Merlot Riserva Weinberg Dolomiten IGT 2019
14,5 Vol.-%, NK, Barrique
Tiefdunkles sattes Rubinrot. Sehr konzentriertes Aroma nach reifen Brombeeren, Pflaumen und eingelegten Kirschen sowie würzige Noten. Am Gaumen mit viel Kraft und griffigem Tannin, ummantelt von Fruchtschmelz und Würze, leichte Rauheit im Finale.

★★

WEINGUT DONÀ

Unterrain 73, 39057 Eppan (BZ)
T: +39 335 6058733, info@weingut-dona.com
weingut-dona.com

Ab-Hof-Verkauf: Ja
Kellermeister/Kontakt: Hansjörg Donà
Produktion: 20.000 Flaschen, 45 % weiß, 55 % rot
2 Hektar

Wein – ein Stück Lebenskultur. Nach diesem Grundsatz pflegt die Familie Donà in Unterrain bei Eppan ihr Weingut. Mit viel Engagement in Kombination mit fachlicher Kenntnis entstehen ortstypische Qualitätsweine, die einen unverkennbaren Charakter zeigen. Maximalismus im Weinberg, Minimalismus im Keller – das ist die Devise von Familienoberhaupt Hansjörg Donà. Nach über 30 Jahren Tätigkeit als verantwortlicher Kellermeister in einer bedeutenden Winzergenossenschaft gründete er 2011 sein eigenes Weingut. Die Produktion ist überschaubar: 26.000 Flaschen, die sich auf vier Weine verteilen.

91 Chardonnay Südtirol DOC 2021
13 Vol.-%, PK, Stahltank/Tonneau Fass F
Leuchtendes Zitronengelb mit hellen Reflexen. In der Nase intensiv nach Weinbergpfirsich, Ananas und Zitrusnoten. Am Gaumen frisch und klar, mit fruchtigen Körper und feinem Schmelz, hallt sauber und mittellang nach.

91 Sauvignon Südtirol DOC 2021
14 Vol.-%, PK, Stahltank/Tonneau Fass
Blass leuchtendes Strohgelb mit leicht grünlichen Reflexen. In der Nase Nuancen von reifen Zitronen, Orangenzesten, dann im Nachhall Holunderblüten und Stachelbeere. Am Gaumen erfrischend, gut ausbalanciert, schöne Saftigkeit, mit feinem Zug im Finale.

92 Merlot Lagrein Weinberg Dolomiten IGT 2019 ME/LG/CS
14 Vol.-%, NK, Tonneau Fass
Intensiv strahlendes Purpurrot mit leicht aufhellendem Rand. In der Nase präzise Töne von sehr reifer Pflaume, im Nachhall ein Hauch Würze. Öffnet sich mit toller vegetaler Würze, sehr mundfüllend und sanft, langanhaltendes Finale.

91 Vernatsch Südtirol DOC 2021
13 Vol.-%, NK, Stahltank F
Hell glänzendes Rubinrot. In der Nase würzige Noten von Zimt und Kardamon, fruchtige Noten nach Weichselkirsche und Himbeere. Am Gaumen weich und saftig, mittlere Struktur, angenehme Säure und fruchtiges Finale.

★★★

WEINGUT EICHENSTEIN

Katzensteinstraße 34, 39012 Meran (BZ)
T: +39 0473 427779, info@eichenstein.it
eichenstein.it

Ab-Hof-Verkauf: Voranmeldung
Kellermeister: Martin Pollinger
Kontakt: Josef Waldner und Martin Pollinger
Produktion: 30.000 Flaschen, 70 % weiß, 25 % rot, 5 % rosé, 5.5 Hektar

Das Weingut Eichenstein liegt auf 550 bis 600 Metern Höhe im Etschtal oberhalb Meran. Hier gedeihen Chardonnay, Sauvignon Blanc, Riesling, Blauburgunder, Merlot. Zum Gut gehören auch drei Weingärten in Marling. Dort ist seit 350 Jahren Josef Waldners Familie mit dem Weinbau verbunden. Sein Önologe Martin Pollinger entwickelt geradlinige, charakterstarke Weine. Die Palette umfasst die Cuvées »Baccara« (rot) und »Gloria Dei« (weiß) sowie Sauvignon, Chardonnay, Riesling, Blauburgunder und Vernatsch Rosé. Die Essenz kommt im »Seppelaia« (Chardonnay Riserva) und im »Stein« (Sauvignon) zum Tragen.

Martin Pollinger,
Weingut Eichenstein

93 Seppelaia Chardonnay Riserva Südtirol DOC 2019
14 Vol.-%, NK, Tonneau Fass/Stahltank
Leuchtendes mittleres Strohgelb. In der Nase intensiv nach Obers, Vanille, reifer Ananas und ein Hauch von Banane. Am Gaumen füllig und cremig, geschliffener Verlauf und langer Nachklang.

92 Marie Sophie Chardonnay Südtirol DOC 2021
13,5 Vol.-%, PK, Stahltank
Intensives Zitronengelb mit goldenen Reflexen. In der Nase ausgeprägte Zitrusfrucht, Ananas und knackigem Pfirsich. Spannt sich gut auf über den ganzen Gaumen, lebendige Säure, leichter Druck, im Nachhall schöne Cremigkeit.

93 Stein Sauvignon Blanc Südtirol DOC 2020
13,5 Vol.-%, NK, Tonneau Fass/Stahltank
Brilliantes, helles Strohgelb. Duftig in der Nase, nach frisch geschnittenem Gras, Stachelbeere, und Brennnesseltee. Mit feinem Schmelz am Gaumen, knackig, mit markanter Säure, dynamisch und griffig, bis ins lange Finale, kann noch reifen.

91 Knott Sauvignon Blanc Südtirol DOC 2021
13,5 Vol.-%, KK, Stahltank
Helles Strohgelb mit grünlichen Reflexen. In der Nase Nuancen von Zitrusfrüchten und Stachelbeere, im Nachhall ein

VERKOSTUNGSERGEBNISSE
WEINGUT EICHENSTEIN

Hauch Holunderblüten. Am Gaumen gute Saftigkeit, feine Frucht, von mittlerem Körper, mit gut integrierter Säure, trinkig.

92 Gloria Dei Weiss Mitterberg IGT 2021 WB/SB/RR
13 Vol.-%, KK, Stahltank
Hell leuchtendes Strohgelb. In der Nase reife Frucht von Honigmelone, Pfirsich und Zitrusnoten, ebenso Nuancen von weißen Blüten. Am Gaumen geradlinig, ansprechende Säure und schöner Trinkfluss, mittelgewichtig und saftig.

92 Athos Riesling Südtirol DOC 2020
13 Vol.-%, NK, Tonneau Fass/Stahltank
Leuchtend helles Strohgelb. In der Nase Anklänge von Birne, weißem Pfeffer und hellem Pfirsich, der Holzeinsatz ist leicht wahrnehmbar. Am Gaumen klar mit schöner Frische, präzise und salzig, mit angenehmem Finale.

89 Rosé Carina Vernatsch Mitterberg IGT 2021
12 Vol.-%, PK, Stahltank
Leuchtendes, helles Altrosa. Noch recht verhalten, mit Nuancen von frischen Erdbeeren, Wiesenblumen und Sträuchern. Frisch im Trunk, ausgewogen, und sehr trinkiger Sommerwein.

93 Baccara Merlot Cabernet Franc Riserva Südtirol DOC 2019 ME/CF
13,5 Vol.-%, NK, Barrique/Stahltank
Funkelndes Rubinrot mit granatroten Reflexen. In der Nase dominiert von Tabak, Wacholder, gefolgt von dunkler Frucht und Cassis. Weicher Eintritt, spannt sich bei voller Struktur elegant am Gaumen auf, gerbstoffreich und vielschichtig bis ins lange Finish.

92 Amantus Blauburgunder Südtirol DOC 2020
13 Vol.-%, NK, gebrauchte Barriques/Stahltank
Elegant leuchtendes Rubinrot. In der Nase zarter Duft nach Himbeere und Kirsche, leichte Würze und reife Pflaume. Am Gaumen stramme Säure, leichte Tanninstruktur, mit Druck und saftigem Finale, herrlicher alpiner Blauburgunder.

beigestellt

★★★

KELLEREI EISACKTAL

Leitach 50, 39043 Klausen (BZ)
T: +39 0472 847553, info@kellerei-eisacktal.it
kellerei-eisacktal.it

Ab-Hof-Verkauf: Mo bis Fr 9–13.30 und 14–18 Uhr, Sa 9–13.30
Kellermeister: Hannes Munter
Kontakt: Armin Gratl
Produktion: 950.000 Flaschen, 97 % weiß, 3 % rot
150 Hektar

Die Eisacktaler Kellerei ist die jüngste Winzergenossenschaft Südtirols. Ihr gehören rund 135 Weinbauern aus dem Eisacktal an, die an steilen Hängen Lagen bis auf 970 Meter Höhe bearbeiten. Die Leitsorten sind Sylvaner und Kerner, es wird vermehrt auch Riesling und Veltliner angebaut. Die Sortenweine der Kellerei sind elegante, fruchtbetonte Weine mit frischer Säure. Für die »Aristos«-Linie hat Kellermeister Hannes Munter besonders exponierte Lagen selektioniert. Dieses Jahr überzeugen vor allem Grüner Veltliner, Sylvaner und Kerner.

92 Aristos Grüner Veltliner Eisacktal Südtirol DOC 2021
14 Vol.-%, NK, Stahltank/großes Holzfass
Leuchtendes Strohgelb mit grünlichen Reflexen. In der Nase nach sattem grünen Apfel, weißem Pfirsich, im Nachhall ein Hauch Zitrusfrucht-Aromatik. Am Gaumen gut ausbalanciert, elegante Säure und tolle Saftigkeit, schön ausbalanciert, wirkt cremig, mit langem fruchtigem Finale.

92 Aristos Sylvaner Eisacktal Südtirol DOC 2021
14 Vol.-%, NK, Stahltank/großes Holzfass
Leuchtendes Strohgelb mit grünem Schimmer. Duftet nach Pfirsich und grünem Apfel, dann im Nachhall weiße Melone und eine leicht würzige Note nach weißem Pfeffer. Am Gaumen mit knackiger, kristalliner Säure und feiner Saftigkeit, zieht sich mit Zug über die Zunge, langes Finale.

92 Aristos Kerner Eisacktal Südtirol DOC 2021
14 Vol.-%, NK, Stahltank
Leuchtendes Strohgelb mit hellen Reflexen. In der Nase reifer Pfirsich und Honigmelone, gepaart mit intensivem Aroma von Pfeffer und Akazienblüten. Am Gaumen saftig, ausgewogene Säurestruktur, kräftig, lang anhaltend, rassig!

90 Aristos Pinot Grigio Eisacktal Südtirol DOC 2021
14 Vol.-%, NK, Stahltank/großes Holzfass
Hell leuchtendes Strohgelb. Etwas verwaschene Nase nach gelbem Apfel, reifer Birne, Aprikose und ein Hauch Zitrus. Am Gaumen saftig, salzig und mundfüllend, Birne und Mirabelle, mit leicht zartbitterem Nachklang.

90 Aristos Sauvignon Eisacktal Südtirol DOC 2021
13,5 Vol.-%, NK, Stahltank
Helles Strohgelb mit grünen Reflexen. In der Nase frische Minze, Pfirsich, weiße Blüten und ein Hauch Litschi und Zitruszeste, sowie frisch geschnittenes Gras. Am Gaumen stramm und saftig, mit mittelkräftigem Druck und zarter Bitterkeit im Finale, wirkt etwas auszehrend.

90 Aristos Riesling Eisacktal Südtirol DOC 2021
13 Vol.-%, NK, Stahltank
Sattes Strohgelb mit grünlichen Reflexen. In der Nase Nuancen von weißem Pfirsich, Marille, im Nachhall kräutrige Note nach Salbei. Am Gaumen mit feinem Schmelz und animierender Säure, saftig und mit mittlerem Finale, wirkt insgesamt etwas einfach.

★★★★

WEINGUT FALKENSTEIN

Schlossweg 19, 39025 Naturns (BZ)
T: +39 0473 666054, info@falkenstein.bz
falkenstein.bz

Ab-Hof-Verkauf: auf Anfrage
Kellermeister/Kontakt: Franz Pratzner
Produktion: 90.000 Flaschen, 90 % weiß, 10 % rot
14 Hektar

Das Familienweingut Falkenstein befindet sich am Vinschgauer Sonnenberg oberhalb von Naturns. Der trockene Urgesteinsboden bietet ausgezeichnete Voraussetzungen für den Weinbau in steiler Südlage zwischen 550 und 900 Metern Seehöhe. Auf 14 Hektar baut Franz Pratzner charaktervolle Weißweine, feinen Rotwein an. Die Produktpalette besteht aus Weißburgunder, Riesling, Sauvignon, Gewürztraminer und Blauburgunder. Neben dem Riesling, der das Aushängeschild von Falkenstein ist, bekommt der rassige Weißburgunder ein immer besseres Profil. Ein Geheimtipp ist der würzig-geschliffene Blauburgunder.

94 Riesling Südtirol DOC 2020
12,5 Vol.-%, DV, großes Holzfass
Strahlendes, sattes Strohgelb. In der Nase elegant, mit toller Zitrusfruchtaromatik, dann Steinobst und ein dezenter Petrolton. Am Gaumen straff und mit gut integriertem Säurespektrum, breitet sich fein über die Zunge aus, mit Zug, langes mineralisches Finale, mit toller Haptik.

93 anadûron Riesling Südtirol DOC 2018
13,5 Vol.-%, NK, Tonneau Fass/Stahltank
Leuchtendes, helles Goldgelb. In der Nase deutlicher Petrolton, fruchtig nach reifer Aprikose und Pfirsich, im Nachhall nach weißen Blüten und nassem Stein. Am Gaumen saftig, mit rassiger Säure, präzise Frucht und mineralischer, lang anhaltender Abgang.

93 Weissburgunder Südtirol DOC 2020
12,5 Vol.-%, DV, großes Holzfass
Strahlendes helles Strohgelb. Feines Aroma nach Lindenblüten, Birnen und Pampelmus. Anklänge nach Mandeln. Am Gaumen straff und mineralisch, schöne Balance zwischen Säure und Saftigkeit, anhaltendes Finale mit hohem Trinkfluss.

92 Phileo Weissburgunder Südtirol DOC 2018
14,5 Vol.-%, NK, Barrique/Stahltank
Leuchtendes Goldgelb. In der Nase Nuancen von Honig, Orangenzesten und reifer Williamsbirne, dann im Nachhall leicht kräutrig, merklicher, edler Holzeinsatz. Am Gaumen satt und wärmend, cremige Textur, gut ausbalanciert, saftig und mit langem Finale.

91 Falkenstein Sauvignon Südtirol DOC 2020
12,5 Vol.-%, DV, großes Holzfass
Leuchtendes Strohgelb. Dezenter Duft nach frischen Kräutern und reifem Steinobst, leichte Feuersteinnote. Im Trunk entschieden stramm mit Zitrusnoten und schönem Trinkfluss, finessenreich, mittellang im Nachhall.

93 Blauburgunder Südtirol DOC 2019
13 Vol.-%, NK, Barrique/großes Holzfass
Rubinrot mit Tendenz zu Granat. Sehr intensive und saubere Nase nach Walderdbeeren mit Anklängen von Zimt und Kardamom. Im Mund sehr geschmeidig und elegant, Noten von Waldfrüchten dominieren, Tannin und Säure hervorragend eingebunden, packendes, leicht salziges Finish.

★★★★

KELLEREI GIRLAN

St.-Martin-Straße 24, 39057 Girlan (BZ)
T: +39 0471 662403, info@girlan.it
girlan.it

Ab-Hof-Verkauf: Mo bis Fr 9–12.30 Uhr und 14–18.30 Uhr, Sa 9–12.30 Uhr
Kellermeister: Gerhard Kofler
Kontakt: Oscar Lorandi
Produktion: 1.500.000 Flaschen, 55 % weiß, 45 % rot
230 Hektar

Die Kellereigenossenschaft Girlan wurde 1923 gegründet und zählt heute rund 200 Winzerfamilien, die 230 Hektar im Überetsch und Unterland bewirtschaften. Einst für hohe Vernatsch-Qualitäten bekannt, steht die Kellerei heute auch für höchste Qualität bei Weißburgunder, Sauvignon, Chardonnay, Gewürztraminer und Pinot Noir. Es gibt drei Qualitätslinien: klassische Weine, Weingüter und Selektionen. Die Kellerei hat sich letzthin zu einem Pinot-Noir-Spezialisten entwickelt, siehe »Trattmann«. Mit der Einzellage »Vigna Ganger« erzeugt Kellermeister Gerhard Kofler einen großartigen Pinot Noir.

Gerhard Kofler,
Kellerei Girlan

93 Flora Chardonnay Südtirol DOC 2020
13,5 Vol.-%, NK, kleines Holzfass
Funkelndes Strohgelb mit goldenem Kern. In der Nase reife Südfrüchte, leichter Rauchnote und dezenter Thymian. Spannt sich schön über den ganzen Gaumen, kompakt, mit voller Fruchtaromatik, druckvoll im Finale.

93 Flora Cuvée Bianco Riserva Südtirol DOC 2019 WB/CH/SB
14 Vol.-%, NK, Stahltank/großes Holzfass
Leuchtendes Strohgelb, hellgoldene Reflexe. In der Nase nach goldenem Apfel, Birne, gelbem Pfirsich, im Nachhall nach Wiesenkräutern. Am Gaumen strahlend, spannt sich schön auf, gut eingebundene Säure, im Finale sanfter Druck.

92 Girlan Flora Sauvignon Südtirol DOC 2020
14 Vol.-%, NK, Stahltank/Eichenfass
Funkelndes intensives Strohgelb. In der Nase Duft nach Zitrusfrüchten, Holunderblüten, Salbei und Mango. Am Gaumen schöne Saftigkeit, gut ausbalancierte Säure sowie zarter Schmelz, langer Nachhall.

90 Flora Pinot Bianco Riserva Südtirol DOC 2019
14 Vol.-%, NK, Stahltank/großes Holzfass
Strahlendes, helles Strohgelb mit grünlichen Reflexen. In der Nase reife gelbe Frucht und Akazienblüte, leicht buttrige Note im Nachhall. Auf der Zunge cremig und mit feinem

VERKOSTUNGSERGEBNISSE
KELLEREI GIRLAN

Fruchtschmelz, gut eingebaute Säure und mit schönem Druck im ausgedehnten Finale.

97 Vigna Ganger Pinot Noir Riserva Südtirol DOC 2018
15 Vol.-%, NK, Barrique/Stahltank
Intensives, funkelndes Rubin mit leicht aufhellendem Rand. Sehr intensive Nase, duftet satt nach Brombeeren, dunklen Zwetschken und Maulbeeren, im Hintergrund betont würzig. Füllt den Gaumen satt aus, viel feinmaschiges, dichtes Tannin, öffnet sich in mehreren Schichten, baut viel Druck auf, dunkle Brombeere im Finale.

95 Curlan Pinot Noir Riserva Südtirol DOC 2019
14 Vol.-%, NK, Barrique/Stahltank
Leuchtendes, mitteldichtes Rubin mit leichtem Granatschimmer. Eröffnet mit dezent rauchigen Noten, dann viel Brombeere und dunkle Kirsche, etwas schwarze Trüffel im Hintergrund. Rund und geschmeidig in Ansatz und Verlauf, öffnet sich mit viel seidigem Tannin, sehr saftig, langer Nachhall, im Finale fester Druck.

92 Flora Pinot Noir Riserva Südtirol DOC 2019
14 Vol.-%, NK, Barrique/Beton
Leuchtendes dunkles Rubinrot. In der Nase ausgeprägte Nuancen von frischen Kirschen und Rosenblätter, dazu Kräuter. Am Gaumen feine Tannin, samtig, saftiger Trinkfluss.

92 Trattmann Pinot Noir Riserva Südtirol DOC 2019
14 Vol.-%, NK, Barrique/großes Holzfass
Funkelndes, aufhellendes Rubin-Granat. Zeigt sich in der Nase etwas verhalten, eröffnet mit leicht rauchigen Noten, dahinter nach Himbeeren und reifen Kirschen. Rund und geschliffen am Gaumen, im Verlauf viel feinmaschiges Tannin, sehr gut platziert, saftig und salzig.

94 Gschleier Alte Reben Vernatsch Südtirol DOC 2020
12,5 Vol.-%, NK, Eichenfass
Strahlendes Rubinrot mit aufhellenden Rändern. Intensive Nase nach Preiselbeere, dunklen Kirschen und Pflaumen, ein Hauch von Veilchen. Am Gaumen geschmeidiges Tannin, schöner Druck, mit griffig-saftigem Tannin und anhaltendem Finale.

94 Pasithea Oro Gewürztraminer vendemmia tardiva Südtirol DOC 2019
12,5 Vol.-%, NK, gebrauchte Barriques
Intensives, funkelndes Orangegold. Sehr expressiv und aromatisch in der Nase, nach hellem Honig, Safran, weißer Schokolade, Zitrusfrüchte und gedörrtem Apricot. Am Gaumen süß, mit satter und sehr cremiger Textur, sehr gut eingebundene Säure, mundfüllend, sehr langes und fruchtiges Finale.

★★★★

GUMP HOF – MARKUS PRACKWIESER

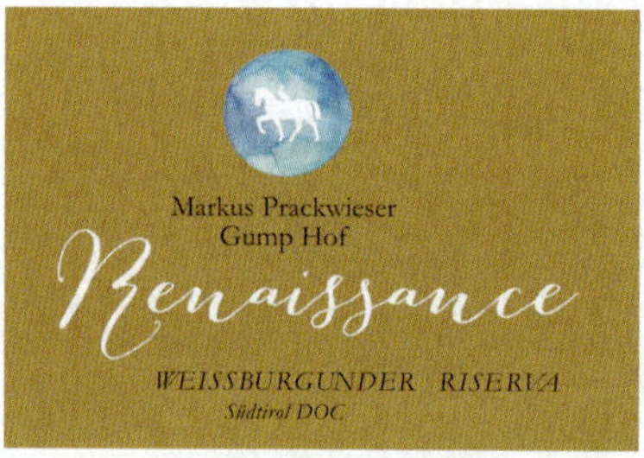

Völser Straße 11, 39050 Völs am Schlern (BZ)
T: +39 0471 60119, info@gumphof.it
gumphof.it

Ab-Hof-Verkauf: nach Voranmeldung
Kellermeister/Kontakt: Markus Prackwieser
Produktion: 60.000 Flaschen, 65 % weiß, 35 % rot
7 Hektar

Der Gump Hof im Eisacktal am Fuße des Schlernmassivs wurde erstmals 1546 erwähnt. Das Mikroklima ergibt vielschichtige Weine mit knackiger Frische. Markus Prackwieser präsentiert drei Linien: »Mediaevum«, »Praesulis« und »Renaissance«. In der »Mediaevum«-Linie gibt es einen Weißburgunder, einen Vernatsch und erstmals einen Sauvignon Blanc. »Praesulis« umfasst alle angebauten Sortenweine. Unter »Renaissance« erscheinen in den besten Jahrgängen die Leitsorten Weißburgunder, Sauvignon Blanc und Pinot Noir. Diese Weine reifen lange auf der Hefe im Fass und dann mindestens 12 Monate in der Flasche.

Markus Prackwieser, Gump Hof

© Alex Filz

95 Renaissance Weissburgunder Riserva Südtirol DOC 2018

14 Vol.-%, NK, Tonneau Fass/Stahltank

Leuchtendes, intensives Strohgelb mit silbernen Reflexen. Einladende Nase, duftend, nach reifem gelbem Pfirsich, kandierten Bananenstücken, dazu feine reife Zitrusfrucht und edle Haselnuss, toller Holzeinsatz. Saftig und strahlend am Gaumen, öffnet sich äußerst elegant und geschliffen, salzig und lange im Finale.

93 Mediaevum Weissburgunder Südtirol DOC 2021

13,5 Vol.-%, DIAM, Stahltank

Leuchtendes, strahlendes Strohlgelb. Tolle, ausdrucksstarke Nase, nach knackiger Zitrusfrucht, grünem Apfel und zart nach Ingwer, im Nachhall floral und duftig. Am Gaumen sehr saftig und sehr klar, zieht mit rassiger Säure und ausgeprägter Frucht auf, blitzsauberes und beachtlich langes Finale.

93 Praesulis Weissburgunder Südtirol DOC 2020

13,5 Vol.-%, DIAM, 500-l-Fass/Stahltank

Intensives, leuchtendes Strohgelb mit funkelnden Reflexen. Edle Nase, nach duftendem gelbem Pfirsich, knackigem Apfel, dazu feines Buttergebäck, in der Nase zart nach tropischen Früchten. Spannt einen weiten Bogen auf, klarer Verlauf, zeigt schönen Druck, im Finale sauber und auf edlen Zitrusnoten.

VERKOSTUNGSERGEBNISSE
GUMP HOF – MARKUS PRACKWIESER

95 Renaissance Sauvignon Blanc Riserva Südtirol DOC 2018
14,5 Vol.-%, NK, Tonneau Fass/Stahltank
Funkelndes, intensives Strohgelb mit grünen Komponenten. Einladende und klare Nase, duftet nach frischer Ananas und Grapefruit, dazu viel Thymian und Salbei. Spielt am Gaumen toll auf, öffnet sich mit feiner Stachelbeere, dazu guter Schmelz, schwingt lange nach.

92 Mediaevum Sauvignon Blanc Südtirol DOC 2021
13,5 Vol.-%, NK,DIAM, Stahltank
Funkelndes, helles Strohgelb. Sehr intensive, ansprechende Nase, nach Tomatenblätter, Salbei, etwas Thymian und weißer Spargel. Salzig am Gaumen, zeigt auch da ausgeprägt duftige Komponenten, feine Stachelbeere, saftig.

91 Praesulis Sauvignon Blanc Südtirol DOC 2020
13,5 Vol.-%, NK,DIAM, 500-l-Fass/Stahltank
Funkelndes, helles Strohgelb. Eröffnet mit leicht rauchigen Noten, dann viel Kräuterwürze, nach Tyhmian und Salbei, dann viel Stachelbeere. Zeigt sich am Gaumen aktuell unruhig, etwas vegetale Noten, salzig im Finale.

91 Praesulis Gewürztraminer Südtirol DOC 2020
14,5 Vol.-%, NK,DIAM, Stahltank
Leuchtendes Strohgelb. In der Nase Aromen von kandierten Früchten, orientalischen Gewürzen, Honig und Salbei. Im Mund schmelzig, einhüllend, fruchtig, dazu feine alpine Frische, anhaltend.

94 Renaissance Pinot Noir Riserva Südtirol DOC 2018
13,5 Vol.-%, NK, Barrique/großes Holzfass
Leuchtendes, mitteldichtes Rubin mit hellem Rand. Zeigt in der Nase feine Noten nach Waldhimbeeren, Brombeeren und dezent harzigen Tönen, nach Tannennadeln. Zeigt am Gaumen viel geschliffenes Tannin, entfaltet sich in mehreren Schichten, knackige Himbeerfrucht, im Finale edle würzige Noten.

93 Praesulis Pinot Noir Südtirol DOC 2019
14 Vol.-%, NK, Barrique
Funkelndes, aufhellendes Rubin. Eröffnet in der Nase mit zart rauchigen Noten, dann nach Kirschen und Brombeeren. Am Gaumen saftig, auf edlen Gewürznoten, spannt sich geschliffen auf, zügig und mit saftigem Finale.

91 Mediaevum Vernatsch Südtirol DOC 2021
13 Vol.-%, NK,DIAM, Stahltank/großes Holzfass
Leuchtendes, aufhellendes Rubin. Feine, duftige Nase, nach frischen Kirschen, etwas Veilchen, sehr klar. Am Gaumen saftig, zeigt gute Spannung, nach Weichselkirschen und Himbeeren, zartes Tannin.

★★★★★

FRANZ HAAS

Villnerstraße 6, 39040 Montan (BZ)
T: +39 0471 812280, info@franz-haas.it
franz-haas.it

Ab-Hof-Verkauf: Mo bis Sa 9–12 und 14.30–18.30 Uhr
Kellermeister: Stefano Tiefenthaler, Angelika Gabrielli
Kontakt: Maria Luisa Manna und Andi Punter
Produktion: 400.000 Flaschen, 60 Hektar

Seit 1880 wird bei Franz Haas Wein erzeugt. Das Weingut verarbeitet heute Trauben von 60 Hektar Rebfläche. Die Weinberge, die nachhaltig und naturnah bewirtschaftet werden, befinden sich in Montan sowie in den umliegenden Gemeinden Neumarkt, Aldein und Truden in Höhen von 220 bis 1150 Metern. Für den Weinbau in Höhenlagen war Franz Haas über die Landesgrenzen hinaus bekannt. Für Blauburgunder schlug das Herz von Franz Haas besonders stark. Leider hat uns der Pionier plötzlich im Februar 2022 verlassen, sein Erbe ist in guten Händen.

Franz Haas †

beigestellt

94 Sauvignon Blanc Südtirol DOC 2020
12,5 Vol.-%, DV, Teilbarrique
Intensives Strohgelb, mit hellen goldenen Reflexen, Komplexe und einladende Nase, nach goldenem Apfel, gelben Pfirsich, gelber Mango, im Nachhall nach Wiesenblumen und nassem Stein. Am Gaumen ausgewogen, mit feiner Cremigkeit, spannt sich elegant über den Gaumen, im Finale Druckvoll und rassig.

93 Manna Weinberg Dolomiten IGT 2020 RR/CH/TR/KR/SB
12,5 Vol.-%, DV, Teilbarrique
Leuchtendes Strohgelb mit hellen Reflexen. In der Nase Holunderblüten, gelbe Blüten, Steinobst und saftige Zitrone. Am Gaumen mineralisch und frisch, mit Druck, spannt sich rassig über die Zunge, im Finale lange.

91 Sofi Weiss Weinberg Dolomiten IGT 2021
12 Vol.-%, DV, Stahltank
Helles Strohgelb mit grünlichen Reflexen. In der Nase Nuancen von Pfirsich und Apricot, dann weiße Blüten, dann leicht pfeffrig. Am Gaumen fruchtsüß, erfrischend und saftig, mittleres und leicht salziges Finale.

91 Pinot Grigio Weinberg Dolomiten IGT 2021
13 Vol.-%, DV, Stahltank/großes Holzfass
Hell leuchtendes Goldgelb mit kupferfarbenen Reflexen. In

VERKOSTUNGSERGEBNISSE
FRANZ HAAS

beigestellt

der Nase Duft nach Akazien, Salbei und Mandelaroma, dazu feines weißes Steinobst. Am Gaumen schöne Frische und Saftigkeit, ausgeglichen und mit animierendem Trinkfluss, wirkt lange nach.

91 Lepus Pinot Bianco Südtirol DOC 2020

13 Vol.-%, DV, Teilbarrique

Hell glänzendes Strohgelb. In der Nase feine Aromen nach Apfel und Steinobst, ein Hauch von Zitrusnoten und leichte Schwarzbrotaromatik. Am Gaumen lebendige Säure, schöne Saftigkeit und Salzigkeit, sowie guter Länge.

97 Pònkler Pinot Nero Südtirol DOC 2016

13,5 Vol.-%, NK, Barrique

Funkelndes Rubingranat. Sehr ansprechende Nase mit zarten Noten nach gereiften Himbeeren, Zwetschken und würzigem Waldhonig, wirkt trotz Reife zugleich auch frisch, dahinter feine Gewürznoten. Saftig und überaus ansprechend am Gaumen, feinmaschiges, samtiges Tannin, breitet sich lange aus, viel Waldhimbeere, lange und geschmeidig, sehr gute Spannung, macht einfach Spaß!

91 Lagrein Südtirol DOC 2020

12,5 Vol.-%, DV, 500-l-Fass

Kraftvolles, funkelndes Rubin mit violettem Kern. Satte Nase mit ausgeprägten Noten nach reifen, dunklen Zwetschken und Holunderbeeren, im Hintergrund leicht erdige Komponenten. Am Gaumen saftige, frische Säure, griffiges Tannin, im Finale knackige Frucht.

91 Pinot Nero Südtirol DOC 2019

13 Vol.-%, DV, Barrique

Glänzendes, aufhellendes Rubin-Granat. Fein gezeichnete, zarte Nase mit Noten nach Himbeere, etwas dunkle Kirsche. Geschliffenes Tannin am Gaumen, zeigt guten Schmelz, rund und ausgewogen.

90 Sofi Rot Weinberg Dolomiten IGT 2020 LG/ME

13,5 Vol.-%, DV, Stahltank

Sattes Rubin, mit violetten Rändern. Parfümierte Nase nach Presielbeerkonfitüre, reife Mandarinen, im Nachhall auf Minze, Melisse und Backgewürze. Viel Saft am Gaumen, feinkörniges Tannin, mittelgewichtig, wird im Mittelteil zart bitter.

93 Moscato Rosa Südtirol DOC 2020

10,5 Vol.-%, DV, Stahltank

Sattes Rubinrot mit leicht aufhellendem Rand. Intensive Nase nach reifen roten Früchten, im Nachhall würzige Note nach Gewürznelken und florale Nuance nach Rosenblüten. Am Gaumen süß, gut ausbalanciert, frisch und salzig, mit langem Finale und tollem Schmelz.

★★

WEINGUT INNERLEITERHOF

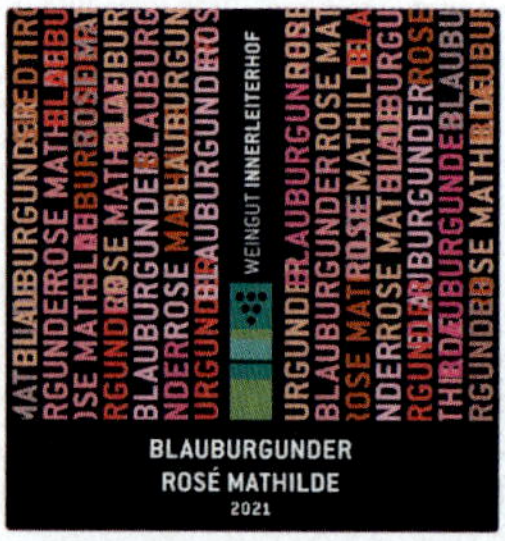

Leiterweg 8, 39017 Schenna (BZ)
T: +39 0473 946000, info@innerleiterhof.it
innerleiterhof.it

Ab-Hof-Verkauf: Mi bis Mo 10.30 bis 16 Uhr
Kellermeister: Karl Pichler
Kontakt: Familie Egger-Pichler
Produktion: 14.500 Flaschen, 60 % weiß, 20 % rot, 20 % rosé, 1.8 Hektar

Seit Beginn der 1980er-Jahre haben sich Karl Pichler und sein Schwiegervater Franz Egger mit Leidenschaft dem Weinbau verschrieben. In sonniger Hanglage oberhalb des Meraner Talkessels werden die Reben im Guyot-System und auf der Pergel erzogen. Die Produktion fußt auf Handarbeit und Sorgfalt bei jedem Arbeitsschritt. Sechs typische Südtiroler Weine stehen am Ende der Produktionskette: Weißburgunder »Erzherzog Johann«, Sauvignon, Blauburgunder Rosé »Mathilde«, Meraner Hügel, Blauburgunder »Erzherzog Johann« und »Roaner«, eine Cuvée aus Lagrein und Merlot.

90 Erzherzog Johann Weissburgunder Südtirol DOC 2021
13,5 Vol.-%, DV, Stahltank
Strahlend helles Strohgelb mit grünlichen Reflexen. In der Nase frische Äpfel und Birnen, dann ein Touch Zitrusfruchtaromatik und florale Noten nach Akazienblüten. Am Gaumen erfrischend und mundfüllend, mit leicht cremiger Textur, salzig, mit schönem Finale.

90 Sauvignon Südtirol DOC 2021
13,5 Vol.-%, DV, Stahltank
Leuchtendes Strohgelb mit grünlichen Reflexen. In der Nase intensiver Duft nach Stachelbeere und Holunderblüten, dann im Nachhall leicht kräutrig nach Thymian und nach frisch geschnittenem Gras. Am Gaumen knackige Säure, leicht salzig, mittleres Finale.

89 Mathilde Blauburgunder Rosé Südtirol DOC 2021
13,5 Vol.-%, DV, Stahltank
Strahlendes Lachsrosa. In der Nase Anklänge von Erdbeeren, Orangenzesten, dazu leichte Akaziennote. Am Gaumen frisch und saftig, ausbalanciert mit angenehmem Trinkfluss.

91 Erzherzog Johann Blauburgunder Südtirol DOC 2018
13,5 Vol.-%, DV, Barrique
Funkelndes Rubinrot mit granatfarbenen Reflexen. Am Anfang etwas verhalten, dann leicht fruchtige Aromen nach Waldbeeren und ein Touch Würze im Nachhall. Am Gaumen harmonisch, mit animierendem Säurespektrum, guter Trinkfluss, macht Spaß.

91 Roaner Rot Weinberg Dolomiten IGT 2019 ME/PN/LG
13,5 Vol.-%, DV, Barrique
Leuchtendes Rubinrot mit dunklem Kern. In der Nase intensiver Duft nach reifen Himbeeren und Brombeeren, zarte Tabaknote im Hintergrund. Am Gaumen mittlere Struktur, würziger Note, im Nachklang immer noch jugendlich.

89 Meraner Südtirol DOC 2021
12,5 Vol.-%, DV, Stahltank
Funkelndes, sehr helles Rubinrot. Dezente Fruchtaromatik nach kleinen Beeren und Sauerkirsche, dazu zarter Veilchenduft und etwas Bittermandel. Weich und samtig am Gaumen, feiner Gerbstoff, schöne Frische, im Nachhall vegetal, noch sehr jung.

★★

WEINGUT JOSMOAR

Römerstraße 18, 39020 Kastelbell-Tschars (BZ)
T: +39 335 7128391, michael.lochmann@rolmail.net
josmoar.it

Ab-Hof-Verkauf: Ja
Kellermeister: Sebastian Tonner
Kontakt: Michael Lochmann
Produktion: 6.667 Flaschen, 50 % weiß, 50 % rot
2 Hektar

Der »Josmoarhof« liegt im Vinschgau. Angebaut werden die Trauben im Pfaffenegg auf 600 Metern Seehöhe. Sein Ruf als perfekte Lage für Spitzenweine lassen sich bis ins 13. Jahrhundert zurückverfolgen – mit Böden aus Kalkglimmerschiefer-, Marmor- und Paragneisböden. Die Lese in steiler Hanglage der teils bis zu 25 Jahre alten Reben (Weiß- und Blauburgunder, Sauvignon, Chardonnay) erfolgt von Hand, Vinifizierung und Ausbau mit traditionellen Methoden. Ein Teil der Lagerung erfolgt im Barrique. Daraus entsteht ein fruchtiger Wein, kräftig, elegant, bodenständig und facettenreich.

93 Pfaffenegg Sauvignon Weinberg Dolomiten IGT 2021
13,5 Vol.-%, NK
Blasses Strohgelb mit silbernen Reflexen. In der Nase entfalten sich frische Aromen von Minze, Brennnessel, Salbei und Holunderblüten. Im Mund hat er Struktur, Finesse, gut integrierte Säure, sowie anhaltenden, kräuterwürzigen Abgang.

92 Pfaffenegg Weißburgunder Weinberg Dolomiten IGT 2021
13 Vol.-%, NK
Leuchtendes Strohgelb mit grünlichen Reflexen. In der Nase viel Frische und zarte Anklänge an frischen Apfel und weiße Blumen. Am Gaumen voll und cremig, unterstützt von einer angenehmen Struktur und feiner Saftigkeit, sauber und anhaltend im Abgang.

90 Pfaffenegg Chardonnay Weinberg Dolomiten IGT 2021
12,5 Vol.-%, NK
Blassgelb mit grünlichen Reflexen. Die Nase zeigt Noten von weißen Früchten, Gewürzen und blumigen Anklängen. Im Mund strukturiert, dicht und cremig, leicht pikant im Abgang mit feiner, wiederkehrender Würze.

90 Pfaffenegg Blauburgunder Südtirol DOC 2021
13 Vol.-%, NK
Mittleres, leuchtendes Rubinrot mit aufhellenden Rändern. In der Nase zartes Bouquet nach Himbeeren und Erdbeeren, ebenso etwas vegetale Noten. Am Gaumen leicht und frisch nach Waldbeeren erinnernd, feine Gerbstoffe mit angenehmen Säure und leicht nussigem Abgang.

★★★★

KELLEREI KALTERN

Kellereistraße 12, 39052 Kaltern (BZ)
T: +39 0471 963149, info@kellereikaltern.com
kellereikaltern.com

Ab-Hof-Verkauf: Ja
Kellermeister: Andrea Moser
Kontakt: Martin Klammer
Produktion: 4.000.000 Flaschen, 1 % Schaumwein, 49 % weiß, 47 % rot, 2 % rosé, 445 Hektar

Die Cantina Kaltern hat sich fünf Leitsorten verschrieben: Vernatsch (»Kalterersee Classico Superiore«), Weißburgunder, Sauvignon, Cabernet Sauvignon und Goldmuskateller. Das Sortiment umfasst über 35 Weine, deren Trauben auf 220 bis knapp 850 Metern Seehöhe gedeihen. An der Spitze steht die Premiumlinie »Quintessenz« mit zum Teil in Holz ausgebauten und leicht gereiften Weißweinen und langlebigen Rotweinen. Die Trauben des »Quintessenz Kalterersee Classico Superiore« wachsen an teils über 100 Jahre alten Rebstöcken. Die Weine der Mittellinie »Selektion« sind sehr Terroir-bezogen.

Verschiedenfarbig leuchtende Rebblätter auf dem Neubau der Cantina Kaltern

© Alex Filz

93 Quintessenz Sauvignon Südtirol DOC 2020
13,5 Vol.-%, DIAM, großes Holzfass (H) (V)
Funkelndes, helles Strohgelb. In der Nase intensiv und expressiv, mit Nuancen von Grapefruit und Zitrusfrüchten, im Nachhall Anklänge von Feuerstein sowie ein Touch Holunderblüten. Am Gaumen vertikal und geradlinig, breitet sich mit knackiger Säure über die Zunge aus, fein salzig, mineralischer langanhaltender Abgang.

91 Stern Sauvignon Südtirol DOC 2020
13,5 Vol.-%, DIAM, Stahltank/großes Holzfass (H)
Leuchtendes Strohgelb mit leicht grünem Stich. Intensiver Duft nach frisch geschnittenem Gras, Zitrusfrüchten und Holunderblüten. Am Gaumen rassige Säure, wirkt sehr erfrischend, vertikal zieht die Säure über die Zunge, sehr erfrischend, gut ausbalanciert und mit sauberem Finale.

92 Quintessenz Weissburgunder Südtirol DOC 2020
13,5 Vol.-%, DIAM, großes Holzfass (H)
Hell leuchtendes Strohgelb. In der Nase dezente Aromatik von gelbem Pfirsich, Mandeln und ein Hauch Feuerstein. Am Gaumen dann saftig, salzig und mit schönem Schmelz, geradlinig, mit Druck und guter Länge.

90 Vial Weissburgunder Südtirol DOC 2020
13,5 Vol.-%, DIAM, Stahltank/großes Holzfass (H)

VERKOSTUNGSERGEBNISSE
KELLEREI KALTERN

Funkelndes, helles Strohgebl mit grünlichen Reflexen. Dezente Aromen nach Apfel, Williamsbirnen und Teeblättern. Erfrischend leichter Wein, mit filigraner Struktur und knackiger Säure, saftig mit mittlerem Finale.

90 Saleit Chardonnay Südtirol DOC 2020

13,5 Vol.-%, DIAM, großes Holzfass/Tonneau Fass H

Leuchtendes Strohgelb mit goldenem Anklang. In der Nase fruchtig nach Golden Delicious-Apfel, dazu Kamillenoten und leicht mineralischem Nachgang. Am Gaumen saftig und mit lebendiger Säure, angenehmer Trinkfluss, im Nachhall leicht salzig.

93 Quintessenz Kalterersee Classico Superiore Südtirol DOC 2020

13 Vol.-%, DIAM, großes Holzfass/Beton

Strahlend, helles Rubinrot. Dezente Kirsche und Erdbeernoten in der Nase, ein Hauch von Marzipan. Präzise Frucht am Gaumen, frisch und mit feinem Druck, feinkörnigem Tannin, hin zum ausgewogenen Finale.

93 Quintessenz Cabernet Sauvignon Riserva Südtirol DOC 2019

14,5 Vol.-%, NK,DIAM, gebrauchte Barriques/Barrique

Volles Rubinrot mit dunklem Kern und purpurnem Rand. Zunächst zurückhaltend, aber sehr elegant in der Nase, mit Aromen von weißem Pfeffer, Cassis, Preiselbeerkuchen, Gewürznelke und im Nachhall etwas Tabak. Auch im Trunk Eleganz im Wechselspiel von lebendiger Frische und dichtmaschigem, festen Tannin, sehr gut integriertem Alkohol, dazu dunkle Beerenfrucht im langen Finale.

91 Campaner Cabernet Sauvignon Riserva Südtirol DOC 2019

13,5 Vol.-%, DIAM, gebrauchte Barriques

Leuchtendes Rubinrot mit aufhellendem Rand. Dominiert von dunklen Fruchtnoten nach Brombeeren und schwarzer Johannisbeere, dazu kräuterig-würzige Anklänge. Auch am Gaumen fruchtbetont, mit dichtem, knackigem Gerbstoff, saftig und druckvoll im Finale.

90 Lasón Merlot Riserva Südtirol DOC 2019

14 Vol.-%, DIAM, gebrauchte Barriques H

Sattes Rubin mit granatroten Reflexen. Ausgeprägt im Duft, mit Noten von schwarzer Pflaume, Rumtopf, und ledriger Würze. Vollmundig im Trunk, anhaltende Frische, noch recht junger Gerbstoff begleitet das fruchtige Finale.

89 Lareith Lagrein Riserva Südtirol DOC 2019

13,5 Vol.-%, DIAM, gebrauchte Barriques

Sattes, leuchtendes Purpurrot. In der Nase intensive Nuancen von reifer Kirsche und Zwetschke, im Nachhall Anklänge von Rauch und Schokolade vom Holzausbau. Am Gaumen mit gut integriertem Tannin, breitet sich gut über die Zunge aus, im Finale leicht austrocknend und zartbitter.

★★★★

WEINGUT KORNELL

Kosmas-und-Damianweg 6
39018 Siebeneich/Terlan (BZ)
T: +39 0471 917507, info@kornell.it
kornell.it

Ab-Hof-Verkauf: auf Anfrage
Kellermeister: Marco Chistè
Kontakt: Florian Brigl
Produktion: 240.000 Flaschen, 40 % weiß, 58 % rot, 2 % rosé, 29 Hektar

Der Ansitz Kornell befindet sich in Siebeneich, nördlich von Bozen. Von jeher gelten diese Lagen als prädestiniert für dichte und strukturreiche Rotweine. Die Lagen für die Weißweine befinden sich in Eppan auf einer Höhe von 550 Metern. Florian Brigl vermarktet die Rotweine unter dem Markennamen »Staffes«: einen kernigen Lagrein, einen stoffigen Cabernet und einen samtigen Merlot. Der Sauvignon Oberberg spielt in der obersten Liga mit. Die Spitzenweine Merlot Riserva »Kressfeld« und »Aichberg Cuvée Weiss« reifen ab diesem Jahr ein Jahr länger in der Flasche.

Florian Brigl,
Weingut Kornell

© Alex Filz

95 Oberberg Sauvignon Blanc Südtirol DOC 2020
13 Vol.-%, NK, Stahltank
Leuchtendes, helles Strohgelb mit leicht grünen Komponenten. Eröffnet in der Nase mit feiner Kräuterwürze, viel Salbei, dazu Stachelbeere und Tomatenblätter. Am Gaumen nach Grapefruit und Zitronen, umwoben von feinem Schmelz, sehr lange und geradlinig, salziges Finale.

92 Cosmas Sauvignon Blanc Südtirol DOC 2021
12,5 Vol.-%, NK, Stahltank
Helles, leuchtendes Strohgelb mit grünlichen Reflexen. In der Nase feine Noten von Zitrusfrüchten, Stachelbeeren und etwas Holunderblüten. Am Gaumen gut ausbalanciert, frisch und salzig, mit langanhaltendem Finale.

92 Damian Gewürztraminer Südtirol DOC 2021
13,5 Vol.-%, PK, Stahltank
Mittleres Strohgelb mit hellen Reflexen. In der Nase intensive Aromatik von Orangenschale, Trockenfrüchte, Rosenduft. Am Gaumen saftig und mit gut ausbalancierter Säure, stimmiges Gleichgewicht und feinwürziger Nachklang.

92 Gris Pinot Grigio Südtirol DOC 2021
12,5 Vol.-%, PK, Stahltank
Hell leuchtendes Strohgelb. In der Nase feine Aromatik von

VERKOSTUNGSERGEBNISSE
WEINGUT KORNELL

Birnen und Pfirsich sowie Anklänge nach Minze und Zitrus. Am Gaumen elegant und präzise mit lebendiger Säure und frischem Ausklang, hoher Trinkfluss.

90 Eich Weißburgunder Südtirol DOC 2021
12,5 Vol.-%, PK, Stahltank
Leuchtendes Zitronengelb mit hellen Reflexen. In der Nase Duft nach gelben Blüten und Steinobst, leichte Honignote. Am Gaumen trocken, mineralisch und salzig. Schön ausbalancierte Säure mit lang anhaltendem Finale.

94 Staffes Cabernet Riserva Südtirol DOC 2019
13 Vol.-%, NK, Barrique
Intensives Rubinrot mit hellem Rand. In der Nase Aromatik nach schwarzer Johannisbeere, Brombeere und Gartenkräuter, im Nachhall schwarzer Pfeffer. Am Gaumen straffe Tanninstruktur mit edlen Röstaromen, dazu satte dunkle Beerenfrucht, sowie komplexer Struktur mit LagerungsPotenzial.

93 Staffes Lagrein Riserva Südtirol DOC 2019
13 Vol.-%, NK, Barrique
Intensives, sattes Purpurrot mit leicht aufhellendem Rand. Im Duft Nuancen von reifen Kirschen und Zwetschken, im Nachhall ein Hauch Zimt und Gewürznelke. Am Gaumen breit und mundfüllend, mit feiner Textur, langes fruchtbetontes Finale, hat ordentlich Druck.

92 Greif Lagrein Südtirol DOC 2021
12,5 Vol.-%, PK, Holzfass
Strahlendes, sattes Purpurrot mit leicht aufhellenden Reflexen. In der Nase Nuancen von Gewürznelke, dann fruchtige Töne von reifer Kirsche und Pflaume, im Nachhall Anklänge von Schokolade und Leder. Am Gaumen fruchtbetont, saftig, fließt schön vor sich hin, frisches Tannin, mit hoher Trinkigkeit.

93 Staffes Merlot Riserva Südtirol DOC 2019
13 Vol.-%, NK, Barrique
Intensives Rubinrot mit aufhellenden Rändern. In der Nase intensive Aromatik nach Pflaumen und Walbeeren, Kaffee und Bitterschokolade sowie Anklänge nach Minze. Am Gaumen weiche Gerbstoffe, angenehme Saftigkeit und schöner Trinkfluss, anhaltendes Finale.

★★★

KRÄNZELHOF

Gampenstraße 1, 39010 Tscherms (BZ)
T: +39 0473 564549, info@kraenzelhof.it
kraenzelhof.it

Ab-Hof-Verkauf: Ja
Kellermeister: Slavomir Dobak
Kontakt: Franz von Pfeil
Produktion: 35.000 Flaschen, 7 Hektar
Anbauweise: in Umstellung

Der Kränzelhof in Tscherms ist ein mittelalterlicher Ansitz und Weinhof. Die sieben Hektar Weinberge liegen in Höhenlagen zwischen 300 und 600 Metern an den Hängen des Meraner Beckens. Die Sortenpalette umfasst Weißburgunder, Chardonnay, Sauvignon Blanc, Gewürztraminer, Vernatsch, Blauburgunder, Lagrein, Merlot und Cabernet Sauvignon. Dünger und Herbizide sind aus den Weinbergen verbannt. Franz Graf Pfeil produziert charaktervolle Weine, die besten unter dem Titel »Kunstwerk der Natur«. Hervorzuheben sind der »Sagittarius«, eine Cuvée aus Cabernet und Merlot, und der Weißburgunder »Helios«.

92 Helios Kunstwerk der Natur Weissburgunder Weinberg Dolomiten IGT 2018
13,5 Vol.-%, DV, Teilbarrique Ⓑ
Strahlendes, helles Strohgelb. In der Nase reife Nektarine sowie etwas Ananas und Maracuja. Am Gaumen mit schönem Schmelz, fruchtig und ausgewogener Frische. Elegant und vollmundig im langen Finale.

90 Aries Sauvignon Mitterberg IGT 2019
13,5 Vol.-%, DV, Teilbarrique Ⓕ
Intensives Strohgelb mit leicht grünlichen Nuancen. In der Nase Nuancen von tropischen Früchten, dann Zitronenschalen und mediterrane Kräuter im Nachhall. Am Gaumen frisch, saftig und mineralisch, trinkig, endet mit fruchtigem Finale nach Passionsfrucht.

94 Sagittarius Kunstwerk der Natur Vino Rosso 2018 ME/CS/CF
14,5 Vol.-%, DV, Barrique
Glänzendes, sattes Rubin mit leichtem Violettschimmer. Klar gezeichnete Nase mit feinen Beerennoten, nach dunkler Johannisbeere und Zwetschke, dezente Gewürznoten im Hintergrund. Am Gaumen satte, süße Beerenfrucht, hat festen Druck, griffiges, gut eingebautes Tannin, im Nachhall nach Lakritze.

92 Tauris Lagrein Mitterberg IGT 2019
14 Vol.-%, DV, gebrauchte Barriques
Tiefdunkles, sattes Purpurrot. In der Nase würzig-rauchig, dann blumig nach Rosen und Veilchen, reife Amarenakirsche und Cassis. Am Gaumen auf die Frucht aufgebaut, mittlere Länge mit herzhaftem Trinkfluss, macht Spaß.

91 Libra Blauburgunder Weinberg Dolomiten IGT 2018
13,5 Vol.-%, DV, Barrique
Funkelndes Rubinrot mit aufhellenden Rändern. Klare Nase nach Erd- und Himbeeren, im Nachhall leicht würzig. Am Gaumen gut ausbalanciert, frisch und saftig, fein eingebundene Tannine, im langen Finale dann leider etwas zehrend, hat noch viel ReifePotenzial.

92 Dorado Trockenbeerenauslese Vino Bianco 2020 WB/SB
8 Vol.-%, DV, gebrauchte Barriques
Intensives Orange mit goldenen Reflexen. Noten von Aprikose, Pfirsich, Quitte und Minzblättern. Im Mund ölig, aber nicht zu aufdringlich, mit eleganten Fruchtnoten, üppiger und doch samtiger Abgang.

★★★★

KELLEREI KURTATSCH

Weinstraße 23, 39040 Kurtatsch (BZ)
T: +39 0471 880115, info@kellerei-kurtatsch.it
kellerei-kurtatsch.it

Ab-Hof-Verkauf: Ja
Kellermeister: Othmar Donà
Kontakt: Harald Cronst
Produktion: 1.500.000 Flaschen, 64 % weiß, 35 % rot, 1 % süß, 190 Hektar

Die Lagen der sehr alten und kleinen Kellerei Kurtatsch reichen von 220 bis 900 Meter Seehöhe. Die besten Weine sind in der »Terroir«-Linie vereint: ausdrucksstark und vom Boden geprägt – allen voran die stoffigen Riservas von Gewürztraminer und Merlot der Lage Brenntal. Die Weißweine der sehr hohen Kurtatscher Lagen leben von ihrer Eleganz – allen voran die vielschichtige Cuvée »Amos« und der spannende Pinot Grigio »Penon«. Den Namen »Freienfeld« tragen die beiden hochwertigsten Weine, die nur in ausgezeichneten Jahren in die Flasche kommen: ein Cabernet Sauvignon und ein Chardonnay.

Andreas Kofler,
Kellerei Kurtatsch

91 600 Blanc de Blancs Riserva Südtirol DOC 2016 Pas Dosé
13 Vol.-%, NK, Flaschengärung
Stahlendes, helles Strohgelb, feine Perlage. In der Nase ausgeprägte Aromen von weißem Pfirsich und reifen Quitten, dazu florale Noten und Brotkruste. Am Gaumen engmaschige Mousse, mit viel Spannung über den ganzen Gaumen für ein volles Mundgefühl, gute Komplexität und lebendige Säure.

93 Penon Pinot Grigio Südtirol DOC 2020
13,5 Vol.-%, NK, gebrauchte Barriques/großes Holzfass
Strahlendes, helles Strohgelb mit grünlichen Reflexen. In der Nase fruchtig nach Steinobst und würzig nach weißem Pfeffer, im Nachhall Mandarine und Stachelbeere. Am Gaumen knackige Säure, körperreich, mit salzigem und langanhaltendem Finale.

93 Amos Weiss Südtirol DOC 2020 WB/CH/KR/PG/SB
14 Vol.-%, NK, großes Holzfass
Intensives Strohgelb. In der Nase nach weißen Blüten, weißer Pfirsich, leichter Pfefferton, Muskat, im Finale auf Marillen. Am Gaumen mit feinem Schmelz, klarem Fruchtkern und tänzelnder Säure, schöne Frische und Struktur, ausgewogen.

VERKOSTUNGSERGEBNISSE
KELLEREI KURTATSCH

© Manuel Ferrigato

92 Brenntal Gewürztraminer Riserva Südtirol DOC 2019
15,5 Vol.-%, NK, Stahltank/großes Holzfass
Hell leuchtendes Goldgelb. Nase aromatisch nach reifen tropischen Früchten wie Litschi und Mango, im Nachhall feine Würze nach weißem Pfeffer und Ingwer. Am Gaumen sehr geschmeidig und mundfüllend, würziges, langanhaltendes, gesetztes Finale.

90 Arenis Gewürztraminer Südtirol DOC 2021
14,5 Vol.-%, DIAM, Stahltank
Helles Strohgelb, zarter Goldschimmer. Aromatische intensive Nase nach reifen tropischen Früchten, Litschi und Rosen, im Nachhall leicht würzig, weißer Pfeffer. Gaumen gut ausbalanciert, frisch, salzig, feine Mineralität, im Finale etwas auszehrend.

91 Kofl Sauvignon Südtirol DOC 2020
13,5 Vol.-%, NK, großes Holzfass
Hell leuchtendes Strohgelb. In der Nase Holunderblüte, Salbei und Anklänge an Eisbonbon, sowie Stachelbeere und Ananas. Am Gaumen mineralisch und lebendige Säurestruktur. Schöner Spannungsbogen mit anhaltendem Finale.

91 Freienfeld Chardonnay Riserva Südtirol DOC 2019
14,5 Vol.-%, NK, Barrique/großes Holzfass
Intensives Goldgelb. Kräftige Nase, Bergblumen, Aprikose und reifer Pfirsich. Im Mund voll und voluminös, körperreich, ausgewogene Säure, mit mittlerem, leicht bitterem Abgang und würzigem Nachhall.

95 Freienfeld Cabernet Sauvignon Riserva Südtirol DOC 2018
14,5 Vol.-%, NK, Barrique/großes Holzfass
Funkelndes, sattes Rubin mit leichtem Violettschimmer. Intensive, kompakte Nase mit Noten nach schwarzer Johannisbeere, Holunderbeere, dazu Tabak und etwas Lakritze. Satt und dicht in Ansatz und Verlauf, griffiges Tannin, ummantelt von süßem Schmelz, baut sich schön auf, viel saftige Frucht, langer Nachhall.

94 Brenntal Merlot Riserva Südtirol DOC 2019
15 Vol.-%, NK, Barrique/großes Holzfass
Kraftvolles, funkelndes Rubin. Ansprechende Nase, feine Rauchnoten, dann mit Noten nach Waldhimbeeren und Brombeeren, dezente Würze im Hintergrund. Rund und ausgewogen in Ansatz und Verlauf, zeigt satte, gereifte Beerenfrucht, feinmaschiges Tannin, breitet sich lange aus, im Finale fester Druck..

92 Soma Merlot Cabernet Südtirol DOC 2019 ME/CF/CS
14 Vol.-%, NK, Barrique/großes Holzfass
Leuchtendes Rubinrot, granatrote Ränder. Intensive Nase nach Cassis und schwarzem Pfeffer, sowie Lakritz und Tabak. Offenherzig am Gaumen, sehr ausgewogen, gut integrierter Gerbstoff und präsente Säure, die sich bis ins druckvolle Finale zieht.

★★★

WEINGUT KÖFERERHOF

Pustertalerstraße 3, 39040 Neustift/Vahrn (BZ)
T: +39 347 4778009, info@koefererhof.it
koefererhof.it

Ab-Hof-Verkauf: Ja
Kellermeister/Kontakt: Günther Kerschbaumer
Produktion: 86.667 Flaschen, 100 % weiß, 6 Hektar

Der Köfererhof wurde erstmals im Jahr 976 erwähnt und ist damit eines der ältesten Weingüter Südtirols. Heute werden hier auf 6 Hektar Fläche große weiße Gewächse von unverwechselbarer Eleganz und Mineralik produziert. Die terrassierten Weinhänge auf 650 bis 700 Metern Seehöhe und das raue Bergklima mit extremen Temperaturunterschieden zwischen Tag und Nacht, langen Wintern und dementsprechend späterer Reife sind herausfordernd. Winzer Günther Kerschbaumer versteht es aber hervorragend, damit umzugehen. Das Ergebnis sind intensive, mineralische, saftige und komplexe Weißweine.

94 Veltliner Südtirol DOC 2020
13,5 Vol.-%, NK, Stahltank
Leuchtendes Strohgelb mit zart grünlichen Reflexen. In der Nase nach saftiger Zitrone, nassem Stein, Minze und Salbei, im Finale dunkle Würze. Am Gaumen mit Rasse, sehr saftig, tolle Haptik, bleib lange haften.

93 R Sylvaner Südtirol DOC 2020
13,5 Vol.-%, NK, großes Holzfass
Kristallklares mittleres Strohgelb. In der Nase nasser Kiesel, Wiesenkräuter und Zitronenzeste. Am Gaumen klar, mit Druck , weiter Spannungsbogen, schön stimmig und mit langem Finale.

91 Sylvaner Südtirol DOC 2021
14 Vol.-%, DIAM, Stahltank
Hell leuchtendes Strohgelb. In der Nase gelbes Steinobst, Ananas und Mango, die Kräuternoten überlagern. Am Gaumen Zitrusnoten und ansprechende Säure, schöner Körper und anhaltendes, rassiges Finale.

93 Riesling Südtirol DOC 2020
13 Vol.-%, NK, Stahltank
Helles Strohgelb mit grünlichen Reflexen. In der Nase fruchtig nach reifem Steinobst, einem Touch Feuerstein. Am Gaumen mit knackiger Säure, ausgeglichen, saftig und mit langanhaltendem Finale.

92 Pinot Grigio Südtirol DOC 2021
13,5 Vol.-%, DIAM, Stahltank/Tonneau Fass/großes Holzfass
Strahlendes Strohgelb mit goldenen Reflexen. In der Nase intensive Noten von Quitte, Holunder und etwas Minze, dazu ein Touch Feuerstein. Knackig und druckvoll am Gaumen mit ausgewogener Säure, saftig und mit schöner Salzigkeit im langen Finale.

92 Kerner Südtirol DOC 2021
13,5 Vol.-%, DIAM, Stahltank/Tonneau Fass
Hell leuchtendes Silbergrau mit grünlichen Reflexen. In der Nase leichte Muskatnote, weißer Pfirsich, Wiesenkräuter. Am Gaumen ausgewogen, mit schöner Saftigkeit, hat auch leichte Creme, im Finale fein salzig.

★★★★

ALOIS LAGEDER

Grafengasse 9, 39040 Margreid (BZ)
T: +39 0471 809500, info@aloislageder.eu
aloislageder.eu

Ab-Hof-Verkauf: Aussteckzeiten siehe Homepage
Kellermeister: Jo Pfisterer, Paola Tenaglia
Kontakt: Alois Clemens Lageder
Produktion: 1.200.000 Flaschen, 80 % weiß, 20 % rot
55 Hektar
Anbauweise: Bio-dynamisch

Mit einem ganzheitlichen Naturverständnis, Kreativität und Experimentierfreude erzeugt das Familienweingut Alois Lageder Weine, die die Vielfalt Südtirols widerspiegeln. Im Sinne einer biologisch-dynamischen Landwirtschaft entwickelt das Weingut sein Wissen stetig weiter. 1823 gegründet, wird das Unternehmen heute in sechster Generation von Alois Clemens Lageder geführt. Mit früher Lese und gesucht niederen Alkoholwerten haben die Lageders in den letzten Jahren einen individuellen Weg in Südtirols Weinwelt eingeschlagen.

92 Casòn Weiss Weinberg Dolomiten IGT 2019 VI/PMS

13 Vol.-%, NK, kleines Holzfass/großes Holzfass B

Brillantes Strohgelb mit leuchtendem Kern. Intensives Aroma nach Akazie, getrocknete Aprikose, Bienenwachs und Gebäck, zart nach Klebstoff. Im Trunk saftig, mit rassigem Verlauf und herzhaftem Druck, angenehme Würze, im Finale karg.

92 Löwengang Chardonnay Weinberg Dolomiten IGT 2019

13,5 Vol.-%, NK, Barrique B V

Funkelndes, sattes Strohgelb. Ansprechende, kompakte Nase, nach getrockneten Birnen, etwas Mango und Banane, fein gezeichnet. Zeigt am Gaumen gute Spannung, salzig, breitet sich fein aus, gut herausgearbeitete Frucht, im Finale dann leider etwas grüne Komponenten.

90 Fórra Manzoni Bianco Weinberg Dolomiten IGT 2020

12,5 Vol.-%, NK, großes Holzfass

Leuchtendes Goldgelb mit einem leichten Kupfertouch. In der Nase nach Klebstoff, Essiggurken und Bitterorange, Mostarde. Am Gaumen von mittlerem Gewicht, frisch, karg, wirkt ausgezehrt, im Finale leicht vegetal-würzig, dennoch trinkig.

94 Löwengang Uvaggio Storico Gemischter Satz Rot Weinberg Dolomiten IGT 2018 CA/ME/CF/CS

12 Vol.-%, NK, Barrique

Funkelndes Rubin mit leichtem Violettschimmer. Eröffnet in der Nase mit leicht würzigen Noten, nach Efeublatt und Kardamom, dahinter satte rote Beerenfrucht, klar und einladend. Eröffnet am Gaumen mit satter Kräuterwürze, griffiges, herzhaftes Tannin, öffnet sich kontinuierlich, feine salzige Komponenten, saftig und lange.

92 MCMLVII Merlot Alte RebenSüdtirol DOC 2019

13,5 Vol.-%, NK, Holzfass/Stahltank/Flaschengärung

Funkendes Rubin mit leicht aufhellendem Rand. Fein gezeichnete Nase mit reifen Beerennoten, vor allem Brombeere und Maulbeere, im Hintergrund nach Rauch und Tannennadeln. Im Ansatz offen, feine gereifte Beerenfrucht, griffiges, zupackendes Tannin, fester Druck.

91 Cor Römigberg Cabernet Sauvignon Südtirol DOC 2017

12,5 Vol.-%, NK, Holzfass/Stahltank/Flaschengärung

Glänzendes, intensives Rubin, leichter Violettschimmer. In der Nase recht verhangen, nach Sattelleder und Pferdeschweiß, Frucht leider verdeckt. Am Gaumen markant hohe Säure, trocknendes, harsches Tannin, im Finale recht kurz.

★★★

LANDESWEINGUT LAIMBURG

Laimburg 6, 39040 Auer/Pfatten (BZ)
T: +39 0471 969500
landesweingut-cantina@laimburg.it
laimburg.bz.it

Ab-Hof-Verkauf: Ja
Kellermeister/Kontakt: Urban Piccolruaz
Produktion: 120.000 Flaschen, 54 % weiß, 45 % rot, 1 % süß, 20 Hektar

Seit 1975 ist das Landesweingut Laimburg Teil des gleichnamigen Versuchszentrums. Der Betrieb verarbeitet Trauben von 20 Hektar Rebfläche in sämtlichen Zonen Südtirols auf bis zu 850 Metern Meereshöhe. Die Weine werden in drei Linien eingeteilt. Die »Gutsweine« sind traditionelle, im Edelstahlfass, teilweise auch in großen Eichenholzfässern ausgebaute sortentypische Jahrgangsweine. Die »Burgselektion« steht für die vorwiegend im kleinen Eichenholzfass ausgebauten oder selektionierten Weine. Die »Besonderen Weine« bereichern das Portfolio mit Weinen aus pilzwiderstandsfähigen Rebsorten.

91 Musis Weißburgunder Südtirol DOC 2020
14 Vol.-%, NK, großes Holzfass
Leuchtendes Strohgelb mit olivgrünen Rändern. In der Nase nach goldenem Apfel, reifem Pfirsich, Nuancen nach Zitronenzesten und Kieselstein. Am Gaumen saftig, nach Grapefruit mit leichter Spannung, schöner Trinkfluss, im Finale zart bitter.

91 Riesling Südtirol DOC 2020
13 Vol.-%, NK, großes Holzfass
Helles Strohgelb mit grünlichem Kern. In der Nase nach grüner Mango, grünem Apfel, Limettenzeste, merkliche Petroleum Note, im Nachhall etwas Jasmin, kommt schwer aus dem Glas. Am Gaumen mit sattem Schmelz, breitet sich gut aus, Anklänge von reifer Ananas, mineralisch im Finale.

93 Sass Roà Cabernet Sauvignon Riserva Südtirol DOC 2019
14 Vol.-%, NK, Barrique
Dichtes Rubinrot mit kirschroten Rändern. Zeigt in der Nase Noten von Amarenakirschen, Cassis und schwarzem Pfeffer, Anklänge von Graphit, endet auf Zedernholz. Fruchtiger Gaumeneintritt, feinkörniges Tannin, spannt sich saftig auf und zieht sich rund bis ins Finale, macht Lust auf mehr.

92 Barbagòl Lagrein Riserva Südtirol DOC 2019
14 Vol.-%, NK, Barrique
Dunkles Rubin mit purpurnen Rändern. In der Nase satte Kirsche, Edelpflaume und reife Blutorange, leichte Gewürznelke und Anklänge von Zimt. Beachtlich griffiges Tannin, von zartem Schmelz eingehüllt, viel Druck am Gaumen, ausgewogen.

91 Col de Rèy Rot Weinberg Dolomiten IGT 2018 LG/TA/PV
15 Vol.-%, NK, Barrique
Dichtes, dunkles Kirschrot. Eröffnet mit Noten von eingelegten Kirschen, reifen Zwetschken, Zimt und helles Leder, im Nachklang geröstete Haselnüsse und kalter Kaffee. Am Gaumen präsente, dunkle Beerenfrucht, feinmaschiger Gerbstoff, nimmt viel Platz ein, merklich Druck am Gaumen, stets heller Tabak im Hintergrund, im Finale leider etwas gesetzt.

90 Vernacius Solemnis Kalterersee Auslese Klassisch Südtirol DOC 2020
13 Vol.-%, DIAM, großes Holzfass
Helles Rubin mit transparentem Kern. In der Nase nach reifen Himbeeren, Erdbeeren, dezente Blutorange, im Nachhall kühler Rauch. Am Gaumen leicht, saftig mit feinem Druck, sehr trinkig.

★★

WEINGUT NICOLUSSI-LECK

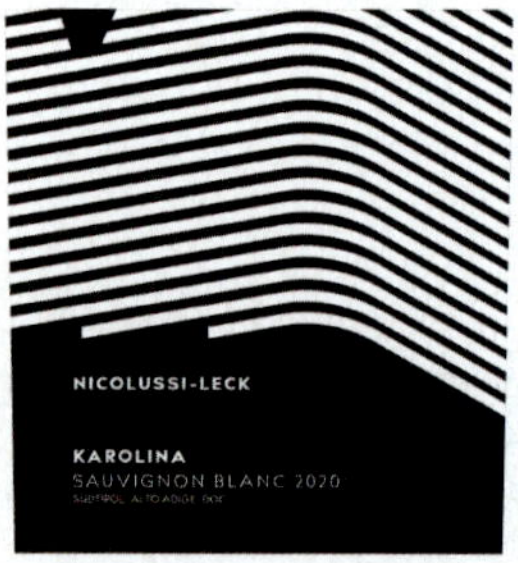

Kreith 2, 39052 Kaltern (BZ)
T: +39 338 2963793
weingut@nicolussileck.it
kreithof.it

Kontakt: Familie Nicolussi-Leck
Produktion: 6 Hektar

Der Kreithof unter der Ruine Leuchtenburg in Kaltern ist das Herzstück des Weinguts Nicolussi-Leck. Der Hof stammt aus dem 13. Jahrhundert, der Weinkeller aber – mehrstöckig in den Hang hineingebaut – ist hochmodern. Jakob Nicolussi-Leck bewirtschaftet sechs Hektar Weinberge auf 350 Metern Höhe. Zur optimalen Exposition kommen mildes Klima, eine konstante Südbrise, warme, lehmige Sandböden und nicht zuletzt das Knowhow der Familie. Dieses mündete in den 2010er-Jahren in die Entscheidung, die hofeigenen Trauben selbst auszubauen. Der Jahrgang 2017 war der erste, der am Kreithof eingekellert wurde.

89 Verena Weissburgunder Südtirol DOC 2020
13,5 Vol.-%, NK, großes Holzfass/Stahltank
Hell leuchtendes Zitronengelb. In der Nase feine Kräuternote und helles Steinobst. Am Gaumen mundfüllend und cremig, trotzdem angenehme Frische und Salzigkeit, etwas auszehrend.

89 Magdalena Chardonnay Südtirol DOC 2020
14 Vol.-%, NK, großes Holzfass/Tonneau Fass/Stahltank
Blass strohgelb. In der Nase Noten von reifen Früchten, Mandeln und Honig. Im Mund recht bissig mit einer leichten Frische und einem nicht zu langen Abgang.

90 Karolina Sauvignon Blanc Südtirol DOC 2020
14 Vol.-%, NK, großes Holzfass/Stahltank
Helles, leuchtendes Goldgelb. In der Nase Nuancen von tropischen Früchten, Zitronenschalen, dann im Nachhall Stachelbeere und ein Touch Holunderblüten. Am Gaumen mineralisch, salzig, mit lebendiger Säure, mittleres Finale.

91 Georg Merlot Riserva Südtirol DOC 2019
14 Vol.-%, NK, Barrique/Stahltank
Kräftig dunkles Rubinrot. In der Nase dunkelfruchtige Noten von Pflaume und Herzkirsche, Tabak und Bitterschokolade. Am Gaumen elegant, mit ausgeglichener Säure und Tannin, sowie stattlicher Länge.

90 Kalterersee Classico Superiore DOC 2020
13 Vol. %, NK, großes Holzfass/Stahltank
Intensives, volles Kirschrot mit rubinrotem Kern. Elegant in der Nase, mit duftender Weichselkirsche, Hauch von Veilchen und Marzipan. Frisches Mundgefühl mit lebendiger Säure, fein gewobenes Tannin, ausgewogen, leicht rauchige Frucht.

89 Sepp Lagrein Südtirol DOC 2019 LG/ME
13,5 Vol.-%, NK, Barrique/großes Holzfass
Intensives Purpurrot mit sehr dunklen violetten Reflexen. In der Nase Aromen von reifen Früchten und Beeren, darunter Pflaume, Himbeere und Johannisbeere, blumige Noten von Veilchen, Anklänge von Zimt und Lakritz. Im Mund weich, voll und strukturiert, mit gut integrierten Tanninen, im Abgang mit leicht würzigem Touch.

★★

WEINGUT H. LENTSCH

Reichsstraße 71, 39051 Branzoll (BZ)
T: +39 0471 967321, info@h-lentsch.com
h-lentsch.com

Ab-Hof-Verkauf: 8 bis 12 Uhr und nach Vereinbarung
Kellermeister: Stefan Doná
Kontakt: Stefan Desaler
Produktion: 45.000 Flaschen, 19 % weiß, 80 % rot
9 Hektar

Der rote Branzoller Quarzporphyr bietet seit der Römerzeit ideale Bedingungen für den Anbau von Rebstöcken, von denen die ältesten des Weinguts H. Lentsch seit 50 Jahren auf 230 bis 260 Höhenmetern gedeihen. Eine nachhaltige Bewirtschaftung ohne Kunstdünger und Herbizide liegen den Winzern Peter und Ulrich Lentsch am Herzen. Cabernet Franc, Cabernet Sauvignon, Merlot, Syrah und Lagrein entfalten hier ihre kraftvolle, fruchtige Dichte. Reif, vollmundig und dabei doch jugendlich frisch präsentieren sich die langlebigen Rotweine. Daneben gibt es einen Schaumwein, einen Rosé und frische Weißweine.

Peter Lentsch und Stefan Doná
vom Weingut H. Lentsch

90 Linea Weißburgunder Südtirol DOC 2021
13 Vol.-%, NK, Stahltank Ⓕ
Hell glänzendes Zironengelb. In der Nase feiner Duft nach gelbem Apfel und reifem Pfirsich, ein Hauch von Honignoten. Am Gaumen frisch, knackig, mit gut eingebundener Säure und klarem Finish.

90 Muskatell Südtirol DOC 2020
12,5 Vol.-%, NK, Stahltank
Helles Strohgelb mit grünlichen Reflexen. Aromatische Nase nach Bergamotte, Blutorange und Zitrusfrüchten, im Nachhall Anklänge von weißen Blüten. Am Gaumen im Gleichgewicht, knackige Säure und schöne Saftigkeit, gute Länge.

90 Chardonnay Südtirol DOC 2020
13 Vol.-%, NK, Stahltank
Sehr helles Strohgelb mit einigen grünlichen Reflexen. In der Nase grüner Apfel, Salbei und Rosmarin. Angenehme Säure im Mund, begleitet von zarter Frucht, leicht saftig und sehr zitrusbetont im Abgang.

91 Linea Rosé Südtirol DOC 2021 ME/CF/LG
12,5 Vol.-%, NK, Stahltank Ⓕ
Leuchtendes Rosarot. In der Nase zunächst nach Waldbeeren und zarten Himbeeren, im Nachhall nach rosaroten Blüten. Am Gaumen saftig und ausbalanciert, mit knackigem Körper und gut eingebundener Säure, im Finale auf feinen Himbeernoten.

VERKOSTUNGSERGEBNISSE
WEINGUT H. LENTSCH

93 Merlot Riserva Südtirol DOC 2019
14,5 Vol.-%, NK, Barrique
Sattes Rubinrot mit funkelnden Reflexen. In der Nase Nuancen nach reifer Zwetschke, eingelegten Brombeeren, im Nachhall ein Touch Gewürznelken und Unterholznoten. Am Gaumen harmonisch, mit samtigem Gerbstoff, wirkt mundfüllend, langes Finale.

92 Palestina Cabernet Merlot Südtirol DOC 2019 CS/ME
14,5 Vol.-%, NK, Barrique
Funkelndes, dunkles Rubin mit leichten Violettschimmer. Duftet nach würzigem Unterholz und eingelegten schwarzen Nüssen, dann viel Brombeere und Cassis. Im Ansatz saftig und geschliffen, knackige Frucht, wirkt im Finale dann etwas krautig.

91 Brazol Cuveé Rot Weinberg Dolomiten IGT 2019 CS/CF/ME/LG/SY
13 Vol.-%, NK, gebrauchte Barriques
Dunkel leuchtendes Rubinrot mit leicht aufhellendem Rand. In der Nase Nuancen von reifen Waldbeeren und Amarenakirschen, im Nachhall leicht pfeffriger Touch. Am Gaumen saftig mit gut integrierter Tanninstruktur, präzise Frucht, wird aber im Abgang leicht würzig.

91 Cabernet Riserva Südtirol DOC 2017
13,5 Vol.-%, NK, Barrique
Leuchtendes Rubinrot mit granatroten Reflexen. Zeigt in der Nase elegante Noten von dunklen Kirschen, schwarze Holunderbeeren, Bitterschokolade und würzige Anklänge. Im Trunk mit schöner Struktur und gut integriertem Tannin, saftig und geschmeidig mit griffigem Finale.

91 Morus Lagrein Südtirol DOC 2019
13,5 Vol.-%, NK, Barrique
Sattes Purpurrot mit zart aufhellendem Rand. In der Nase Nuancen von satten Amarenakirschen, Gewürznelke und einer leichten Pfeffernote. Am Gaumen stoffig, mit griffigem Tannin, im Ausklang dunkelwürzig.

91 Lagrein Riserva Südtirol DOC 2019
13 Vol.-%, NK, Barrique
Intensives Dunkelrot bis undurchdringliches Violett. In der Nase Noten von Lakritz, Pfeffer, Brombeere und Kirsche, Pflaume und Lorbeerblatt. Am Gaumen kompakt, mit tanninreichem Auftakt, druckvoll, im Finale, mit ausgesprochen fruchtigen Noten.

★★★

WEINGUT LOACKER

St. Justina 3, 39100 Bozen (BZ)
T: +39 0471 365125, smarketing.lo@cker.it
loacker.bio

Ab-Hof-Verkauf: Mo bis Fr 9–13 Uhr und 14–17 Uhr
Kellermeister: Hayo Loacker
Kontakt: Hayo & Franz Josef Loacker
Produktion: 60.000 Flaschen, 33 % weiß, 67 % rot
6.5 Hektar
Anbauweise: Bio-dynamisch

Alles begann auf einem kleinen Hügel oberhalb von Bozen. Rainer Loacker wagte 1979 den ersten biologischen Weinbau und wurde prompt für verrückt erklärt. Dies beflügelte den quirligen Querdenker. Das Weingut Loacker gilt mehr als 40 Jahre später als Pionier, gewissermaßen als »Oldie beim Biowein«. Seit 1998 bestimmt Sohn Hayo die Geschicke der Weingüter als Kellermeister. Franz Josef wirkt ebenso bei bei den Loacker Wine Estates mit und gemeinsam erzeugen die Loacker Brothers ihre Weine kompromisslos nach biodynamischen Richtlinien – mit Pioniergeist, Einsatz und rebellischem Herz wie einst Vater Rainer.

92 Tasnim Sauvignon Blanc Weinberg Dolomiten IGT 2021
13,5 Vol.-%, VL, Eichenfass/Stahltank Ⓑ Ⓥ
Helles Strohgelb mit grünlichen Reflexen. In der Nase fruchtig nach Stachelbeere und Weinbergpfirsich, dann im Nachhall kräuterwürzig und mit feiner Blume. Am Gaumen mit salziger Frische, gut ausbalanciert, animiert zum Trinken, angenehmes Finale.

91 Atagis Gewürztraminer Weinberg Dolomiten IGT 2021
14,5 Vol.-%, VL, Stahltank Ⓑ Ⓥ
Mittleres Strohgelb mit hellen Reflexen. In der Nase zuerst leicht rauchig, dann öffnet sich das Bukett nach Rosenblüten, Orangenschale und Pfirsicharoma. Am Gaumen vollmundig, schöne Säure und Saftigkeit sowie harmonische und fruchtige Konstanz.

93 Gran Lareyn Lagrein Riserva Südtirol DOC 2019
14 Vol.-%, VL, Barrique/Stahltank Ⓑ Ⓥ
Kräftiges Purpurrot mit leicht aufhellendem Rand und sehr dunklem Kern. In der Nase intensiver Duft nach reifen Pflaumen, dann Röstaromen und ein Touch Würze vom Holzausbau. Am Gaumen sehr saftig, mittelgewichtig, entfaltet sich am Gaumen mit hohem Trinkfluss, ein etwas anderer Südtiroler Lagrein.

92 Gran Lareyn Lagrein Mitterberg IGT 2020
13,5 Vol.-%, VL, Barrique/Holzfass Ⓑ Ⓥ
Sehr dunkles und leuchtendes Granatrot. Intensive Nase von Brombeeren, Heidelbeeren, reifen Kirschen, schwarzen Pflaumen und einem Hauch von Lakritze. Am Gaumen schön beweglich, die Frucht stammt mit dem Duftbukett überein, sehr trinkig und mit würzigem Abgang.

92 Morit St. Magdalener Südtirol DOC 2020
12,5 Vol.-%, VL, großes Holzfass Ⓑ Ⓥ
Aufhellendes Rubinrot. In der Nase nach Rosenblatt, Blutorange, Erdbeere und zarte Kräuterwürze. Am Gaumen saftig, mittelgewichtig, hat viel Frische, trinkig, im Finale kernig.

91 Kastlet Cabernet Lagrein Mitterberg IGT 2019 CS/LG
14 Vol.-%, VL, Barrique/Tonneau Fass/Stahltank Ⓑ Ⓥ
Intensiv dunkles Rubinrot mit fast purpurnem Kern. In der Nase leicht rauchig, würzig, mit intensivem Duft nach schwarzen Johannisbeeren und dunkler Kirsche gepaart mit Lederwürze und Zedernholz. Am Gaumen mit straffem Tannin und fruchtigem Kern, langer Abgang mit deutlichem Holzeinsatz.

★★★

BARON LONGO

Fleimstaler Straße 30, 39044 Neumarkt (BZ)
T: +39 471 820007, info@baronlongo.com
baronlongo.com

Kellermeister/Kontakt: Anton Baron Longo
Produktion: 66.667 Flaschen, 80 % weiß, 20 % rot
20 Hektar
Anbauweise: Bio

Die historischen Weinberge von Baron Longo liegen im Süden Südtirols, rund um das malerische Villner Schlössl in Neumarkt. Insgesamt 20 Hektar biologisch und biodynamisch nach Demeter bewirtschaftete Weingüter ziehen sich von 240 Metern Seehöhe bis hinauf nach Montan, wo im Naturpark Trudener Horn auf 1.040 Metern Seehöhe Chardonnay und Spätburgunder gedeihen. Zu den Hauptsorten des Familienweingutes zählen Chardonnay, Weißburgunder, Cabernet und Merlot. Anton Baron Longo setzt als Kellermeister auf Weine, die sich durch Feinheit, Noblesse und Eleganz auszeichnen.

91 Felix Anton Weiss Weinberg Dolomiten IGT 2021 WB/PG/CH
13 Vol.-%, KK, Stahltank Ⓑ
Leuchtendes Strohgelb mit grünlichen Reflexen. Feiner Duft nach Kräutern, weißen Blüten und gelber Zitrone. Am Gaumen salzig, saftig mit lebendiger Säure, im Finale leicht cremig.

91 Urgestein Sauvignon Blanc Weinberg Dolomiten IGT 2021
13,5 Vol.-%, KK, Stahltank Ⓑ
Leuchtendes Strohgelb mit grünlichen Reflexen. In der Nase ganz leicht reduktiv, dann ein Duft von frischen Zitrusfrüchten, Holunderblüten und Stachelbeere. Mineralisches Mundgefühl, guter Zug, knackige Säure und schöne Salzigkeit, langes saftiges Finale.

92 Friedberg Lagrein Mitterberg IGT 2020
13 Vol.-%, KK, Barrique Ⓑ
Sattes Rubinrot mit leicht aufhellendem Rand. In der Nase präzise Nuancen von Cassis, Amarenakirsche, im Nachhall ledrig-würzige Noten vom Holzausbau. Am Gaumen klar erkennbare Frucht, saftig und mit gutem Säurespektrum, ein Querschläger der gefällt, mit hoher Trinkigkeit.

91 Wellenburg Weinberg Dolomiten IGT 2020 CS/ME
13,5 Vol.-%, KK, Barrique Ⓑ
Sattes Rubinrot mit leicht aufhellendem Rand. Komplexe Nase nach Cassis, Amarenakirsche, im Nachhall leicht rauchig und würzig. Am Gaumen saftig, harmonisch, mit gut integrierter Tanninstruktur, langes Finale.

★★★

MALOJER GUMMERHOF

Weggensteinstraße 36, 39100 Bozen (BZ)
T: +39 0471 972885, info@malojer.it
malojer.it

Ab-Hof-Verkauf: Ja
Kellermeister: Urban Malojer
Kontakt: Elisabeth, Alfred und Urban Malojer
Produktion: 100.000 Flaschen, 40 % weiß, 60 % rot
6 Hektar

Am Gummerhof im Norden Bozens wird seit 1880 gewerblich Wein angebaut. Urban Malojer stellte vor einigen Jahren konsequent auf Qualitätsselektionen um. Die Palette unterteilt sich in zwei Linien: »Classic« und »Riserva«. Die besten Partien von Lagrein und Cabernet werden zur Cuvée »Bautzanum« vermählt. Malojer erzeugt auch einen Sekt in Flaschengärung, den »Pianoforte«. Der Schwerpunkt liegt aber beim Lagrein. Das zeigt nicht nur der Lagrein Riserva, der sich dieses Jahr wieder bestens präsentiert, sondern auch der »einfache« Lagrein, der viel Genuss zu einem sehr ansprechenden Preis bietet.

91 Gur zu Sand Sauvignon Südtirol DOC 2021
14 Vol.-%, PK, Stahltank
Strahlendes, intensives Grüngelb. Zunächst geprägt von Paprikanoten und Heu, gefolgt von floralen und gelbfruchtigen Aromen. Weicher Eintritt mit feinem Schmelz, fruchtbetont am Gaumen mit lebendiger Säure mit schönem Druck, angenehmes und ausgewogenes Finale.

91 Bautzanum Weiß Südtirol DOC 2021 WB/CH/SB
14 Vol.-%, PK, Stahltank
Leuchtendes, helles Strohgelb mit silbrigem Touch. Reife Christbirne, Pfirsich und Banane, sowie Akazienblüten in der Nase. Weich und samtig am Gaumen, spannt sich weit auf, mit gut eingebauter Säure, ausgewogen bis ins Finale.

92 Lagrein Riserva Südtirol DOC 2019
13,5 Vol.-%, NK, Barrique
Leuchtendes und intensives Purpurrot. In der Nase Aromen von Brombeeren und Kirschen, begleitet von Curry, Chili und einem Hauch Leder. Im Mund sehr saftig mit ausgeprägter Säure, konsistenten und dichten Tanninen und einem langen, saftigen und pfeffrigen Abgang.

91 Blauburgunder Riserva Südtirol DOC 2019
13 Vol.-%, NK, Barrique
Glänzendes Rubinrot mit leicht aufhellenden Rändern. Intensiv und rauchig im Duft, mit Aromen von reifer Kirsche, Waldbeeren, Hagebutte, sowie ein Hauch von Feuerstein und feiner Würze. Feiner Schmelz, spannt sich schön auf, samtiges Mundgefühl, mit feinkörnigem Gerbstoff, angenehmer Frische, mit fruchtigem Nachhall.

91 Cabernet Riserva Südtirol DOC 2019
13,5 Vol.-%, NK, Barrique
Klares mittleres Rubinrot mit leicht aufhellendem Rand. In der Nase intensiv duftend nach schwarzer Johannisbeere, Süßholz, Lakritze und Tabak. Am Gaumen saftig, stoffiges Tannin, kraftvoll mit feinem Holzeinsatz und langem Finale.

90 Bautzanum Cuvée Rot Riserva Südtirol DOC 2019 CS/LG
13,5 Vol.-%, NK, Barrique
Intensives Rubinrot mit aufhellendem Rand. In der Nase würzig und fleischig, Noten von schwarzem Pfeffer, Paprika, und Tomatenblatt, danach Cassis und schwarze Brombeere. Samtig beim Eintritt, mit ausgeprägtem Tannin, angenehmer Frische im mittellangem Abgang.

★★★★★

MANINCOR

St. Josef am See 4, 39052 Kaltern (BZ)
T: +39 0471 960230, info@manincor.com
manincor.com

Ab-Hof-Verkauf: Ja
Kellermeister/Kontakt: Helmuth Zozin
Produktion: 330.000 Flaschen, 40 % weiß, 60 % rot
50 Hektar
Anbauweise: Bio-dynamisch

Michael Graf Goëss-Enzenberg führt seit 1996 den Ansitz Manincor. Nachhaltiges, ökologisches Wirtschaften mit ausdrucksstarken Terroirweinen ist sein Credo. Der Betrieb wird nach biodynamischen Kriterien bewirtschaftet. Spontanvergärung und Ausbau im Holz sind die Konsequenz im Keller. Es gibt drei Linien: »Hand«, »Herz«, »Krone«. Die Krone bilden der »Castel Campan«, eine Cabernet-Merlot-Cuvée, und der Pinot Noir »Mason di Mason«, bei den Weißen der »Lieben Aich«, ein Sauvignon Blanc und der »Le Petit«, ein Süßwein aus der Sorte Petit Manseng.

Michael und Sophie Goëss-Enzenberg, Weingut Manincor

© Alex Filz

95 Lieben Aich Sauvignon Südtirol DOC 2020
13,5 Vol.-%, DIAM, großes Holzfass
Hell leuchtendes Strohgelb mit grünen Reflexen. Intensiver Duft nach Ananas, Zuckermelone und reifem Pfirsich, im Hintergrund Stachelbeere. Am Gaumen schöner Körper, mundfüllend und elegant, langes, fruchtbetontes Finale mit strahlendem Ausdruck und gut integriertem Holzeinsatz, wirkt sehr filigran und finessenreich.

92 Tannenberg Sauvignon Südtirol DOC 2020
13,5 Vol.-%, DIAM, großes Holzfass Ⓑ
Leuchtendes Strohgelb mit grünlichen Reflexen. Am Anfang eher verhalten, dann zarte Nuancen von Stachelbeere, Pfirsich und ein Touch Brennnessel, edler Holzeinsatz. Am Gaumen erfrischend und saftig, gut ausbalanciert, präzise Frucht, lang anhaltendes Finale.

93 Sophie Chardonnay Südtirol DOC 2020 CH/VI
13,5 Vol.-%, DIAM, großes Holzfass
Sehr blassgelb. In der Nase reife weiße Früchte und elegante blumige Anklänge. Am Gaumen schöne Spannung und Vollmundigkeit mit einem langen, fruchtigen Abgang.

93 Eichhorn Pinot Bianco Südtirol DOC 2020
13,5 Vol.-%, DIAM, großes Holzfass Ⓑ
Leuchtendes Strohgelb mit dezenten grünlichen Reflexen. Elegante Nase mit mineralischen Noten von nassem Kies

VERKOSTUNGSERGEBNISSE
MANINCOR

und Feuerstein, dazu Zitronenzesten. Spannt sich am Gaumen weich und mit rundem Bogen auf, für volles Mundgefühl. Frische Frucht, saftig und harmonisch im Finale.

96 Castel Campan Vigneti delle Dolomiti IGT 2019 CF/ME
14 Vol.-%, DIAM, Barrique
Glänzendes, sattes Rubin. Einprägsame, dichte Nase mit klaren Noten nach Cassis, Maulbeeren und feinen Gewürznoten, viel Schokolade, komplex. Feinmaschiges Tannin in vielen Schichten, sehr gut in den Kontext eingebunden, dunkle Beerenfrucht, im Finale nach Schokolade und Tabak.

92 Cassiano Vigneti delle Dolomiti IGT 2020 ME/CF/PV/TE/SY/CS
14 Vol.-%, DIAM, Barrique B
Dunkles Rubinrot mit purpurnen Reflexen. Wuchtig, frisch und direkt in der Nase, nach reifer Brombeere, schwarzer Johannisbeere, begleitet von pfeffriger Note, Tabak und frisch geröstetem Kaffee. Spannt sich geschmeidig am Gaumen auf, mit kräftig gewobenem Tannin, mit viel Zug und Druck ins andauernde Finale.

90 Réserve del Conte Vigneti delle Dolomiti IGT 2020 ME/LG/CS
13 Vol.-%, DIAM, Holzfass B
Funkelndes Granatrot mit aufhellenden Rändern. In der Nase speckig, rauchig, braucht viel Zeit um sich zu öffnen, mit Noten von Tabak, Kaffee, dunkler Kirsche und getrockneten Rosenblättern. Am Gaumen mit weitmaschigem Gerbstoff, zwar saftig wenngleich unausgewogen, wirkt aktuell etwas rau.

96 Mason di Mason Pinot Nero Südtirol DOC 2019
14 Vol.-%, DIAM, Barrique
Leuchtendes, mitteldichtes Rubin, leicht heller Rand. Eröffnet in der Nase mit intensiven Noten nach Granatapfel, dunkler Kirsche und Himbeere, im Hintergrund feine Gewürze. Zeigt am Gaumen sehr gute Spannung, viel knackige, präzise Frucht, öffnet sich mit feinmaschigem Tannin in vielen Schichten, langer Nachhall.

92 Rubatsch Lagrein Südtirol DOC 2020
13 Vol.-%, DIAM, Barrique
Kräftiges Rot mit violetten Adern. In der Nase sehr intensiv, fruchtig, vor allem Brombeere und Blaubeere, und einige süße, fast karamellartige Noten. Am Gaumen fleischig, mit toller Würze und hohem Trinkfluss, ausgewogenes Wechselspiel.

95 Le Petit Petit Manseng 2018
8,5 Vol.-%, DIAM, Tonneau Fass B
Leuchtendes mittleres Bernstein mit hellen Reflexen. Intensives Aroma nach getrockneten Aprikosen, Mango, Ananas sowie Safran und Orangenblüte. Am Gaumen schön ausbalancierte Säure, dicht und konzentriert, die Frucht bleibt im langen Finale schön ausbalanciert.

★★★

K. MARTINI & SOHN

Lammweg 28, 39057 Girlan (BZ)
T: +39 0471 663156, info@martini-sohn.it
martini-sohn.it

Ab-Hof-Verkauf: Ja
Kellermeister: Lukas Martini
Kontakt: Gabriel Martini
Produktion: 298.667 Flaschen, 55 % weiß, 45 % rot
30 Hektar

Die Kellerei Martini wurde 1979 von Karl Martini und seinem Sohn Gabriel gegründet. Das Weingut in Girlan ist ein klassischer Familienbetrieb. Das Angebot gliedert sich in mehrere Linien: eine klassische Linie, eine Selektionslinie »Palladium« sowie die Spitzenlinie »Maturum«.

Gekrönt wird das Sortiment von einer limitierten Auflage – ALTE REBEN –; je nach Jahrgang werden besondere Lagen sortenrein und mit Sorgfalt ausgebaut. Momentan reihen sich Weißburgunder 2017 und 2019 sowie ein Sauvignon 2018 in diese Liga der Raritäten von Martini & Sohn.

94 Alte Reben Weissburgunder Südtirol DOC 2019
14 Vol.-%, NK, Barrique
Kraftvolles Strohgelb mit grünlichen Reflexen. Tolle und komplexe Nase, edler Holzeinsatz, gelbfruchtig und Nuancen von Feuerstein. Am Gaumen vielschichtig, mit cremiger Textur, feine Komplexität und Salzigkeit, lang anhaltend.

91 Palladium Weissburgunder Südtirol DOC 2021
13,5 Vol.-%, PK, Teilbarrique
Intensives, helles Strohgelb. Reife Williamsbirne und zarte exotische Frucht in der Nase. Am Gaumen ausgewogen zwischen knackiger Frucht und feiner Cremigkeit, dazu druckvoll und mit frischem, saftigem Finale.

92 Maturum Chardonnay Riserva DOC 2019
14 Vol.-%, NK, Tonneau Fass
Strohgelb mit leicht grünlichen Reflexen. In der Nase feines Spiel zwischen Bergkräutern und reifem weißfleischigem Obst. Im Mund strahlend und golden, dazu feine Säure und frische Frucht, bespielt einen harmonischen Bogen, im Finale etwas Zitrus.

90 Palladium Sauvignon Südtirol DOC 2021
14 Vol.-%, PK, Teilbarrique
Leuchtendes Zitronengelb mit klaren grünen Reflexen. In der Nase Nuancen von Zitrusfrüchten, dann leicht würzig nach Salbei, Quitte im Nachhall. Am Gaumen frisch und saftig, wirkt noch relativ jugendlich, animierendes Finale.

92 Maturum Lagrein Riserva Südtirol DOC 2019
13,5 Vol.-%, NK, großes Holzfass
Sattes, intensives Rubinrot mit violetten Reflexen. Dichtes, feines Bouquet von dunklen Pflaumen und dunkler Schokolade, im Hintergrund Leder und Tabak. Im Mund klare, saftige Frucht, entfaltet sich mit feinkörnigen Tanninen und würzigem Abgang.

89 Palladium Blauburgunder Südtirol DOC 2020
14 Vol.-%, NK, Tonneau Fass
Hell leuchtendes Granatrot mit aufhellenden Rändern. In der Nase würzig und fruchtig, rote Johannisbeere und Erdbeere. Spannt sich über den Gaumen mit tänzelnder Säure und elegantem Tannin, mittelgewichtig, im Finale leicht vegetal.

★★

WEINGUT MAUSLOCHER

Marlingerweg 4, 39010 Tscherms (BZ)
T: +39 339 23181918, wein@mauslocher.it
mauslocher.it

Ab-Hof-Verkauf: Fr 16.30–19.30 Uhr
Kellermeister/Kontakt: Gerda Kiem
Produktion: 13.333 Flaschen, 10 % Schaumwein, 50 % weiß, 40 % rot, 2 Hektar

Gerda Kiem übernahm 2006 als Quereinsteigerin den Mauslocherhof und baute ihn zum Weinhof aus. Auf 310 bis 500 Metern Höhe liegen die 2 Hektar großen Weinberge, ein Großteil in Steillagen. Produziert werden Terroirweine, authentisch, mit eigenem Charakter. Die Rebflächen teilen sich die Sorten Pinot Blanc (Weißburgunder), Sauvignon Blanc, Gewürztraminer, Pinot Noir (Blauburgunder), Merlot und Lagrein, dazu Goldmuskateller, aus dem der »Cato« gekeltert wird. Letzterer ist ein nach klassischer Methode flaschenvergorener Sekt mit etwas Restsüße (brut), eine echte Rarität.

91 Cato Metodo Classico VSQ 2020 Brut
12 Vol.-%, PK, Flaschengärung
Funkelndes Strohgelb mit grünlichen Reflexen, feinkörnige und anhaltende Perlage. In der Nase traubig, dann intensiver Duft nach reifer Drachenfrucht und Steinobst sowie gelben Rosenblüten. Am Gaumen fruchtsüß und aromatisch, hat leichten Körper, gut eingebundene Perlage, knackiges Finale.

90 Weißburgunder Südtirol DOC 2021
15 Vol.-%, NK, Stahltank
Leuchtendes, helles Strohgelb mit silbergrünen Reflexen. Feine Zitrusaromen und frischer Apfel in der Nase mit blumiger Note. Weicher Eintritt am Gaumen, dann markante Säure, mittelgewichtig, im Abgang Anklänge von weißem Pfirsich.

89 Gewürztraminer Südtirol DOC 2020
14 Vol.-%, NK, Stahltank
Zartes Strohgelb mit grünlichem Reflex. In der Nase verhalten, kommt nur schwach aus dem Glas, Nuancen von reifen tropischen Früchten, leicht gewürzig. Am Gaumen mit verhaltener Aromatik, mittelgewichtig, zehrt leider aus.

90 Sauvignon Blanc Südtirol DOC 2020
15 Vol.-%, NK, Stahltank
Volles Zitronengelb mit ausgeprägten goldenen Reflexen. In der Nase schüchtern, braucht viel Zeit im Glas. Auch am Gaumen zunächst schüchtern, zeigt dann feine Zitrusaromatik, kann als Speisenbegleiter punkten.

89 Pinot Noir Südtirol DOC 2020
14 Vol.-%, NK, Holzfass
Intensives Rubinrot mit aufhellenden Rändern. In der Nase intensiv fruchtige Noten von dunkler Herzkirsche, Walderdbeere und reifer Himbeere mit Anklängen von Zimt und Pfeffer. Am Gaumen schöne Frische und Saftigkeit, elegantem Tannin, im Finale dann leider etwas nachtrocknend.

★★★

KELLEREI MERAN

Kellereistraße 9, 39020 Marling (BZ)
T: +39 0473 447137, info@kellereimeran.it
kellereimeran.it

Ab-Hof-Verkauf: Ja
Kellermeister/Kontakt: Stefan Kapfinger
Produktion: 1.100.000 Flaschen, 1 % Schaumwein, 51 % weiß, 49 % rot, 1 % süß, 250 Hektar

Die Kellerei Meran ist mit 250 Hektar die bedeutendste Kellerei im Nordwesten Südtirols. Die Weine unterstreichen den Charakter des Gebiets: die sortentypische »Festival«-Linie mit sehr gutem Preis-Leistungs-Verhältnis, die »Graf«-Linie für charakterstarke, elegante Weine, die »Vinschgau«-Linie mit eigenwilligen, mineralischen Bergweinen sowie die »Weinberg & Raritäten«-Linie mit edlen Einzellagen. Das Meisterstück, der Weißburgunder Riserva DOC »V Years«, lässt den Ausbau erahnen: fünf Jahre auf der Feinhefe, Ganztraubenpressung und Gärung sowie Ausbau teils im Stahl- und Holzfass.

90 Goldegg Chardonnay Riserva Südtirol DOC 2019
14,5 Vol.-%, PK, Stahltank/Tonneau Fass/Holzfass
Funkelndes, helles Goldgelb. In der Nase Nuancen von reifer Birnen, Quitte und Banane, dazu Melisse, merklicher Holzeinsatz. Am Gaumen frisch und saftig, schmelzig, wirkt wärmend, im Finale etwas bitter.

89 Tyrol Weissburgunder Riserva Südtirol DOC 2020
14 Vol.-%, PK, Stahltank/Tonneau Fass/Holzfass
Leuchtendes, helles Goldgelb. In der Nase exotische Früchte und Steinobst, dann im Nachhall zarter Ton von weißen Blüten. Am Gaumen fruchtsüß, ölig, gut ausbalanciert, mittelkräftige Säure, mittleres Finale.

88 Mervin Sauvignon Riserva Südtirol DOC 2019
14 Vol.-%, PK, Holzfass/Stahltank/Tonneau Fass
Leuchtendes Strohgelb mit grünen Reflexen. Sehr goldene Nase, gelber Pfirsich, Banane, im Nachhall nach Amarenakirsche. Am Gaumen überladen, mit sehr reifer gelber Frucht, sehr viel Holz, im Finale gesetzt.

89 Freiherr Merlot Riserva Südtirol DOC 2018
15 Vol.-%, DIAM, Barrique
Dunkles Rubin. In der Nase nach Trüffel, Cassis, Graphit, im Nachhall nach Leder. Im Gaumen mit weitmaschigem Tannin, etwas bitter, trocknet nach.

89 Segen Lagrein Riserva Südtirol DOC 2018
14,5 Vol.-%, DIAM, Barrique
Intensives Rubin. In der Nase nach reifen Kirschen, Brombeeren, dunkler Schokolade, im Nachhall nach Tabak und Lakritze. Am Gaumen stoffig, mit etwas weitmaschigem Tannin, wirkt unausgewogen, aktuell noch etwas rau.

90 Sissi Passito Mitterberg Bianco IGT 2018 GM/TR/PMS
10 Vol.-%, DIAM, Stahltank/Holzfass/Tonneau Fass
Leuchtendes Orange mit goldenen Reflexen. In der Nase Aprikose und Pfirsich, im Nachhall etwas Orangenschale und Muskat. Öffnet sich präsent am Gaumen, mit schwingendem Verlauf, sehr fruchtsüß, im Finale ölig.

★★★★

MURI-GRIES – WEINGUT | KLOSTERKELLEREI

Grieser Platz 21, 39100 Bozen (BZ)
T: +39 0471 282287, info@muri-gries.com
muri-gries.com

Ab-Hof-Verkauf: Mo bis Fr 8–12 und 14–18 Uhr
Kellermeister/Kontakt: Christian Werth
Produktion: 866.667 Flaschen, 20 % weiß, 80 % rot
60 Hektar

Muri-Gries ist ein Benediktinerkloster im Bozner Stadtteil Gries. Die Sorte Lagrein hat es Kellermeister Christian Werth besonders angetean, stammt diese Rebsorte doch ursprünglich aus den Grieser Lagen. Die Weingärten um das Kloster gelten als Grand Cru dieser Sorte. Mit seinem »Riserva Abtei Muri« ist Werth einer der Pioniere für den Barriqueausbau dieser Sorte. Auch bei Blauburgunder und Weissburgunder macht Muri-Gries beachtliche Schritte vorwärts. Top-Wein bleibt seit 2014 der Lagrein Vigna Klosteranger.

92 Abtei Muri Terlaner Weissburgunder Riserva Südtirol DOC 2019
14 Vol.-%, NK, Teilbarrique
Leuchtendes, helles Strohgelb. In der Nase reife Pfirsiche und ein Hauch Ananas, zartes Aroma nach Obersbonbon und Honig. Am Gaumen schöne Harmonie und gut integrierte Säure. Schöne Cremigkeit und Fülle, komplex und anhaltend.

90 Terlaner Weissburgunder Südtirol DOC 2021
13,5 Vol.-%, PK, Stahltank
Helles, brillantes Zitronengelb. In der Nase gelber Apfel und Birne, reifer Pfirsich und ein Hauch von Obers. Am Gaumen vollmundig, mit schön integrierter Säure und mittellangem Finisch.

90 Lagrein Kretzer Südtirol DOC 2021
13 Vol.-%, PK, Stahltank
Intensiv leuchtendes Pink. Zarte Aromen nach reifer rosa Grapefruit, Zitrone und frischen Erd- und Himbeeren. Am Gaumen gut ausbalanciert, von saftiger Säure getragen, feinwürzig im Nachhall, mittellanges Finale, hat von etwas Flaschenreife profitiert.

94 Weingarten Klosteranger Lagrein Riserva Südtirol DOC 2017
14 Vol.-%, NK, Barrique
Sattes, undurchdringliches Rubin mit schwarzem Kern. Fein gezeichnete Nase mit ausgeprägten Noten nach Holunderbeeren, getrockneten Tomaten, im Hintergrund feine Minzenoten, etwas Schokolade. Kompakt in Ansatz und Verlauf, zeigt zugleich auch saftige, dunkle Frucht, feinmaschiges Tannin, klar und geradlinig.

92 Abtei Muri Blauburgunder Riserva Südtirol DOC 2019
13,5 Vol.-%, NK, gebrauchte Barriques
Funkelndes, intensives Rubinrot. Waldbeeren und saftige Kirsche in der Nase, mit etwas Tabak und Vanille im Nachhall. Weicher Eintritt, feingliedriges Tannin, elegant im Trunk, mit schönem Fruchtschmelz und gutem Druck.

★★★★

NALS MARGREID

Heiligenbergerweg 2, 39010 Nals (BZ)
T: +39 0471 678626, info@nalsmargreid.com
nalsmargreid.com

Ab-Hof-Verkauf: Ja
Kellermeister: Harald Schraffl
Kontakt: Gottfried Pollinger
Produktion: 1.000.000 Flaschen, 70 % weiß, 30 % rot
160 Hektar

Die Ursprünge der Kellerei Nals Margreid gehen auf einen Weinhof aus dem Jahr 1764 zurück. Heute bewirtschaften 138 Weinbauern rund 160 Hektar Weinberge. Die 14 Gebiete zwischen Nals und Margreid mit ihren geografischen und geologischen Eigenheiten sind die wertvollste Ressource der Kellerei und stete Quelle der Inspiration beim Entstehen der Weine. Im respektvollen Umgang mit der Natur werden Trauben geerntet, deren Besonderheiten die Handschrift von Nals Margreid bedeuten: alpin-frisch, terroirbezogen, international.

Harald Schraffl und Gottfried Pollinger, Nals Margreid

© Helmuth Rier

96 Nama Cuvée Weiss Südtirol DOC 2018 CH/WB/SB
14 Vol.-%, NK, kleines Holzfass/Stahltank
Leuchtendes, sattes Strohgelb mit leicht grünen Komponenten. Fein gezeichnete Nase mit Noten nach Marillen und Mirabellen, dazu leicht harzige Komponenten, nach Fichtensprossen. Spielt am Gaumen schön auf, guter Druck, salzig, im Finale etwas grüne Komponenten.

94 Baron Salvadori Chardonnay Riserva Südtirol DOC 2019
14 Vol.-%, NK, kleines Holzfass
Helles und intensives Gelb. Sehr elegante Nase mit Noten von tropischen Früchten und Alpenkräutern. Am Gaumen weich, dynamisch und mit guter Spannung, im Abgang ausgesprochen lang und saftig.

91 Magred Chardonnay Südtirol DOC 2021
14 Vol.-%, NK, Holzfass
Ziemlich intensives Gelb. Noten von Zitrusfrüchten, Salbei, Rosmarin und ein Hauch von Kamille. Im Mund ein wenig weich, aber dennoch dynamisch mit leicht würzigem Abgang.

93 Punggl Pinot Grigio Südtirol DOC 2020
14,5 Vol.-%, DIAM, Holzfass
Hell glänzendes Strohgelb. In der Nase würzige Noten, reife

VERKOSTUNGSERGEBNISSE
NALS MARGREID

Birne und Lindenblütenhonig. Am Gaumen mundfüllend und cremig, frisch und saftig im Finale mit rassiger Säure.

93 Lyra Gewürztraminer Südtirol DOC 2021
15 Vol.-%, NK, Stahltank
Sattes und leuchtendes Goldgelb. In der Nase aromatisch mit fruchtigen Noten nach reifen tropischen Früchten, dann würzige Note nach Anis und weißem Pfeffer. Am Gaumen rassige Säure und schöne Salzigkeit, harmonisch, wirkt mundfüllend, mit langem Finale.

92 Sirmian Pinot Bianco Südtirol DOC 2020
13,5 Vol.-%, DIAM, Holzfass
Brilliantes, intensives Strohgelb mit goldenen Reflexen. Feine Nase mit Aromen von frischer Aprikose, Walnuss und Weißdorn. Mundfüllend und saftig am Gaumen bei mittlerer Säure. Weiter Bogen von goldener Frucht und schöner Mineralität, langer Abgang.

92 Mantele Sauvignon Südtirol DOC 2020
14 Vol.-%, NK, Holzfass
Intensiv leuchtendes Strohgelb. In der Nase Stachelbeere, Salbei und reifes Steinobst. Am Gaumen saftig, schöne Frische, rund und Körperreich, salzig und mit langem Nachklang.

93 Anticus Merlot Cabernet Riserva Südtirol DOC 2019 ME/CB
14 Vol.-%, NK, Barrique
Leuchtendes Rubin mit granatrotem Rand. Duftig und offenherzig nach reifer Frucht von schwarzer Johannisbeere, Brombeere, sowie Gewürznelke und etwas Bitterschokolade im Nachgang. Kerniger Gerbstoff, der noch Zeit braucht, aber mit viel Potenzial, präzise Frucht und schöner Druck, mit feiner Würze im langen Abgang.

92 Gries Lagrein Riserva Südtirol DOC 2019
13,5 Vol.-%, NK, Barrique
Ziemlich undurchdringliches Violettrot. Blaubeere, Brombeere, Kirsche, Pfeffer und balsamische Noten in der Nase. Im Mund sehr geschmeidig mit einer guten Tanninstruktur und nachhaltiger Entwicklung, im Abgang breit und anhaltend.

94 Baronesse Moscato Giallo Passito Südtirol DOC 2020
12 Vol.-%, NK, kleines Holzfass
Goldgelb mit dezent orangefarbenen Reflexen. Sauberes und direktes Bouquet, in dem rosa Grapefruit, Zedernholz und Zitronengras dominieren. Am Gaumen ausgewogen und lebendig, durch Säure und Frische belebt und im Abgang anhaltend.

★★★

KLOSTER NEUSTIFT

Stiftstraße 1, 39040 Vahrn (BZ)
T: +39 0472 836189, info@kloster-neustift.it
kloster-neustift.it

Ab-Hof-Verkauf: Mo bis Sa 10–19 Uhr
Kellermeister: Celestino Lucin
Kontakt: Werner Waldboth
Produktion: 840.000 Flaschen, 80 % weiß, 20 % rot, 2 % süß, 26 +60 Hektar

Die Stiftskellerei Neustift zählt zu den ältesten Kellereien der Welt, denn bereits bei Gründung des Augustiner Chorherrenstifts 1142 wurde Wein produziert. Man findet im Brixner Talkessel auf Höhen von 600 bis 850 Metern Sylvaner, Kerner, Müller-Thurgau, Riesling, Veltliner. Angebaut werden auch Gewürztraminer, Pinot Grigio und Sauvignon Blanc. Blauburgunder, Rosenmuskateller und Vernatsch gedeihen in Girlan, Lagrein und St. Magdalener in Bozen. Die besten Trauben der Stiftskellerei kommen in die »Praepositus«-Weine.

Celestino Lucin,
Kloster Neustift

beigestellt

93 Praepositus Sauvignon Südtirol DOC 2020
13 Vol.-%, NK, großes Holzfass
Strahlendes Strohgelb mit grünlichen Reflexen. In der Nase feine Nuancen nach tropischen Früchten wie Litschi und Quitte, im Nachhall Anklänge von reifer Maracuja und Mango. Am Gaumen frisch und saftig, leicht cremige Textur, langes und mineralisches Finale.

92 Praepositus Kerner Eisacktal Südtirol DOC 2020
13,5 Vol.-%, NK, Stahltank
Strahlend klares Strohgelb mit goldenen Reflexen. In der Nase duftig nach reifen tropischen Früchten, im Nachhall Mandarinenzesten und Honig. Am Gaumen fruchtsüß, mit knackiger Säure, salzig , harmonisch, mit langanhaltendem Finale.

91 Kerner Eisacktal Südtirol DOC 2021
13,5 Vol.-%, PK, Stahltank
Zartes Strohgelb mit leicht grünlichem Reflex. Fruchtige Nase nach Banane, Birne und frischem Apfel, im Nachhall weiße Blüten und Pfirsich. Am Gaumen schön ausbalanciert, knackige Säure, feine Salzigkeit, trinkig, rassiges Finale.

92 Praepositus Gewürztraminer Südtirol DOC 2020
14,5 Vol.-%, NK, Stahltank
Funkelndes helles Goldgelb. Intensives Aroma von Rosen-

VERKOSTUNGSERGEBNISSE
KLOSTER NEUSTIFT

blättern, Litschi, Honig und Zuckermelone. Am Gaumen schönes Spiel von Nelken und Sternanis, mit Säure und Mineralik im Wechselspiel, langer Nachhall.

90 Grüner Veltliner Eisacktal Südtirol DOC 2021
13 Vol.-%, PK, Stahltank/großes Holzfass
Leuchtendes, helles Strohgelb mit grünlichem Schimmer. Frisch und fruchtig in der Nase, Aromen von Granny Smith-Apfel und Grapefruit, sowie leicht rauchiger Note. Im Trunk würzig-frisch mit gut eingebauter Säure, angenehmer Abgang mit feiner Würze.

90 Riesling Eisacktal Südtirol DOC 2021
13 Vol.-%, PK, Stahltank
Leuchtendes, helles Strohgelb. Fruchtbetonte Nase, nach reifem Steinobst, Aprikose, Mirabelle, und ein Hauch Kamille. Mit schönem Druck am Gaumen, markante, lebendige Säure, harmonisches anhaltendes Finale.

89 Sylvaner Eisacktal Südtirol DOC 2021
13 Vol.-%, PK, Stahltank/großes Holzfass
Mittleres leuchtendes Strohgelb mit hellen Reflexen. In der Nase nach Birne, gelbem Apfel und Pfirsich, leicht würzig im Hintergrund. Am Gaumen zarte Säure und Fruchtaromatik, im Nachhall leicht bitter.

92 Praepositus Pinot Nero Riserva Südtirol DOC 2018
13,5 Vol.-%, NK, Barrique/Tonneau Fass
Sattes, dunkles Rubinrot. In der Nase Nuancen von Waldbeeren, dazu ein Hauch Würze und rauchig-ledrige Noten vom Holzausbau. Am Gaumen dunkelwürzig, mit satter, warmherziger Frucht, im Ausklang dann etwas sperrig.

90 Lagrein Südtirol DOC 2021
13 Vol.-%, DIAM, großes Holzfass
Sehr kräftiges, zu Violett tendierendes Rot. Scharfes und intensives, ziemlich frisches Bouquet mit Noten von schwarzen Früchten, die sich mit balsamischen Gewürzen vermischen. Am Gaumen ziemlich voll und offen, mit straffer, leicht eisenhaltigen Entwicklung.

90 Praepositus Moscato Rosa Südtirol DOC 2019
13 Vol.-%, NK, Stahltank
Funkeldes, sattes Rubinrot. Eröffnet mit Noten nach Gewürznelke, Zimt, Kardamom und eingelegten Pflaumen. Am Gaumen dicht, gute Säure mit spürbarem Tannin, im Finale mit leichter Bitternote.

★★★★

WEINGUT IGNAZ NIEDRIST

Runggweg 5, 39057 Eppan/Girlan (BZ)
T: +39 0471 664494, info@ignazniedrist.com
ignazniedrist.com

Ab-Hof-Verkauf: Ja
Kellermeister: Ignaz und Maria Niedrist
Kontakt: Ignaz und Elisabeth Niedrist
Produktion: 45.000 Flaschen, 55 % weiß, 45 % rot
11 Hektar

Die Eckpfeiler des Familienweingut Ignaz Niedrist, das sich auf 470 Metern Seehöhe befindet, sind handwerklich abgestimmte Rebarbeit und Bodenbearbeitung, niedrige Erträge und erstklassige Lagen. Die Weinberge befinden sich in drei Zonen: Auf der Hügelkuppe in Girlan stehen Sauvignon Blanc und Blauburgunder, auf den warmen Westhängen Merlot und Syrah. In Eppan Berg wachsen Weißburgunder, Sauvignon, Riesling, Chardonnay, Ruländer, Blauburgunder. In Gries, auf Schwemmböden, findet der Lagrein »Berger Gei« ideale Bedingungen. Neuheit: Syrah!

95 Vom Kalk Chardonnay Südtirol DOC 2019
14 Vol.-%, DIAM, Tonneau Fass
Zartes, helles Gelb. Sehr feine Nase nach gelben Früchten, etwas Tropenfrucht, dazu feines Fumé, einladend. Tiefes, umhüllendes Mundgefühl mit gut integrierter Säure, elegant und ausgewogen, straff, salzig mit feinem Schmelz, langes, pures Finale.

93 Limes Weißburgunder Südtirol DOC 2019
14 Vol.-%, DIAM, großes Holzfass
Helles, intensives Strohgelb. Zarte, elegante Nase mit grünkräuterigen Noten von frisch geschnittenem Gras und etwas Thymian. Am Gaumen präzise und geradlinig mit knackiger Säure, mit viel Druck, saftig dazu salzige Frucht im langen Nachhall, kann noch reifen.

93 Limes Sauvignon Südtirol DOC 2019
14 Vol.-%, KK, großes Holzfass
Intensives, helles Strohgelb mit grünlichem Touch. Leicht würziger Ton in der Nase mit Nuancen von Limetten und Feuerstein. Knackig und mundfüllend am Gaumen mit rassiger Säure, sehr präzise und geradlinig auch im anhaltenden Finale.

94 Vom Kalk Blauburgunder Südtirol DOC 2018
14,5 Vol.-%, NK, Barrique
Leuchtendes Rubinrot. In der Nase rauchige Note vom Holzausbau, reife Kirschen und Waldbeeren, im Nachhall ein Hauch Pfeffer und Nelke, sehr vielschichtig und komplex. Am Gaumen elegant und harmonisch, mit sanfter Tanninstruktur, beschreibt einen weiten Bogen, langer fruchtbetonter Nachhall.

93 Blauburgunder Riserva Südtirol DOC 2018
14,5 Vol.-%, NK, Barrique
Leuchtendes Rubinrot mit leicht aufhellendem Rand. In der Nase rauchige und fruchtige Nuancen von Waldbeeren, im Hintergrund ein Touch Orange. Geschmeidige Struktur am Gaumen, feinmaschiges und gut integriertes Tannin, schöne Länge.

93 Mitterberg Rosso Syrah IGT 2018
14 Vol.-%, NK, Beton/gebrauchte Barriques
Funkelndes, intensives Rubin mit leicht aufhellendem Rand. Eröffnet mit feinen würzigen Komponenten, dunkler Pfeffer und Kardamom, dann nach Zwetschken und Holunderbeeren. Herzhaft und griffig am Gaumen, kerniges Tannin, baut sich gut auf, dunkle Fruchtnote, fleischig, im Finale langer Nachhall, kernig.

★★★

BARON DI PAULI

Kellereistraße 12, 39052 Kaltern (BZ)
T: +39 0471 963696, sales@barondipauli.com
barondipauli.com

Ab-Hof-Verkauf: Ja
Kellermeister: Andrea Moser
Kontakt: Martin Klammer
Produktion: 40.000 Flaschen, 40 % weiß, 60 % rot
15 Hektar

Im 19. Jahrhundert war das Weingut Baron Di Pauli k. u. k. Hoflieferant und verkaufte Weine bis an den Hof des Zaren. Der 9 Hektar große Arzenhof wird zum Anbau von Cabernet Sauvignon, Merlot, Lagrein und Kalterersee genutzt. Am »Höfl unterm Stein« in Tramin werden Gewürztraminer, Riesling und Sauvignon angebaut. Ein Klassiker ist »Enosi Weiss«, eine Cuvée aus Riesling und Sauvignon. Beim Gewürztraminer spielt der »Exil« im Konzert der Großen mit. Der Riesling »Dynamis« bietet sortentypische Noten. Frucht und Aromatik bringt der Sauvignon »Kinesis«.

93 Kinesis Sauvignon Südtirol DOC 2020
13,5 Vol.-%, NK, Stahltank
Hell leuchtendes Strohgelb mit zartgrünen Reflexen. In der Nase zuerst Töne von Feuerstein, dann mit frischer Kräuteraromatik, leichtes Eisbonbon, Stachelbeere und Zitronenzeste. Am Gaumen feine Säure, leichte Cremigkeit, dazu viel Nachdruck, stimmiger Ausklang.

92 Dynamis Riesling Mitterberg IGT 2020
11,5 Vol.-%, NK, Stahltank
Helles Strohgelb mit grünlichen Reflexen. Duftet nach frischem weißen Pfirsich und Apricot, im Nachhall ganz zarter Petrolton. Am Gaumen leichtfüßig tänzelnd, mit feiner Restsüße, auch salzig, mineralisch, trinkt sich sehr gut.

91 Enosi Weiss Weinberg Dolomiten IGT 2020 RR/SB
13,5 Vol.-%, NK, Stahltank
Strahlendes Strohgelb mit goldenen Reflexen. Feine Nase mit Noten von Grapefruit, Orangenzesten und grüner Paprika. Spannt sich fein auf am Gaumen, saftig und mit markanter Säure, salzig-fruchtig im anhaltenden Nachhall.

91 Exil Gewürztraminer Südtirol DOC 2020
14 Vol.-%, NK, Stahltank
Leuchtendes, helles Goldgelb. In der Nase intensiv und aromatisch nach reifen tropischen Früchten, Bergamotte, Litschi und ein Hauch Thymian. Am Gaumen wohlige Textur, kompakter Körper, gut ausbalanciert, im Finale schöner Fruchtschmelz.

★★★

PFANNENSTIELHOF

Pfannenstielweg 9, 39100 Bozen (BZ)
T: +39 0471 970884, info@pfannenstielhof.it
pfannenstielhof.it

Ab-Hof-Verkauf: Ja
Kellermeister/Kontakt: Johannes Pfeifer
Produktion: 43.000 Flaschen, 95 % rot, 5 % rosé
4 Hektar

Der Pfannenstielhof in Bozen ist Teil einer 200-jährigen Familiengeschichte. Hier reifen die Rebsorten Vernatsch und Lagrein. Winzer Johannes Pfeifer setzt auf einen naturnahen, integrierten Weinbau, die Erziehungsform der Pergel und viel Handarbeit. Die Weine sind bereits in ihrer Jugend zugänglich, beweisen aber auch Langlebigkeit. Mit dem ANNVER hat Johannes Pfeifer seinen Töchtern Anna und Veronika vor Jahren einen besonderen St. Magdalener gewidmet. Nun legen die Pfeifers mit dem »Der Pfannenstiel.« nach: einen St. Magdalener der Extraklasse, der nach fünf Jahren auf den Markt kommt.

89 Lagrein Rosé Südtirol DOC 2021
14 Vol.-%, NK, Stahltank
Intensives, klares Kirschrot. Intensiv nach rosa Rosen, kleinen Walbeeren und reifen Kirschen in der Nase. Am Gaumen frisch mit gutem Druck und leicht wärmend, cremige Erdbeernoten, im Finale leider etwas auszehrend.

94 Der Pfannenstiel. St. Magdalener Classico Südtirol DOC 2016
14,5 Vol.-%, NK, Stahltank
Funkelndes, helles Rubinrot mit leicht aufhellendem Rand. In der Nase Nuancen von frischen Erd- und Himbeeren, im Nachhall Melone und ein Touch Zimt. Am Gaumen ausbalanciert, mit sehr gut integrierter Tanninstruktur, saftig auf der Zunge, macht Trinkspaß, elegantes Finale.

92 St. Magdalener Classico Südtirol DOC 2021
13,5 Vol.-%, NK, Stahltank
Intensives, helles Rubinrot. Blumig-fruchtige Nase, getrocknete Rosenblüten, sehr reife Kirschen und orientalische Gewürze. Ausgesprochen feiner, eleganter Stil, kräftige Frucht gut in die Säure und tanninhaltige Textur integriert, mit frischem Ausklang.

93 Annver St. Magdalener Classico Südtirol DOC 2019
14 Vol.-%, NK, Stahltank
Leuchtendes, strahlendes Rubinrot mit leicht aufhellendem Rand. Duftige Nase nach reifen Sauerkirschen und Zwetschken, dazu zarte Zimtnote und delikater Mandelton. Am Gaumen gut ausbalanciert, mit cremiger Textur und gut eingebundener Säure, viel Fruchtsüße im langen Finale.

92 Vom Boden Lagrein Südtirol DOC 2021
13,5 Vol.-%, NK, Holzfass
Sehr dunkles Rot mit violetten Reflexen. In der Nase sehr reichhaltig und komplex, schwarze Früchte, Schokolade, Schwarztee. Fleischige, dichte, keineswegs raue Tanninstruktur, erfrischende Säure, im Abgang nach Sauerkirschen.

92 Lagrein Riserva Südtirol DOC 2019
14 Vol.-%, NK, Teilbarrique
Glänzendes dichtes Purpur mit dunklem Kern. In der Nase intensive Noten von schwarzem Holunder, dunklen Waldbeeren, Wachholderbeeren, Lakritze und Süßholz, sehr vielschichtig. Am Gaumen kraftvoll und dicht, feine Fruchtsüße mit guter Tanninstruktur und langem Finale.

★★★

WEINGUT PFITSCHER

Dolomitenstraße 17, 39040 Montan (BZ)
T: +39 0471 1681317, info@pfitscher.it
pfitscher.it

Ab-Hof-Verkauf: Ja
Kellermeister: Hannes Pfitscher
Kontakt: Daniel Pfitscher
Produktion: 150.000 Flaschen, 55 % weiß, 45 % rot
20 Hektar

Das Weingut Pfitscher ist die erste »KlimaHaus Wine«-Kellerei in Italien gemäß der Philosophie: im Einklang mit der Natur leben und arbeiten – für ein natürliches und ehrliches Produkt. Die Pfitschers stehen für klare, geradlinige Weine aus hohen Lagen. Durch das kühle Klima erhalten sie Ausdruck und Finesse. Aushängeschilder sind der Pinot Nero Riserva »Matan«, der Sauvignon Blanc »Mathias« und der Merlot Cabernet Riserva »Cortazo«. Die Familie bewirtschaftet auch Weinberge in Kurtatsch, Auer, Neumarkt und Völs. Der Großteil der Trauben wächst oberhalb von 500 Metern.

93 Mathias Sauvignon Blanc Riserva Südtirol DOC 2020
13 Vol.-%, NK, großes Holzfass/Stahltank
Brillantes, leuchtendes Strohgelb. In der Nase intensive Aromen nach Stachelbeere, Ananas, reifer Pfirsich und Blutorange, dazu leicht würzige Nuancen. Am Gaumen frisch und saftig, spannt einen schönen Bogen, feine Zitusnuancen mit salzigem Unterton im langem Finale.

92 Rutter Gewürztraminer Riserva Südtirol DOC 2020
14 Vol.-%, NK, Stahltank
Mittleres intensives Strohgelb. In der Nase elegante Aromen von Litschi, Rosenblüten und Ananas. Schöner Eintritt am Gaumen mit eleganter Struktur und Salzigkeit, fruchtiges Finale und viel Trinkfluss.

92 Matan Pinot Nero Riserva Südtirol DOC 2019
13,5 Vol.-%, NK, Barrique/großes Holzfass
Funkelndes, helles Rubinrot mit aufhellenden Granaträndern. In der Nase Duft von getrockneten Rosenblättern, Heidelbeere und Himbeere, Waldboden, leicht rauchig und ausgeprägte Vielschichtigkeit. Direkt im Trunk, feinkörniges, gut integrierter Gerbstoff, lebendiger Säure, mit viel Zug und Druck bis ins andauernde Finale mit noch reichlich ReifePotenzial.

90 Fuxleiten Pinot Nero Südtirol DOC 2020
13 Vol.-%, PK, Barrique/großes Holzfass
Leuchtendes Rubinrot mit aufhellendem Rand und dunklem Kern. In der Nase rote Frucht von Himbeere und Holunder, dazu verwelkte Rosenblätter und schwarzer Pfeffer. Am Gaumen saftig, feines Tannin und gut integrierte Säure, im Nachhall etwas verwaschen mit minimaler Austrocknung.

90 Griesfeld Lagrein Riserva Südtirol DOC 2019
13,5 Vol.-%, NK, Barrique/großes Holzfass
Leuchtendes, dunkles Purpur mit granatrotem Rand. In der Nase duftig nach Brombeeren und Veilchen, mit einem Hauch Bittermandel. Samtiger Eintritt, gefolgt von lebendiger Frische, mit festem und engkörnigem Gerbstoff, im Finish druckvoll, leider etwas nachtrocknend.

92 Cortazo Merlot Cabernet Riserva Südtirol DOC 2019 ME/CS
14 Vol.-%, NK, Barrique/großes Holzfass
Dunkles Rubinrot mit kompaktem Kern und aufhellendem Rand. Einladende Nase mit ausgeprägten Aromen von Cassis, Tomatenblatt, schwarzem Pfeffer und reifer, dunkler Pflaume, gefolgt von starken Röstaromen, Zedernholz und Dunkelschokolade. Voller Körper im Trunk, mit festem Tannin und viel Druck zum anhaltenden Nachgang mit schwarzer Johannisbeere, im Finale auf Kaffee.

★★★

WEINGUT PLONERHOF

Nörderstr. 29, 39020 Marling (BZ)
T: +39 0473 490525, info@weingut-plonerhof.it
weingut-plonerhof.it

Ab-Hof-Verkauf: Ja
Kellermeister/Kontakt: Erhart Tutzer
Produktion: 34.667 Flaschen, 2 % Schaumwein, 36 % weiß, 60 % rot, 2 % rosé, 2 % süß, 5 Hektar

Die Rebschuler Herta und Erhard Tutzer erwarben vor zwei Jahrzehnten den Plonerhof in Marling über Meran. Naturnahe Bearbeitung der bis zu 40 Prozent steilen Rebenreihen, großer Einsatz von Pflegemaßnahmen sowie gezielte Traubenreduzierung bringen beeindruckende, elegante Weine. Der Schwerpunkt fiel auf Blauburgunder, Sauvignon Blanc, Riesling und Weißburgunder. Die in Falllinie angepflanzten Rebzeilen ermöglichen ein Aufsteigen der warmen Luft am Tag und einen Abfluss der kühlen Nachtwinde. Dies verstärkt die Aromanoten in den Trauben – der Blauburgunder Riserva ist dafür das beste Beispiel.

94 Exclusiv Sauvignon Südtirol DOC 2020
13 Vol.-%, NK, großes Holzfass
Funkelndes, intensives Strohgelb mit olivgrünen Reflexen. In der Nase nach reifem Pfirsich, kandierte Zitronenzeste, süße Würze, Grapefruit, im Nachhall nach Grapefruit. Am Gaumen mit eleganter Cremigkeit, salzig, stoffig, spannt einen weiten Bogen, im Finale betont fruchtig.

91 Nörder Cuvée Blanc Weinberg Dolomiten IGT 2021 SB/RR/WB
13 Vol.-%, NK, Stahltank/großes Holzfass
Helles leuchtendes Strohgelb mit grünlichen Reflexen. In der Nase vielschichtig nach Grapefruit, Pfirsich, Mandarine und weiße Blüten mit leicht rauchigen Noten. Elegante Säure, saftig mit Druck und anhaltend im Finale mit deutlichen Zitrusnoten.

91 Solaris Weinberg Dolomiten IGT 2021
14 Vol.-%, NK, Stahltank
Intensives, leuchtendes Goldgelb. In der Nase Zitrusfrüchte, weiße Pfirsich und ein Touch Feuerstein. Am Gaumen rund mit markanter, aber gut integrierter Säure, anhaltender Abgang mit schöner Pfirsich-Note.

93 Exclusiv Blauburgunder Riserva Südtirol DOC 2019
13,5 Vol.-%, NK, Barrique
Leuchtendes, aufhellendes Rubin-Granat. Fein gezeichnete Nase, duftet nach Waldhimbeeren, etwas Granatapfel, im Hintergrund würzige Noten nach Unterholz. Geschliffen und fein am Gaumen, nach Brombeeren und Kirschen, feinmaschiges Tannin in vielen Schichten, im Finale noch etwas Holzüberhang, wird sich aber sicher gut einbauen.

★★★

RITTERHOF WEINGUT-TENUTA

Weinstraße 1, 39052 Kaltern (BZ)
T: +39 0471 963298, info@ritterhof.it
ritterhof.it

Ab-Hof-Verkauf: Mo bis Fr 8–18 Uhr, Sa 9.30–13 Uhr
Kellermeister: Hannes Bernard
Kontakt: Eva Kaneppele
Produktion: 320.000 Flaschen, 50 % weiß, 48 % rot, 1 % rosé, 1 % süß, 40 Hektar

Das 1968 gegründete Weingut Ritterhof in Kaltern ist seit Beginn des Jahrtausends im Besitz der Brenner-Familie Roner aus Tramin. Schonende Verarbeitung der Trauben mithilfe modernster Kellertechnik garantiert Qualität. Es gibt drei Linien: »Terra«, »Collis«, »Rarus«. Ausgesuchte Lagen mit geringen Erträgen, selektionierte Trauben und schonende Verarbeitung sind die Voraussetzung für die Erzeugung dieser Weine – alle mit bestem Preis-Leistungs-Verhältnis. Kennzeichnend für die Rotweine der »Collis«-Linie ist die lange Lagerung. Der Auratus Gewürztraminer ist Jahr für Jahr eine Garantie.

beigestellt

Eva Kaneppele,
Ritterhof Weingut-Tenuta

92 Auratus Gewürztraminer Südtirol DOC 2021
15 Vol.-%, DIAM, Stahltank
Leuchtendes intensives Strohgelb. Intensives Aroma nach Litschi, Rosen und Gewürznelken. Am Gaumen mit viel Schmelz und Saftigkeit, breitet sich rund und mit Nachdruck aus; im Finale auf Rosenblätter und eleganter Würze.

90 Paratus Sauvignon Südtirol DOC 2020
13,5 Vol.-%, DIAM, Stahltank
Strahlendes Strohgelb mit grün-goldenen Anklängen. In der Nase zunächst grasig-floral sowie Stachelbeere und exotische Früchte. Am Gaumen saftig mit schönem, weitem Spannungsbogen, druckvoll und mit lebendiger Säure, anhaltender Abgang.

89 Sauvignon Südtirol DOC 2021
13,5 Vol.-%, DIAM, Stahltank
Strahlendes, helles Strohgelb mit grünlichen Anklängen. Brennnessel und Heu dominieren in der Nase. Frisch am Gaumen mit rassiger Säure, sonst eher verhalten in der Aromatik und recht schmal.

90 Verus Weissburgunder Südtirol DOC 2020
13,5 Vol.-%, DIAM, Stahltank
Hell funkelndes Strohgelb mit grünlichen Reflexen. In der Nase am Anfang eher zurückhaltend, dann Steinobstnuancen und Wiesenblumen. Am Gaumen saftig und mit cremi-

RITTERHOF WEINGUT-TENUTA

ger Textur, angenehme Säure und fruchtiges Finale, jung, hat aber noch viel Potenzial.

90 Opes Pinot Grigio Südtirol DOC 2020
14 Vol.-%, DIAM, Barrique
Hell leuchtendes Goldgelb. Zeigt sich in der Nase blumig und mit satter gelber Frucht, dann im Nachhall leicht rauchig und mit Nuancen von Butter und weißer Schokolade. Am Gaumen ist der Holzeinsatz deutlich merkbar, gut eingebundene Säure, im Finale dann etwas gesetzt.

91 Novis Kalterersee Südtirol DOC 2021
13 Vol.-%, DIAM, Stahltank
Leuchtendes helles Rubinrot mit dunklem Kern. In der Nase dezente Fruchtaromen von Kirsche und Erdbeere, gepaart mit Würze und Veilchen. Am Gaumen saftig, jugendlich und mit angenehmer Frische, mit sanftem Nachdruck.

90 Latus Lagrein Südtirol DOC 2020
14 Vol.-%, DIAM, Barrique
Kraftvolles, sattes Purpurrot. In der Nase nach reifen Kirschen und Cassis, im Nachhall Anklänge von Veilchenblüten. Am Gaumen fruchtsüß, mit feinem Schmelz, gut integrierter Holzeinsatz, im Finale etwas zehrend.

90 Ramus Cabernet Merlot Südtirol DOC 2018 ME/CS/CF
14 Vol.-%, DIAM, Barrique
Intensives Rubinrot mit ziegelroten Rändern. In der Nase etwas verhalten, dann Nuancen nach Brombeeren und schwarzer Johannisbeere. Am Gaumen feines Tannin, Zedernholzaromatik, schöne, mittlere Länge.

90 Gratus Cabernet Sauvignon Südtirol DOC 2019
14 Vol.-%, DIAM, Barrique
Leuchtend dunkles Rubinrot mit aufhellendem Rand. In der Nase leicht rauchig, sehr viel Würze und Eukalyptus, dunkle Frucht von Brombeere und Pflaume. Am Gaumen schöner Spannungsbogen mit reifer Beerenfrucht und Würze, herzhaftes, kompaktes Finish.

89 Mollis Merlot Südtirol DOC 2018
14 Vol.-%, DIAM, Barrique
Tief dunkles Rubinrot. In der Nase intensive Aromen von reifen Brombeeren und Himbeeren, dazu Pfefferwürze und Zimtnote. Am Gaumen ausgewogene Tanninstruktur und Saftigkeit mit mittlerem Finale.

★★★

HANS ROTTENSTEINER

Sarntaler Straße 1/A, 39100 Bozen (BZ)
T: +39 0471 282015, info@rottensteiner.wine
rottensteiner.wine

Ab-Hof-Verkauf: Mo bis Fr 8–12 und 14–18 Uhr, Sa 9–12 Uhr
Kellermeister: Hannes Rottensteiner
Kontakt: Judith Rottensteiner
Produktion: 450.000 Flaschen, 34 % weiß, 65 % rot, 1 % rosé, 1 % süß, 10+85 Hektar

Die Familie Rottensteiner ist seit jeher mit der Geschichte des Weinbaus in Bozen verbunden. Von Anfang an hat sich das Weingut auf die Typizität der Weine konzentriert, vor allem der für die Gegend klassischen Sorten Lagrein und Vernatsch für den St. Magdalener. Die Weinberge wachsen auf Porphyr: Dieser rote Stein charakterisiert die Mineralik der Weine. Der Grundsatz lautet: »Kein Wein wird abgefüllt, wenn nicht die ganze Familie dahintersteht.« Mit dem Select aus Rottensteiners Traditionslage Premstallerhof legt Hannes Rottensteiner seit Kurzem eine überzeugende Weiterentwicklung des St. Magdaleners vor.

Hannes Rottensteiner,
Weingut Hans Rottensteiner

beigestellt

90 Müller Thurgau Südtirol DOC 2021
13 Vol.-%, PK, Stahltank
Helles Strohgelb mit grünlichen Reflexen. In der Nase mit Nuancen von Steinobst und Birne. Am Gaumen frisch und leicht salzig, mit mittlerem Finale.

90 Pinot Grigio Südtirol DOC 2021
14 Vol.-%, PK, Stahltank
Helles, leuchtendes Strohgelb mit silbrigen Reflexen. Fruchtbetont in der Nase mit reifen Birnen- und Pfirsicharomen, dazu Holunderblüte. Im Mund frisch mit feiner Balance zwischen Frucht und Saftigkeit, gut integrierter Alkohol, ausgewogener Abgang.

89 Sauvignon Südtirol DOC 2021
13,8 Vol.-%, PK, Stahltank
Helles, leuchtendes Zitronengelb. Verhaltene Nase mit kühler Fruchtaromatik, etwas Zitrus und Holunder. Im Mund mit saftig-cremiger Textur, gelbe Fruchtaromen von Marille, lebendige Säure und Saftigkeit im Ausklang.

89 Carnol Weissburgunder Südtirol DOC 2021
13,5 Vol.-%, NK, Stahltank
Hell leuchtendes Zitronengelb. In der Nase grüner Apfel und Zitrusnoten, dazu Salbei. Am Gaumen stramme Säure und schüchterne Frucht mit mittlerem Körper.

VERKOSTUNGSERGEBNISSE
HANS ROTTENSTEINER

89 Cancenai Gewürztraminer Südtirol DOC 2021
15 Vol.-%, PK, Stahltank
Brilliantes, intensives Zitronengelb. Ausgeprägter Duft nach Rosenblüten und Litschi. Frisch und fruchtbetont am Gaumen, mit guter Frische und fruchtbetontem Finale.

93 Select Vigna Premstallerhof St. Magdalener Classico Südtirol DOC 2021 VN/LG
13 Vol.-%, NK, großes Holzfass
Intensives, mittleres Rubinrot mit schimmerndem Kern. In der Nase fein, mit Noten nach roter Frucht und Veilchen, dazu Nuancen von Marzipan und Gewürznelke. Am Gaumen ausgewogen, mit präsenter Frische, und feinem Tannin, im Finale animierend zartbitter.

91 Vigna Premstallerhof St. Magdalener Classico Südtirol DOC 2021 VN/LG
13,3 Vol.-%, NK, großes Holzfass
Leuchtendes Rubinrot. In der Nase nach Brombeeren, Kirschen und weißem Pfeffer. Am Gaumen mit schöner Fruchtsüße, gute Spannung, im Finale karge Haptik.

90 Select Gries Lagrein Riserva Südtirol DOC 2019
13,7 Vol.-%, NK, Barrique/Beton
Sehr intensives Rot. So dunkel und kompakt seine Farbe ist, so dunkel und konzentriert sind seine Aromen nach Brombeere, Heidelbeere, schwarzer Pflaume und Minzblättern. Straffe Entwicklung im Mund mit übermäßig dichten Tanninen, mittlerer Länge mit zart trocknendem Abgang.

89 Vigna Kristplonerhof Vernatsch Südtirol DOC 2021
13 Vol.-%, PK, Stahltank
Leuchtendes, helles Rubinrot. Duftig in der Nase gezeichnet, nach frischen Weichselkirschen, Rosenblättern und feiner Würze. Fruchtig am Gaumen, druckvoll und mit merklichem Gerbstoff, markante Säure und lebhaft im Finale.

92 Cresta Gewürztraminer Passito Südtirol DOC 2019
10 Vol.-%, NK, Stahltank
Intensives, funkelndes Orangegold. Aromatische Nase nach Orangenschalen, Honig und gedörrten Steinobstfrüchten, im Nachhall ein Touch Safran und sehr reifer Pfirsich. Am Gaumen süß, harmonisch, mit schönem Säurespektrum, mundfüllend, langanhaltendes Finale.

beigestellt

★★★

SCHLOSS ENGLAR

Pigeno 42, 39057 St. Michael-Eppan (BZ)
T: +39 333 4953606, info@weingut-englar.com
weingut-englar.com

Ab-Hof-Verkauf: Ja
Kellermeister: Johannes Pichler
Kontakt: Johannes Graf Khuen-Belasi
Produktion: 50.000 Flaschen, 65 % weiß, 34 % rot, 1 % rosé, 1 % süß, 12 Hektar
Anbauweise: in Umstellung

Im Herzen eines Gutsbetriebs, seit 1640 im Besitz der Familie Graf Khuen-Belasi, liegt in Hügellage Schloss Englar. Die Böden auf 500 Metern Höhe ergeben ideale Bedingungen für hochwertigen Weinbau. 2014 wurde der erste Jahrgang vom Weingut Englar abgefüllt. Alle Trauben kommen von den biologisch bearbeiteten, zwölf Hektar großen Flächen. Zu den alten Kellern wurde 2018 ein moderner unterirdischer Weinkeller errichtet. Die Weine werden großteils spontan vergoren und im Holz ausgebaut – die Weißweine komplett oder partiell, die Rotweine ausschließlich. Das führt zu eleganten, langlebigen Weinen.

91 Fumé Sauvignon Blanc Südtirol DOC 2019
14 Vol.-%, NK, 500-l-Fass
Leuchtendes Strohgelb. Aromen von saftigen Zitrusfrüchten, knackigen grünen Früchten, blumigen Düften und orientalischen Gewürzen. Feiner, lebendiger, knackiger, sehr frischer Verlauf mit ausgeprägt salzigen Anklängen.

91 Orange Gewürztraminer Mitterberg IGT 2020
14 Vol.-%, NK, Eichenfass/Stahltank
Leuchtend heller Bernstein mit goldenen Reflexen. Intensive Aromen von weißen Blumen, kandierten Früchten und Unterholz. Im Mund straff und senkrecht, säurebetont und frisch, dazu feines Tannin, lang und anhaltend.

91 St. Sebastian Pinot Blanc Riserva Südtirol DOC 2019
13,5 Vol.-%, NK, 500-l-Fass/Stahltank
Leuchtendes, helles Strohgelb mit funkelnden Reflexen. In der Nase von schüchternem Ausdruck, etwas Fumé und goldener Apfel, merklicher Holzeinsatz. Am Gaumen mit viel Toast, sehr satt, wenngleich saftig, im Nachhall dann etwas gesetzt.

91 Belasy Chardonnay Riserva Südtirol DOC 2019
14 Vol.-%, NK, Eichenfass/großes Holzfass
Leuchtendes Hellgold mit funkelndem Reflexen. In der Nase mit zarter Reduktion, nach Zitrus und grünem Apfel, hält sich insgesamt zurück. Am Gaumen mit karger Frucht, spannt sich jedoch rassig und zielgerade auf, im Ausklang dann leider etwas auszehrend.

90 Vernatsch R Südtirol DOC 2018
12,7 Vol.-%, NK, 500-l-Fass
Leuchtendes, aufhellendes Rubin mit feinem Granatschimmer. Eröffnet mit leicht rauchigen Noten, etwas Weichselkirsche, dann dunkle Brotkruste. Griffiges Tannin am Gaumen, feine Kirsche und Ribisel, im Finale leicht krautige Noten.

89 Pinot Noir Riserva Südtirol DOC 2018
13,5 Vol.-%, NK, 500-l-Fass
Funkelndes, aufhellendes Rubin mit lichtem Rand. Eröffnet mit zart rauchigen Noten, dann etwas Kirsche und Brombeere. Im Ansatz kraftvoll und mächtig, zeigt dann im hinteren Verlauf leider recht trocknendes Tannin, rau.

★★

SCHLOSS PLARS

Mitterplars 25, 39022 Algund (BZ)
T: +39 473 448472, info@schlossplars.com
schlossplars.com

Ab-Hof-Verkauf: Ja
Kellermeister/Kontakt: Andreas Theiner
Produktion: 13.000 Flaschen, 68 % weiß, 32 % rot
2 Hektar

Seit drei Generationen wird auf dem Weingut Schloss Plars Weinbaukultur gepflegt. Die charakterstarken Weiß- und Rotweine des Gutshofs wachsen auf den sonnigen Rebhängen oberhalb von Algund im Meraner Land. Handarbeit und eine naturnahe Bewirtschaftung – vom Rebschnitt bis zur Ernte – bilden mit innovativer Kellertechnik die Grundlage für niveauvolle Qualitätsweine. Schonende Traubenverarbeitung und der behutsame Umgang mit dem Wein zeigen den Anspruch von Winzer Andreas Theiner. So spiegeln sich das Wesen des Weinbergs und der lehmigen Böden in den Weinen von Schloss Plars bestens wider.

90 Marzan Sauvignon Südtirol DOC 2020
13 Vol.-%, NK, großes Holzfass
Hell schimmerndes Strohgelb. In der Nase reifer Apfel, Stachelbeere und weißer Pfirsich. Am Gaumen ausgewogen, schön ausbalancierte Säure und leichte Fruchtexotik, guter Druck am Gaumen, anhaltendes Finale.

90 Pataun Weissburgunder Südtirol DOC 2021
13,5 Vol.-%, NK, gebrauchte Barriques
Leuchtend helles Strohgelb. In der Nase duftig mit floralen Noten, gelbem Apfel und reifem Weinbergpfirsich. Am Gaumen elegant und ausgewogen, mundfüllend und cremig, im Finale etwas gesetzt.

91 Yhrn Merlot-Lagrein Südtirol DOC 2019 ME/LG
14 Vol.-%, NK, Barrique
Sattes und leuchtendes Rubinrot mit leicht aufhellendem Rand. In der Nase intensiv nach reifen schwarzen Kirschen, Preiselbeeren und Zwetschken, im Nachhall leicht ledrig und mit leichtem Kaffeeton. Am Gaumen fruchtsüß, mit feinem Schmelz, gut eingebundes Tannin, mit rundem Finale.

89 Wonger Rot Mitterberg IGT 2020
12,5 Vol.-%, NK, Stahltank
Strahlendes, volles Kirschrot. In der Nase direkt, mit Duft von reifer Kirsche und Granatapfel, dazu leichte Pfeffernote. Lebendig am Gaumen mit präsenter Säure, fruchtbetonter Kern, im Finale leider austrocknender Gerbstoff.

★★★★

SCHRECKBICHL – COLTERENZIO

Weinstraße 8, 39057 Girlan/Eppan (BZ)
T: +39 0471 664246, info@colterenzio.it
colterenzio.it

Ab-Hof-Verkauf: nach Vereinbarung
Kellermeister: Martin Lemayr
Kontakt: Alex Ferrigato
Produktion: 1.900.000 Flaschen, 70 % weiß, 30 % rot
300 Hektar

Gegründet wurde die Kellerei Schreckbichl (Italienisch »Colterenzio«) im Jahr 1960. Luis Raifer kam 1979 als Geschäftsführer hinzu. Er prägte die begonnene Qualitätsoffensive und stellte die Weichen für »Lafóa«, die höchste Qualitätslinie der Kellerei. In der »Lafóa«-Linie finden sich fünf Weine: Sauvignon Blanc, Chardonnay, Gewürztraminer, Cabernet Sauvignon und Blauburgunder. An der Spitze steht ein Wein mit dem Namen »LR«, eine exklusive Weißwein-Cuvée aus Chardonnay, Sauvignon und Weißburgunder, die sich in die Riege der weißen Super-Südtiroler einreiht.

94 LR Weiss Riserva Südtirol DOC 2018 CH/WB/SB
14 Vol.-%, NK, Barrique
Glänzendes, helles Goldgelb. Eröffnet in der Nase mit Noten nach tropischen Früchten, viel reife Ananas, dann heller Wiesenhonig und Bienenwachs. Zeigt auch am Gaumen viel reife, tropische Frucht, wirkt dann im hinteren Verlauf etwas verhalten, im Finale leicht phenolisch-vegetale Komponenten.

93 Berg Weissburgunder Südtirol DOC 2020
13,5 Vol.-%, NK, großes Holzfass/500-l-Fass
Funkelndes Strohgelb mit grünlichen Reflexen. In der Nase Nuancen von Apfel, Zitrone, im Nachhall ein Touch Quitte und Zitronenminze. Am Gaumen mit gutem Zug, elegant und gut ausbalanciert, leicht cremige Textur, animiert zum Trinken, anhaltend im Abgang.

93 Lafóa Sauvignon Südtirol DOC 2020
13,5 Vol.-%, NK, Stahltank/großes Holzfass/500-l-Fass
Hell glänzendes Strohgelb mit grünlichen Reflexen. Intensive Nase nach Zitrone, Stachelbeere und Minze sowie Anklänge an Grapefruit und zartem Fumé. Am Gaumen schöne Frische und Saftigkeit, feiner Schmelz und lang anhaltende Frucht, rassig, hinterlässt schöne Salzigkeit.

93 Lafóa Chardonnay Südtirol DOC 2020
13,5 Vol.-%, NK, Barrique
Brilliantes Strohgelb mit grünlichen Reflexen. In der Nase exotische Früchte nach Ananas, Banane und Haselnüssen vor einem leichten Rauchton. Druckvoll und griffig im Trunk, mit dichter Cremigkeit und ausgeprägter Länge im Abgang.

92 Lafóa Pinot Nero Südtirol DOC 2019
13,5 Vol.-%, NK, Barrique
Leuchtendes, aufhellendes Rubinrot mit lichtem Rand. Zart gezeichnete Nase mit Noten nach Rauch und roten Waldhimbeeren und feinen Gewürznelken. Griffiges Tannin am Gaumen, nach Himbeeren und Gewürznelken, im Finale leicht speckige Noten.

92 Lafóa Cabernet Sauvignon Südtirol DOC 2019
13,5 Vol.-%, NK, Barrique
Leuchtendes, intensives Rubin mit leichtem Violettschimmer. Sehr präzise Nase mit klar herausgearbeiteter Frucht, viel dunkle Johannisbeeren, etwas Brombeere, im Hintergrund dunkle Schokolade. Im Ansatz markante dunkle Beerenfrucht, öffnet sich dann mit viel Tannin, trocknet im Verlauf leider zunehmend aus, wirkt im Finale recht rau, braucht Zeit.

★★★★★

KELLEREI ST. MICHAEL-EPPAN

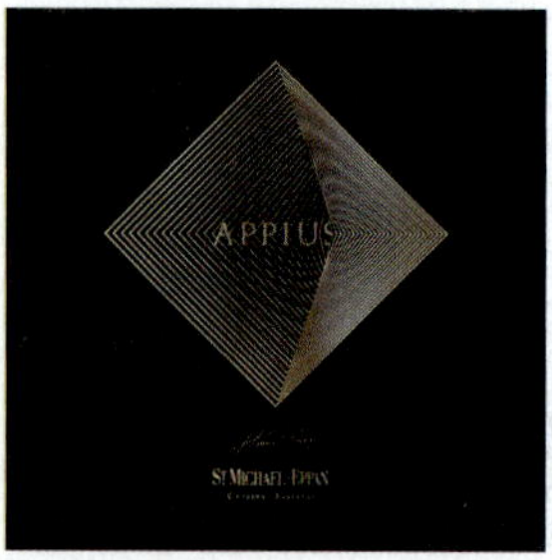

Umfahrungsstraße 17/19, 39057 Eppan (BZ)
T: +39 0471 664466, office@stmichael.it
stmichael.it

Ab-Hof-Verkauf: Ja
Kellermeister: Hans Terzer
Kontakt: Hans Terzer und Günther Neumair
Produktion: 75 % weiß, 25 % rot, 385 Hektar

Die Kellerei St. Michael-Eppan zählt zu den bekannten Weinproduzenten Italiens. Der Sauvignon »Sanct Valentin« genießt Kultstatus, aber auch die übrigen Weißweine aus dieser Linie sind auf den besten Weinkarten zu finden. Vater des Erfolgs ist Kellermeister und Direktor Hans Terzer. Mit 385 Hektar ist die Kellerei eine der größten des Landes. Die »Sanct Valentin«-Linie umfasst neun Weine und knapp 400.000 Flaschen, eine große Menge an Spitzenweinen. Mit »Appius« und »The Wine Collection« sind die Eppaner noch einen Qualitätsschritt weitergegangen und bieten das Beste, was der Keller hergibt.

Hans Terzer,
Kellerei St. Michael-Eppan

96 Appius Weiss Südtirol DOC 2017 CH/PG/SB/WB
14 Vol.-%, NK, Barrique/Stahltank
Funkelndes, sattes Strohgelb. Intensive und ansprechende Nase, duftet nach Marillen, Mango und Banane, dazu leichte Thymianwürze. Am Gaumen viel reife Frucht, süßer Schmelz, breitet sich kontinuierlich aus, im Finale leichte harzige Komponenten, etwas phenolisch.

93 Sanct Valentin Chardonnay Südtirol DOC 2020
14 Vol.-%, NK, Barrique/Beton
Leuchtendes, strahlendes Strohgelb. Duftige und einladende Nase, nach Wiesenkräutern, goldener Birne, Banane und reifem Pfirsich, im Nachhall feine Haselnuss. Zeigt sich am Gaumen mit guter Frische und rassiger Säure, spannt sich fein auf, wirkt trotz seiner Struktur sehr zielgerade, saftiger Ausklang.

92 Sanct Valentin Pinot Grigio Südtirol DOC 2020
14 Vol.-%, NK, Barrique/Beton
Leuchtendes, strahlendes Strohgelb. In der Nase zart nach Schwefel, Nugat, auch nach Feuerstein, etwas Haselnuss und Banane. Am Gaumen mit viel Schmelz, sehr satt und cremig, breitet sich weit aus, leicht alkoholisch, bleibt sehr satt im Abgang zurück.

VERKOSTUNGSERGEBNISSE
KELLEREI ST. MICHAEL-EPPAN

92 Sanct Valentin Sauvignon Südtirol DOC 2021
14 Vol.-%, NK, Stahltank/Tonneau Fass
Leuchtendes, helles Graugelb. Intensive und ansprechende Nase mit Noten nach Stachelbeere, viel Holunderblüten, etwas Salbei, glockenklar. Am Gaumen saftig, zeigt guten Zug, sehr klar auch im Mund, salzig im Nachhall.

92 Sanct Valentin Weissburgunder Südtirol DOC 2020
14 Vol.-%, NK, Barrique/Stahltank
Leuchtendes, strahlendes Strohgelb mit funkelnden Reflexen. In der Nase nach weißem Pfirsich, goldenem Apfel und etwas nach Banane, im Nachhall fein floral, dann im Ausklang nach gerösteter Haselnuss. Zeigt sich sehr cremig am Gaumen, wohlig und rund, sanftmütig, breitet sich auf feinen sahnigen Noten aus, im Nachhall druckvoll.

96 The Wine Collection Pinot Noir Riserva Südtirol DOC 2018
14,5 Vol.-%, NK, Barrique
Leuchtendes Rubin mit hellem Rand. Eröffnet mit leicht rauchigen Noten, dahinter feine Waldhimbeere, etwas Brombeere, nach würzigem Waldboden. Griffiges, zupackendes Tannin in Ansatz und Verlauf, zeigt viel Druck, dunkle Beerenfrucht, kann noch lange reifen.

92 Sanct Valentin Pinot Noir Riserva Südtirol DOC 2019
14 Vol.-%, NK, Barrique/großes Holzfass
Sehr leuchtendes Rubinrot. Fein definierte Nase von reifen Brombeeren, Kirschkompott, dunkler Schokolade und etwas Karamell. Im Mund Kraft und Finesse, mit zarten salzigen und würzigen Noten, die die reife Frucht umhüllen, im Finale druckvoll.

★★★

KELLEREI ST. PAULS

Schloss-Warth-Weg 21, 39057 St. Pauls/Eppan (BZ)
T: +39 0471 1807700, info@stpauls.wine
stpauls.wine

Ab-Hof-Verkauf: Ja
Kellermeister: Wolfgang Tratter
Kontakt: Dieter Haas
Produktion: 1.500.000 Flaschen, 65 % weiß, 35 % rot
185 Hektar

Die 1907 gegründete Kellerei St. Pauls zeichnet sich durch eine natürliche Vielfalt an Lagen aus. Auf Hängen und Hügeln von 300 bis 700 Metern Seehöhe mit unterschiedlichen Bodentypen findet jede Rebsorte ihren idealen Standort. In den letzten beiden Jahren wurde das Sortiment komplett überarbeitet. Das Ergebnis sind neu interpretierte Weine mit klarer Aussage und griffigem Charakter. Dazu gehören die vier Weine der Spitzenlinie »Alte Reben« aus jahrzehntealten Anlagen sowie der seit Anfang des Jahres auch erhältliche Spitzen-Merlot Riserva »Lona«.

91 Schliff Sauvignon Südtirol DOC 2020
13 Vol.-%, NK, Stahltank
Strahlendes, helles Strohgelb. In der Nase intensive Aromatik von Holunderblüte, Stachelbeere und Minze sowie leichte weiße Pfeffernote. Am Gaumen saftig, salzig mit merklicher Säure, in Nachhall viel Fruchtaromatik.

91 Kalkberg Weissburgunder Südtirol DOC
14 Vol.-%, NK, Tonneau Fass
Strahlend helles Strohgelb. Intensives Aroma nach reifen gelben Früchten wie Pfirsich, Ananas und Birne, im Hintergrund leicht blumige Note. Am Gaumen angenehme Frische und Saftigkeit, mit schönem Schmelz, leicht bittere Note im Finale.

91 Plötzner Weissburgunder Südtirol DOC 2021
13 Vol.-%, PK, Holzfass
Strahlend helles Strohgelb. Intensives Aroma nach reifen gelben Früchten wie Pfirsich, Ananas und Birne, im Hintergrund leicht florale Note. Am Gaumen angenehme Frische und Saftigkeit, mit schönem Schmelz, sauberes Finale.

92 Lona Merlot Riserva Südtirol DOC 2018
14,5 Vol.-%, NK, Barrique
Funkelndes, sattes Rubin, kraftvoll bis an den Rand. Sehr klare und präzise Nase, viel saftige Beerenfrucht, nach Brombeere und Maulbeere, im Hintergrund leicht nach Ingwer. Griffiges Tannin charakterisiert Ansatz und Verlauf, feine reife Beerenfrucht, im Finale leicht trocknend.

91 Lehmont Pinot Noir Riserva Südtirol DOC 2019
13,5 Vol.-%, NK, Tonneau Fass
Leuchtendes Rubinrot mit leicht aufhellendem Rand. Duftet in der Nase nach reifen Erd- und Himbeeren, im Nachhall ein Hauch Zimt und Gewürznelke, leicht rauchige Note. Am Gaumen saftig, viel Minze, mundfüllend, wirkt noch sehr jung, hat EntwicklungsPotenzial.

90 Lagröll Lagrein Riserva Südtirol DOC 2019
14 Vol.-%, NK, Tonneau Fass
Sattes Purpurrot mit leicht aufhellendem Rand. In der Nase intensiv und komplex nach weißem Pfeffer, Gewürznelke und reifen Broombeeren, im Nachhall leichter Leder-Touch. Am Gaumen saftiger Eintritt, mit lebendigem Säurespektrum, körperreich und kraftvoll, im Finale etwas verwaschen.

★★★★★

KELLEREI TERLAN

Silberleitenweg 7, 39018 Terlan (BZ)
T: +39 0471 257135, office@kellerei-terlan.com
kellerei-terlan.com

Ab-Hof-Verkauf: Mo bis Fr 9–18 Uhr, Sa 9–12.30 Uhr
Kellermeister: Rudi Kofler
Kontakt: Klaus Gasser
Produktion: 1.500.000 Flaschen, 70 % weiß, 30 % rot
190 Hektar

Die Kellerei Terlan hat einen hervorragenden weltweiten Ruf für langlebige Weißweine. Die Porphyr-Böden sind für die Eigenständigkeit der Weine mitverantwortlich. Mit ihren Selektionen kommen die Terlaner immer etwas später in den Handel: Der Sauvignon »Quarz«, der Gewürztraminer »Lunare« und der Terlaner Weißburgunder »Vorberg« zeigen, dass dies richtig ist. Eine Spezialität sind Sonderabfüllungen, die zehn Jahre und mehr in Stahltanks lagern. Diese Weine – wie der 2009er Weißburgunder – sind Sterne am Weißweinhimmel. Weltklasse präsentiert sich wieder der Terlaner I Grande Cuvée.

Ernte in Terlan,
Kellerei Terlan

© Udo Bernhart

100 Primo Grande Cuvée Terlaner Südtirol DOC 2019 WB/CH/SB
14 Vol.-%, NK, Holzfass/großes Holzfass
Leuchtendes, helles Strohgelb mit leichtem Grünschimmer. Eröffnet mit Noten nach Feuerstein, etwas Safran, frische Banane, Mango, im Hintergrund zarte Brioche-Noten. Strahlt am Gaumen, gut herausgearbeitete Frucht, eröffnet mit Noten nach Pfirsich, frischer Ananas, sehr gute Spannung, leichte salzige Komponenten, lassen den Wein sehr lange ausklingen, fein und ausgewogen, perfekt eingearbeitetes Holz, hat noch ein langes Leben vor sich.

96 Cuvée Nova Domus Terlaner Riserva Südtirol DOC 2019 WB/CH/SB
14 Vol.-%, NK, großes Holzfass
Helles, leuchtendes Strohgelb. In der Nase geprägt von feinem Apfelduft, etwas Walnüsse, im Hintergrund Noten nach Feuerstein, zeigt sich noch sehr jung. Blüht am Gaumen toll auf, cremig und dicht, viel süße Frucht, im Finale nach Bienenwachs, Tiefe und Komplexität.

92 Cuvée Terlaner Südtirol DOC 2021 WB/CH/SB
14 Vol.-%, NK, Stahltank/Eichenfass
Leuchtendes helles Strohgelb. In der Nase rauchig, mineralisch, Noten von gelben Früchten. Am Gaumen frisch und saftig, im Verlauf salzig-mineralisch mit Komplexität und langem Finale.

VERKOSTUNGSERGEBNISSE
KELLEREI TERLAN

98 Rarity Weißburgunder Terlaner Südtirol DOC 2009
14 Vol.-%, NK, großes Holzfass/Stahltank
Leuchtendes, glänzendes Hellgold. In der Nase nach nassem Stein, zart nach kaltem Rauch, edle Haselnuss-Töne, dann ein Hauch Ananas, Birne, erinnert auch an weißes Rosenblatt, im Nachhall beeindruckend frische Töne. Öffnet sich am Gaumen mit tollem Schmelz, cremiger Textur und edlen Haselnuss-Tönen, schwingt ruhig dahin, baut sich langsam und lange auf, kommt in vielen Schichten wieder, endlos.

93 Vorberg Weißburgunder Riserva Südtirol DOC 2019
14 Vol.-%, NK, Holzfass
Leuchtendes Strohgelb mit zart grünlichen Reflexen. Edle Nase nach feinem Kernobst, kandierter Zitrusfrucht, im Nachhall nach feinen Haselnüssen. Am Gaumen elegant und mit feiner Cremigkeit, öffnet sich sehr salzig und mit rassiger Säure, schönes, ausgewogenes Spiel, hallt lange nach.

95 Quarz Sauvignon Blanc Südtirol DOC 2020
13,5 Vol.-%, NK, großes Holzfass/Stahltank
Leuchtendes helles Strohgelb mit grünen Noten. Intensive Nase mit Noten nach Stachelbeere, viel Holunderblüten, dazu Melisse und Salbei, fast schon klassisch. Strahlt am Gaumen, zeigt auch da viel Kräuterwürze, saftig, im Finale lange nach Stachelbeeren, zarte salzige Komponenten.

92 Winkl Sauvignon Südtirol Terlaner DOC 2021
14 Vol.-%, NK, großes Holzfass/Teilbarrique
Helles, leuchtendes Strohgelb mit grünlichem Reflex. Grasige Noten von Heu und Brennnessel in der Nase sowie frische Stachelbeere. Knackig-frisch beim Eintritt, spannt sich gut auf, druckvoll und mit Nuancen von tropischer Frucht im salzigen Finale.

93 Lunare Gewürztraminer Südtirol DOC 2020
15 Vol.-%, NK, Stahltank/großes Holzfass
Strahlendes, helles Goldgelb. In der Nase aromatisch, intensiv, tropische Früchte, dahinter Gewürznelken, Pfeffer und gelbe Rosenblüten. Am Gaumen sehr fruchtsüß und fein würzig, gut ausbalanciert, mit toller Frische, saftig, mit anhaltendem Finale.

92 Kreuth Chardonnay Südtirol DOC 2020
13,5 Vol.-%, NK, Stahltank/großes Holzfass
Sattes, intensives Goldgelb. Nase nach Rauch- und Zedernnoten zusammen mit feinen Noten von Mirabelle, reifem Apfel, ein Hauch Mineralität. Reife gelbe Frucht dominiert am Gaumen, schöner Wechsel von Säure und Saftigkeit, langer Nachgang.

92 Porphyr Lagrein Riserva Südtirol DOC 2019
14 Vol.-%, NK, Barrique
Sattes, tiefdunkles Rubinviolett mit schwarzem Kern. Kompakte Nase, dunkle Schokolade, dazu getrocknete Zwetschken, reife Holunderbeere, Kardamom. Herzhaft und stoffig am Gaumen, viel sattes Tannin, dunkle Frucht, final betont erdige Noten.

★★★★★

TIEFENBRUNNER – SCHLOSSKELLEREI TURMHOF

Schlossweg 4, 39040 Kurtatsch (BZ)
T: +39 0471 880122, info@tiefenbrunner.com
tiefenbrunner.com

Ab-Hof-Verkauf: Ja
Kellermeister: Stephan Rohregger
Kontakt: Christof Tiefenbrunner
Produktion: 650.000 Flaschen, 80 % weiß, 20 % rot
27 Hektar

Seit über 150 Jahren widmet sich die Familie Tiefenbrunner auf Castel Turmhof dem Weinbau. Die Spitzenlinie heißt »Linticlarus«, die gehobene Linie »Turmhof«. Eine Spezialität ist der »Feldmarschall«, ein rassiger und zugleich zarter Müller-Thurgau aus Südtirols höchstgelegenem Weinberg auf über 1000 Metern Seehöhe. Wie dem »Feldmarschall« wird auch den Weinen der »Turmhof«-Linie künftig ein Jahr mehr Reifezeit gegeben. »Vigna Rachtl« (Sauvignon), »Vigna Au« (Chardonnay) und »Vigna Toren« (Cabernet Sauvignon) sind prachtvolle Lagenweine.

97 Vigna Rachtl Sauvignon Blanc Riserva Südtirol DOC 2019

14 Vol.-%, NK, großes Holzfass

Leuchtendes, helles Strohgelb. Eröffnet mit betont rauchigen Noten, nach Feuerstein, etwas Dill, rote Johannisbeere im Hintergrund. Zeigt am Gaumen tolles Spiel, sehr gut herausgearbeitete Frucht, feiner süßer Schmelz, gute Spannung, sehr langer Nachhall.

95 Feldmarschall Von Fenner Müller Thurgau Südtirol DOC 2020

13,5 Vol.-%, DV, großes Holzfass/Beton

Hell leuchtendes Strohgelb mit grünlichen Reflexen. In der Nase Nuancen von Pfirsich und Apricot, dann leicht würzig und nach Feuerstein. Am Gaumen sehr saftig und salzig, viel Rasse, viel Zug, harmonisch und mit langem Finale.

96 Toren Cabernet Sauvignon Riserva Südtirol DOC 2018

14 Vol.-%, NK, Barrique

Kraftvolles, konzentriertes Rubin mit feinem Violettschimmer. Eröffnet mit balsamischen Noten, nach Minze und Eukalyptus, dann viel Heidelbeere und schwarze Johannisbeere, sehr präzise. Stoffig und fest in Ansatz und Verlauf, öffnet sich mit viel präsentem, sehr gut eingearbeitetem Tannin, ummantelt von feinem Schmelz, reife, konzentrierte Beerenfrucht, langer Nachklang.

94 Linticlarus Cuvée Riserva Südtirol DOC 2019 CS/ME

14 Vol.-%, NK, Barrique

Volles, leuchtendes Rubinrot mit dunklem Kern. Leicht rauchig in der Nase, mit reifen Fruchtaromen von schwarzer Pflaume und Cassis, danach etwas Bitterschokolade und feine Würze im Nachgang. Kraftvoll und zupackend am Gaumen, mit festem, aber gut eingebautem Gerbstoff, langer und druckvoller Abgang.

91 Linticlarus Pinot Noir Riserva Südtirol DOC 2019

13,5 Vol.-%, NK, Barrique

Lebhaftes dunkles Rubinrot mit aufhellenden Rändern. Intensiv duftend nach reifen Waldbeeren, dunkler Kirsche und ein Hauch von Bitterschokolade und Würze. Am Gaumen mit schönem Schmelz, Holzeinsatz und Säure sind gut integriert, mit elegantem, leicht trocknendem Finish.

93 Feldmarschall von Fenner Müller-Thurgau vendemmia tardiva Südtirol DOC 2016

9,5 Vol.-%, NK, Stahltank

Intensives Strohgelb mit goldenen Reflexen. Kandierte Früchte, Orange, Pfirsich und Wildblumenhonig. Saftig und elegant, geradlinig mit einer ausgezeichneten, erfrischenden Säurenote, langer, geschmeidiger und einladender Abgang.

★★★★

CANTINA TRAMIN

Weinstraße 144, 39040 Tramin (BZ)
T: +39 0471 096633, info@CantinaTramin.it
CantinaTramin.it

Ab-Hof-Verkauf: Mo bis Fr 9–19 Uhr, Sa 9–17 Uhr. Nov bis März: Mo bis Fr 9–18 Uhr, Sa 9–17 Uhr
Kellermeister: Willi Stürz
Kontakt: Wolfgang Klotz
Produktion: 1.800.000 Flaschen, 60 % weiß, 39 % rot, 1 % süß, 270 Hektar

Die Kellerei Tramin und ihre Gewürztraminer (»Nussbaumer«, »Terminum«, »Roen«, »Selida«) bestätigten ihre Stellung im Spitzenfeld. In der Selektionslinie gibt es einen eleganten Pinot Grigio (»Unterebner«), einen fülligen Lagrein (»Urban«), einen überragenden Gewürztraminer (»Nussbaumer«), einen feinen Blauburgunder (»Maglen«) und eine dichte Gewürztraminer-Spätlese (»Terminum«). Daneben bestehen drei Cuvées: »Loam«, »Stoan«, »Roen«. Der Chardonnay Riserva »Troy« triumphiert gemeinsam mit dem Gewürztraminer Spätlese »Epokale«.

Wolfgang Klotz, Willi Stürz, Leo Tiefenthaler, Cantina Tramin

95 Troy Chardonnay Riserva Südtirol DOC 2018
14 Vol.-%, NK, Barrique/Stahltank
Strahlendes Strohgelb mit leichtem Hellgold. In der Nase nach reifem goldenem Apfel, Banane, Mango, leichtes Kerzenwachs, Ananas, im Nachklang ein Hauch weiße Schokolade. Am Gaumen saftig, klar und strahlend, öffnet sich mit elegantem Schmelz und leichter Creme, sahniger Verlauf, spannt sich in vielen Schichte auf, in sich stimmig, lange und tief.

90 Glarea Chardonnay Südtirol DOC 2020
13,5 Vol.-%, DIAM, großes Holzfass
Strahlend intensives Strohgelb. In der Nase reife Aromen von Mango, Pfirsich und Banane, Anklänge an Bienenwachs. Am Gaumen saftig, präzise und gut integriertem Holzeinsatz, lang anhaltender cremiger Nachklang.

94 Nussbaumer Gewürztraminer Südtirol DOC 2020
15 Vol.-%, NK, Stahltank
Intensiv funkelndes Strohgelb mit sattem Kern. In der Nase elegante Aromen von Gewürznelke, Rosen, Litschi, Mandarine und Bergamotte. Am Gaumen reife Exotikfrucht, gehaltvoll und körperreich, im langen Nachhall toller Schmelz mit viel Druck, auf reifer Banane, minimal zartbitterer Ausklang.

VERKOSTUNGSERGEBNISSE
CANTINA TRAMIN

93 Unterebner Pinot Grigio Südtirol DOC 2020
14 Vol.-%, NK, großes Holzfass

Strahlendes Strohgelb mit hellen Reflexen. In der Nase reife Birnenaromatik, getrocknete Kräuter und Toastbrot. Am Gaumen vollmundig und rund, gute Saftigkeit und angenehme Frische, im Nachhall bleibt die Frucht mit Druck lange am Gaumen.

92 Stoan Weiss Südtirol DOC 2020 CH/SB/WB/TR
13,5 Vol.-%, NK, großes Holzfass

Hell leuchtendes Strohgelb. In der Nase feine Aromen nach Kräuter, Grapefruit, etwas nasser Stein. Am Gaumen schmelzig, breitet sich schön im Mund aus, mit kraftvollem Zug und anhaltender Frische, im Finale leider etwas gesetzt.

90 Pepi Sauvignon Südtirol DOC 2021
14 Vol.-%, DIAM, großes Holzfass

Helles Strohgelb mit grünlichem Reflex. In der Nase verhalten, braucht etwas Zeit um sich zu öffnen, auf frisch geschnittenem Gras. Am Gaumen mit zartem Fruchtschmelz und dezenter Gelbfrucht mit leichtem Bitterton, im Abgang rassig.

93 Maglen Pinot Nero Südtirol DOC 2019
14 Vol.-%, NK, Barrique/Beton

Dunkles, leuchtendes Rubinrot. Intensive und einladende Nase nach dunklen Beerenfrüchten, blumigen Noten, reifen Kirschen und Anklängen von Kaffee und Schokolade. Reichhaltig, umhüllend und präzise mit einem leichten und angenehmen Röstgeschmack im Abgang.

92 Loam Rot Südtirol DOC 2019 ME/CF/CS
14 Vol.-%, NK, Barrique/großes Holzfass

Volles Rubinrot mit dunklem Kern. Fruchtbetont nach reifer Pflaume und dunkler Kirsche, mit Anklängen von Lakritz und dunkler Schokolade. Volles Mundgefühl mit noch jungem, aber gut eingebautem Tannin, kräftiger Struktur bis ins andauernde Finale.

95 Epokale Gewürztraminer Spätlese Südtirol DOC 2015
12,5 Vol.-%, NK, Stahltank

Glänzendes, helles Goldgelb. Sehr klare und intensive Nase, nach gelben Rosen, Litschi, reifer Mango, etwas getrocknete Orangenschalen. Ausgewogen und rund im Ansatz, gleitet schön dahin, nach getrockneten Marillen, Rosen und Safran, im Finale dann leider etwas breit, noch sehr jung.

95 Terminum Gewürztraminer vendemmia tardiva Südtirol DOC 2020
10 Vol.-%, NK, Barrique

Intensives Goldgelb. Offenherzige Nase, zart blumig, Ingwer und kandierte Früchte, im Nachhall feiner Muskat-Ton. Zeigt sich am Gaumen mit tollem Wechselspiel zwischen Süße und Säure, dazu feine Würze, im Abgang sehr lange und ausgewogen.

★★★

WEINGUT UNTERMOSERHOF GEORG RAMOSER

Untermagdalena 36, 39100 Bozen (BZ)
T: +39 0471 975481, untermoserhof@rolmail.net
untermoserhof.com

Ab-Hof-Verkauf: Ja
Kellermeister: Florian & Georg Ramoser
Kontakt: Florian Ramoser
Produktion: 35.000 Flaschen, 10 % weiß, 90 % rot
4.5 Hektar

Das Weingut Untermoserhof wurde 1630 erstmals schriftlich erwähnt und wird derzeit in vierter Generation von Georg Ramoser, seiner Frau Margareth und deren Sohn Florian bewirtschaftet. Hauptaugenmerk wird auf eine naturnahe Arbeitsweise gelegt, um auf vier Hektar Fläche sortentypische, elegante, authentische Qualitätsweine zu erzeugen. Der Fokus liegt auf Vernatsch und Lagrein. Der St. Magdalena Hub aus einer Lage alter Reben: ein sehr kraftvoller und fülliger St. Magdalena. Daneben kann der Untermoserhof auch mit Merlot, Lagrein und Chardonnay überzeugen.

90 Moraine Chardonnay Südtirol DOC 2020
13,5 Vol.-%, NK, 500-l-Fass/Stahltank
Leicht blass strohgelb. In der Nase Quitten, Zitrusfrüchte und leichte Gewürze. Leicht fließend im Mund, dynamisch und salzig im Abgang.

94 Lagrein Riserva Südtirol DOC 2019
13,5 Vol.-%, NK, 500-l-Fass/großes Holzfass
Dunkles Rubinrot mit purpurnen Reflexen. In der Nase mit rauchiger Note, reifen Pflaumen und Herzkirschen sowie Gewürznelken, Zimt und Minze. Am Gaumen feines und elegantes Tannin, kraftvoll, saftig und mit Druck, anhaltendem Finale , hat zusätzliches ReifePotenzial.

94 Hub St. Magdalener Classico Südtirol DOC 2020
13,5 Vol.-%, NK, großes Holzfass
Intensives Rubinrot. Recht einladende Nase mit Noten von Sauerkirschen, Pflaumen und leicht gerösteten Mandeln. Am Gaumen sauber und komplex, mit dichten Tanninen und ausgewogener Säure, toller Struktur und anhaltendem Abgang.

91 Merlot Riserva Südtirol DOC 2019
14 Vol.-%, NK, Barrique
Leuchtendes dunkles Rubinrot. In der Nase ausgeprägter Duft nach reifen Herzkirschen, Leder, Zedernholzwürze und Gewürznelke. Zeigt sich am Gaumen mit komplexem Körper und guter Trinkigkeit, reifer Frucht, würzig im Verlauf, leicht austrocknend im Finale.

★★★★

ELENA WALCH

Andreas-Hofer-Straße 1, 39040 Tramin (BZ)
T: +39 0471 860172, info@elenawalch.it
elenawalch.com

Ab-Hof-Verkauf: Sommer Mo bis Fr 9.30–18.30 Uhr, Sa und So 11.30–18.30 Uhr, Winter veränderte Uhrzeiten
Kellermeister: Stefano Bolognani
Kontakt: Julia Walch
Produktion: 550.000 Flaschen, 50 % weiß, 50 % rot
65 Hektar

Die Vigna (Lage) Castel Ringberg über dem Kalterer See und die Vigna Kastelaz, eine Steillage in Tramin, sind zwei renommierte Weinberge in herausragender Position: Sie befinden sich seit Generationen im Besitz der Familie Walch, welches heute von Elena Walch und ihren Töchtern Julia und Karoline geleitet wird. Bereits seit dem ersten Jahrgang 2000 zählt »Beyond the Clouds« zu den besten Weißweincuvées Südtirols. Dieses Jahr ist die Rotweincuvée »Kermesse« hervorragend ausgefallen, großartig ist auch wieder der Gewürztraminer »Kastelaz«.

Julia, Karoline und Elena Walch

94 Vigna Kastelaz Gewürztraminer Südtirol DOC 2020
14 Vol.-%, NK, Stahltank
Sattes, leuchtendes Goldgelb. In der Nase intensives Aroma nach Rosenblüten, Litschi und weißem Pfeffer. Am Gaumen komplex, mit eleganter Struktur, angenehmer Säure und langem, eleganten und saftigen Abgang.

93 Beyond The Clouds Grande Cuvée Südtirol DOC 2020
13,5 Vol.-%, NK, Barrique/Stahltank
Funkelndes, sattes Strohgelb. Klare und präzise Nase, duftet einladend nach Mango, reifem Pfirsich und Bratapfel, im Hintergrund zarte Salbei-Noten. Cremig und rund am Gaumen, breitet sich gemächlich aus, viel reife Frucht, gute Spannung, im Finale etwas gesetzt.

92 Kristallberg Pinot Bianco Südtirol DOC 2020
13,5 Vol.-%, NK, Teilbarrique/Stahltank
Funkelndes Strohgelb mit grünlichen Reflexen. Am Gaumen feine fruchtige Noten von Birne, Apfel und Apricot. Am Gaumen gute Frische und Saftigkeit, harmonisch, mit gutem Schmelz, kristallines Finale.

VERKOSTUNGSERGEBNISSE

ELENA WALCH

92 Vigna Castel Ringberg Chardonnay Riserva Südtirol DOC 2019
13,5 Vol.-%, NK, gebrauchte Barriques/Stahltank
Sattes, funkelndes Strohgelb. Am Gaumen Nuancen von exotischen Früchten, im Nachhall Anklänge von Vanille und leichte Röstaromen durch den edlen Holzeinsatz. Am Gaumen frisch und saftig, gut ausbalanciert, mundfüllend und mit gutem Schmelz, langer Abgang.

94 Kermesse Grande Cuvée Vino da Tavola 2018 CS/LG/ME/SY/PV
14 Vol.-%, NK, Barrique
Strahlendes, intensives Rubin mit aufhellenden Rändern. Sehr präsente, intensive Nase mit viel klarer Frucht, nach Brombeeren, Cassis und Holunderbeeren, im Hintergrund feine Gewürznoten, leicht rauchig. Am Gaumen viel saftige Frucht, etwas Preiselbeere, prägnante Säure gibt Frische, kerniges, herzhaftes Tannin.

93 Ludwig Pinot Nero Südtirol DOC 2019
13,5 Vol.-%, NK, Barrique
Funkelndes, mitteldichtes Rubin mit hellem Rand. Knackige, ansprechende Nase, nach Brombeeren, Granatapfel und Noten nach Kardamom. Saftig am Gaumen, zeigt viel Beerenfrucht, Brombeere und Himbeere, seidiges Tannin, im Finale fester Druck.

92 Vigna Kastelaz Merlot Riserva Südtirol DOC 2019
14,5 Vol.-%, NK, Barrique
Leuchtendes, intensives Rubinrot mit leicht aufhellendem Rand. Sehr feine Nase, duftet nach reifen Waldbeeren und Cassis, im Nachhall zarte Würze, dann Tabak und Leder vom Holzausbau. Am Gaumen fruchtsüß, das Tannin wirkt noch ein bisschen jung, langes Finale.

90 Vigna Castel Ringberg Lagrein Riserva Südtirol DOC 2019
13,5 Vol.-%, NK, Barrique
Sattes, undurchdringliches Rubinviolett mit aufhellenden Rändern. Elegante Nase mit Noten von Pfeifentabak, Kakao, und Röstaromen, gefolgt von Brombeere und etwas Koriander im Nachhall. Zeigt sich am Gaumen mit eng gewobenem Tannin, druckvoll und mit Zug, schöne Frucht und Röstaromen, im Finale etwas ausladend.

★★

WILHELM WALCH

Andreas-Hofer-Straße 1, 39040 Tramin (BZ)
T: +39 0471 860172, info@walch.it
walch.it

Ab-Hof-Verkauf: Ja
Kellermeister: Stefano Bolognani
Kontakt: Werner Walch
Produktion: 600.000 Flaschen, 50 % weiß, 50 % rot
8+65 Hektar

Wilhelm Walch gründete 1869 in einem alten Jesuitenkloster im Zentrum von Tramin eine Kellerei. Das früher sehr umfangreiche Sortiment hat man wohltuend gestrafft. Die »Classic«-Linie wurde eingestellt, die »Premium«-Linie wurde dafür erweitert. Für den Ausbau wird bei Rotwein in der Regel das große Eichenfass verwendet, wo es sinnvoll ist, auch Barriques. Die Weißweine werden ausschließlich im Stahltank vergoren und ausgebaut. Die Weine sind Vertreter der Rebsorte und zeichnen sich durch ein sehr gutes Preis-Genuss-Verhältnis aus.

Weinlagen bei Tramin,
Weingut Wilhelm Walch

90 Pilat Chardonnay Südtirol DOC 2021
13 Vol.-%, NK, Stahltank
Leuchtendes, helles Zitronengelb mit goldenem Touch. In der Nase zarte Noten von Zitrusfrucht und Apfelblüten. Cremig beim Eintritt, präsentiert sich mit guter Frische, mit leichtem Druck, fruchtbetontes Finale.

89 Lagrein Südtirol DOC 2021
13 Vol.-%, NK, Stahltank/Holzfass
Sehr kräftiges Dunkelrot mit violetten Reflexen. Noten von reifen Beeren, Holunderbeeren, weichen Sauerkirschen, die an Erdbeermarmelade und Schokoladenpulver erinnern. Am Gaumen fein und fruchtig mit Cassis, warm und weich, mit seidigen Tanninen und leicht holzigem Abgang.

89 Prestige Cabernet Sauvignon Südtirol DOC 2020
13,5 Vol.-%, NK, Stahltank/großes Holzfass/Barrique
Leuchtendes Rubinrot mit aufhellenden Rändern. In der Nase reife Frucht von Brombeere und Preiselbeere, Kräuterwürze sowie Tabak und Zedernholz. Am Gaumen fruchtig und würzig, eher leichtfüßig mit mittellangem Finale und leicht austrocknendem Tannin.

★★★★

ANSITZ WALDGRIES

St. Justina 2, 39100 Bozen (BZ)
T: +39 0471 323603, info@waldgries.it
waldgries.it

Ab-Hof-Verkauf: Ja
Kellermeister/Kontakt: Christian Plattner
Produktion: 70.000 Flaschen, 20 % weiß, 80 % rot, 4 % süß, 7.2 Hektar

Christian Plattner vom Weingut Ansitz Waldgries ist für seinen St. Magdalener bekannt. Aus der Vernatsch-Traube gekeltert, mit bis zu zehn Prozent Lagrein, ist er der Wein für jeden Anlass – klassisch der eine, fülliger und würzig der andere (»Antheos«). Stark ist Plattner auch beim Lagrein, egal ob saftiger Jahrgangslagrein oder Riserva. Spezialität des Hauses ist der gesuchte Rosenmuskateller. Die drei gereiften Weißweine, Sauvignon »Myra«, Sauvignon »Riserva Sàcalis« und Weißburgunder Riserva »Itos« stammen von Lagen aus Eppan.

94 Sàcalis Sauvignon Riserva Südtirol DOC 2019

14 Vol.-%, DIAM, Tonneau Fass

Helles, leuchtendes Goldgelb. Würzige Noten von gelber Paprika sowie Cassis, etwas Litschi und Holunderblüte, komplexe Nase. Im Trunk weich, fast samtig, ausgewogenes, angenehmes Mundgefühl, gelbe Frucht, getragen von eleganter Säure ins lange Finish, kristalliner Abgang.

93 Itos Weißburgunder Riserva Südtirol DOC 2020

14,5 Vol.-%, DIAM, Stahltank

Helles, funkelndes Goldgelb. In der Nase Nuancen von tropischen Früchten, reifer Birne und Apfel. Am Gaumen satt und mundfüllend, gut eingebundene Säure, salzig, kräftig im Körper, langer mineralischer Abgang.

93 Antheos St. Magdalener Classico Südtirol DOC 2020 VN/LG

13,5 Vol.-%, NK, großes Holzfass

Leuchtendes Rubinrot mit violetten Reflexen. Intensiver Duft mit Anklängen an Himbeere, Nelke und reife Pflaume. Am Gaumen frisch und sauber, liegt angenehm auf der Zunge, dunkle Frucht mit samtigem Tannin macht den Genuss komplett.

91 St. Magdalener Classico Südtirol DOC 2021 VN/LG

13,5 Vol.-%, NK, Stahltank

Rubinrot mit violetten Reflexen. In der Nase einladende Aromen von Beeren und Gewürzen. Frisch und reaktionsfreudig, ein flotter und agiler Gaumen, der sofort zum nächsten Schluck verleitet.

92 Mirell Lagrein Südtirol DOC 2019

13 Vol.-%, NK, gebrauchte Barriques

Sattes, undurchdringliches Rubin-Violett, schmaler Rand. Eröffnet mit Noten nach dunklen Rosen und getrockneten Zwetschken, dann viel Holunderbeeren, etwas rote Rübe, im Hintergrund balsamische Noten. Am Gaumen viel Tabak und dunkle Frucht, griffiges, zupackendes Tannin, im Finale betont karamellige Noten, recht rau.

93 Rosenmuskateller Südtirol DOC 2020

12,5 Vol.-%, NK, Stahltank

Intensives Rubinrot mit aufhellendem Rand. In der Nase würzige, intensive Aromen nach Zimt, Nelken, Muskat sowie rote Rosenblüten und Herzkirsche. Am Gaumen dicht, sehr fruchtbetont und duftend, harmonisch mit ausbalancierter Säure und Gerbstoffen.

★★

WASSERERHOF

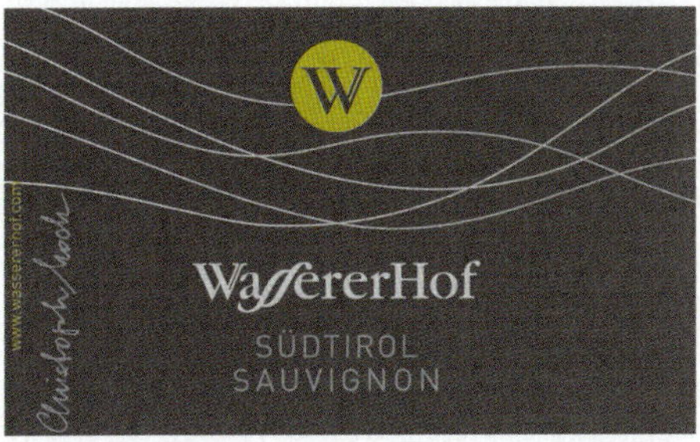

Völserried 21, 39050 Völs am Schlern (BZ)
T: +39 331 6645870, info@wassererhof.com
wassererhof.com

Ab-Hof-Verkauf: Ja
Kellermeister: Christoph Mock
Kontakt: Christoph und Andreas Mock
Produktion: 60.000 Flaschen, 57 % weiß, 43 % rot
9 Hektar

Der Wassererhof liegt im unteren Eisacktal zwischen Bozen und Klausen im Gemeindegebiet von Völs am Schlern. Die Weinhänge sind nach Westen ausgerichtet und mit Sauvignon Blanc und weißen Burgundersorten bepflanzt. Am Wassererhof werden auch die Trauben des familieneigenen Mumelterhofes in Leitach bei Bozen vinifiziert. Die steilen Weinhänge des Stammhofes der Familie Mock sind nach Süden ausgerichtet, es gedeihen dort Vernatsch, Lagrein und Cabernet. Am Wassererhof befindet sich neben dem Weinkeller auch eine ausgezeichnete Buschenschank.

92 Weissburgunder Südtirol DOC 2020
12,5 Vol.-%, NK, 500-l-Fass/Stahltank
Helles Goldgelb mit grünlichen Reflexen. Am Anfang eher verhalten in der Nase, dann Noten nach Apfel und Zitrone. Am Gaumen mit schöner Frische und leicht cremiger Textur, feinwürzig, im Finale stimmig.

91 Grauburgunder Südtirol DOC 2020
12,5 Vol.-%, NK, großes Holzfass/Stahltank
Leuchtendes helles Goldgelb mit kupfernen Reflexen. In der Nase rauchig und würzig. Bratapfelaromatik und Orangenblüten, kandierte Früchte und schöne Holzwürze. Am Gaumen cremig, mit Körper und mundfüllende Textur, im Finale etwas bitter.

90 Südtirol Sauvignon DOC 2020
13 Vol.-%, NK, Stahltank/500-l-Fass
Brillantes, helles Strohgelb. In der Nase zarte Aromen nach Kräutern, Grapefruit und Holunderblüten. Am Gaumen kecke Säure, saftig und ausgewogen, im Nachklang Frucht und Salzigkeit.

92 St. Magdalener Classico Südtirol DOC 2020 VN/LG
12,5 Vol.-%, NK, Stahltank
Leuchtendes Rubinrot mit violetten Reflexen. In der Nase Nuancen von reifen Zwetschken und Veilchenblüten, im Nachhall auch leicht würzige Noten nach Nelke. Am Gaumen angenehme Textur, saftig, fruchtig und leicht edelbitter, schöne Cremigkeit, lange.

91 Cabernet Riserva Südtirol DOC 2019 CS/CF
13,5 Vol.-%, NK, Barrique
Intensives Rubinrot mit dunklem Kern. Sehr intensive Nase nach Brombeeren, Waldfrüchten, dunkler Schokolade und Tabaknoten, leicht vegetal. Am Gaumen schöne Würze, zupackendes Tannin, herzhaft und klar, gutes Potenzial.

88 Mumbolt Rot Weinberg Dolomiten IGT 2020 CF/CS/LG/SY
13 Vol.-%, NK, gebrauchte Barriques
Leuchtendes Rubinrot mit leicht violettem Rand. In der Nase am Anfang würzig-medizinal, dann fruchtig nach reifer Brombeere, im Nachhall ledriger Ton, unsauber. Zieht sich samtig über die Zunge, gut ausbalanciert, wird im Finale leider bitter.

★★★

SEKTMANUFAKTUR WINKLER

Lammweg 12, 39057 Girlan/Eppan (BZ)
T: +39 338 2501187, info@sektmanufaktur.it
sektmanufaktur.it

Ab-Hof-Verkauf: Ja
Kellermeister: Stefan Doná
Kontakt: Michael Winkler
Produktion: 17.333 Flaschen, 100 % Schaumwein
2.5 Hektar

Gegründet wurde die Sektkellerei Winkler 1977 von Helmuth Winkler. Sohn Michael und Familie erweckten sie 2017 als »Sektmanufaktur« Winkler in Girlan zu neuem Leben. Mit dem Önologen und Freund Stefan Donà fand man die richtigen Sorten in den richtigen Lagen, verteilt über Südtirol auf Lagen über 580 Metern Seehöhe. Das Spektrum besteht aus 70 Prozent Chardonnay, 20 Prozent Blauburgunder und 10 Prozent Weißburgunder. Im Portfolio findet man zurzeit nur den Sekt »Lamm N° 12«. Von diesem reifen 30 Prozent des Grundweins neun Monate in Barriques, das verleiht ihm schöne Cremigkeit und Spannung.

Olivenbaum am »Schmiedhüttl«,
Sektmanufaktur Winkler

93 **❸ Lamm Nr 12 VSQ 2018 Extra Brut CH/PN/WB**
12,5 Vol.-%, PK, Flaschengärung
Funkelndes, helles Goldgelb, reichhaltige und anhaltende Perlage. In der Nase intensiv, nach weißem Pfirsich und Apricot, zart geröstete Haselnuss, im Nachhall feine Apfelnuancen und ein Touch Akazienblüten sowie Feuerstein. Am Gaumen gut eingebundene Perlage, knochentrocken, frisch und saftig, zieht sich elegant über die Zunge, gut ausbalanciert, mit langem, blitzsauberem Finale.

★★★

WEINGUT PETER ZEMMER

Weinstraße 24, 39040 Kurtinig (BZ)
T: +39 0471 817143, info@peterzemmer.com
peterzemmer.com

Ab-Hof-Verkauf: Ja
Kellermeister: Peter Zemmer/Alberto Postal
Kontakt: Peter Zemmer
Produktion: 400.000 Flaschen, 2 % Schaumwein, 80 % weiß, 17 % rot, 1 % rosé, 14 Hektar

Gegründet im Jahr 1928, zählt das Familienweingut Peter Zemmer heute zu den führenden Weingütern Südtirols und ist Garant für Produkte von konstant hoher Qualität: überzeugende, vom Terroir gezeichnete und mit persönlicher Note gekelterte Weine. Vor allem die weißen Burgundersorten haben das Sortiment von Peter Zemmer schon immer maßgeblich geprägt. Neben dem »Vigna Crivelli Chardonnay Riserva« steht inzwischen auch der »Giatl Pinot Grigio Riserva« fest im Spitzensegment der hochwertigen Weißweine.

93 Giatl Pinot Grigio Riserva Südtirol DOC 2019
14,5 Vol.-%, NK, großes Holzfass/Stahltank
Hell leuchtendes Strohgelb. In der Nase Aromen von reifem Apfel, reifem Pfirsich und Honigmelone gepaart mit Würze, Anklänge an Honig. Am Gaumen cremig und rund, mit viel Körper und merklichem Holzeinsatz, dennoch schöne Saftigkeit und Salzigkeit, harmonisch und anhaltend.

91 Bianco Cortinie Weinberg Dolomiten IGT 2021 PG/CH/SB/TR
13,5 Vol.-%, NK, Stahltank/Barrique
Leuchtens, helles Strohgelb mit goldenen Reflexen. In der Nase fruchtbetont, Noten von Litschi und Passionsfrucht, sowie etwas Holunderblüte. Weich und mit feinem Fruchtschmelz, angenehmes Trinkerlebnis, im Abgang wieder auf Holunder.

91 Frauenrigl Gewürztraminer Südtirol DOC 2020
15 Vol.-%, NK, großes Holzfass/Stahltank
Mittleres, leuchtendes Strohgelb mit hellen Reflexen. In der Nase intensives Aroma von Rosen, Trockenblumen, Muskatnuss und etwas Vanille. Am Gaumen würzig, vollmundig, mit feiner Säure aromatisch, lange, zart bitter.

92 Vigna Crivelli Chardonnay Riserva Südtirol DOC 2019
14 Vol.-%, NK, Barrique/Stahltank
Helles, aber kräftiges Gelb. In der Nase Noten von tropischen Früchten, Banane, leichten Röstaromen und Gewürzen. Im Mund zeigt er Muskeln, fließt aber dank der durchdringenden Säure gut, im Abgang salzige und leicht zitrusartige Noten.

92 Vigna Kofl Pinot Noir Riserva Südtirol DOC 2019
13,5 Vol.-%, NK, Stahltank/Barrique
Strahlendes Rubinrot mit dunklem Kern. In der Nase ausgeprägte Fruchtnoten von kleinen Waldbeeren, dazu etwas Unterholz und Rosenblättern, sowie leicht würziger Touch im Nachgang. Fruchtbetont auch am Gaumen, mit schönem Druck, feinkörnigem Gerbstoff, und dezenter Bittermandel im ausgedehnten Finale.

91 Furggl Lagrein Riserva Südtirol DOC 2019
13,5 Vol.-%, NK, Barrique/Stahltank
Undurchdringliches Purpurrot mit lila Reflexen. In der Nase nach reifen Blaubeeren, Waldhimbeere, dezente Würze, Anklänge von Kakaobutter im Finale Erdbeermarmelade. Am Gaumen mit Körper, von einladender Saftigkeit, getragen von straffer Tanninstruktur, krautiges Finale, mit Anklängen von edeler Würze.

Kloster von Rosazzo, Friuli Colli Orientali

FRIAUL-
JULISCH
VENE
TIEN

Oslavia, Collio Goriziano

DAS WEISSWEINPARADIES ITALIENS

Friaul Julisch Venetien ist neben Südtirol sicher die beste Region für Spitzenweißweine in Italien. Manche Kritiker und viele Weinliebhaber halten sie sogar für eine der besten der Welt. Dabei darf nicht übersehen werden, dass aus dieser Region im Nordosten des Landes auch bemerkenswerte Rotweine kommen.

Friaul-Julisch Venetien, von Weinliebhabern und Fachleuten zumeist liebevoll einfach nur Friaul genannt, zählt ohne Frage zu den großen Weißweinregionen Europas. Das liegt an der idealen Lage im Nordosten Italiens, im Westen begrenzt durch Venetien, im Osten durch Slowenien, im Norden angrenzend an Österreich. Dass diese Region so für ihre hochklassigen Weißweine gerühmt wird, liegt neben den Böden vor allen Dingen am Klima. Denn hier treffen milde maritime und mediterrane Strömungen auf Kaltluftströmungen aus den naheliegenden Alpen aufeinander, und dieses reizvolle Wechselspiel beschert den Trauben ausreichend Reife und andererseits auch ein lebhaft frisches Säuregerüst. Friaul gehört auch zu jenen Regionen, die bereits früh auf Qualität setzten. Ein großer Schub ging durch das Friaul als Mario Schiopetto, heute eine der Ikonen der Region, in den 60er Jahren die temperaturkontrollierte Gärung einführte. Knapp 20.000 Hektar stehen im Friaul unter Reben, und die liefern neben jenen aus Südtirol zweifelsfrei die Top-Weißweine Italiens. Die besten Weine kommen aus den Subregionen Collio und Colli Orientali, aber andere Gemeinden wie Aquileia oder Isonzo haben aufgeholt. Die größte Subregion ist dabei Grave del Friuli mit preiswerteren aber dafür zumeist auch häufig weniger ausgeprägten Weinen. Eine der wichtigsten Weißweinsorten ist

WEIN-PRODUKTION FRIAUL-JULISCH VENETIEN

1.624.000 hl*

76% weiß
24% rot/rosé

* Gesamtweinprodukion Italien: 49.908.000 hl, Jahrgang 2020

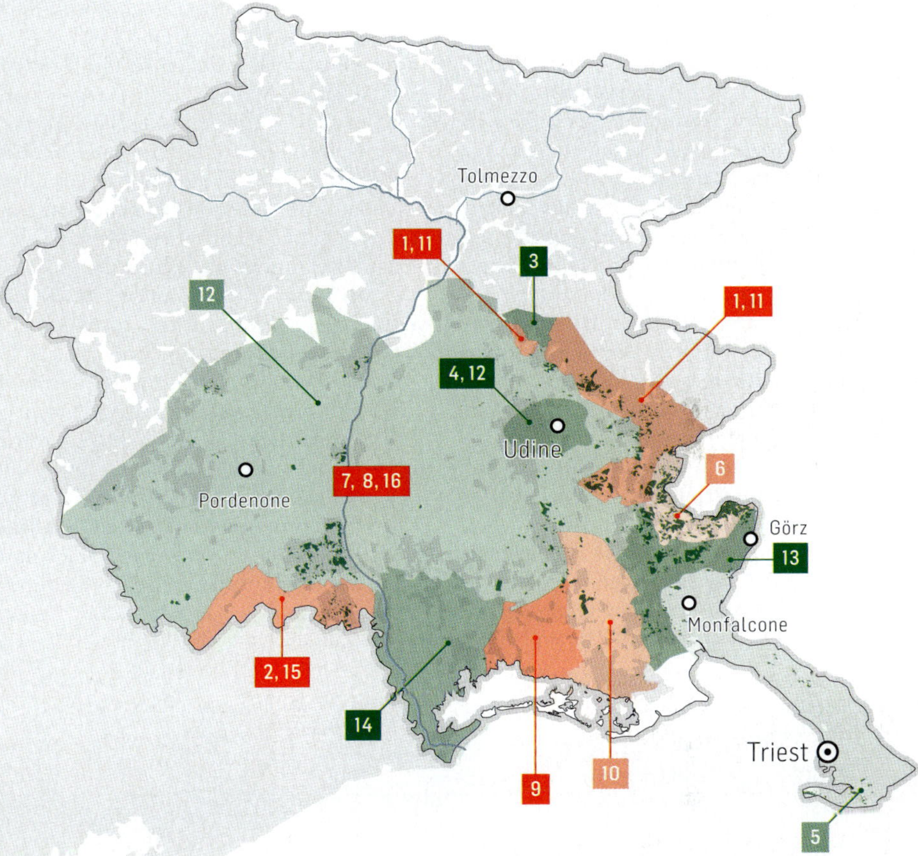

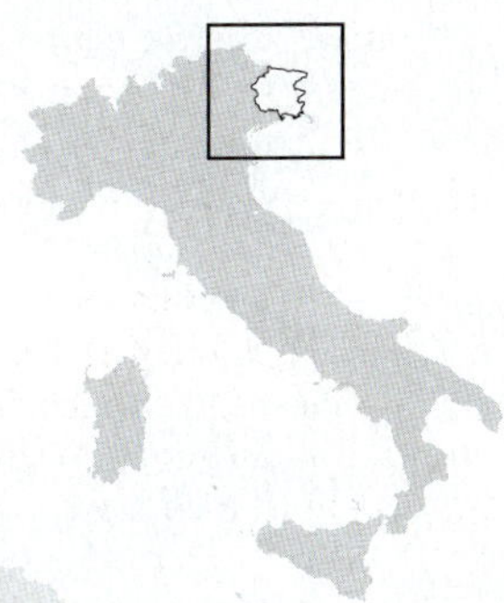

FRIAUL-JULISCH VENETIEN

D.O.C.G.

1 Colli Orientali del Friuli Picolit
2 Lison
3 Ramandolo
4 Rosazzo

D.O.C.

5 Carso
6 Collio Goriziano
7 delle Venezie*
8 Friuli Venezia Giulia*
9 Friuli Annia
10 Friuli Aquileia
11 Friuli Colli Orientali
12 Friuli Grave
13 Friuli Isonzo
14 Friuli Latisana
15 Lison-Pramaggiore
16 Prosecco*

* Im gesamten Gebiet der Provinz Pordenone, Udine, Görz und Triest

Quelle: Istat date 2021

der einheimische Friulano, früher als Tocai Friulano vermarktet. In einem Rechtsstreit zwischen Ungarn und der EU wurde aber dann geklärt, dass die Bezeichnung Tocai jenen berühmten Süßweinen aus Tokaij zu ähnlich sei, womit dieser Namenszusatz für das Friaul entfiel. Aber auch internationale Sorten haben hier Fuß gefasst und liefern bemerkenswerte Weine, neben Chardonnay und Sauvignon Blanc auch Pinot Bianco und Pinot Grigio, der hier charaktervoller ausfällt als in anderen Teilen Italiens. Dass sich die Winzer weitaus intensiver um die Qualität kümmern als in manch anderer Region Italiens ist auch den Erträgen abzulesen, das gesamte Friaul liefert mit gerade einmal 1 bis 1,4 Mio. Hektoliter pro Jahr einen der geringsten Anteile an der Weinproduktion des Landes. Aber neben Weißwein darf man auch die Erzeugung hochwertiger Rotweine nicht übersehen. Merlot und Cabernet Sauvignon liefern gleichfalls bemerkenswerte Rotweine, dazu kommen jene aus den autochthonen Sorten Refosco und Schiopettino. Im Friaul lag auch eine der Keimzellen für die Bewegung der »Orange Wines«, also jener – analog zu Rotwein – auf der Maische vergorener Weißweine. Josko Gravner und das Weingut Radikon zählen zu den Pionieren dieser Weingattung und genießen heute Kultstatus unter den Liebhabern dieser Weine.

Friaul war und ist auch einer der Hot Spots des berühmten italienischen Tresterdestillats – dem Grappa. Dabei löste die heute legendäre Destillerie Nonino geradezu eine Revolution aus. Nicht nur, weil hier die Grappa durch sorgfältige Destillation von ihrem rustikalen Charakter befreit wurden und so auch anspruchsvolle Genießer überzeugten, auch das Flaschen- und Labeldesign war aufregend neu, setzte Maßstäbe und fand in der Folgezeit viele Nachahmer. Mit seinen zahlreichen Top-Erzeugern zählt Friaul heute zu den absoluten Spitzen-Regionen Italiens!

Marano Lagunare, Friuli Annia

★★★

BORGO CONVENTI

Via Contessa Beretta 19, 34072 Farra d Isonzo (GO)
T: +39 0481 888004, info@borgoconventi.it
borgoconventi.it

Ab-Hof-Verkauf: Ja
Kellermeister: Paolo Corso, Stefano Gava
Kontakt: Flavio Geretto
Produktion: 30.000 Flaschen, 30 Hektar

Borgo Conventi wurde im Jahr 1975 mit dem Ziel gegründet, edle und elegante Weine zu erzeugen. Die Philosophie des Weinguts ist es, die Gebietsidentität des Friaul und die besondere Rebsortentypizität in jede einzelne Flasche zu bringen. Dadurch sollen die Weine ihre ganz eigene Geschichte von Eleganz, Tradition und Leidenschaft erzählen. Die von Hügeln umgebenen Weingärten der Tenuta Borgo Conventi sind allesamt »Biodiversity Friend« zertifiziert und werden das ganze Jahr über mit Respekt und Umsicht behandelt und behutsam gepflegt.

92 Sauvignon Collio DOC 2021
13,5 Vol.-%, DIAM, Stahltank
Funkelndes Strohgelb mit leicht grünem Schimmer. In der Nase nach Stachelbeere, Holunderblüten und frischem Steinobst, im Nachhall ein Hauch Zitrusfruchtaromatik. Am Gaumen frisch und saftig, weiche Textur, präzise Frucht, langes Finale.

92 Luna di Ponca Collio Bianco DOC 2019 FRL/CH/MA2
13,5 Vol.-%, DIAM, Stahltank/Eichenfass
Strahlendes, glänzendes Hellgold. In der Nase nach Bienenwaben, hellem Honig, gedörrten Bananenstücken, dazu Nuancen von Pfirsich Melba, Haselnuss. Am Gaumen ausgewogen, mit satten Fruchtnoten, präsent und geschliffen, zeigt ordentlich Druck im Finale.

90 Friulano Collio DOC 2021
13,5 Vol.-%, DIAM
Leuchtendes Strohgelb mit Silberreflexen. In der Nase Noten von weißen Blüten, Birne und Mandel. Am Gaumen saftig und geradlinig, weich und fließend, mit einem delikaten Abgang und einer Wiederkehr der vorherigen Geruchsnoten.

90 Pinot Grigio Collio DOC 2021
13,5 Vol.-%, DIAM, Stahltank
Mittleres glänzendes Strohgelb. In der Nase feiner Duft nach Weinbergpfirsich, Birne und Zitrone, dann ein Hauch von weißen Blüten. Am Gaumen mit Spannung, fruchtbetont und saftig, mit gut integrierter Säure.

89 Ribolla Gialla Collio DOC 2021
13 Vol.-%, DIAM, Stahltank
Helles Goldgelb. In der Nase nach tropischen Früchten und im Nachhall leicht blumig. Am Gaumen frisch und saftig, gut ausbalanciert, mit Zug, wird im Abgang leider leicht bitter.

89 Merlot Collio DOC 2020
13,5 Vol.-%, DIAM, Barrique
Sattes Rubin mit leichtem Granatrand. Zeigt sich in der Nase stark geprägt vom Holz, intensive Noten nach Vanille und Sandelholz, die Frucht bleibt im Hintergrund. Leider auch am Gaumen stark holzlastig, duftet nach Rauchfleisch, im Finale trocknendes Tannin.

★★★

BUTUSSI

Via Pra di Corte1, 33040 Corno di Rosazzo (UD)
T: +39 0432 759194, butussi@butussi.it
butussi.it

Ab-Hof-Verkauf: Ja
Kontakt: Familie Butussi
Anbauweise: Bio

Das Weingut Valentino Butussi liegt an der Via Forum Julii, der alten Römerstraße, die Cividale del Friuli mit Aquileia verband, in der Hügellandschaft zwischen Rosazzo und Gramogliano. Schon vor 2000 Jahren galt dieses Gebiet als eines der am besten geeigneten für den friaulischen Weinbau. Angelo Butussi erkannte sofort das enorme Potenzial dieses faszinierenden Tals namens »Prà di Corte«, errichtete hier seinen Sitz und pflanzte Reben, aus denen in den folgenden Jahren einige der bedeutendsten Weine des Betriebs hervorgingen.

Weinlese am
Weingut Butussi

91 Ribolla Gialla Metodo Classico VSQ 2019 Brut
13 Vol.-%, NK, Flaschengärung
Intensives, leuchtendes Strohgelb mit goldenen Reflexen. Nicht sehr lange anhaltende Perlage. Lebendige Nase mit fruchtigen Noten von reifen Birnen und Äpfeln sowie kandierten Orangen. Am Gaumen leicht und einhüllend, abschließende zitronige Noten, die anhaltend sind.

93 White Angel Bianco Friuli Colli Orientali DOC 2020 CH/RI2/SB
13 Vol.-%, NK, Barrique
Leuchtendes, intensives Strohgelb. Duftende Nase nach Kamillenblüten, saftigen Zitronen, ein wenig Melone und Banane, vielschichtig und einladend. Am Gaumen saftig, klar und mit Rasse, wirkt schön ausgewogen, präzise und lange.

92 Ribolla Gialla Friuli Colli Orientali DOC 2021
13,5 Vol.-%, NK, Stahltank
Blass strohgelbe Farbe, klar und leuchtend. Die Nase ist frisch, mit Noten von gelben Früchten wie Ananas und Zitrone und einer frischen blumigen und krautigen Note. Am Gaumen lebendig, mit einer leicht pikanten Note im Abgang.

92 Sauvignon Friuli Colli Orientali DOC 2021
14 Vol.-%, NK, Stahltank
Strahlendes, helles Strohgelb. In der Nase frische Grape-

Filippo, Tobia und Mattia Butussi

VERKOSTUNGSERGEBNISSE
BUTUSSI

fruit, zarte Ananas, ein Hauch Feuerstein, erinnert im Nachhall auch an Blaubeeren, zarte Würze. Am Gaumen rassig, mit kompakter Säure und feinem Spiel, noch jung, zeigt gutes Potenzial, mit Nachdruck.

92 Chardonnay Friuli Colli Orientali DOC 2021
13,5 Vol.-%, NK, Stahltank
Leuchtendes Strohgelb. Die Nase ist direkt und harmonisch. Er präsentiert zarte Noten von gelben Früchten, Zitrusfrüchten und Wildblumen. Am Gaumen frisch und saftig mit einer angenehmen Säure.

92 Pinot Grigio Ramato Friuli Colli Orientali DOC 2021
14 Vol.-%, NK, Teilbarrique
Leuchtendes Kupfer. In der Nase nach rosa Pfirsich, Walderdbeeren, auch weiße Rosen. Am Gaumen mit rassiger Säure und zartem Tannin, sturkturreich, zeigt viel Schliff und Druck, tolle Länge.

92 Madonna d'aiuto Pinot Grigio Ramato Friuli Colli Orientali DOC
13 Vol.-%, NK, Barrique
Intensives, leuchtendes Kupfer. In der Nase Orangenblüten und Akazie, reifer Pfirsich und Birne, sowie leichte Noten von Blutorange. Am Gaumen schlank, aber fest und druckvoll, mit einer salzigen und saftigen Komponente und einem trockenen Abgang mit sehr langer Persistenz.

91 Friulano Friuli Colli Orientali DOC 2021
14 Vol.-%, NK, Stahltank
Helles, leuchtendes Strohgelb. In der Nase frische pflanzliche und blumige Noten, kombiniert mit einer leichten Zitrusnote. Am Gaumen cremig, frisch und einhüllend, gute Säure.

92 Refosco dal Peduncolo Rosso Friuli Colli Orientali DOC 2019
13,5 Vol.-%, NK, gebrauchte Barriques
Rubinrote, ins Violette tendierende Farbe. Die Nase ist frisch mit lebhaften Noten von Erdbeeren, Kirschen, schwarzen Johannisbeeren und Heidelbeeren. Am Gaumen saftig und frisch mit gut eingebundenen Tanninen, der Abgang ist anhaltend und fruchtig.

93 Picolit Friuli Colli Orientali DOCG 2015
12,5 Vol.-%, NK, Teilbarrique
Leuchtendes intensives Bernstein. Fein gezeichnete, intensive Nase mit Noten nach frischer Dattel, etwas getrockneter Feige, Quitte und kandierter Orangenschale, im Hintergrund nach Zimt. Rund und ausgewogen am Gaumen, nach hellem Honig, auch da wieder viel Dattel, im Finale etwas Quitte, hallt lange nach.

★★★

ATTEMS

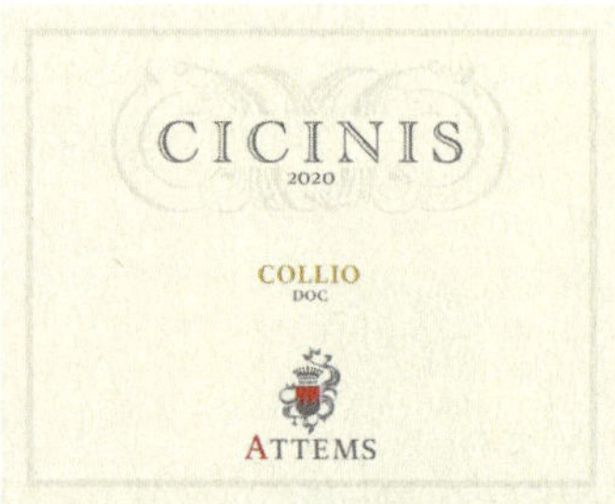

Via Aquileia, 30, 34070 Capriva del Friuli (GO)
T: +39 0481 806098, info@attems.it
attems.it

Ab-Hof-Verkauf: Ja
Kellermeister: Daniele Vuerich
Kontakt: Andrea Orsini Scataglini
Produktion: 44 Hektar

Der Wein und sein Anbaugebiet: eine untrennbare Verbindung, die Attems (Synonym für den friulanischen Weinbau) durch unermüdliches Engagement und den Bedacht auf hohe Weinqualität sowie den klassischen Ausdruck des Terroirs konsequent verwirklicht. Seit dem Jahr 2000 ist Attems im Besitz der Familie Frescobaldi, die die Kellerei mit gebührendem Respekt für ihre Besonderheiten leitet. Hier im schönen Collio-Gebiet erzeugt man authentische friulanische Weine, die die unverwechselbaren Eigenschaften und den emotionalen Zauber dieses einzigartigen Fleckchens Erde verkörpern.

91 Sauvignon Blanc Venezia Giulia IGT 2021
12 Vol.-%, PK, Stahltank
Helles Strohgelb mit grünen Reflexen. In der Nase weißer Pfirsich, Williamsbirne, Zitrone und nasser Stein. Am Gaumen fruchtig und saftig, mit gut integrierter und präziser Säure, mit Nachdruck und lang anhaltend im Abgang.

91 Cicinis Sauvignon Blanc Collio DOC 2020
13 Vol.-%, NK, Barrique/Beton/Tonneau Fass
Leuchtendes Strohgelb. In der Nase anfänglich zurückhaltend, dann nach Zitrusbonbon, Grapfruit, Toast, Haselnüssen und rosaroten Blüten. Am Gaumen mit rassiger Säure, zeigt sich mit fruchtbetontem Kern, zartes Holz, schöner Schmelz, mit Nachdruck.

90 Pinot Grigio Friuli DOC 2021
12,5 Vol.-%, PK, Barrique/Stahltank
Hell leuchtendes Strohgelb. In der Nase feiner Duft nach Williamsbirne, Orangenzesten und Akazienblüten. Am Gaumen schöner Spannungsbogen und gute Säurestruktur, viel Frucht, im Finale etwas rau.

90 Ribolla Gialla Venezia Giulia IGT 2021
12,5 Vol.-%, PK, Stahltank
Helles Strohgelb mit silbernem Schimmer. In der Nase nach getrockneten Blüten und verwelkten Rosen, im Nachhall Apfel und Birne. Am Gaumen leichtfüßig, frisch und saftig, gut ausbalanciert, mit floralem Finale.

87 Trebes Ribolla Gialla Collio DOC 2020
13 Vol.-%, NK, Stahltank
Intensives Strohgelb. In der Nase vegetal, nach Rüben, ebenso am Gaumen, bricht im Finale ein.

90 Pinot Grigio Ramato Friuli DOC 2021
12,5 Vol.-%, NK, Stahltank
Helles funkelndes Lachsrosa. Intensives Bouquet, Töne nach tropischen Früchten, Honig und Orange. Am Gaumen schöne ausbalancierte Säure, gutes Mundgefühl, langer Abgang.

★★★

DORIGO

Loc. Case Sparse Campo 1, 33040 Premariacco (UD)
T: +39 0432 634161, info@dorigowines.com
dorigowines.com

Ab-Hof-Verkauf: Ja
Kellermeister/Kontakt: Alessio Dorigo

Die Azienda Agricola Dorigo, die seit 1966 in den Colli Orientali in Friaul-Julisch Venetien tätig ist, wird heute von Alessio Dorigo geleitet, der die zweite Generation der Familie im Unternehmen repräsentiert. Die Marke Dorigo ist ein Synonym für Leidenschaft, Forschung, Experimentierfreudigkeit, Innovation und gleichzeitig großen Respekt vor der önologischen Tradition, Engagement und Zuverlässigkeit: Eigenschaften, die zu hervorragenden Ergebnissen bei den Weinen geführt haben, gepaart mit einem ausgezeichneten Preis-Leistungs-Verhältnis.

91 Dorigobrut Cuvée Metodo Classico VSQ Brut CH/PN

12,5 Vol.-%, DIAM, Flaschengärung

Helles Goldgelb mit anhaltender und feinkörniger Perlage. In der Nase nach tropischen Früchten und Birnen, im Nachhall leicht hefig und nach Brotkruste. Am Gaumen frisch und saftig, mit reichhaltiger Perlage, gut ausbalanciert, mit mineralischem Finale.

90 Blanc de Noir Metodo Classico VSQ

12,5 Vol.-%, DIAM, Flaschengärung

Leuchtend-brillantes Goldgelb mit anhaltender, filigraner Perlage. In der Nase sehr reif, buttrig, nach Bienenwaben, Vanille und Banane, zart gerösteten Haselnüssen und weißer Schokolade. Am Gaumen füllig mit sehr kleinperliger Perlage, leicht salzig, saftig, gute Länge, gelbfruchtig.

92 Ronc di Juri Chardonnay Friuli Colli Orientali DOC 2020

14 Vol.-%, DIAM

Leuchtendes, sattes Strohgelb. In der Nase präsentiert er sich mit offener, einladender Nase, etwas Karamell, dann viel Butter, Banane und Honigmelone. Am Gaumen geschmeidig im Ansatz und Verlauf, Holz ist präsent, aber sehr gut eingearbeitet, im Finale fester Druck.

91 Sauvignon Friuli Colli Orientali DOC 2021

13 Vol.-%, DIAM

Funkelndes, sattes Strohgelb. In der Nase leicht rauchige Noten, nach Mango, dann auch schwarze Johannisbeeren und Holunderblüten. Am Gaumen offen, saftig und stoffig, präsentiert sich mit viel praller Frucht, im Finale salzig, fester Druck.

93 Montsclapade Friuli Colli Orientali DOC 2017 ME/CF

14 Vol.-%, DIAM

Leuchtendes Rubinrot mit violettem Kern und aufhellendem Rand. In der Nase stark vegetal-würzig, nach grünem Paprika, frisch geschnittenem Gras, zartem Rosenduft und Minze. Am Gaumen saftig und mit gut eingebundenem Tannin, schöne Säure, zeigt sich herzhaft im Verlauf, eigenständig und wiederholt saftig im Nachhall.

91 Picolit Passito Colli Orientali del Friuli DOCG 2019

12,5 Vol.-%, NK

Dunkles Goldgelb mit orangen Reflexen. In der Nase intensive Noten von getrocknetem Steinobst, im Hintergrund etwas Honig und Quitte. Am Gaumen süß und konzentriert, mundfüllend, frisch und saftig, im Finale mit dezentem Bitterton.

★★★★

ERMACORA

Via Solzaredo 9, 33040 Premariacco (UD)
T: +39 0432 716250, info@ermacora.it
ermacora.it

Ab-Hof-Verkauf: Ja
Kellermeister: Marco Chiabai
Kontakt: Nicola Ermacora

Seit 100 Jahren widmet man sich hier mit Leidenschaft dem Weinbau und ist heute stolzer Hüter der Hügel von Montsclapade und Ipplis, wertvoller Crus im Herzen der Friuli Colli Orientali DOC. Begonnen mit einem einzigen Pferd, das mit dem Nachbarn geteilt wurde, um die Weinberge zu bearbeiten sowiewenigen Hoftieren und Kühen, entwickelte sich im Laufe der Jahre ein Traum zur Wirklichkeit.
Dario und Luciano haben das Vertrauen ihres Großvaters Marino gewonnen und Jahrgang für Jahrgang 70 Hektar Weinberge unter ihre Obhut gebracht.

93 Sauvignon Friuli Colli Orientali DOC 2021
14 Vol.-%, DIAM
Strahlendes Strohgelb. In der Nase feine Pfirsichfrucht, satte Agrumen, Wiesenkräuter, auch floral, nach etwas Zeit zusätzlich Fumé. Geschliffen am Gaumen, mit satter Frucht, spannt sich weit auf, in sich stimmig, Frucht und Säure spielen toll miteinander, im Finale gedörrte Ananas.

92 Pinot Bianco Friuli Colli Orientali DOC 2021
13,5 Vol.-%, NK
Leuchtendes, helles Strohgelb. Sehr duftige, blumige Nase, nach Kamille, Heu, auch nach Zitronenzesten, im Nachhall etwas Feuerstein und Kernobst. Am Gaumen strahlend, saftig und frisch, spannt sich schön über die Zunge, leichte Cremigkeit, hat viel Charakter.

91 Friulano Friuli Colli Orientali DOC 2021
13,5 Vol.-%, NK
Sehr helles Strohgelb. In der Nase etwas verhalten, zeigt sortentypische Nuancen von Mandelblättchen, dazu feine Zitrusnuancen. Am Gaumen von mittlerer Länge und Intensität, zeigt sich leicht phenolisch, im Finale Nuancen von Bittermandel, ingesamt präziser und klarer Friulano.

92 Schioppettino Friuli Colli Orientali DOC 2020
13,5 Vol.-%, NK
Leuchtendes Rubinrot mit einem Tropfen Violett. In der Nase zunächst mit feiner vegetalen Würze, dazu deutlich rauchig-speckige Töne, im Nachhall Zwetschkenfrucht, Brombeere und Leder. Am Gaumen dann mit klarem Fruchtkern und feinem Schmelz, feine würzige Noten, im Nachhall mit zartem Druck und aktuell noch etwas jugendlichem Tannin, insgesamt gut ausbalanciert und mit Charakter.

92 Pignolo Friuli Colli Orientali DOC 2016
15 Vol.-%, NK
Dunkelleuchtendes, edles Rubinrot. In der Nase nach reifen Preiselbeeren, Unterholz, Pfefferkörner, dazu auch feiner Holzeinsatz, kalter Rauch und etwas Leder, komplex und einladend. Am Gaumen mit dicht gewobenem, engmaschigem Tannin, klare, dunkle Frucht, spannt sich weit auf und bleibt lange am Gaumen mit sattem Nachdruck, minimale Zehrung im Ausklang.

93 Picolit Passito Friuli Colli Orientali DOC 2018
12,5 Vol.-%, NK
Golden mit Tendenz zu Bernstein. In der Nase sofort umhüllend und intensiv mit Noten von Aprikose, reifem Pfirsich, Datteln, weißen Rosinen, gefolgt von Blütenhonig, Feigenkonfitüre und Vanille. Im Geschmack weich, umhüllend und süß, schließt leicht würzig und anhaltend.

★★★★

LIVIO FELLUGA

Via Risorgimento 1, 34071 Brazzano - Cormons (GO)
T: +39 0481 60203, info@liviofelluga.it
liviofelluga.it

Kellermeister: Viorel Flocea, Stefano Chioccioli
Produktion: 187 Hektar

Pioniergeist, tiefes Wissen und handwerkliches Können, dazu Hingabe für das Land und Qualitätsbesessenheit: Das sind jene Eigenschaften, die einst von Livio Felluga selbst verkörpert wurden und das Weingut bis heute mit Stolz erfüllen. Heute ist das Familienunternehmen für die Herstellung eleganter, komplexer und ausgewogener Weine bekannt, die stets die Vorzüge ihres Terroirs widerspiegeln und mit hohem Alterungspotenzial ausgestattet sind. Der Ruf des Weinguts reicht weit über das Friaul hinaus, und die Weine spielen in der Liga der angesehensten Produzenten aus der ganzen Welt mit.

93 Terre Alte Rosazzo DOCG 2019 FRL/WB/SB
13 Vol.-%, NK, großes Holzfass
Leuchtendes mittleres Strohgelb. In der Nase Noten von reifem Pfirsich, Zuckermelone und reifer Ananans, unterlegt von feinen Kräuteraromen. Am Gaumen sehr klar mit schöner Frucht, saftig und vielschichtig, mit Tiefgang und langem Nachhall.

92 Illivio Friuli Colli Orientali DOC 2020 CH/WB/PI2
13,5 Vol.-%, NK, kleines Holzfass
Kraftvoll leuchtendes Strohgelb. In der Nase Noten nach reifem Pfirsich, Birne und reifer Ananas. Am Gaumen rund und körperreich, saftig und fruchtig, mit anhaltendem Finale.

92 Abbazia di Rosazzo DOCG 2018 FRL/WB/SB/MA2/RI2
13,5 Vol.-%, NK, großes Holzfass
Mittleres, funkelndes Strohgelb. In der Nase duftig nach Pfirsich, Papaya und Zitrusfrüchten, unterlegt mit einem Hauch Holunderblüten. Am Gaumen gute Säurestruktur, vollmundig und mit Druck.

92 Pinot Grigio Friuli Colli Orientali DOC 2021
13,5 Vol.-%, DV, Stahltank
Intensiv leuchtendes Goldgelb. In der Nase intensiver Duft von gelbem Pfirsich, Zuckermelone sowie ein Hauch Banane und Zimt, wirkt sehr einladend. Am Gaumen gut ausbalanciert, mit gut integrierter Säure und saftig, sehr elegant.

91 Sauvignon Collio DOC 2021
13,5 Vol.-%, DV, Stahltank
Mittleres helles Strohgelb. In der Nase feiner Duft nach Birne und Stachelbeere, Holunderblüte und Gartenkräutern. Am Gaumen frisch und saftig, mit schönem Schmelz und angenehmem Finale.

91 Friulano Friuli Colli Orientali DOC 2021
13,5 Vol.-%, DV, Stahltank
Strohgelb mit grünlichen Reflexen. Intensive Aromen von Zitrusfrüchten, Mandeln, Aprikosen und Pfirsichen, Noten von Bergamotte und frischen Blumen. Weicher und feiner Geschmack, mit delikater Frische, mittlerem Körper, im Finale dezente Mandelnote.

★★★★

MARCO FELLUGA RUSSIZ SUPERIORE

Via Gorizia 121, 34072 Gradisca D'Isonzo (GO)
T: +39 481 99164, info@marcofelluga.it
marcofelluga.it

Ab-Hof-Verkauf: Ja
Kellermeister: Alessandro Sandrin, Ilaria Felluga
Kontakt: Nicole Lavina

Die Geschichte der Weingüter Marco Felluga und Russiz Superiore begann vor 150 Jahren in Istrien und hat den Collio erreicht: ein Land von außergewöhnlicher Schönheit, das dank einzigartigem Klima und Boden den Weinen Struktur, Komplexität, Frucht, Eleganz, Mineralität und Langlebigkeit verleiht. Marco Felluga in Gradisca d'Isonzo hat als Symbol den Markuslöwen, eine Hommage an die Vergangenheit der alten Festungsstadt der Republik Venedig. Der doppelköpfige Adler, das Symbol von Russiz Superiore, Cru von Marco Felluga, stammt aus dem Wappen der angesehenen Fürsten Torre & Tasso.

94 Russiz Superiore Sauvignon Collio DOC 2021
13,5 Vol.-%, NK
Intensives Strohgelb mit zart olivgrünen Reflexen. Duftende und offenherzige Nase nach reifer Grapefruit, Zitronenzesten, Wiesenkräutern und Heu, sehr einladend. Am Gaumen mit feiner Cremigkeit, Noten nach kandierten Agrumen, tolle Struktur und Frische, spannt einen eleganten Bogen.

92 Mongris Pinot Grigio Collio DOC 2021
13,5 Vol.-%, DIAM
Leuchtendes Hellgold. In der Nase feines Edelholz, Obers, Vanille, dann nach Banane und Pfirsich sowie etwas rauchig. Am Gaumen einladend und gelbfruchtig, spannt sich satt auf, ölig, mit langem Nachhall, im Finale malzig.

92 Russiz Superiore Pinot Grigio Collio DOC 2021
13,5 Vol.-%, NK
Strahlendes Goldgelb mit kupfernen Reflexen. In der Nase, zart rauchig, Wachs, Banane, reifer Pfirsich und Zuckermelone. Fülliger Gaumen, breitet sich mit edlen Fruchtnoten aus, viele Schichten, Holz gekonnt integriert, mit Druck, langes Finale.

92 Russiz Superiore Pinot Bianco Riserva Collio DOC 2016
13,5 Vol.-%, NK
Strahlendes mittleres Goldgelb. In der Nase zart rauchig, nach Salz, Wachs, Banane, reifem Pfirsich. Am Gaumen füllig, breitet sich mit fein gereiften Fruchtnoten aus, viele Schichten, mit Druck und lange anhaltend.

91 Russiz Superiore Col Disore Collio Bianco DOC 2017 WB/SB/FRL/RI2
13,5 Vol.-%, NK
Leuchtendes, sattes Strohgelb. In der Nase mit betont rauchigen Noten, dahinter feine Würze und gelbe Fruchtnoten. Am Gaumen gehaltvoll im Ansatz, breitet sich voll am Gaumen aus, im hinteren Bereich dann deutlich spürbarer Holzeinsatz, kann noch Reife vertragen, im Nachhall nach Rauch und Karamell.

93 Cabernet Franc Collio DOC 2018
13,5 Vol.-%, NK
Intensives Rubinrot mit granatrotem Kern. In der Nase Eukalyptus und Tabak, reife Pflaume und Bitterschokolade. Am Gaumen angenehme Frische, mit schönem Spannungsbogen, gut integriertem Holzeinsatz und guter Länge.

★★★★

GIGANTE WINE & WELCOME

Via Rocca Bernarda 3, 33040 Corno di Rosazzo (UD)
T: +39 0432 755835, info@adrianogigante.it
adrianogigante.it

Ab-Hof-Verkauf: Ja
Kontakt: Adriano Gigante
Produktion: 266.667 Flaschen, 10 % Schaumwein, 63 % weiß, 25 % rot, 1 % rosé, 1 % süß, 30 Hektar
Anbauweise: in Umstellung auf Bio
Förderprogramm: EU Reg.No 1308/2013

Das Weingut Gigante ist ein Familienunternehmen, das mittlerweile seit bereits drei Generationen auf dem Hügel Rocca Bernarda ganz im Osten der Region Friaul nahe der der Grenze zu Slowenien feine Weine herstellt. Die Weinberge sind im Durchschnitt 40 Jahre alt. Die Philosophie des Unternehmens basiert auf dem Respekt vor dem Boden, der Artenvielfalt der Natur sowie der Tradition. Auf diese Weise werden hier authentische Weine erzeugt, die dank ihrer besonderen Typizität, Eleganz und Komplexität in jedem einzelnen Glas die ganze Lebenskraft des Friaul zum Ausdruck bringen.

94 Storico & Friends Bianco Friuli DOC 2019 FRL/MA2/RI2
14,5 Vol.-%, NK, Stahltank
Intensives Hellgold. In der Nase zarte getrocknete Marille, geröstete Mandeln, Ananas, Mango, im Nachklang nach Siegellack. Am Gaumen dicht und dennoch leichtfüßig, zeigt zartes Tannin, das Frische und Struktur verleiht, herzhafter Bogen, sauberes Finish.

92 Malvasia Friuli Isonzo DOC 2021
14,5 Vol.-%, KK, Stahltank/großes Holzfass
Mittleres leuchtendes Strohgelb. In der Nase intensiver Duft nach Ananas, Mango und Akazienblüten und am Ende etwas Zedernholz. Am Gaumen mundfüllend und mit präsenter Frucht, leicht harzig und mit feinem Schmelz.

92 Pinot Grigio Friuli Colli Orientali DOC 2021
14 Vol.-%, KK, Stahltank
Intensiv leuchtendes Gelbgold mit orangem Kern. In der Nase feiner Duft von Pfirsich, Orangenzesten, Waldbeeren und ein Hauch von einer Hefenote. Am Gaumen saftig, mit schönem Spannungsbogen und gut integrierter Säure, kommt leichtfüßig daher.

91 Friulano Friuli Colli Orientali DOC 2021
14 Vol.-%, DIAM, Stahltank/Flaschengärung
Strohgelb mit silbernen Reflexen. Die Nase verströmt Zitrusaromen von Mandarine, Orange und Zitrone. Der Geschmack ist reichhaltig und komplex, er zeigt sich am Gaumen weich, samtig und ausgewogen, schließt sauber und mit einer zarten Mandelnote ab.

90 Sauvignon Friuli Colli Orientali DOC 2021
13,5 Vol.-%, NK, Stahltank
Hell leuchtendes Strohgelb. In der Nase frisch geschnittenes Gras, Stachelbeere und Gletschereis. Am Gaumen mundfüllend und saftig, mit moderater Säure und im Abgang leichte Bitternote.

94 Pignolo Riserva Friuli Colli Orientali DOC 2012
15 Vol.-%, NK, 500-l-Fass/Eichenfass/großes Holzfass/Flaschengärung
Sattes Rubinrot mit granatrotem Rand. In der Nase nach dunklen Beeren und satten Pflaumen, im Nachhall nach Kaffee und Waldboden. Spannt sich am Gaumen schön auf, mit griffigem Gerbstoff, wirkt erdig, langes Finale, hat noch viel Lagerungspotential.

★★★★★

JERMANN

Località Trussio 11, 34070 Dolegna del Collio (GO)
T: +39 0481 888080, jermann@jermann.it
jermann.it

Kellermeister: Luca Belluzzo
Kontakt: Tiziana Festa

Es war im 18. Jahrhundert, als Stefanus aus dem Burgenland in das Dorf Bilijana (heute Slowenien) einwanderte. In der Folge zog 1881 Anton Jermann, Silvios Urgroßvater, von Bilijana nach Villanova. Hier führte er sein Weingeschäft weiter, dem Silvio Jermann in den 1970er Jahren eine epochale Wende gab. Heute umfasst Jermann etwa 210 Hektar, wovon 180 Hektar Weinberge und 30 Hektar Ackerland sind. In der neuen Kellerei in Ruttars wird die technologische Innovation gekonnt mit der architektonischen Tradition verbunden.

96 Dreams Chardonnay Venezia Giulia IGT 2020
13,5 Vol.-%, DV
Goldgelb, leuchtend und brillant. Frische und einnehmende Nase dank einer breiten Aromenpalette: Noten von Pfirsich, Banane, Litschi, Mandarinenblatt, Zedernholz, Salbei, gefolgt von leichten Butternoten. Am Gaumen weich und wird von einer angenehmen Säure getragen, lang anhaltend und saftig.

91 Chardonnay Venezia Giulia IGT 2021
13 Vol.-%, DV
Leuchtendes Strohgelb mit grünlichen Reflexen. Intensives, fruchtiges, leicht aromatisches Bouquet. Noten von Bananen und gelben Äpfeln leiten über in einen frischen und ausgewogenen Geschmack, reichhaltig und mit guter Persistenz.

94 Vintage Tunina Bianco Venezia Giulia IGT 2020 CH/SB/MA2/RI2
13,5 Vol.-%, DV
Leuchtendes Goldgelb mit leicht grünlichen Reflexen. Elegante und duftende Nase. Noten von weißem Pfirsich, Aprikose, Orange, Mandarinenblättern und Salbei. Am Gaumen lebendig, frisch und mit guter Säure, angenehme Korrespondenz zwischen Nase und Mund, ausgewogen und leicht würzig.

92 Afix Riesling Venezia Giulia IGT 2020
13,5 Vol.-%, DV
Leuchtendes Strohgelb mit leicht grünlichen Reflexen. In der Nase sehr intensiver und anhaltender Duft, leicht aromatisch, angenehm fruchtig. Am Gaumen trocken, frisch, ausgewogen, mit lebendiger Säure und samtiger Textur, mit ausgezeichnetem Abgang.

91 Vinnae Ribolla Gialla Venezia Giulia IGT 2021
12,5 Vol.-%, DV
Leuchtendes, klares Strohgelb. In der Nase ein fruchtiges Aroma von Aprikose, Pfirsich und Apfel, begleitet von einer eleganten süßen Würze. Am Gaumen trocken, frisch und saftig mit sehr sauberem Abgang.

90 Traminer Aromatico Tre Venezie IGT 2020
13,5 Vol.-%, DV
Intensives, leuchtendes Strohgelb. In der Nase Aromen von sehr reifen gelben Früchten und ein leichter Hauch von Haselnuss. Im Mund trocken, vollmundig, ausgewogen, leicht bitter, mit einem langen Abgang, der zwischen Trockenfrüchten und Zitrusfrüchten spielt.

★★★★

EDI KEBER

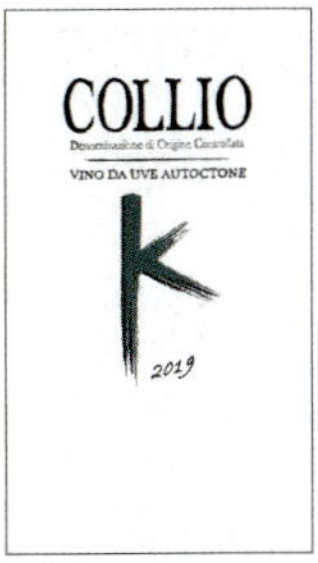

Loc. Zegla, 17, 34071 Cormons (GO)
T: +39 0481 61184, edi.keber@virgilio.it
edikeber.it

Kellermeister: Kristian Keber
Kontakt: Veronika Keber

Edi Keber ist einer der Vorzeigebetriebe des Collio. Im Amphitheater von Zegla stechen Edis Weinberge sofort ins Auge: Es braucht keinen geschulten Blick, um Hingabe zu erkennen, mit denen Edi seine Reben erzieht. Seit geraumer Zeit verzichtet er auf jegliche chemische Behandlung, dem Grundsatz biologischer Landwirtschaft folgend. Was im Weinberg beginnt, findet im Keller seine Fortsetzung: Beton hat hier eine dominante Rolle, Stahl wird nur für die Schönung des Mostes eingesetzt, die alten Tonneaux zur Charakterdefinition des Weines. Produziert wird nur ein einziger Wein, der Collio Bianco.

beigestellt

Kristian und Veronika Keber, Weingut Edi Keber

92 Collio Bianco DOC 2020
13 Vol.-%, NK, Beton
Leuchtendes Hellgold. Eigenständige Nase nach gerösteten Nüssen, Siegellack, nach etwas Zeit auch nach Wiesenkräutern und Rosen. Am Gaumen frisch und salzig, mit zartem Tannin, wirkt leichtfüßig, mittelgewichtig.

★★★★

LA VIARTE

Via Novacuzzo 51, 33040 Prepotto (UD)
T: +39 0432 759458, laviarte@laviarte.it
laviarte.it

Ab-Hof-Verkauf: Ja
Kellermeister: Gianni Menotti
Kontakt: Alberto Piovan
Produktion: 73.333 Flaschen, 60 % weiß, 35 % rot, 5 % süß, 22 Hektar
Anbauweise: in Umstellung

La Viarte erstreckt sich über 34 Hektar, wovon 22 Hektar Weinberge sind, der Rest wurde als Wald für das natürliche Gleichgewicht der Umwelt und des Mikroklimas erhalten. Der Boden besteht aus dem friaulischen »Ponca«, einem brüchigen Gestein mit gutem Lehm- und Sandgehalt. Den Fokus setzt man auf lokale, teils historische Sorten: Friulano, Ribolla Gialla, Malvasia, Schioppettino di Prepotto, Pignolo, Refosco dal Peduncolo Rosso und Tazzelenghe. Die Produktion umfasst aber auch internationale Sorten wie Sauvignon Blanc, Chardonnay, Pinot Blanc, Cabernet Franc, Cabernet Sauvignon und Merlot.

93 Friulano Liende Friuli Colli Orientali DOC 2018
14 Vol.-%, NK, Stahltank/Eichenfass
Sattes, funkelndes Strohgelb. Ansprechende und vielschichtige Nase, zunächst leicht rauchige Töne, dann Kräuter und getrockneter Pfirsich. Stoffig und salzig am Gaumen, sehr gute Fülle, rund und mit langem Nachhall.

93 Liende Sauvignon Friuli Colli Orientali DOC 2018
14 Vol.-%, NK, Stahltank
Strahlendes Hellgold. In der Nase feine Edelholztöne, kandierte, gelbe Frucht, Ananas, leicht harziger Nachhall, erinnert an Speck. Am Gaumen mit tollem, kompaktem Fruchtschmelz, geschliffen und ausgewogen, wird sich prächtig entwickeln, trinkt sich jetzt bereits gut, mit Fülle und Komplexität, ohne dabei schwer zu wirken.

92 Pinot Grigio Friuli Colli Orientali DOC 2020
14,5 Vol.-%, NK, Stahltank
Leuchtendes helles Goldgelb. In der Nase gelber Pfirsich, Mango und Ananas gepaart mit Zitronenzesten und Mandarinenschale. Am Gaumen mit zartem Schmelz und gutem Trinkfluss, leicht salzig und mit trockenem und anhaltendem Finale.

93 Schioppettino di Prepotto Riserva Friuli Colli Orientali DOC 2013
13,5 Vol.-%, NK, Eichenfass
Intensiv dunkles Rubinrot mit fast schwarzem Kern. In der Nase würzige Noten von schwarzem Pfeffer, Wachholder und Currykraut sowie reifen Brombeeren und Heidelbeeren. Am Gaumen feines und doch zupackendes Tannin mit Druck und angenehmen Finale.

92 Refosco dal Peduncolo Rosso Riserva Friuli Colli Orientali DOC 2013
13 Vol.-%, NK, Eichenfass
Sattes Rubinrot. In der Nase nach reifen Waldbeeren und Pflaumen, im Nachhall nach Waldboden, Schokolade und etwas Würze, wirkt etwas weinig. Am Gaumen saftig, mit klarer Pflaumfrucht, kräftiges Tannin, langes Finale.

92 Siùm Riserva Friuli Colli Orientali DOC 2012
11 Vol.-%, NK, Eichenfass
Leuchtend klares Rostrot mit orangen Einschlüssen. Zunächst etwas zurückhaltend im Duft, öffnet sich dann auf Waldhonig, Datteln, dunkle Schokolade und Malz, im Hintergrund Walnuss und Marzipan. Baut sich satt auf, zeigt Noten von gebrannten Mandeln und Melasse, kraftvoll und mit sattem Schmelz im Körper, zeigt gute Fülle mit langem Nachhall.

★★★★

LIS FADIS

Strada Sant Anna 66, 33040 Cividale del Friuli (UD)
T: +39 0432 719510, info@lisfadis.com
lisfadis.com

Ab-Hof-Verkauf: Ja
Kellermeister: Emilio Del Medico
Kontakt: Monica Savio
Produktion: 26.667 Flaschen, 30 % weiß, 70 % rot, 10 Hektar

Das Märchen beginnt eines Tages im Mai 2005, als nach langer Suche dieses kleine Paradies entdeckt wird: ein kleines Bauernhaus aus Stein auf einem Hügel, umgeben von Wäldern aus Robinien, Eichen, Wildkirschen und Hügeln bis hin zum Himmel. »Sofort schienen wir in eine verzauberte Welt katapultiert worden zu sein, die von Feen und Kobolden bewohnt wurde, jenen Kobolden, die wir als Kinder aus den Geschichten der alten Weisen aus unserem geliebten Karnien kannten.« Dieser Zauber erklärt auch den Namen Lis Fadis, was übersetzt »Die Feen« bedeutet.

92 Sbilf Friulano Friuli Colli Orientali DOC 2018
14 Vol.-%, NK, Beton
Kraftvolles, helles Goldgelb mit leichten Grünnoten. Offen und reichhaltig in der Nase nach hellem Karamell und Honig, dann satt nach Bratapfel und eingelegtem Pfirsich. Am Gaumen kraftvoll und stoffig, baut satten Druck auf, langer Nachhall.

96 Surrosso Rosso Venezia Giulia IGT 2019 RF/PN
14,5 Vol.-%, NK, Holzfass
Dunkles, edles Rubinrot. Schöne Nase, fein vom Edelholz gezeichnet, rote Beerenfrucht und herzhafte Würze. Am Gaumen elegant und kompakt, öffnet sich in vielen Schichten, äußerst geschliffen, im Finale mit viel Druck und Salz, präsentes, engmaschiges Tannin, kann noch gut und gerne liegen bleiben.

93 Bergul Rosso Friuli Colli Orientali DOC 2017 RF/SP2/ME
13,5 Vol.-%, DIAM, Holzfass
Dunkles Violett. Edle Nase, zarte Holzwürze, Veilchen, Kirsche, Waldfrucht, Lakritze, sehr vielschichtig und einladend, pfefferwürzig. Am Gaumen präsent mit klarer Frucht, zeigt herzhaft-griffiges Tannin, tolle Spannung und Vielschichtigkeit, im Finale mit Nachdruck und leichter Trocknung.

95 Pavar Refosco dal Peduncolo Rosso Friuli Colli Orientali DOC 2016
14 Vol.-%, NK, Barrique
Sattes, undurchdringliches Rubinrot mit fast schwarzem Kern. In der Nase nach reifen Amarenakirschen und Brombeeren, im Nachhall ein Touch Kaffee und etwas Leder. Am Gaumen ausgewogen, mit feinkörnigem Tannin, frisch und saftig, klar fruchtbetont, elegant und mit langem Finale.

92 Gian Merlot Friuli Colli Orientali DOC 2018
14 Vol.-%, NK, Barrique
Intensives Rubinrot. Elegantes Bouquet mit angenehmen Noten von roten Früchten wie Heidelbeeren, Brombeeren und Kirschen, gefolgt von würzigen Anklängen. Seidige Tannine, gute Verbindung zwischen Nase und Mund, markanter, lang anhaltender Abgang.

★★★★

LIS NERIS

5, Via Gavinana, 34070 San Lorenzo Isontino (GO)
T: +39 481 80105, lisneris@lisneris.it
lisneris.it

Ab-Hof-Verkauf: Ja
Kellermeister/Kontakt: Alvaro Pecorari
Förderprogramm: EU Reg.No 1308/2013

Lis Neris hat sich dank der Arbeit und Pflege mehrerer Generationen zum heutigen Weingut entwickelt. Seit jeher wird hier eine enge Beziehung zum Weinberg und zum umliegenden Gebiet gepflegt. Das Wissen und der Respekt vor der Umwelt ermöglichen es, den Weinen den Charakter des Terroirs zu verleihen, die einzigartigen Merkmale, die die Identität der Lis-Neris-Weine ausmachen. Die Weinberge liegen im Tal des Isonzo, dessen fruchtbarer Boden mit seinen einzigartigen Eigenschaften für besondere Komplexität, Stil und Eleganz in den Weinen sorgt.

94 Fiore di Campo Cuvée F2 Bianco Friuli Isonzo DOC 2018 SB/FRL/RR
13,5 Vol.-%, DIAM, Stahltank/Flaschenreifung
Helles Strohgelb mit goldenen Reflexen. In der Nase finden sich reiche Noten von weißen Blumen, Zedratzitrone, Bergamotte, Heu und Kräutern. Am Gaumen frisch, aromatisch und krautig, mit einer angenehmen Säure und einer salzigen Note im Abgang.

92 Lis Friuli Isonzo Bianco DOC 2018 PG/CH/SB
13,5 Vol.-%, DIAM, Eichenfass/Stahltank/Flaschenreifung
Helles Goldgelb mit strohgelben Reflexen. In der Nase am Anfang leicht reduktiv, dann nach reifem Steinobst, im Hintergrund nach Feuerstein, Zitrusfrüchten und frischen Kräutern. Am Gaumen mit angenehmer und lebhafter Säure, salzig, mit langem Nachhall.

93 Picol Sauvignon Friuli Isonzo DOC 2020
13,5 Vol.-%, DIAM, Stahltank/500-l-Fass
Funkelndes sattes Strohgelb. In der Nase intensiv duftend nach Johannisbeere, Stachelbeere und frischen Kräuter, allen voran Salbei. Am Gaumen schön ausgearbeitete Frucht, saftig, ausbalancierte Säure und sehr lang anhaltendes Finale.

93 Gris Pinot Grigio Friuli Isonzo DOC 2020
14 Vol.-%, DIAM, 500-l-Fass/Flaschenreifung
Dunkles, leuchtendes Strohgelb. In der Nase intensive Aromen von reifem Pfirsich und Birne, etwas Feuerstein und im Hintergrund Gewürznelke. Am Gaumen gehaltvoll und mit Spannung, fruchtig und salzig mit schönem Schmelz, im Finale angenehme Bitterkeit.

92 Jurosa Chardonnay Friuli Isonzo DOC 2020
14 Vol.-%, DIAM, 500-l-Fass/Flaschenreifung
Glänzendes, helles Goldgelb. In der Nase leicht reduktiv, nach Feuerstein und Schießpulver, feine Röstaromen, im Nachhall nach tropischen Früchten und Vanille. Am Gaumen frisch und saftig, der Holzeinsatz merklich spürbar, gut ausbalanciert, mit langem Finale.

92 La Vila Friuli Isonzo DOC 2020
14 Vol.-%, DIAM, Stahltank/Eichenfass/Flaschenreifung
Intensives, leuchtendes Strohgelb. Intensive Nase von gelbem Pfirsich, Jasmin und Holunderblüten, gefolgt von zarten Mandelaromen. Am Gaumen reichhaltig und voll, mit einer erfrischenden und ausgewogenen Säure und einem lang anhaltenden Abgang.

★★★

MASÙT DA RIVE

Via A. Manzoni 82, 34070 Mariano del Friuli (GO)
T: +39 0481 69200, info@masutdarive.com
masutdarive.com

Ab-Hof-Verkauf: Ja
Kontakt: Roberta Cargnel
Produktion: 120.000 Flaschen, 60 % weiß, 40 % rot
Förderprogramm: EU Reg.No 1308/2013

Seit 1900 widmet sich die Familie Gallo, die seit jeher unter dem Namen »Masùt da Rive« bekannt ist, der Pflege der Trauben im Weinberg und der Forschung im Weinkeller, wobei sie ein Know-how zum Ausdruck bringt, das die Tradition respektiert, aber dennoch den Geschmack von heute berücksichtigt. Ihre 28 Hektar Weinberge im Friaul der Isonzotäler erstrecken sich über den 46. Breitengrad, an dem auch Burgund liegt. Dies bringt die Winzerfamilie Gallo nicht nur dazu, große Weißweine zu erzeugen, sondern auch die Fahne des Pinot Noir hochzuhalten.

92 Maurus Chardonnay Isonzo del Friuli DOC 2020
14 Vol.-%, NK, Barrique
Leuchtendes Hellgold mit funkelndem Kern. In der Nase mit schönem Holzeinsatz, gerösteter Mandel, Vanille, Banane und zerlassener Butter. Am Gaumen saftig, mit klarem Fruchtkern, zeigt sich äußerst frisch, im Nachhall auf exotische Nuancen.

91 Friulano Isonzo del Friuli DOC 2021
13,5 Vol.-%, NK,DV, Stahltank
Strohgelb mit goldenen Reflexen. Die Nase duftet nach Bergamotte, exotischen Früchten und aromatischen Kräutern mit einer besonderen pflanzlichen Note. Im Mund geradlinig und umhüllend, mit einem Abgang von Mandeln und Heu.

90 Sauvignon Blanc Isonzo del Friuli DOC 2021
13,5 Vol.-%, NK, Stahltank
Intensiv leuchtendes Strohgelb. In der Nase Noten nach Stachelbeere und Holunderblüte, Orangenzeste und leicht nassem Stein. Am Gaumen sehr saftig und schön ausgearbeitete Frucht, mundfüllend und angenehme Säurestruktur mit mittlerem Finale.

92 Maurus Pinot Nero Isonzo del Friuli DOC 2016
14 Vol.-%, NK, Barrique
Dunkles Rubin mit aufhellendem Rand. In der Nase zurückhaltend. Offnet sich am Gaumen mit griffigem Tannin und klarem Fruchtschmelz, schöne reife Kirschfrucht, hat auch Druck, mit Rasse.

91 Pinot Nero Isonzo del Friuli DOC 2019
13,5 Vol.-%, NK, Barrique
Helles Granatrot mit mittlerer Transparenz. In der Nase zart duftig nach Walderdbeere, Preiselbeere, etwas Waldboden und leichte Bittermandelaromatik. Am Gaumen fruchtig und saftig, guter Säure und feinmaschiges Tannin, gute Länge.

90 Sassirossi Isonzo del Friuli Rosso DOC 2020 ME/CS
13,5 Vol.-%, NK, Barrique
Sattes Rubinrot mit violettem Schimmer. In der Nase nach reifen Zwetschken und Amarenakirschen, im Nachhall eine balsamische Note. Am Gaumen saftig, mit feinkörnigem Tannin, gut ausbalanciert, mittellanges Finale.

★★★

MEROI DAVINO

Via Stretta 7/B, 33042 Buttrio (UD)
T: +39 0432 674025, info@meroidavino.com
meroidavino.com

Kellermeister: Degan Mirko
Kontakt: Meroi Paolo

Der landwirtschaftliche Betrieb Meroi wurde 1920 von Domenico Meroi gegründet, dem Urgroßvater des heutigen Besitzers Paolo Meroi. Paolo füllte Ende der 1980er Jahre erstmals den bis dahin offen verkauften Familienwein in Flaschen ab. Heute bewirtschaftet er rund 20 Hektar Weinberge auf den Hügeln von Buttrio. 2007 erwarb die Kellerei den Weinberg »Zitelle«, der früher dem alten Orden der Schwestern der Zitelle gehörte. Der aus einer alten Tongrube hervorgegangene Weinberg schließt sich an den »Dominin« an, den historischen Weinberg der Familie.

94 Sauvignon Friuli Colli Orientali DOC 2020
14 Vol.-%, NK, Barrique
Edel leuchtendes Strohgelb. In der Nase mit edlem Holzeinsatz, kalter Butter, reifer Zitrusfrucht, Pfirsich, Banane, gestützt von edlem Würzeton. Am Gaumen golden und satt, spannt sich schön auf, mit Rasse und eleganter Vielschichtigkeit, ausgewogen und lange.

93 Pinot Grigio Friuli Colli Orientali DOC 2020
13,5 Vol.-%, NK, Barrique
Leuchtendes mittleres Strohgelb. In der Nase intensiver Duft von weißem Pfirsich, reifer Zitrone, leichter Joghurtnote sowie feiner Würze. Am Gaumen fruchtbetont und saftig, mit gut integriertem Holzeinsatz, sehr ausgewogen und mit ansprechender Länge.

92 Nèstri Bianco Friuli Colli Orientali DOC 2020 CH/FRL/SB
13 Vol.-%, NK, Barrique
Intensives, leuchtendes Strohgelb. In der Nase nach Stachelbeere und Holunderblüte, im Nachhall nach Zitrusfrüchten und geschnittenem Gras. Am Gaumen frisch und saftig, samtige Textur, harmonisch, mit mineralischem Abgang.

92 Nestri Rosso Friuli Colli Orientali DOC 2019 ME/RF
13 Vol.-%, NK, Barrique
Dunkles Rubinrot mit sattem Kern. In der Nase reife Kirschen und Pflaumen, leichte Lederaromatik und Geruch von Unterholz. Am Gaumen schöner Druck und gute Balance von animierender Säure und engmaschigem Tannin, lang anhaltend im Abgang.

92 Ros di Buri Merlot Friuli Colli Orientali DOC 2018
15 Vol.-%, NK, Barrique
Dunkles Rubinviolett. Satte Trüffelnase mit Brombeeren, Cassis, zartem hellem Leder, Gewürznelke, sehr vielschichtig. Am Gaumen mit edlem Holzeinsatz, engmaschig und dicht mit fleischiger Frucht, kommt in vielen Schichten daher, würziger Nachhall auf Malzkaffee, leichte Nachtrocknung, raues Tannin.

★★★★

PRIMOSIC

Loc. Madonnina d'Oslavia 3, 34170 Gorizia (GO)
T: +39 0481 535153, info@primosic.com
primosic.com

Ab-Hof-Verkauf: Ja
Kellermeister/Kontakt: Marko Primosic

Das Gut Primosic befindet sich in Oslavia, im Herzen des Collio. Der Collio ist ein hügeliges Gebiet, das sich durch mildes Klima, gute Belüftung und einen Boden auszeichnet, der den Weinen unverwechselbare Mineralität verleiht. Collio steht für strukturierte, elegante Weißweine, die lange gelagert werden können. Die höchste Ausprägung der Collio-Weine von Primosic ist der weiße Klin-Verschnitt. Die Familie pflegt überdies eine jahrhundertealte Tradition: Durch Gärung der Ribolla Gialla und anderer weißer Sorten auf den Schalen und lange Reifung im Holz entstehen moderne Orange Wines.

94 Klin Collio Bianco DOC 2016 SB/CH/FRL/RI2

13,5 Vol.-%, DIAM

Leuchtendes Strohgelb. In der Nase sehr ausdrucksstark und duftig, nach weißen Rosenblüten, Bananen, Haselnüssen, dazu feiner Holzeinsatz, weiße Schokolade, im Nachhall mit feinen tropischen Früchten. Am Gaumen mit tollem Schmelz und eleganter Cremigkeit, dazu schön salzig, kommt in vielen Schichten, im Finale ausgewogen und mit Druck.

94 Ribolla Gialla Riserva Collio DOC 2018

13,5 Vol.-%, DIAM

Intensives Gold mit Bernstein. In der Nase zunächst nach Milchschokolade und Aprikosen, dann nach etwas Zeit nach medizinalen Kräutern, dann wieder Mandeln und Haselnüsse, langes Aromen-Wechselspiel, will mit Geduld erschlossen werden. Am Gaumen dann mit toller Frische und schöner Präzision, klar und mit edlem, zartem Tannin, druckvoll und lange, eignet sich toll als Meditationswein.

93 Skin Pinot Grigio Collio DOC 2019

14 Vol.-%, DIAM

Leuchtendes Dunkelorange mit Tendenz zu Kupfer. In der Nase nach reifem Pfirsich, etwas geröstete Mandeln, dann nach etwas Zeit deutliche Butternoten und edler Holzeinsatz, im Nachhall Milchschokolade. Zeigt sich am Gaumen mit feiner, edler Tanninstruktur, sehr saftig und sehr klar, dazu auch leicht salzig, hallt lange nach.

92 Pinot Grigio Collio DOC 2021

13,5 Vol.-%, DIAM

Zart Zwiebelschalenfarben. In der Nase zunächst edle harzige Nuancen, etwas Kräuter, im Nachhall nach gerösteter Haselnuss. Am Gaumen schön saftig und präzise, öffnet sich mit zartem Schmelz, zeigt kühle Frucht, im Finale rassig-salzig.

93 Skin Friulano Collio DOC 2019

13,5 Vol.-%, DIAM

Intensives, leuchtendes Gold. In der Nase nach frischen Marillen, Wiesenblüten, dazu zarte Anklänge von Kastanienhonig, im Nachhall Siegellack und Kamille. Am Gaumen sehr frisch und klar, mit zarter, wenngleich wahrnehmbarer Tanninstruktur, tolle Interpretation des Schalenkontakts, hallt lange und sauber nach.

94 Metamorfosis Collio Rosso DOC 2015

14,5 Vol.-%, DIAM

Intensives Rubinrot. In der Nase nach Leder, Holunder, Schwarztee, dann wiederum Cassis und Pfeffer, komplex und vielschichtig, im Ausklang zart nach schwarzer Trüffel. Am Gaumen saftig, mit vielschichtigem Verlauf und ordentlich Druck, hat sich sehr gut zusammengefügt, langer Nachhall.

★★★★

RODARO PAOLO WINERY

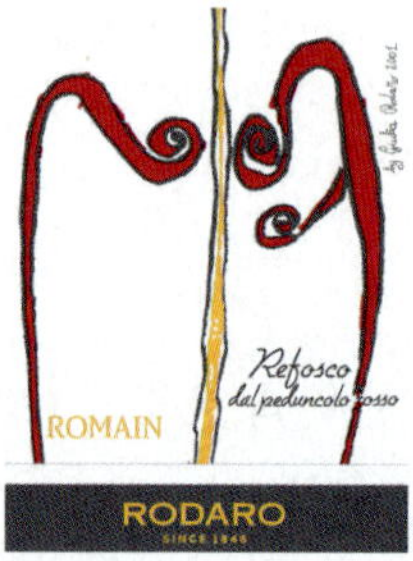

Via Cormòns, 60, 33043 Cividale del Friuli (UD)
T: +39 0432 716066, info@rodaropaolo.it
rodaropaolo.it

Ab-Hof-Verkauf: Ja
Kellermeister/Kontakt: Paolo Rodaro
Produktion: 250.000 Flaschen, 57 Hektar

Paolo Rodaro, Familienwinzer in sechster Generation, ist Eigentümer und Önologe des Weinguts, das seinen Nachnamen trägt. Als entschlossener und charakterstarker Mann, typisch für die friulanische Bauerntradition, hat er sich entschieden, seiner Vorstellung von Qualität zu folgen, indem er unerforschte Wege beschreitet, abseits der Logik des Marktes und unabhängig von den aktuellen Trends. Seine Neugier und seine Selbstkritik regen ihn immer wieder zum Forschen an: Sein Instinkt, sein Wissensdurst und seine Intuition treiben ihn an, mit neuen Vinifizierungen zu experimentieren.

90 Brut Nature Metodo Classico Millesimato 2016 Pas Dosé PN/CH
12,5 Vol.-%, NK, Stahltank, Flaschengärung
Brilliantes Strohgelb mit feiner Perlage. In der Nase duftig und mit ausgeprägter Hefenote, Zitrone und Orangenblüte, mit leicht rauchigen Anklängen. Am Gaumen knochentrocken, kecke Perlage, belebende Säure, anhaltend und schnörkellos.

93 Pinot Grigio Friuli Colli Orientali DOP 2020
13 Vol.-%, DIAM, Stahltank
Leuchtendes Hellgold. Tolle, einladende Nase, nach Mango, Ananas und getrockneter Banane, zarte Würze. Satter Schmelz mit strahlender Frucht am Gaumen, wirkt satt und saftig, mit leichtem Salz, toller Spannungsbogen.

93 L'Evoluto Limited Edition Sauvignon Friuli Colli Orientali DOC 2013
13 Vol.-%, NK, Stahltank
Strahlendes Hellgold. In der Nase nach reifer Ananas, gelbem Pfirsich, reifen Himbeeren, etwas Feuerstein. Öffnet sich klar und fein am Gaumen, mit kühler, präziser Frucht, sehr saftig und zügig, erstaunlicher Frische, mit viel Nachdruck und Länge.

92 Malvasia Fiore Friuli Colli Orientali DOC 2020
14,5 Vol.-%, DIAM, Stahltank/Tonneau Fass
Sattes Goldgelb. In der Nase am Anfang eher verhalten, dann nach reifer Marille, Mirabelle, Birne und tropischen Früchten, im Nachhall nach gerösteten Mandeln und Muskat. Am Gaumen frisch und saftig, wirkt wärmend und mundfüllend, wird im Abgang leicht bitter.

90 Primi Passi Bianco Venezia Giulia IGP 2020 SNE/SOR
12,5 Vol.-%, DIAM, Stahltank
Intensiv leuchtendes Strohgelb. In der Nase reife Birnen und Stachelbeere, sowie Anklänge an Gletschereis. Am Gaumen frisch und saftig, mit sanftem Druck am Gaumen, am Ende jedoch etwas störende Bitterkeit.

94 Romain Refosco dal Peduncolo Rosso Friuli Colli Orientali DOC 2009
16 Vol.-%, NK, Stahltank/Barrique
Sattes, tiefdunkles Rubin. Intensive Nase mit Noten nach getrockneten Kirschen und Zwetschken, etwas Rumtopf, dahinter schöne Tabaknuancen. Stoffig und dicht am Gaumen, zeigt viel zupackendes, feinmaschiges Tannin, baut sich lange auf, im Finale nach Kirschen und Schokolade.

★★★

RONCO BLANCHIS

Via Blanchis, 70, 34070 Mossa (GO)
T: +39 042 3870024, info@roncoblanchis.it
roncoblanchis.it

Kellermeister: Gianni Menotti
Kontakt: Lorenzo Palla
Produktion: 12 Hektar
Anbauweise: Bio

Ronco Blanchis ist eine Geschichte über die Liebe zum Wein und die Leidenschaft für Qualität. Wir befinden uns im Collio, einem herrlichen Gebiet in der Provinz Görz. Giancarlo Palla und seine Söhne Alberto und Lorenzo haben sich ausschließlich auf die Produktion von Weißweinen konzentriert, wobei sie den Grundsätzen der Nachhaltigkeit folgten, die das Unternehmen nun auch zum biologischen Anbau geführt haben. Das Team stützt sich auf die Hilfe des renommierten Önologen Gianni Menotti. Als Kenner des Collio-Gebiets ist er in der Lage, Weißweine von großem Charakter und Eleganz herzustellen.

93 Blanc de Blanchis Riserva Collio DOC 2017 FRL/CH/MA2/SB
14 Vol.-%, DIAM
Leuchtendes, mittleres Strohgelb. In der Nase nach Akazienhonig, einem Hauch weißer Schokolade und reifem Pfirsich, im Nachhall zartes Fumé. Am Gaumen elegant und mit Vielschichtig, breitet sich satt aus, saftig, mit fein integrierter Säure, schönem Schmelz und toller Harmonie.

92 Chardonnay Particella 3 Collio DOC 2020
14 Vol.-%, DIAM Ⓑ
Leuchtendes Strohgelb. In der Nase Noten von reifer Birne und Apfel, im Nachhall leicht nach tropischen Früchten. Kommt am Gaumen mit viel gelber Frucht schön raus, mit guter Dichte und angenehmer Saftigkeit, im langen Finale fruchtsüß.

91 Sauvignon Collio DOC 2021
14 Vol.-%, DIAM Ⓑ
Leuchtendes Strohgelb. In der Nase Noten von Grapefruit und Zitrusfrüchten, gefolgt von Anklängen an weiße Blüten und Mandarinenblätter. Am Gaumen schmackhaft, erneut fruchtige Aromen, gefolgt von einer mineralischen Note.

90 Pinot Grigio Collio DOC 2021
13,5 Vol.-%, DIAM Ⓑ
Leuchtendes, klares Strohgelb. Subtiles und delikates Bouquet mit Noten von Blumen, weißen Früchten und Gewürzen. Am Gaumen frisch und saftig mit einem Abgang, der an Trockenfrüchte erinnert, eine leicht rauchige Note begleitet die gesamte Verkostung, gut ausbalanciert.

90 Friulano Collio DOC 2021
14 Vol.-%, DIAM Ⓑ
Leuchtendes Strohgelb. Die Nase ist delikat mit Noten von Zitrusfrüchten, Blumen und Kräutern wie Salbei. Am Gaumen trocken und schmackhaft. Die Säure ist präsent, aber nicht zu ausgeprägt, mit einem leicht mandelartigen Abgang.

★★★

RONCO DEL GELSO

Via Isonzo 117, 34071 Cormons (GO)
T: +39 0481 61310, info@roncodelgelso.com
roncodelgelso.com

Ab-Hof-Verkauf: Ja
Kellermeister: Badin Giorgio
Kontakt: Grassi Nadia
Produktion: 80 % weiß, 18 % rot, 1 % rosé, 1 % süß, 25 Hektar

Die Weinberge von Ronco del Gelso liegen im Nordosten Italiens im DOC-Gebiet Friaul Isonzo. Der Familienbetrieb wurde 1988 von Giorgio Badin gegründet, der den Viehzuchtbetrieb seines Vaters in eine Weinkellerei umwandelte. Er ist seit jeher der Meinung, dass beste Weinbereitung nur mit Rohstoffen von höchster Qualität möglich ist, weshalb dem Weinberg und der sorgfältigen Verarbeitung der Trauben größte Bedeutung beigemessen wird. Die so gewonnenen Weine, die neben der Sorte auch ihre Herkunft verraten, sind ausgewogen, finessenreich und elegant und können für viele Jahre in der Flasche lagern.

93 Siet Vignis di Chardonnay Rive Alte Isonzo del Friuli DOC 2020

13 Vol.-%, DIAM, großes Holzfass F H S

Funkelndes, helles Goldgelb. In der Nase intensiv nach tropischen Früchten und nach Golden Delicious Apfel, im Nachhall ein Touch Zitrusfruchtaromatik. Am Gaumen frisch und saftig, mit viel reifer Frucht, langer und mineralischer Abgang.

91 Toc Bas Rive Alte Friulano Isonzo del Friuli DOC 2020

13 Vol.-%, DIAM, großes Holzfass F H S

Blassgelb mit goldenen Reflexen. In der Nase rauchige Noten mit Anklängen an Mandel, weißen Pfirsich und Enzian. Im Mund warm und saftig, einhüllend und anhaltend.

91 Sottomonte Rive Alte Sauvignon Isonzo del Friuli DOC 2020

14 Vol.-%, DIAM, großes Holzfass F H S

Leuchtendes, intensives Strohgelb mit grünlichen Reflexen. In der Nase nach geschnittenem Gras, Stachelbeere und Holunderblüten, dann ein Hauch Zitrusfrucht. Am Gaumen frisch und saftig, gut ausbalanciert, mit Zug, wärmend, langes Finale.

90 Malvasia Vigna della Permuta Isonzo del Friuli DOC 2020

13,5 Vol.-%, DIAM, großes Holzfass F H S

Hell leuchtendes Goldgelb. In der Nase Kräuternoten sowie gelbfleischige Pfirsiche und Zitronenzeste und einer leicht rauchigen Note. Am Gaumen angenehme Säure und Zitrusfrucht, zu Ende hin leichte Bitterkeit.

90 Pinot grigio Sot Lis Rivis Isonzo del Friuli DOC 2020

13,5 Vol.-%, DIAM, großes Holzfass F H S

Leuchtendes mittleres Goldgelb. In der Nase zuerst etwas verschlossen, leicht reduktiv sowie etwas Zitronenzeste. Am Gaumen saftig und mit gutem Schmelz, eher milder Säure und mittlerer Länge.

91 Aur Traminer Aromatico Trevenezie IGT 2017

12,5 Vol.-%, DIAM, Tonneau Fass

Sattes, glänzendes Goldgelb. In der Nase intensiv nach Litschi, Mango, Stachelbeere, gedörrten Aprikosen und Feigen. Am Gaumen süß, weich und samtig, mit schöner Saftigkeit und feinem Säurespektrum, sehr langes Finale.

★★★

SPECOGNA

Via Rocca Bernarda 4, 33040 Corno di Rosazzo (UD)
T: +39 0432 755840, info@specogna.it
specogna.it

Ab-Hof-Verkauf: Ja
Kellermeister: Cristian Specogna & Michele Specogna
Kontakt: Cristian Specogna
Produktion: 133.333 Flaschen, 70 % weiß, 28 % rot, 2 % süß, 25 Hektar
Anbauweise: Bio

Im Jahre 1963 kaufte Leonardo Specogna auf den Hügeln von Rocca Bernarda ein Grundstück. Obwohl die Rebe hier im Herzen des Weinbaugebiets Friaul beste Bedingungen vorfindet, startete Specogna als Mischbetrieb (Viehzucht, Getreide, Wein). Als Sohn Graziano und dessen Frau Anna Maria übernahmen, konzentrierte man sich immer mehr auf den Weinbau. Heute ist mit Cristian und Michele die dritte Generation am Werk. Mit großer Leidenschaft sorgen sie für kontinuierliche Verbesserungen der Arbeit in Weinberg und Keller und konnten so den Verkauf auf wichtige internationale Märkte ausdehnen.

92 Identità Roche Bernarde Bianco Friuli Colli Orientali DOC 2020 FRL/RI2/MA2
13,5 Vol.-%, NK, Tonneau Fass
Funkelndes, helles Goldgelb. Eröffnet in der Nase mit zarten Noten nach reifem Pfirsich, Marille und weißem Spargel. Im Ansatz rund, breitet sich gut aus, nach Brioche und reifer Marille, im Finale etwas heller Karamell, leicht süßliche Noten.

92 Malvasia Riserva Friuli Colli Orientali DOC 2017
14 Vol.-%, NK, Tonneau Fass/Amphore
Sattes, klares Goldgelb mit Tendenz zu hellem Bernstein. In der Nase Noten von getrockneten Blumen, reifen gelben Früchten, Tee, Kamille, ein leichter Hauch von Bergamotte und Kiefernharz. Am Gaumen reichhaltig und weich mit einer angenehmen Verbindung zwischen Nase und Mund, mit einem klaren und leicht salzigen Abgang.

91 Friulano Friuli Colli Orientali DOC 2021
14 Vol.-%, DIAM, Stahltank
Strohgelb mit silbernen Reflexen. Intensives Bouquet mit Aromen von Zitrusfrüchten, reifen Früchten, tropischen Noten und würzigen Anklängen. Am Gaumen hat er einen guten Körper mit fruchtigen Aromen, sanften exotischen Noten und ausgewogener Frische, mit einem leicht mandelartigen Abgang.

91 Duality Sauvignon Blanc Friuli Colli Orientali DOC 2020
13,5 Vol.-%, DIAM, Tonneau Fass
Intensives, leuchtendes Strohgelb. In der Nase nach Kerzenwachs, hellem Honig, reifer Zitrusfrucht, leicht Fumé, wirkt reif. Am Gaumen satt und dicht, breitet sich mit deutlich mineralischen Komponenten über die Zunge, im Nachhall etwas gesetzt.

92 Pinot Grigio Ramato Riserva Friuli Colli Orientali DOC 2019
13,5 Vol.-%, DIAM, Amphore
Sattes, funkelndes Kupferorange. Duftet nach Bratapfel, feiner Pflaume und Kirsche. Am Gaumen fest und zupackend, zeigt feine Noten nach Himbeere, im hinteren Verlauf deutliche Tanninkomponenten, im Finale salzig.

93 Oltre Rosso Friuli Colli Orientali DOC 2018 RF/PL7/SP2
14,5 Vol.-%, NK, Barrique
Dunkel leuchtendes Rubin mit Violett. In der Nase zunächst erdige Nuancen, dann nach reifen Preiselbeeren, Brombeeren, Unterholz, zartes Leder und Pfeffer. Am Gaumen spannend und mit klarem Fruchtkern, eingebettet in herzhaftes Tannin, zeigt ordentlich Druck, lange.

★★★★★

VIE DI ROMANS

Loc. Vie di Romans, 1, 34070 Mariano del Friuli (GO)
T: +39 0481 69600, viediromans@viediromans.it
viediromans.it

Ab-Hof-Verkauf: Ja
Kellermeister: Gianfranco Gallo, Tommaso Gallo
Kontakt: Matteo Gallo: m.gallo@viediromans.it
Produktion: 300.000 Flaschen, 96 % weiß, 4 % rot, 67 Hektar

Seit 1978 wird das Weingut Vie di Romans von Gianfranco Gallo geleitet, der einen rigorosen Qualitätsstil geprägt hat. Die rund 60 Hektar Weinberge liegen an der Grenze zu Slowenien im Tal des Flusses Isonzo, wo die Kombination des mediterranen Klimas mit dem subalpinen Klima einzigartige Bedingungen schafft. In dieser Umgebung stellt jeder Weinberg ein unverwechselbares Naturerbe dar, das sich aus der Vielfalt der Mikroklimata und Böden ergibt. Ziel ist es, Weine zu erzeugen, die diese Einzigartigkeit und Komplexität vermitteln.

97 Dut' Un Bianco Venezia Giulia IGT 2019 CH/SB
14,5 Vol.-%, NK, Barrique Ⓥ
Strohgelb mit grünlichen Reflexen, klar. In der Nase frische, klare zitronige Noten, die sofort sehr angenehm sind: Grapefruit, Zitrone, Zitronenschalen, Minze, Basilikum und mehr. Am Gaumen große Spannung, aromatisch und reif, mit exotischen und kandierten Früchten, angenehme Säure und Frische, anhaltend.

94 Flors di Uis Cuvée Bianco Friuli Isonzo DOC 2020 MA2/RR/FRL
14 Vol.-%, NK, Stahltank Ⓥ
Leuchtendes, intensives Strohgelb. In der Nase sehr intensiv und einladend nach reifem Pfirsich, Blutorange, und Zitronenpfeffer, gepaart mit würzigen Noten und Fumé. Am Gaumen saftig, vielschichtig und mit cremigem Schmelz, mit harmonischem Körper und gutem Trinkfluss.

97 Glesie Climat Chardonnay Friuli Isonzo DOC 2016
15 Vol.-%, NK, Barrique/Stahltank Ⓥ
Goldgelb, klar und leuchtend. Die Nase ist intensiv und zeigt eine große Palette an warme Aromen. Viele Noten von gelben reifen und exotischen Früchten, feine aromatische Noten nach frischer und kandierter Zitrone, dazu dezente Würze nach getrockneten Küchenkräutern. Reichhaltig auch am Gaumen, wo sich die Aromenpalette mit Frische und Säure wiederholt, salzig und lang im Abgang.

92 Piere Sauvignon Friuli Isonzo DOC 2020
14,5 Vol.-%, NK, Stahltank Ⓥ
Strahlendes Strohgelb mit grünlichen Reflexen. In der Nase nach Feuerstein, Schießpulver, Siegellack und Zitrusfrüchten, intensiv und vielschichtig. Am Gaumen saftig und frisch, mit viel Zitrusfrucht, langes Finale.

★★★★

ZUANI

Località Giasbana 12, 34070 San Floriano del Collio (GO)
T: +39 0481 391432, info@zuanivini.it
zuanivini.it

Ab-Hof-Verkauf: Ja
Kontakt: Patrizia Felluga

Alles dreht sich um einen außerordentlich gut bewirtschafteten »Cru«, einen Weinberg, der auf einem sanften Hügel liegt: Die Kellerei Zuani verkörpert das Erbe der Winzerfamilie Felluga und ist Ausdruck der Herausforderung, die Patrizia Felluga, Sohn Antonio und Tochter Caterina angenommen haben, um Weine herzustellen, die wirklich typisch für das Gebiet sind. Die Weinberge befinden sich im Herzen des Collio, die Reben wachsen auf einem Boden aus Mergel und Sandstein. Das milde Klima und die Nähe zur Adria und zu den Alpen schaffen perfekte Temperaturverhältnisse, die eine lange Reifezeit ermöglichen.

94 Sodevo Pinot Grigio Friuli DOC 2021
13,5 Vol.-%, DIAM, Stahltank
Funkelndes, sattes Strohgelb mit grünen Nuancen. Sehr intensive und klare Nase, einladend, zeigt Noten nach Birne und Pfirsich, leicht balsamische Noten im Hintergrund. Am Gaumen guter Druck, nach Birne und Grapefruit, etwas weiße Melone, im Finale langer Nachhall.

94 Zuani Collio Bianco Riserva DOC 2018 FRL/PG/SB/CH
14,5 Vol.-%, NK, Barrique
Leuchtendes, helles Strohgelb mit leicht grünen Nuancen. Eröffnet in der Nase mit Noten nach Mirabellen, weißer Melone, etwas Banane, rund und verwoben. Blüht am Gaumen toll auf, viel präsente Frucht, zeigt im hinteren Verlauf betont salzige Noten, gute Spannung, sehr langer Nachhall.

93 Vigne Collio Bianco DOC 2021 FRL/PG/SB/CH
13,5 Vol.-%, NK, Stahltank
Strahlendes Strohgelb. Tolle, einladende Nase nach reifer Grapefruit, Ananas, feine weiße Blüten, einladend. Am Gaumen mit tollem Fruchtschmelz und vielschichtigem Bukett, kompakt und frisch, zeigt im Finale Rasse und Salz bei guter Länge.

91 Sodevo Ribolla Gialla Collio DOC 2021
12,5 Vol.-%, DIAM, Stahltank
Hell leuchtendes Strohgelb. In der Nase intensiver Duft nach reifen Birnen, Weinberpfirsichen sowie Akazienhonig. Am Gaumen frisch und saftig, gut integrierter Säure und mittlerem Abgang.

Burg von Arco, Gardasee, Trentino

TRENTINO AOSTATAL LIGURIEN

Aymavilles, Enfer d'Arvier, Aostatal

KLEINE SCHÖNHEITEN

Trentino, Aostatal und Ligurien, verteilt im Norden Italiens, zählen zu den kleinsten Regionen des Landes, dafür aber auch zu den beeindruckendsten und schönsten. Und sie haben eines zu bieten – originelle Weine aus autochthonen Rebsorten, die gerade unter Kennern und Liebhabern hohes Ansehen genießen.

Mit seiner nahezu 3.000 jährigen Weinbaugeschichte schließt sich das **TRENTINO** im Etschtal direkt an Südtirol an und wird daher auch häufig mit dem Nachbar verglichen oder als Fortsetzung betrachtet. Das stimmt indes nicht ganz, denn zum einen ist das Klima hier milder, und tief im Süden, wo sich am Gardasee die Region in Richtung Po Ebene öffnet, bereits mediterran beeinflusst. Und das hat auch einen anderen Rebsortenspiegel hervorgebracht, der z.B. bei den Rotweinen in erster Linie vom Teroldego bestimmt wird. Die ca. 10.000 Hektar umfassende Rebfläche verteilt sich entlang des Tals und in den Seitentälern auf in der Talsohle vom Fluss hinterlassenen Kies- und Schwemmlandböden, in den steilen Gebirgslagen auf Moränenschotter mit hohem Kalkanteil. Der Vernatsch, bereits in Südtirol weit verbreitet, wird auch hier angebaut. Bei dein Weißweinen findet sich hauptsächlich Pinot Grigio, Weißburgunder oder Sauvignon Blanc, bei den Rotweinen sind es neben Teroldego u.a. Cabernet Sauvignon, Merlot und Pinot Noir. Spezialität ist die autochthone weiße Rebsorte Nosiola aus der trockene und edelsüße Weine gekeltert werden. Das Trentino ist aber auch eines der Zentren der italienischen Schaumweinproduktion, flaschenvergorene Spumante z.B. aus dem Haus Ferrari brau-

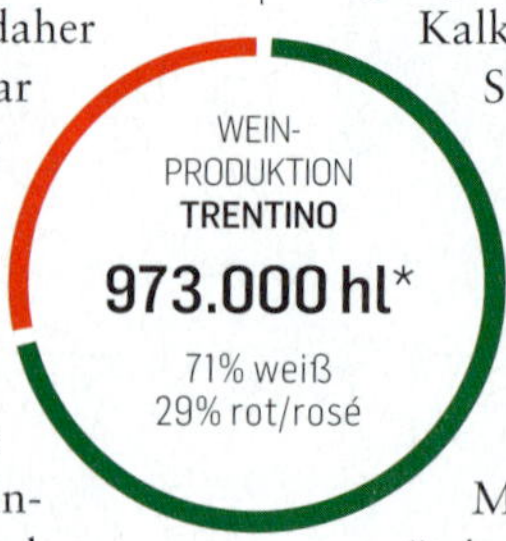

* Gesamtweinprodukion Italien: 49.908.000 hl, Jahrgang 2020

chen dabei keinen internationalen Vergleich zu scheuen. Dass aus dieser Region große Weine kommen können, beweist die Tenuta San Leonardo mit ihrem Bordeaux Blend »San Leonardo«, einem Super-Tuscan à la »Sassicaia« oder »Ornellaia« ebenbürtigen, großen Wein.

Das AOSTATAL im äußersten Nordwesten ist mit seinen heute knapp 500 Hektar Weinbergen das kleinste Weinbaugebiet Italiens, bietet dem Betrachter dafür eine atemberaubende Gebirgslandschaft. Die Region grenzt im Norden an das Wallis in der Schweiz, immer den Mont Blanc im Blick, südlich und östlich an Piemont und im Westen an das die Rhone beherbergende Alpenmassiv. Bis vor 200 Jahren gehörte die Region zum Königshaus Savoyen und umfasste mit den Nachbartälern 4000 Hektar. Heute bewirtschaften viele Winzer auf der kleinen Fläche statistisch gesehen nicht einmal ein Hektar. Das Klima ist kühl mit langen kalten Wintern und kurzen Sommern. Der Boden besteht aus Schwemmland und Moränenschotter. Eine der ganz großen Besonderheiten der kleinen Region ist die Vielzahl an autochthonen Rebsorten, die außerhalb der Region so gut wie unbekannt sind. Die bekannteste ist vielleicht der Fumin, der straffe, mineralische Weißweine liefert. Die

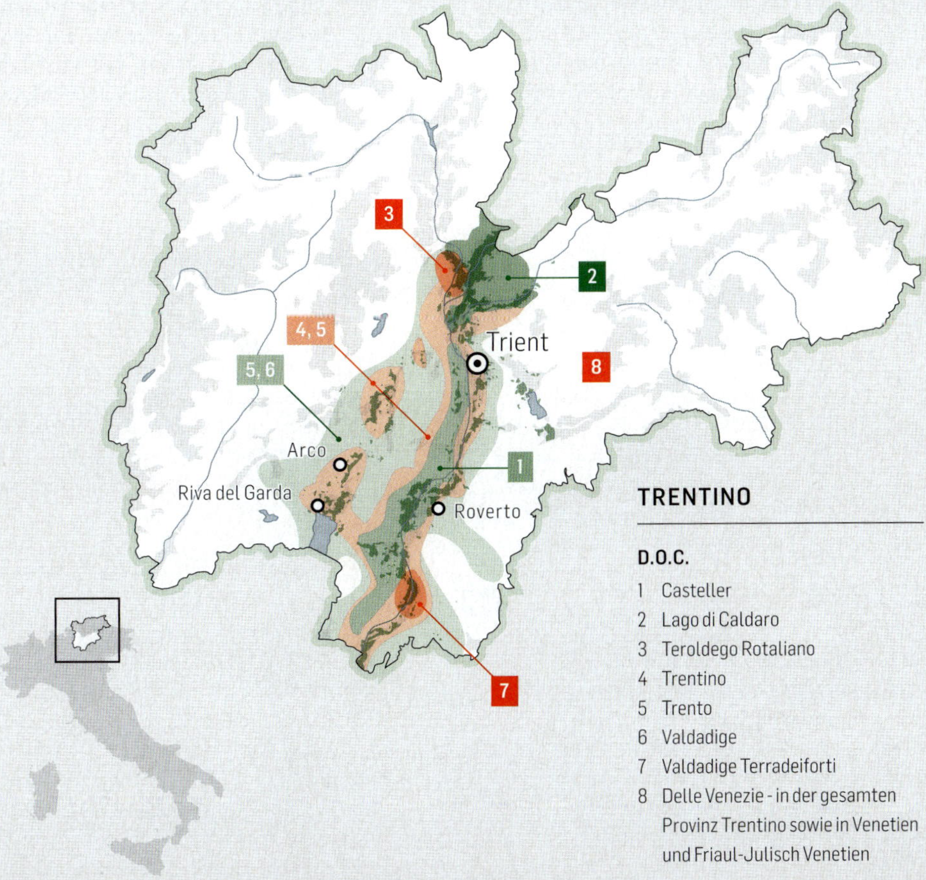

Weinberge verlangen den Winzern einiges ab, denn sie liegen auf bis zu 1.300 Metern Seehöhe und zählen somit zu den höchsten Weinbergen in Europa. Die meisten lassen sich maschinell nicht bearbeiten, da ist pure Handarbeit gefragt. Neben den zahlreichen autochthonen Sorten werden auch Chardonnay, Müller-Thurgau oder Pinot Grigio für Weißweine, sowie die Rotweinsorten Nebbiolo, Gamay oder Pinot Noir angebaut.

LIGURIEN an der Nordwestküste Italiens zählt zu den malerischsten, um nicht zu sagen spektakulärsten Weinbauregionen Europas. Die Ausläufer des Apennin scheinen sich hier geradezu steil in das Meer zu stürzen und die Reben wachsen auf schwer zugänglichen Felsterrassen, die ausschließlich von Hand bearbeitet werden müssen. Diese mühselige Arbeit hat in der Vergangenheit viele Winzer zur Aufgabe des Weinbaus getrieben, um sich stattdessen dem Blumen-, Obst- oder Olivenanbau zu widmen. Nicht umsonst spricht man von den »Hängenden Gärten« Liguriens. Die Region verläuft in einer Kurve von der französischen Grenze entlang der Küste an der Hauptstadt Genua vorbei bis zur Toskana bei La Spezia. Mit etwa 1.500 Hektar weit verstreuten Weingärten ist es nach dem Aostatal die zweitkleinste Weinbauregion Italiens. In diesem nördlichen mediterranen Klima wachsen in nicht wenigen Weingärten noch autochthone Sorten, die außerhalb der Region so gut wie unbekannt sind. Die bekannteste Weißweinsorte ist der Vermentino, der unter dem Namen Rolle auch auf der französischen Seite Fuß gefasst hat. Rotweine stammen aus der Sorte Ormeasco, einer lokalen Spielart des Dolcetto sowie aus Rossese und Sangiovese. Gerade einmal 65.000 Hektoliter beträgt die Produktion Liguriens, davon wird derart viel vor Ort genossen, dass nur homöopathische Mengen die Grenzen der Region tatsächlich überschreiten.

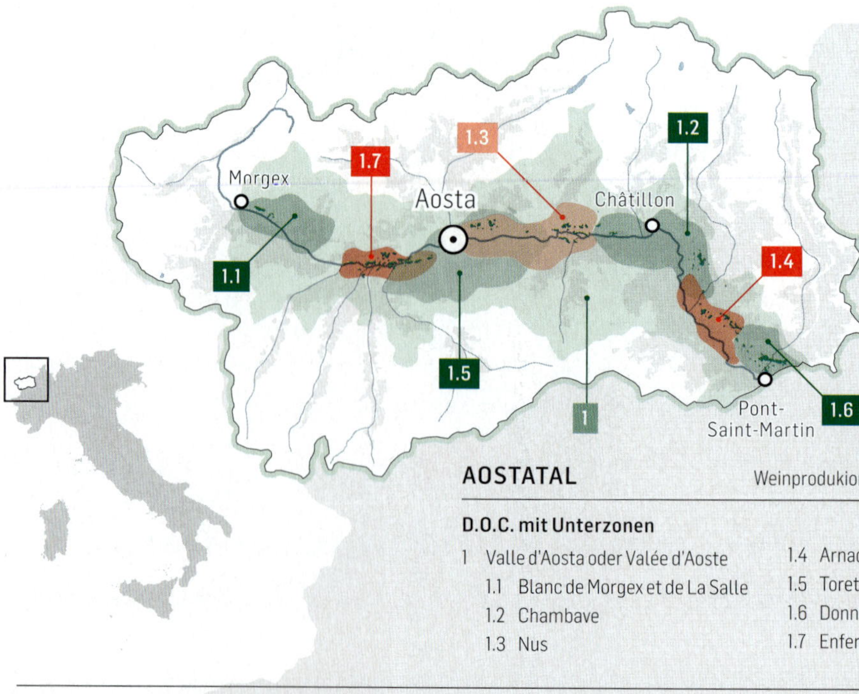

AOSTATAL

Weinprodukion: 21.000 hl*

D.O.C. mit Unterzonen

1 Valle d'Aosta oder Valée d'Aoste
- 1.1 Blanc de Morgex et de La Salle
- 1.2 Chambave
- 1.3 Nus
- 1.4 Arnad Montjovet
- 1.5 Torette
- 1.6 Donna
- 1.7 Enfer d'Arvier

* Gesamtweinprodukion Italien: 49.908.000 hl, Jahrgang 2020

LIGUIREN

Weinprodukion: 79.000 hl*

D.O.C.

1 Cinque Terre, Cinque Terre Sciacchetrà
2 Colli di Luni
3 Colline di Levanto
4 Dolceacqua
5 Golfo del Tigullio-Portofino
6 Pornassio
7 Riviera Ligure di Ponente
8 Val Polcèvera

Manarola, Cinque Terre, Ligurien

Quelle: Istat date 2021

★★★★

ENDRIZZI

Località Masetto 2, 38098 San Michele all'Adige (TN)
T: +39 0461 650129, info@endrizzi.it
endrizzi.it

Ab-Hof-Verkauf: Ja
Kellermeister: Thomas Battisti & Tiziana Piffer
Kontakt: Andrea Cristofori
Produktion: 17 Hektar

Seit 1885 im Familienbesitz wird das Weingut, wo bereits um 1145 von Augustinermönchen Weinbau betrieben wurde, heute von Dr. Paolo und Christine Endrici geführt. Zudem erwarb man im Jahr 2000 das »Serpaia di Endrizzi«, zusätzliche 30 Hektar Rebfläche im toskanischen Maremma. Alle Weine werden im Keller des Stammhauses mit dem Ziel vinifiziert, das jeweilige Gebiet widerzuspiegeln sowie die sortenspezifischen Eigenschaften und das volle Aroma der Traube zu bewahren. Vom Resultat dieser Bemühung kann man sich bei einer Verkostung vor Ort selbst überzeugen.

93 Piancastello Riserva Trento DOC 2018 Brut CH/PN
13 Vol.-%, DIAM, Stahltank
Strohgelb mit smaragdgrünen Reflexen und feinsten Bläschen. Noten von Brotkruste, frischen Mandeln, Zitrusschalen, weißem Steinobst und weißen Blüten. Am Gaumen zart, frisch, mit feinen salzigen Komponenten, elegant und anhaltend.

92 Piancastello Zero Riserva Trento DOC 2017 CH/PN
13 Vol.-%, DIAM, Stahltank
Strohgelb mit feiner, anhaltender Perlage. Intensives, duftendes Bouquet mit Noten von frischen Früchten und Blumen, Haselnüssen, Vanille und geröstetem Brot. Lebendig, frisch, würzig, cremig und anhaltend im Abgang.

94 Gran Masetto Vigneti delle Dolomiti Rosso IGP 2018
15,5 Vol.-%, DIAM, Barrique/Flaschenreifung
Kraftvolles, leuchtendes Rubinviolett mit granatrotem Rand. In der Nase intensiv nach Rumtopf, eingelegten Pflaumen und Sauerkirschen, im Nachhall Tabak und Leder. Am Gaumen leicht süßlich, mit weichem Gerbstoff, mundfüllend, dicht, viel süße Frucht, langes Finale.

92 Masetto Due Vigneti delle Dolomiti Rosso IGP 2020 TR5/CS
13,5 Vol.-%, DIAM, Stahltank/Flaschenreifung
Glänzendes Rubinrot mit leicht aufhellendem Rand. In der Nase nach Himbeere, Pflaume und dunkler Ribisel, im Nachhall leicht ledrig und nach Tabak. Am Gaumen sehr fruchtsüß, weich, mit geschmeidigem Gerbstoff, ausgewogen, harmonisch, langes Finale.

90 Mèria Toscana Rosso IGT 2018 ME/CS/SN
14,5 Vol.-%, DIAM, Barrique/großes Holzfass/Flaschenreifung
Dunkles, sattes Rubin mit granatroten Nuancen. In der Nase Aromen von reifer Kirsche, Lakritz, Wacholder, leicht rauchig. Im Trunk beim Eintritt zunächst schmeichelnd, dann mit gutem Zug, linear, bis ins fruchtig-frische Finale.

92 Gran Serpaia Merlot Maremma Toscana DOP 2016
14 Vol.-%, DIAM, großes Holzfass/Barrique/Flaschenreifung
Glänzendes Rubinrot mit granatrotem Rand. In der Nase nach reifer Amarenakirsche und Pflaume, im Nachhall Veilchen und Lakritz sowie ein Touch Würze. Am Gaumen saftig, mit gut eingebundenem Gerbstoff, harmonisch, fruchtbetont, mit langem Finale.

★★★★★

SAN LEONARDO

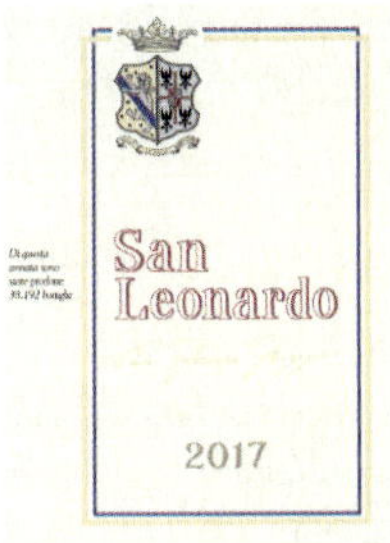

Località San Leonardo, 38060 Borghetto All'Adige (TN)
T: +39 464 689004, info@sanleonardo.it
sanleonardo.it

Ab-Hof-Verkauf: Ja
Kellermeister: Carlo Ferrini
Kontakt: Luigino Tinelli
Anbauweise: Bio

Vor 1000 Jahren war San Leonardo ein Kloster, seit drei Jahrhunderten ist es der Wohnsitz der Fürsten Guerrieri Gonzaga: 300 Hektar, davon 30 ökologisch bewirtschaftete Weinberge, geschützt durch die Berge des Trentino. Hier sind Cabernet Sauvignon, Carmenère und Merlot zu Hause, die Trauben für den San Leonardo, Flaggschiff des Weinguts, und von Terre di San Leonardo, seinem zweiten Wein von großer Frische und Harmonie. Aus der Mischung von Merlot und Carmenère entsteht der elegante Villa Gresti, während die ältesten Reben einen reinsortigen Carmenère mit Persönlichkeit hervorbringen.

92 Vette di San Leonardo Sauvignon Blanc Vigneti delle Dolomiti IGT 2021
12,5 Vol.-%, NK, Stahltank
Helles Strohgelb, klar und leuchtend. Intensives, reichhaltiges Bouquet mit Noten von Kräutern, weißen Früchten und einem leicht pfeffrigen Nachhall. Am Gaumen reichhaltig und ausgeprägt, mit feiner Säure und fruchtgetontem Ausklang.

95 San Leonardo Vigneti delle Dolomiti IGT 2017 CS/CA/ME
13 Vol.-%, NK, Beton/Barrique/Flaschenreifung
Leuchtendes, sattes Rubinrot. In der Nase blumige Aromen, nach Lavendel, Geranien, dann nach frischer Cassis, sowie Holunder, dazu etwas Lakritze, im Hintergrund feine Würze, nach Minze und Salbei. Öffnet sich strahlend und mit saftigem Kern am Gaumen, klare Frucht begleitet den Verlauf, dazu edle Würze, noch jugendlich, aktuell mit fast kaum wahrnehmbarer Weitmaschigkeit im Abgang.

91 Villa Gresti di San Leonardo Vigneti delle Dolomiti IGT 2018 ME/CA
13 Vol.-%, NK, Beton/Barrique/Flaschenreifung
Intensives Rubinrot. Noten von roten Früchten, Erdbeere, frischer Kirsche und leicht blumige Noten. Am Gaumen saftig, fruchtig und leicht tanninhaltig. Gute Persistenz und angenehmer Nachgeschmack.

90 Terre di San Leonardo Vigneti delle Dolomiti IGT 2019 CS/ME/CA
13 Vol.-%, NK, Beton/Tonneau Fass/Flaschengärung
Sattes, intensives Rubinrot. Würzig in der Nase mit Noten von schwarzem Pfeffer, gepaart mit dunkler Frucht und erdigen Tönen. Im Trunk kraftvoll und mundfüllend, mit ordentlich Grip, und mittlerer Länge im Abgang.

★★★

ROSSET TERROIR

Località Torrent de Maillod 4, 11020 Quart (AO)
T: +39 0165 774111, info@rosseterroir.it
rosseterroir.it

Kellermeister: Matteo Moretto
Kontakt: Familie Rosset
Produktion: 10 Hektar

Rosset Terroir in Quart bearbeitet Weinberge in drei Gebieten des Aostatals. Die Hauptparzelle befindet sich in St. Christophe, wo Cesare und Nicola Rosset 2001 zwei Hektar Syrah und Chardonnay bearbeiten. Dort finden sich auch die Sorten Cornalin und Petit Rouge. Ein weiterer Weinberg befindet sich nahe Chambave, wo der Muscat Blanc angebaut wird, aus dem der Chambave Muscat Vallée d'Aoste DOP hervorgeht. Die dritte Parzelle befindet sich in Villeneuve; dort wird das Aushängeschild des Betriebs erzeugt, der vielfach ausgezeichnete Sopraquota 900. Hier werden Petite Arvine und Pinot Gris geerntet.

94 Chardonnay 770 Vallée D'Aoste DOP 2020
14 Vol.-%, NK
Strahlend-funkelndes Strohgelb. Tolle Nase, einladend und ausdrucksvoll, nach reifem Steinobst, etwas kandierte Ananas, junge Banane, dazu etwas gesalzene Butter und Kamille. Am Gaumen mit tollem Schmelz und salzigem Nerv, spannt sich mit cremiger Textur über den Gaumen, tolle Harmonie, gepaart mit Komplexität und Frische, lange.

93 Sopraquota 900 Vallée D'Aoste DOC 2020
14 Vol.-%, NK
Intensives Strohgelb. In der Nase Noten von Zitrusfrüchten, Kräutern und Bergblumen, Anklänge von Gewürzen und Zimt. Im Geschmack tiefgründig, elegant, rein und sauber, mit intensiver Frische und Mineralität.

91 Petite Arvine Vallée D'Aoste DOP 2020
13,5 Vol.-%, NK
Klares Strohgelb mit grünlichen Reflexen. Die Nase verströmt zarte und blumige Aromen mit fruchtigen Noten, die an Grapefruit und Passionsfrucht erinnern. Am Gaumen sehr ausgewogen in seiner Weichheit, mit anhaltendem Abgang und ausgeprägter Salzigkeit.

91 Cornalin Vallée D'Aoste DOP 2020
13 Vol.-%, DIAM
Hell glänzendes Rubinrot mit aufhellendem Rand. In der Nase Noten von Pflaumen und Kirschen, in hinteren Teil mit würzige Noten, die in Nelken übergehen. Am Gaumen mittlere Intensität und Struktur, schöne Frische und Eleganz, sehr trinkig und anhaltend.

91 Syrah Vallée D'Aoste DOP 2020
14,5 Vol.-%, NK
Dunkles Rubinrot mit Granatrotem Kern. In der Nase Noten von Brombeeren schwarze Holunderbeeren, mit einem Hauch von Lakritze und schwarzem Pfeffer. Am Gaumen vollmundig und intensiv, mit einem weichen, ausgewogenen Gaumen und gut eingebundenen Tanninen.

91 Pinot Noir 850 Vallée D'Aoste DOP 2020
13,5 Vol.-%, NK
Leuchtendes, aufhellendes Rubinrot. In der Nase von sanftem Ausdruck, etwas Brotklee, Kirsche und Würze. Am Gaumen ebenso würzig, mit mittlerem Gewicht, wirkt leichtfüßig, im Finale feines saftig-florales Spiel.

★★★★

CANTINE LUNAE

Via Bozzi 63, 19034 Luni (SP)
T: +39 0187 693483, info@calunae.it
cantinelunae.it

Ab-Hof-Verkauf: Ja
Kontakt: Paolo Bosoni
Produktion: 45 Hektar

Das Weingut Cantine Lunae wurde 1966 von Paolo Bosoni gegründet, Spross einer Winzerfamilie. Die Rebflächen in den Colli di Luni erstrecken sich über den letzten Streifen des östlichen Liguriens an der Grenze zur Toskana, von der Ebene südlich des Flusses Magra bis auf eine Höhe von 300 Metern, auf terrassierten Hügeln hinter den Apuanischen Alpen. Diese schützen vor kalten Nordwinden, während das Meer für eine gute Belüftung und eine beträchtliche Temperaturspanne sorgt – ein hervorragendes Mikroklima für die traditionellen Rebsorten Vermentino, Albarola, Massareta und Pollera Nera.

94 Numero Chiuso Vermentino Colli di Luni DOC 2018
14 Vol.-%, NK
Leuchtendes Goldgelb. In der Nase intensiv nach tropischen Früchten, Steinobst und Zitrusfrüchten, im Nachhall leicht würzig nach weißem Pfeffer und Salbei. Am Gaumen fruchtbetont, frisch und saftig, mit feinem Mundgefühl, hat Zug, macht Spaß, langes Finale mit viel Zitrusfruchtaromatik.

93 Cavagino Vermentino Colli di Luni DOC 2021
14 Vol.-%, NK
Strahlendes, mittleres Strohgelb. In der Nase intensiv duftend nach Pfirsich und reifer Banane, zarter Muskatnote sowie Salbei im Nachhall. Am Gaumen mit saftigem Schmelz, sehr fruchtbetont und kompakt im Trunk, dennoch leichtfüßig, langer Nachhall mit Druck und feiner Salzigkeit.

91 Etichetta Nera Vermentino Colli di Luni DOC 2021
13 Vol.-%, DIAM
Helles Strohgelb. In der Nase nach Zitronensaft, leichte Note von Feuerstein, im Nachhall gelbe Blumen. Am Gaumen mit ausgewogenem Körper, rassiger Säure, schöne Dichte und Länge, harmonisch-salziges Finale.

90 Etichetta Grigia Vermentino Colli di Luni DOC 2021
12,5 Vol.-%, DIAM
Helles glänzendes Strohgelb. In der Nase Zitrusnoten mit leicht salzigem Unterton sowie grüner Apfel. Am Gaumen saftig und klar, feingliedriger Trunk, leicht salzig, unkompliziert und von mittlerer Länge.

88 Albarola Colli di Luni DOC 2021
13 Vol.-%, DIAM
Mittleres leuchtendes Strohgelb. In der Nase feiner Duft nach gelben Steinobst, reifer Birne und und etwas Zitronenmelisse. Am Gaumen frisch und leichtfüßig, unkompliziert und mit mittlerer Länge.

88 Ciliegiolo Liguria di Levante IGT 2021
13,5 Vol.-%, DIAM
Hell leuchtendes Rubinrot. In der Nase intensiver Duft von Kirschen und Pflaumen, Pfefferwürze und leicht rauchig. Am Gaumen frisch, mit feiner Tanninstruktur und im Nachhall gewisse Salzigkeit mit mittlerer Länge.

Die Ortschaft Roddi mit Schloss, Langhe

PIEMONT

Chiesa di San Carlo , Castiglione Tinella

DIE WILDROMANTISCHE SCHÖNHEIT DES NORDENS

Piemont wird nicht nur für seine einzigartige Schönheit gerühmt oder für seine unter Gourmets heiß gesuchte Delikatesse, den Trüffel, die Rotweine genießen international höchste Reputation. Dieser Ruf beruht vor allen Dingen auf den für Italien einzigartigen autochthonen Sorten, allen voran der Nebbiolo.

Piemont, dieser Name bedeutet für Weinliebhaber wie für Gourmets pure Magie, denn diese einmalige Weinkulturlandschaft bietet zum Einen Spitzen-Weine von Weltformat, wie sie ihnen bestenfalls aus der Toskana gleichkommen – Brunello di Montalcino etwa, manch ein Chianti Classico natürlich oder der eine oder andere »Super-Tuscan«. Trotzdem sind Rotweine wie Barolo oder Barbaresco in ihrer Originalität und Einzigartigkeit kaum zu übertreffen. Den Feinschmeckern liefert das Piemont zudem eine der begehrtesten und teuersten Delikatessen der Welt – die weiße Alba-Trüffel. Hinzu kommt die wildromantische Landschaft mit ihren z.T. schroffen Hügeln, die nicht selten von malerischen, mittelalterlichen Dörfern gekrönt werden. 48.000 Hektar stehen hier am Alpenrand rund um die Metropole Turin unter Reben, dabei ist Piemont für italienische Verhältnisse nicht einmal eine große Region, dafür kann indes keine andere so viele Top-Weine vorweisen, wie das Piemont. In dem kontinentalen Klima, geschützt durch die Alpen im Norden und abgegrenzt vom Meer durch eine Gebirgskette im Süden, kann der Sommer sehr warm werden. Der Winter hingegen ist recht kalt mit Schneefall bis in tiefere Lagen, für einen mildernden Einfluss sorgen der Lago Maggiore im Norden sowie die Flüsse Po und Tanaro.

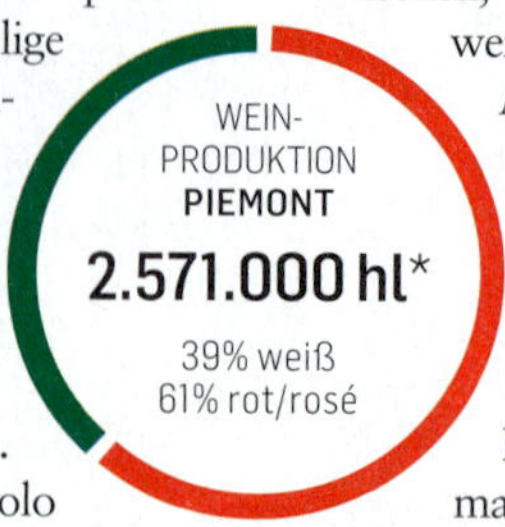

* Gesamtweinprodukion Italien: 49.908.000 hl, Jahrgang 2020

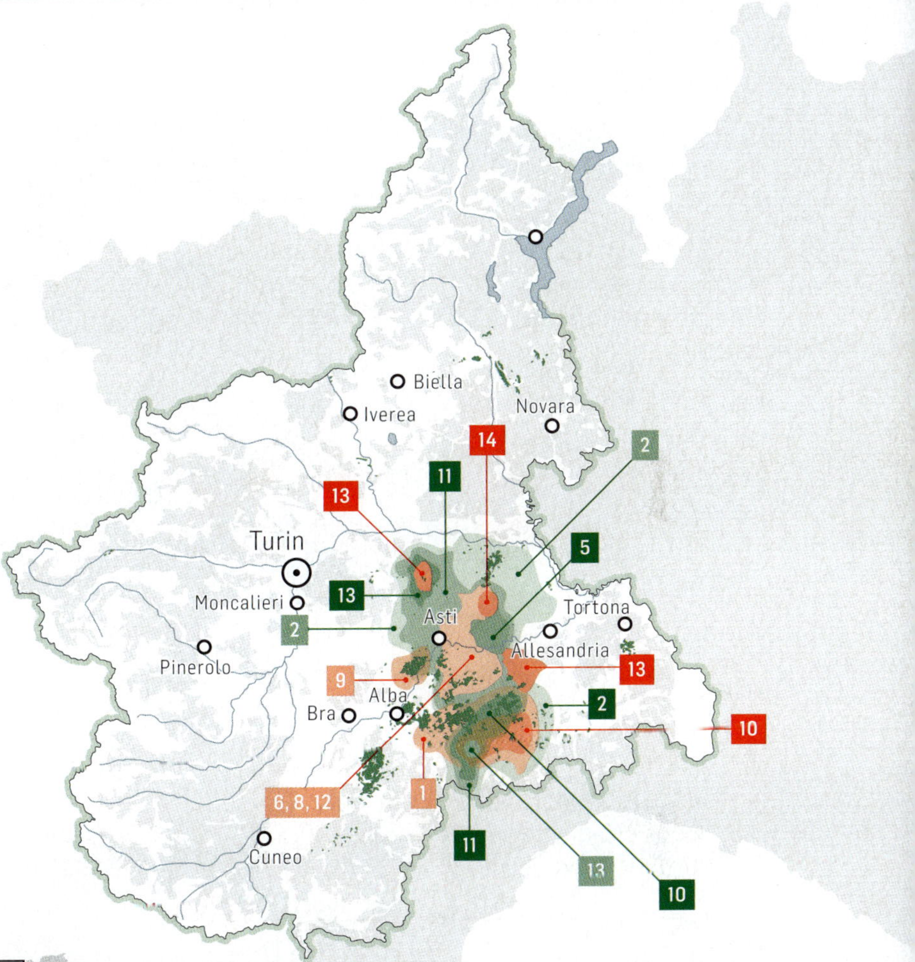

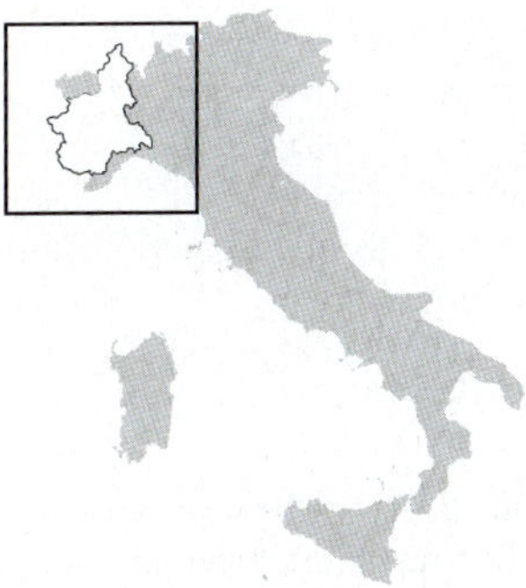

PIEMONT »DAS ASTIGIANO«

D.O.C.G.

1 Asti
2 Barbera d'Asti
3 Brachetto d'Acqui
4 Nizza
5 Ruché di Castagnole Monferrato
6 Terre Alfieri

D.O.C.

7 Albugnano
8 Calosso
9 Cisterna d'Asti
10 Dolcetto d'Asti
11 Freisa d'Asti
12 Grignolino d'Asti
13 Loazzolo
14 Malvasia di Casorzo d'Asti
15 Malvasia di Castelnuovo Don Bosco

Quelle: Istat data, 2021

PIEMONT »IL NORD«

D.O.C.G.

1 Erbaluce di Caluso
2 Gattinara
3 Ghemme

D.O.C.

4 Boca
5 Bramaterra
6 Canavese
7 Carema
8 Collina Torinese
9 Colline Novaresi
10 Colline Saluzzesi
11 Coste della Sesia
12 Fara
13 Freisa di Chieri
14 Lessona
15 Pinerolese
16 Sizzano
17 Valli Ossolane
18 Valsusa

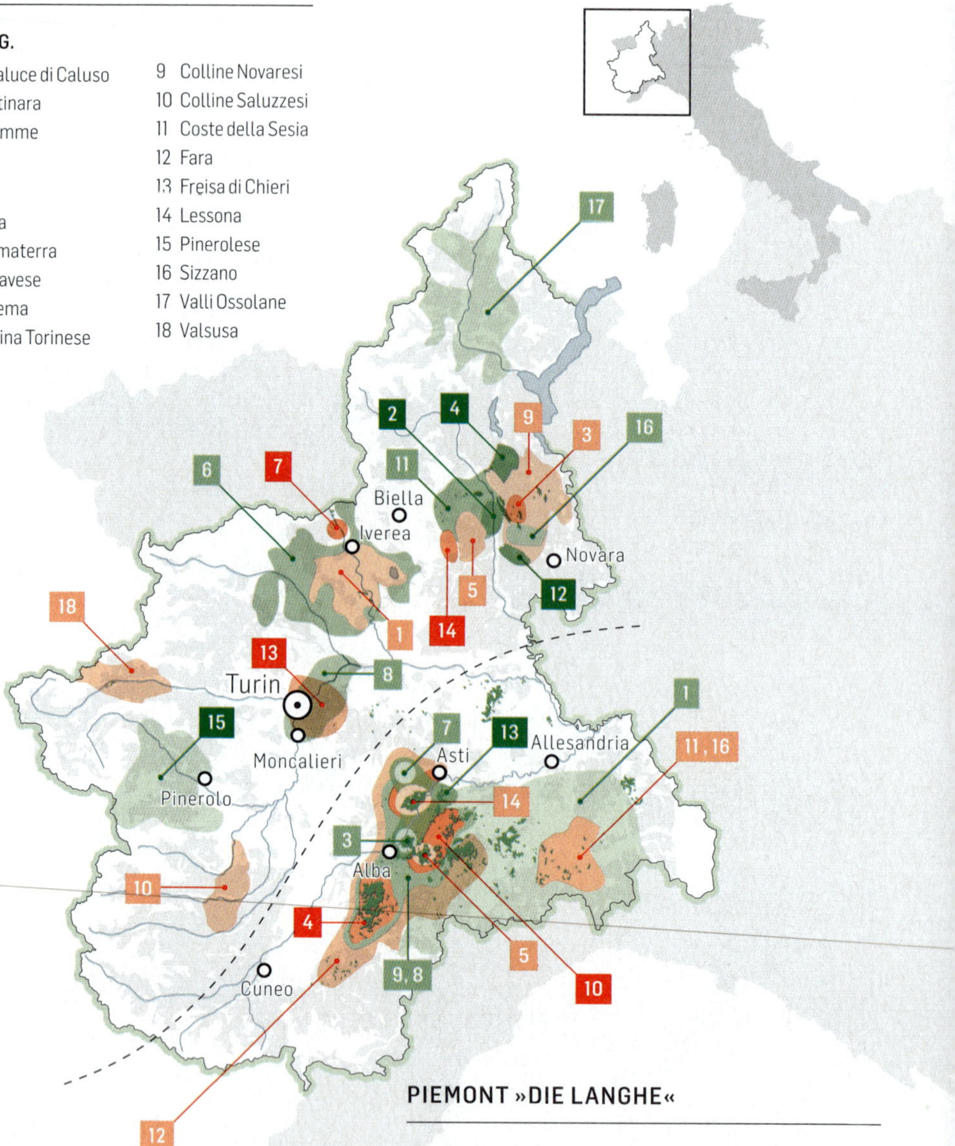

PIEMONT »DIE LANGHE«

D.O.C.G.

1 Alta Langa
2 Barbaresco
3 Barolo
4 Dogliani
5 Dolcetto di Diano d'Alba
6 Dolcetto di Ovada Superiore
7 Roero

D.O.C.

8 Alba
9 Barbera d'Alba
10 Dolcetto d'Alba
11 Dolcetto di Ovada
12 Langhe
13 Nebbiolo d'Alba
14 Verduno Pelaverga

Dieses Klima hat einen Rebsortenspiegel hervorgebracht mit Sorten, die anderswo in Italien kaum vorkommen, Arneis oder Cortese für Weißwein etwa, und natürlich Nebbiolo, woraus die ganz großen Rotweine Barolo und Barbaresco entstehen. Dabei ist der Barolo, wie man ihn heute kennt und schätzt, nicht einmal eine italienische »Erfindung«. Bis zu Beginn des 19. Jahrhunderts war es ein süßer Wein, 1832 aber berief Marchesa Gulia Falletti di Barolo den französischen Önologen Louis Oudart in die Region, unter dessen Beratung der erste trockene Barolo entstand. In den 70er und 80er Jahren gab es erneut eine Revolution in der kleinen Region, als die »Barolo-Boys«, allen voran der heute beinahe kultisch verehrte Elio Altare, begannen den Barolo in kleinen französischen Eichenfässchen, den Barriques, auszubauen. Im benachbarten Barbaresco war es Angelo Gaja, der völlig neue Maßstäbe setzte und zu einer Ikone der italienischen Weinkultur aufstieg. Das inspirierte auch andere Winzer, etwa Giacomo Bologna, der mit seinem »Bricco dell'Uccellone« eindrucksvoll bewies, dass man aus der bis dato eher für rustikale Rotweine bekannten Sorte Barbera große Weine hervorbringen kann. Erstklassige Nebbiolo-Weine werden aber auch im Roero erzeugt oder im Nordpiemont, wo sie unter der Bezeichnung Gattinara oder Ghemme firmieren. Auch Dolcetto und Barbera haben dank der Arbeit qualitätsorientierter Winzer mächtig nachgelegt. Wenngleich das Piemont in erster Linie für seine Rotweine berühmt ist, es wird auch Weißwein angebaut, wie etwa der Gavi aus der gleichnamigen Kommune, der aus der Sorte Cortese erzeugt wird. Der Arneis, vor 30 Jahren beinahe vom Aussterben bedroht, feiert heute ein tolles Comeback, und bietet eine interessante Alternative zum Gavi. Und schließlich ist das Piemont Heimat eines lange verpönten Schaumweines, des süßen Asti und Moscato d'Asti. Bis vor gut 20 Jahren noch als preiswerter Massenwein mit einem schlechten Ruf ausgestattet, liefert auch dieser Weinstil heute ganz erstaunliche Qualitäten!

Torredaniele, Carema

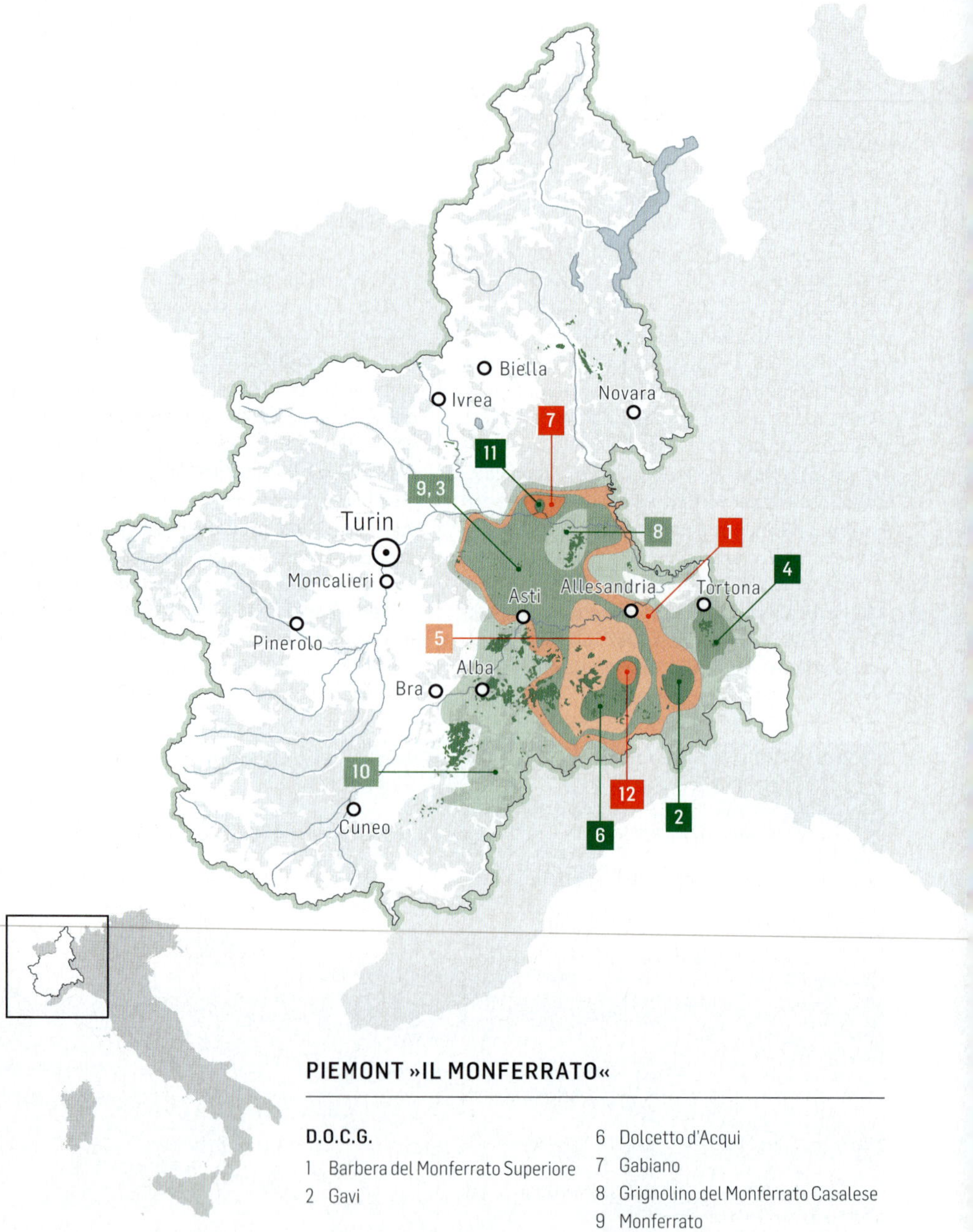

PIEMONT »IL MONFERRATO«

D.O.C.G.

1 Barbera del Monferrato Superiore
2 Gavi

D.O.C.

3 Barbera del Monferrato
4 Colli Tortonesi
5 Cortese dell' Alto Monferrato
6 Dolcetto d'Acqui
7 Gabiano
8 Grignolino del Monferrato Casalese
9 Monferrato
10 Piemonte*
11 Rubino di Cantavenna
12 Strevi

★★★★

MARCHESI ALFIERI

Piazza Alfieri 28, 14010 San Martino Alfieri (AT)
T: +39 141 976015, info@marchesialfieri.it
marchesialfieri.it

Ab-Hof-Verkauf: Ja
Kellermeister: Mario Olivero
Kontakt: Emanuela, Antonella und Giovanna San Martino di San Germano
Produktion: 129.333 Flaschen, 20 Hektar

Seit 1696 sind die Marchesi Alfieri für das historische und kulturelle Erbe des Piemonts mitverantwortlich. Sie schützen das landschaftliche und landwirtschaftliche Erbe der Terre Alfieri zwischen Roero, Langhe und Monferrato. Sie pflegen historische Keller, aus denen Weine von großer Eleganz und Qualität hervorgehen. Deren Herstellung beruht auf dem Konzept des Gleichgewichts: die Natur nicht zu zwingen, sondern sie in eine Richtung zu lenken, in der sie sich am besten ausdrücken kann. Beispiele sind Alfiera und La Tota, Ikonen des Barbera und des Terroirs von San Martino Alfieri.

93 Alfiera Barbera d'Asti Superiore DOCG 2019
15 Vol.-%, NK, Stahltank/Barrique
Intensiv dunkles Rubinrot mit violettem Kern. In der Nase intensiver Duft von reifen Pflaumen, dunklen Kirschen und Brombeeren sowie einem Hauch Nuss und Vanille. Am Gaumen satt und fruchtbetont mit feiner Tanninstruktur.

91 La Tota Barbera d'Asti DOCG 2020
14,5 Vol.-%, DIAM, großes Holzfass/Stahltank
Intensives Rubinrot. In der Nase reife Pflaumennoten, im Abgang Anklänge an Vanille und Lakritze. Voller, dichter, weicher Geschmack, schön ausgewogen, mit ausgezeichneter Länge.

91 San Germano Pinot Nero Piemonte DOC
14 Vol.-%, NK, Stahltank/500-l-Fass
Mittleres leuchtendes Rubinrot. In der Nase duftig nach Weichselkirschen, Preiselbeeren, leichter Anflug von Minze und Tabak. Am Gaumen Eintritt mit schöner Balance zwischen Säure und Tanninen.

91 Terre Alfieri Nebbiolo Costa Quaglia DOCG 2019
14 Vol.-%, NK, Stahltank/500-l-Fass
Leuchtendes Granatrot. Duftende Aromen von Kirschen, Alpenveilchen und roten Früchten, mit salzigen, rauchigen und würzigen Anklängen. Geschmack von guter Ausgewogenheit und Frische, saftig, fest, mit feinem Tannin und balsamischem Nachklang.

90 Sansoero Grignolino Piemonte DOC 2021
13,5 Vol.-%, DIAM
Helles transparentes Rubinrot mit aufhellendem Rand. In der Nase Duft nach Sauerkirschen, Himbeeren und leichter Kräuterwürze. Am Gaumen frisch und mit feinem Tannin, ein Wein der etwas kühler getrunken werden kann.

★★★★★

ELIO ALTARE

Frazione Annunziata 51, 12064 La Morra (CN)
T: +39 0173 50835, elioaltare@elioaltare.com
elioaltare.com

Ab-Hof-Verkauf: Ja
Kellermeister: Familie Altare
Kontakt: Silvia Altare
Produktion: 70.000 Flaschen, 10 Hektar

Elio Altare ist einer der Pioniere des neuen Barolo und Leitfigur der sogenannten Barolo Boys, die Anfang der 80er-Jahre begannen, neue Techniken einzusetzen, die sich von jenen der vorangegangenen Generationen unterschieden. Die Weine erwiesen sich als anders, der Skandal war groß, und Elio und seine Kollegen wurden fast als Ketzer betrachtet. Heute bezeichnet man sich gerne als »traditionell modern« und folgt immer noch demselben Weg der kontinuierlichen Forschung und des Experimentierens – seit den 80er-Jahren werden die Weinberge biologisch bewirtschaftet.

98 Barolo Riserva DOCG Cerretta Vigna Bricco 2016

15 Vol.-%, NK

Dunkelleuchtendes Rubingranat. Elegante und ausdrucksstarke Nase, nach Leder, Preiselbeeren, reifen Himbeeren, dazu etwas Safran im Nachhall und edle Würze. Spannt sich spannungsgeladen und druckvoll über die Zunge, elegant und gleichzeitig kraftvoll, leicht wärmend, hallt lange mit präsentem Tannin aus Serralunga nach.

98 Barolo DOCG Cannubi 2018

15 Vol.-%, NK

Leuchtendes, strahlendes Rubingranat. Spannende Nase, nach reifen Himbeeren, reifen Preiselbeeren, dazu edle Nuancen von Schwarzem Tee, im Nachhall feines Unterholz. Am Gaumen zunächst saftig und eng verwoben, öffnet sich tiefgründig und lange, mit sehr toller Spannung, im Finale fester Druck, pure Nebbiolo-Eleganz.

97 Barolo DOCG Unoperuno 2018

15 Vol.-%, NK

Leuchtendes Rubingranat. In der Nase mit steinigen Anklängen, etwas Graphit, dann satte Zwetschkenfrucht, Amarenakirsche, auch Anklänge von Lakritze und Minze. Am Gaumen sehr druckvoll und kompakt, öffnet sich auf dunkler Frucht, engmaschig und geschliffen, dazu druckvolles Tannin, dunkle Eleganz, spannt einen weiten Bogen, kann lange lagern.

96 Barolo DOCG Arborina 2018

15 Vol.-%, NK

Leuchtendes, strahlendes Rubingranat. Komplexe und einladende Nase, nach reifen Kirschen, etwas Zwetschken, dazu viel florale Anklänge, im Hintergrund leicht nach Preiselbeeren und einem Hauch Pfirsich, edle Würze. Am Gaumen strahlend in Ansatz und Verlauf, dazu engmaschiges Tannin, saftige Frucht kommt in vielen Schichten wieder, druckvoll und kompakt, langes Finale.

94 Barolo DOCG 2018

14,5 Vol.-%, NK

Leuchtendes, strahlendes Rubinrot mit funkelndem Kern. In der Nase feine, duftende Anklänge nach frischen Himbeeren und frischen Kirschen, dazu ein Hauch Butterkeks, im Hintergrund Minze, Leder und etwas Eukalyptus, einladend. Am Gaumen äußerst finessenreich und zugänglich, zeigt tollen Schmelz, klare Frucht mit viel Himbeere, eingebettet in engmaschig-saftiges Tannin, viel Trinkspaß!

★★★★

BARALE FRATELLI

Via Roma 6, 12060 Barolo (CN)
T: +39 0173 56127, info@baralefratelli.com
baralefratelli.it

Ab-Hof-Verkauf: Ja
Kontakt: Sergio Barale
Produktion: 20 Hektar
Anbauweise: Bio

Faszinierend ist die Geschichte des Barolo, eines Weins, der am Hof geboren und im Volk aufgewachsen ist und dessen Ruhm das Ergebnis der harten Arbeit von Generationen von Langa-Winzern ist. Ein authentischer Wein, der kompromisslos die Eigenschaften seiner Rebsorte, des Nebbiolo, und seines Herkunftsgebiets widerspiegelt. Deshalb ist der Barolo unbezähmbar; er lässt sich nicht von Moden zügeln, sondern kann sich nur in seinem Dialekt ausdrücken, der aus tausend Facetten besteht, die sich von Hügel zu Hügel verändern. Seit 150 Jahren führt die Familie Barale die Tradition des großen Barolo fort.

91 Langhe Arneis DOC 2021

13 Vol.-%, DIAM Ⓑ

Sattes, leuchtendes Goldgelb. In der Nase intensiv nach reifem Steinobst, Apfel und Birne, im Nachhall leicht floral. Am Gaumen sehr frisch und saftig, gut ausbalanciert, mineralisch, mit langem Abgang.

97 Barolo Riserva DOCG Bussia 2015

14,5 Vol.-%, NK

Dunkelleuchtendes Rubinrot. In der Nase nach satten Kirschen, gedörrten Zwetschken, dann Brombeeren, dazu etwas Schwarzbrot, im Nachhall nach Assam-Tee. Am Gaumen geschliffen und tiefgründig, öffnet sich mit viel Charakter, eng gewobenes Tannin begleitet die saftige Frucht, kommt immer wieder, sehr lange.

95 Barolo DOCG Bussia 2018

14,5 Vol.-%, NK Ⓑ

Leuchtendes Rubinrot mit leichten granatroten Reflexen. Das Bouquet ist elegant und reichhaltig, mit Noten von Kirsche, Sauerkirsche, Blutorange und Gewürzen. Am Gaumen saftig und sehr angenehm. Würzige Note im Abgang, lang und anhaltend.

93 Barolo DOCG Castellero 2018

14,5 Vol.-%, NK Ⓑ

Intensives Rubinrot mit Tendenz zu Granat. Angenehme Aromen von Unterholz, reifen roten Früchten, Rosen und Veilchenblüten in der Nase, gefolgt von einem Hauch von süßer Würze. Im Mund kraftvoll und doch seidig, mit weichen Tanninen und einem lang anhaltenden Abgang.

90 Barbaresco DOCG Serraboella 2019

14 Vol.-%, NK

Rubin im Kern mit granatrotem Rand. In der Nase am Anfang eher verhalten, braucht etwas Luft, dann deutlich nach Sauerkirsche und Hagebutte, im Nachhall ein Hauch Leder sowie Waldboden. Am Gaumen noch sehr jugendlich, mit kräftigem Tannin, breitet sich schön aus, im Finale noch etwas austrocknend.

90 La Preda Barbera D'Alba Superiore DOC 2020

15 Vol.-%, DIAM Ⓑ

Tiefes Rubinrot mit violetten Reflexen. Intensive Noten von Früchten in all ihren Formen (knackig, reif und unter Alkohol), Unterholz, Wildkräuter, mazerierte Veilchen und geröstete Noten von Schokolade und Kaffee. Frischer, runder und weicher Geschmack mit langem Abgang.

★★★★★

BRAIDA

Loc. Ciappellette-S.P.27 9, 14030 Rocchetta Tanaro (AT)
T: +39 0141 644113, info@braida.it
braida.it

Ab-Hof-Verkauf: Ja
Kellermeister: Giuseppe Bologna
Kontakt: Raffaella und Giuseppe Bologna
Produktion: 650.000 Flaschen, 20 % weiß, 75 % rot, 5 % süß, 60 Hektar

Braida ist Raffaellas überwältigendes Lachen und Giuseppes versunkener Blick. Zwei Geschwister, die in ihren Genen das Erbe einer außergewöhnlichen Winzerfamilie tragen. Braida ist der »Wald der Gedanken«, dort oben in Montebruna, wo die Pflanzen bereit sind, einen neuen Barbera-Weinberg in Asinara entstehen zu lassen. Artenvielfalt und Strenge in der Produktion, Genialität, Phantasie und Respekt vor der Tradition – das sind die Richtlinien. Braida ist die Geschichte des Barbera und das neue Abenteuer der Weißweine der Langa zwischen Nascetta, Chardonnay und Riesling.

90 La Regina Nascetta Langhe DOC 2021

12,5 Vol.-%, DIAM, Stahltank

Strahlendes Strohgelb mit grünlichen Reflexen. In der Nase nach Zitrusfrüchten und frischem Apfel, im Nachhall nach Akazienblüten und Heu. Am Gaumen frisch und saftig, harmonisch und gut ausbalanciert, mit salzigem Abgang.

96 Bricco della Bigotta Barbera d'Asti DOCG 2019

15,5 Vol.-%, NK, Barrique

Dunkles, intensives Rubinrot. Reife Nase von roten Früchten, Kirsche, Pflaume, gefolgt von würzigen Noten von Lakritze und Vanille, mit einem Hauch von Holz. Am Gaumen reichhaltig, rund und erinnert an reife Früchte und Unterholz, sehr langer Abgang.

95 Bricco dell'Uccellone Barbera d'Asti DOCG 2019

16 Vol.-%, NK, Barrique

Intensive rubinrote Farbe mit violetten Reflexen. Die Nase ist ausgeprägt und umhüllend. Noten von mazerierten roten Früchten, Gewürzen und feinem Holz im Abgang. Am Gaumen energisch und fruchtig, reichhaltig und sehr anhaltend.

93 Ai Suma Barbera d'Asti DOCG 2019

16 Vol.-%, NK, Barrique

Intensives Rubinrot. Die Nase ist sehr breit und zeigt Struktur und Komplexität. Noten von reifen roten Früchten, Lakritze, Vanille und getoastetem Holz, außerdem Anklänge von Leder und Kakaopulver. Am Gaumen saftig, elegant vollmundig, harmonischer und anhaltender Abgang.

92 Il Bacialé Monferrato Rosso DOC 2019 BA/ME/CF/CS/PN

15 Vol.-%, NK, Barrique

Dunkles Rubinrot mit aufhellenden Rändern. In der Nase reife Brombeeren und Pflaumen sowie würzigen Noten und Zimt. Am Gaumen mittlere Intensität und Struktur, mit einem warmen und eleganten Finale.

91 Brachetto d'Acqui DOCG 2021

5,5 Vol.-%, NK, Stahltank

Helles Rubinrot mit rosa Reflexen. In der Nase zeigen sich Himbeeren, Erdbeeren und Heidelbeeren, gefolgt von Mandeln und getrockneten Feigen. Angenehm süßer Gaumen mit schöner Frische und anhaltendem Geschmack.

★★★★★

COMM. G.B. BURLOTTO

Via Vittorio Emanuele 28, 12060 Verduno (CN)
T: +39 0172 470122, burlotto@burlotto.com
burlotto.com

Ab-Hof-Verkauf: Ja
Kellermeister: Fabio und Giuseppe Alessandria
Kontakt: Fabio Alessandria

Giovan Battista Burlotto hat das Weingut in der zweiten Hälfte des 19. Jahrhunderts ins Leben gerufen. Zu einer Zeit, als in den Langhe noch Weine in Korbflaschen oder Fässern vermarktet wurden, füllte er in Flaschen ab. Burlotto ist ein Familienbetrieb geblieben, in dem alle Phasen der Verarbeitung (Gesamtproduktion ca. 90.000 Flaschen) von Marina Burlotto, Urenkelin des Commendatore, begleitet werden, unterstützt von ihrem Ehemann und den zwei Kindern. 17 Hektar groß ist das Weingut, das in der Gemeinde Verduno liegt, aber auch Weingärten in Roddi, Barolo und Monforte hat.

98 Barolo DOCG Cannubi 2018
14,5 Vol.-%, NK Ⓥ
Glänzendes, aufhellendes Rubin-Granat mit hellem Rand. Fein gezeichnete Nase mit Noten nach Weichselkirsche, Granatapfel und Rhabarber, etwas Himbeere. Am Gaumen überaus geschliffen und fein, zeigt viel feinmaschiges Tannin, saftige Frucht, im Finale salzig und fester Druck.

97 Barolo DOCG Castelletto 2018
14,5 Vol.-%, NK Ⓥ
Leuchtendes, mitteldichtes Rubin-Granat. Tolle, ausgeprägte Nase nach Blutorangen, Walderdbeeren, reifen Himbeeren, dazu ein Hauch helle Würze. Am Gaumen spannungsgeladen, mit tollem Druck und geschliffenem, samtigem Tannin, sehr elegant, kompakt, kommt im Finale ständig saftig wieder, tolle Länge!

96 Barolo DOCG Monvigliero 2018
14,5 Vol.-%, NK Ⓥ
Aufhellendes, mitteldichtes Rubin. Zart und fein gezeichnete Nase, zeigt Noten nach Granatapfel, dann nach knackiger Kirsche und Himbeere. Griffiges, kerniges Tannin am Gaumen, öffnet sich in feinen Schichten, fester Druck, im Finale nach Himbeere, wächst und wächst.

95 Barolo DOCG Acclivi 2018
14,5 Vol.-%, NK Ⓥ
Funkelndes, mitteldichtes Rubin, heller Rand. Klare, ansprechende Nase, fein nach Himbeere, dazu Rhabarber und Granatapfel. Überraschend kerniges Tannin am Gaumen, fest und zupackend, zeigt dann viel saftige Frucht, öffnet sich toll im Verlauf, salzig und mit sehr langem Nachhall.

92 Verduno Pelaverga DOC 2021
14 Vol.-%, NK Ⓥ
Helle, leuchtend rote Farbe. Die Nase ist frisch und lebendig mit frischen Noten von Erdbeeren und Himbeeren, mit einem leichten Hauch von Granatapfel. Frische, die sich auch am Gaumen wiederfindet, fruchtig und leicht würzig. Sehr angenehm zu trinken.

91 Aves Barbera d'Alba DOC 2020
15 Vol.-%, NK Ⓥ
Dunkles, leuchtendes Rubinrot. Noten von reifen roten Früchten, wilder Maulbeere, Brombeere, Mistel, Efeu und Gewürzen. Lebendiger Geschmack, anhaltend und mit gut eingebundenen Tanninen.

★★★★

CA' VIOLA

Borgata San Luigi 11, 12063 Dogliani (CN)
T: +39 0173 742 535, info@caviola.com
caviola.com

Ab-Hof-Verkauf: Ja
Kellermeister: Giuseppe Caviola
Kontakt: Michela Vivalda
Produktion: 10 % weiß, 85 % rot, 5 % rosé, 18 Hektar
Anbauweise: Bio

Der im Jahr 2002 vom Gambero Rosso zum Winzer des Jahres ernannte Beppe di Caviola startete 1991 ganz klein mit einem gepachteten Weinberg seine Winzerkarriere. In diesem Jahr ermutigte Elio Altare, ein großer Name in der Welt des Barolo, ihn dazu, 860 Flaschen seines ersten Weines abzufüllen. Der Grundstein für die Geschichte des Weingut Ca'Viola war gelegt. Seine bisherigen Stationen führten Beppe, heute gemeinsam mit Ehefrau Simonetta, von Montelupo nach Dogliani und weiter nach Barolo. All das wird auch durch eindrucksvolle Illustrationen auf den Weinetiketten dargestellt.

90 Clem Langhe Riesling DOC 2021 RR/RR
12,5 Vol.-%, DIAM, Stahltank
Leuchtendes Strohgelb mit Hellgold. In der Nase mit Nuancen von Pfirsich und kandierten Zitruszesten, ein Hauch Grapefruit und weiße Blüten. Am Gaumen saftig und klar, mit mittlerem Gewicht, zeigt im Ausklang klare Frucht.

95 Barolo DOCG Sottocastello di Novello 2018
14,5 Vol.-%, NK, Beton/großes Holzfass
Leuchtendes, strahlendes Rubin mit edlen ziegelfarbenen Reflexen. In der Nase nach Preiselbeeren, Hagebutten, dazu Rosmarin, Waldhimbeere im Nachhall, Minze, Granatapfel, entfernt nach Ras-El-Hanout. Am Gaumen kompakt und sehr saftig, wirkt elegant, hat viel Finesse und salziges Tannin, minimal sperrig im Ausklang.

93 Barolo DOCG Caviot 2018
14,5 Vol.-%, NK, Holzfass
Funkelndes Granatrot mit rubinroten Reflexen. In der Nase dezent nach reifer Himbeere und gedörrter Pflaume, im Nachhall leicht nach Minze, Leder und Waldboden. Am Gaumen frisch und saftig, harmonisch und elegant, mit engem Tannin, mittelgewichtig, mit hohem Trinkfluss und langem Finale.

92 Giblin Nebbiolo Langhe DOC 2021
14,5 Vol.-%, DIAM, großes Holzfass
Rubinroter Kern mit granatrotem Rand. In der Nase nach frischen Himbeeren und Granatapfel, im Nachhall Anklänge von Zimt. Am Gaumen saftig, mit präsentem aber gut eingebundenem Gerbstoff, geschmeidig und elegant, langes Finale.

92 Barbera d'Alba Bric du Luv DOC 2020
15 Vol.-%, NK, Holzfass
Rubinrot mit violetten Reflexen. Intensive Nase nach reifen roten Früchten, Unterholz, Gewürzen, Röstaromen von Leder und Kaffee. Am Gaumen reichhaltig, weich, mit großer Eleganz und sehr langem Abgang.

90 Barturot Dolcetto d'Alba DOC 2021
14,5 Vol.-%, DIAM, großes Holzfass
Sattes Rubinrot mit violettem Schimmer. In der Nase nach reifer Pflaume und Wacholderbeeren, im Nachhall etwas Kaffee und ein Hauch Leder. Am Gaumen weinig, mit feinem Tannin, gut ausbalanciert, mittellanges Finale.

★★★

TENUTA CARRETTA

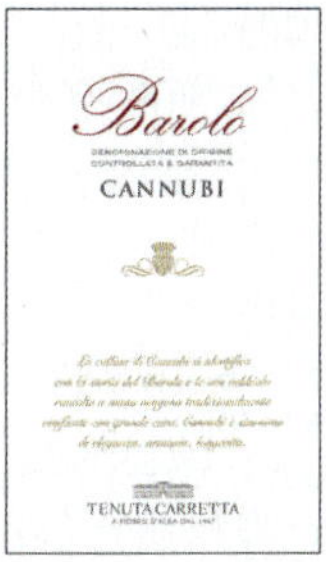

Località Carretta 2, 12040 Piobesi d'Alba (CN)
T: +39 0173 619119, info@terremiroglio.com
tenutacarretta.it

Ab-Hof-Verkauf: Ja
Kellermeister: Paolo Scaiola
Kontakt: Gaia Manno
Produktion: 80 Hektar

Die Tenuta Carretta bewirtschaftet 80 Hektar auf den höchstgelegenen Hügeln der Langhe und des Roero. Die Weine sind das Ergebnis von fünf Jahrhunderten dokumentierter Geschichte. Sie werden ausschließlich aus den eigenen Weinbergen in den besten und prestigeträchtigsten Lagen des Gebiets hergestellt. Die historische Kellerei befindet sich in einem natürlichen Amphitheater. Inmitten der Weinberge befinden sich Einrichtungen auf höchstem Niveau: ein Weinkeller, ein charmantes Hotel, ein Restaurant mit Michelin-Stern und eine Vinothek.

90 Cayega Roero Arneis DOCG 2021
14 Vol.-%, DIAM, Stahltank
Intensives Strohgelb. Die Nase ist blumig und fruchtig, mit Noten von Akazien, Zitrusfrüchten, Pfirsich und tropischen Früchten. Am Gaumen fruchtig, frisch und trocken, mit aromatischen Noten von Apfel und Birne.

88 Langhe Rosato Cereja DOC 2021 NE/BA
13,5 Vol.-%, DIAM, Stahltank
Leuchtendes zartes Rosa. Duftend und blumig, mit zarten Noten von Zitrusfrüchten und Rosenblättern. Im Mund leicht, frisch, agil und fließend, mit einem leicht pikanten Abgang und einer Wiederkehr von kleinen roten Früchten.

92 Barbaresco Riserva DOCG Cascina Bordino 2016
14 Vol.-%, NK, großes Holzfass
Mittleres Granatrot mit leichtem Kupferstich. In der Nase nach reifer Sauerkirsche und Ribiseln, im Nachhall Leder und ein Hauch Kaffee, sehr vielschichtig. Am Gaumen mit kräftigem aber weichem und gut eingebundenem Tannin, sehr stimmig, mit präziser Frucht, im Finale ist der Holzausbau erkennbar.

91 Barolo DOCG Cannubi 2017
14 Vol.-%, NK, großes Holzfass
Leuchtendes Rubinrot mit granatroten Reflexen. In der Nase etwas verhalten, dann nach überreifen Pflaumen, Preiselbeeren und Kardamom, im Nachhall nach Rosenblatt und Unterholz. Am Gaumen saftig, mit kräftigem Gerbstoff und viel roter Frucht, gut ausbalanciert, im Finale etwas breit.

91 Bric Paradiso Roero Riserva DOCG 2018
14 Vol.-%, NK, großes Holzfass
Leuchtendes Granatrot mit aufhellenden Rändern. In der Nase Noten von Brombeeren und Pflaumen, schwarzer Pfeffer und Nelken. Am Gaumen frisch und saftig, mit feinmaschigem Tannin, das am Ende noch etwas ruppig ist.

90 Podio Nebbiolo Langhe DOC 2020 NE/BA
14 Vol.-%, DIAM, Tonneau Fass
Helles Rubinrot mit granatrotem Rand. In der Nase nach Kirschen und Blutorange, im Nachhall eine leichte Kräuterwürze. Am Gaumen fruchtsüß und saftig, mit feinem Gerbstoff, langer Abgang.

★★★

CASTELLO DI NEIVE

Via Castelborgo 1, 12052 Neive (CN)
T: +39 0173 671 71, info@castellodineive.it
castellodineive.it

Ab-Hof-Verkauf: Ja
Kellermeister: Claudio Roggero
Kontakt: Ornella Brunettini
Produktion: 160.000 Flaschen, 26 Hektar
Förderprogramm: EU Reg.No 1308/2013

Das 1964 von der Familie Stupino erworbene Castello di Neive, ein Adelspalast aus dem 18. Jahrhundert, beherbergt auch heute noch die historischen Weinkeller des Schlosses, die Teil der von Italo Stupino geführten Kellerei sind. Der Einsatz von Pestiziden wird in den Weinbergen auf ein Minimum reduziert. Unter ihnen befindet sich auch der Santo Stefano, ein Weinberg, der heute sehr berühmt ist für seinen Barbaresco und der auch bei Barbera sehr gute Ergebnisse erbringt. Stupino produziert frische, duftende Weine, die sich trotz des geringen Zusatzes von Sulfiten als sehr langlebig erweisen.

90 Montebertotto Langhe Arneis DOC 2021
12,5 Vol.-%, DIAM, Stahltank
Strohgelb mit grünlichen Reflexen. Zarte Aromen von Akazien, weißem Pfirsich und Zitrusfrüchten. Am Gaumen frisch, schmackhaft und agil, mit einer gewissen Komplexität und einem mandelartigen Abgang.

95 Barbaresco Riserva DOCG Santo Stefano 2016
14,5 Vol.-%, NK, großes Holzfass
Funkelndes, mitteldichtes Granat. Vielschichtige und ansprechende Nase, eröffnet mit zart würzigen Komponenten, etwas Wacholderbeere, dann nach Kirschen und Erdbeere. Salzig und kompakt am Gaumen, zeigt viel herzhaftes, präsentes Tannin, öffnet sich in mehreren Stufen, fester Druck im Finale, hallt lange nach.

94 Barbaresco DOCG Gallina 2019
14,5 Vol.-%, NK, Tonneau Fass
Leuchtendes Granatrot mit rubinroten Reflexen. Einladende Nase nach reifen Sauerkirschen und Pflaumen, im Hintergrund nach Waldboden und leicht balsamisch. Am Gaumen mundfüllend, mit sehr viel Beerenfrucht, im hinteren Bereich erdige Noten, finessenreich, langer Abgang.

92 Barbera d'Alba Superiore DOC 2020
15,5 Vol.-%, DIAM, Barrique
Dichtes Rubinrot. In der Nase entfalten sich zarte Noten von kleinen roten Früchten, süßen Gewürzen, Trockenblumen und balsamischen Anklängen. Am Gaumen frisch, ausgewogen, geradlinig und anhaltend.

91 I Cortini Pinot Nero Langhe DOC 2019
13,5 Vol.-%, DIAM, Barrique
Zartes, leuchtendes Granatrot. In der Nase Aromen von Johannisbeeren, Himbeeren und Cassis, im Hintergrund orientalische Gewürze und Aromen von Alpenkräutern. Am Gaumen elegant und anhaltend mit weichem Verlauf, warm und zart tanninhaltig mit einem würzigen Abgang.

90 Albarossa Piemonte DOC 2019
15,5 Vol.-%, DIAM, Barrique
Sehr dunkles Rubinrot mit fast schwarzem Kern. In der Nase intensiv und fruchtig, nach Veilchen, eingelegten Sauerkirschen , Waldbeeren und balsamischen Kräutern. Am Gaumen vollmundig, strukturiert, saftig und harmonisch, mit gutem Nachklang.

★★★★★

CERETTO

Località San Cassiano 34, 12051 Alba (CN)
T: +39 173 28 25 82, ceretto@ceretto.com
ceretto.com

Ab-Hof-Verkauf: Ja
Kellermeister: Alessandro Ceretto
Kontakt: Selena Castelnuovo, Chiara Piccatto
Produktion: 160 Hektar
Anbauweise: Bio-dynamisch

Riccardo Ceretto begann in den 1930er-Jahren mit der Produktion von Weinen in den Langhe. Seine Söhne Bruno und Marcello erwarben später die prestigeträchtigsten Weinberge in den Gebieten von Barolo und Barbaresco. Heute wird das Weingut in der dritten Generation von den Cousins Lisa, Roberta, Alessandro und Federico geführt, die einen anderen Ansatz für die 160 Hektar Weinberge wählen. Der neue Weg beinhaltet den Verzicht auf Herbizide und Chemikalien, wodurch die Weine mit dem Jahrgang 2015 die Bio-Zertifizierung erhalten haben.

96 Barolo DOCG Rocche di Castiglione 2018

14 Vol.-%, NK

Funkelndes Rubin-Granat, etwas heller Rand. Klar und ansprechend am Gaumen, duftet nach frischen Himbeeren, dazu Zwetschke und Brombeere, im Hintergrund etwas Trüffel. Kerniges Tannin am Gaumen, herzhaft, salzig, zeigt sehr gute Spannung, baut sich in vielen Schichten auf, satte Himbeerfrucht.

95 Barbaresco DOCG Bernadot 2019

14 Vol.-%, NK

Funkelndes, mitteldichtes Rubin-Granat. Klar gezeichnete Nase mit Noten nach Weichselkirschen, etwas Thymian und Koriandersamen. Sehr präzise in Ansatz und Verlauf, öffnet sich mit feinmaschigem Tannin, baut sich gut auf, kernig und fest im Finale, süßer Schmelz im Nachhall.

95 Barolo DOCG Brunate 2018

14,5 Vol.-%, NK

Funkelndes, mitteldichtes Rubin-Granat, heller Rand. Präsentiert sich in der Nase mit betont würzigen Noten, dann viel frische Zwetschke, im Hintergrund leicht nach Ingwer. Am Gaumen griffiges Tannin in vielen Schichten, eingebettet in feinen Schmelz, nach Tabak, fester Druck im Finale.

94 Barolo DOCG Ceretto 2018

14,5 Vol.-%, NK

Helles Rubinrot mit leichten granatroten Reflexen. Die Nase ist leicht und elegant mit Noten von Kirsche, Himbeere und Blutorange, gefolgt von eleganter Würze. Am Gaumen saftig und hat einen würzigen Nachgeschmack, angenehme Länge und Ausdauer.

93 Barbaresco DOCG Gallina 2019

14,5 Vol.-%, NK

Funkelndes, mitteldichtes Rubin-Granat. In der Nase etwas zurückhaltend, duftet nach Erdbeeren und grün-würzigen Komponenten. Griffiges Tannin kennzeichnet den Wein in Ansatz und Verlauf, hat viel Stoff, braucht aber noch längere Reifung.

92 Barbaresco DOCG Ceretto 2019

14,5 Vol.-%, NK Ⓑ

Leuchtendes Granatrot mit rubinroten Reflexen. In der Nase intensiv nach Sauerkirsche und Hagebutte, dann etwas Leder, Tabak und Waldboden, komplex. Am Gaumen filigraner Mundeintritt, mit weichem Gerbstoff, harmonisch und gut ausbalanciert, elegant, saftiger Abgang.

★★★★

MICHELE CHIARLO

S.S. Nizza - Canelli 99, 14042 Calamandrana (AT)
T: +39 0141 76 90 30, info@chiarlo.it
michelechiarlo.it

Ab-Hof-Verkauf: Ja
Kellermeister: Stefano Chiarlo
Kontakt: Alberto Chiarlo
Produktion: 60 Hektar

Seit 1956 vinifiziert Michele Chiarlo die Essenz des Piemonts. Er bewirtschaftet 110 Hektar Weinberge zwischen Langhe, Monferrato und Gavi – die besten Crus – unter Beachtung strenger ökologischer Kriterien, des Terroirs und seiner Ausdrucksformen. Hier kommt die Tradition zum Tragen, weil nur die autochthonen Rebsorten Nebbiolo, Barbera, Cortese und Moscato ausschließlich in Hügellage angebaut werden und so die großen Terroirs der Langhe und des Monferrato aufgewertet werden. Die Weine sind authentischer Ausdruck ihres Gebiets und der tausendjährigen Weinkultur dieser Orte.

90 Rovereto Gavi del Comune di Gavi DOCG
13 Vol.-%, DIAM, Stahltank
Intensives Strohgelb. Intensive Aromen von Kräutern, Blumen und weißem Pfirsich. Im Mund weich, unmittelbar, dynamisch, frisch und angenehm.

94 La Court Nizza Riserva DOCG 2019
14 Vol.-%, DIAM, Eichenfass/Flaschenreifung
Rubinrot mit violetten Reflexen. In der Nase intensive Noten von Sauerkirschen, Waldbeeren, Schokolade, Unterholz und Kaffee. Am Gaumen samtig, strukturiert, voll und reichhaltig, schließt saftig ab.

93 Cipressi Nizza DOCG 2019
14 Vol.-%, DIAM, Eichenfass/Flaschenreifung
Leuchtendes, intensives Rubin mit feinem Violettschimmer. Präsentiert sich in der Nase klar und offen, viel saftige, dunkle Kirsche, feine Gewürznoten im Hintergrund. Sehr fein am Gaumen, geschliffenes, feinmaschiges Tannin, dazu feine süße Frucht, im Finale langer Nachhall, hat guten Zug.

92 Barbaresco DOCG Asili 2019
14 Vol.-%, NK, Eichenfass
Intensive rubinrote Farbe mit leichten granatroten Reflexen. Aroma von zarten Gewürzen, einem Hauch von Rosen und von konfitüreartigen Waldbeeren. Leicht, frisch, fest und mit guter Progression, mit dichten und ausgewogenen Tanninen.

90 Barolo Tortoniano DOCG 2018
14 Vol.-%, DIAM, Eichenfass/Flaschenreifung
Granatrot, mit bernsteinfarbenen Reflexen. Sehr balsamische und würzige Noten mit Anklängen an Leder, Rhabarber und Chinarinde. Im Mund vollmundig und intensiv, mit einem vollen, saftigen Schluck und einem warmen, ausgewogenen Abgang mit einer Rückkehr der Würze.

★★★★

DOMENICO CLERICO

Località Manzoni 67, 12065 Monforte d'Alba (CN)
T: +39 0173 781 71, info@domenicoclerico.com
domenicoclerico.com

Kellermeister: Oscar Arrivabene
Produktion: 110.000 Flaschen, 21 Hektar

Domenico Clerico ist ein großer Name des Barolo. Die Geschichte dieses renommierten Weinguts ist die eines Mannes, der das Konzept der Weinherstellung in den Langhe revolutioniert hat, beseelt von der Lust am Experimentieren. Er ist ein Pionier in der Erforschung des Nebbiolo, aber auch des Barbera d'Alba und des Dolcetto. Seine starke Verbundenheit mit dem Terroir und die Besonderheiten der Weinberge haben im Laufe der Jahre ein einzigartiges Erbe geschaffen. Ein Erbe, das seine Frau Giuliana übernommen hat und wie der kompromisslose Gründer weiterführt.

95 Barolo DOCG del Comune di Serralunga d'Alba Aeroplanservaj 2018

14,5 Vol.-%, NK

Leuchtendes Rubin-Granat mit aufhellendem Rand. Duftet nach dunklen Himbeeren, Rosenblättern und Brombeeren, dazu etwas Tabak. Stoffig und dicht im Ansatz, zeigt viel süßen Schmelz, dunkle Frucht, im Finale schöne Saftigkeit und Länge.

94 Barolo DOCG Ginestra Ciabot Mentin 2018

14,5 Vol.-%, NK

Leuchtendes Rubin-Granat, mittlere Dichte. Ansprechende, intensive Nase mit satten Noten nach Himbeere, Dörrpflaumen und Pfirsich, im Hintergrund nach Rhabarber. Im Ansatz viel feinmaschiges Tannin, ummantelt von süßem Schmelz, baut sich gut auf, saftige Frucht, im hinteren Verlauf ein wenig weitmaschig.

92 Barolo DOCG del Comune di Monforte d'Alba 2018

14,5 Vol.-%, NK

Funkelndes Granatrot mit rubinroten Reflexen. In der Nase nach eingelegten Pflaumen und Granatapfel, im Nachhall Walderdbeere, Safran und Waldboden. Am Gaumen engmaschiges und griffiges Tannin, tiefgründig und vielschichtig, gut ausbalanciert, harmonisch und elegant, im Finale mit satter Frucht.

92 Barolo DOCG Ginestra Pajana 2018

14,5 Vol.-%, NK

Leuchtendes, frisches Rubin-Granat. Sehr duftige Nase, nach Himbeere, Tee und Rosen, etwas Dosenpfirsich. Feinmaschiges Tannin in Ansatz und Verlauf, klar Frucht, nach Himbeere, wirkt im hinteren Verlauf etwas weitmaschig, trocknet nach.

★★★★

ELVIO COGNO

Via Ravera 2, 12060 Novello (CN)
T: +39 0173 744006, elviocogno@elviocogno.com
elviocogno.com

Ab-Hof-Verkauf: Ja
Kellermeister/Kontakt: Valter Fissore
Produktion: 120.000 Flaschen, 12 % weiß, 80 % rot, 8 % süß, 16 Hektar

Das Weingut Elvio Cogno produziert die wichtigsten Weine der Langhe in Novello, einer der elf Gemeinden in der Provinz Cuneo, in denen die Produktion von Barolo DOCG erlaubt ist. In den Fußstapfen des Gründers Elvio Cogno berufen sich heute Nadia Cogno und Valter Fissore in ihrer Arbeit auf die Erfahrung von mehr als vier Winzergenerationen, die sich stets engagierten, exzellente Produkte zu schaffen. Der Betrieb im Herzen der Lage »Ravera«, der namhaftesten Einzellage von Novello, produziert Weine, die der Zeit widerstehen und dabei ihre Aromen und ihre Frische unverändert bewahren.

90 Anas-Cëtta Langhe DOC 2021
13,5 Vol.-%, DIAM, Stahltank/Eichenfass
Strohgelb mit goldenen Adern. Elegante Nase von Bergamotte, Zitronat, Feuerstein und Kräutern. Ausgeglichener Gaumen mit großer Saftigkeit und frischem Abgang.

97 Barolo Riserva DOCG Ravera Vigna Elena 2016
14,5 Vol.-%, DIAM, Eichenfass
Leuchtendes Granatrot mit hellem Rand. Duftet nach Tee, Tabak und Waldhimbeere, dazu etwas Leder. Dicht und stoffig am Gaumen, viel kerniges, zupackendes Tannin, öffnet sich in vielen Schichten, dunkle Frucht und erdige Komponenten, salzig, hallt lange nach.

95 Barolo DOCG Ravera 2018
14,5 Vol.-%, DIAM, Eichenfass
Strahlendes, klares Rubinrot mit zart aufhellendem Rand. Zu Beginn leicht laktische Nase, dann nach Rosenblüten, Hagebutten, Blutorangen, auch nach getrockneten Tomaten, im Finale Siegellack. Am Gaumeneintritt sehr saftig, öffnet sich mit engmaschigem Tannin, wirkt sehr ausgewogen und stimmig, kommt ständig wieder, im Finale wieder sehr saftig.

94 Barolo DOCG Cascina Nuova 2018
14,5 Vol.-%, DIAM, Eichenfass
Funkelndes Granatrot. In der Nase zuerst leicht rauchig, dann nach satten Waldbeeren und reifen Pflaumen, im Nachhall ein Touch Waldboden. Am Gaumen frisch und saftig, mit viel Frucht, feinkörniges Tannin, langer und würziger Abgang.

90 Montegrilli Langhe Nebbiolo DOC 2021
14 Vol.-%, DIAM, Stahltank
Rubinrot. Intensives Bouquet von Veilchen und Rosen, mit der typischen Frische von roten Früchten. Zarter, feiner, eleganter Geschmack, mit Charakter, dynamischen und recht seidigen Tanninen.

92 Bricco dei Merli Barbera d'Alba DOC 2020
15 Vol.-%, DIAM, Eichenfass
Intensives, leuchtendes Rubinrot. Duftende Noten von Brombeeren, Kirschen und Pflaumenmarmelade, Rose und süßen Gewürzen. Mittelkräftig, weich, sehr frisch und recht fruchtig im Abgang.

★★★★★

CONTERNO GIACOMO

Località Ornati 2, 12065 Monforte d'Alba (CN)
T: +39 0173 782 21, conterno@conterno.it
conterno.it

Kellermeister/Kontakt: Roberto Conterno
Produktion: 62.000 Flaschen, 17 Hektar

Barolo Monfortino zählt zu den Wein-Ikonen dieser Welt. Er stammt aus dem Weingut Giacomo Conterno, das von Roberto Conterno in dritter Generation geführt wird. 1924 wurde dieser Wein erstmals erzeugt, als Selektion aus den besten Trauben. Neben dem Monfortino gibt es noch drei andere hochklassige Barolos aus dem Hause Giacomo Conterno: Francia, Cerretta und Arione, alles Lagen in der Gemeinde Serralunga. Die Barolos aus dem Hause Giacomo Conterno reifen nach langer Maischestandzeit alle im großen Holzfass. Es sind dichte, komplexe Gewächse mit großer Langlebigkeit.

98 Barolo DOCG Cerretta 2018

15 Vol.-%, NK

Glänzendes, mitteldichtes Rubin mit feinem Granatschimmer. Intensive und zugleich offene Nase, satt nach Himbeere und Zwetschke, dazu etwas Leder und Trüffel, im Hintergrund nach Rosen. Stoffig und satt wie ein Barolo aus Serralunga sein soll, zeigt viel griffiges Tannin, ummantelt von süßem Schmelz, feine rote Frucht, eine eiserne Faust im Samthandschuh, wird sich noch lange entwickeln.

97 Barolo DOCG Francia 2018

15 Vol.-%, NK

Funkelndes, mitteldichtes Rubin-Grant mit hellem Rand. Zeigt in der Nase intensive Noten nach Trüffel und Leder, dann nach Zwetschke und Kirsche, im Hintergrund Rosenblätter. Kernig und würzig am Gaumen, öffnet sich mit viel griffigem, dichtem Tannin, herzhaft, viel Zwetschke, dann betont erdige Komponenten, nach Teer und Leder, sehr langer Nachhall.

97 Barolo DOCG Arione 2018

15 Vol.-%, NK

Funkelndes Rubin mit leicht aufhellendem Granatrand. Intensive und ansprechende Nase, zeigt Noten nach Ingwer, Weichselkirschen, Granatapfel und getrockneten Steinpilzen. Herzhaftes, zupackendes Tannin am Gaumen, baut sich in vielen Schichten auf, sehr tiefgründig, nach kaltem Tee, im Finale stoffig und dicht.

94 Barbera d'Alba DOCG Vigna Francia 2020

Rubinrot mit violetten Reflexen. Die Nase ist intensiv mit klaren süßen Noten von Kirsche, Johannisbeere, Himbeere und Walderdbeeren. Am Gaumen zeigt er eine gute Struktur, Weichheit und Eleganz und nimmt die Frucht mit einem leichten Hauch von Würze wieder auf, etwas zusätzliche Lagerung schadet sicher nicht, der Wein zeigt sich aber auch jetzt schon interessant und zugänglich.

93 Barbera d'Alba DOCG Vigna Cerretta 2020

15,5 Vol.-%, NK

Rubinrot mit purpurroten Reflexen. Am Gaumen weinig mit Noten von Waldbeeren, Sauerkirsche, süßen Gewürzen, Röst- und Gewürznoten und einem Hauch von Menthol. Im Trunk warm und weich mit seidigen und angenehmen Tanninen. Harmonischer und frischer Abgang.

★★★★★

PODERI ALDO CONTERNO

Loc. Bussia 48, 12065 Monforte d'Alba (CN)
T: +39 0173 78150, info@poderialdoconterno.it
poderialdoconterno.com

Kellermeister: Stefano Conterno
Produktion: 25 Hektar

Aldo Conterno wollte sich als Sohn von Giacomo Conterno Ende der 1960er selbständig machen. Er kaufte das Landhaus »Il Favot« und gründete die »Poderi Aldo Conterno«. Heute leiten seine Söhne Franco, Stefano und Giacomo den Betrieb. Der Reichtum von Aldo Conterno liegt in den Lagen, die sich alle innerhalb der Großlage Bussia in Monforte befinden: Colonello, Cicala und Romirasco. In den besten Jahren kommt zu diesen drei Lagen-Barolo noch der Granbussia hinzu, eine Selektion der besten Trauben aus den drei Lagen. Ein langlebiger, einzigartiger Wein, ein Hochgenuss!

100 Barolo DOCG Romirasco 2018
15 Vol.-%, NK
Leuchtendes, sattes Rubingranat. Duftende, tiefgründige Nase nach Graphit, getrocknetem Rosenblatt, dazu Kardamom und reife Preiselbeere, im Nachhall dunkle Kirschen, ein Hauch getrocknete Tomaten und Leder. Zeigt sich am Gaumen äußerst spannungsvoll, mit geschliffenem, prachtvollem Tannin, eng verwoben, dazu fester Druck, kommt immer wieder, endlos im Abgang, Königsklasse!

98 Barolo DOCG Cicala 2018
15 Vol.-%, NK
Dunkelleuchtendes Rubingranat. Duftende und sehr ausdrucksstarke Nase, nach Minze, Lakritze, dazu nasser Stein, dann nach reifen Hagebutten und einem Hauch gedörrten Zitruszesten, dazu Himbeeren. Am Gaumen kraftvoll und strahlend, öffnet sich saftig und mit eng gewobenem Tannin, sehr druckvoll, Minze, sehr lange, kann sorglos weggelegt werden.

98 Barolo DOCG Colonello 2018
15 Vol.-%, NK
Leuchtendes, intensives Rubingranat. In der Nase nach Graphit, Blutorangen, Himbeeren, dazu edles Leder, ein Hauch Preiselbeere, dazu edler Holzeinsatz, sehr komplex und tiefgründig. Am Gaumen mit tollem Eintritt und festem Druck, spannt sich mit engem Tanninkleid auf, dazu klare herausgearbeitete Frucht, bereits sehr zugänglich, kann noch weggelegt werden.

★★★★

CONTERNO FANTINO

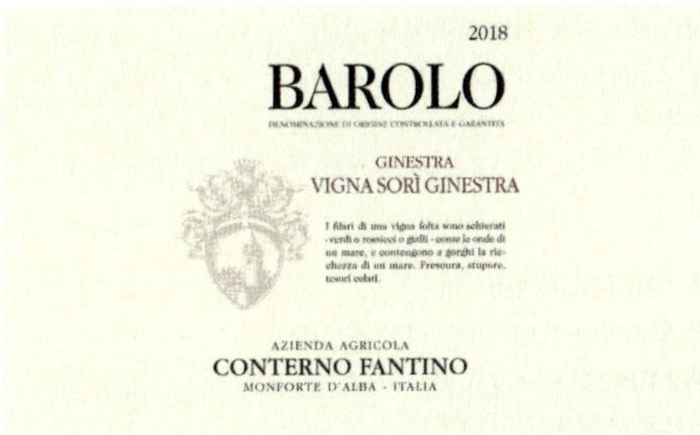

Via Ginestra 1/b, 12065 Cuneo (CN)
T: +39/0173/782 04, info@conternofantino.it
conternofantino.it

Ab-Hof-Verkauf: Ja
Kellermeister: Fabio Fantino
Kontakt: Noemi Conterno
Produktion: 150.000 Flaschen, 20 % weiß, 80 % rot
27 Hektar
Anbauweise: Bio

Der 1982 von Claudio Conterno und Guido Fantino gegründete Betrieb Conterno Fantino bewirtschaftet heute 27 Hektar Weinberge, die sich auf die vier Rebsorten Nebbiolo, Barbera, Dolcetto und Chardonnay verteilen, und produziert 140.000 Flaschen pro Jahr. Zu den Gründern gesellten sich im Laufe der Zeit Alda, Fabio und Elisa Fantino. Bald werden Noemi und Matteo Conterno an der Reihe sein. Ökologische Nachhaltigkeit, Artenvielfalt und Respekt vor dem Boden sind die Leitlinien für die Weinberge, die vollständig biologisch bewirtschaftet werden.

95 Barolo DOCG Ginestra Vigna Sorì Ginestra 2018
15 Vol.-%, NK, Barrique/Flaschenreifung
Leuchtendes Rubinrot mit leichten granatroten Reflexen. Komplexe und breite Nase. Dann folgen Noten von Kirsche, reifen roten Früchten und Blutorange. Am Gaumen intensiv und einnehmend, saftig und breit, perfekt integrierte Gerbstoffnote.

94 Barolo DOCG Mosconi Vigna Ped 2018
14,5 Vol.-%, NK, Barrique/Flaschenreifung
Leuchtendes Rubinrot. Leichte Nase von roten Früchten, Zitrusfrüchten und leicht würzigen Noten. Am Gaumen frisch und fein, prägnant dank der dichten Tannine, langer Abgang mit guter Persistenz.

93 Barolo DOCG Ginestra Vigna del Gris 2018
14,5 Vol.-%, NK, Barrique/Flaschenreifung
Leuchtendes Rubinrot mit zart aufhellendem Rand. In der Nase sehr würzig, nach Küchenkräutern, Pfeffer, etwas Anis, dann Leder und nasser Stein, dann wiederum getrocknetes Rosenblatt, sehr abwechslungsreich. Am Gaumen stoffig, mit sehr engmaschigem Tannin, zeigt viel Druck, vermisst insgesamt etwas Durchzug am Gaumen.

90 Barolo DOCG Castelletto Vigna Pressenda 2018
14,5 Vol.-%, NK, Barrique/Flaschenreifung
Leuchtendes Rubinrot. In der Nase verhangen, staubig, nach Fass und Leder. Am Gaumen mit dunkler Frucht und griffigem Tannin, zeigt feine eisenhaltige Komponenten, im Nachhall mit Druck, endet dann zehrend und weitmaschig.

92 Monprà Rosso Langhe DOC 2019 BA/NE
14,5 Vol.-%, NK, Barrique
Mittleres Rubinrot mit dunklem Kern. In der Nase intensiver Duft nach Veilchen, Aromen von Marmelade, Pfeffer und Kaffee. Kräftig und strukturiert, mit eleganten und anhaltenden Tanninen, der Ansatz am Gaumen ist weich und warm.

91 Barbera d'Alba Vignota DOC 2021
14,5 Vol.-%, NK, gebrauchte Barriques
Leuchtendes Rubinrot. Klar und intensiv, mit Noten von Veilchen, in Alkohol eingelegten Kirschen, Pfeffer und Lakritze. Einhüllend, weich und sauber, mit guter Frische und weichen Tanninen.

★★★

COPPO

Via Alba 68, 14053 Canelli (AT)
T: +39 141 823146, info@coppo.it
coppo.it

Ab-Hof-Verkauf: Ja
Kellermeister: Guglielmo Grasso
Kontakt: Francesco Gallino
Produktion: 52 Hektar

Coppo ist ein 1892 gegründetes, 52 Hektar großes Weingut. Bedeutung hat die Rebsorte Moscato, aus der der traditionelle Schaumwein Moscato d'Asti gewonnen wird. Internationale Anerkennung wurde Coppo ab den 1980er Jahren für die Aufwertung der Rebsorten Barbera und Chardonnay zuteil – von denen Pomorosso, Monteriolo und die beiden Riserva della Famiglia die gelungensten Interpretationen in der Flasche sind. Die Jahresproduktion wurde auf 450.000 Flaschen limitiert. Die Weine lagern in historischen Kellern, die 2014 von der Unesco zum Weltkulturerbe erklärt wurden.

91 Monteriolo Chardonnay Piemonte DOC 2019

15,5 Vol.-%, NK

Strohgelb mit goldenen Reflexen. In der Nase komplexe und intensive Aromen mit Noten von Zitrusfrüchten, gerösteten Haselnüssen und Tabak. Im Mund kräftig und frisch, mit guter Fülle und Geschmack.

91 Pomorosso Nizza DOCG 2019

15,5 Vol.-%, NK

Dichtes, leuchtendes Rubinrot. In der Nase intensive und angenehme Fruchtaromen von Kirsche, Brombeere und Pflaume, kombiniert mit Noten von süßen Gewürzen und Zimt. Im Mund warm, kräftig und knackig, schmackhaft, mit einem langen, fruchtigen Abgang.

89 Camp du Rouss Barbera d'Asti DOCG 2020

15,5 Vol.-%, NK

Intensives Rubinrot. Intensive Noten von reifen roten Früchten und süßen Gewürzen in der Nase. Im Mund zeigt er Struktur und eine gewisse Ausgewogenheit, nicht sehr knackig in der Frucht, mittlerer Abgang.

88 L'Avvocata Barbera d'Asti DOCG 2021

15 Vol.-%, NK

Rubinrot. Intensive Aromen von Kirsche, Brombeere und Himbeere. Warmer, weicher und ausgewogener, aber nicht sehr artikulierter Geschmack, endet mit fruchtigen Noten und einigen süßen Gewürzen.

★★★★

CORDERO DI MONTEZEMOLO

Fraz. Annunziata 67, 12064 La Morra (CN)
T: +39 0173 50344, info@corderodimontezemolo.com
corderodimontezemolo.com

Ab-Hof-Verkauf: Ja
Kellermeister: Alberto Cordero di Montezemolo, Enrico Olivieri
Kontakt: Alberto Cordero di Montezemolo
Produktion: 38 Hektar
Anbauweise: Bio

Cordero di Montezemolo ist ein Familienbetrieb mit tiefen Wurzeln in der Langa-Region und bewirtschaftet 38 Hektar Weinberge, die alle biologisch zertifiziert sind und aus denen elf DOC-Weine hergestellt werden. Ein Markenzeichen ist die Weinbereitung mit minimalem Holzausbau.

Berühmt ist der Baum im Zentrum des Anwesens, die 300 m hoch aufragt und die historischen Weinberge von Barolo, die sie umgeben, dominiert: eine etwa 170 Jahre alte Libanon-Zeder, die zu einem Symbol für die Schönheit und den Charme der Hügel der Gegend geworden ist.

90 Langhe Arneis DOC 2021
13,5 Vol.-%, DIAM
Zartes Strohgelb. In der Nase zarte Aromen und frische Düfte von Akazien, weißem Pfirsich und Zitrusfrüchten. Im Mund frisch, saftig, agil, aber mit schöner Komplexität und schließt mit einem leicht mandelartigen Abgang.

93 Barolo DOCG Enrico VI 2018
14,5 Vol.-%, NK Ⓑ
Leuchtendes Rubinrot mit zart aufhellendem Rand. In der Nase nach Erdbeermarmelade, Malz, dazu etwas Siegellack, wirkt insgesamt etwas verhangen. Am Gaumen dann geschliffen und sehr strahlend, wirkt klar und präzise, auch saftig, im Nachhall mit festem Druck, kommt saftig wieder.

92 Barolo DOCG Monfalletto 2018
14,5 Vol.-%, NK Ⓑ
Intensives Granatrot. Intensives und angenehmes Bukett mit Blumen-, Rosen- und Lakritzdüften und einer angenehmen Gewürznote. Am Gaumen voll und warm, harmonisch und anhaltend, elegant, mit einer guten Tanninstruktur.

92 Barolo DOCG Gattera 2018
14,5 Vol.-%, NK Ⓑ
Rubinrot mit granatroten Reflexen. In der Nase Aromen von orientalischen Kräutern und Gewürzen, gefolgt von Kirsche, Minze und Rhabarber. Im Mund voll und kräftig, saftig und tanninhaltig, mit gutem Nachhall im Abgang.

91 Langhe Nebbiolo DOC 2021
14 Vol.-%, DIAM
Leuchtendes Rubinrot. Die Nase ist fruchtig und würzig, mit Noten von kleinen Beeren, Veilchen, roten Blumen und wilden Gewürzen. Ausgewogener, intensiver, frischer, fruchtiger und würziger Geschmack, mit eleganten Tanninen im Abgang.

92 Funtanì Barbera d'Alba Superiore DOC 2019
14,5 Vol.-%, NK Ⓑ
Leuchtendes Rubinrot mit purpurroten Reflexen. In der Nase knackige Frucht, Brombeere, kleine schwarze Früchte in Konfitüre und leichte Gewürze. Am Gaumen umhüllend und harmonisch, unterstützt von einer angenehmen Säure und samtigen Tanninen.

★★★

DAMILANO

Via Roma 31, 12060 Barolo (CN)
T: +39 0173 56105, info@damilanog.com
cantinedamilano.it

Ab-Hof-Verkauf: Ja
Kellermeister: Guido Damilano, Alessandro Bonelli
Kontakt: Guido Damilano
Produktion: 322.000 Flaschen, 53 Hektar

Die Familie Damilano ist seit 1890 im Weinbau tätig, als Giuseppe Borgogno in Barolo mit der Herstellung von Weinen begann. Es war Schwiegersohn Giacomo Damilano, der dem Weingut seinen Namen gab. Seit 1997 wird der Betrieb von den drei Enkeln geführt: Guido, Mario und Paolo. Die neue Generation widmet sich dem Nebbiolo in seinen geeignetsten Weinbergen, vor allen anderen: Cannubi. Die Flaggschiffe von Damilano, Barolo Cannubi Riserva 1752 und Barolo Cannubi, stammen von diesem berühmten Hügel. Die anderen Crus sind Brunate, Cerequio, Liste und Raviole.

91 Arneis Langhe DOC 2021
14 Vol.-%, DIAM

Leuchtendes Strohgelb mit grünem Schimmer. In der Nase eher verhalten, dann mit frischem Steinobst und Birne, im Nachhall leicht floral und würzig. Am Gaumen frisch und saftig, harmonisch, mit feinem Säurespektrum, langer und salziger Abgang.

95 Barolo Riserva DOCG Cannubi 2015
15 Vol.-%, NK

Leuchtendes Rubinrot mit funkelndem Kern. In der Nase würzig, nach edlem Holzeinsatz, reifen Kirschen und reifen Zwetschken, dazu ein Hauch Bitterschokolade. Am Gaumen geschliffen und tiefgründig, spannt sich mit dunklem Kern auf, saftig, mit ausgewogenem, präsentem Tannin, im Finale druckvoll und auf eleganten Ledernoten, dazu Unterholz im Abgang.

94 Barolo DOCG Cannubi 2018
15 Vol.-%, NK

Strahlendes Granatrot mit rubinroten Reflexen. In der Nase intensiv nach reifen Pflaumen und satten Waldbeeren, im Nachhall ein Hauch ledrig und nach Unterholz. Am Gaumen frisch und saftig, mit viel reifem Gerbstoff, breitet sich toll und geschmeidig über die Zunge aus, im Finale mit viel Zug.

93 Barolo DOCG Lecinquevigne 2018
14,5 Vol.-%, DIAM

Leuchtendes Granatrot. Kühl anmutende Nase, nach roten Johannisbeeren und satten Walderdbeeren, im Nachhall ein Touch Leder. Am Gaumen saftig-cremiger Eintritt und Verlauf mit fruchtigem Kern, schmelzig, zeigt sehr dicht gewobenes Tannin, gute Länge.

91 Nebbiolo Langhe DOC 2020
14 Vol.-%, DIAM

Leuchtendes, helles Granatrot. In der Nase nach Kirschen, roten Waldbeeren und Veilchen, im Nachhall leicht nach Waldboden. Am Gaumen mit kräftigem aber gut eingebundenem Gerbstoff, frisch und saftig, gut ausbalanciert, mit harmonischem Abgang.

90 Barbera D'Asti DOCG 2020
15,5 Vol.-%, DIAM

Intensives Rubinrot mit violetten Reflexen. Noten von Veilchen, leichten Gewürzen, kleinen roten Früchten, Pflaumen und Anklängen von Tabakblättern. Sauber, frisch, mit guter Struktur und Ausdauer.

★★★

PODERI LUIGI EINAUDI

Borgata Gombe 31, 12063 Dogliani (CN)
T: +39 0173 70191, info@poderieinaudi.com
poderieinaudi.com

Ab-Hof-Verkauf: Ja
Kellermeister/Kontakt: Lorenza Abbona
Produktion: 350.000 Flaschen, 10 % weiß, 90 % rot
60 Hektar

Die Geschichte der Poderi Luigi Einaudi begann 1897, als Luigi Einaudi in der Gemeinde Dogliani ein Landgut erwarb. Er begann mit der Abfüllung des Dolcetto und dem Verkauf dieses Weins auch außerhalb der Region. Die Familie hat die Leidenschaft des Gründers geerbt und arbeitet weiter an der Verbesserung der Weinberge und der technischen Verfahren, um stets die höchste Qualität zu erreichen. Matteo Sardagna Einaudi, der den Betrieb heute leitet, folgt weiterhin der Lehre des ehemaligen Präsidenten: »Innovation unter Wahrung der Tradition.«

94 Barolo DOCG Bussia 2018
14,5 Vol.-%, NK, Beton/Eichenfass
Strahlendes Granatrot mir rubinroten Reflexen. In der Nase zuerst verhalten, dann nach satter Himbeere und weißem Pfeffer, im Nachhall fleischig und nach reifem Granatapfel, wirkt balsamisch. Am Gaumen mit präziser Frucht, vielschichtig, mit feinkörnigem Tannin, frisch und mineralisch, langer Abgang, am Beginn seiner Entwicklung, braucht viel Luft.

93 Barolo DOCG Cannubi 2018
14,5 Vol.-%, NK, Beton/Eichenfass
Granatrot, mit bernsteinfarbenen Reflexen. In der Nase überschwängliche Noten von roten Früchten und Gewürzen mit einem teerigen Abgang. Im Mund voll, robust, sehr geschmeidig und seidig, mit schöner Spannung und gut eingebundenen Tanninen.

92 Barolo DOCG Terlo Vigna Costa Grimaldi 2018
14,5 Vol.-%, NK, Beton/Eichenfass
Helles Granatrot. In der Nase intensive Noten von Minze und Salbei, begleitet von Anklängen an Chinarinde und Rhabarber. Im Mund vollmundig, einhüllend und linear, mit einer angenehmen, gut integrierten Tanninstruktur.

91 Barbaresco DOCG 2019
14,5 Vol.-%, NK, Beton/Eichenfass
Rubinroter Kern mit granatrotem Rand. In der Nase am Anfang leicht verhalten, braucht etwas Luft, dann nach satter Sauerkirsche und roten Johannisbeeren, im Hintergrund Leder und Unterholz. Am Gaumen noch jugendlich, mit kräftigem Tannin, mit viel roter Frucht, langer Abgang, sollte dekantiert werden.

90 Barolo DOCG Ludo 2018
14 Vol.-%, NK, Beton/Eichenfass
Granatrot mit leichten bernsteinfarbenen Reflexen. In der Nase Noten von reifen roten Früchten und Gewürzen, die sich zu leichten Anklängen von Leder und Trüffel entwickeln. Vollmundig und intensiv, mit einem vollen, saftigen Schluck und einem warmen, ausgewogenen Abgang.

90 Barolo DOCG Monvigliero 2018
14,5 Vol.-%, NK, Beton/Eichenfass
Intensives Granatrot mit rubinroten Reflexen. In der Nase nach roten Waldbeeren und frischen Pflaumen, im Nachhall etwas Würze und ein floraler Touch. Am Gaumen sehr frisch und saftig, mit griffigem Tannin, wirkt aktuell noch sehr jung und karg.

★★★

ENZO BOGLIETTI

V. Fontane, 18/A, 12064 La Morra (CN)
T: +39 0173 50330, info@enzoboglietti.com
enzoboglietti.com

Kellermeister: Sergio Molino
Kontakt: Linda Boglietti
Produktion: 100.000 Flaschen, 22 Hektar
Anbauweise: Bio

Enzo Boglietti ist ein familiengeführtes Weingut, das jährlich etwa 100.000 Flaschen aus Trauben erzeugt, die ausschließlich auf den eigenen, 22 Hektar großen Flächen angebaut werden. Das Unternehmen hat seinen Sitz und seine Weinkellerei in La Morra. Die Weinberge befinden sich in den Gemeinden Barolo, Monforte, Roddino, Serralunga und Sinio. Enzo Boglietti's Erfahrung ist bereits in besten Händen, er arbeitet zusammen mit seiner Tochter Linda und seinem Sohn Matteo an der Herstellung von hochwertigen Qualitätsweinen.

94 Barolo DOCG Case Nere 2018
14,5 Vol.-%, NK, Eichenfass
Leuchtendes Granatrot. Die Nase ist komplex, reichhaltig und artikuliert, mit feinen balsamischen Kräutern, süßen Gewürzen, Lakritze und reifen roten Früchten. Im Mund intensiv, vollmundig, elegant und einhüllend, mit großer Struktur und mineralischer Frische, sehr anhaltend.

94 Barolo DOCG Brunate 2018
14 Vol.-%, NK, Eichenfass
Intensives Granatrot. Am Gaumen vollmundig, knackig und einnehmend, mit Noten von Trockenblumen, Veilchen, Wacholder, konfitürartigen Beeren, Humus und Wildkräutern. Im Mund kräftig, aber gut ausgewogen, reich an Tanninen, mit einem langen, angenehm bitteren Abgang.

94 Barolo DOCG Arione 2018
14,5 Vol.-%, NK, Eichenfass
Leuchtendes, helles Granatrot. Am Gaumen nach reifen Walderdbeeren und satten Schwarzkirschen, im Nachhall Leder und Waldboden, vielschichtig und komplex. Am Gaumen sehr finessenreich und elegant, salzig und mit engmaschigem Gerbstoff, langer Abgang.

93 Barolo DOCG Fossati 2018
14,5 Vol.-%, NK, Eichenfass
Leuchtendes Rubinrot mit granatroten Reflexen. Intensives, einhüllendes, komplexes Bouquet, Anklänge von eingelegten roten Früchten vermischen sich mit würzigen und blumigen Noten. Im Mund vollmundig, elegant, weich und mit einem schönen, würzigen Abgang.

90 Langhe Nebbiolo DOC 2021
14 Vol.-%, NK, Eichenfass
Rubinrot. Angenehmes und komplexes Bouquet nach roten Rosen, Kirschkonfitüre, Brombeeren, Himbeeren und Lakritze. Frischer, harmonischer, weicher, warmer Geschmack mit zarten Tanninen und langem Abgang.

89 Tiglineri Dolcetto d'Alba DOC 2019
14 Vol.-%, NK, Eichenfass
Intensives Rubinrot mit violetten Reflexen. In der Nase leichte Würze, pflanzliche Anklänge, Kirsche, Pflaume und Veilchen. Am Gaumen harmonisch, recht warm mit Tannin, das im Abgang auf lebendige Weise nachlässt.

★★★

MALGRÀ

Via Nizza 12, 14046 Bazzana di Mombaruzzo (AT)
T: +39 0173 619119, info@malgra.com
malgra.it

Ab-Hof-Verkauf: Ja
Kellermeister: Massimo Guazzone
Kontakt: Gaia Manno
Produktion: 40 Hektar

Wie das einzigartige, etwas andere DOCG-Gebiet »Nizza«, der Flusslauf, der sich durch die Hügel des Monferrato südöstlich von Asti im Piemont schlängelt, ist auch das dort beheimatete Weingut Malgrà etwas ganz Besonderes. Hier beginnt vieles mit dem zweiten Buchstaben des Alphabets. B wie Barbera, die wichtigste Rebsorte des Monferrato und im gesamten Piemont. B wie Bubbles, die in traditioneller und Charmat Méthode (Metodo Martinotti) entstehen. Und B wie BeviciSù, das für Geselligkeit und Freundschaft steht, für die Freude am Leben und den gemeinsamen Genuss. In diesem Sinne: Bravo!

90 Bevicisù Piemonte DOC 2021 VI/SB
13 Vol.-%, DIAM, Stahltank
Helles Strohgelb mit grünlichen Reflexen. In der Nase nach tropischen Früchten und Steinobst, im Nachhall ein Hauch Zitrusfruchtaromatik. Am Gaumen frisch und saftig, in guter Balance, mit feinem Säurespektrum, langes Finale.

89 Bevicisù Piemonte Rosato DOC 2021 BA/NE
13 Vol.-%, DIAM, Stahltank
Helles Lachsrosa. Blumig, leicht kräutrig und feine Nuancen nach Salbei. Am Gaumen frisch, spritzig und saftig, mit schönem Finale.

91 Gaiana Nizza DOCG 2019
14,5 Vol.-%, NK, Barrique
Intensives Rubinrot. In der Nase deutliche Aromen von Tabak, roten Früchten aus dem Unterholz, Kirsche und einige würzige Noten. Runder Geschmack, gute Struktur, frisch und leicht balsamisch im Hintergrund, geprägt von einer pikanten Ader im Abgang.

91 Mora di Sassi Nizza Riserva DOCG 2019
14,5 Vol.-%, NK, Barrique
Kräftiges Rubinrot mit granatroten Reflexen. Intensive und ausgeprägte Noten von Kirsche und Sauerkirsche sowie Vanille, Kakao und holzigen Aromen. Am Gaumen vollmundig, reichhaltig, mit gutem Abgang und angenehmen Tanninen.

89 Barbera d'Asti Briga della Mora DOCG 2021
14,5 Vol.-%, DIAM, Stahltank
Rubinrot mit violetten Reflexen. Aromen von knackigen Früchten, Johannisbeeren und Pflaumen mit einem eleganten Hauch von Walderdbeeren. Energisch und frisch, ausgewogen zwischen Körper und Struktur.

91 Cugnexio Moscato d'Asti DOCG 2021
5,5 Vol.-%, DIAM, Stahltank
Leuchtendes, helles Zitronengelb mit sehr zarter Perlage. In der Nase nach Zitrusfrüchten, Steinobst und tropischen Früchten, im Nachhall Salbei und ein Hauch Muskat. Am Gaumen süß, mit feinkörniger Perlage, gute Balance zwischen Süße und Säure, langer Nachhall.

★★★★

MALVIRÀ

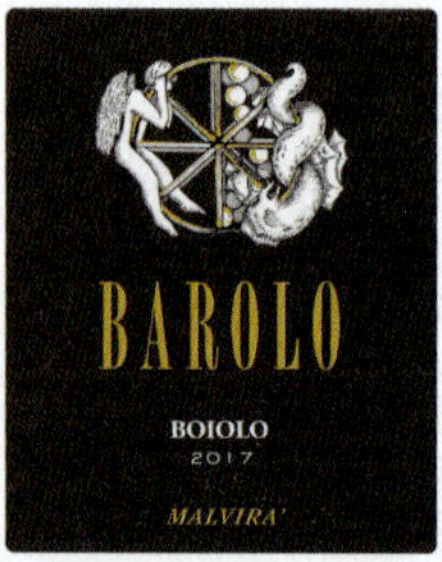

Case Sparse 144, 12043 Canale (CM)
T: +39 0173 978145, malvira@malvira.com
malvira.com

Ab-Hof-Verkauf: Ja
Kellermeister/Kontakt: Massimo & Roberto Damonte
Produktion: 24 Hektar
Förderprogramm: EU Reg.No 1308/2013

Giuseppe Damonte begann die Weinherstellung in den 1950er Jahren in seinem Familienbetrieb. Mitte der 1970er Jahre wurde das Weingut in Malvirà umbenannt, nach dem Gebäude, das Ende des 19. Jahrhunderts im Zentrum des Dorfes Canale errichtet worden war. 1989 wurde die Kellerei Malvirà an ihren heutigen Standort am Fuße des Weinbergs S.S. Trinità verlegt. Massimo und Roberto, die zweite Generation der Familie, haben von ihrem Vater eine Produktionsphilosophie geerbt, die den Roero zur größten Inspiration macht. Malvirà bietet raffinierte und ausdrucksstarke Weine an.

89 Renesio Roero Arneis DOCG 2021
13 Vol.-%, DIAM, Stahltank
Leuchtendes Strohgelb. Feines, blumiges Bouquet mit Anklängen von Holunderblüten, weißem Pfirsich und pflanzlichen Noten. Am Gaumen weich, ausgewogen und schließt mit einem recht frischen Abgang ab.

94 Barolo DOCG Boiolo 2017
14,5 Vol.-%, DIAM, Eichenfass/Flaschenreifung
Leuchtendes Rubinrot mit granatroten Reflexen. In der Nase nach reifen Sauerkirschen und Pflaumen, im Hintergrund etwas Leder und Waldboden. Am Gaumen mit reifer Frucht und kräftigem Tannin, breitet sich schön über den Gaumen aus, langer Abgang.

93 Roero Mombeltramo Riserva DOCG 2017
14,5 Vol.-%, DIAM, Eichenfass/Flaschenreifung
Leuchtendes Granatrot. Die Nase verströmt intensive Noten von Brombeeren, Veilchen und süßen Gewürzen. Am Gaumen sehr ausgewogen, frisch, komplex, würzig, mit einer feinen Tanninstruktur und sehr anhaltend im Abgang.

92 Renesio Riserva Roero DOCG 2017
14 Vol.-%, DIAM, Eichenfass/Flaschenreifung
Leuchtendes Granatrot. In der Nase Aromen von Unterholz, Rosen, Beeren, Harz, Orangenschalen und leichte Vanillenoten. Im Mund kraftvoll und komplex, ausgeglichen und harmonisch, saftig und anhaltend.

91 S.S. Trinità Roero Riserva DOCG 2017
13,5 Vol.-%, DIAM, Eichenfass/Flaschenreifung
Granatrot mit leichten orangefarbenen Reflexen. Intensives Bouquet, mit Noten von Chinarinde, schwarzen Früchten, verwelkten Rosen, Gewürzen und Kaffeenoten. Eleganter, komplexer, anhaltender Geschmack mit spürbarem Tannin im Abgang.

93 Barbera d'Alba Superiore DOC 2019
14,5 Vol.-%, DIAM, Eichenfass/Flaschenreifung
Leuchtendes, mitteldichtes Rubin mit Violettschimmer. Einprägsame Nase mit viel frischer Frucht nach dunkler Kirsche, Brombeere und Holunderbeere, im Hintergrund zart würzige Komponenten. Breitet sich am Gaumen satt aus, viel süße Zwetschkenfrucht, feinmaschiges Tannin, im Finale nach dunkler Schokolade, hat Charakter.

★★★

MARCALBERTO

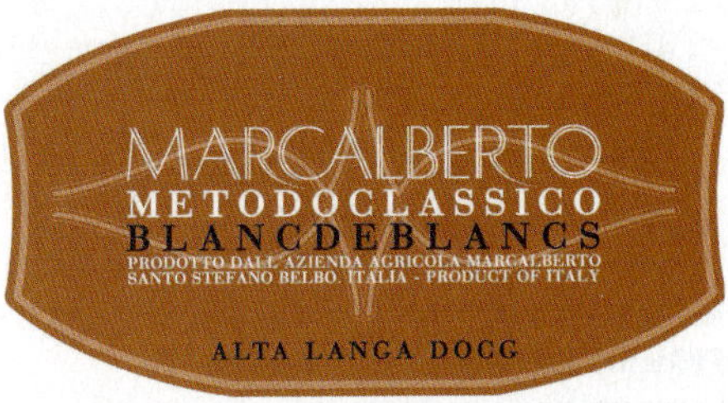

Via Porta Sottana 9, 12058 Santo Stefano Belbo (CN)
info@marcalberto.it
marcalberto.it

Kontakt: Marco und Alberto Belbo

Das Weingut Marcalberto wurde Anfang der 1990er Jahre von Piero Cane gegründet, einem in der italienischen Schaumweinwelt etablierten Önologen. Marco und Alberto, die beiden Söhne, denen das Unternehmen seinen Namen verdankt, traten in die Fußstapfen ihres Vaters Piero und leiten und begleiten heute alle Phasen des Produktionsprozesses. Innerhalb der Marcalberto-Kette Welt spielt auch Mutter Marina eine wichtige Rolle.
Der große Familienzusammenhalt und das gemeinsame Schaffen fruchten in hervorragenden Schaumweinen.

92 Blanc de Blancs Alta Langa DOCG 2018 Pas Dosé
12,5 Vol.-%, PK, Flaschengärung
Helles Strohgelb mit anhaltender Perlage. In der Nase duftig und einladend, auf weißen Blüten, kandierten Zitronenzesten, zart nach nassem Stein und edlen Hefe-Tönen, im Nachhall wiederum nach Blutorange. Am Gaumen saftig und klar, zeigt tollen Fruchtschmelz mit knackigem Verlauf, blitzsauber und ausgewogen, im Finale feine salzige Töne.

92 Millesimo2mila18 Alta Langa DOCG 2018
12,5 Vol.-%, NK, gebrauchte Barriques/Flaschengärung
Hell leuchtendes Strohgelb mit feiner Perlage. In der Nase Butterkekse, Pfirsich und Ananas, in Nachhall etwas Bienenwaben. Am Gaumen sehr harmonisch, fast cremige Textur, klar und anhaltend bis ins Finale.

92 Nature Alta Langa DOCG 2018 Brut Nature PN/CH
12 Vol.-%, PK, gebrauchte Barriques/Flaschengärung
Intensives Strohgelb mit hellgoldenen Reflexen. In der Nase deutlich nach Butterkeksen, Vanille, erinnert dann an weiße Schokolade, Walnuss, im Nachhall feine Zitruszesten. Am Gaumen knochentrocken und mit wohlig eingebundener Perlage, ausgewogen, sehr saftig, endet im Finale auf feinen nussigen Noten.

91 Sansannée Metodo Classico VSQ Brut PN/CH
12,5 Vol.-%, PK, Flaschengärung
Helles Goldgelb mit feinkörniger Perlage. In der Nase nach reifem Steinobst, Brotkruste, im Nachhall etwas Vanille. Am Gaumen frisch und saftig, mit angenehmer Perlage, gut ausbalanciert, mit leicht süßlichem Finale.

90 Marcalberto Rosé VSQ Metodo Classico Brut PN/CH
12,5 Vol.-%, PK, Flaschengärung
Antikrosa mit feinkörniger Perlage. In der Nase nach roten Waldbeeren und Brotkurste. Am Gaumen gut ausbalanciert, frisch und saftig, mit gut eingebundener Perlage, langer Abgang.

90 Asti Metodo Classico DOCG 2020 Dolce
6 Vol.-%, PK, Stahltank/Flaschengärung
Helles Strohgelb mit feinkörniger Perlage. In der Nase nach frischem Apfel, Birne und Steinobst, im Nachhall leicht nach Salbei und Zedernholz. Am Gaumen süß und saftig, mit gut eingebundener Perlage, trinkig und angenehm, mittlerer Abgang.

TENUTE CISA ASINARI DEI MARCHESI DI GRÈSY

Strada della Stazione, 21, 12050 Barbaresco (CN)
T: +39 0173 635221, wine@marchesidigresy.com
marchesidigresy.com

Ab-Hof-Verkauf: Ja
Kellermeister: Matteo Sasso, Piero Ballario
Kontakt: Alessandro di Grèsy

Die stark im Piemont verwurzelte Familie baut seit 1650 landwirtschaftliche Erzeugnisse an. Bis in die 1970er Jahre hinein wurden verschiedene Feldfrüchte produziert. Die Krönung war hierbei immer die Nebbiolo-Traube für den Barbaresco. Da diese Trauben aus den eigenen Weingärten als die besten der gesamten Region galten, wurden sie über Jahre hinweg von den renommiertesten Winzern der Langhe angekauft. Historisch gesehen wurde der Nebbiolo von Martinenga als Gradmesser für die Festlegung des Traubenpreises zur Herstellung von Barbaresco im regionalen Markt herangezogen.

Weinkeller,
Tenute Cisa Asinari Dei Marchesi Di Grèsy

92 Chardonnay Langhe DOC 2020
13,5 Vol.-%, NK, gebrauchte Barriques
Strohgelb, mit intensiven, leuchtenden Goldtönen. Intensive Aromen von gelbfleischigen Früchten, Zitrusfrüchten und Bananen, gefolgt von zarten Noten von Toast, süßen Gewürzen und Butter. Weich und strukturiert, angenehm würzig im langen Abgang.

90 Langhe Sauvignon DOC 2021
14,5 Vol.-%, NK,DIAM, Stahltank
Strohgelb mit goldenen Reflexen. Zarte Aromen von Zitrusfrüchten und weißen Blüten. Im Mund sehr frisch, leicht saftig und geschmeidig, mit einem Abgang von Kräuter- und einer Rückkehr von Zitrusnoten.

95 Barbaresco DOCG Gaiun Martinenga 2018
15 Vol.-%, NK, Stahltank/gebrauchte Barriques
Funkelndes, aufhellendes Rubin-Granat mit hellem Rand. Sehr duftige und fein gezeichnete Nase, nach Himbeeren, Zwetschken und einem Hauch Trüffel. Baut sich am Gaumen gut auf, kraftvolles, dichtes Tannin in vielen Schichten, reife rote Frucht, dazu feiner Schmelz, im Finale langer Nachhall.

94 Barbaresco DOCG Martinenga 2019
14 Vol.-%, NK, Stahltank/gebrauchte Barriques/großes Holzfass, Leuchtendes, helles Rubinrot mit granatrotem Rand. In der Nase feine Kirschnuancen, dann etwas Zimt und Preiselbeeren, im Nachhall nach Waldboden, vielschichtige und

beigestellt

VERKOSTUNGSERGEBNISSE
TENUTE CISA ASINARI DEI MARCHESI DI GRÈSY

einladende Nase. Am Gaumen mit kräftigem aber gut eingebundenem Gerbstoff, mit tollem Verlauf, harmonisch, finessenreich, mit langem Nachhall.

94 Barbaresco Riserva DOCG Camp Gros Martinenga 2017
14,5 Vol.-%, NK, Stahltank/gebrauchte Barriques/großes Holzfass
Funkelndes, aufhellendes Granatrot. Feines Spiel mit Noten nach reifen Waldhimbeeren, Rosenblätter, dazu etwas Leder und Trüffel. Zupackendes, griffiges Tannin, kernig, viel reife Himbeerfrucht, salzig, feiner Schmelz, im Finale viel Druck, leider auch etwas spröde.

91 Langhe Nebbiolo DOC 2021
14 Vol.-%, NK,DIAM, Stahltank
Intensives, leuchtendes Rubinrot mit leichten granatroten Reflexen. Intensive Aromen von reifen roten Früchten, weißem Pfeffer und Anis. Voller und intensiver, schlanker und ausgewogener Geschmack, mit langem, angenehmem Abgang.

93 Barbera d'Asti Monte Colombo DOCG 2015
15 Vol.-%, NK, Stahltank/gebrauchte Barriques/großes Holzfass, Funkelndes, sattes Rubin mit leichtem Violettschimmer. Eröffnet in der Nase mit ausgeprägt fruchtigen Noten nach reifer roter Kirsche, etwas Heidelbeere, dahinter nach Tannennadeln. Rund und geschmeidig im Ansatz, breitet sich mit gutem Druck aus, viel saftige Kirschfrucht, wirkt noch ausgesprochen jung.

90 Barbera d'Asti DOCG 2021
14,5 Vol.-%, NK,DIAM, Stahltank/gebrauchte Barriques/großes Holzfass
Leuchtendes Rubinrot mit leicht violettem Schimmer. In der Nase nach rotbeeriger Frucht und Herzkirsche, im Nachhall leicht pfeffrig. Am Gaumen mit klarem Fruchtkern und gut eingebundenem Gerbstoff, mit Zug, trinkig, mittellanger Abgang.

91 Virtus Langhe Rosso DOC 2012 BA/CS
13,5 Vol.-%, NK, Stahltank/gebrauchte Barriques
Dunkles Purpurrot. Kräftige Aromen von Waldbeeren, süßen Gewürzen, schwarzem Pfeffer, reifen Pflaumen und einem Hauch von Tabak. Im Mund weich, geschmeidig und von guter Wärme, ausgeglichen durch lebendige Frische und runde Tannine.

89 Monte Aribaldo Dolcetto d'Alba DOC 2020
13 Vol.-%, NK,DIAM, Stahltank
Tiefes Rubinrot mit violetten Reflexen. Frische und vielschichtige Aromen von Himbeeren, Sauerkirschen und Wacholderbeeren mit schmeichelnden weinigen Noten. Angenehmer und schlanker Einstieg mit nuancierten Tanninen und einer guten Ausgewogenheit am Gaumen.

beigestellt

★★★

MARRONE

Frazione Annunziata 13, 12064 La Morra (CN)
T: +39 0173 509288, denise@agricolamarrone.com
agricolamarrone.com

Ab-Hof-Verkauf: Ja
Kellermeister: Valentina Marrone
Kontakt: Denise Marrone.

Marrone ist ein Familienbetrieb mit Sitz in La Morra, im Herzen des Weinanbaugebiets des Barolo. Die Schwestern Marrone leiten das Weingut: Valentina, die Önologin, überwacht alle Phasen der Produktion und Serena ist für die Buchhaltung, Verwaltung und – mit Hilfe ihres Mannes Marco – für einige Märkte zuständig. Der Barolo ist das Aushängeschild von Marrone, aber auch die Weißweine nehmen eine respektable Rolle ein, insbesondere der Arneis und der Favorita. Die Weinberge liegen in Madonna di Como.

91 Favorita Langhe DOC 2021
13,5 Vol.-%, DIAM
Helles Zitronengelb mit leicht grünem Schimmer. In der Nase nach weißem Steinobst, geschnittenem Gras und gelben Blüten, im Nachhall nach mediterraner Macchia. Am Gaumen sehr salzig und saftig, gut ausbalanciert, mit würzigem Finale.

90 Tre Fie Arneis Langhe DOC 2021
13,5 Vol.-%, DIAM
Leuchtendes, intensives Strohgelb mit zart silbernen Reflexen. In der Nase nach frischer Zitrone, grünem Apfel, einem Hauch Wiesenkräuter und Jodsalz. Am Gaumen jugendlich, mit zartem Mousseux, knackiger Säure und kühlem Kern, saftig, etwas Flaschenlagerung hat gut getan.

92 Passione Langhe DOC 2020 BA/NE
14,5 Vol.-%, DIAM
Mittleres Rubinrot mit aufhellenden Rändern. In der Nase ein intensives Bouquet mit komplexen Noten von getrockneten Blumen, Himbeeren und Walderdbeeren, Marmelade und Muskatnuss sowie Noten von getrockneten Pilzen, Tabak und Leder. Am Gaumen elegant und filigran, frische Säure und engmaschige Tanninstruktur.

92 Barolo DOCG 2018
14,5 Vol.-%, NK
Leuchtendes Granatrot mit rubinroten Reflexen. In der Nase nach reifer Brombeere und satten Pflaumen, im Nachhall ein Touch Flieder und etwas Leder. Am Gaumen fruchtbetont und gut ausbalanciert, druckvoll, saftig und mit gut eingebundenem Gerbstoff, langer Abgang.

90 Agrestis Superiore Nebbiolo d'Alba DOC 2019
14,5 Vol.-%, NK
Aufhellendes Rubinrot mit funkelndem Kern. Feine Nase, nach reifen Himbeeren und Hagebutten, etwas Schwarz-Tee, im Ausklang deutlich würzige Töne. Am Gaumen mit engmaschig-saftigem Tannin, breitet sich gut aus, hat auch Druck, minimale Nachzehrung am Gaumen.

90 Carlot Barbera d'Alba DOC 2020
14,5 Vol.-%, NK
Dunkelleuchtendes Violett-Rubinrot. In der Nase zunächst würzig, etwas speckig, dann nach etwas Zeit im Glas nach saftigen Amarenakirschen und Zwetschken. Am Gaumen mit viel Saft und weinigem Spiel, kompaktes Tannin schmiegt sich über die Zunge, leicht pikant, wirkt in sich gut ausgewogen, trinkt sich einfach und gut.

★★★★★

BARTOLO MASCARELLO

Via Roma 15, 12060 Barolo (CN)
T: +39 0173 561 25, info@bartolomascarello.com
barolodibarolo.com

Kontakt: Maria Teresa Mascarello
Produktion: 7.500 Flaschen, 5 Hektar

Er galt als der letzte Mohikaner, Barriques und kurze Maischestandzeiten waren für ihn das Ende des Barolo. Ebenso die Lagenweine. Erst der Verschnitt mehrerer Lagen verleihe dem Wein Komplexität, war Bartolo Mascarello überzeugt. 2005 verstarb Bartolo Mascarello. Tochter Maria Teresa übernahm, und ganz dem Vorbild ihres Vaters folgend, zeigt auch sie sich sehr determiniert. Kleines Holzfass und Lagenwein sind für sie kein Thema. So erzeugt sie weiterhin aus den Lagen Cannubi, San Lorenzo, Ruè in Barolo und Rocche in La Morra, auf nur wenigen Hektar, einen einzigen Barolo. Der aber ist große Klasse!

Die Ortschaft Barolo mit Weinbergen

98 Barolo DOCG 2018
14,5 Vol.-%, NK
Funkelndes, aufhellendes Granatrot. Fein gezeichnete Nase mit ausgeprägten Noten nach Himbeere, etwas Zwetschken, dazu Orangenschalen und ein Hauch Koriandersamen. Zeigt am Gaumen wunderbaren Schmelz, sehr saftig und präsent, öffnet sich mit griffigem Tannin in vielen Schichten, feine Himbeernote, hallt sehr lange nach.

★★★★

VIGNETI MASSA

Piazza Capsoni, 10, 15059 Monleale (AL)
T: +39 0131 80302, massa@vignetimassa.com

Ab-Hof-Verkauf: Ja
Kellermeister/Kontakt: Walter Massa

Walter Massa ist der Doyen des Timorasso. Als er 1986 in den Hügeln in Tortona als erster wieder begann, sortenreinen Timorasso zu erzeugen, bewahrte er damit diese Sorte vor dem Verschwinden. Als Jungwein ist Timorasso recht subtil, seine große Klasse zeigt er erst mit einigen Jahren Reife. Walter Massa erzeugt vier Timorasso, den Gutswein Derthona sowie die drei Lagenweine Montecitorio, Costa di Vento und Sterpi, großartige Gewächse. Walter Massa hat aber nicht nur bei Weißwein eine gute Hand, auch seine Rotweine (beide aus Barbera) zeichnen sich durch Tiefe und Langlebigkeit aus.

95 Costa del Vento Derthona DOC 2017
14,5 Vol.-%, DV
Funkelndes, sattes Goldgelb mit grünlichen Nuancen. Intensive und dichte Nase, feine Noten nach Feuerstein, dann satt nach reifem Pfirsich, Marille, im Hintergrund feine Würze. Am Gaumen gehaltvoll und dicht, breitet sich satt aus, reife gelbe Frucht, salzig, schwingt lange dahin.

94 Montecitorio Derthona DOC 2017
14,5 Vol.-%, DV
Strahlendes Strohgelb mit grünlichen Komponenten. Eröffnet in der Nase mit Noten nach Feuerstein und kaltem Rauch, dann nach Mirabellen und Apfel. Am Gaumen sehr gute Spannung, zeigt saftige Frucht, frisch und knackig, dann auch gute Tiefe, salzig und mit langem Nachhall.

93 Derthona Vino Bianco 2018
13,5 Vol.-%, DV
Leuchtendes, sattes Goldgelb. In der Nase nach reifem Steinobst, tropischen Früchten, im Nachhall leicht würzig und Fumè-Note. Am Gaumen frisch und saftig, mit feinem Mundgefühl, macht Spaß, langer fruchtbetonter Abgang.

92 Sterpi Derthona DOC 2017
14 Vol.-%, DV
Funkelndes, sattes Goldgelb mit grünen Nuancen. Eröffnet mit rauchigen Noten, etwas Feuerstein, dann nach Mirabellen, Birne und Pfirsich, im Hintergrund etwas Ingwer. Am Gaumen sehr präzise, nach Birne und Mango, wirkt im Finale etwas rau.

93 Bigolla Colli Tortonesi DOC 2005
14 Vol.-%, NK
Sattes Rubin-Granat mit aufhellendem Rand. Eröffnet mit Noten nach Teer und Jod, dann viel Trüffel, dazu dunkle Kirsche und Zwetschke. Stoffig in Ansatz und Verlauf, zupackendes Tannin, wirkt noch überaus jung, nach Waldhimbeere und Zwetschke, im Finale leicht trocknend.

92 Monleale Colli Tortonesi DOC 2014
14 Vol.-%, NK
Leuchtendes Rubin mit leichtem Granatschimmer. Zeigt feine gereifte Fruchtnoten, Himbeere und Kirsche, balsamisch, im Hintergrund nach Minze. Öffnet sich am Gaumen mit griffigem Tannin in feinen Schichten, Zwetschken und Kirsche, zeigt guten Druck, im Finale nach Himbeere.

★★★★★

MASSOLINO

Serralunga d'Alba
MASSOLINO

Piazza Cappellano 8, 12050 Serralunga d'Alba (CN)
T: +39 0173 613138, massolino@massolino.it
massolino.it

Ab-Hof-Verkauf: Ja
Kellermeister: Franco Massolino, Roberto Massolino, Giovanni Angeli
Kontakt: Franco Massolino
Produktion: 42 Hektar

Die Massolinos sind besonders stolze Winzer, denn sie vollbringen ihr Werk in Serralunga d'Alba, einer kleinen Gemeinde in der Provinz Cueno im Piemont, nun schon seit dem Jahr 1896. Vier Generationen folgten einander also bereits an der Spitze des Weinguts. Der Familienbetrieb ist tief in der Langa verwurzelt und produziert mit Beharrlichkeit, Leidenschaft und viel Liebe seit über 120 Jahren Barolo. Vor Kurzem erst konnte ein neues und ebenfalls sehr schönes Kapitel der Geschichte dieses Weinguts aufgeschlagen werden: Es ist wieder der Rebsorte Nebbiolo gewidmet und heißt Barbaresco.

99 Barolo Riserva DOCG Vigna Rionda 2016
14,5 Vol.-%, NK, Eichenfass/Flaschenreifung
Leuchtendes, kraftvolles Rubin mit feinem Granatschimmer. Einladende und intensive Nase mit Noten nach Kardamom, Zwetschke und Himbeere, dazu etwas eingelegter Pfirsich. Stoffig und dicht am Gaumen, öffnet sich mit kompaktem Tannin in vielen Schichten, reife, dunkle Frucht, dazu feiner Schmelz, im Finale betont erdige Noten, langer Nachhall.

94 Barbaresco DOCG Albesani 2019
14 Vol.-%, NK, Eichenfass/Flaschenreifung
Funkelndes, aufhellendes Rubin-Granat. Eröffnet mit charmanter Nase nach reifen Himbeeren und Erdbeeren, etwas Zuckerwatte und Trüffel im Hintergrund. Am Gaumen sehr saftig, geschliffenes Tannin, reife Himbeerfrucht, im Finale dann griffig, fester Druck.

92 Langhe Nebbiolo DOC 2020
14,5 Vol.-%, NK,DV,DIAM, Eichenfass
Granatrot von mittlerer Intensität. Zarte und sehr angenehme Nase mit Noten von Himbeeren und Veilchen. Geschmack von großer Eleganz und Harmonie, mit tiefen sortentypischen Noten, gute Persistenz.

92 Barbaresco DOCG 2019
13,5 Vol.-%, KK, Eichenfass/Flaschenreifung
Leuchtendes, helles Granatrot. In der Nase nach kleinen, roten Früchten und Sauerkirsche, im Nachhall floral und leicht nach Unterholz. Am Gaumen harmonisch, mit feinkörnigem Tannin, elegant, mit gutem Trinkfluss, braucht etwas Luft und sollte dekantiert werden.

92 Barolo DOCG 2018
14,5 Vol.-%, NK, Eichenfass/Flaschenreifung
Rubinrot mit leichten granatroten Reflexen. Die Nase ist intensiv und blumig, mit Noten von Hagebutte, Veilchen, Kirschen, Waldbeeren und einigen balsamischen Kräutern. Im Mund vollmundig, strukturiert, tiefgründig, aber auch frisch, saftig und geradlinig, mit gutem Abgang.

92 Barbera d'Alba DOC 2021
14,5 Vol.-%, DIAM, Beton
Junges Purpurrot. Schöne Düfte von Kirsche, Hagebutte, Veilchen, Iris, Brombeere und Heidelbeere in der Nase. Sehr angenehmer und frischer Geschmack, mit sehr anmutigen und weichen Tanninen.

★★★

MURA MURA

Strada Madonnina 24, 14055 Costigliole d'Asti (AT)
T: +39 0141 185267, info@muramura.it
muramura.it

Kellermeister: Guido Martinetti, Gianpiero Gerbi
Kontakt: Luca De Letteriis
Produktion: 11 Hektar

Mura Mura ist ein junges Weingut im Monferrato im Piemont. Die Winzer wollen hier vor allem ruhig und weise leben, sich um das kümmern, was wirklich wertvoll ist, und so sind sie ihrer Leidenschaft, ihrer Neugierde und ihrem Streben nach Perfektion gefolgt. Für sie ist dieser Ort ein Raum, in dem alles möglich ist, ein Land, in dem Harmonie und Kultur geteilt werden. Und der Wein ist die Frucht dieses idealen Ortes, wobei jede einzelne Handlung von äußerster Sorgfalt geleitet ist. Man achtet auf die Landschaft, beobachtet sorgfältig die Reifung der Trauben und respektiert die Entwicklung der Natur.

Keramikamphoren im Weinkeller
Mura Mura

beigestellt

93 Barbaresco DOCG Faset 2018
14,5 Vol.-%, DIAM, großes Holzfass/Steinzeug
Strahlend-funkelndes Rubinrot. In der Nase nach reifen Himbeeren, Orangenzesten, etwas Hagebutten, dazu edle Noten nach Schwarztee. Am Gaumen mit klarer, geschliffener Himbeerfrucht, eingebettet in griffiges Tannin, kompakt, auch leicht salzig, schönes Spiel mit ordentlich Nachdruck.

92 Barbaresco DOCG Faset 2019
14,5 Vol.-%, DIAM, großes Holzfass/Steinzeug
Leuchtendes, aufhellendes Rubinrot. In der Nase etwas Himbeere und Kirsche, dazu leicht rauchige Nuancen, insgesamt schüchtern. Am Gaumen mit Saft und zartem Schmelz, zeigt druckvolles, eng gewobenes Tannin, insgesamt stimmig, braucht jedoch Zeit.

91 Barbaresco DOCG Faset 2017
14,5 Vol.-%, DIAM, großes Holzfass/Steinzeug
Leuchtendes Rubinrot mit funkelndem Kern. In der Nase würzig, nach Edelholz und Leder, dazu etwas rote Beeren, etwas verwaschen. Am Gaumen dann mit viel Saft und herzhaftem, präsentem Tannin, zeigt feine balsamische Nuancen in Ansatz und Verlauf, im Nachhall dann etwas austrocknend.

91 Barbaresco DOCG Starderi 2019
14,5 Vol.-%, DIAM, großes Holzfass/Steinzeug
Leuchtendes, funkelndes Rubinrot. In der Nase von mittle-

VERKOSTUNGSERGEBNISSE
MURA MURA

rem Ausdruck, zeigt zarte Würze, auch Leder, dazu etwas Amarenakirsche und Milchkaffee. Am Gaumen dunkelfruchtig und würzig, packend, zeigt viel Tannin in Ansatz und Verlauf, noch sehr jung, braucht Geduld.

90 Barbaresco DOCG Serragrilli 2019
14,5 Vol.-%, DIAM, großes Holzfass/Eichenfass/Steinzeug
Leuchtendes, helles Rubinrot. In der Nase zunächst verhalten und leicht verschlossen, braucht viel Zeit. Am Gaumen mit viel Grip, packend, hat wenig Frucht im Mittelteil, wenngleich mit feinem Schmelz, im Finale sehr trocken.

92 Miolera Barbera d'Asti Superiore DOCG 2019
14,5 Vol.-%, DIAM, großes Holzfass/Tonneau Fass/Steinzeug, Intensives Dunkelrubinrot. In der Nase finden sich Noten von reifen roten Früchten, Kirsche und Pflaume, gefolgt von einem Hauch von Lakritz und süßen Gewürzen. Am Gaumen saftig, fruchtig und mit einer gut integrierten Tanninnote, anhaltender Abgang.

91 Garibaldi Grignolino d'Asti DOC 2020
14 Vol.-%, DIAM, großes Holzfass/Holzfass
Helles Rubinrot. Die Nase ist typisch und zeigt Noten von frischen roten Früchten, gefolgt von leicht pfeffrigen Gewürznoten. Am Gaumen frisch und lebendig, mit festen, gut eingebundenen Tanninen und einem saftigen, anhaltenden Abgang.

91 Romeo Piemonte Rosso DOC 2019 BA/NE
14,5 Vol.-%, DIAM, großes Holzfass/Tonneau Fass/Steinzeug
Dunkles Rubinrot mit zart aufhellendem Rand. In der Nase fruchtsatt und tiefgründig, mit satten Nuancen von Brombeeren, Zwetschken, dazu etwas Rosenblatt und Muskat. Am Gaumen mit viel Frucht und viel Saft, zeigt junges, saftiges Tannin, leicht salzig im Unterton, im Finale mit fruchtsüßem Nachhall.

91 Mercuzio Nebbiolo Langhe DOC 2019 NE/BA
14,5 Vol.-%, DIAM, großes Holzfass/Tonneau Fass/Steinzeug
Leuchtendes, aufhellendes Rubinrot. Duftende Nase, floral, Veilchen, Preiselbeeren, dazu nasser Stein, edle harzige Nuancen. Am Gaumen saftig, mit engmaschigem Tannin, zeigt schönen Schmelz, klare Frucht, im Finale dann sehr griffig-jugendlich.

91 Ofelia Piemonte Moscato Passito DOC 2019
13 Vol.-%, DIAM, Tonneau Fass/Steinzeug
Goldgelb mit leicht bernsteinfarbenen Reflexen. Die Nase ist intensiv und süß mit Noten von getrockneten weißen Blumen, Orangenblüten, Aprikosen, saftigem Pfirsich, gemischtem Blütenhonig und einem leichten Hauch von getrockneten Feigen. Im Mund weich, umhüllend und ausgeprägt, die Süße ist präsent, aber moderat, anhaltender und frischer Abgang.

beigestellt

★★★★

ODDERO PODERI E CANTINE

Fraz. S. Maria 28, 12064 La Morra (CN)
T: +39 0173 50618, mcrisoddero@oddero.it
oddero.it

Ab-Hof-Verkauf: Ja
Kellermeister: Luca Veglio
Kontakt: Mariacristina Oddero, Isabella Boffa
Produktion: 32 Hektar

Oddero Poderi e Cantine ist ein historischer Name unter den Barolo-Produzenten. Seit Generationen von Männern geführt (1878 war das Jahr der ersten Oddero-Flasche), befindet es sich heute in den Händen von Mariacristina und Mariavittoria, den Töchtern des Patriarchen Giacomo Oddero. Die Kellerei befindet sich in Santa Maria, einem Ortsteil von La Morra. Seit 2008 wird in den Weinbergen biologischer Anbau betrieben. Oddero Poderi e Cantine nennt einige der besten Sonnenlagen der Langhe sein Eigen. Der Besitz beläuft sich auf rund 32 Hektar Weinberge und 5 Hektar Haselnussbäume.

96 Barolo Riserva DOCG Vigna Rionda 2015

15 Vol.-%, NK

Funkelndes, intensives Rubin-Granat. Sehr klar und einladende Nase mit satten Noten nach Waldhimbeeren, dunklen Rosenblättern, dazu etwas schwarzer Trüffel und Tabak. Stoffig, öffnet sich mit dichtmaschigem, präsentem Tannin, dicht verwoben, betont erdige Noten, viel Tabak und Leder aber auch schöne Fruchtkomponenten, im hinteren Verlauf satten Druck und schönen Schmelz.

94 Barolo DOCG Brunate 2018

14,5 Vol.-%, NK

Funkelndes, intensives Rubin mit leichtem Granatschimmer. Einprägsame und intensive Nase mit Noten nach Brombeere, dunkle Rosenblätter, im Hintergrund nach Gewürznelken. Feinmaschiges griffiges Tannin kennzeichnet Ansatz und Verlauf, saftige, knackige Kirsch- und Himbeerfrucht, gute Spannung.

92 Barolo DOCG 2018

14,5 Vol.-%, NK

Leuchtendes Rubin mit granatrotem Rand. Filigran in der Nase mit Aromen von kleinen Waldbeeren, Lakritz, etwas Zimt, sowie leicht buttriger Note, entwickelt sich im Glas. Beim Eintritt weich und rund, gefolgt von engmaschigem, festem Tannin, mit präziser Frucht, und saftigem Finish.

92 Barolo DOCG Villero 2017

14,5 Vol.-%, NK

Funkelndes Rubin-Granat mit aufhellendem Rand. Eröffnet mit Noten nach getrockneten Tomaten und Steinpilzen, dann viel reife Zwetschke. Herzhaftes, zupackendes Tannin am Gaumen, bildet das Rückgrat des Weines, feine Kirschfrucht im mittleren Verlauf, dann wieder griffiges Tannin, leider auch leicht trocknend.

90 Langhe Nebbiolo DOC 2020

14 Vol.-%, NK

Helles, funkelndes Rubinrot. Zunächst dezent in der Nase, öffnet sich dann auf frische Weichsel und Veilchen. Geschmeidig beim Eintritt, am Gaumen geprägt von frischer, roter Frucht, und unterlegt von engmaschigem, feinem Gerbstoff, geradlinig bis ins Finish.

91 Nizza DOCG 2019

14,5 Vol.-%, NK

Helles, leuchtendes Rubinrot. Filigran in der Nase nach knackiger Sauerkirsche, Veilchen, unterlegt von feiner Kräuterwürze. Einladend am Gaumen, mit schönem Trinkfluss, begleitet gut integriertem mittlerem, feinem Tannin, roter Frucht und angenehmer Frische.

★★★★

TENUTA OLIM BAUDA

Strada Prata 50, 14045 Incisa Scapaccino (AT)
T: +39 0141 702171, info@tenutaolimbauda.it
tenutaolimbauda.it

Ab-Hof-Verkauf: Ja
Kellermeister: Dino Bertolino
Kontakt: Giovanni Bertolino
Förderprogramm: EU Reg.No 1308/2013

Der Großvater erhielt 1927 die Lizenz zur Herstellung von Wein, Schaumwein und Wermut. Heute leiten Dino, Gianni und Diana den Betrieb von der Produktion bis zum Marketing. Bauda ist der Name der alten Villa, die sich in der Mitte des Anwesens befindet und von Bertolino Agostino am 7. Juni 1961 gekauft wurde. Die Tenuta Olim Bauda umfasst 33 Hektar Weinberge in besonders geeigneten Lagen, fünf Dörfern um Nizza Monferrato. Produziert werden Barbera, Nebbiolo, Grignolino, Freisa, Moscato, Chardonnay und Gavi nach den Regeln des biologischen Landbaus.

90 Gavi di Gavi DOCG 2021
13 Vol.-%, NK, Stahltank
Leuchtendes Strohgelb. Frisch und fruchtig, mit zarten Noten von Blumen und weißen Früchten. Weicher, unmittelbarer, dynamischer, frischer und angenehmer Geschmack mit dezentem Zitrusabgang.

93 Bauda Nizza Riserva DOCG 2016
15 Vol.-%, NK, Stahltank
Intensive rote Farbe mit Tendenz zum Violett. Die Nase ist kräftig und zeigt deutliche Noten von Sauerkirsche, Kirsche, Pflaume, gefolgt von warmen floralen Noten und einem leichten Hauch von Kaffee. Am Gaumen vollmundig und ausgeprägt, wobei die Würze hervorsticht.

92 Nizza Riserva DOCG 2018
15,5 Vol.-%, NK, Stahltank
Intensives Purpurrot. In der Nase zeigen sich Noten von roten Früchten, Tabak und weißem Pfeffer. Am Gaumen vollmundig und intensiv, fest, ausgewogen und mit einem lang anhaltenden Abgang mit balsamischen Nuancen.

91 Barbera d'Asti Superiore Le Rocchette DOCG 2019
14,5 Vol.-%, NK, Stahltank
Purpurrot. Frische Düfte von Kirsche, Hagebutte, Veilchen, Iris, Brombeere und Heidelbeere. Würziger, angenehmer und frischer Geschmack, mit anmutigen, weichen Tanninen und balsamischem Abgang.

90 La Villa Barbera d'Asti DOCG 2021
14,5 Vol.-%, NK, Stahltank
Rubinrot mit violetten Reflexen. In der Nase Noten von Unterholz, roten Beeren, wilden Blumen und leichten Mentholnoten. Frischer, weiniger Geschmack, mit samtigen Tanninen und gutem Abgang.

91 Nebbiolo d'Alba DOC 2018
14 Vol.-%, NK, Stahltank
Rubinrot mit granatroten Reflexen. Reichhaltiges, vielfältiges und typisches Bouquet von Veilchen und roten Rosen, reifen roten Früchten, Kirschen und Humus, mit leichten Röstnoten. Intensiver, ausgewogener, fruchtiger und würziger Geschmack mit weichen Tanninen.

★★★★

PALLADINO

Piazza Cappellano 9, 12050 Serralunga D'Alba (CN)
T: +39 0173 613108, maurilio.palladino@libero.it
palladinovini.com

Ab-Hof-Verkauf: Ja
Kellermeister: Maurilio Palladino
Kontakt: Santero Veronica
Produktion: 180.000 Flaschen, 25 % weiß, 70 % rot, 5 % süß, 11 Hektar

Die Geschichte des Weinguts Palladino ist die Geschichte eines Traums – des Traums von Piero Palladino, in »sein« Piemont zurückzukehren. Geboren und aufgewachsen in der Langhe und dann woanders hingezogen, kaufte Piero das heutige Weingut Palladino, sobald er die Gelegenheit dazu hatte, und vertraute die Leitung seinem Cousin und Partner Maurilio an, der es seit Jahren zusammen mit seiner Frau Domenica führt. Heute verbindet sich die Erfahrung von Maurilio mit dem Enthusiasmus der neuen Generation: Veronica, Alessandro und Margherita unterstützen ihn bei der Leitung des Unternehmens.

97 Barolo Riserva DOCG San Bernardo 2016
15,5 Vol.-%, NK, Stahltank/Beton/großes Holzfass
Funkelndes, dichtes Rubin mit feinem Granatschimmer. Dicht und kompakt in der Nase, duftet nach Trüffel und Lakritze, dann nach Brombeere, feine Würze. Stoffiges, dichtes Tannin, entfaltet sich in vielen Schichten, feinkörnig, eingebettet in feinen Schmelz, nach Himbeeren und Zwetschken, sehr langer Nachhall, leicht harzige Noten im Finale.

96 Barolo DOCG Ornato 2018
15 Vol.-%, NK, Stahltank/Beton/großes Holzfass
Aufhellendes Rubinrot mit leuchtendem Kern. In der Nase dunkelwürzig und kompakt, nach reifen Waldfrüchten, Leder, dazu etwas gedörrte Orangenzesten, will ergründet werden. Am Gaumen mit vielen Schichten, öffnet sich auf engmaschigem Tannin, dazu herrlich saftig, spannt einen tollen Bogen mit hoher Komplexität, langes Finale.

95 Barolo DOCG Parafada 2018
15 Vol.-%, NK, Stahltank/Beton/großes Holzfass
Leuchtendes, strahlendes Rubinrot. Edle Nase, nach reifen Himbeeren und etwas Preiselbeeren, dazu ein Hauch getrocknete Steinpilze, im Nachhall nasser Stein. Tritt mit geschliffenem Tannin auf die Zunge, eng gewoben, dazu cremig in Ansatz und Verlauf, baut in vielen Schichten auf, sehr lange und ausgewogen.

94 Barolo DOCG del Comune di Serralunga d'Alba 2018
15 Vol.-%, NK, Stahltank/Beton/großes Holzfass
Strahlendes, aufhellendes Rubinrot. Satte, tiefgründige Nase, nach reifen Himbeeren, Leder, dann satte Cassis und getrocknete Hagebutten, im Nachhall nach nassem Stein, einladend. Am Gaumen kompakt, mit sattem Druck, dazu engmaschiges Tannin und helle Würze, strahlt sehr viel Energie aus, im Finale herrlich ausgewogen.

92 Nebbiolo d'Alba DOC 2020
14 Vol.-%, Stahltank/Beton/großes Holzfass
Dunkelleuchtendes Rubinrot, funkelnd. In der Nase duftig-floral, leicht vegetabil nach Geranien, im Hintergrund nach Himbeeren. Am Gaumen sehr frisch, mit jugendlichem Tannin, sehr saftig, zeigt auch tolle frische Fruchtnuancen, im Finale knackig, trinkt sich sehr gut.

92 Bricco delle Olive Barbera d'Alba Superiore DOC 2019
14 Vol.-%, NK, Stahltank/Beton/großes Holzfass
Funkelndes, aufhellendes Rubinviolett. Intensives und würzige Nase, nach Amarenakirschen, Zwetschken, etwas Bitterschokolade, im Nachhall getrocknetes Rosenblatt und Leder. Rund und saftig am Gaumen, viel dunkle Kirsche, sehr würzig, auch mit kompaktem Tannin, spannungsgeladen und ungestüm.

★★★★

PARUSSO

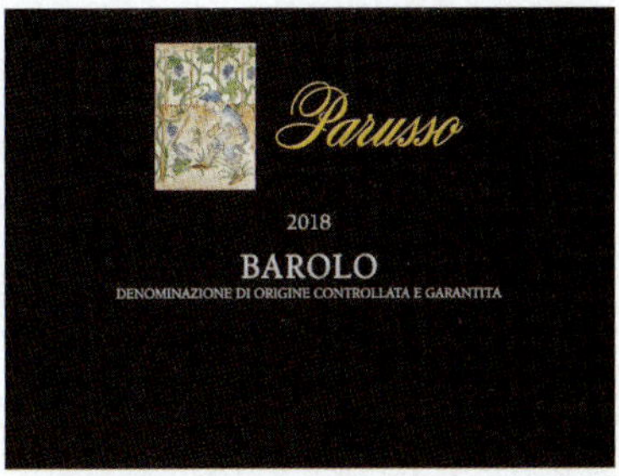

Loc.Bussia 55, 12065 Monforte D'Alba (CN)
T: +39 173 78257, info@parusso.com
parusso.com

Ab-Hof-Verkauf: Ja
Kellermeister: Marco Parusso
Kontakt: Giulia Poggi
Produktion: 120.000 Flaschen, 22 Hektar

Das Weingut Parusso befindet sich seit mehr als 100 Jahren im Herzen des Barolo-Gebiets, in Monforte d'Alba. Armando Parusso begann 1971 mit der Abfüllung seiner ersten Flaschen Barolo. 1986 schloss Sohn Marco die Önologenschule von Alba ab und trat ebenso wie Tochter Tiziana ins Unternehmen ein. Sie gründeten 1990 das Weingut Parusso Armando di Parusso Fratelli. Heute verfügt der Betrieb über 28 Hektar mit einer Jahresproduktion von 150.000 Flaschen, von denen 55.000 auf den Barolo entfallen. Der Rest der Produktion verteilt sich auf Dolcetto D'Alba, Barbera D'Alba, Langhe Nebbiolo und Langhe Bianco.

92 Parusso Vino Spumante di Qualità Metodo Classico Extra Brut
12,5 Vol.-%, PK, Barrique/Flaschengärung
Brillantes Orange mit rosaroten Reflexen. In der Nase nach Blutorange und Orangenzesten, dann leicht nach kandierten Kirschen und getrocknetem Steinobst, im Nachhall leicht hefig und nach Jod. Am Gaumen frisch und saftig, ganz leicht tanninhaltig, mit feinkörniger Perlage und viel reifer Steinobstfrucht, mittellanges Finale.

97 Barolo Riserva DOCG Bussia Vigna Rocche 2013
14 Vol.-%, NK, Barrique
Leuchtendes Rubinrot mit zart aufhellendem Rand. In der Nase nach Schwarzbrot, Minze, Edelholz, hellem Malz, im Nachhall nach Holunderbeeren und Cassis, dazu etwas Pfeffer. Am Gaumen sehr geschliffen und sehr klar, öffnet sich auf kernigem Tannin, im hinteren Bereich griffig, dennoch mit feiner Süße, im Finale satter Druck, wird lange reifen können.

93 Barolo DOCG Mariondino 2018
15 Vol.-%, DIAM, Barrique
Rubinrot, fast granatrot. In der Nase findet sich ein breites Spektrum an süßen Gewürz- und Fruchtnoten, die mit Lakritze, Minze und Salbei abschließen. Am Gaumen kräftig, reichhaltig und betörend, mit straffen, fruchtigen Tanninen im Finale.

93 Barolo DOCG Mosconi 2018
15 Vol.-%, DIAM, Barrique
Rubinrot, fast granatrot. Anklänge an reife Früchte, begleitet von würzigen und sehr balsamischen Noten. Am Gaumen vollmundig und intensiv, weich und harmonisch, mit ausgeprägten Tanninen im Abgang.

92 Barolo DOCG Bussia 2018
15 Vol.-%, DIAM, Barrique
Leuchtendes Rubingranat mit zart aufhellendem Rand. In der Nase nach Veilchen, Minze, Brombeeren, dazu fein harziger Ton, Edelholz, im Nachhall Eukalyptus. Zeigt sich am Gaumen mit kompaktem und griffigem Tannin, dazu feine Saftigkeit, im Finale dann mit deutlichem Holzeinsatz, bleibt etwas weitmaschig und rau zurück.

92 Barolo DOCG Perarmando 2018
14,5 Vol.-%, DIAM, Barrique
Rubinrot, fast granatrot. In der Nase Anklänge von reifen Früchten, mit würzigen, balsamischen Noten, insbesondere von Minze und Eukalyptus. Am Gaumen vollmundig und intensiv, weich und harmonisch, mit festen Tanninen im Abgang.

★★★★★

PIO CESARE

Via Cesare Balbo 6, 12051 Alba (CN)
T: +39 173 440386, direzione@piocesare.it
piocesare.it

Kellermeister: Paolo Fenocchio
Kontakt: Federica Boffa
Produktion: 453.333 Flaschen, 15 % weiß, 84 % rot, 1 % rosé, 75 Hektar

Pio Cesare wurde 1881 in Alba gegründet. Nach 140 Jahren ist man nach wie vor ein Familienbetrieb: Nach dem Tod von Pio Boffa leitet Tochter Federica Rosy das Unternehmen nun in 5. Generation und mit der gleichen Leidenschaft wie ihre Vorfahren. Der Betrieb besitzt erstklassige Weinberge mit großartigen Lagen, die bewusst in verschiedenen Dörfern der Barolo- und Barbaresco-Region angelegt wurden – man ist überzeugt, dass eine Zusammenstellung mehrerer Einzellagen des Gebiets Weine hervorbringt, die den Ausdruck der gesamten Appellation besser widerspiegeln als die einzelnen Lagen.

92 Piodilei Langhe Chardonnay DOC 2019
14 Vol.-%, DIAM, Barrique
Intensives Strohgelb mit goldenen Reflexen. Intensive Aromen von Gewürzen, mit Noten von frischen Früchten, weißen Blüten und Kräutern. Weich, rund, aber ebenso saftig und erfrischend, mit gutem Nachhall im Abgang.

95 Barolo DOCG Mosconi 2018
14,5 Vol.-%, NK, großes Holzfass
Leuchtendes Rubin-Granat mit aufhellendem Rand. Sehr einladende und klare Nase, nach süßen Waldhimbeeren, dazu Kirsche und Rosenblätter, im Hintergrund etwas Kardamom. Griffiges, zupackendes Tannin, zeigt dezent erdige Noten, nach Trüffel und Tabak, im Finale sehr griffig, salzig, braucht noch einige Jahre.

94 Barolo DOCG Pio 2018
14,5 Vol.-%, NK, großes Holzfass
Leuchtendes, strahlendes Rubinrot. In der Nase zart würzig, etwas Kirschen und Himbeeren, dazu zartes nach Unterholz, insgesamt von mittlerem Ausdruck, dennoch einladend. Am Gaumen geschliffen, mit samtigem Tannin, bereits äußerst zugänglich, trinkt sich hervorragend, im Finale salzig und strahlend.

94 Barbaresco DOCG Bricco di Treiso 2018
14,5 Vol.-%, NK, großes Holzfass
Funkelndes, intensives Rubin-Granat, lichter Rand. Zeigt in der Nase Noten nach Rosenblättern, Himbeeren, etwas Tabak und Trüffel. Kerniges Tannin, breitet sich satt aus, viel Tabak und Leder, im hinteren Verlauf dann leicht sandiges Tannin.

93 Barbaresco DOCG Pio 2018
14,5 Vol.-%, NK, großes Holzfass
Funkelndes, mitteldichtes Rubin-Granat. Einladende, sehr fein gezeichnete Nase mit ausgeprägten Noten nach Waldhimbeere, Hagebutte und Schwarztee. Stoffig, mit kernigem Tannin am Gaumen, zeigt viel Druck, herzhaft, hallt lange nach.

93 Barbera d'Alba Superiore Fides Vigna Mosconi DOC 2020
14,5 Vol.-%, NK, großes Holzfass
Intensives Rubinrot. Reichhaltige und intensive Aromen mit Noten von reifen roten Früchten, schwarzen Gewürzen, Unterholz, Kakao und Kaffee. Vollmundig, konzentriert und harmonisch im Geschmack, ausgewogene Synthese von Weichheit und Frische.

★★★★

PIRA – CHIARA BOSCHIS

Via Vittorio Veneto 1, 12060 Barolo (CN)
T: +39 0173 56247, info@pira-chiaraboschis.com
pira-chiaraboschis.com

Ab-Hof-Verkauf: Ja
Kellermeister/Kontakt: Chiara Boschis
Produktion: 45.000 Flaschen, 8.5 Hektar
Anbauweise: Bio

Pira war eine alte Familie, die im späten 19. und frühen 20. Jahrhundert Weinbau betrieb. Seit 1980 leiten Chiara Boschis und ihre Eltern den Weinbaubetrieb, seit 2010 ist auch Chiaras Bruder Giorgio mit dabei, der ebenfalls über 30 Jahre Erfahrung verfügt. Die ausschließlich manuelle Arbeit an den Rebstöcken wird mit Sorgfalt und Respekt für die Umwelt durchgeführt und folgt den Vorgaben des ökologischen Anbaus, für den der Betrieb seit der Ernte 2014 zertifiziert ist. Die Produktion ist sehr begrenzt (etwa 40.000 Flaschen pro Jahr) und erfolgt aus Trauben aus eigenem Anbau.

96 Barolo DOCG Cannubi 2018
14 Vol.-%, NK, Stahltank/Holzfass
Funkelndes, mitteldichtes Rubin mit ausgeprägtem Granatrand. Sehr ansprechende und intensive Nase, nach reifen, dunklen Waldhimbeeren, Dörrpflaumen, auch etwas Rhabarber und Preiselbeere. Griffiges, herzhaftes Tannin, öffnet sich in vielen Schichten, viel reife, präsenter Frucht, im Finale fester Druck und feiner Schmelz.

95 Barolo DOCG Mosconi 2018
14,5 Vol.-%, NK, Stahltank/gebrauchte Barriques/Barrique
Funkelndes, dunkles Granat mit hellem Rand. Sehr duftige Nase, nach Waldhimbeere, dunkler Kirschen, Zwetschke, dazu Gewürznelken und etwas Zimt. Am Gaumen satt und stoffig, öffnet sich mit viel herzhaftem, griffigem Tannin, im Kern schöner Schmelz, nach Himbeere und Tabak, langer Nachhall.

94 Barolo DOCG Via Nuova 2018
14 Vol.-%, NK, Stahltank/gebrauchte Barriques/Holzfass
Glänzendes, aufhellendes Granatrot, lichter Rand. Zeigt sich in der Nase überaus duftig, nach frischen Rosen, dazu viel Himbeere und Erdbeere, etwas Zuckerwatte. Geschliffenes, feinmaschiges Tannin, rote Beerenfrucht, im Finale nach Tabak.

91 Langhe Nebbiolo DOC 2020
14 Vol.-%, NK, Stahltank/gebrauchte Barriques
Intensives Rubinrot. Typisches, elegantes Bouquet nach Veilchen, Beeren, Sauerkirschen und Pfeffer. Voller, frischer und kräftiger Geschmack, mit gutem Körper und guter Länge.

91 Barbera d'Alba Superiore DOC 2020
14,5 Vol.-%, NK, Stahltank/gebrauchte Barriques
Intensives Purpurrot. Reichhaltig und fruchtig, mit Aromen von Kirschen, Beeren, Heu, Kräutern und Gewürzen. Vollmundig, strukturiert, saftig, aber frisch und lebendig, mit guter Länge.

90 Dolcetto D'Alba DOC 2021
13 Vol.-%, NK, Stahltank
Intensives Rubinrot. Sehr fruchtig, mit Noten von Kirschen und frisch gepflückten roten Früchten. Im Mund frisch, ausgewogen, im Einklang mit der Nase, mit weichen Tanninen und einem leicht würzigen Abgang.

★★★★★

GIUSEPPE RINALDI

Via Monforte 3, 12060 Barolo (CN)
T: +39 0173 56156, info@rinaldigiuseppe.com
rinaldigiuseppe.com

Kellermeister: Marta Rinaldi
Kontakt: Carlotta Rinaldi
Anbauweise: Bio

Das um 1890 gegründete Weingut wird von Carlotta und Marta Rinaldi in der sechsten Generation geführt. Sie verarbeiten nur Trauben aus den eigenen Weinbergen, 7,5 Hektar in der Gemeinde Barolo. Produziert werden etwa 60 % Barolo (Brunate, Le Coste, Cannubi-San Lorenzo, Ravera) und als Rest Dolcetto, Barbera, Nebbiolo, Freisa delle Langhe und Ruchè – insgesamt 38.000 Flaschen. Im Weinberg wird auf den Einsatz von systemischen Chemikalien und Herbiziden verzichtet. Die Weinbereitung erfolgt bei spontaner Gärung traditionell mit langer Maischegärung in offenen Bottichen und Reifung in Eichenfässern.

Das Schloss von Barolo

100 Barolo DOCG Brunate 2018
14,5 Vol.-%, NK
Glänzendes, mitteldichtes Granatrot. Eröffnet mit intensiven und ansprechenden Noten nach Gewürznelken und Kardamom, dann Himbeere, im Hintergrund etwas Trüffel. Blüht am Gaumen grandios auf, viel reife rote Beerenfrucht, Himbeere und dunkle Kirschen, öffnet sich mit viel feinmaschigem, im Kern samtigem Tannin, baut sich lange auf, fester Druck.

96 Barolo DOCG Tre Tine 2018
14 Vol.-%, NK
Funkelndes, mitteldichtes Granat mit Rubinkern. Sehr ansprechende Nase mit ausgeprägten Noten nach Himbeere, etwas Erdbeere, dann getrocknete Orangenschale, Gewürznelken und Koriandersamen. Zeigt am Gaumen ausgeprägte Noten nach Granatapfel, Erdbeere, etwas Safran und Leder, griffiges Tannin, herzhaft.

92 Freisa Langhe DOC 2020
13,5 Vol.-%, NK
Helles Rubinrot, leuchtend. In der Nase Noten von Kirsche, Walderdbeere, Johannisbeere und Pflaume. Der Schluck ist lebhaft, mit einer angenehmen Säure, saftige Note, die sich im Abgang schließt, delikater Nachhall.

★★★★★

BRUNO ROCCA

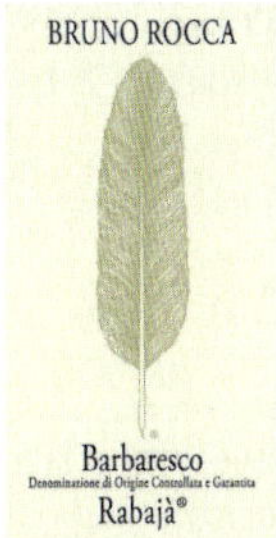

Strada Rabajà 60, 12050 Barbaresco (CN)
T: +39 0173 63 51 12, info@brunorocca.it
brunorocca.it

Ab-Hof-Verkauf: Ja
Kellermeister: Francesco Rocca
Kontakt: Bruno Rocca
Produktion: 15 Hektar

Seit Generationen baut der familiäre Betrieb in Barbaresco Trauben an und stellt hier, in der kleinen Stadt in der Provinz Cuneo im Piemont, einer der wichtigsten Weinbauregionen Italiens, herausragende Weine her. Der Familienbetrieb bewirtschaftet rund 15 Hektar Weinberge in Barbaresco und Neive, die sich in den Hügeln der Langhe befinden. Aus diesen Parzellen werden die großen Weine dieses Gebiets gewonnen: Barbaresco DOCG, Langhe Nebbiolo DOC, Dolcetto d'Alba DOC, Barbera d'Alba DOC und Langhe Chardonnay DOC.

Weinlese am Weingut
Bruno Rocca

beigestellt

95 Barbaresco DOCG Currà 2018
14,5 Vol.-%, NK
Mitteldichtes, funkelndes Granatrot, lichter Rand. Eröffnet in der Nase mit Noten nach Tamarinde, Granatapfel und Leder. Am Gaumen viele Schichten von geschliffenem Tannin, salzig, reife Himbeerfrucht, im Finale fester Druck.

94 Barbaresco DOCG Rabajà 2018
14,5 Vol.-%, NK
Glänzendes, aufhellendes Granatrot. Sehr klar und einladend, nach Himbeeren, dunklen Kirschen und Leder, dunkle Rosen im Hintergrund. Stoffig und dicht am Gaumen, zeigt herzhaftes, griffiges Tannin, viel Druck im Finale, wirkt aber noch sehr jung, für die nächsten Jahre noch weglegen.

★★★

ROCCHE DEI MANZONI

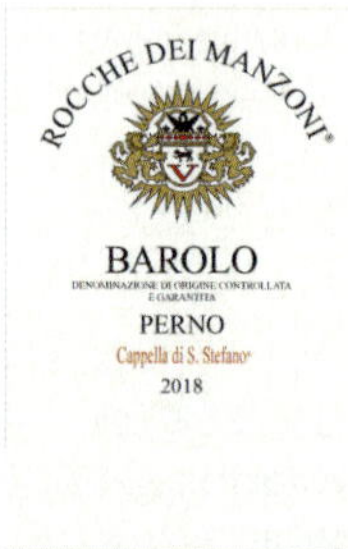

Loc. Manzoni Soprani 3, 12065 Monforte d'Alba (CN)
T: +39 0173 784 21, info@roccheideimanzoni.it
barolobig.com

Ab-Hof-Verkauf: Ja
Kellermeister: Giuseppe Albertino
Kontakt: Chiara Stupino

Der Hof aus dem 18. Jahrhundert in Manzoni Soprani wurde 1974 von Valentino Migliorini erworben. Im Lauf der Jahre produzierte das Weingut Spitzen-Barolos und prestigeträchtige Schaumweine. Heute wird das Unternehmen von Sohn Rodolfo geleitet, für den das Geheimnis des Erfolges darin liegt, »sich nie zufrieden zu geben, ständig zu experimentieren und sich zu engagieren«. Die Unternehmensphilosophie basiert auf dem Wunsch, im Keller so wenig wie möglich einzugreifen und einen Stil zu verfolgen, der elegante und seidige Weine hervorbringt. Alle Weinberge befinden sich in Monforte d'Alba.

93 Valentino Metodo Classico VSQ Brut 2010

12,5 Vol.-%, KR, Barrique/Flaschengärung

Dunkles Strohgelb mit hellen Reflexen. In der Nase deutliche Noten von Feuerstein und Kreide, Ananas, Mango und leichte Butternote. Am Gaumen sehr ausgewogen und saftig, anhaltend bis zum Finale.

91 Barolo DOCG Perno Cappella di Santo Stefano 2018

14 Vol.-%, NK, Barrique

Leuchtendes Rubinrot mit zart ziegelfarbenen Reflexen. In der Nase vom Holzeinsatz gezeichnet, viel Minze, viel Eukalyptus, viel Edelholz, auch Anklänge von Kokos und Waldbeermarmelade. Am Gaumen mit zartem Schmelz und feiner Minze, wird im hinteren Bereich zehrend, leider deutlich vom Holztannin gezeichnet.

90 Barolo DOCG Bricco San Pietro Vigna d'la Roul 2018

14 Vol.-%, NK, Barrique

Rubinrot, mit granatroten Reflexen. Ausgeprägte blumige Noten von Hagebutten und Glyzinien, die in Empfindungen von kandierten Früchten, feuchter Erde und rauchigen Anklängen übergehen. Im Mund vollmundig und intensiv, mit einem umhüllenden, warmen und harmonischen Schluck.

90 Barolo DOCG Big 'd Big 2018

14 Vol.-%, DIAM, Barrique

Funkelndes Granatrot. Wirkt in der Nase schon etwas gereift, mit deutlichen Noten nach eingelegten Pflaumen und Rumtopf, dann nach schwarzen Holunderbeeren und Waldboden, leicht ätherisch. Am Gaumen wärmend, mit gut eingebundenem Gerbstoff, wirkt im Finale etwas breit und reif.

89 Langhe Rosso Bricco Manzoni DOC 2016 NE/BA

14 Vol.-%, NK, Barrique/Tonneau Fass

Dunkles Purpurrot. Noten von Waldbeeren, süßen Gewürzen, schwarzem Pfeffer, Heu, reifen Pflaumen und einem Hauch von Holz. Weich und mit guter Wärme, ein wenig unausgewogen zwischen Tannin und Säure.

89 Quatr Nas Langhe Rosso DOC 2015 NE/PN/ME/CS

14 Vol.-%, NK, Barrique/Tonneau Fass

Kräftiges Rubinrot. Intensive Aromen von reifen roten Früchten, die sich mit blumigen Noten von Veilchen und würzigen Untertönen vermischen. Weich, fruchtig, harmonisch und mit einem ausgewogenen Abgang.

★★★★

GIOVANNI ROSSO

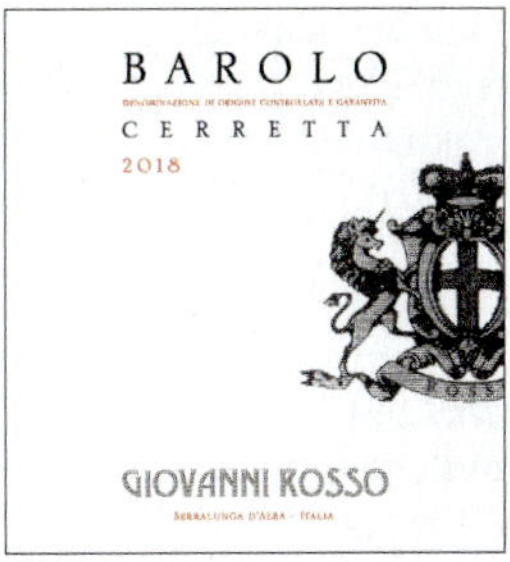

Via Roddino 10/1, 12050 Serralunga d'Alba (CN)
T: +39 0173 613340, info@giovannirosso.com
giovannirosso.com

Ab-Hof-Verkauf: Ja
Kellermeister/Kontakt: Davide Rosso
Produktion: 6.7 Hektar

Seit über 100 Jahren ist die Familie Rosso Eigentümerin der Crus Cerretta, La Serra, Broglio, Meriame, Sorano, Costa bella, Lirano und Damiano. Anfang der 1980er Jahre strukturierte Giovanni Rosso einen großen Teil der Weinberge um, indem er sie nach modernsten Gesichtspunkten bepflanzte, um ausschließlich qualitativ hochwertige Trauben zu erzeugen. 2001, im Alter von 27 Jahren, beschloss sein Sohn Davide, ein Önologe mit großer Erfahrung, sich persönlich um die Vinifizierung und den Ausbau der Weine zu kümmern, mit einem einzigen Ziel: »Der Wein muss der perfekte Ausdruck seines Terroirs sein.«

91 Roero Arneis DOCG 2021
13 Vol.-%, DIAM
Strohgelb mit grünlichen Reflexen. In der Nase weiche und einladende Aromen, die an Ginster und Kamille erinnern und sich mit Noten von frischen Früchten vermischen. Am Gaumen voll und anhaltend, mit einer ausgezeichneten Korrespondenz zwischen Nase und Mund und einem raffinierten Gleichgewicht.

96 Barolo DOCG Cerretta 2018
14 Vol.-%, NK
Funkelndes Rubin mit feinem Granatschimmer. Intensiv duftende Nase mit Noten nach Zwetschken, Rosenblättern und etwas Weihrauch. Zupackendes, herzhaftes Tannin, baut sich gut auf, nach Himbeeren und Koriandersamen, im Finale guter Grip.

93 Barolo DOCG 2018
14 Vol.-%, NK
Granatrot. Reichhaltiges, intensives und blumiges Bouquet mit Anklängen an Hagebutte, Veilchen, Kirschen, Beeren und balsamische Kräuter. Am Gaumen vollmundig, strukturiert, tiefgründig, aber gleichzeitig frisch, saftig und geradlinig, mit langem Nachhall.

93 Barolo DOCG Serra 2018
14 Vol.-%, NK
Leuchtendes, aufhellendes Granatrot. Präsentiert sich mit sehr feiner Nase, nach Himbeere, frische Zwetschke, unterlegt von Noten getrockneten Orangenschalen. Am Gaumen samtiges, feinmaschiges Tannin, entfaltet sich sehr ausgewogen, nach saftigen Zwetschken, im Finale leicht sandig.

91 Langhe Nebbiolo DOC 2020
14 Vol.-%, NK
Intensives Granatrot. Noten von Beeren, Veilchen, getrockneten Blättern und sanften Gewürzen. Im Mund geradlinig, einhüllend, mit schöner Finesse und Frische, angenehm tanninhaltig, trocken und schließt mit einem Hauch von Orangenschalen ab.

91 Donna Margherita Barbera d'Alba DOC 2021
13,5 Vol.-%, DIAM
Intensives Rubinrot. In der Nase fruchtige Noten von reifen Kirschen und blumige Noten von Veilchen mit Anklängen von Orangenschalen und süßen Gewürzen wie Vanille. Ausgewogener, voller und anhaltender Geschmack mit einem beinahe zitrusartigen Abgang.

★★★★★

LUCIANO SANDRONE

Via Pugnane 4, 12060 Barolo (CN)
T: +39 0173 56 00 23, info@sandroneluciano.com
sandroneluciano.com

Kellermeister: Luciano und Luca Sandrone
Kontakt: Barbara Sandrone
Produktion: 27 Hektar

Luciano Sandrone arbeitet gemeinsam mit seinem jüngeren Bruder Luca, dessen Tochter Barbara und den Enkelkindern im Familienbetrieb. Das Winzerhandwerk im Weinberg und im Keller steht stets im Zeichen von Traditionen und Innovation und resultiert in herausragenden Weinen, die die Sorgfalt und Leidenschaft dieses Tuns zum Ausdruck bringen. Familienzusammenhalt beweist auch so mancher Weinname; der »Barolo Aleste« ist den Enkeln ALEssia und STEfano gewidmet. Luciano's Sortiment endet aber nicht bei Barolo, auch Nebbiolo reift unter perfekten Bedingungen im Gewölbekeller des Weinguts.

98 Barolo DOCG Vite Talin 2016

14,5 Vol.-%, NK

Dunkelleuchtendes, funkelndes Rubin mit zart aufhellendem Rand. Zeigt in der Nase feine Nuancen nach Leder, Preiselbeermarmelade, dazu Tabak, Graphit, im Nachhall nach Cassis und Brombeeren, sowie Lakritze. Am Gaumen tiefgründig und strahlend, saftig, mit engmaschigem, dichtem Tannin, bestimmend und elegant, dazu fester Druck, hat viel Lagerpotential, prächtig.

97 Barolo DOCG Aleste 2018

14,5 Vol.-%, NK

Leuchtendes, strahlendes Rubingranat. In der Nase toller Ausdruck, nach reifen Himbeeren, etwas Hagebutten, erinnert auch an Walderdbeeren, dazu edles Leder und Zigarrenkiste, erinnert im Nachhall an Graphit. Am Gaumen saftig und präzise, öffnet sich spannungsgeladen und mit engmaschigem Tanninkleid, schwingt fein dahin.

96 Barolo DOCG Le Vigne 2018

14,5 Vol.-%, NK

Leuchtendes, strahlendes Rubingranat mit zart aufhellendem Rand. In der Nase klar nach reifen Himbeeren, Hagebutten, dazu etwas Roiboos, im Hintergrund feine erdige Noten. Am Gaumen strahlend und mit engmaschigem, salzigem Tannin, spannt sich weit auf, dazu salziger Unterton, schwingend.

92 Valmaggiore Nebbiolo d'Alba DOC 2020

13,5 Vol.-%, DIAM

Funkelndes, leuchtendes Kirschrot. In der Nase etwas verschlossen und schüchtern, gibt nur zaghaft Nuancen von roten Johannisbeeren und etwas Himbeeren preis. Am Gaumen mit zart cremigem Eintritt, dazu saftiges Tannin und klarer Fruchtkern, zieht sich schön durch, im Finale sauber und leicht salzig.

92 Dolcetto d'Alba DOC 2021

13,5 Vol.-%, DIAM

Leuchtendes, sattes Rubinviolett mit zart aufhellendem Rand. In der Nase duftend und klar, weinig, dann nach frisch gepflückten Veilchen, saftigen Kirschen und Waldfrüchten, zeigt im Nachhall dazu noch feine Würze. Am Gaumen mit engmaschigem, saftigem Tannin, hat auch klare, toll herausgearbeitete Frucht, in sich sehr gut ausgewogen, macht leicht gekühlt richtig viel Spaß im Glas!

91 Barbera d'Alba DOCG 2020

13,5 Vol.-%, DIAM

Funkelndes, kraftvolles Rubinviolett. Sehr klare und einprägsame Nase mit Noten nach Brombeere, Heidelbeere und etwas Roter Rübe. Geschmeidig und samtig am Gaumen, zeigt feinmaschiges, gut integriertes Tannin, satte Kirschfrucht.

★★★★★

PAOLO SCAVINO

Via Alba-Barolo 157, 12060 Castiglione Falletto (CN)
T: +39 0173 62850, info@paoloscavino.com
paoloscavino.com

Ab-Hof-Verkauf: Ja
Kontakt: Familie Scavino
Produktion: 29 Hektar

Das Weingut wurde 1921 in Castiglione Falletto von Lorenzo Scavino und seinem Sohn Paolo gegründet. Nun leitet Enrico Scavino zusammen mit seinen Töchtern Enrica und Elisa, der vierten Generation, den Betrieb. Die Familie besitzt rund 30 Hektar Land im Barolo-Gebiet in den Gemeinden Castiglione Falletto, Barolo, La Morra, Novello, Serralunga d'Alba, Verduno, Roddi und Monforte d'Alba. Produziert werden die Weine Langhe Bianco Sorriso, Dolcetto d'Alba, Barbera d'Alba, in Barriques gereifter Barbera d'Alba, Langhe Nebbiolo und Barolo mit einer Gesamtmenge von 180.000 Flaschen pro Jahr.

98 Barolo DOCG Cannubi 2018
15 Vol.-%, DIAM
Leuchtendes Rubinrot mit aufhellendem Rand. In der Nase komplex und tief, öffnet sich auf Nuancen von frischer Minze, dazu reife Himbeere und Preiselbeere, im Finale etwas geröstete Haselnuss, spannend. Am Gaumen dicht und eng gewoben, spannt ein herrliches Kleid auf, dazu viel süßer Schmelz, klare Frucht mit salzigem Unterton, wie aus einem Guss, lange und prächtig.

96 Barolo DOCG Ravera 2018
14,5 Vol.-%, DIAM
Dunkelleuchtendes Rubinrot mit aufhellendem Rand. In der Nase nach kandierten Zitruszesten, etwas Himbeeren, dazu feine Minze im Nachhall, hält sich insgesamt etwas zurück. Am Gaumen mit mundfüllendem Eintritt, breitet sich wie ein samtiges Tuch über die Zunge, dazu eng gewobenes Tannin, edle Nuancen nach Lakritze im Ausklang, saftig und spannend, dazu langes, salziges Finale.

96 Barolo DOCG Bric del Fiasc 2018
15 Vol.-%, DIAM
Leuchtendes, aufhellendes Rubin mit hellem Rand. Sehr einladende und fein gezeichnete Nase, duftet nach Rosenblättern, dunkler Kirsche und Granatapfel. Am Gaumen geschliffen und geschmeidig, viel feinmaschiges Tannin, spannt sich weit auf, saftige Himbeer- und Preiselbeerfrucht, im Finale fester Druck.

93 Barolo DOCG Bricco Ambrogio 2018
15 Vol.-%, NK
Aufhellendes, funkelndes Kirschrubin. In der Nase zart nach getrockneten Tomaten, Preiselbeeren, dazu feines Fumé, auch leicht lederwürzig. Spannt sich toll über den Gaumen, mit feinem, eng gewobenem Tannin, mit leicht öliger Textur, geschliffen und mit ausgewogen, fruchtbetontem Ansatz und Verlauf, saftig.

★★★★

TRAVAGLINI

Strada delle Vigne 36, 13045 Gattinara (VC)
T: +39 0163 833588, visite@travaglinigattinara.it
travaglinigattinara.it

Ab-Hof-Verkauf: Ja
Kellermeister: Massimo Collauto
Kontakt: Cinzia Travaglini
Produktion: 200.000 Flaschen, 2 % Schaumwein, 98 % rot, 56 Hektar
Förderprogramm: EU Reg.No 1308/2013

Travaglini ist ein führendes Unternehmen in der Weinbauregion des nördlichen Piemont. Seit fünf Generationen produziert man Nebbiolo in verschiedenen Ausprägungen. Tiefe Verbundenheit mit der Region, Leidenschaft, die von Generation zu Generation weitergegeben wird, und die ständige Suche nach Qualität und Perfektion sind die Säulen des traditionellen, aber dennoch jungen und innovativen Unternehmens. Zuletzt wurde viel investiert, vor allem in die Ausbildung, in neue Anlagen und in die Umstrukturierung des Reifekellers, wobei es gelungen ist, Tradition und Innovation in jeder Ecke in Einklang zu bringen.

94 Il Sogno 2018
15,5 Vol.-%, NK, Stahltank/Eichenfass/Barrique
Mittleres, leuchtendes Granatrot. In der Nase intensiv, mit Aromen von Kirschen, Brombeeren und Pflaumenmarmelade, Schwarztee und balsamischen Nuancen sowie Röst- und Gewürzaromen. Am Gaumen weich, strukturiert und frisch, mit ausgeprägter würziger Note, begleitet von reifen Tanninen und einem langen Abgang.

93 Gattinara Tre Vigne DOCG 2018
13,5 Vol.-%, NK, Stahltank/Eichenfass/Barrique
Leuchtendes Granatrot. In der Nase nach Orangenschale, Granatapfel und reifen Herzkirschen, im Hintergrund nach Waldboden und etwas Leder. Am Gaumen mit viel saftiger Frucht und gut eingebundenem Tannin, langer fruchtbetonter Nachhall.

93 Gattinara Riserva DOCG 2017
13,5 Vol.-%, NK, Stahltank/Eichenfass/Barrique
Leuchtendes Granatrot. In der Nase nach Veilchen und satter Sauerkirsche, im Hintergrund etwas Leder. Am Gaumen mit kräftigem Tannin, frisch und saftig, dicht und mit gutem Zug, langer Abgang.

91 Gattinara DOCG 2019
13,5 Vol.-%, NK, Stahltank/Eichenfass
Funkelndes Granatrot. In der Nase präzise Nuancen von Kirschen und Zimt, im Nachhall nach Leder und Waldboden. Am Gaumen gut ausbalanciert, mit feinem Säurespektrum, gut eingebundener Gerbstoff, langer und saftiger Nachhall.

★★★★

G.D. VAJRA

Via delle Viole 25, 12060 Barolo (CN)
T: +39 173 56257, welcome@gdvajra.it
gdvajra.it

Ab-Hof-Verkauf: Ja
Kellermeister: Aldo und Giuseppe Vaira
Anbauweise: Bio

Die Familie Vajra bewirtschaftet seit dem 17. Jahrhundert den Bricco delle Viole, einen der höchstgelegenen Barolo-Weinberge, und besitzt dort seit Ende der 1880er-Jahre Parzellen. 1968 verwirklichte Aldo Vajra seinen Traum, dieses Familienerbe wiederzubeleben, und übernahm das Weingut. Bald schuf er private biologische Selektionen von Nebbiolo und Dolcetto und leistete 1980 Pionierarbeit bei der Wiederbelebung der lokalen Rebsorte Freisa. Heute zeugen der Dolcetto Coste & Fossati und der Barbera d'Alba Superiore von der Liebe der Vajras zu den autochthonen Rebsorten, denen sie die besten Weinberge widmen.

95 Barolo DOCG Ravera 2018

14,5 Vol.-%, NK, großes Holzfass

Leuchtendes, strahlendes Rubinrot mit aufhellendem Rand. In der Nase ausdrucksstark, nach Waldbeeren, Holunderbeeren, auch blumig, dann Eukalyptus, dazu edle Würze, nach Schwarztee im Finale. Am Gaumen kompakt, saftig, mit dichtem Tannin, kommt in mehreren Schichten, energiegeladen, im Finale salzig.

94 Barolo DOCG Coste di Rose 2018

14,5 Vol.-%, NK, großes Holzfass

Helles, leuchtendes Rubinrot. Reichhaltige Nase mit blumigen Noten von Veilchen, Rosen und einem leichten Hauch von Blutorange. Am Gaumen saftig, leicht, mit gut eingebundenen Tanninen und angenehm im Nachgeschmack, schöne Säure, frischer und mineralischer Abgang.

94 Barolo DOCG Bricco delle Viole 2018

14,5 Vol.-%, NK, großes Holzfass

Leuchtendes, aufhellendes Rubinrot. In der Nase edle Würze, nach Leder, kandierten Himbeeren, auch Walderdbeeren, insgesamt von mittlerem Ausdruck. Am Gaumen beeindruckend saftig und geschliffen, breitet sich elegant und komplex über die Zunge, tolle Salzigkeit, schwingt edel dahin, langes Finish.

93 Barbera d'Alba Superiore DOC 2020

15 Vol.-%, NK, großes Holzfass

Leuchtendes Rubinrot. Noten von reifen roten Früchten, süßen Gewürzen, Veilchen, Erde und Unterholz. Vollmundig, strukturiert, tief und frisch, weiche Tannine und balsamischer Abgang.

92 Coste & Fossati Dolcetto d'Alba DOC 2020

13,5 Vol.-%, NK, Stahltank

Leuchtendes Rot mit klaren violetten Reflexen. Noten von roten Früchten, Sauerkirsche, Blumen und ein umhüllender Abgang mit Lakritz und Menthol. Elegant, ausgewogen, komplex und harmonisch im Geschmack mit weichen Tanninen.

91 Kye' Freisa Langhe DOC 2018

15 Vol.-%, NK, großes Holzfass

Tiefes Rubinrot mit Granatrotem Rand. In der Nase Noten von roten Beeren wie Johannisbeeren und Preiselbeeren, Tabak, rote Rosen und Lorbeere. Am Gaumen würzig, reichhaltig, komplex, ausgewogen, mit einer schönen Frische.

★★★★★

VIETTI

Piazza Vittorio Veneto 5, 12060 Castiglione Falletto (CN)
T: +39 0173 62825, info@vietti.com
vietti.com

Ab-Hof-Verkauf: Ja
Kellermeister: Luca Currado Vietti
Kontakt: Elena Currado Vietti
Produktion: 400.000 Flaschen, 70 Hektar
Anbauweise: Bio

Die Weinkellerei Vietti liegt in Castiglione Falletto im Herzen der Langhe und wurde Ende des 19. Jh. von Carlo Vietti gegründet. Das Weingut ist im Laufe der Zeit weiter gewachsen und umfasst heute einige der wertvollsten Terroirs des Barolo-Weinbaugebiets. 2016 wurde das historische Weingut von Krause Holdings übernommen, was es Luca Currado Vietti und seiner Frau Elena ermöglichte, den Besitz des Weinguts um einige wertvolle Crus zu erweitern und dem Betrieb somit neue, anregende Perspektiven zu eröffnen, ohne dabei den familiären Ansatz zu vernachlässigen, für den die Kellerei schon immer bekannt war.

97 Barolo DOCG Lazzarito 2018

14,5 Vol.-%, NK, Holzfass

Funkelndes, aufhellendes Rubin-Granat. Offene und einladende Nase mit Noten nach Preiselbeere, Rose, Granatapfel und getrockneter Orangenschale. Griffiges und zupackendes Tannin, bildet den Treibstoff für diesen Wein, feine Kirschen- und Orangennoten, im Finale nach Leder, langer Nachhall.

96 Barolo DOCG Cerequio 2018

14,5 Vol.-%, NK, Holzfass

Glänzendes, sattes Rubin mit leichtem Granatschimmer. Kompakte und ansprechende Nase, satt nach reifen Zwetschken, etwas Brombeere, dazu viel weiße Trüffel. Zeigt am Gaumen feinen Schmelz, öffnet sich mit griffigem, präsentem Tannin in feinen Schichten, saftig und salzig im Finale.

92 Barolo DOCG Castiglione 2018

14,5 Vol.-%, NK, Holzfass

Leuchtendes, funkelndes Rubinrot mit schimmerndem Kern. Duftet in der Nase edel und fein nach Minze, Himbeeren, getrockneten Orangen, im Nachhall feine blumige Komponenten. Am Gaumen kompakt, saftig, kommt mit zupackendem Tannin daher, wirkt ingesamt etwas ruppig und ungestüm, braucht noch Zeit.

92 Barbaresco DOCG Roncaglie Masseria 2018

14,5 Vol.-%, NK, Holzfass

Glänzendes, mitteldichtes Rubin-Granat. Klar gezeichnete Nase mit Noten nach reifen Himbeeren und Erdbeeren, etwas Granatapfel und Leder. Kerniges, herzhaftes Tannin charakterisiert den Verlauf am Gaumen, viel Kirschfrucht, im Finale etwas ruppig und rau.

95 Vigna Vecchia Scarrone Barbera d'Alba DOC 2020

15 Vol.-%, NK, Holzfass

Dunkelleuchtendes Rubinviolett. Tolle, einprägsame Nase, nach satten baumreifen Kirschen, dazu klar nach Zimt, viel Brombeerfrucht, im Nachhall nach Tee und getrocknetem Rosenblatt. Am Gaumen geschliffen und mit viel Finesse, spannt sich mit klarer, würziger Frucht auf, satt und ausgewogen, dazu tolle Spannung, herrlich.

92 Vigna Scarrone Barbera d'Alba DOC 2020

15 Vol.-%, NK, Holzfass

Intensives Rubinrot. Harmonisches Bukett von Brombeeren, Kirschen und Pflaumenmarmelade, Rose und einem Hauch von süßer Würze. Im Mund weich und frisch, im Abgang kehrt die Süße der Früchte zurück.

★★★★

VILLA SPARINA

Frazione Monterotondo 56, 15066 Gavi (AL)
T: +39 0143 633 835, sparina@villasparina.it
villasparinaresort.it

Ab-Hof-Verkauf: Ja
Kontakt: Silvia Frattini
Produktion: 100 Hektar

Die Villa Sparina wird von der Familie Moccagatta geführt. Das Anwesen umfasst 100 Hektar, davon 65 Hektar Weinberge im Gavi-Gebiet. Die meisten sind mit der Sorte Cortese für den Gavi DOCG bepflanzt. Cortese wird auch für einen Brut, Blanc de Blancs, verwendet. Seit 25 Jahren wird der Monterotondo produziert, ein komplexer, langlebiger Weißwein, dessen Trauben aus einem Weinberg von 1945 stammen. Die Linie »Villa Sparina 10 anni« für alterungsfähige Gavi-Weine gibt es seit 2018. Das Gut produziert auch einen Barbera del Monferrato DOC mit dem Spitzenprodukt, einem Cru Rivalta, Barbera Superiore DOCG.

88 Metodo Classico VSQ Brut
12,5 Vol.-%, PK, Flaschengärung
Helles Goldgelb mit feinkörniger und anhaltender Perlage. In der Nase nach reifem Apfel und Birne, im Nachhall florale Noten und Hefe. Am Gaumen frisch und saftig, mit eher aggressiver Perlage, mineralisch, etwas kurz im Abgang.

94 Monterotondo 10 anni Gavi di Gavi DOCG 2010 Magnum
13,5 Vol.-%, NK, Holzfass/Stahltank/Flaschenreifung
Leuchtendes Strohgelb mit goldenen Reflexen. Intensive aromatische Noten von Pfirsich, Aprikose, begleitet von Gewürzen, Kräutern, weißen Blüten und Feuerstein. Am Gaumen weich, komplex und harmonisch, mit lebendiger Frische und einem leicht mineralischen Abgang.

92 Monterotondo Gavi di Gavi DOCG 2019
13 Vol.-%, NK, Stahltank/Flaschenreifung
Strohgelb mit goldenen Reflexen. Breit und intensiv mit fruchtigen Noten, die sich mit Meeresnoten und pflanzlichen Nuancen verbinden. Reichhaltig, wohlriechend, warm, ausgewogen, mit einem Abgang von Zitrusfrüchten.

90 Gavi di Gavi DOCG 2021
12,5 Vol.-%, KK, Stahltank
Strohgelb mit goldenen Reflexen. In der Nase Noten von weißfleischigen Früchten, saftigen Zitrusfrüchten, aromatischen Kräutern, weißen Blüten und Mandeln. Senkrecht, agil und lebendig, mit einem frischen, würzigen Abgang.

89 Rosé Piemonte DOC 2021
13 Vol.-%, KK, Stahltank
Blassrosa mit gräulichen Reflexen. Blumige Noten, mit Nuancen von roten Früchten, rosa Pfeffer und Granatapfel. Leicht und frisch, knackig, mit einem Abgang zart nach Mandeln.

90 Barbera del Monferrato DOC 2020
14 Vol.-%, KK, Stahltank
Intensives und lebendiges Rubinrot. In der Nase Aromen von Kirschen, Waldbeeren und Pflaumen mit einem Hauch von Gewürzen und Unterholz. Am Gaumen vertikal, frisch und ausgewogen, mit einer zarten, saftigen Note.

Castello di Cigognola, Cigognola

LOM BAR DEI

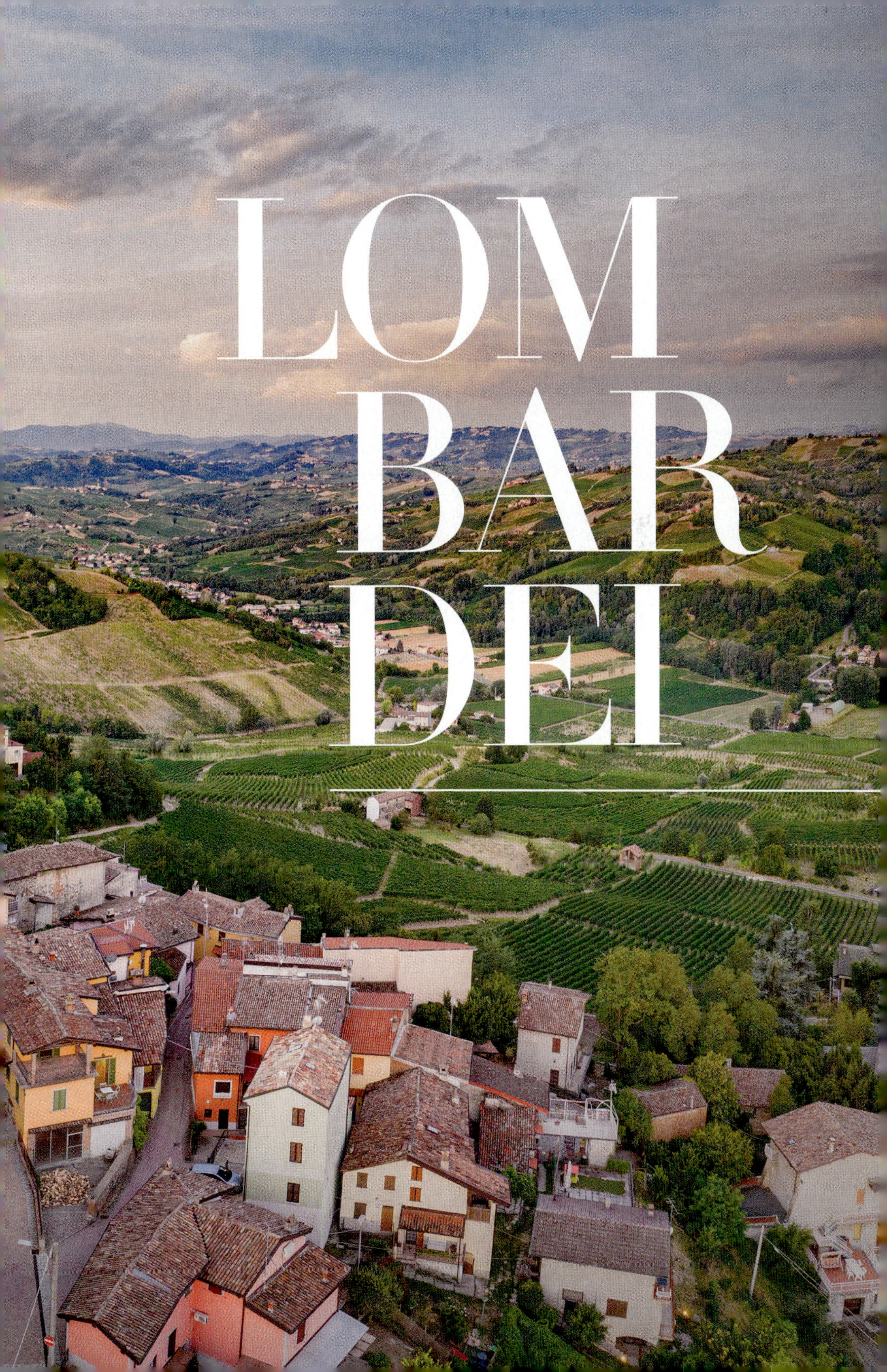

Turm von San Martino della Battaglia, südlich des Gardasees

WEINBAULANDSCHAFT ZWISCHEN DEN SEEN

Die romantische Weinbaulandschaft zwischen dem Gardasee und dem Lago d'Iseo wurde schon vom berühmten römischen Dichter Vergil beschrieben und gelobt. Heute kommen von hier nicht nur gute bis sehr gute Stillweine, sondern mit den Schaumweinen aus der Franciacorta auch echte Herausforderer für den Champagner.

Die Lombardei erstreckt sich von der Schweizer Grenze am Lago Maggiore bis über die pulsierende Metropole Mailand hinaus und grenzt im Osten an die Westseite sowie den Süden des Gardasees. So gut wie überall in Italien hat der Weinbau in dieser Region eine lange Geschichte und geht im mindesten Fall bis auf das Zeitalter der Römer zurück. Bereits der Dichter Vergil (70 bis 19 v. Chr.) vermerkt, dass unter anderem neben Olivenhainen auch Reben stehen. Nach offiziellen Angaben stehen in der Lombardei ca. 27.000 Hektar unter Reben, die sich auf zahlreiche DOCs und IGTs verteilen, von denen viele allerdings außerhalb Italiens wenig bekannt sind. Die eigentlichen Zentren der Region bilden die Weinberge im Valtellina, die Region Oltrepò Pavese im Süden sowie die Weinberge in der Provinz Brescia im Osten. Die Lombardei zeichnet sich wie auch andere Regionen im Norden Italiens durch ein sehr reizvolles klimatisches Wechselspiel aus. Im Großen und Ganzen lässt sich das Klima als kontinental beschreiben, mit heißen Sommern und kalten Wintern, allerdings profitieren im Norden die Weinberge auch von dem kühlen Einfluss der Alpen. Die Böden der Lombardei sind vielfältig, aber durchgängig recht karg. Unter den Weißwein-

WEIN-PRODUKTION
LOMBARDEI
1.476.000 hl*
50% weiß
50% rot/rosé

* Gesamtweinprodukion Italien: 49.908.000 hl, Jahrgang 2020

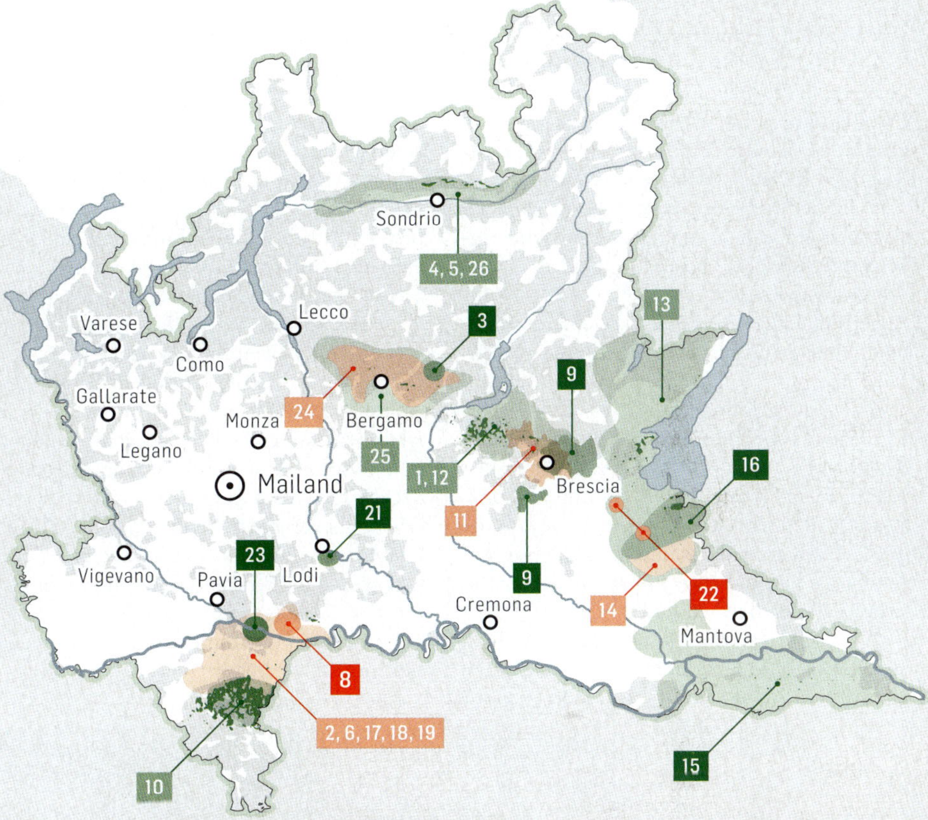

LOMBARDEI

DOCG

1 Franciacorta
2 Oltrepò Pavese Metodo Classico
3 Moscato di Scanzo
4 Sforzato di Valtellina
5 Valtellina Superiore

DOC

6 Bonarda dell'Oltrepò Pavese
7 Botticino
8 Buttafuoco dell'Oltrepò Pavese
9 Capriano del Colle
10 Casteggio
11 Cellatica
12 Curtefranca
13 Garda
14 Garda Colli Mantovani
15 Lambrusco Mantovano
16 Lugana
17 Oltrepò Pavese
18 Oltrepò Pavese Pinot Grigio
19 Pinot Nero dell'Oltrepò Pavese
20 Riviera del Garda Classico
21 San Colombano al Lambro
22 San Martino della Battaglia
23 Sangue di Giuda dell'Oltrepò Pavese
24 Terre di Colleoni
25 Valcalepio
26 Valtellina Rosso

Quelle: Istat date 2021

sorten ragen besonders Chardonnay, Pinot Bianco und der durch den Lugana berühmt gewordene Trebbiano di Lugana hervor. Der Trebbiano hier darf allerdings nicht mit dem allseits bekannten Trebbiano aus anderen Regionen Italiens gleichgesetzt werden, denn neue DNA-Analysen haben ergeben, dass es sich hierbei vielmehr um die aus den Marken bekannte Rebsorte Verdicchio handelt. Unter den Rotweinen setzt der Nebbiolo klare Akzente, der hier Chiavannesca genannt wird und zumeist aus der gebirgigen Grenzregion Valtellina an der Schweizer Grenze stammt, aber auch internationale Sorten wie Cabernet Sauvignon oder Pinot Noir. Für letzteren ist das Oltrepò Pavese flächenmäßig der größte Produzent Italiens, sowie für autochthone rote Prickler wie den Bonarda Vivace. Eine große Überraschung war vor ca. 25 Jahren Jahren die faszinierende Entdeckung, dass es sich bei Teilen der Merlot-Anpflanzungen in der Franciacorta um die ursprünglich in Bordeaux ansässige und dort heute ausgestorbene Sorte Carmenére handelt. Der findige und äußerst kreative Weinmacher Maurizio Zanella schuf daraus mit dem »Carmenero«, dessen Etikett einen Wolf im Schafspelz zeigt, einen unter Kennern sehr geschätzten und gesuchten Kultwein. Die Weine der Lombardei waren lange Zeit außerhalb Italiens eher unbekannt, doch dann lenkten die bemerkenswerten Schaumweine der Subregion Franciacorta rund um den Lago d'Iseo, allen voran Zanella's Ca'del Bosco, das Augenmerk anspruchsvoller Weinfreunde auf die Region. Diese Schaumweine verfügen längst über eine eigene Herkunft mit DOCG Status sowie über eine gesetzlich geregelte Qualitätspyramide, und bieten Champagnerfreunden extrem reizvolle Alternativen. Und spätestens seit der Lugana, ein Weißwein vom südlichen Gardasee, vor rund zehn Jahren seinen Siegeszug auf die Tische der Weinfreunde rund um den Globus antrat, erfreut sich die Region größerer Bekanntheit und allgemeiner Beliebtheit.

Ciochet, Lago d'Iseo, Franciacorta

★★★★

ARPEPE

Via Del Buon Consiglio 4, 23100 Sondrio (SO)
T: +39 0342 214120, info@arpepe.com
arpepe.com

Ab-Hof-Verkauf: Ja
Kellermeister: Emanuele Pelizzatti Perego
Kontakt: Isabella Pelizzatti Perego
Produktion: 133.333 Flaschen, 100 % rot, 15 Hektar

Seit über 150 Jahren widmet sich die Winzerfamilie leidenschaftlich dem Anbau von Nebbiolo, der seltenen Rebsorte, die sich in einem Gebiet besonders wohl fühlt; dem einzigartigen Veltlin im Grenzgebiet zwischen der Schweiz und Südtirol. Bereits in fünfter Generation bestimmt im Hause Arpepe »die richtige Wartezeit« den Rhythmus der Entscheidungen, ein Credo, auf was schon Vater Arturo schwor. Unbeeinflusst von kurzlebigen Trends ist man stets um Weine bemüht, die den reinsten Ausdruck des Landes und jener, die es mit Hingabe kultivieren, in die Flasche bringen.

96 Nuova Regina Valtellina Superiore Sassella Riserva DOCG 2016
13,5 Vol.-%, KK, großes Holzfass
Leuchtendes Rubinrot mit zart aufhellendem Rand. Edle Nase, nach Walderdbeeren, Himbeeren, dazu fein süßliche Nuancen von Früchte-Tee, dann Leder und nasser Stein, vielschichtig und tief. Am Gaumen äußerst saftig, öffnet sich in vielen Schichten, druckvoll und geschliffen, scheint sich endlos aufzubauen, hallt lange nach.

95 Ultimi Raggi Valtellina Superiore Sassella Riserva DOCG 2016
14 Vol.-%, KK, großes Holzfass
Leuchtendes, strahlendes Rubinrot. In der Nase nach frisch gemahlenem Pfeffer, Kräutern, dazu feine Amarenakirsche, erinnert im Nachhall an Minzschokolade und Brombeeren. Am Gaumen mit ausgewogenem Eintritt, zieht seine Harmonie im gesamten Verlauf durch, druckvoll, bleibt sehr lange auf der Zunge.

94 Buon Consiglio Valtellina Superiore Grumello Riserva DOCG 2016
13 Vol.-%, KK, großes Holzfass
Aufhellendes, leuchtendes Rubinrot. In der Nase nach Kräutern, Himbeeren, einem Hauch kaltem Rauch, edles Holz, nasser Stein. Am Gaumen mit tollem Eintritt, saftig-cremig, mit elegantem Verlauf, klare Frucht und filigranes Tannin spielen gekonnt miteinander, hallt lange wiederum saftig nach.

93 Sesto Canto Valtellina Superiore Inferno Riserva DOCG 2016
13 Vol.-%, KK, großes Holzfass
Leuchtendes, strahlendes Rubinrot mit funkelndem Kern. In der Nase zunächst leicht verschlossen, etwas speckige Nuancen, dann Leder und blutige Anklänge, nach Belüftung Kirsche und edle Gewürze im Hintergrund. Zeigt sich am Gaumen saftig und mit präsent, mit salzigen Komponenten, edle Kräuternote, schwingt lange und druckvoll nach.

92 Nebbiolo Rosso di Valtellina DOC 2020
13 Vol.-%, KK, großes Holzfass
Funkelndes, leuchtendes Kirschrot. Duftend-blumige Nase nach Orangenzesten, Hagebutten, Himbeeren und einem Hauch Würze. Am Gaumen sehr saftig und sehr strahlend, von mittlerer Intensität, ausgewogen und sehr zugänglich, am besten leicht gekühlt servieren.

91 Il Pettirosso Nebbiolo Valtellina Superiore DOCG 2018
13,5 Vol.-%, KK, großes Holzfass
Sehr helles Rubin mit Tendenz zum Kirschrot. In der Nase nach Kirschen, Preiselbeeren, edler harziger Unterton, pfeffrig, im Nachhall leicht nach nassem Stein. Am Gaumen mit saftigem Eintritt, spannt ein feines Wechselspiel zwischen Kargheit und Salzigkeit über den Gaumen, bleibt etwas zehrend, wenngleich sehr sauber über.

★★★★

BERLUCCHI

Piazza Duranti 4, 25040 Corte Franca (BS)
T: +39 030 984381, info@berlucchi.it
berlucchi.it

Ab-Hof-Verkauf: Ja
Kellermeister: Arturo Ziliani
Kontakt: Paolo Ziliani
Produktion: 650 Hektar
Anbauweise: Bio
Förderprogramm: EU Reg.No 1308/2013

Wir befinden uns im Jahre 1955: Guido Berlucchi und der junge Önologe Franco Ziliani möchten in der Provinz Brescia Franciacorta Metodo Classico produzieren. Mit der ersten Ernte 1961 realisieren sie ihre damals revolutionäre Idee und noch heute beherbergt der historische Keller aus dem 17. Jahrhundert eine dieser ersten 3.000 Flaschen. Berlucchi steht aber nicht nur im Zeichen des Franciacorta, sondern gleichsam für Nachhaltigkeit, Pioniergeist und Innovation. Grundpfeiler, die bis heute das tägliche Arbeiten der neuen Generation Cristina, Arturo und Paolo stützen.

Cristina, Arturo und Paolo Ziliani, Weingut Berlucchi

beigestellt

96 '61 Nature Franciacorta DOCG 2015 Dosaggio Zero CH/PN
12,5 Vol.-%, DV, Flaschengärung
Leuchtendes Strohgelb mit anhaltender engperliger Perlage. Tolle und einladende Nase, nach feiner Milchschokolade und gerösteter Haselnuss, auch nach Blutorange und feinem Meersalz. Am Gaumen mit toller Spannung und elegantem Verlauf, zeigt sich knochentrocken mit gut eingebundener Perlage, schöne Reife im Finale, mit Druck.

91 '61 Franciacorta DOCG Extra Brut CH/PN
12,5 Vol.-%, NK, Flaschengärung
Glänzendes Strohgelb mit feinkörniger Perlage. In der Nase nach reifem Steinobst und Apfel, im Nachhall leicht hefig und nach Brotkruste. Am Gaumen trocken, mit gut eingebundener Perlage, frisch und saftig, langes Finale.

95 Palazzo Lana Extrême Franciacorta Riserva DOCG 2011 Extra Brut
12,5 Vol.-%, NK, Flaschengärung
Edles Strohgelb mit einem Tropfen Kupfer und mit anhaltender Perlage. In der Nase nach kaltem Rauch, elegantem Edelholz, Milchoschokolade, kandierten Früchten und edlen Steinpilzen, Meersalz, sehr komplex und einladend. Am Gaumen ausgewogen und sehr elegant, mit viel Saft und Fruchtschmelz, gleichzeitig pur und knochentrocken, mit engmaschiger Perlage, hallt lange nach.

VERKOSTUNGSERGEBNISSE

BERLUCCHI

beigestellt

94 '61 Nature Blanc de Blancs Franciacorta DOCG 2015 Dosaggio Zero

12,5 Vol.-%, NK, Flaschengärung

Leuchtend-strahlendes Strohgelb mit anhaltender Perlage. Tolle Nase, zart rauchig mit edlen Feuerstein-Noten, Schwarzbrotkruste und Haselnüssen, im Hintergrund feiner Bratapfel. Am Gaumen sehr elegant und mit wohligem Schmelz, öffnet sich mit lebendiger Perlage, klarer Verlauf, hallt lange nach.

90 '61 Satèn Franciacorta DOCG Brut

12,5 Vol.-%, NK, Flaschengärung

Strahlendes Strohgelb mit feinkörniger Perlage. In der Nase nach Zitrusfrüchten, Jod und im Nachhall ein Touch Minze. Am Gaumen mit weicher Perlage und feinem Fruchtschmelz, frisch und saftig, mittellanges Finale.

94 '61 Nature Franciacorta Rosé DOCG 2015 Dosaggio Zero

12,5 Vol.-%, PK, Flaschengärung

Intensives Lachsrosa mit anhaltender Perlage. Duftet in der Nase einladend nach Früchte-Tee, Himbeermarmelade, dezenter nasser Stein, im Nachhall auf Blutorangen. Zeigt am Gaumen tolle Fruchtsüße und schönes, ausgewogenes Spiel zwischen Frucht und Säure, spannt einen tollen Bogen, saftiger Nachhall, trockenes Finale.

91 '61 Franciacorta Rosé DOCG Brut PN/CH

12,5 Vol.-%, NK, Flaschengärung

Intensives Kirschrosa mit brillantem Kern. In der Nase feingliedrig und leicht getoastet, nach Haselnüssen und Kirschen, Waldfrüchte, zarte Tee-Nuancen. Sehr fruchtbetonter Gaumen, öffnet sich auf reifer Himbeere, zieht einen feinen Bogen mit knackigem Schmelz, trockenes, druckvolles Finale.

★★★★★

CA' DEL BOSCO

Via Albano Zanella 13, 25030 Erbusco (BS)
T: +39 030 7766111, cadelbosco@cadelbosco.com
cadelbosco.com

Ab-Hof-Verkauf: Ja
Kontakt: Maurizio Zanella
Produktion: 207.5 Hektar
Anbauweise: Bio

Die erste Begegnung des sehr jungen Maurizio Zanella mit der Franciacorta – es sollte die Liebe seines Lebens werden. Aber nach einer Reise in die Champagne, deren Ziel die berühmten Maisons waren, in denen jener Schaumwein geboren wird, der seit jeher fasziniert, kehrte Maurizio mit der unerschütterlichen Idee zurück, etwas Ähnliches zu Hause zu schaffen. Was einst ein von einem Kastanienwald umgebenes Haus in Erbusco war, wurde in einen der modernsten Weinkeller Italiens verwandelt. Seitdem hat ein einziger Grundsatz das Wesen von Ca' del Bosco bestimmt: das Streben nach Exzellenz.

Maurizio Zanella,
Weingut Ca' del Bosco

97 Vintage Collection Franciacorta DOCG 2013 Dosage Zéro Noir
12,5 Vol.-%, NK, Barrique. Leuchtendes Goldgelb. In der Nase intensive Noten von kandierten Früchten, Apfel, Zitruszesten, Vanille, geröstete Nüsse. Am Gaumen reichhaltig, cremig, ausgeprägt und elegant, gibt die Komplexität der Nase wieder, salzig, lange.

96 Vintage Collection Franciacorta DOCG 2017 Extra Brut CH/PN/WB
12,5 Vol.-%, NK, Barrique. Leuchtendes Hellgold. In der Nase elegant, mit tollen Holznuancen, Haselnüssen, kalter Butter, Milchschokolade, im Nachhall nach goldenem Apfel, Lavendel. Am Gaumen mit elegantem Eintritt, zeigt sich mit Rasse und salzigem Spiel, tolle Perlage, hat enorm viel Saft, breitet sich lange aus, im Finale fester Druck.

95 Annamaria Clementi Franciacorta Riserva DOCG 2013 Dosage Zéro CH/PN/WB
13 Vol.-%, NK, Barrique. Edles, leuchtendes Hellgold. In der Nase komplex, nach reifem Apfel und gelbem Pfirsich, getoastet, nach Haselnüssen und einem Hauch nassem Stein, Buttergebäck. Am Gaumen sanft und finessenreich, spannt sich elegant über die Zunge, mit luftiger Perlage, im Finale mit tollem Schmelz.

VERKOSTUNGSERGEBNISSE
CA' DEL BOSCO

95 Vintage Collection Franciacorta DOCG 2017 Dosage Zéro CH/PN/WB
12,5 Vol.-%, NK, Barrique. Goldgelb, intensiv und leuchtend. Feine und anhaltende Perlage. Ausgeprägte Nase mit Noten von reifen Früchten, gelber Apfel, Melone, Zitrone, Banane, dazu Vanille und Haselnuss. Im Mund lebendig, cremig und elegant, angenehme Säure, sehr frisch, mineralischer Abgang.

95 Vintage Collection Satèn Franciacorta DOCG 2017 Brut CH/WB
12,5 Vol.-%, NK, Barrique. Mittleres Goldgelb. In der Nase elegant, Butterbrioche, Haselnüsse, gelber Pfirsich, Ananas, Zitrusfrüchte, Golden Delicious. Am Gaumen frisch und schmackhaft, elegant und sehr angenehm, mit gutem Trinkfluss und festem Druck im Finale.

93 Cuvée Prestige 44° Edizione Franciacorta DOCG Extra Brut CH/PN/WB
12,5 Vol.-%, NK, Stahltank. Leuchtendes, sattes Strohgelb mit Gold. Nach Bratapfel, Ananas, zart nach Blutorangen, im Nachhall auf Meersalz. Am Gaumen mit tollem Fruchtkern und viel Saft, wohlige Perlage, tolles Säurespiel im Finale. Sehr gut gelungen dieses Jahr!

96 Annamaria Clementi Rosé Franciacorta DOCG 2013
13 Vol.-%, NK, Barrique. Intensives Orangerosa, elegant. In der Nase reife Frucht, komplex, Noten von Walderdbeeren, Blutorangen, frischen Kirschen, dazu Hefe, Haselnüsse und Malz. Am Gaumen cremig, lebendig, saftig, intensiver Trinkgenuss mit angenehmer Säure und salziger Persistenz.

93 Cuvée Prestige Rosé 44° Edizione Franciacorta DOCG Extra Brut PN/CH
12,5 Vol.-%, NK, Barrique. Intensive, leuchtend rosa Farbe, feine Perlage. In der Nase Noten von Johannisbeeren, Granatapfel und Zitrusfrüchten, Blutorange. Im Mund cremig, lebendig, schließt sauber und ausgewogen ab.

92 Chardonnay Curtefranca Bianco DOC 2018
13 Vol.-%, NK, Barrique. Goldgelb, leuchtend. In der Nase gelbe Tropenfrüchte, Vanille, Erdnuss, gefolgt von leichten Menthol-Noten, aromatischen und medizinischen Kräutern. Am Gaumen ausgeprägt, sehr schmelzig, mit guter Persistenz, im Finale saftig.

91 Maurizio Zanella Sebino Rosso IGT 2018 CS/ME/CF
13,5 Vol.-%, NK, Barrique. Mittleres, glänzendes Rubinrot. In der Nase angenehme Würze von Zimt und Gewürznelken, Schwarze Holunderbeere und Cassis. Am Gaumen herzhaft und etwas rustikal, leicht fruchtig, mit griffigem Gerbstoff, im Finale gute Länge.

★★★★

CONTE VISTARINO

Frazione Villa Fornace 11, 27040 Rocca de' Giorgi (PV)
T: +39 0385 241171, hospitality@contevistarino.it
contevistarino.it

Ab-Hof-Verkauf: Ja
Kellermeister: Vittorio Merlo
Kontakt: Daniele Guaschi
Förderprogramm: EU Reg.No 1308/2013

Sie sagen Oltrepò Pavese und Sie sagen Pinot Noir. Aber das war nicht immer so. Es war Graf Augusto Giorgi di Vistarino, der diese edle Rebsorte 1850 aus Frankreich in sein Weingut importierte, und heute ist es seine Ur-Ur-Enkelin Ottavia, die sie zum Maßstab für die Weine macht. Das Erbe des Grafen Augusto, das auch seiner Enkelin im Blut liegt, wird von einem Team von Fachleuten verwaltet, die Ottavia in jedem Moment zur Seite stehen, ihre Erkenntnisse mit ihr teilen und mit Begeisterung arbeiten, denn die Vergangenheit ist ein Stolz, der von Generation zu Generation weitergegeben werden muss.

92 Saignée della Rocca Oltrepò Pavese Metodo Classico Pinot Nero Rosé DOCG Extra Brut
12,5 Vol.-%, NK, Flaschengärung
Leuchtendes, intensives Apricot mit anhaltender Perlage. In der Nase nach frischen Himbeeren, Rosenblättern, Orangenschalen, sowie zarten Blüten. Am Gaumen sehr frisch und sehr klar, wirkt präzise, rassig und saftig, trinkt sich sehr gut.

89 Pinot Nero Vino Spumante Brut
12,5 Vol.-%, PK, Stahltank
Sehr helles Lachsrosa mit feinkörniger Perlage. In der Nase nach Erdbeeren, Himbeeren und Veilchen. Am Gaumen mit feiner Fruchtsüße und gut eingebundener Perlage, kurzes Finale.

90 Costiolo Sangue di Giuda dell'Oltrepò Pavese DOC 2021 Vino Frizzante Dolce BO2/BA/VSP
7 Vol.-%, PK, Stahltank
Leuchtendes Rubinviolett mit funkelndem Kern und zarter Schaumkrone. In der Nase duftend und blumig, nach Veilchen, frischen Zwetschken und Kornelkirschen, versteckt im Nachhall auch etwas Wassermelone. Am Gaumen mit feiner Süße und zarter Perlage, zeigt sich insgesamt stimmig und ausgewogen, dazu zartes Tannin, endet im Finale fruchtsüß, wenngleich mit etwas Nachtrocknung.

90 Merlino Pinot Grigio Oltrepò Pavese DOC 2021
13,5 Vol.-%, NK, Stahltank
Leuchtendes Strohgelb mit silbernen Reflexen. In der Nase Aromen von Zitrone und frischen Blumen, Noten von Birne und reifem Pfirsich und Anklänge von Mandeln. Am Gaumen frisch, ausgewogen und subtil, mit anhaltendem, fruchtbetontem Ausklang.

90 Maria Novella Pinot Nero Rosato Oltrepò Pavese DOC 2021
13,5 Vol.-%, NK, Stahltank
Blassrosa mit silbernen Reflexen. Frische und duftende Nase mit Noten von Kirschen, kleinen roten Früchten, weißen Blumen und einem Hauch von Gewürzen. Am Gaumen harmonisch, sauber und gut ausbalanciert.

91 Pinot Nero dell'Oltrepò Pavese DOC 2021
14 Vol.-%, DIAM, Stahltank
Leuchtendes Rubinrot mit bläulichem Rand. In der Nase nach roten Waldbeeren und Himbeeren. Am Gaumen frisch und saftig, zeigt klare Frucht im Kern, im Finale dann mit noch jungem Tannin.

★★★★

CÀ MAIOL

Via dei Colli Storici 119, 25015 Desenzano del Garda (BS)
T: +39 030 9910006, showroom@camaiol.it
camaiol.it

Ab-Hof-Verkauf: Ja
Kellermeister: Loris Vazzoler, Andrea Bettoli
Produktion: 110 Hektar

Die Weinbautradition des Gebiets zu bewahren und Vorreiter in Sachen Innovationen zu sein, ist seit jeher das Ziel von Cà Maiol. 1996 wurde es erneuert, als das Unternehmen in die Hände der Söhne des Gründers Walter Contato überging. Die neue Generation erbt die Leidenschaft für das Land, die Liebe zu Lugana und den Wunsch, sich ständig weiterzuentwickeln. Die 110 Hektar Weinberge sind die Voraussetzung für eine moderne Weinproduktion und für einen Wein mit starker lokaler Identität, der dank seiner einzigartigen Textur und seines zeitgemäßen Designs auch internationale Gaumen zu überzeugen vermag.

91 Molin Lugana DOP 2021
13,5 Vol.-%, DIAM, Stahltank/Barrique
Leuchtendes Strohgelb mit silbernen Reflexen. In der Nase zarte Aromen von Lavendel, Kiwi und Apfel. Am Gaumen erfrischend, mit saftigem und fruchtigem Abgang.

91 Fabio Contato Lugana Riserva DOC 2019
14 Vol.-%, NK, Stahltank/Barrique
Helles, leuchtendes Goldgelb. In der Nase zart nach Edelholz und nassem Stein, dann Noten nach Bratapfel und reifem Pfirsich sowie ein Touch Vanille und Honig. Am Gaumen mit schmelziger Textur, viel reife Frucht, mit schönem Zug, im Finale mit leichtem Mandelton, eleganter Ausklang.

90 Prestige Lugana DOP 2021
13 Vol.-%, DIAM, Stahltank
Sehr helles, funkelndes Strohgelb. In der Nase zarte Pfirsichnoten und dezente florale und würzige Aromen. Am Gaumen vollmundig, mit weicher Säure und exotischer Frucht ausgestattet. Langer, saftiger Abgang mit schönem Druck.

90 Roseri Valtènesi Riviera del Garda Classico Chiaretto DOC 2021 GPL/BA/MR2/SN/rbo
12,5 Vol.-%, DIAM, Stahltank
Zartes Rosa mit dezenten pudrigen Reflexen. In der Nase Noten von Apfel, Birne, Pfirsichblüte, Granatapfel, Weihrauch und Litschi. Am Gaumen weich und geschmeidig, anhaltend und saftig mit ausgeprägtem, fruchtigem Abgang.

★★★★★

CA' DEI FRATI

Via Frati 22, 25019 Lugana di Sirmione (BS)
T: +39 030 9194681, info@cadeifrati.it
cadeifrati.it

Ab-Hof-Verkauf: Ja
Kontakt: Igino dal Cero

Die Weinkellerei Ca' dei Frati ist seit 1782 bekannt. 1939 zog der Winzersohn Felice Dal Cero in dieses Haus und erkannte sofort die hohe Eignung des Gebiets für den Weinbau. Nach 30 Jahren Arbeit in Weinberg und Keller begann Felices Sohn Pietro 1969 mit der Abfüllung seiner ersten Marke Lugana Casa dei Frati, die später Ca' dei Frati genannt wurde. 2012 verstarb Pietro Dal Cero und hinterließ sein kulturelles Erbe seiner Frau Santa Rosa und den Kindern Igino, Gian Franco und Anna Maria, die das Unternehmen mit der gleichen Leidenschaft und Entschlossenheit weiterführen.

91 Cuvée dei Frati Metodo Classico VSQ Dosaggio Zero VB/CH
13 Vol.-%, DIAM
Intensives Strohgelb mit feinkörniger und anhaltender Perlage. In der Nase nach Hefe, Brotkruste, leicht rauchig, im Nachhall ein Touch Ananas und Grapefruit. Am Gaumen mit knackiger Säure und angenehmer Salzigkeit, gut eingebundene Perlage, mittellanges Finale.

93 Brolettino Lugana DOC 2020
13 Vol.-%, NK
Mittleres Strohgelb mit grünem Reflex. Vielschichtige und komplexe Nase nach nassem Stein, Zitrusaromatik und Salbei, getragen von weißem Pfirsich. Am Gaumen komplex und harmonisch, spannt sich schön über die Zunge, knackige Säure, endet lange und wohlschmeckend.

92 I Frati Lugana DOC 2021
13 Vol.-%, NK
Helles Strohgelb. In der Nase frisches, aromatisches Bouquet, frische Blumen, gelbe Früchte und Kräuter, Basilikum, Thymian und Anklänge von süßen Gewürzen. Am Gaumen frisch und knackig mit ausgewogenem Spiel zwischen Frucht und Säure, sehr zugänglich, ein Klassiker.

90 Rosa dei Frati Riviera del Garda Classico DOC 2021 GPL/MR2/BA/SN
12,5 Vol.-%, DIAM
Helles Lachsrosa mit orangen Reflexen. Noten von Kernobst, leicht krautige Nuancen, Grapefruitzesten und ein Hauch Himbeere. Am Gaumen überwiegt die Frucht, mit feinem Schmelz, saftig, guter Trinkfluss, mittellanges Finale.

90 Ronchedone Vino Rosso 2019 MR2/SN/CS
14 Vol.-%, KK
Sattes Rubinrot mit leicht aufhellendem Rand. In der Nase nach reifen Heidelbeeren, Rumtopf und eingelegten Sauerkirschen, im Nachhall ein Hauch Würze. Am Gaumen kräftig, mit feinem Säurespektrum und gut eingebundenem Tannin, mittellanges Finale.

★★★★

DIRUPI

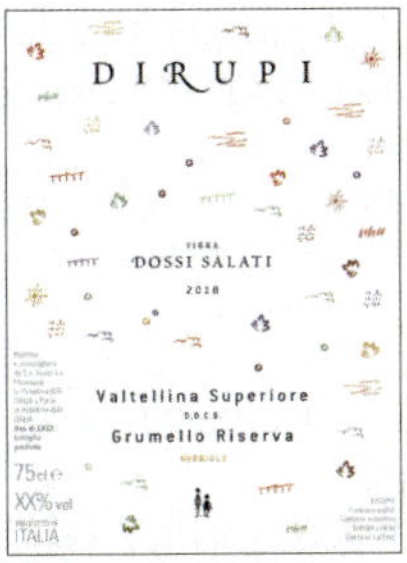

Via Grumello 41, 23020 Montagna in Valtellina (SO)
T: +39 347 2909779, info@dirupi.com
dirupi.com

Ab-Hof-Verkauf: Ja
Kellermeister: Pierpaolo di Franco, Davide Fasolini
Anbauweise: Bio

Die Kellerei befindet sich in Ponte in Valtellina, in einem schönen Palazzo aus dem 16. Jahrhundert. Im historischen Keller werden die Trauben verarbeitet, der Wein in den Fässern verfeinert und in den Flaschen reifen gelassen, um dem Nebbiolo die Zeit zu geben, die er benötigt. Die Weinberge mit bis zu 100 Jahre alten Rebstöcken sind terrassenförmig angelegt, mit Südausrichtung, auf Höhen zwischen 400 und 650 Metern, mit Steigungen zwischen 30 und 70 Prozent. Seit 2011 wird in allen Weinbergen die Technik des sanften Rebschnitts von Simonit & Sirch angewandt.

94 Vigna Gèss Valtellina Superiore Grumello DOCG 2018

13,5 Vol.-%, NK, Stahl/500-l-Fass/Flaschenreifung
Aufhellendes, leuchtendes Rubinrot. Tolle, fruchtbetonte Nase, nach Walderdbeeren, Minze, etwas Küchenkräuter, dann viel kandierte Himbeere und getrocknete Blüten, wirkt sehr komplex. Am Gaumen geschliffen und spannungsgeladen, salzig und mit eng gewobenem Tannin, breitet sich elegant und mit viel Finesse über die Zunge, langer, sauberer Abgang.

93 Vino Sbagliato Sforzato di Valtellina DOCG 2018

16,5 Vol.-%, NK, Stahl/Barrique/Flaschenreifung
Leuchtendes, edles Rubinrot. Satte, ausdrucksstarke Nase, zunächst nach reifen Waldbeeren, Minze, Schwarztee, dann Cassis, Blutorange und Kandiszucker. Am Gaumen cremiger Eintritt, zeigt dann packendes, eng gewobenes Tannin, sehr saftiger Unterton, wirkt aktuell noch etwas ruppig und unausgewogen, wird sehr gut reifen.

92 Vigna Guast Valtellina Superiore Inferno DOCG 2019

13,5 Vol.-%, NK, Stahl/500-l-Fass/Flaschenreifung
Dunkelleuchtendes Rubinrot. In der Nase würzig, nach Preiselbeeren, Kirschen, dazu edle harzige Nuancen, im Nachhall nach Pfeffer, Honig und etwas Siegellack. Am Gaumen frisch, saftig und mit engem Tannin, zeigt druckvollen Verlauf, im Finale schöne Würze, muss sich noch etwas finden.

91 Olé! Rosso di Valtellina DOC 2021

13 Vol.-%, KK, Stahl/Flaschenreifung
Sehr helles Rubinrot mit granatroten Reflexen. In der Nase nach frischen Kirschen und Walderdbeeren, im Nachhall würzige Nuancen. Am Gaumen fruchtsüß, salzig, mit gut eingebundenem und feinkörnigem Gerbstoff, hat Zug, langes Finale.

91 Dirupi Nebbiolo Valtellina Superiore DOCG 2019

14 Vol.-%, NK, Stahl/großes Holz/Flaschenreifung
Leuchtendes Rubinrot mit zart aufhellendem Rand. In der Nase nach edler Pfefferwürze, mit Anklängen von nassem Stein, etwas Kirsche und Geranien. Am Gaumen knackig und mit präsentem Tannin, dazu saftig, spannt sich gut auf, würziger Unterton, bleibt lange präsent, im Finale dann etwas karg.

91 Vigna Dossi Salati Valtellina Superiore Grumello Riserva DOCG 2018

14,5 Vol.-%, NK, Stahl/großes Holz/Flaschenreifung
Aufhellendes Rubinrot, funkelnd. Fein gezeichnete, schüchterne Nase, zarter kalter Rauch, dazu etwas Himbeere, Zitrus und Meersalz, im Nachhall ein Hauch Würze. Am Gaumen eng und kompakt, hat ordentliches, zart weitmaschiges Tannin, jugendlich, wirkt aktuell noch etwas rau.

★★★★

TENUTA MAZZOLINO

Via Mazzolino 34, 27050 Corvino San Quirico (PV)
T: +39 0383 876122, info@tenuta-mazzolino.com
tenuta-mazzolino.com

Ab-Hof-Verkauf: Ja
Kellermeister: Kyriakos Kynigopoulos
Kontakt: Stefano Malchiodi
Produktion: 100.000 Flaschen, 20 % Schaumwein, 27 % weiß, 50 % rot, 3 % süß, 20 Hektar
Anbauweise: Bio
Förderprogramm: EU Reg.No 1308/2013

Francesca Seralvo, die heutige Eigentümerin des Hauses Mazzolino, übernahm das Weingut ihres Großvaters, als dieser sie bat, sich um den »Pinot-Noir-Hügel« zu kümmern, wie das in den 1980er Jahren erworbene Gut genannt wird. Während ihres Studiums in Mailand zog es sie immer wieder hier her und auch Reisen nach Burgund entfachten ihre Leidenschaft für Wein. Heute arbeitet sie gemeinsam mit ihrem strebsamen Team stets respektvoll gegenüber der Natur und Artenvielfalt im Weingarten. Im Keller wird speziell darauf geachtet, die Besonderheit jeder einzelnen Parzelle zum Ausdruck zu bringen.

92 ⊖ Blanc de Blancs Metodo Classico VSQ 2018 Brut
12,5 Vol.-%, NK, Flaschengärung
Brillantes mittleres Strohgelb mit feiner Perlage. In der Nase feiner Duft von Hefe, Zitronat, Zuckermelone und Birne, im Nachhall etwas nasser Stein. Am Gaumen sehr knackig und frisch, mit langem Verlauf, der saftig und ausgewogen endet.

91 ⊖ Cruasé Oltrepò Pavese Metodo Classico DOCG Brut Rosé
12,5 Vol.-%, NK, Flaschengärung
Leuchtendes und lebendiges Rosa. In der Nase nach kleinen roten Beeren und edlem Hefeton, sowie etwas Meersalz. Im Mund Volumen, Spannung und Finesse für eine frische, saftige Mitte, gefolgt von einem schönen, saftigen Abgang.

94 Blanc Chardonnay Provincia di Pavia IGT 2020
13 Vol.-%, NK, Barrique
Leuchtendes Hellgold. In der Nase nach Feuerstein, Schießpulver und Zitrusfrüchten, im Nachhall nach frischen Gewürzen. Am Gaumen mit cremiger Textur, saftig und frisch, mit viel gelber Frucht, mineralisches Finale.

92 Terrazze Alte Pinot Nero Provincia di Pavia IGT 2020
13 Vol.-%, KK, Stahltank
Aufhellendes Rubinrot mit granatrotem Rand. In der Nase nach Granatapfel und Himbeeren, im Nachhall leicht pfeffrig und mit balsamischem Touch. Am Gaumen fruchtbetont, viel Erd- und Himbeere, frisch und saftig, gut ausbalanciert, langes und fruchtiges Finale.

92 Noir Pinot Nero dell'Oltrepò Pavese DOC 2018
13,5 Vol.-%, NK, Barrique
Leuchtendes Rubinrot mit leicht aufhellendem Rand. In der Nase nach satten Pflaumen und reifen Kirschen, dann nach Orangenschale und leicht nach Trüffel. Am Gaumen mit viel Fruchtsüße und angenehmer Frische, salzig, strukturreiches Finale.

★★★

LA MONTINA

Via Baiana 17, 25040 Monticelli Brusati (BS)
T: +39 030 653278, comunicazione@lamontina.it
lamontina.com

Ab-Hof-Verkauf: Ja
Kellermeister: Rocco Marino
Kontakt: Michele Bozza
Anbauweise: Bio

La Montina liegt in Monticelli Brusati, nur einen Steinwurf vom Iseosee entfernt. Das außergewöhnliche Mikroklima gibt den Reben einen perfekten Lebensraum. 1982 erwarben die Brüder Bozza das Anwesen, das 1620 von einem Vorfahren von Papst Paul VI. errichtet worden war.

Von 1986 bis 2007 wurde ein 8.000 m² großer Weinkeller in den Hang gegraben, in dem die alte Kunst des sanften Pressens mit der Marmonier-Vertikalpresse gepflegt wird und heute durchschnittlich 400.000 Flaschen vornehmlich Franciacorta-Sekt pro Jahr reifen.

93 ● Franciacorta DOCG 2018 Brut CH/PN
12 Vol.-%, NK, Flaschengärung
Leuchtend grünlich-gelb mit silbernen Reflexen. Frische Nase, die zwischen Gewürzen und Grapefruit spielt. Strukturiert mit saftiger Entwicklung am Gaumen, ausgezeichnete Länge im Abgang.

92 ● Franciacorta DOCG Brut CH/PN
12 Vol.-%, NK, Flaschengärung
Leuchtend goldgelb, feine, lang anhaltende Perlage. In der Nase Noten von Apfel, Mango und getrockneten gelben Früchten, gefolgt von angenehmen Noten von weißen Blumen. Der Schluck ist lebhaft, mit fruchtig-saftigem Verlauf, im Finale angenehm anhaltend.

91 ● Franciacorta DOCG Extra Brut CH/PN
12 Vol.-%, NK, Flaschengärung
Gelb mit klaren goldenen Reflexen, leuchtend. Feine und anhaltende Perlage. In der Nase Noten von Früchten wie Banane, Mango und grünem Apfel, gefolgt von süßen Noten von Gebäck, Honig und pürierten Früchten. Am Gaumen cremig und einhüllend, wobei die Süße der Frucht deutlich hervortritt, lang anhaltend.

90 ● Franciacorta Rosé DOCG Demi Sec CH/PN
12 Vol.-%, NK, Flaschengärung
Intensive, leuchtend rosa Farbe. Feine, anhaltende Perlage. Die Nase zeigt intensive Noten von Walderdbeeren, kleinen roten Früchten, weißem Pfirsich und Vanille. Der Schluck ist lebhaft und fruchtig, mit ausgeprägter Mitte und angenehmem Nachgeschmack.

89 ● Franciacorta Rosé DOCG Extra Brut PN/CH
12 Vol.-%, NK, Flaschengärung
Intensives Himbeerrosa mit zarter Perlage. In der Nase nicht ganz präzise, erinnert an schwarzen Trüffel, Lakritze, im Nachhall nach Orangenschalen und Früchtetee. Am Gaumen mit klarem Fruchtkern und aufbrausender Perlage, zeigt sich im hinteren Bereich recht phenolisch, sogar leicht tanninhaltig, wirkt insgesamt verwaschen.

92 ● Franciacorta Satén DOCG Brut
12 Vol.-%, NK, Flaschengärung
Helles, leuchtendes Gelb mit goldenen Reflexen. Feine und anhaltende Perlage. In der Nase zarte Noten von Apfel, Pfirsich, Melone und eine angenehme Zitrusnote. Am Gaumen cremig, fruchtig und einhüllend, der Nachgeschmack ist fruchtig, angenehm anhaltende, mineralische Schlussnote.

★★★

PERLA DEL GARDA

Via Fenil Vecchio 9, 25017 Lonato del Garda (BS)
T: +39 030 9103109, info@perladelgarda.it
perladelgarda.it

Ab-Hof-Verkauf: Ja
Kellermeister: Cesare Ferrari
Kontakt: Giovanna Prandini
Produktion: 40 Hektar
Anbauweise: Bio
Förderprogramm: EU Reg.No 1308/2013

Perla del Garda ist der Markenname der Weine, die ausschließlich aus Trauben von den eigenen 40 Hektar Weinbergen gewonnen werden: 8 Hektar sind biologisch zertifiziert, die anderen wurden ab Januar 2022 auf biologischen Anbau umgestellt. Das Weingut hat die »Make it sustainable«-Zertifizierung erhalten und produziert somit den ersten nachhaltigen Lugana. Die Weinkellerei ist modern und innovativ und wurde im Einklang mit der Umwelt entworfen und gebaut. Lugana ist der Wein des Gebiets; das Weingut verarbeitet hauptsächlich Turbiana-Trauben und ist ein starker Verfechter des Lugana DOP.

Giovanna Prandini und ihr Bruder Ettore, Weingut Perla del Garda

beigestellt

91 Perla del Garda Lugana Metodo Classico DOP 2019 Brut Nature
12,5 Vol.-%, PK, Stahltank/Flaschengärung
Brillantes Goldgelb mit feinkörniger und anhaltender Perlage. In der Nase klar nach Zitrusfrüchten und Grapefruit, im Nachhall leicht rauchig. Am Gaumen mit gut eingebundener Perlage, frisch und saftig, mit klarer Zitrusfrucht, salziges Finale.

91 Lugana Spumante DOP 2012 Brut Nature
12 Vol.-%, PK, Stahltank/Flaschengärung
Funkelndes, intensives Goldgelb mit feinkörniger und anhaltender Perlage. In der Nase am Anfang leicht reduktiv, dann nach Feuerstein, weißer Schokolade und Kapern, im Nachhall leicht hefig. Am Gaumen rund, mit gut integrierter Perlage, gut ausgewogen, langes Finale.

88 Brio Lugana Spumante DOC Brut
12 Vol.-%, PK, Stahltank
Leuchtendes Strohgelb mit feinkörniger Perlage. In der Nase nach Steinobst und Apfel. Am Gaumen mit aggressiver Perlage, viel reife gelbe Frucht, eher kurzes Finale.

92 Madre Perla Lugana Riserva DOC 2018
13 Vol.-%, KK, Stahltank/Flaschenreifung
Glänzendes, sattes Strohgelb. Sehr klare und frisch gehaltene Nase, duftet nach frischem Pfirsich, etwas Marille, im Hin-

VERKOSTUNGSERGEBNISSE
PERLA DEL GARDA

tergrund nach Marzipan. Am Gaumen gute Spannung, saftig, feines Spiel, salzig und mit langem Nachhall.

90 Madonna della Scoperta Lugana Superiore DOP 2019
13 Vol.-%, KK, Stahltank/Barrique
Leuchtendes Strohgelb. In der Nase angenehm fruchtige Noten von Grapefruit, Birne und Apfel mit überzeugenden Kräuternoten. Am Gaumen fest und vertikal, mit einer umhüllenden Fruchtsüße und aromatischen Noten im Abgang.

89 Perla Lugana DOP 2021
12,5 Vol.-%, KK, Stahltank
Leuchtendes Strohgelb. In der Nase angenehme blumige Aromen von weißen Blüten und fruchtige Noten von Apfel, Pflaume und Zitrusfrüchten. Im Mund frisch und ausgewogen mit einer delikaten würzigen Note.

89 Vendemmia Tardiva Lugana DOP 2018
12,5 Vol.-%, KK, Stahltank
Intensives, leuchtendes Goldgelb. In der Nase Aromen von Trockenfrüchten, Datteln, Honig und Aprikose. Am Gaumen einhüllend, cremig, mit balsamischen Untertönen und leicht bitterem Abgang.

91 Ora Lugana DOP 2021
12,5 Vol.-%, KK, Stahltank
Strohgelb mit goldenen Reflexen. In der Nase Aromen von Steinobst mit angenehmen Zitrus- und Butternoten. Am Gaumen weich, ausgewogen, mit schöner Frische und Saftigkeit.

88 Valtènesi Chiaretto Riviera del Garda Classico DOC 2021
12,5 Vol.-%, KK, Stahltank
Rosarot mit rubinroten Reflexen. Frische Noten von wilden Blumen, knackigen Beeren und aromatischen Kräutern. Im Mund frisch, samtig, delikat und trinkig.

91 Leonatus Merlot Garda DOP 2016
14 Vol.-%, KK, Stahltank/Barrique/Tonneau Fass
Sattes Rubinrot mit schwarzem Kern und granatrotem Rand. In der Nase nach Rumtopf, eingelegten Pflaumen und überreifen Sauerkirschen. Am Gaumen fruchtbetont, mit sehr viel reifer Kirsche, mit sehr gut eingebundenem Gerbstoff, kraftvoll, langer Abgang.

★★★

RICCI CURBASTRO

Via Adro 37, 25031 Capriolo (BS)
T: +39 030 736094, info@riccicurbastro.it
riccicurbastro.it

Ab-Hof-Verkauf: Ja
Kellermeister/Kontakt: Riccardo Ricci Curbastro, Filippo Ricci Curbastro, Andrea Rudelli, Annalisa Massetti
Produktion: 200.000 Flaschen, 70 % Schaumwein, 10 % weiß, 10 % rot, 10 % rosé, 31 Hektar
Anbauweise: Bio

Ricci Curbastro wurde 1885 gegründet und 1967, im Jahr der Gründung der DOC Franciacorta, von Gualberto Ricci Curbastro in einen modernen Weinbau- und Weinerzeugungsbetrieb umgewandelt. Heute leitet Riccardo Ricci Curbastro das Unternehmen zusammen mit seinen Söhnen Gualberto und Filippo. Der Betrieb ist der erste in der Lombardei, der nach dem Equalitas-Standard als nachhaltig zertifiziert wurde. In den rustikalen Gebäuden des Weinguts ist ein Museum untergebracht, in dem Gegenstände zu sehen sind, die von der landwirtschaftlichen Arbeit vergangener Zeiten zeugen.

92 Franciacorta DOCG 2017 Extra Brut PN/CH
12,5 Vol.-%, PK, Barrique/Stahltank/Flaschengärung
Helles Strohgelb mit anhaltender Perlage. In der Nase zuerst hefig, dann nach Blutorange und Toastbrot. Am Gaumen knochentrocken, frisch und saftig, mit gut eingebundener Perlage, langes Finale.

91 Franciacorta DOCG Brut CH/WB/PN
12,5 Vol.-%, PK, Stahltank/Flaschengärung
Glänzendes Strohgelb mit feinkörniger Perlage. In der Nase nach frischem Apfel und Birne, im Nachhall leicht hefig. Am Gaumen frisch und saftig, mit kräftiger Perlage, klar nach Zitrusfrucht, mit langem Finale.

91 Gualberto Franciacorta DOCG 2012 Dosaggio Zero PN/CH
12,5 Vol.-%, PK, Barrique/Flaschengärung
Strahlendes, helles Goldgelb mit sehr feinkörniger Perlage. In der Nase hefig, nach Brotkruste, Walnüssen und im Nachhall nach reifem Apfel. Am Gaumen knochentrocken, mit kräftiger Perlage, im Finale cremig und mit leichten Bittertönen.

90 Franciacorta Satèn DOCG 2018 Brut
12,5 Vol.-%, PK, Barrique/Flaschengärung
Helles Strohgelb mit anhaltender Perlage. In der Nase eher verhalten, leichter Honig, im Nachhall weiße Blüten. Am Gaumen frisch und saftig, mit weicher und gut eingebundener Perlage, gut ausbalanciert, eher kurzes Finale.

87 Sebino Bianco IGT 2020 SO/BR/JO
12 Vol.-%, KK, Stahltank
Leuchtendes Strohgelb. In der Nase intensive blumige und fruchtige Aromen, Honig und Kamille. Warmer, nicht sehr harmonischer Geschmack, unterstützt von einem würzigen, aber bitteren Abgang.

89 Vigna Santella del Gröm Curtefranca Rosso DOC 2015 CF/ME/CS/CA/BA
12,5 Vol.-%, NK, Stahltank/gebrauchte Barriques
Leuchtendes Rubinrot mit leicht aufhellendem Rand. In der Nase nach Waldbeeren und reifer Amarenakirsche, im Nachhall leicht kräutrig. Am Gaumen saftig, gut ausbalanciert, mit feinem und gut eingebundenem Tannin, wird im Finale etwas bitter.

★★★

RUPI DEL NEBBIOLO

Via Trieste 19, 23100 Sondrio (SO)
T: +39 0342 746518, rupidelnebbiolo@gmail.com

Ab-Hof-Verkauf: Ja
Kellermeister: Mario Tognini
Kontakt: Gianluigi Poletti
Produktion: 26.667 Flaschen, 100 % rot, 4 Hektar

Rupi del Nebbiolo ist eine Gruppe teils junger und teils erfahrener Winzer sowie Weinliebhaber, deren gemeinsames Ziel es ist, den Weinbau und das Winzerhandwerk zu revolutionieren, faire Bedingungen für alle zu schaffen und sowohl Jugend als auch Umwelt eine gute Zukunft zu garantieren. Dies gelingt durch Zusammenhalt, Respekt, der Achtung der Natur und dem Bedacht auf beste Qualität. Die Verarbeitung übernimmt mit Valtellina die wichtigste Weinkellerei im Bunde. Verkauft werden die Weine direkt von den Mitgliedern und Mitarbeitern.

Rebsorte Nebbiolo

93 Creazione Valtellina Superiore DOCG 2017
13,5 Vol.-%, NK, Holzfass/Teilbarrique
Leuchtendes, funkelndes Rubinrot mit funkelndem Kern. In der Nase edle Würze, nach Safran, Blutorangen und Hagebutten. Am Gaumen wunderbar saftig und klar, mit toller Spannung und leichtfüßig-elegantem Verlauf, dazu edle Würze, tolle Preis-Leistung!

91 Tradizione Valtellina Superiore DOCG 2017
13,5 Vol.-%, PK, Holzfass
Aufhellendes Rubinrot mit granatrotem Rand. In der Nase am Anfang sehr verhalten, dann nach Orangenschale und Himbeeren, im Nachhall leicht nach schwarzem Tee. Am Gaumen saftig, breitet sich gut aus, gut eingebundenes Tannin, langer Abgang.

88 Sforzato di Valtellina DOCG 2018
16 Vol.-%, PK, Holzfass
Leuchtendes Granatrot mit rubinroten Reflexen. In der Nase nach satten Kirschen und reifen Pflaumen, im Nachhall ein Touch Zimt und ein Hauch Waldboden, braucht etwas Luft. Am Gaumen fruchtsüß, viel reife Kirsche, mit feinkörnigem Tannin, wirkt recht alkoholisch, wird im Finale etwas bitter.

★★★

PODERE SELVA CAPUZZA

Loc. Selva Capuzza, 25015 Desenzano del Garda (BS)
T: +39 030 9910381, info@selvacapuzza.it
selvacapuzza.com

Ab-Hof-Verkauf: Ja
Kellermeister: Renato Beozzo
Kontakt: Luca Formentini

Selva Capuzza ist ein Weingut, das sich der Herstellung von Weinen aus den sechs autochthonen Rebsorten des Gebiets widmet. Es liegt vier Kilometer südlich des Gardasees, in einer Hügellage, in der sich drei DOC-Weine überschneiden: Riviera del Garda Classico, San Martino della Battaglia und Lugana. Der Fokus auf Nachhaltigkeit hat Wurzeln, die bis in die 1990er Jahre zurückreichen. Von der Verringerung des Kohlenstoff-, Wasser- und chemischen Fußabdrucks geht es über biologische Vielfalt und die Abfallverringerung bis zur Kreislaufwirtschaft.

90 Hirundo Lugana Metodo Classico 2017 Brut
12,5 Vol.-%, NK, Flaschengärung
Leuchtendes Goldgelb mit feinkörniger Perlage. Leichte Hefenote und Nuancen von reifem Apfel und Birne. Am Gaumen saftig, mit knackiger Säure und fein eingebundener Perlage, schönes Finale.

90 Lugana DOC 2021
13 Vol.-%, DV, Stahltank
Funkelndes, helles Strohgelb mit grünlichen Reflexen. In der Nase Töne von Zitrusfrüchten und reifer Marille, dann im Nachhall ein leicht würziger Touch nach mediterraner Macchia. Am Gaumen saftig, mit gut eingebundenem Säurespektrum, der Gerbstoff wirkt leicht belegend, mittleres Finale.

90 Campo del Soglio San Martino della Battaglia DOC 2021
13,5 Vol.-%, DIAM, Stahltank/Flaschenreifung
Intensives, leuchtendes Strohgelb. In der Nase Noten von frischen Zitrusfrüchten, weißen Früchten, aromatischen Kräutern, pflanzlichen Noten und Duft von weißen Blumen. Im Mund frisch, fein, agil und angenehm würzig.

90 Menasasso Lugana Riserva DOC 2018
13,5 Vol.-%, DIAM, Stahltank/Flaschenreifung
Strohgelb mit goldenen Reflexen. In der Nase Aromen von Wildblumen, Mirabellen und Pfirsichen, Noten von Kräutern und orientalischen Gewürzen. Im Mund frisch und ausgewogen, mit schöner Cremigkeit und saftigem Abgang.

89 Selva Lugana DOC 2021
13,5 Vol.-%, DIAM, Stahltank/Flaschenreifung
Strohgelb mit silbernen Reflexen. In der Nase Aromen von grünem Apfel und Limettenzesten mit Noten von Thymian und weißem Pfeffer. Weich und ausgewogen, mit guter Frische im Abgang.

89 Madér Rosso Riviera del Garda Classico Superiore DOC 2017 BA/GPL/MR2/SN
13,5 Vol.-%, DIAM, gebrauchte Barriques
Mittleres Rubinrot mit aufhellendem Rand. In der Nase eher verhalten, dann würzig und mit Nuancen von reifer roter Frucht, im Nachhall nach dunkler Schokolade. Am Gaumen tanninhaltig, mit Druck, zehrt leider komplett aus.

★★★

TRAVAGLINO

Via Pietro Mascagni 1, 27045 Calvignano (PV)
T: +39 0383 872222, info@travaglino.it
travaglino.com

Ab-Hof-Verkauf: Ja
Kellermeister: Achille Bergami, Donato Lanati
Kontakt: Cristina Cerri

Die Tenuta Travaglino ist ein historisches Weingut das eine Ausdehnung von 400 Hektar hat, von denen 80 Hektar Weinberge sind. Das Anwesen geht auf das Jahr 1111 zurück und ist seit 1868 im Besitz der Familie Comi. Die wichtigsten Rebsorten sind Pinot Noir, der als Rotwein und als Schaumwein nach der klassischen Methode vinifiziert wird, und Rheinriesling. Das gesamte Sortiment trägt die Bezeichnungen DOC und DOCG. Die lehmig-kalkhaltigen Böden in einer Höhe von 250 bis 350 m über dem Meer mit südwestlicher Ausrichtung bewahren den Säuregehalt und die Aromen.

92 Vincenzo Comi Riserva del Fondatore Oltrepò Pavese Metodo Classico DOCG 2011 Brut
12,5 Vol.-%, DIAM, Flaschengärung
Brillantes, leuchtendes Hellgold. In der Nase feinduftig, nach kandierter Ananas, weißem Pfirsich, Blutorange und weißen Blüten. Am Gaumen frisch und klar, leicht kandierte Frucht, ausgewogen mit feinkörnigen Perlen, sehr trinkig, wirkt jugendlich, elegant.

90 Montecérésino Oltrepò Pavese Metodo Classico Pinot Nero Rosé DOCG 2016 Brut
12,5 Vol.-%, DIAM, Flaschengärung
Leuchtendes, intensives Apricot mit filigraner Perlage. In der Nase reduktiv mit deutlicher Hefenote, etwas Zitrus und Honigmelone. Am Gaumen saftig, mit kühlem Fruchtkern und knackigem Verlauf, im Finale sehr trocken.

91 Gran Cuvée Blanc de Noir Oltrepò Pavese Metodo Classico Pinot Nero DOCG 2017 Brut
13 Vol.-%, NK, Flaschengärung
Brillant schimmerndes Zitronengelb. Zunächst leicht reduktiv, öffnet sich dann auf frisch geschnittenen gelben Apfel und Quitte, etwas rauchig, im Hintergrund Walnuss und Heu. Im Antrunk lebhaft, zieht sich keck über die Zunge, herzhaft im Kern, geht mit sattem Nachdruck ins Finale und hallt lange nach.

90 Campo della Fojada Riserva Oltrepò Pavese DOC 2010
13 Vol.-%, DIAM
Leuchtendes Strohgelb mit grünlichen Reflexen. In der Nase angenehme Noten von Zitrusfrüchten, weißen Früchten und wilden Blumen. Am Gaumen leicht, delikat, fruchtig, trocken und mit einem besonders salzigen Abgang.

91 Poggio della Buttinera Pinot Nero Riserva Oltrepo Pavese DOC 2019
14 Vol.-%, DIAM
Leuchtendes, helles Rubinrot mit granatroten Reflexen. In der Nase nach Walderdbeeren und frischen Kirschen, im Nachhall leicht balsamisch. Am Gaumen frisch und saftig, mit gut eingebundenem Gerbstoff, gut ausbalanciert, viel rote Frucht, mittellanges Finale.

91 Marc'Antonio Rosso Riserva Oltrepò Pavese DOC 2019 BA/BO2
14,5 Vol.-%, DIAM
Sattes Rubinrot mit leicht aufhellendem Rand. In der Nase nach satten Kirschen und reifen Waldbeeren, im Nachhall Leder und Bitterschokolade. Am Gaumen mit gut eingebundenem Gerbstoff, zeigt viel rote Frucht, ausbalanciert, langer Nachhall.

Vidor, Treviso

VENETIEN

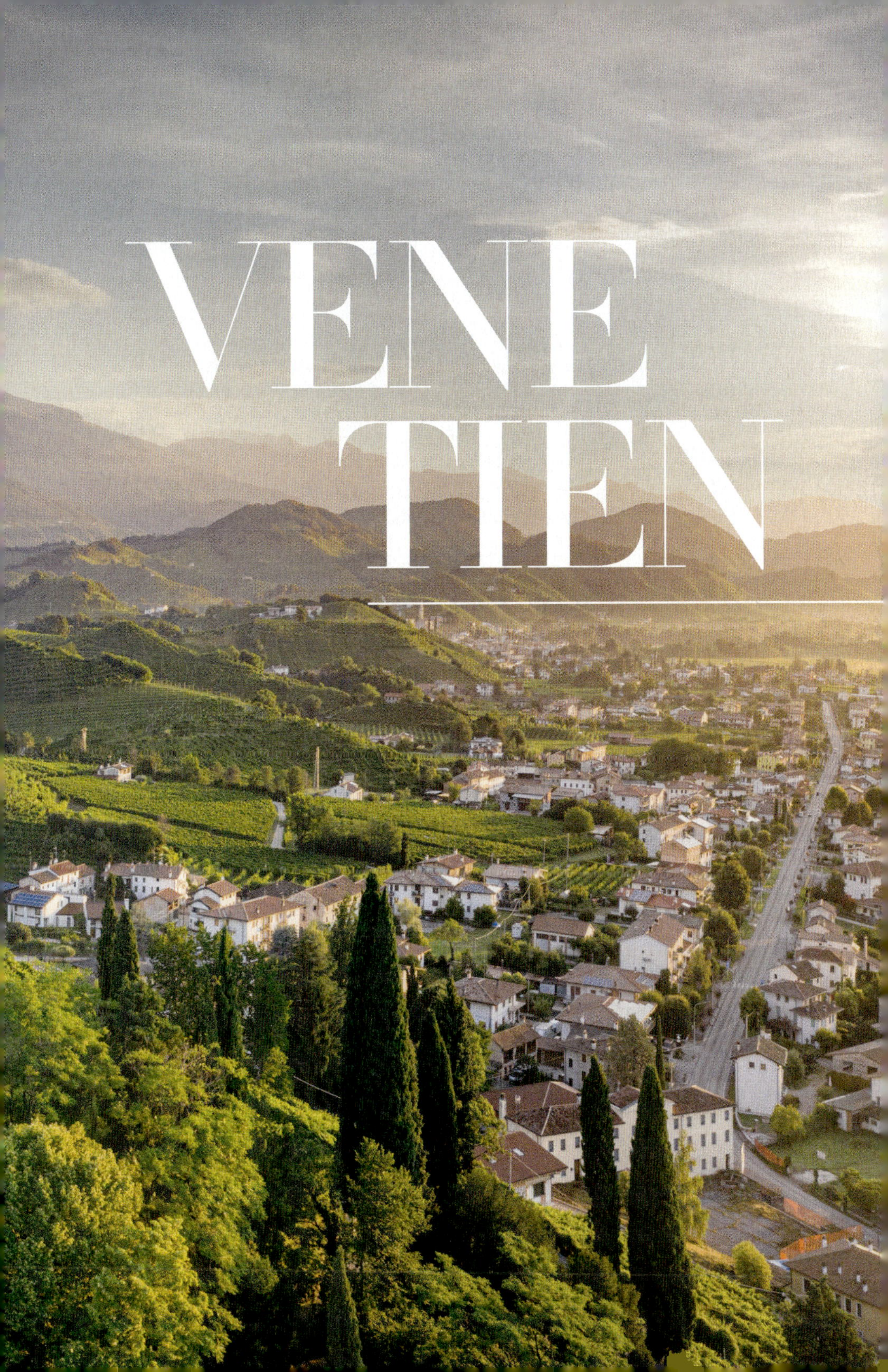

Mazzorbo, Venedig

WEIN DER HANDELSREISENDEN UND TOURISTEN

Venetien zählt zu den historisch bedeutsamen Weinbauregionen Italiens, denn hier verlief der Handelsweg zwischen Brenner und Venedig. Später machte der Tourismus die Weine weit über die Landesgrenze hinaus bekannt. Heute haben Soave und Valpolicella beträchtlich an Qualität gewonnen, und der Amarone genießt seit Jahren Kultstatus.

Das mit ca. 80.000 Hektar Weinbergen drittgrößte Weinbaugebiet Italiens hat eine wechselvolle Geschichte hinter sich, zählte dabei aber stets zu den besonders wichtigen. Denn bereits vom Mittelalter bis zum 18. Jahrhundert erlebte die Region eine Blütezeit, die sie der Vormachtstellung Venedigs – militärisch wie auch ökonomisch – zu verdanken hat. Hier verlief die Handelsstraße vom Brenner-Pass nach Venedig und die reisenden Händler mussten mit Wein versorgt werden. Die »Serenissima« (die »Erlauchte«), wie Venedig zu jener Zeit ehrfurchtsvoll genannt wurde, verlieh der Region folgerichtig auch den Namen. Venetien mit seiner Hauptstadt Verona, mit dem Liebesdrama »Romeo und Julia« Schauplatz der wohl größten Liebestragödie der Literaturgeschichte, liegt eingebettet zwischen anderen maßgeblichen Weinbauregionen Italiens. Im Osten grenzt es an das Friaul. Im Norden an Trentino-Südtirol, im Norden und im Westen an die Lombardei, südlich schließt sich die Emilia-Romagna an. Der hügelige Norden in den Ausläufern der Alpen weist sehr karge steinige Böden auf, der Süden, der in die Po-Ebene hineinreicht, besteht aus Schwemmland, Sand und Lehm. Hier ist der Weinbau weitaus weniger anspruchsvoll als in den wesentlich steileren Lagen des Nor-

* Jahrgang 2020, Gesamtweinprodukion Italien: 49.908.000 hl

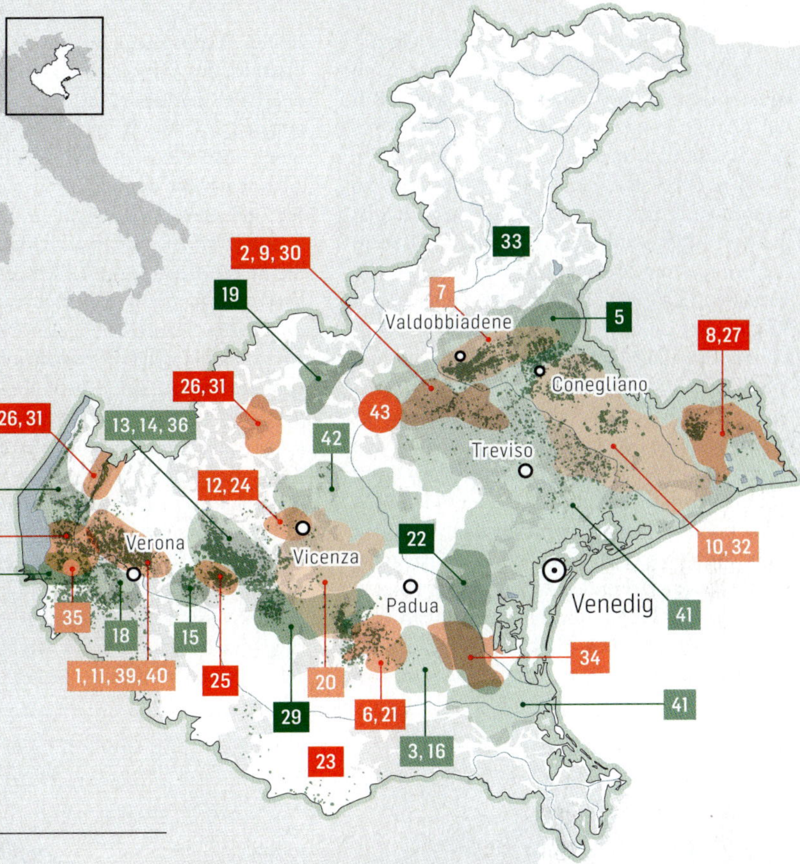

VENETIEN

D.O.C.G.

1 Amarone della Valpolicella
2 Asolo Prosecco
3 Bagnoli Friularo
4 Bardolino Superiore
5 Colli di Conegliano
6 Colli Euganei Fior d'Arancio
7 Conegliano Valdobbiadene-Prosecco Superiore
8 Lison
9 Montello Rosso
10 Piave Malanotte
11 Recioto della Valpolicella
12 Recioto di Gambellara
13 Recioto di Soave
14 Soave Superiore

D.O.C.

15 Arcole
16 Bagnoli di Sopra
17 Bardolino
18 Bianco di Custoza
19 Breganze
20 Colli Berici
21 Colli Euganei
22 Corti Benedettine del Padovan
23 Delle Venezie: In den Provinzen Belluno, Padua, Treviso, Venedig, Verona, Vicenza, Rovigo.
24 Gambellara
25 Garda
26 Lessini Durello
27 Lison-Pramaggiore
28 Lugana
29 Merlara
30 Montello-Colli Asolani
31 Monti Lessini
32 Piave
33 Prosecco: In den Provinzen Belluno, Padova, Treviso, Vicenza,Venezia.
34 Riviera del Brenta
35 San Martino della Battaglia
36 Soave
37 Valdadige oder Etschtaler
38 Valdadige Terradeiforti
39 Valpolicella
40 Valpolicella Ripasso
41 Venezia: In der Provinz Venedig
42 Vicenza
43 Vigneti della Serenissima: In den Provinzen Belluno, Padova, Treviso, Vicenza, Verona

Quelle: Istat date 2021

dens, und die Böden sind quasi ein Garant für hohe Erträge. Die daraus resultierenden Massenweine standen daher einem guten Ruf der Region lange entgegen. Das Klima im Süden ist deutlich mediterraner geprägt als im Norden, der von einem Wechselspiel aus mediterranen Einflüssen und Kaltluftströmungen aus den Alpen enorm profitiert, denn es sorgt für Frische und Spannung in den Weinen mit geringeren Erträgen. Dass die Weine Venetiens sehr beliebt sind, liegt natürlich auch am Tourismus, denn mit Verona, Padua , der Ost- und Südseite des Gardasees und nicht zuletzt Venedig hat dieses Fleckchen Italiens einiges zu bieten. Besonders der Soave und der Valpolicella waren gesuchte Weine und wurden gerne mit auf die Heimreise genommen. Die Qualitäten indes konnten lange Zeit mit dieser Beliebtheit nicht mithalten. Das änderte sich schlagartig, als in den ausgehenden 80er Jahren Namen wie Anselmi, Pieropan oder später auch Inama auftauchten. Diese Weingüter lieferten unter anderem Soave-Weine, die Kritiker zu den besten Weißweinen Italiens zählen. Auch die Qualität des Valpolicella oder auch des Bardolino ist in den letzten 30 Jahren kontinuierlich angestiegen. Ein Weinstil hat darüber hinaus unter anspruchsvollen Weinfreunden geradezu einen Hype ausgelöst – der Amarone. Dieser gehaltvolle Rotwein aus getrockneten Trauben findet mittlerweile locker den Weg in die Sterne-Gastronomie, Winzer wie Dal Forno oder Qintarelli genießen sogar Kultstatus, und deren Amarone erzielen Preise, die jenen eines hochklassigen, klassifizierten Bordeaux ebenbürtig sind. Auch die vollmundige Variante des »Ripasso«, erzeugt aus Valpolicella und den Trestern des Amarone, erfreut sich großer Beliebtheit. Eine andere beliebte Spezialität der Region ist der Prosecco, der vor allen Dingen als »Frizzante« weltweit großen Zuspruch erfährt. Seit der Neuregelung des Weingesetzes für den Prosecco haben auch hier die Qualitäten teilweise deutlich zugelegt. Der z.T. überragende edelsüße Weinstil »Recioto di Valpolicella« verdient ebenfalls Beachtung.

Forte Wohlgemuth bei Rivoli Veronese

★★★★

ADAMI

Via Rovede 27, 31020 Colbertaldo di Vidor (TV)
T: +39 423 982110, info@adamispumanti.it
adamispumanti.it

Ab-Hof-Verkauf: Ja
Kellermeister/Kontakt: Armando und Franco Adami
Produktion: 750.000 Flaschen, 12 Hektar

Adami gehört zu den historischen Familienbetrieben in der Region Conegliano-Valdobbiadene. Er entstand in den 1920er Jahren, als Abele Adami dem Grafen Balbi Valier den Weinberg Vigneto Giardino abkaufte, der wie ein Amphitheater angelegt war, mit der Intuition, diesen Weinberg von allen anderen zu trennen. Und so präsentierte er 1933 auf der ersten Marktschau typischer italienischer Weine in Siena den Riva Giardino Asciutto, den ersten echten Lagenwein aus Valdobbiadene. Heute hat sich Adami als Spezialist für Prosecco etabliert, in seinen verschiedenen Arten und Ausdrucksformen.

94 ● Col Credas Rive di Farra di Soligo Valdobbiadene DOCG Extra Brut 2021
11 Vol.-%, DIAM
Leuchtendes Gelb mit silbernen Reflexen. In der Nase einladende Anklänge an Apfel, Pfirsich und einige Zitrusnoten. Fruchtig und ausgewogen im Trunk, saftig und rund, mit perfekt eingebundener Perlage, lange und harmonisch im Abgang.

94 ● Vigneto Giardino Asciutto Rive di Colbertaldo Valdobbiadene DOCG 2021
11 Vol.-%, DIAM
Strahlendes Silbergrau mit anhaltender Perlage. In der Nase sanft, mit zarter Blume, sowie zart fruchtigem Bukett. Am Gaumen mit feinem Fruchtschmelz, zeigt sich mit eleganter Süße, wenngleich trocken und blitzsauber im Finale.

93 ● Bosco di Gica Valdobbiadene Prosecco Superiore DOCG Brut
11 Vol.-%, DIAM
Glänzendes, helles Grüngelb, etwas verhaltene Perlage. Duftig und frisch in der Nase, nach Weißdornblüten, knackigem grünem Apfel und Zitronenschale. Saftig und salzig am Gaumen, zeigt auch da viel frischen Apfel, strömt ruhig dahin, fällt im Finale anhaltend aus.

92 ● Col Fondo Valdobbiadene Prosecco Superiore DOCG Brut Nature 2021
11 Vol.-%, DIAM, Strohgelb, verschleiert durch die Anwesenheit von Hefe. Feine und anhaltende Perlage. Delikates Bouquet, in dem Noten von Hefe und Brot vorherrschen, gefolgt von Noten weißer Blumen und aromatischer Kräuter. Fruchtige Noten mit deutlichen Anklängen von Banane, grünem Apfel, Litschi und zartem Orangenschalen-Kandis. Am Gaumen cremig, lebendig und würzig im Abgang, sehr angenehm.

92 ● Dei Casel Valdobbiadene Prosecco Superiore DOCG Extra Dry
11 Vol.-%, DIAM
Glänzendes, helles Silber mit zartem Grüngelb, leichte Perlage. Sehr intensive und einladende Nase, duftet nach frischer Birne, dann Banane und Zimt. Am Gaumen klar und frisch, ausgewogen zwischen Saftigkeit und zarter Süße, im Finale salzig.

91 ● Garbèl Prosecco Treviso DOC Brut
11 Vol.-%, DIAM
Helles Strohgelb, leuchtend und klar, feine, anhaltende Perlage. Die Nase zeigt fruchtige und frische Noten von grünem Apfel, Melone, Birne mit einem Hauch von kandierter Zitrone. Der Geschmack ist reichhaltig, säuerlich mit einer angenehm saftigen Note, angenehmer fruchtiger und langer Nachgeschmack.

★★★

ALBINO ARMANI 1607

Via Ceradello 401, 37020 Dolcè (VR)
T: +39 045 7290033, info@albinoarmani.com
albinoarmani.com

Ab-Hof-Verkauf: Ja
Kellermeister: Alberto Massaro
Kontakt: Federico Armani
Produktion: 333.333 Flaschen, 25 % Schaumwein, 48 % weiß, 20 % rot, 5 % rosé, 2 % süß, 370 Hektar
Anbauweise: Bio

Die Geschichte der Familie Armani ist seit mehr als vier Jahrhunderten eng mit jener des Weinbaus im Etschtal verbunden. Das historische Anwesen in Dolcè ist eines von drei Weingütern in der Region Venetien, ein zweites befindet sich in Marano im Gebiet des Valpolicella Classico und ein drittes in der Provinz Treviso, in San Polo di Piave, wo die biodynamischen Weine hergestellt werden. Zwei weitere Weingüter befinden sich in den Regionen Trentino und Friaul. Gemeinsam ist ihnen der Fokus auf das jeweilige Terroir, dessen besonderer Charakter sich in den Weinen widerspiegelt.

92 Prosecco Rosé DOC Extra Dry Millesimato 2021

11 Vol.-%, NK, Stahltank

Leuchtendes, blasses Hellorange mit feiner Perlage. In der Nase duftig nach Pfirsich, Zitruszeste und Walderdbeere. Am Gaumen sehr fruchtig und frisch, mit gut integrierter Perlage und angenehmem Trinkfluss.

93 Pinot Grigio Colle Ara Valdadige Terradeiforti DOC 2021

13 Vol.-%, NK, Stahltank/Barrique

Rosa nach Art einer Zwiebelschale mit goldenen Reflexen. In der Nase Noten von weißem Pfirsich, Walderdbeeren und Granatapfel mit blumigen Anklängen. Am Gaumen leicht fließend, seidig und leicht würzig im Abgang.

93 Sauvignon Superiore Friuli Grave DOC 2020

12,5 Vol.-%, NK, Stahltank/Holzfass

Helles, leuchtendes Strohgelb. In der Nase zeigen sich Noten von Stachelbeeren, weißem Pfirsich, Holunderblüten und mediterranen Kräutern. Der Gaumen erinnert an die in der Nase wahrgenommenen Aromen, wobei die Zitrusnoten stärker betont werden, langer, frischer Abgang.

92 Casetta Foja Tonda Valdadige Terradeiforti DOC 2017

13 Vol.-%, NK, großes Holzfass

Rubinrote Farbe. In der Nase zeigen sich dunkle und intensive Noten von Kirsche und Pflaume, begleitet von intensiven Gewürznoten von Tabak, Zimt und Sternanis. Am Gaumen reichhaltig und saftig, mit gutem Nachhall.

91 Cuslanus Amarone della Valpolicella DOCG Classico Riserva 2016

16 Vol.-%, NK, großes Holzfass

Intensives, funkelndes Rubin mit dünnem Granatrand. Eröffnet mit würzigen Noten, etwas Kardamom, dazu dunkle Schokolade und Cassis. Rund und geschmeidig in Ansatz und Verlauf, reife Frucht, dazu fein eingebettetes Tannin, saftig und guter Druck im Finale.

90 1607 Valpolicella Ripasso Classico Superiore DOC 2019

14 Vol.-%, NK, großes Holzfass

Helles Rubinrot mit leicht aufhellendem Rand. In der Nase nach gedörrten Pflaumen, reifen Kirschen und schwarzen Johannisbeeren, im Nachhall leicht würzig nach Minze. Am Gaumen fruchtbetont, mit präsenter Säure und feinkörnigem Tannin, trinkig, mit mittellangem Finale.

★★★★★

ALLEGRINI

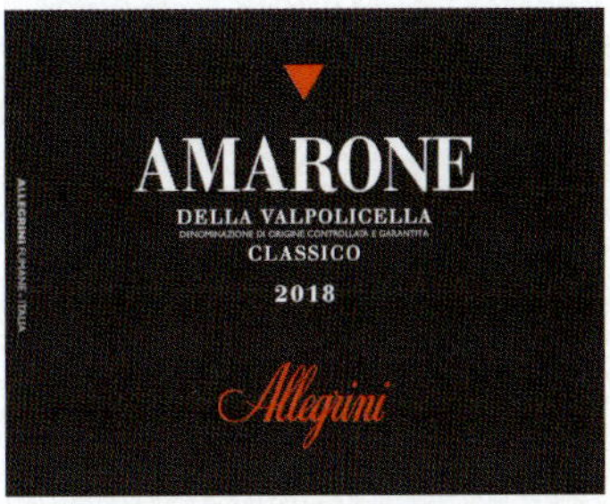

Via Giare 5, 37022 Fumane di Valpolicella (VR)
T: +39 045 6832011, info@allegrini.it
allegrini.it

Ab-Hof-Verkauf: Ja
Kontakt: Raffaele Augelli
Produktion: 12 % weiß, 88 % rot, 160 Hektar

Allegrini wurde im Herzen des Valpolicella Classico gegründet. Die Familie, deren Geschichte bis ins 16. Jahrhundert zurückverfolgt werden kann, produziert seit Generationen Wein. Ab den 1960er-Jahren perfektionierte Giovanni Allegrini, einer der Architekten der Wiedergeburt des Valpolicella, die Kunst der Weinherstellung. Das Erbe des Unternehmens ging dann in die Hände seiner Kinder Walter, Marilisa und Franco über, die die großen Erkenntnisse ihres Vaters aufgegriffen und weiterentwickelt und so den Namen Allegrini sowie das Valpolicella in der ganzen Welt bekannt gemacht haben.

92 Oasi Mantellina Lugana DOC 2021
12,9 Vol.-%, NK, Stahltank
Leuchtendes, mittleres Strohgelb mit goldenen Reflexen. In der Nase intensive Noten von frisch geschnittenem Gras, Brennnessel und Stachelbeere. Am Gaumen weich und rund, mit angenehmer, frischer Säure und stark entfalteten Fruchtaromen von reifem Steinobst, langer Abgang.

98 Fieramonte Amarone della Valpolicella Classico Riserva DOCG 2015
16,7 Vol.-%, NK, Barrique/großes Holzfass
Intensives Rubinrot mit violetten Reflexen. Die Nase ist intensiv und strukturiert, elitär. Er präsentiert reife Noten von rotem Fruchtfleisch, konfitüreartigen Feigen, gefolgt von warmen Tönen von Tabak, Kaffee und Gewürzen wie Nelken und Pfeffer. Am Gaumen dicht, voll und einhüllend mit ausgeprägten Tanninen, langer, fesselnder Abgang.

95 Amarone della Valpolicella Classico DOCG 2018
16 Vol.-%, NK, Stahltank/großes Holzfass/Barrique
Dunkles Rubinrot mit Granatroten Reflexen. In der Nase viele reife Fruchtaromen von Pflaumen, Waldbeeren und Kirschen sowie Holzwürze und Orangeat. Am Gaumen geradlinig und erstaunlich frisch, mit angenehmer Saftigkeit, Substanz und schöne Balance und anhaltendem Finale.

91 Palazzo della Torre Veronese IGT 2019
13,7 Vol.-%, NK, Stahltank/Barrique
Tiefdunkles Rubinrot mit leicht aufhellendem Rand. In der Nase Noten von Cassis, getrockneten Rosen, schwarzem Pfeffer, Zedernholz und leichter Tabaknote. Am Gaumen gut strukturiert, mit anhaltender Frische und Saftigkeit, und langem Nachhall.

91 La Grola Veronese IGT 2019
14 Vol.-%, NK, Stahltank/Barrique
Sehr dunkles Rubinrot mit violettem Kern. In der Nase schwarze Johannisbeeren, Kakaopulver, und Noten von süßen Gewürzen und balsamische Anklänge. Am Gaumen Vollmundig, frisch und schmackhaft, mit dichten Tanninen und gut integriertem Holz.

91 La Poja Covina Veronese IGT 2017
14,5 Vol.-%, NK, Stahltank/großes Holzfass/Barrique
Intensives Rot mit violetten Reflexen. Reichhaltige Nase mit breitem Aromenspektrum. Noten von reifen Früchten, Kirsche, Sauerkirsche, Pfirsich, Marille und Zitronat, gefolgt von würzigen Noten von Lakritze und schwarzem Pfeffer. Reichhaltiger und ausgeprägter Gaumen, süße, charakteristische Note, feine Tannine, lang und ausdauernd.

★★★★

ANDREOLA

Via Cavre 19, 31010 Farra di Soligo (TV)
T: +39 0438 989379, info@andreola.eu
andreola.eu

Ab-Hof-Verkauf: Ja
Kellermeister: Stefano Pola
Produktion: 93 Hektar

Die Arbeit des Menschen gestaltet das Gebiet, verändert die Formen und den Rhythmus. Seit 1984, seit Nazzareno Pola den Familienbetrieb gegründet hat, ist Andreola Teil dieser Veränderung. Heute führt Sohn Stefano das Weingut mit der gleichen Philosophie weiter, in dem Bewusstsein, dass der beste Schutz des Territoriums das tiefe Wissen ist, dass der Prosecco Superiore nicht nur ein Produkt, sondern ein lebendiges Wesen ist: das Ergebnis der Entwicklung der Rebe, ihrer Anpassungsfähigkeit an Terrain und Klima, der noch vollständig manuellen Arbeit.

Stefano Pola,
Weingut Andreola

beigestellt

94 **26 °I° Rive di Col San Martino Valdobbiadene DOCG 2021 Extra Brut**
11,5 Vol.-%, NK, Stahltank F S
Strohgelb mit deutlichen grünlichen Noten. Frische Nase mit Noten von Apfel, Banane und Akazienhonig. Am Gaumen weich und ausgewogen, zieht sich mit gut integrierter Kohlensäure in die Länge und schließt mit zarter Zitrusnote.

94 **Col del Forno Rive di Refrontolo Valdobbiadene DOCG 2021 Brut**
11,5 Vol.-%, NK, Stahltank F S
Leuchtendes Silbergrau mit anhaltender Perlage. In der Nase einladend und klar, mit floralem Duft und weißem Steinobst, sowie zart steinigen Anklängen. Am Gaumen auf eleganten Birnen-Nuancen, klar und kristallin, in sich ausgewogen, rund und harmonisch, bleibt lange im Finale.

93 **Dirupo Valdobbiadene DOCG 2021 Extra Dry**
11,5 Vol.-%, NK, Stahltank F S
Leuchtendes Silber auf grünlichen Reflexen. Frische Nase mit Noten von Apfel, Birne und Alpenblumen. Schaumig, locker, fein süßlich und im Abgang mit edlen Kräuternoten.

93 **Mas de Fer Rive di Soligo Valdobbiadene DOCG 2021 Extra Dry**
11,5 Vol.-%, NK, Stahltank F S, Brillantes Silbergrau mit reichlich anhaltender und feingliedrigster Perlage. Zeigt

VERKOSTUNGSERGEBNISSE
ANDREOLA

sich in der Nase frisch und klar, Limette, Minze, sehr saftige Zitrusfrüchte. Am Gaumen saftig und mit leichter Birnennote, blitzsauber und präzise, endet im Finale spannend.

93 ● Valdobbiadene Superiore di Cartizze DOCG 2021 Dry

11,5 Vol.-%, NK, Stahltank F S

Leuchtendes, funkelndes Silbergrau mit anhaltender Perlage. In der Nase ausgeprägt nach frischem Steinobst, dazu feine Akazienblüten, im Nachhall Kräuter und Limetten, einladend. Am Gaumen ausgewogen, sehr knackig und sehr frisch, mit toller Fruchtsüße und engmaschiger Perlage, lange.

92 ● Dirupo Valdobbiadene DOCG 2021 Brut

11,5 Vol.-%, NK, Stahltank F S

Leuchtendes Silbergrau mit feinster Perlage. In der Nase duftig, nach weißen Blüten, weißem Steinobst und grünem Apfel. Am Gaumen saftig, fein dosiert, nach weißen Blüten, trinkt sich schnörkellos.

92 ● Sesto Senso Valdobbiadene DOCG 2021 Dry

11,5 Vol.-%, NK, Stahltank F S

Helles Strohgelb mit anhaltender Perlage. Duftet in der Nase deutlich nach Zitrusfrüchten, Holunderblüten, weißem Pfirsich und Bittermandeln, einladend. Am Gaumen klar, mit feinem Trunk und knackigem Fruchtkern, spannt einen schönen Bogen, im Finale stimmig mit feiner Süße.

92 ● XXIII° Bio Ai Boschi Valdobbiadene DOCG 2020 Brut

11,5 Vol.-%, NK, Stahltank F S

Leuchtendes Strohgelb mit zart grünlichen Reflexen. In der Nase nach Zitrusfrucht, Meersalz, zart auch nach Orangenblüten und rosarotem Pfirsich. Am Gaumen pur und klar, zeigt sich straff im Mund mit leicht steinigem Unterton, blitzsauber und knochentrocken.

92 ● Vigna Ochera Rive di Rolle Valdobbiadene DOCG 2021 Dry

11,5 Vol.-%, NK, Stahltank F S

Leuchtendes Silbergrau mit feiner Perlage. Zeigt sich in der Nase mit Nuancen von Ananas, reifem goldenem Apfel, im Nachhall nach Akazienblüten. Am Gaumen mit beachtlicher Süße und gut eingebundene Perlage, schönes Spiel, ausgewogen, lange.

91 ● Akelum Asolo Prosecco Superiore DOCG Brut

11,5 Vol.-%, NK, Stahltank F S

Blassgelb mit leicht silbernen Reflexen, klar und glänzend. Feine und anhaltende Perlage. Die Nase beginnt mit zarten blumigen Noten und weicht intensiveren Noten von reifem, frischem Obst, Apfel, Birne, Litschi mit einem Hauch von Zitrusfrüchten. Am Gaumen frisch, voll und lebendig, leichte mineralische Noten im Abgang, anhaltend mit feiner Fruchtsüße.

★★★

ASTORIA

Viale Antonini 9, 31035 Crocetta del Montello (TV)
T: +39 0423 6699, export@astoria.it
astoria.it

Ab-Hof-Verkauf: Ja
Kontakt: Paolo Polegato
Produktion: 32 Hektar

Astoria wurde 1987 aus der Leidenschaft der historischen Winzerfamilie Polegato heraus gegründet und ist heute das erste private Weingut von Conegliano-Valdobbiadene DOCG, dessen Weine von den wichtigsten Weinwettbewerben ausgezeichnet wurden. Das Weingut Val de Brun ist das Herzstück von Astoria mit Weinbergen inmitten der malerischen Prosecco-Hügel. Das Unternehmen schützt seine Weingärten auch durch die Einhaltung des Protokolls Vignes fleuries (2014) und die Zertifizierung SQNPI. Es ist zudem ISO-14001-zertifiziert.

92 Galie Prosecco Treviso DOC
11 Vol.-%, NK, Stahltank
Glänzendes helles Zitronengelb mit anhaltender, feiner Perlage. In der Nase nach Marillen und weißem Pfirsich, zarte Akaziennote. Am Gaumen ansprechend im Ansatz, zeigt gute Spannung, saftig und leicht salzig.

92 Casa Vittorino Conegliano Valdobbiadene Prosecco Superiore DOCG 2021 Millesimato Brut
11,5 Vol.-%, NK,DV, Stahltank
Glänzendes, helles Silber, anhaltende, feine Perlage. Duftig und klar in der Nase, nach frischem Pfirsich, noch etwas grün, nach Jasminblüten, im Hintergrund nach Zimt. Am Gaumen sehr geschliffen, feine salzige Komponenten, im Finale knackiger Apfel.

92 Millesimato '021 Valdobbiadene Prosecco Superiore DOCG 2021 Extra Dry
11,5 Vol.-%, NK,DV, Stahltank
Leuchtendes Silber mit grünlichen Reflexen. Zarte blumige Noten, begleitet von fruchtigen Anklängen an Apfel und Birne. Gut integrierte und feine Perlage. Gute Spannung im Mund, wo sowohl Struktur als auch Frische in den Vordergrund treten. Langer, fruchtiger Abgang.

90 Corderìe Valdobbiadene Prosecco Superiore DOCG Extra Dry
11,5 Vol.-%, NK,DV, Stahltank
Strohgelb. Feine und anhaltende Perlage. In der Nase zeigen sich Noten von Apfel, Birne und Banane, gefolgt von blumigen Noten. Am Gaumen frisch, säurebetont und fruchtig, der Abgang ist anhaltend und frisch.

90 El Ruden Rosso Veneto IGT 2020 ME/CS/PN/MR2
13,5 Vol.-%, NK, Barrique
Dunkles Rubinrot mit aufhellendem Rand. In der Nase intensiv nach schwarzem Holunder und Brombeeren, gepaart mit würzigen Noten. Am Gaumen dicht und rund, mit fruchtigem Kern und straffen Tanninen sowie mittlerer Länge.

90 Fashion Victim Moscato d'Asti Spumante DOCG
7 Vol.-%, NK,DV, Stahltank
Goldgelb, mittlere und anhaltende Perlage. In der Nase zeigen sich reiche, süße Noten von Pfirsich, reifer Marille und Akazienhonig. Weich, reichhaltig und fruchtig am Gaumen, ausgeprägte und anhaltende Süße.

★★★

BELLENDA

Via Giardino 90, 31029 Vittorio Veneto (TV)
T: +39 0438 920025, info@bellenda.it
bellenda.it

Ab-Hof-Verkauf: Ja
Kontakt: Umberto Cosmo

Seit über 30 Jahren produziert der Betrieb den Prosecco Superiore mit dem Ziel, das Potenzial des Gebiets und die zahlreichen Nuancen der Trauben zum Ausdruck zu bringen. Seit den Anfängen des Betriebs glaubt man im Weingut an die klassische Methode der Prosecco-Herstellung und war der erste, der sie in dem Gebiet wiederbelebte. Heute nimmt man die Kunden mit auf eine Reise durch die verschiedenen Methoden der Weinbereitung und der Sektherstellung aus der Glera-Traube, um gemeinsam zu entdecken, dass Prosecco über die traditionellen Interpretationen hinausgehen kann.

93 San Fermo Valdobbiadene Prosecco Superiore DOCG 2021 Millesimato Brut
11,5 Vol.-%, NK, Stahltank
Brillantes Silbergrau. In der Nase zart nach kaltem Rauch, nach Zitronenzesten, und etwas nach roten Beeren. Am Gaumen mit gut eingebundener Perlage, spannt einen schönen Bogen, klar und präsent im Finale, endet knochentrocken.

92 Lei Rive di Carpesica Conegliano Valdobbiadene Prosecco Superiore DOCG 2018 Metodo Classico Dry
11,5 Vol.-%, NK, Flaschengärung
Strahlendes Strohgelb. In der Nase zart nach Zitronenzesten, Wachs, Akazienblüten, dazu heller Honig und nasser Stein. Am Gaumen mit kleinperliger Perlage, öffnet sich spannend und ausgewogen, dazu goldene Frucht, im Nachhall sauber und erstaunlich trocken für einen Dry.

91 Così è (Col Fondo) Conegliano Valdobbiadene Prosecco DOCG Frizzante
11 Vol.-%, NK, Flaschengärung
Trübes Strohgelb. In der Nase nach Hefe, grünem Apfel und knackiger Birne, dazu etwas weiße Blüten. Am Gaumen trinkig, saftig, sauber, klar, trocken, schnörkellos, reines Trinkvergnügen!

91 Sei Uno Valdobbiadene Prosecco Superiore DOCG 2020 Metodo Classico Extra Brut
11,5 Vol.-%, NK, Flaschengärung
Leuchtendes Strohgelb mit Silber mit anhaltender Perlage. In der Nase zart nach Wachs und Akazienblüten, wirkt sehr karg. Am Gaumen mit toller Perlage und saftigem Eintritt, spannt sich ausgewogen auf, noch sehr jung, zeigt im hinteren Bereich feine saftige Noten.

91 S.C. 1931 Metodo Classico Conegliano Valdobbiadene Prosecco Superiore DOCG 2018 Brut
11,5 Vol.-%, NK, Flaschengärung
Brillantes Strohgelb mit grobkörniger Perlage. In der Nase nach Haselnüssen, Bananen, Pfirsich, auch nach nassem Stein, dann nach Schwarzbrotkruste. Am Gaumen mit kecker, feingliedriger Perlage, spannt sich schön über die Zunge, frisch und lange anhaltend, schöne Interpretation.

91 Prosecco Rosé DOC 2021 Millesimato Brut
11,5 Vol.-%, NK, Stahltank
Leuchtendes Apricot. Duftende Nase, nach frischen Waldbeeren und Orangen, dazu auch Orangenblüten, im Nachhall Pfirsich. Am Gaumen keck und saftig, spannt sich schön auf, im Nachhall zarte Frucht.

★★★★★

BERTANI

Via Asiago 1, 37023 Grezzana (VR)
T: , bertani@bertani.net
bertani.net

Ab-Hof-Verkauf: Ja
Kontakt: Margherita Tovo
Produktion: 1.500.000 Flaschen, 16 % weiß, 77 % rot, 6 % rosé, 1 % süß, 65 Hektar
Förderprogramm: EU Reg.No 1308/2013

Bertani wurde 1857 von den Brüdern Bertani in Quinto di Valpantena gegründet. Von Anfang an setzte man die modernsten Produktionstechniken ein und wendete sie auf allen Gütern an – von Valpantena bis Soave. Mitte des 20. Jahrhunderts führte Bertani nach dem Kauf der Tenuta Novare im Valpolicella Classico umfangreiche Forschungen durch, um schließlich einen Amarone zu erzeugen. Heute führt die Weinkellerei das fort, was die Gründer damals taten, nämlich Weine mit Wiedererkennungswert und Identität herzustellen, Weine mit einem klaren, unverwechselbaren Profil.

92 Original Vintage Edition Soave DOC 2020
12 Vol.-%, NK, Beton
Blass strohgelb und leuchtend. In der Nase zeigen sich Noten von Pfirsich und Marille mit ausgeprägten blumigen und frischen pflanzlichen Nuancen. Am Gaumen einhüllend, mit würziger und balsamischer Note. Schließt mit hervorragender Säure, einer leicht pikanten und anhaltenden Spitze.

93 Ognisanti di Novare Valpolicella Classico Superiore DOC 2020
12,5 Vol.-%, NK, Eichenfass
Tiefes Rubinrot. In der Nase zunächst Noten von weißem Pfeffer und Tabak, gefolgt von zarten Anklängen an kleine rote Früchte. Voller und intensiver Geschmack, fruchtige Süße und Geschmeidigkeit, saftiger und leicht würziger Abgang.

92 Catullo Valpolicella Ripasso Classico Superiore DOC 2019
13,5 Vol.-%, DIAM, Eichenfass/Beton
Leuchtendes Rubinrot mit leicht aufhellendem Rand. In der Nase nach reifer Schwarzkirsche und Rosenblüten, im Nachhall leicht würzig. Am Gaumen trocken, salzig, präzise und klar, hat Zug, mit feinem Gerbstoff, langes Finale.

92 Amarone della Valpolicella DOCG Valpantena 2019
15,5 Vol.-%, NK, Holzfass
Funkelndes Rubin mit granatroten Reflexen. Intensiv und elegant in der Nase, nach eingelegten Kirschen und Rosenblättern, unterlegt von einer leicht ätherischen Note. Kraftvoll, aber geschmeidig am Gaumen, mit samtigem Tannin, reifem Fruchtton und leichter Bitternote im anhaltenden Finale.

91 Valpantena Valpolicella DOC 2021
12 Vol.-%, NK, Beton
Intensives Rot mit zarten violetten Reflexen. In der Nase Noten von kleinen roten Früchten, gefolgt von Anklängen an Zimt, schwarzem Pfeffer und Unterholz. Der Geschmack ist ebenso delikat, fein, frisch und saftig mit mittlerem Nachklang.

★★★

BIANCAVIGNA

Via Monte Nero 8/c, 31015 Conegliano (TV)
T: +39 0438 788403, info@biancavigna.it
biancavigna.it

Ab-Hof-Verkauf: Ja
Kontakt: Elena Moschetta, Enrico Moschetta
Produktion: 600.000 Flaschen, 30 Hektar
Förderprogramm: EU Reg.No 1308/2013

Die Hügel von Conegliano bis Valdobbiadene sind die Orte, die den Weinen von BiancaVigna Geschmack und Aroma verleihen. Die Kenntnis des Bodens und die Fähigkeit, ihn zu interpretieren, sind für sie der einzige Weg, um einen Qualitäts-Conegliano Valdobbiadene zu schaffen, der in der Lage ist, ein Gebiet, seine Düfte und Geschmäcker, seine Geschichte und Tradition zu repräsentieren. Das ist der einzigartige Charakter der 30 Hektar Weinberge in den DOCG- und DOC-Gebieten der Alta Marca Trevigiana, dem Protagonisten der Geschichte des Prosecco.

92 ● Conegliano Valdobbiadene Prosecco DOCG 2021 Extra Dry
11,5 Vol.-%, DIAM, Stahltank
Brillantes Silbergrau mit anhaltender Perlage. In der Nase etwas verhalten, erinnert an nassen Stein. Am Gaumen mit leichten Honignuancen und nach gerösteten Haselnüssen, wirkt reif, hat aber auch Rasse und Zug, kompakt und fruchtig im Nachklang.

92 ● Conegliano Valdobbiadene Prosecco DOCG Brut Biologico
11,5 Vol.-%, NK,DIAM, Stahltank Ⓥ
Leuchtendes, helles Strohgelb mit anhaltender, feiner Perlage. Fruchtig-florales Bouquet mit Noten von Holunder, weißem Pfirsich und Akazienblüten. Am Gaumen mit schönem Druck, feinem Fruchtschmelz und Noten von reifem Steinobst, elegant bis ins Finish.

92 ● Rive di Ogliano Conegliano Valdobbiadene Prosecco Superiore DOCG Millesimato 2021 Extra Brut
11,5 Vol.-%, PK, Stahltank
Helles Strohgelb mit feinkörniger und anhaltender Perlage. In der Nase nach Zitrusfrüchten und reifem Steinobst. Am Gaumen trocken, mit gut eingebundener Perlage, saftig und lang anhaltend.

92 ● Rive di Collalto Conegliano Valdobbiadene Prosecco Superiore DOCG 2020 Extra Dry
11,5 Vol.-%, NK,DIAM, Stahltank
Brillantes Silbergrau mit anhaltender Perlage. In der Nase etwas verhalten, erinnert an nassen Stein. Am Gaumen mit leichten Honignuancen und nach gerösteten Haselnüssen, wirkt reif, hat aber auch Rasse und Zug, kompakt und fruchtig im Nachklang.

90 ● Prosecco DOC Brut
11,5 Vol.-%, NK, Stahltank
Glänzendes helles Silber, anhaltende, mitteldichte Perlage. Duftet in der Nase nach Marillen und grünem Pfirsich, zarte Jasminnoten. Ansprechend im Ansatz, zeigt gute Spannung, salzig.

91 ● Spumante Rosa Prosecco Rosé DOC Millesimato 2021 Brut
11,5 Vol.-%, PK, Stahltank
Leuchtendes Rosarot mit feinster Perlage. In der Nase nach weißer Schokolade, zarten Waldfrüchten und sanftem Zitrusduft. Am Gaumen trocken und mit schöner Frische, breitet sich schön aus, im Finale blitzsauber.

★★★

BISOL 1542

Via Follo 33, 31049 Valdobbiadene (TV)
T: +39 0423 900138, info@bisol.it
bisol.it

Ab-Hof-Verkauf: Ja
Kellermeister: Desiderio Bisol
Produktion: 100 % Schaumwein, 55 Hektar

Bisol 1542 steht für eine der weltweit reinsten Interpretationen des Prosecco Superiore Dank seiner engen Verbindung mit dem Land, in dem er wurzelt: den steilen Hügeln von Valdobbiadene, die das Weingut seit 1542 beherbergen. Seit 2014 gehört Bisol 1542 zur Lunelli-Gruppe, die führend in der Herstellung von exzellenten Schaumweinen ist. Der Hügel, der das Land des Prosecco symbolisiert, hat fünf Nuancen des Prosecco Superiore aus fünf verschiedenen Parzellen hervorgebracht – eine perfekte Mischung aus Umwelt, Geschichte und menschlicher Arbeit.

93 Crede Valdobbiadene Prosecco Superiore DOCG 2021 Brut
11,5 Vol.-%, NK, Stahltank
Leuchtendes Silbergrau mit sanfter Perlage. In der Nase nach Zitrusfrüchten, Blutorangen und steinigen Anklägen, im Nachhall nach Limetten und Minze. Am Gaumen mit feinem Spiel und schöner Spannung, zeigt wohlig eingebundene Perlage, bleibt sauber und lange im Finale.

93 Relio Valdobbiadene Rive di Guia Prosecco Superiore DOCG Millesimato 2021 Extra Brut
11,5 Vol.-%, PK, Stahltank
Leuchtendes Silbergrau mit anhaltender Perlage. In der Nase zart floral, mit steinigen Anklängen, im Nachhall nach Kernobst. Am Gaumen blitzsauber und knochentrocken, zeigt sich puristisch und klar, bleibt lange und saftig über.

93 Cartizze Dry, Valdobbiadene Superiore di Cartizze DOCG
11,5 Vol.-%, NK, Stahltank
Leuchtendes Strohgelb. Die Perlage ist sauber, anhaltend und fein. Die Nase ist lebendig mit frischen Noten von Apfel, weißem Pfirsich und Birne sowie weißen Blüten. Im Trunk trocken, frisch und leicht würzig, ausgewogen und lang anhaltend.

90 Jeio Valdobbiadene Prosecco Superiore DOCG Extra Dry
11,5 Vol.-%, NK, Stahltank
Leuchtendes Strohgelb. Anhaltende Perlage. In der Nase pflanzliche und blumige Noten, weiße Blumen, Glyzinien und fruchtige Noten von Apfel und weißem Pfirsich. Im Trunk cremig und rund, langer Abgang.

90 Jeio Valdobbiadene Prosecco Superiore DOCG Brut
11,5 Vol.-%, NK, Stahltank
Leuchtendes Silber mit feiner, anhaltender Perlage. Filigran in der Nase nach Pfirsich, Holunder und einem Hauch Jasmin. Direkt beim Eintritt, breitet sich geradlinig am Gaumen aus, straff und mit dezenter Frucht, hin zum mittellangen Abgang.

91 Jeio Prosecco Rosé DOC Millesimato 2021 Brut
11,5 Vol.-%, PK, Stahltank
Helles Babyrosa. In der Nase nach knackiger Birne, frischer Banane, etwas Himbeeren und Holunderbeeren, im Nachhall nach Traubenmost. Am Gaumen trocken und mit kompakter Frucht, zeigt schön eingebundene Perlage, im Finale blitzsauber.

★★★★

BORTOLOMIOL

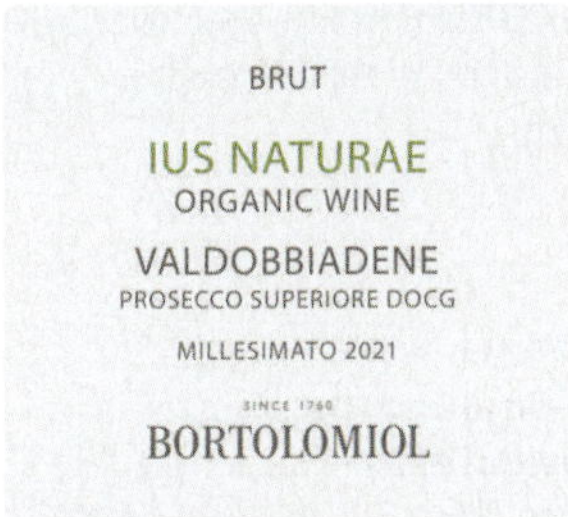

Via Garibaldi 142, 31049 Valdobbiadene (TV)
T: +39 0423 9749, info@bortolomiol.com
bortolomiol.com

Ab-Hof-Verkauf: Ja
Kontakt: Familie Bortolomiol
Anbauweise: Bio

Giuliano hat uns ein großes Geschenk hinterlassen: den Wunsch, nach vorne zu schauen und sich die Zukunft vorzustellen, zwischen den Traditionen unserer Hügel und dem Wunsch, sich zu verbessern.« Dies ist das Erbe, das Giuliano Bortolomiol seiner Frau Ottavia und den Töchtern Maria Elena, Elvira, Luisa und Giuliana hinterließ, die nicht nur das aufrecht erhalten, was ihr Vater aufgebaut hatte. Bortolomiol ist eine starke Familie, die aus Frauen besteht, die die ständigen Herausforderungen in Bezug auf Qualität, Effizienz und Effektivität angenommen haben.

94 Audax Zero.3 Valdobbiadene Prosecco Superiore DOCG Millesimato 2021 Extra Brut
12 Vol.-%, PK, Stahltank
Brillantes Silbergrau mit anhaltender, finessenreicher Perlage. In der Nase nach Birne, Pfirsichmus, leicht nach Zitrus, Meersalz. Am Gaumen ausgewogen und mit sehr gut integrierter Perlage, fruchtbetonter Kern, trocken und dennoch mit Schmelz, toller Prosecco Superiore!

94 Ius Naturae Organic Valdobbiadene Prosecco Superiore DOCG Brut Millesimato 2021
11,5 Vol.-%, NK, Stahltank (B)
Leuchtendes Silbergrau mit anhaltender Perlage. In der Nase präzise und klar, nach Zitrusfrüchten, weißem Pfirsich, knackiger Birne und Orangenblüten. Am Gaumen sehr saftig und sehr klar, zeigt tollen Fruchtkern mit wohlig eingebundener Perlage, lebendig und strahlend, tolles Finish!

93 Prior Valdobbiadene Prosecco Superiore DOCG Millesimato 2021 Brut
12 Vol.-%, NK, Stahltank
Strahlendes, helles Strohgelb mit silbrigen Reflexen. Einladend und frisch in der Nase, mit Aromen von grünem Apfel, weißem Pfirsich und Wiesenblüten. Im Trunk mit feiner Perlage und gutem Zug, spannt sich schön über den ganzen Gaumen, mit langem Abgang.

93 Grande Cuvée del Fondatore Motus Vitae Valdobbiadene Prosecco Superiore Rive San Pietro di Barbozza DOCG Millesimato 2020 Extra Brut
12 Vol.-%, PK, Stahltank
Leuchtendes Silbergrau mit strohgelbem Touch und anhaltender Perlage. In der Nase nach Steinobst und zart hefigem Unterton, öffnet sich im Glas auf klaren Fruchtnuancen, sowie weißen Blüten. Toller Extrakt am Gaumen, mit zartem Fruchtschmelz, jedoch knochentrocken, bleibt lange und klar im Finale.

92 Senior Valdobbiadene Prosecco Superiore DOCG 2021 Millesimato Extra Dry
11,5 Vol.-%, NK, Stahltank
Leuchtendes Strohgelb mit feiner, ruhiger Perlage. In der Nase finden sich Noten von Hefe, Brotkruste, weißen Blumen, Apfel und weißem Pfirsich. Am Gaumen reichhaltig, vollmundig und erinnert an die Frucht. Angenehme Länge.

92 Bandarossa Valdobbiadene Prosecco Superiore DOCG 2021 Millesimato Extra Dry
11,5 Vol.-%, NK, Stahltank
Brillantes Silber mit anhaltender Perlage. In der Nase nach frisch geschnittenem Gras, saftigem grünem Apfel und einem Hauch Zitrone und Minze. Am Gaumen ausgewogen und gut abgestimmt, mit toller Perlage und zarter Fruchtsüße, im Finale etwas restsüß.

★★★★

CA' LA BIONDA

Via Bionda 4, 37020 Marano Di Valpolicella (VR)
T: +39 45 6801198, info@calabionda.it
calabionda.it

Ab-Hof-Verkauf: Ja
Kontakt: Familie Castellani
Produktion: 29 Hektar
Anbauweise: Bio

Die Azienda Agricola Ca' La Bionda befindet sich in Marano di Valpolicella im Herzen der Zone des Valpolicella classico. Das Weingut wurde 1902 gegründet und wird heute in vierter Generation von den Brüdern Alessandro und Nicola Castellani geführt. Der Betrieb umfasst 29 Hektar Land in hügeliger Lage auf Höhen zwischen 150 und 300 m. Die Azienda arbeitet seit dem Jahr 2000 mit ökologischen Methoden und ist seit 2012 als Biobetrieb zertifiziert, in dem keine Pestizide, Herbizide, chemische Düngemittel und synthetische Insektizide verwendet werden dürfen.

94 Decennale Casalvegri Valpolicella Classico Superiore DOC 2010

13,5 Vol.-%, NK

Rubinrot mit Tendenz zu Granat. In der Nase zeigen sich Noten von roten Früchten, verwelkten Rosen, holzigen und balsamischen Anklängen. Am Gaumen intensiv und vollmundig, mit gut ausgeprägten, festen Tanninen und angenehmer Säure, gute Persistenz und Länge im Abgang.

92 Casalvegri Valpolicella Classico Superiore DOC 2019

13,5 Vol.-%, DIAM

Mittleres Rubinrot mit granatroten Reflexen. In der Nase anfänglich fleischige Noten, dann öffnet sich Granatapfel, Preiselbeere und vegetale Nuancen. Am Gaumen vibrierende Säure, saftig, mit geschliffenem Tannin, das im Nachhall leicht trocknend wirkt.

92 Amarone della Valpolicella Classico DOCG 2016

16 Vol.-%, NK

Rubinrot mit leicht violetten Reflexen. Die Nase zeigt Noten von Sauerkirsche, Kirsche, kandierter Blutorange, Pflaume und Mandeln. Der Geschmack ist voll, kräftig und fruchtig, mit einer warmen Note im Abgang.

92 Ravazzol Amarone della Valpiolicella Classico DOCG 2017

16 Vol.-%, NK

Dunkles Rubinrot, intensiv und tief. Noten von reifen Kirschen, Pflaumen und Himbeeren. Warme, dunkle Röstnote, gefolgt von einem Hauch von Feuerstein. Am Gaumen saftig, fruchtig und angenehm tanninhaltig, dezente Holznote, die sich mit der Zeit verfeinern wird.

91 Valpolicella Classico DOC 2021

12,5 Vol.-%, DIAM

Helles und leuchtendes Rubinrot. Duftende Noten von Walderdbeeren und Himbeeren, gefolgt von einem Hauch von Kirsche und Rosenblättern. Sehr frisch, fruchtig, geradlinig, saftig und trinkig im Geschmack.

91 Malavoglia Valpolicella Ripasso Classico Superiore DOC 2019

14 Vol.-%, NK

Rubinrot. Am Gaumen zeigt er Noten von reifen Früchten, Sauerkirschen und Kirschen sowie pflanzliche und blumige Noten. Vollmundiger, samtiger Schluck mit gut eingebundenen Tanninen, frischer und langer Abgang.

★★★★

CAMERANI

Via Capovilla 28, 37030 Mezzane di Sotto (VR)
T: +39 045 8880006, visit@camerani.wine
camerani.wine

Ab-Hof-Verkauf: Ja
Kontakt: Marinella Camerani
Produktion: 15 Hektar
Anbauweise: Bio-dynamisch

Im Val di Mezzane im östlichen Valpolicella hat Marinella Camerani 1986 das Weingut gegründet. Heute führt sie den Betrieb mit Tochter Federica: 43 Hektar Land, davon rund 20 Hektar Weinberge. Diese verteilen sich auf die Höfe Corte Sant'Alda, Adalia und Podere Castagnè. Nachhaltigkeit, biologische und biodynamische Praktiken sind seit jeher die Philosophie. Die auf Kalkböden angelegten Flächen werden mit Respekt bewirtschaftet, im Keller finden Holz, Beton und Ton Verwendung. Danach folgt die Fassreifung. Die Weine zeichnen sich durch Frische, Ausgewogenheit und Eleganz aus.

91 Adalia Singan Soave DOC 2021
12,5 Vol.-%, DIAM Ⓑ
Mittleres, leuchtendes Strohgelb. In der Nase intensiv nach Golden Delicius, reifem gelbem Pfirsich und Akazienblüten sowie ein Hauch von Joghurt. Am Gaumen frisch und saftig, mittlerem Körper und im Finale leichte Bitterkeit.

93 Corte Sant' Alda Valpolicella Superiore Ripasso DOC 2018
13,5 Vol.-%, NK Ⓑ
Sattes, leuchtendes Rubin. In der Nase Aromen nach reifer Himbeeren und Kirschen sowie Anklänge an Rosenduft, sehr eansprechend. Am Gaumen saftig, breitet sich mit eleganter Frucht aus, begleitet von knackigem, feinem Tannin mit ausgewogenem Trunk.

93 Adalia Ruvaln Amarone della Valpolicella DOCG 2018
15,5 Vol.-%, DIAM Ⓑ
Leuchtendes Rubinrot mit funkelndem Kern. Intensiv und herzhaft in der Nase, nach reifen Maulbeeren und Himbeeren, Tabak und Tomatenblatt, samt feiner Holzwürze. Weich und cremig beim Eintritt, gut integriertem, aber spürbarem Alkohol, geschliffener Frucht und zarter Butternote, elegant bis in den langen Abgang.

92 Podere Castagnè Valpolicella Superiore DOC 2018
12,5 Vol.-%, NK Ⓑ
Lebhaftes helles Rubinrot. In der Nase zeigen sich Noten von roten Blumen und kleinen roten Früchten, mit einer deutlichen Gewürznote von Pfeffer. Am Gaumen frisch, aufrecht und gut ausgewogen, weiche, gut eingebundene Tannine, im Trunk saftig und fruchtig..

91 Ca' Fiui Valpolicella DOC 2021
12,5 Vol.-%, DIAM Ⓑ
Leuchtendes, mittleres Rubinrot mit leicht aufhellenden Rändern. In der Nase sehr ansprechende Noten von Schokolade und reifen Kirschen, gepaart mit weißem Pfeffer und Kardamom. Am Gaumen frisch und kirschfruchtig, mit feinem Tannin und mittlerer Länge.

★★★

CANTINA VALPOLICELLA NEGRAR

Via Cà Salgari 2, 37024 Negrar (VR)
T: +39 045 6014300, info@cantinanegrar.it
cantinanegrar.it

Ab-Hof-Verkauf: Ja
Kellermeister: Daniele Accordini
Kontakt: Luca Bissoli
Anbauweise: Bio (auf Teilflächen)

Die Geschichte der Cantina Valpolicella Negrar verkörpert die Geschichte der Männer, die sich seit 1933 der Erzeugung von Qualitätsweinen widmen. Sie ist ein aufrichtiger und tiefgründiger Ausdruck des Territoriums, das über 700 Hektar Weinberge umfasst. Die historische Genossenschaft besteht aus über 240 Winzern, die von professionellem technischem Personal geleitet werden, das jeden Tag die Poesie eines Landes erlebt, das seit Generationen mit Liebe kultiviert wird und dessen Früchte zu Weinen voller Geschichte und Leidenschaft werden.

89 Garganega Verona IGT 2021
12 Vol.-%, NK
Strohgelb mit leicht grünlichen Reflexen. Blumige und zart fruchtige Nase nach weißen Früchten wie Melone und Stachelbeere. Am Gaumen frisch und voll, mit guter Säure. Im Abgang gut ausgeprägt, anhaltend und mit Mandelaroma.

91 Amarone della Valpolicella Classico DOCG 2019
15,5 Vol.-%, NK
Sattes Rubinrot mit granatroten Reflexen. Eröffnet in der Nase mit balsamischen Noten, dahinter reife Zwetschke und etwas Bitterschokolade. Am Gaumen mit angenehmer Wärme und griffigem Tannin, ist stoffig und dicht, hat Zug, langes und fruchtsüßes Finale.

90 Valpolicella Ripasso Classico Superiore DOC 2021
13,5 Vol.-%, NK
Helles Rubinrot mit leicht aufhellendem Rand. Am Anfang verhalten, dann nach satter Kirsche, im Nachhall leicht kräutrig und mit feinen Schokonoten. Am Gaumen stoffig, mit klarer Frucht und feinem Tannin, langer Nachhall.

89 Corvina Verona IGT 2020
12,5 Vol.-%, DIAM
Intensives, leuchtendes Purpurrot. Intensiv in der Nase, mit Aromen von süßen Himbeeren und Erdbeeren, unterlegt von einer Vanillenote. Am Gaumen mit ausgeprägtem Fruchtschmelz, dezenter Gerbstoffstruktur und mittlerer Länge.

89 Passito Appassimento Rosso Veneto IGT 2021
14 Vol.-%, DIAM
Sattes Rubinrot mit violettem Schimmer. In der Nase am Anfang leicht reduktiv, dann nach reifen Pflaumen und dunkler Johannisbeere, im Hintergrund ein Hauch Bitterschokolade. Am Gaumen rund und geschmeidig, mit gut integriertem Gerbstoff, wird im Finale etwas bitter.

★★★

CA' LOJERA

Via Bella Italia 30, 37019 Peschiera del Garda (VR)
T: +39 045 7551901, info@calojera.com
calojera.com

Ab-Hof-Verkauf: Ja
Kontakt: Ambra und Franco Tiraboschi
Produktion: 120.000 Flaschen, 18 Hektar

Ambra und Franco Tiraboschi haben 1992 in Sirmione am Gardasee das Weingut Ca'Lojera gegründet. Neben Tradition, Landschaft und Aktualität sind die Schlüsselwörter, um die Weine von Ca'Lojera zu beschreiben, die ewige Jugend und die elegante Fähigkeit zu altern. Das Weingut vinifiziert seine eigenen Trauben, 18 Hektar Turbiana in Sirmione auf weißem Lehm, der einst das Bett des Sees war, und zwei Hektar in den Moränenhügeln, die dem Chardonnay, Merlot und Cabernet gewidmet sind. Aushängeschild von Ca' Lojera ist der Lugana Riserva del Lupo.

Weingut Ca' Lojera

92 Lugana Superiore DOC 2019
14 Vol.-%, NK

Blass strohgelb. In der Nase finden sich Noten von Ananas, Zitrusfrüchten, Anis und gerösteten Mandeln mit jodhaltigen mineralischen Nuancen, die leicht rauchig wirken. Am Gaumen reichhaltig, saftig und mineralisch. Langer, anhaltender Abgang.

91 Lugana DOC 2021
13 Vol.-%, NK

Helles Strohgelb mit leicht grünlichen Reflexen. In der Nase finden sich frische Noten von Mandarinenblättern und weißen Blüten, gelbe Früchte, Grapefruit, Mandarine, Zeder und ein Abgang, der an Minze erinnert. Am Gaumen klar, mit guter Säure und Geschmacksfülle.

92 Riserva del Lupo Lugana Riserva DOC 2018
14 Vol.-%, NK, Stahltank

Leuchtendes Goldgelb. In der Nase deutliche Noten von Marille und Tee. Am Gaumen zeigen sich fruchtige Noten und ein leichter Hauch von Haselnuss, mit guter Struktur und schöner Säure.

★★★

CA' DEI MAGHI

Via Ca, dei Maghi 5, 37022 Fumane (VR)
T: +39 045 770 2355, info@cadeimaghi.it
cadeimaghi.it

Kontakt: Paolo Creazzi

Cà dei Maghi im Valpolicella-Gebiet ist seit dem 17. Jahrhundert bewohnt. Seitdem bewirtschaftet die Familie Fasoli Fedrigo die Wein- und Obstgärten des Anwesens, später kamen eine Trattoria und ein B&B hinzu. 2009 wurde der Betrieb wiederbelebt, mit dem Ziel, wenige, aber qualitativ hochwertige Flaschen zu produzieren. Auf sieben Hektar werden die Sorten des Veroneser Gebiets angebaut: Corvina, Corvinone, Rondinella, Molinara, Garganega, Trebbiano und ein kleiner Teil Cabernet Sauvignon. In den letzten Jahren ist die Leitung der Kellerei in die Hände des Enkels Paolo Creazzi übergegangen.

91 Barabao Garganega Veronese IGP 2021
13,5 Vol.-%, NK
Leuchtendes Strohgelb mit grünlichen Reflexen. In der Nase zeigen sich Noten von frischen gelben Früchten, Anis und wärmere Noten von Heilkräutern. Am Gaumen frisch, mit einer leicht bitteren und würzigen Note im Abgang, gute Persistenz und Säure.

93 Camparsi Valpolicella Ripasso Classico Superiore DOC 2017
14 Vol.-%, DIAM
Intensive rubinrote Farbe. Die Nase zeigt Noten von reifen roten und schwarzen Beeren, Kirsche, Johannisbeere, Pflaume, gefolgt von sehr angenehmen pflanzlichen und blumigen Noten. Am Gaumen trocken und lebendig und erinnert an reifes, saftiges Obst, gut eingebundene Tannine.

93 Maghi Valpolicella Classico Superiore DOC 2016
14 Vol.-%, NK
Hellrot mit leichten granatroten Reflexen. In der Nase sanft blumig und fruchtig, mit Noten von reifen roten Früchten, Kirsche, Walderdbeeren, Himbeere, gefolgt von würzigen und leicht holzigen Noten. Der Schluck ist frisch und leicht balsamisch, harmonischer Gaumen, klarer Trunk, mineralischer Abgang.

93 Canova Amarone della Valpolicella Classico Riserva DOC 2015
16 Vol.-%, NK
Dunkles Rubinrot. In der Nase dunkle Gewürzaromen von Zartbitterschokolade, Kaffee und Sauerkirsche, gefolgt von marmeladigen Erdbeeren. Am Gaumen vielschichtig mit würzigen Aromen, vollmundig, angenehmer Nachgeschmack und frische Note, leicht trockenes, aber nicht störendes Tannin.

92 Valpolicella Classico DOC 2021
12,5 Vol.-%, DIAM
Rubinrot mit leicht violetten Reflexen. In der Nase Noten von reifen roten Früchten, Kirsche, Erdbeere und Pflaume, gefolgt von einem Hauch von getrockneten Veilchen. Am Gaumen saftig, frisch und fruchtig mit eleganten Tanninen. Der Abgang ist anhaltend und leicht würzig, sehr angenehm.

92 Corvina Veronese IGP 2021
11 Vol.-%, DIAM
Leuchtende, blass rubinrote Farbe. Die Nase ist intensiv mit Noten von reifen roten Beeren wie Kirsche, Erdbeere und Waldbeeren. Am Gaumen schnell, frisch und saftig, zarte und perfekt integrierte Tannine.

★★★

COL SANDAGO

Via Foscarini 52, 31058 Susegana (TV)
T: +39 0438 64468, info@colsandago.com
colsandago.com

Ab-Hof-Verkauf: Ja
Kellermeister: Flavio Stella
Kontakt: Valeria Roitero

Das Weingut Col Sandago liegt in der Gemeinde Susegana in der Provinz Treviso. Modernste Infrastrukturen ermöglichen es, hohe Qualitätsstandards bei der Herstellung von Schaumweinen, Perlweinen und stillen Weinen zu erreichen. Die sorgfältige Pflege der Weinberge und die Anbaupraktiken werden mit Respekt vor der Natur durchgeführt. In der prestigeträchtigen Marca Trevigiana, eingebettet in die herrlichen Hügel des DOCG-Gebiets Conegliano Valdobbiadene, kann Col Sandago die besonderen Eigenschaften der Glera-Traube voll zum Ausdruck bringen.

93 Case Bianche Valdobbiadene Prosecco Superiore DOCG 2021 Extra Dry
11,5 Vol.-%, NK,DIAM, Stahltank
Helles Grausilber mit grünlichen Nuancen. Intensive Nase von Limetten, weißen Blüten und Salbei. Cremig und einhüllend, modulierte Entwicklung, subtil, fruchtig. Er äußert sich mit herzhaften und saftigen Tönen, langer Abgang mit angenehmer Mandelnote.

92 Vigna del Cuc Valdobbiadene Prosecco Superiore DOCG 2021 Brut
11,5 Vol.-%, NK,DIAM, Stahltank
Strohgelb mit grünlichen Reflexen. In der Nase Noten von Apfel, Birne und Minze, im Mund weich und von guter Fülle, schließt mit frischen und leicht säuerlichen Noten ab.

92 Costa dei Falchi Conegliano Valdobbiadene Rive di Collalto Prosecco Superiore DOCG 2020 Extra Brut
11,5 Vol.-%, PK, Stahltank
Leuchtendes, helles Strohgelb mit feinkörniger und anhaltender Perlage. In der Nase nach reifem Apfel und Birne, dann etwas Steinobst und Zitrusfrüchten. Am Gaumen trocken, frisch und saftig mit gut eingebundener Perlage, langes Finale.

93 Wildbacher Metodo Classico Rosé Extra Brut 2016
12 Vol.-%, NK,DIAM, Flaschengärung
Blasse, leuchtend rosa Farbe. Feine und anhaltende Bläschenbildung. In der Nase finden sich Noten von kleinen roten Früchten, Walderdbeeren und Himbeeren, gefolgt von Anklängen an Hefe und Brotkruste. Am Gaumen trocken, knackig und reichhaltig, mit einem leicht würzigen und mineralischen Abgang, angenehmer fruchtiger Nachgeschmack.

90 Wildbacher Rosé VSQ 2021 Brut
12 Vol.-%, NK,DIAM, Stahltank
Strahlendes Zwiebelrosa mit schimmerndem Kern. In der Nase verhalten, zarte Noten von Waldbeeren und roten Rosen. Am Gaumen mit feiner, gut integrierter Perlage, schöne Frische bis ins mittlere Finish.

91 Wildbacher Colli Trevigiani IGT 2016
13 Vol.-%, NK, Eichenfass
Dunkles Rubinrot. Die Nase zeigt Noten von Waldbeeren, Brombeeren, schwarzen Johannisbeeren und sehr angenehme Kräuternoten. Am Gaumen gut strukturiert, Tannin vorhanden, aber gut integriert, schließt lang und mit angenehmer Säure.

★★★★

COL VETORAZ

Strada delle Treziese, 1, 31049 Valdobbiadene (TV)
T: +39 423 975291, info@colvetoraz.it
colvetoraz.it

Ab-Hof-Verkauf: Ja
Kellermeister: Loris Dall'Acqua
Kontakt: Laura Stocco
Produktion: 1.253.333 Flaschen, 100 % Schaumwein, 100 % weiß, 20 Hektar

Col Vetoraz kultiviert und verarbeitet nur Trauben aus den Ausläufern von Conegliano Valdobbiadene und produziert ausschließlich Valdobbiadene DOCG- und Cartizze DOCG-Weine. Die Böden sind im Tertiär, im Miozän, entstanden. Es handelt sich um kalkhaltige, skelettreiche Kieselböden, die ideal für das Erzielen von Eleganz und Geschmack sind. Col Vetoraz wurde so strukturiert, dass die Trauben jedes Weinbergs separat vinifiziert werden können. Dies ermöglicht es, das tatsächliche Potenzial jeder einzelnen Charge zu bewerten, bevor die großen Cuvées entstehen.

94 Cuvée 13 Valdobbiadene DOCG 2021 Extra Dry
11,5 Vol.-%, NK, Stahltank
Brillantes Silbergrau mit anhaltender Perlage. In der Nase sanft nach Zitrusfrüchten und weißen Blüten, hält sich zurück. Am Gaumen mit feiner Fruchtsüße und wohlig eingebundener Perlage, sauber, mit toller Spannung, wirkt sehr ausgewogen, lange.

93 Valdobbiadene DOCG 2021 Extra Dry
11,5 Vol.-%, NK, Stahltank
Leuchtendes Strohgelb mit feiner Perlage. In der Nase nach weißem Steinobst und zarten weißen Blüten, wirkt offenherzig und einladend. Am Gaumen mit toller Fruchtsüße und wohlig eingebundener Perlage, sehr klar, spannt sich harmonisch über die Zunge, im Finale mit toller Frische.

93 Cuvée 5 Valdobbiadene DOCG 2021 Extra Brut
11,5 Vol.-%, NK, Stahltank
Leuchtendes Silbergrau mit feinster Perlage. Zeigt in der Nase feine Akazienblüte, Birnenmousse, auch nach frisch ausgepresster Zitrone. Am Gaumen mit schönem Spiel und klarem Fruchtkern, breitet sich mit weit aus, luftig und locker, zeigt dennoch feinen Druck, im Finale blitzsauber.

93 Valdobbiadene DOCG 2021 Millesimato Dry
11,5 Vol.-%, NK, Stahltank
Leuchtendes, funkelndes Silbergrau mit anhaltender Perlage. In der Nase duftig, nach weißen Rosen, saftigen Birnen und weißem Pfirsich. Am Gaumen saftig, strahlend und mit toller Fruchtsüße, öffnet sich präsent und ausgewogen, wohlig dosiert in all seinen Facetten.

92 Valdobbiadene DOCG 2021 Brut
11,5 Vol.-%, NK, Stahltank
Brillantes Silbergrau. In der Nase zarte Zitrusfrucht, etwas Grapefruit, im Nachhall nach weißen Rosenblättern. Zeigt sich am Gaumen mit viel Fruchtsüße und toll eingebundener Perlage, cremig-saftiger Verlauf, im Finale klar und fruchtbetont.

92 Valdobbiadene Cuvée Ø DOCG 2021 Extra Brut
11,5 Vol.-%, PK, Stahltank
Brillantes Silbergrau mit engster, feiner Perlage. Duftige Nase nach weißen Blüten und frischen Stachelbeeren, knackigen Zitronen und Meersalz. Am Gaumen mit klarer Frucht und Verlauf, engste Perlen ummanteln das Bukett, im Finale blitzsauber.

★★★★

TENUTA CORTE GIACOBBE

Via Moschina 11, 37030 Roncà (VR)
T: +39 045 7460110, info@vinidalcero.com
dalcerofamily.it

Kellermeister: Davide Dal Cero
Kontakt: Francesca Dal Cero

Familie Dal Cero betreibt seit drei Generationen Weinbau und verfügt über Weinberge in Venetien und der Toskana. Die Tenuta Corte Giacobbe befindet sich an den Hängen der Lessini-Berge, wenige Kilometer von der Stadt Soave entfernt und widmet sich den Rebsorten Garganega, Durella und Pinot Grigio. Die Böden bestehen hauptsächlich aus verwittertem Lehm, Lava und Tuffstein vulkanischen Ursprungs. Sie sind reich an Mikronährstoffen, die großen Einfluss auf Bestandteile der Trauben ausüben und wesentlich zur aromatischen und mineralischen Qualität des fertigen Weins beitragen.

93 Cuvée Augusto 10-10 Metodo Classico VSQ 2010 Extra Brut DRL/CH
12,5 Vol.-%, DIAM, Teilbarrique/Flaschengärung
Sattes Goldgelb mit sehr feingliedriger Perlage. In der Nase intensiv, komplex, hefig, nach reifem Bratapfel und tropischen Früchten sowie Akazienhonig und Vanille vom Holzausbau. Am Gaumen trocken, mit gut eingebundener Perlage, frisch und saftig, mineralisch, langes Finale.

92 Corte Giacobbe »B« Metodo Classico VSQ Brut DRL/CH
12,5 Vol.-%, DIAM, Flaschengärung
Goldgelb, hell und leuchtend. Feine und anhaltende Perlage. Die Nase ist reichhaltig, umhüllend und zeigt Noten von reifen gelben Früchten, Akazienhonig, Trockenfrüchten, Haselnuss und einen Hauch Karamell. Am Gaumen reichhaltig, fruchtig, saftig und anhaltend, mit angenehmer Säure.

92 Cuvée Augusto Metodo Classico Lessini Durello Riserva DOC 2016 Extra Brut
12,5 Vol.-%, DIAM, Teilbarrique/Flaschengärung
Leuchtendes, intensives Goldgelb. Klares, ansprechendes Bouquet nach frischem Hefegebäck, Birnenmus und reifer Melone. Spannt sich schön über den ganzen Gaumen auf, saftig und im Finale mit feinen Hefenoten.

96 Vigneto Runcata Soave Superiore DOCG 2015
13 Vol.-%, DIAM, Holzfass
Leuchtendes, funkelndes Strohgelb mit goldenen Reflexen. Tolle, vielschichtige und einladende Nase, nach Feuerstein, gedörrten Zitronen, Blutorangen, zeigt feine sahnige Anklänge, erinnert an weiße Schokolade. Am Gaumen sehr rassig und lebendig, wirkt sehr kompakt, mit perfekt ausbalanciertem Spiel aus Säure und Frucht, knochentrocken mit toller Haptik, salzig und endlos lange.

92 Roncà Monte Calvarina Soave DOC 2021
12,5 Vol.-%, DV, Stahltank
Leuchtendes mittleres Strohgelb. In der Nase mineralisch, leicht blumig und Duft von reifem Pfirsich. Am Gaumen rassig und mit viel Spannung, salzig und saftig, langer Nachhall, kann noch etwas liegen bleiben.

92 Dal Cero Amarone della Valpolicella DOCG 2015
16,5 Vol.-%, NK, gebrauchte Barriques/großes Holzfass/Flaschenreifung
Tiefes, sattes Rubinrot. In der Nase edle Holzwürze, Kirsche, Gewürzen. Am Gaumen stoffig, dicht, zeigt präsenten Holzeinsatz, gut integriert, gestützt von tollem Säurenerv, zieht sich lange ins Finale, nach Preiselbeermarmelade.

★★★★

DE BURIS
TOMMASI FAMILY ESTATES

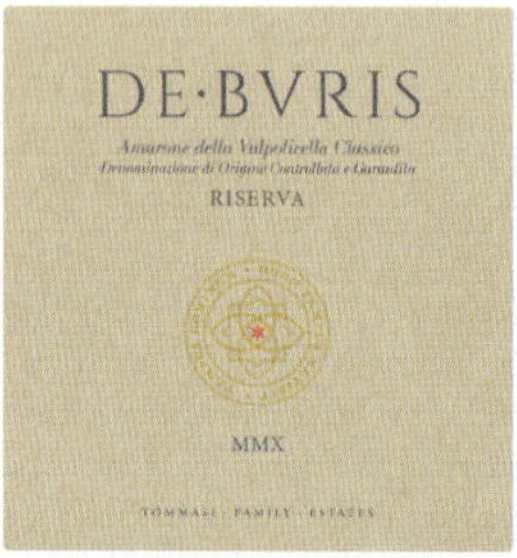

Via Avanzi, 37029 S. Pietro in Cariano (VR)
annalisa.armani@tommasi.com
deburis.it

Kellermeister: Giancarlo Tommasi
Förderprogramm: EU Reg.No 1308/2013

De Buris ist ein önologisches Projekt der vierten Generation der Familie Tommasi, die unter Wahrung der Tradition einen Amarone Riserva kreiert hat, der die modernste Interpretation des Gebiets sein soll, das er repräsentiert: Valpolicella Classica. Die Arbeit beginnt im Weinberg La Groletta in Sant'Ambrogio della Valpolicella, 250 Meter über dem Meeresspiegel. De Buris ist reich an Geschichte und Kunst, deren Wurzeln bis in die Römerzeit zurückreichen. Mit einer Produktion von etwa 8.000 Flaschen stellt De Buris einen neuen Markstein für das Gebiet dar.

Giancarlo Tommasi,
De Buris – Tommasi Family Estates

96 Amarone della Valpolicella Classico Riserva DOCG 2010
15,5 Vol.-%, NK
Edles, leuchtendes Rubinrot. In der Nase zunächst edler Holzeinsatz, satte Kirsche, reife Erdbeere, dazu feine Minz-Anklänge, auch nach edler Milchschokolade, im Nachhall nach frisch gemahlenem Kaffee. Zeigt sich äußerst geschliffen und cremig am Gaumen, präzise integriertes Tannin, sattiger Unterton, dazu feine Minze-Nuancen, stoffig und lange, kann sehr lange reifen.

★★★

FONGARO

Via Motto Piane 12, 37030 Roncà (VR)
T: +39 045 7460240, info@fongarospumanti.it
fongarospumanti.it

Ab-Hof-Verkauf: Ja
Kellermeister: Nicolas Secondé, Pierluigi Borgna
Kontakt: Tanita Danese
Produktion: 70.000 Flaschen, 100 % Schaumwein
10 Hektar
Anbauweise: Bio

Das Weingut Fongaro entstand 1975 aus der Leidenschaft und dem Engagement seines Gründers Guerrino Fongaro. Von Anfang an glaubte dieser fest an die autochthone Veroneser Rebsorte Durella. Im Jahr 1985 beschloss man, sich ausschließliche auf die Herstellung von Schaumwein nach klassischer Methode zu konzentrieren. Die Verwendung der Sorte Durella mit ihren besonderen Eigenschaften sowie langjährige Erfahrung haben dazu geführt, dass man heute ein einzigartiges und unverwechselbares Produkt im Panorama der Schaumweine anbieten kann.

93 Nera Lessini Durello Riserva DOC 2014 Brut
12,5 Vol.-%, NK, Beton/Stahltank/gebrauchte Barriques/Flaschengärung
Intensives, leuchtendes Gold mit feinster, anhaltender Perlage. In der Nase edle Anklänge von Bratapfel, Blutorangen, Feuerstein, sowie leicht iodige Anklänge. Öffnet sich am Gaumen knochentrocken, salzig, wirkt sehr pur und geradlinig, tolle Haptik, vibriert lange nach.

93 Nera Metodo Classico Spumante Lessini Durello Riserva DOC 2014 Pas Dosé
12,5 Vol.-%, NK, Beton/gebrauchte Barriques/Stahltank/Flaschengärung
Golden, elegant und leuchtend. Feine, ordentliche und anhaltende Perlage. Die Nase ist von großer Intensität und Prägung, mit Noten von reifen gelben Früchten, mediterranen und Heilkräutern, gefolgt von einer süßen Note von Gebäck. Intensiv und anhaltend. Im Trunk breit und cremig, wo Süße auf Mineralität trifft. Langer und anhaltender Abgang.

92 Viola Spumante Metodo Classico Lessini Durello Riserva DOC Brut 2017
12,5 Vol.-%, NK, Beton/Stahltank/Flaschengärung
Goldgelb, intensiv und leuchtend. Feine, schnelle und anhaltende Perlage. Brioche, geröstete Haselnüsse und Butter, gefolgt von Noten reifer gelber Früchte. Am Gaumen straff und markant, mit angenehmer Röstnote, gefolgt von einer angenehmen Mineralität im Abgang.

92 Verde Spumante Metodo Classico Lessini Durello Riserva DOC 2017 Pas Dosé
12,5 Vol.-%, NK, Beton/Stahltank/Flaschengärung
Goldgelb funkelnd. Anhaltende Perlage. Umhüllende Nase von Blumen und Mandarinenblättern, reifen und kandierten gelben Früchten, gefolgt von süßen Noten von Honig und Gebäck. Am Gaumen lebhaft und breit, mit angenehmer Säure, begleitet von leichten mineralischen Noten..

92 Grigia Brut 2017 DRL/CH
12,5 Vol.-%, NK, Stahltank/Flaschengärung
Leuchtendes Goldgelb. Feine und anhaltende Perlage. In der Nase sehr angenehme mediterrane Blumen- und Kräuternoten, gefolgt von fruchtigen Noten von gelbem Apfel, exotischen Früchten, Zitronat und einem Hauch Honig. Lebendiger, frischer Geschmack, der mit einer angenehmen Mineralität ausklingt, angenehme Länge.

91 Bianca VSQ 2017 Brut DRL/MB
12,5 Vol.-%, NK, Stahltank/Flaschengärung
Intensives, leuchtendes Goldgelb. Weiche Perlage. Reichhaltige und konzentrierte Nase mit Noten von reifen gelben Früchten, kandierten Früchten und eine angenehme Mineral- und Hefenote, die den Gaumen begleitet, trinkig und von guter Länge.

★★★

LOREDAN GASPARINI

Via Martignago Alto, 23
31040 Volpago Del Montello (TV)
T: +43 423 870024, info@loredangasparini.it
loredangasparini.it

Kellermeister: Mauro Rasera
Kontakt: Lorenzo Palla

In Venegazzù im Herzen der Alta Marca Trevigiana erstrecken sich die 60 Hektar der Azienda Agricola Loredan Gasparini, die um 1700 von der Familie Spineda aus Treviso angelegt wurde und später an die Loredans überging, eine bedeutende venezianische Familie, direkte Nachkommen von nicht weniger als drei Dogen von Venedig. 1972 ging das Weingut an die Familie Palla über. Es handelt sich um ein Gebiet, das seit jeher für die Erzeugung von Rotweinen geeignet ist. Der Stolz von Loredan Gasparini sind die Cabernet- und Merlot-Mischungen, die zu Symbolen der internationalen Önologie geworden sind.

95 Capo di Stato Montello Venegazzù Superiore DOC 2018 CS/ME/MA
14 Vol.-%, NK
Dunkelleuchtendes, sattes Rubinrot. In der Nase tolles Wechselspiel von würzigen Aromen, Pfeffer, Cassis, Leder, Tabak, dann wiederum rote Paprika, Lakritze, im Ausklang nach Waldbeeren. Zeigt sich am Gaumen äußerst saftig und ausgewogen, Frucht und Säure sind in tollem Ausgleich, mit Druck, zeigt aktuell noch junges Tannin im hinteren Bereich, deutet bereits jetzt auf ein langes Leben hin.

91 Falconera Merlot Montello DOC 2018 ME/MA
12,5 Vol.-%, DIAM
Leuchtendes Granatrot mit leicht aufhellendem Rand. In der Nase zarte vegetale Note von roter Paprika, dann nach Waldbeeren und roten Johannisbeeren, im Nachhall ein Hauch Tabak und Leder. Am Gaumen ebenso mit leicht vegetaler Grünwürze, frisch und saftig, im Finale leider etwas austrocknend.

90 Venegazzù della Casa Montello Colli Asolani Venegazzù DOC 2018 CS/ME/MA
13,5 Vol.-%, NK
Rubinrot. In der Nase finden sich süße Noten von reifen roten Früchten, Kirsche, Pflaume und Erdbeerkonfitüre, mit einem Hauch von süßer Würze. Am Gaumen weich und saftig, griffiges, herzhaftes Tannin, anhaltend.

92 Cabernet Sauvignon Montello DOC 2019
12,5 Vol.-%, DIAM
Mitteldichtes, funkelndes Rubinrot mit granatrotem Rand. Elegante Nase mit charmanten Fruchtnoten nach dunkler Johannisbeere, Himbeeren und Erdbeeren, im Nachhall leicht kräutrig und balsamisch. Am Gaumen frisch und saftig, mit feinem Mundgefühl und gut integriertem Gerbstoff, mit klarer Frucht, langsamer und fruchtiger Abgang.

90 Malbec Colli Trevigiani IGT 2021
13 Vol.-%, DIAM
Sattes Rubinrot mit leicht aufhellendem Rand. In der Nase nach satten Brombeeren und schwarzen Holunderbeeren, dann etwas kräutrig mit balsamischem Touch. Am Gaumen frisch und saftig, mit dezent eingebundenem Gerbstoff, mittellanges Finale.

★★★★★

GINI

Via Matteotti 42, 37032 Monteforte (VR)
T: +39 045 7611908, info@ginivini.com
ginivini.com

Ab-Hof-Verkauf: Ja
Kellermeister: Sandro Gini
Kontakt: Barbara Gini
Produktion: 700.000 Flaschen, 1 % Schaumwein, 70 % weiß, 28 % rot, 1 % süß, 60 Hektar
Anbauweise: Bio

Die Präsenz der Familie Gini als Winzer im Gebiet von Monteforte d'Alpone geht auf die Zeit um 1500 zurück. Heute führen Sandro und Claudio den Betrieb und arbeiten hart daran, den Ruf des Soave als einen der besten Weißweine Italiens wiederherzustellen. Dank des biologischen Anbaus bringen die über 100 Jahre alten Rebstöcke Trauben von hervorragender Qualität hervor. Das Weingut umfasst 60 Hektar, die sich auf die Hügel des klassischen Soave-DOC-Gebiets und des östlichen Valpolicella-DOC-Gebiets verteilen, wo sich die Tenuta Scajari befindet.

94 Contrada Salvarenza Soave Classico DOC 2020

13 Vol.-%, NK, Barrique/großes Holzfass Ⓑ

Leuchtend strohgelbe Farbe. Intensive und komplexe Nase: ein Hauch von exotischen gelben Früchten und eine wichtige mineralische Jod- und Feuersteinnote. Am Gaumen voll, dicht und zeigt noch reife gelbe Früchte, gefolgt von einer starken Mineralität, der Abgang ist markant, einhüllend und anhaltend.

92 Soave Classico DOC 2021

12 Vol.-%, NK, Stahltank Ⓑ

Leuchtendes, intensives Strohgelb. In der Nase nach goldenem Apfel, etwas kandierter Zitronenzeste, erinnert nach etwas Zeit an Quitte, zudem feine rauchige Anklänge. Zeigt sich am Gaumen mit tollem Schmelz und feiner Struktur, klar und frisch, spannt einen salzigen Bogen auf, bleibt lange zurück.

92 La Froscà Soave Classico DOC 2020

12,5 Vol.-%, NK, Stahltank/Teilbarrique Ⓑ

Leuchtend gelb mit grünlichen Reflexen. In der Nase frische Noten von weißen Blumen, Pfirsich, Birne, süßen Gewürzen und einem Hauch von Vanille. Ausgewogen, harmonisch, schmackhaft, mit guter Frische und angenehmer Weichheit.

96 Scajari Amarone della Valpolicella DOCG Riserva 2011

16 Vol.-%, NK, Teilbarrique/Tonneau Fass Ⓑ

Sattes, dunkles Rubin mit granatrotem Rand. Elegantes Bouquet von kleinen Waldbeeren und Rosenblättern, unterlegt von feiner Kräuterwürze und etwas Unterholz. Am Gaumen balanciert, mit konzentrierter Frucht, engmaschigem, festem Tannin, und sehr gut integriertem Alkohol, kraftvoll, aber elegant bis in den lang anhaltenden Abgang.

90 Le Mattoline Valpolicella Superiore DOC 2018

14,5 Vol.-%, NK, Tonneau Fass/Stahltank Ⓑ

Intensives Rubinrot. In der Nase Noten von getrockneten Blumen, konfitüreartigen roten Früchten, Wurzeln, schwarzem Pfeffer und Tabak. Warmer, intensiver und fruchtiger Geschmack, aber auch energisch, frisch und saftig, mit weichen Tanninen und würzigem Nachklang.

93 Campo alle More Pinot Nero Veneto IGT 2018

14 Vol.-%, NK, Barrique Ⓑ

Leuchtend rubinrote Farbe. In der Nase zeigen sich Noten von Kirschen, Sauerkirschen, Johannisbeeren und Brombeeren, die von einer zarten Gewürznote begleitet werden. Am Gaumen geschmeidig, seidig und lang.

★★★★

INAMA

Località Biacche 50, 37047 San Bonifacio (VR)
T: +39 45 6104343, visit@inama.wine
inama.wine

Ab-Hof-Verkauf: Ja
Kellermeister: Alessandro Sterchele
Kontakt: Elisa Mori
Produktion: 70 % weiß, 30 % rot
Förderprogramm: EU Reg.No 1308/2013

Das Weingut Inama, ein Familienbetrieb, der seit über fünfzig Jahren ausschließlich in der Weinerzeugung tätig ist, wurde Mitte der 1960er Jahre gegründet, als Giuseppe Inama seinen ersten Weinberg kaufte. 1991 trat Sohn Stefano ins Unternehmen ein und erzeugte die ersten Flaschen des Sauvignon Fumé. Mit Eintritt der dritten Generation hat das Weingut sein Projekt klar definiert: unverkennbare Weine zu erzeugen, die der Vision des Anbaugebietes entsprechen, unabhängig von Stilrichtungen und Tendenzen. Der Soave Classico Superiore gilt als einer der besten Italiens.

Matteo, Alessio und Luca Inama, Weingut Inama

94 I Palchi Foscarino Grande Cuvée Soave Classico DOC 2020

13 Vol.-%, NK, Teilbarrique/großes Holzfass/Stahltank

Intensives Strohgelb mit einem Tropfen Gold. In der Nase zunächst mit salzigen Anklängen, dann edles, getoastetes Holz, Haselnüsse, Quitten, sowie etwas gedörrte Ananas, erinnert im Nachhall auch an weiße Schokolade. Am Gaumen sehr cremig, sehr frisch und sehr saftig, zeigt sich toll ausgewogen und mit viel Spannung, leichte Cremigkeit unterstützt die Salzigkeit, lange ausgewogen und sehr komplex.

93 Carbonare Soave Classico DOC 2020

12,5 Vol.-%, NK, Stahltank

Leuchtendes Strohgelb mit grünlichen Reflexen. In der Nase zeigt sich sofort Limette, gefolgt von Noten von weißen Früchten, gelben Blumen, Zitrusschalen, Kräutern und subtilen Nuancen von Feuerstein. Im Mund präzise, kompakt, lebendig, salzig und von hervorragender Persistenz.

93 Foscarino Soave Classico DOC 2020

12,5 Vol.-%, NK, Teilbarrique

Intensives Strohgelb mit goldenen Reflexen. Komplexe, tiefe Nase mit Wildblumen, Kamille und Holunderblüten, mit Anklängen an Pfirsich und süße Gewürze. Weiches, ausgewogenes Mundgefühl, bei dem die süße Mandel einen langen, anhaltenden und saftigen Abgang begleitet.

beigestellt

VERKOSTUNGSERGEBNISSE
INAMA

© Lorenzo Manfreda

90 Vin Soave Classico DOC 2021
12 Vol.-%, NK, Stahltank
Leuchtendes mittleres Strohgelb. In der Nase intensiv nach Ananas und weißem Pfirsich, Akazie sowie feine Würze im Hintergrund. Am Gaumen knackig frisch und mit kühler Frucht, saftiges Finish, ein guter Speisenbegleiter.

93 Vulcaia Fumé Sauvignon del Veneto IGT 2020
14 Vol.-%, NK, Barrique
Leuchtendes Goldgelb. In der Nase zeigen sich deutliche Noten von geröstetem Holz und Kaffee, gefolgt von Anklängen an tropische Früchte und Gewürze. Am Gaumen reichhaltig und komplex. Sehr aromatisch mit einem langen, anhaltenden Abgang.

93 Carminium Colli Berici DOC 2019
13,5 Vol.-%, NK, gebrauchte Barriques
Dunkles Rubinrot mit violetten Kern. In der Nase Duft von Thymian und Estragon, schwarzem Pfeffer, gepaart mit schwarzer Johannisbeere und Orangenzesten. Am Gaumen saftig, dichtmaschig und kompakt, gut integrierten Tanninen, geht mit Nachdruck in den langen Abgang.

93 Oratorio di San Lorenzo Riserva Colli Berici DOC 2017
14,5 Vol.-%, NK, Barrique
Kräftiges Rubinrot. Intensive Nase mit Noten von reifen roten Beeren, Brombeeren, Pflaumen, gefolgt von leicht würzigen Noten von Kakao und Lakritze. Im Trunk voll, anhaltend und weich, hinterlässt einen frischen Gaumen.

92 Bradisismo Cabernet Colli Berici DOC 2019 CS/CA
14 Vol.-%, NK, Barrique
Dunkles Rubinrot mit violettem Kern. In der Nase Duft nach Cassis, eingelegten Waldfrüchten und grüner Paprika, dazu Bitterschokolade und schwarzem Pfeffer. Am Gaumen fruchtbetont, präsente Gerbstoffe, animierender Trinkfluss, anhaltend und mit feiner Salzigkeit im Nachklang.

91 Carmenere Più Veneto Rosso IGT 2019 CA/ME
13,5 Vol.-%, NK, Teilbarrique
Kräftiges Rubinrot mit leicht aufhellendem Rand. In der Nase reife Brombeeren, schwarze Holunderbeeren und Pflaumen, sowie Lorbeere und leichte Kräuterwürze. Am Gaumen fruchtsüß, dicht und saftig, Tannine gut eingebunden, vielschichtig und anhaltend.

91 Campo del Lago Merlot Colli Berici DOC 2019
14 Vol.-%, NK, gebrauchte Barriques
Dunkles Rubinrot mit fast schwarzem Kern. In der Nase intensiver Duft von schwarzen Kirschen, reife Pflaumen, angenehmer Holznote und leichter Würze. Am Gaumen saftig, komplex, üppige Textur, griffige Tanninstruktur, sowie dezente Extraktsüße im Abgang, leicht bitter endend.

★★★

LE GUAITE DI NOEMI

Via Capovilla 20, 37030 Mezzane di Sotto (VR)
T: +39 045 8880396, noemi@leguaite.it
leguaite.it

Ab-Hof-Verkauf: Ja
Kellermeister: Roberto Vassanelli
Kontakt: Noemi Pizzighella

Es war 1987 als Stefano Pizzighella beschloss, eine kleine Ölmühle zu kaufen, um mit der Ölproduktion zu beginnen und dabei einige Hektar des familieneigenen Olivenhains in den Hügeln der kleinen Stadt Mezzane di Sotto zu nutzen. Nach einigen Jahren investierte die Familie weiter in das Gebiet und pflanzte Weinstöcke auf dem höchsten Teil der Hügel, der »Le Guaite« genannt wird. Im Jahr 2002, als die Weinberge in den Ertrag kamen, begann Tochter Noemi Pizzighella unter der Bezeichnung Le Guaite schließlich mit der Vinifizierung der typischen Valpolicella-Weine.

96 Amarone della Valpolicella DOC 2011

17 Vol.-%, NK

Dunkelleuchtendes, sattes Rubinrot. In der Nase duftend und ausdrucksstark, nach Rosinen, getrockneten Kirschen, reifen Himbeeren, auch Erdbeeren, dazu elegante vegetale Würze, rote Paprika, Holunderbeeren. Öffnet sich am Gaumen mit süßem Schmelz, eng verwoben, leicht griffig, dazu klare, präsente Frucht, aber auch saftig ohne seinen Trinkfluss zu verlieren, langer Ausklang.

94 Valpolicella Ripasso Superiore DOC 2012

16 Vol.-%, NK

Dunkelleuchtendes Rubinrot. In der Nase zunächst verhalten, öffnet sich dann auf edler Würze, nach roter Paprika, Cassis, reife rote Johannisbeeren, dazu etwas helle Schokolade. Am Gaumen geschliffen, mit kerniger Beerenfrucht und gut eingebundenem Tannin, druckvoll, wirkt im Ausklang sehr stimmig, eigenständig und rassig.

93 Valpolicella Superiore DOC 2012

14,5 Vol.-%, NK

Leuchtendes, strahlendes Rubinrot. In der Nase ausdrucksvoll, nach getrockneten Tomaten, feiner vegetaler Würze, nach roter Paprika, dazu Himbeeren und Kirschen, im Nachhall gemahlener Pfeffer. Am Gaumen sehr saftig und mit hohem Trinkfluss, zeigt sich sehr jugendlich für sein Alter, kernig und klar, strahlend am Ausklang mit feiner Saftigkeit.

92 Tano Rosso Veronese IGT 2015 CO3/RO2/CV

13 Vol.-%, NK

Leuchtendes Rubinrot. In der Nase fruchtig und ausdrucksstark, nach reifer Erdbeere, dazu Cassis, Rhabarber, ein Hauch rote Paprika, edle Würze, dazu leicht speckiger Ausklang. Spannt sich saftig auf am Gaumen, mit feinem Schmelz, kompaktem Fruchtkern, zeigt edle vegetalwürzige Nuancen, schöne Länge, trinkt sich ausgesprochen gut.

91 Solitario Rosso Veneto IGT 2012 CO3/RO2/CV

17 Vol.-%, NK, Dunkles, leuchtendes Rubin mit zart aufhellenden Rändern. In der Nase zunächst sehr würzig, mit Noten von nassem Stein, Kalk, dazu Schokoladepulver, dann eingelegte Kirschen, getrocknete Feigen, im Nachhall alkoholisch. Am Gaumen sehr satt und sehr wuchtig, breitet sich auf leicht alkoholischem Unterton über die Zunge, Frucht und Süße runden das Bukett ab, minimal bitter im Ausklang.

92 Tisbe Rosso Veneto IGT 2015

17 Vol.-%, NK, Dunkles Rubinrot, satt. In der Nase nach edlem Holzeinsatz, Rosinen, getrockneten Feigen, dazu viel Milchschokolade, geröstetes Malz und edle Walnüsse. Am Gaumen mit feinem, saftigem Eintritt, sehr cremig und geschliffen, satt auf Milchschokolade, dazu leicht wahrnehmbares Tannin, fruchtig-druckvoller Ausklang.

★★★

MARSURET

Via Barch 17, 31049 Guia di Valdobbiadene (TV)
marsuret@marsuret.it
marsuret.it

Ab-Hof-Verkauf: Ja
Kellermeister: Mariano Pancot
Kontakt: Ermes Marsura

Marsuret ist ein familiengeführter Betrieb mit Sitz in Guia di Valdobbiadene – jenem Gebiet, in dem der einzigartige Prosecco geboren wurde – und eine der bekanntesten Marken von Valdobbiadene. »Marsuret« war der Spitzname von Agostino Marsura, der das Unternehmens im Jahr 1936 gründete. Heute führen Ermes Marsura und seine Söhne Alessio und Enrico den Traditionsbetrieb. Die Philosophie ist, sehr hochwertigen Valdobbiadene zu produzieren – frisch und fruchtig, cremig und weich, ausgestattet mit gut balancierter Säure, elegant und leicht zu trinken.

92 ● San Boldo Valdobbiadene Prosecco Superiore DOCG Brut 2021
11,5 Vol.-%, DIAM
Brillantes Strohgelb mit silbernenen Reflexen. Intensiv und einladend in der Nase nach Pfirsich, weißen Blüten und knackigem Apfel. Am Gaumen mit schöner Balance zwischen Frucht und Frische, mit feiner Perlage, im anhaltenden Nachgang leicht salzig.

91 ● Il Soller Valdobbiadene Prosecco Superiore DOCG Extra Dry 2021
11,5 Vol.-%, DIAM
Leuchtendes, helles Strohgelb. Anhaltende, schnelle und feine Perlage. Das Bouquet ist zart-fruchtig mit Noten von Apfel und Birne, gefolgt von leichten Anklängen an Haselnuss und Erdnuss. Am Gaumen reichhaltig, elegant und mit angenehm würzigem Abgang.

90 ● Sui lieviti Valdobbiadene DOCG 2021 Brut Nature
11,5 Vol.-%, DIAM
Funkelndes, helles Strohgelb mit leichter Trübung und feinkörniger Perlage. In der Nase nach Zitrusfrüchten und Orangenschalen, dann etwas Brioche. Am Gaumen trocken, nach reifem Apfel und Mandarine, frisch und saftig, mit angenehmer Perlage, mittellanger Abgang.

90 ● Conegliano Valdobbiadene Prosecco Superiore di Cartizze DOCG Dry
11,5 Vol.-%, DIAM
Glänzendes helles Strohgelb mit feinen Silbernuancen, etwas grobe Perlage. Eröffnet mit Noten nach Buttergebäck und Marille, unterlegt von würzigem Thymian. Im vorderen Bereich deutlich süße Komponenten, wird dann im hinteren Bereich leicht bitter und kantig, wird unausgewogen.

91 ● Amolèr Valdobbiadene Prosecco Superiore DOCG Extra Brut
11,5 Vol.-%, PK
Helles Zitronengelb mit silbernen Reflexen. In der Nase nach frischem Apfel und Birne, im Nachhall etwas Zitrusfrucht. Am Gaumen trocken, frisch und saftig, mit angenehmer Perlage, langes Finale.

88 ● Valdobbiadene Rive di Guia Prosecco Superiore DOCG Millesimato 2021 Extra Brut
11,5 Vol.-%, PK
Brillantes Silbergrau mit anhaltender Perlage. In der Nase weinig, nicht ganz klar, etwas Birne. Am Gaumen mit wenig Perlage, hält sich zurück, bricht im Finale ein.

★★★★★

MASI

Via Monteleone 26
37015 Gargagnago di Valpolicella (VR)
T: +39 045 6832511, masi@masi.it
masi.it

Ab-Hof-Verkauf: Ja
Kellermeister: interne Önologengruppe
Kontakt: Sandro Boscaini
Förderprogramm: EU Reg.No 1308/2013

Die Geschichte des Weinguts Masi beginnt im Jahr 1772 mit der ersten Weinlese durch die Familie Boscaini. Masi verfügt über ein anerkanntes Know-how in der Appassimento-Technik, welches von der Masi Technical Group ständig erneuert und verbessert wird. Masi-Präsident Sandro Boscaini repräsentiert bereits die sechste Generation der Familie, die dazu beigetragen hat, mit Amarone eine weltweit anerkannte italienische Exzellenz zu schaffen. Heute produziert Masi fünf Amarone-Weine und andere ikonische Weine, wie den Campofiorin.

95 Costasera Amarone della Valpolicella Classico DOCG 2017

15 Vol.-%, NK

Intensives Rubinrot. Die Nase zeigt Noten von reifen und getrockneten roten Früchten, Kirsche, Pflaume, geröstetem Holz und Kaffee. Leichte blumige Noten. Am Gaumen vollmundig und ausgewogen, führt fort auf reife Früchte und Kaffee. Gut präsentes Tannin, saftig und anhaltend.

93 Costasera Amarone della Valpolicella Classico Riserva DOCG 2016

15,5 Vol.-%, NK

Dunkelleuchtendes Rubinrot. In der Nase nach sehr reifer Kirschfrucht, Rumtopf, eingelegten Zwetschken und Preiselbeeren, satter Leder-Ton. Am Gaumen mit schöner saftiger Frucht und enger Tanninstruktur, baut sich geschliffen auf, weiter Bogen, im Abgang wiederholt saftig.

90 Campofiorin Rosso Verona IGT 2019

13 Vol.-%, NK

Mittleres Rubinrot mit leicht aufhellendem Rand. In der Nase Noten von Pflaumen und reifer Kirsche, mit Nuancen von süßen Gewürzen. Am Gaumen reichhaltig, warm und weich, mit samtigen Gerbstoffen, fruchtsüß im Nachhall.

90 Toar Valpolicella Classico Superiore DOC 2018

13 Vol.-%, PK

Tiefes Rubinrot mit leichten granatroten Reflexen. In der Nase Noten von Sauerkirschen- und Pflaumenmarmelade, Kräuternoten, Kakao und ein angenehmer Hauch von Minze. Am Gaumen straff, saftig, mit frisch-saftiger Textur und angenehmen, kompakten Tanninen.

89 Bonacosta Valpolicella Classico DOC 2021

12 Vol.-%, PK

Zartes, leuchtendes Rubinrot. Die Nase ist frisch, knackig und fruchtig, nach reifen Kirschen und wilden Kräutern. Am Gaumen weich und frisch zugleich, fein und zart, mit Aromen von Kirsche und Mandel im Abgang.

92 Angelorum Recioto Classico della Valpolicella DOCG 2017

14 Vol.-%, NK

Sattes Rubinrot mit zart aufhellendem Rand. In der Nase mit deutlich floralem Touch, mit Nuancen von getrockneten Veilchen und saftigen Kirschen, im Nachhall dann nach Schwarzbrot und Zwetschken. Am Gaumen ausgewogen und mit feinem Verlauf, zeigt kerniges Tannin, ohne dabei an Saftigkeit zu missen, mit toller Länge bis ins Finish.

★★★

MASSIMAGO

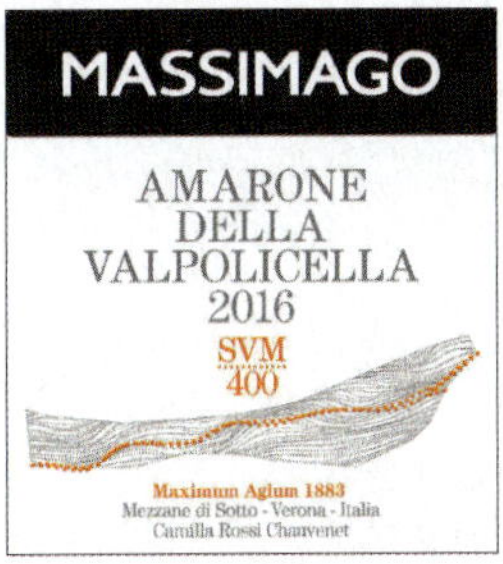

Via Giare 21, 37030 Mezzane di Sotto (VR)
T: +39 0458 880143
matteo.bestetti@massimago.com
massimago.com

Ab-Hof-Verkauf: Ja
Kontakt: Camilla Rossi-Chauvenet
Produktion: 28 Hektar
Anbauweise: Bio

Das 1883 gegründete Weingut Massimago liegt in der schönen Hügellandschaft des Mezzane-Tals. Der junge, dynamische Betrieb wird heute von Camilla Rossi-Chauvenet geleitet, die die vierte Generation des Familienunternehmens repräsentiert. Man setzt auf nachhaltigen und biologischen Anbau und verbindet Tradition und Moderne. Verarbeitet werden ausschließlich autochthone Veroneser Rebsorten wie Corvina, Corvinone und Rondinella. Seit 2011 ist Massimago ein zertifizierter Bio-Produzent – alle Weine sind seit dem Jahrgang 2014 bio-zertifiziert.

93 SVM400 Amarone della Valpolicella DOCG 2016
17 Vol.-% Ⓑ
Strahlendes, dunkles Rubinrot. Zeigt eine komplexe Nase, nach reifen Kirschen, Milchschokolade, Bittermandel, dann getrocknetes Rosenblatt und Himbeermarmelade. Am Gaumen geschliffen und dicht, öffnet sich mit engmaschigem Tannin, spannungsvoll und saftig, langer, elegant-druckvoller Nachklang.

92 Conte Gastone Bio Amarone della Valpolicella DOCG 2018
15,5 Vol.-%, NK,KK Ⓑ
Intensives Rubinrot mit Tendenz zu Granat. Die Nase bietet intensive Noten von Sauerkirsche, Pflaume, schwarzer Johannisbeere und Brombeere mit einem Hauch von Gewürzen. Am Gaumen vollmundig und mittelkräftig, mit trockenen und präsenten, aber angenehmen Tanninen.

91 Marchesa Mariabella Valpolicella Ripasso DOC 2020
14,5 Vol.-% Ⓑ
Leuchtendes Rubinrot mit granatroten Reflexen. In der Nase nach reifen Kirschen und roten Waldbeeren, im Nachhall feine Anklänge von Minze. Am Gaumen gut ausgewogen, fruchtsüß, mit feinem Schmelz, mit viel roter Frucht, salziges Finale.

90 Profasio Valpolicella Superiore DOC 2019
14 Vol.-%, NK Ⓑ
Leuchtendes und intensives Rubinrot. Fruchtige Aromen von Kirschen, Beeren und getrockneten Pflaumen mit Noten von Nelken. Reichhaltig und geschmackvoll, gut ausgewogen mit würzigen, weichen Tanninen.

89 Duca Fedele Valpolicella DOC 2021
12,5 Vol.-%, KK Ⓑ
Zartes, leuchtendes Rubinrot. Die Nase ist sehr frisch, knackig und äußerst fruchtig, nach reifer Sauerkirsche und Wiesenkräutern. Am Gaumen frisch und subtil, mit einem Hauch von Kirsche im Abgang.

92 Massimago Amarone della Valpolicella DOCG 2017
16 Vol.-%, NK, Stahltank/Flaschenreifung Ⓑ
Rubinrot mit Tendenz zum Granat. Am Gaumen zeigen sich Noten von Kirsche, Erdbeere, Unterholz und aromatischen Kräutern im Finale. Am Gaumen reichhaltig, saftig und mit einer guten Säure. Gut ausgeprägte Frucht und anhaltend.

★★★

MASOTTINA

Via Custoza 2, 31015 Conegliano (TV)
T: +39 0438 400775, info@masottina.it
masottina.it

Ab-Hof-Verkauf: Ja
Kellermeister: Adriano Dal Bianco
Kontakt: Francesca Baldo
Produktion: 280 Hektar

Familie Dal Bianco produziert seit 1946 mit Leidenschaft Wein. Es begann damit, dass Großvater Epifanio das Gut Ai Palazzi in Gorgo al Monticano kaufte. Bei der Renovierung kam das Wort »Masottina« an einer der ursprünglichen Wände zum Vorschein und wurde zur neuen Marke. Heute besitzt das Gut 280 Hektar Weinberge in den Hügeln von Conegliano, an den Ufern des Piave, in Gorgo al Monticano und in Mogliano Veneto und stellt hier die wichtigsten Prosecco-Appellationen her: Prosecco DOC, Prosecco DOC Treviso, Conegliano Valdobbiadene Prosecco Superiore und den prestigeträchtigen Rive, »Le Rive di Ogliano.«

Filippo, Adriano und Federico,
Weingut Masottina

93 ContradaGranda Conegliano Valdobbiadene Prosecco Superiore DOCG Brut
11,5 Vol.-%, NK, Stahltank V
Leuchtendes Silbergrau mit anhaltender Perlage. Zeigt sich duftig und fruchtbetont in der Nase, nach Limetten, weißem Pfirsich, Birne, nach Sternfrucht am Gaumen mit Nuancen von edlem Steinobst, gut eingebundene Perlage, zarter Honig-Touch, ohne dabei reif zu wirken, trinkt sich fein.

93 R.D.O. Ponente Conegliano Valdobbiadene Prosecco Superiore Rive di Ogliano DOCG 2021 Brut
11,5 Vol.-%, NK, Stahltank V
Leuchtendes Silbergrau mit anhaltender Perlage. In der Nase nach Zitronenzesten, nassem Stein, Meersalz, auch nach Limetten, wirkt sehr frisch und klar. Am Gaumen ausgewogen und mit steinigem Anklang, sehr frisch und klar, spannt sich lange über die Zunge im Finale.

93 R.D.O. Levante Rive di Ogliano Conegliano Valdobbiadene Prosecco Superiore DOCG 2021 Extra Dry
11,5 Vol.-%, NK, Stahltank V Leuchtend gelb mit grünlichen Reflexen. In der Nase Noten von exotischen Früchten, auch blumig und mit einigen Anklängen von Gewürzen. Der lange und anhaltende Abgang unterstreicht die Noten von Gewürzen und Zitrusfrüchten, cremig, ausgewogen, voll.

VERKOSTUNGSERGEBNISSE
MASOTTINA

beigestellt

90 ❻ Calmaggiore Prosecco DOC Treviso Extra Dry
11 Vol.-%, NK, Stahltank Ⓥ
Leuchtendes Silbergrau. Sehr frisch in der Nase: Zitrusfrüchte, grüner Apfel und Minze. Am Gaumen frisch und fruchtig, mit feiner Perlage. Der Abgang ist nicht sehr lang, aber dem eleganten Mundgefühl würdig..

91 ❻ Calmaggiore Prosecco DOC Treviso Brut
11 Vol.-%, NK, Stahltank Ⓥ
Leuchtendes Silbergrau mit persistenter Perlage. In der Nase duftig, nach nassem Stein und Zitrusfrucht, leicht nach weißen Blüten. Am Gaumen mit gut eingebundener Perlage, luftig und leicht, zeigt hohen Trinkfluss, bleibt trocken über.

91 ❻ Costabella Conegliano Valdobbiadene Prosecco Superiore DOCG Brut
11,5 Vol.-%, NK, Stahltank Ⓥ
Strahlendes Silber mit anhaltender, feiner Perlage. Filigranes Bouquet von weißem Pfirsich und Wiesenkräutern, dazu leicht mineralische Note. Am Gaumen druckvoll und mit Spannung, elegante Frucht, bei mittlerer Länge im Abgang.

91 ❻ ContradaGranda Conegliano Valdobbiadene Prosecco Superiore DOCG Extra Dry
11,5 Vol.-%, NK, Stahltank Ⓥ
Brillantes Silber mit wenig Perlage. Duftige Nase nach Pfirsich und weißen Blüten, im Nachhall nach Zitrus und etwas Feuerstein. Am Gaumen mit saftigem Kern und flockiger Perlage, zeigt feines Salz, allerdings leicht bitter im Nachhall.

90 ❻ Costabella Organic Prosecco DOC Brut
11,5 Vol.-%, NK, Stahltank Ⓥ Ⓓ
Leuchtendes Silbergrau mit anhaltender Perlage. Duftet in der Nase klar nach frischer Ananas, im Nachhall auf feine helle Würze. Am Gaumen fruchtsüß und mit leichtem Schmelz, breitet sich schön aus, im Nachhall minimal pappig.

91 ❻ ViaVenti Prosecco Treviso DOC Extra Brut
11,5 Vol.-%, NK, Stahltank Ⓥ
Brillantes Zitronengelb mit silbernen Reflexen und feiner Perlage. In der Nase nach knackiger weißer Birne und Weinbergpfirsich, zarter Briochenote und frischem Salbei. Am Gaumen sehr frisch und knackig, mit kühler Frucht, leicht, im Nachhall nach Akazienblüten und saftigem Ausklang.

92 ❻ ViaVenti Prosecco Rosé DOC Brut 2021
11 Vol.-%, NK, Stahltank Ⓥ
Leuchtendes, funkelndes Rosarot. In der Nase nach frischen Himbeeren, Zitrusfrüchten, sowie einem Hauch heller Würze. Am Gaumen sehr knackig und kompakt, mit klarem Verlauf und präziser Frucht, strahlend, hallt beachtlich lange nach.

★★★

MEROTTO

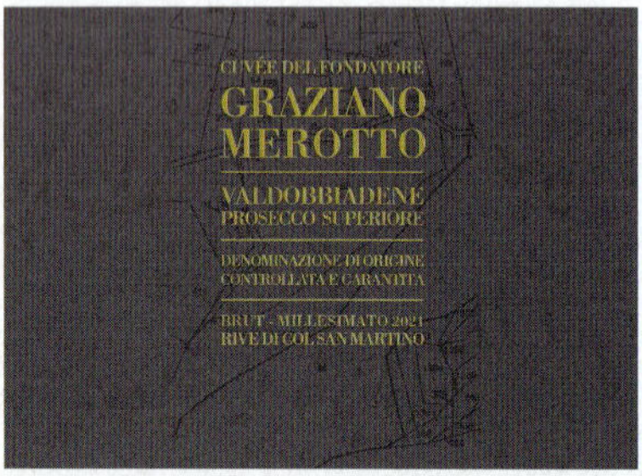

Via Scandolera 21, 31010 Farra di Soligo (TV)
T: +39 438 989000, merotto@merotto.it
merotto.it

Ab-Hof-Verkauf: Ja
Kellermeister: Mark Merotto
Kontakt: Graziano Merotto
Produktion: 30 Hektar

Um guten Wein zu machen, muss man den Boden, von dem er kommt, und den Himmel, der drober regiert, gut kennen. Dies ist im Hause Merotto seit Generationen das Motto. In der faszinierenden Welt des Weins bewahrt sich das uralte Band zwischen der Natur und dem Menschen und entfaltet seine suggestive Kraft in der Kultur des Weinbaus in Hanglagen. Die steilen Lagen lassen nur Handarbeit zu, in der Respekt, Aufopferung und Hingabe die Werte des bäuerlichen Wissens darstellen. Darin erkennt Graziano Merotto sich wieder und mit ihm seine Geschichte als leidenschaftlicher Winzer.

Verkostungsraum,
Weingut Merotto

93 Cuvée del Fondatore Graziano Merotto Rive di Col San Martino Valdobbiadene Prosecco Superiore DOCG 2021 Brut
11,5 Vol.-%, NK, Stahltank
Leuchtendes Silbergrau mit anhaltender Perlage. In der Nase frisch, mit meersalzigen Anklängen, zarte Zitrusfrucht, zeigt sich dann am Gaumen mit feinem Fruchtschmelz, leichter Creme, dann wieder mit toller Spannung, bleibt pur und trocken zurück, lange.

92 Castè Valdobbiadene Prosecco Superiore DOCG 2021 Extra Dry
11,5 Vol.-%, NK, Stahltank
Brillantes, helles Strohgelb mit leichten Silberreflexen. In der Nase nach Wiesenkräutern, Zitronensaft sowie leicht nach nassem Stein. Am Gaumen toll ausgewogen mit feiner Perlage und klarem Fruchtkern, schönes Spiel und gute Länge.

92 Valdobbiadene Superiore di Cartizze DOCG Dry
11,5 Vol.-%, NK, Stahltank
Leuchtendes, funkelndes Silbergrau mit anhaltender Perlage. In der Nase etwas verschlossen. Am Gaumen ausgewogen, mit feiner Fruchtsüße und wohlig eingebundener Perlage, spannt einen weiten Bogen, im Finale mit frischer Harmonie.

beigestellt

VERKOSTUNGSERGEBNISSE
MEROTTO

beigestellt

91 ❸ Integral Conegliano Valdobbiadene Prosecco Superiore DOCG 2021 Extra Brut
11,5 Vol.-%, NK, Stahltank
Glänzendes, helles Silber, zarte Perlage. Offene und einladende Nase mit Noten nach Weißdornblüten, etwas Banane, im Hintergrund zarte Zimtnoten. Klar und geradlinig, zeigt etwas grünliche Noten im Verlauf, im Finale knochentrocken.

92 ❸ La Primavera di Barbara Valdobbiadene Prosecco Superiore DOCG 2021 Dry
11,5 Vol.-%, NK, Stahltank
Leuchtendes Strohgelb, feine, lineare und anhaltende Perlage. In der Nase zeigen sich frische blumige Noten, gefolgt von Noten frischer Früchte, weißem Pfirsich, Marille und Apfel. Am Gaumen lebhaft, knackig und leicht pikant, mit angenehmem und anhaltendem Nachgeschmack.

89 ❸ Grani di Nero Vino Spumante Rosé Brut
11,5 Vol.-%, NK, Stahltank
Helles Himbeerrosa. Dezentes Bouquet nach Waldhimbeere und Orangen. Satter Gaumeneintritt, mit präsenter Perlage, zarte Frucht, hat von etwas Zeit in der Flasche profitiert.

90 B. Giussin Pinot Bianco Colli Trevigiani IGT 2021
12 Vol.-%, NK, Stahltank/Barrique/Flaschenreifung
Blass strohgelb. Das Bouquet erinnert an kandierte Früchte, Birne, Marille mit pflanzlichen und blumigen Noten. Am Gaumen fließend und präsentiert fruchtige und blumige Aromen. Würziger und anhaltender Abgang.

91 Rosso Dogato Marca Trevigiana IGT 2018
13,5 Vol.-%, NK, Stahltank/Barrique/Flaschenreifung
Rubinrot mit leichten granatroten Reflexen. In der Nase finden sich fruchtige Noten von Kirschen, schwarzen Johannisbeeren und Brombeeren, gefolgt von würzigen Noten von Vanille, Pfeffer und Nelken. Am Gaumen ausgewogen, intensiv und reichhaltig mit gut eingebundenen Tanninen.

★★★

MONTE DEL FRÀ

Strada Custoza 35, 37066 Sommacampagna (VR)
T: +39 045 510490, info@montedelfra.it
montedelfra.it

Ab-Hof-Verkauf: Ja
Kellermeister: Elia Bartolomai
Kontakt: Marica Bonomo
Produktion: 140 Hektar

Der 1958 von den Brüdern Eligio und Claudio Bonomo gegründete Betrieb Monte del Frà wird heute von der zweiten Generation geführt: Marica, Silvia und Massimo Bonomo. Monte del Frà besteht aus 137 Hektar Grundbesitz und 68 Hektar Pacht. Erste Aufzeichnungen über die Arbeit in den Weinbergen stammen aus dem Jahr 1492 von den Frati, also Brüdern des Ordens von Santa Maria della Scala in Verona. Einige Weinberge sind echte Crus und bringen große Weine hervor. 2006 wurde »Lena di Mezzo« erworben, ein 17,80 Hektar großes Weingut in Fumane im klassischen Valpolicella-Gebiet.

Marica Bonomo, Monte del Frà

92 Ca' del Magro Custoza Superiore DOC 2020
13 Vol.-%, DIAM
Funkelndes, sattes Strohgelb. Fein gezeichnete Nase mit Noten nach Marille und Grapefruit, sehr klar. Am Gaumen gutes Gewicht und gute Spannung, feine Pfirsichfrucht, salzig.

90 Custoza DOC 2021
12,5 Vol.-%, DV Ⓥ
Leuchtendes Strohgelb mit einem Tropfen Olivgrün. In der Nase nach Butterkeksen, Steinobst, zart nach Birne, im Nachhall nach Heu und gelben Blüten. Am Gaumen mit grünwürzigem Auftakt, spannt sich rassig-knackig auf, im Nachhall fein salzig.

92 Colombara Garganega Veronese IGT 2017
13 Vol.-%, NK
Goldgelb. Die Nase intensiv mit Noten von Kamille, reifer Marille, Lakritze und Akazienhonig. Am Gaumen voll, dicht, seidig und leicht würzig. Mineralischer und anhaltender Abgang.

88 Lugana DOC 2021
13 Vol.-%, NK
Helles funkelndes Strohgelb. In der Nase leicht grasig, nach Brennnessel duftend, ein Touch Stachelbeere und Zitrusfrüchte. Am Gaumen leicht fruchtsüß, relativ saftig und von mittlerer Länge.

beigestellt

VERKOSTUNGSERGEBNISSE
MONTE DEL FRÀ

89 Chiaretto di Bardolino DOC 2021
12,5 Vol.-%, DV

Funkelndes, helles Lachsrosa. Duftet in der Nase nach frischem Apfel und roten Kirschen. Am Gaumen frische, lebhafte Säure, im Finale dezent nach Weichselkirschen.

94 Tenuta Lena di Mezzo Amarone della Valpolicella Classico DOCG 2017
15,5 Vol.-%, NK

Dunkles, leuchtendes Rubinrot. Tolle, offenherzige Nase nach Blutorangen, Himbeeren, Hagebutten, zarter heller Würze, im Nachklang ein Tropfen Milchschokolade, schönes Spiel. Am Gaumen mit klarer, violetter Frucht, zeigt sich ausgewogen in Tannin, Frucht und Säure, schöner Bogen, harmonisch und mit toller Länge, trinkt sich sehr gut.

93 Scarnocchio Amarone della Valpolicella Classico Riserva DOCG 2016
15,5 Vol.-%, NK

Intensives, funkelndes Rubin mit dünnem Granatrand. Eröffnet mit würzigen Noten, etwas Kardamom, dazu dunkle Schokolade und Cassis. Rund und geschmeidig in Ansatz und Verlauf, reife Frucht, dazu fein eingebettetes Tannin, saftig und guter Druck im Finale.

90 Valpolicella Classico DOC 2021
12,5 Vol.-%, NK

Leuchtendes Rubinrot mit violetten Reflexen. Vielfältige Nase mit Noten von Beeren, Kirsche, Pflaume und süßen Gewürzen. Frischer, ausgewogener Geschmack mit süßen Tanninen und einer leichten Mandelnote im Abgang.

90 Monte del Frà Valpolicella Ripasso Classico Superiore DOC 2019
14 Vol.-%, DIAM

Sattes Rubinrot mit granatroten Reflexen. In der Nase nach Rumtopf und eingelegten Pflaumen, dann deutlich nach Leder. Am Gaumen sehr fruchtsüß, viel Kirscharoma, saftig und mit feinkörnigem Gerbstoff, mit langem Nachhall.

88 Bardolino DOC 2021
12,5 Vol.-%, DV

Dunkel leuchtendes Kirschrot. In der Nase mit erdigen Tönen nach Roter Bete, Kirsche, vegetal, im Nachhall nach rotem Paprika. Am Gaumen ebenso vegetal, wird im Nachhall austrocknend und roh.

beigestellt

★★★

PASQUA

Via Belvedere 135, 37131 Verona (VR)
T: +39 045 8432111, info@pasqua.it
pasqua.it

Ab-Hof-Verkauf: Ja
Kellermeister: Carlo Olivari
Kontakt: Familie Pasqua
Produktion: 13.200.000 Flaschen, 322 Hektar

Pasqua Vigneti e Cantine ist eine historische Veroneser Weinkellerei im Besitz der Familie Pasqua. Der 1925 gegründete Betrieb ist weltweit als Produzent renommierter Weine aus Venetien bekannt. Der Ehrgeiz des Unternehmens besteht darin, die in 100 Jahren gesammelte Erfahrung mit neuen stilistischen Codes in die Zukunft zu tragen. Die Weinkellerei ist für verschiedene Amarone-Sorten berühmt sowie für Weine, die für die Ostküste des Gardasees bis hin zum Soave-Gebiet repräsentativ sind. Heute leiten neben Präsident Umberto auch seine Söhne Riccardo und Alessandro das Unternehmen.

92 Hey French Second Edition Bianco Veneto IGT
13,5 Vol.-%, NK, gebrauchte Barriques
Sattes, klares Gelb mit leicht goldenen Reflexen. In der Nase Noten von tropischen Früchten, gelbem Apfel, Mango und Kamille, die mit einem Hauch von Mandel und Heu abschließen. Im Trunk reich, mit wenig Spannung in der Mitte, aber guter Säure und Persistenz.

90 Passione Sentimento Bianco Veneto IGT 2021
13 Vol.-%, NK, Eichenfass
Blass strohgelb. Reichhaltige Nase mit Noten von Pfirsich, Marille, Banane und Stachelbeere. Am Gaumen rund, reichhaltig, saftig und hat einen ausgeprägt süßen Nachgeschmack. Lang anhaltend.

91 11 Minutes Rosé Trevenezie IGT 2021
12,5 Vol.-%, VL, Stahltank Ⓥ
Helles, leuchtendes Lachsrosa. In der Nase intensiver Duft von Eisbonbon, Cassis und Grapefruit sowie Anklänge von Walderdbeeren und reifem Pfirsich. Am Gaumen saftig und frisch, geradlinig, langer, leicht herber Abgang.

90 Mai Dire Mai Valpolicella Superiore DOC 2015
15 Vol.-%, NK, 500-l-Fass
Intensives Rubinrot mit granatroten Reflexen. In der Nase intensive Noten von schwarzen Früchten, Marmelade, Tabak und Lakritze. Umhüllender und harmonischer Geschmack, mit guter Frische und ausgewogenen Tanninen.

91 Pasqua Mai Dire Mai Amarone della Valpolicella DOCG 2013
16,5 Vol.-%, NK, Holzfass
Intensive rubinrote Farbe. In der Nase zeigen sich dunkle Noten von Unterholz, Holz, Kakao und Leder. Am Gaumen wiederholen sich die aromatischen Eindrücke, immer warm und dunkel, geprägt von Kaffee- und Röstaromen. Ausgeprägte Tannine und gute Länge.

89 PassioneSentimento Rosso Veneto IGT 2020
14 Vol.-%, NK, Tonneau Fass
Mittleres Rubinrot mit leicht aufhellendem Rand. In der Nase Noten von roten Früchten und Anklänge von Gewürzen. Am Gaumen rund und weich mit samtigen Tanninen, aber eher ausdruckslos.

★★★

CANTINA ROENO

Via Mama 5, 37020 Brentino Belluno (VR)
T: +39 045 7230110, info@cantinaroeno.com
cantinaroeno.com

Kontakt: Familie Fugatti

Respekt und Bescheidenheit sind Werte, die die Familie Fugatti prägen. An den Ufern der Etsch, unter dem Blick des Monte Baldo, erstreckt sich Terradeiforti, wo die Natur ein Gebiet von zeitlosem Charme zeichnet. Für die Fugattis stellt die Geschichte eine ideale Summe von Erfahrungen dar, aus der sie Wert und Wissen schöpfen können. Nicht aufhören, experimentieren und wagen: Das ist das Leitmotiv. Sich erneuern, ohne den Faden der Erinnerungen zu verlieren, und die Zukunft durch die Suche nach neuen Reizen und neuen Zielen herausfordern.

93 Pinot Grigio Rìvoli Valdadige DOC 2018
12 Vol.-%, NK, großes Holzfass

Strohgelb. Die Nase ist komplex und zeigt sehr intensive Noten von Zitrone und ihrer Schale, Pfirsich und frischen pflanzlichen Noten. Am Gaumen angenehm reichhaltig, mineralisch und anhaltend.

91 Tera Alta Pinot Grigio Valdadige DOC 2021
12 Vol.-%, NK, Stahltank

Blass strohgelb. Zarte Nase mit Noten von Mandarinenblättern, Grapefruit, Birne, Apfel und exotischen Früchten. Zart und saftig im Geschmack, mineralisch und lang im Abgang. Sehr angenehmer aromatischer Nachgeschmack.

92 Riesling Renano Praecipuus Delle Venezie IGT 2020
12 Vol.-%, NK, Stahltank

Blass strohgelb, leicht und klar. In der Nase zeigen sich Noten von weißen Blumen und Zitrusfrüchten, gefolgt von einem leichten Hauch von Feuerstein. Am Gaumen frisch, mit guter Säure und einer angenehm salzigen Note.

92 Collezione di Famiglia Riesling Renano Trevenezie IGT 2017
12 Vol.-%, NK, Tonneau Fass

Blass strohgelb mit Tendenz zum Grünlichen, klar und leuchtend. In der Nase zeigen sich deutliche Noten von Pfirsich und weißen Blüten, Salbei und Thymian. Am Gaumen frisch und zitronig, mit angenehmer Säure und Länge.

91 Repanda Solaris Veneto Bianco IGT 2021
14 Vol.-%, NK, Stahltank

Strohgelb mit goldenen Reflexen. Reichhaltige, intensive und balsamische Nase mit Noten von Apfel, Banane, Haselnuss und Erdnuss. Am Gaumen intensiv und dicht mit einer starken aromatischen Komplexität. Angenehmer Trinkfluss mit toller Länge.

92 1865 Prefillossera Enantio Riserva Terradeiforti DOC 2017
14 Vol.-%, NK, großes Holzfass

Leuchtendes Rubinrot. In der Nase Noten von Beeren und reifen roten Früchten, gefolgt von würzigen Noten von Lakritz, Tabak, Pfeffer und Malz. Der Geschmack ist frisch und fruchtig mit einer angenehmen tanninhaltigen Textur. Gute Säure und lang im Abgang.

★★★★

RUBINELLI VAJOL

Via Paladon 31, 37029 San Pietro in Cariano (VR)
T: +39 045 6839277, info@rubinellivajol.it
rubinellivajol.it

Ab-Hof-Verkauf: Ja
Kellermeister: GianMaria Ciman, Filippo Cengiarotti
Kontakt: Nicola Scienza
Produktion: 10 Hektar

Gaetano Rubinelli ist der Stammvater der Familie Rubinelli, die seit jeher im Valpolicella-Gebiet ansässig ist. Nach der Planung und dem Bau des Chievo-Staudamms an der Etsch, der zu Beginn des 20. Jahrhunderts die Industrie Veronas mit Strom versorgte, kaufte er wegen der perfekten Muschelform das Landgut Vajol im Herzen des historischen Valpolicella. Im Laufe der Jahre hat sich der Wunsch der Familie Rubinelli herauskristallisiert, einen Vajol Cru zu erzeugen, in dem die Vorzüglichkeit der Produkte dieses Landes voll zum Ausdruck kommt.

96 Destinée Amarone della Valpolicella Classico Riserva DOCG 2010
16 Vol.-%, NK, Tonneau Fass
Sattes, funkelndes Rubin-Granat, konzentriert. Sehr klare und intensive Nase, nach frischen, baumreifen Zwetschken, dazu Cassis, überzogen von feinen würzigen Komponenten. Tiefgründig und stoffig in Ansatz und Verlauf, viel feinmaschiges Tannin, sehr langer Nachall, endet auf feiner Schokolade.

94 Amarone della Valpolicella Classico DOCG 2015
16 Vol.-%, NK, Eichenfass
Leuchtendes, sattes Rubinrot. Tolle, einladende Nase, balsamisch und nach Minze, dann Waldfrüchte und Brombeeren, erinnert im Nachklang nach Feuerstein. Am Gaumen tolle Saftigkeit mit harmonischem Verlauf, klare rote Beerenfrucht spannt sich schön auf, hat eleganten Druck und feines Spiel, toller Amarone.

92 Valpolicella Ripasso Classico Superiore DOC 2017
14,5 Vol.-%, NK, Eichenfass
Leuchtendes Rubinrot mit Granatroten Reflexen. In der Nase intensive Frucht nach Erdbeeren und Himbeeren, sowie Blutorangenzesten, im Nachhall etwas Chinarinde. Am Gaumen saftig, kompakt, mit klarer Frucht, leicht salzig, schöne Himbeerfrucht im Nachhall und mit gutem Trinkfluss.

91 Valpolicella Classico Superiore DOC 2018
13,5 Vol.-%, NK, Eichenfass
Intensives Rubinrot. In der Nase entfalten sich reichhaltige und komplexe Aromen von roten Früchten mit einem Hauch von Gewürzen und Trockenblumen. Das Mundgefühl ist voll, warm, weich und leicht würzig.

90 Valpolicella Classico DOC 2021
12 Vol.-%, NK, Stahltank
Leuchtendes Rubinrot. Aromen von Kirschen und Beeren wechseln sich mit Noten von Gewürzen und Mandeln ab. Im Mund frisch, weich und leicht würzig.

91 Recioto della Valpolicella Classico DOCG 2015
14 Vol.-%, NK, Tonneau Fass
Leuchtendes, elegantes Rubinrot. Elegante und fein gezeichnete Nase, nach Erdbeermarmelade, Himbeeren, hat auch feine Nuancen von weißen Rosen, Milchschokolade. Ebenso am Gaumen, gepaart mit feiner Süße, ausgewogenem Frucht-Säure-Spiel, sehr harmonisch mit toller Länge.

★★★★

RUGGERI

Via Prà Fontana 4, 31049 Valdobbiadene (TV)
T: +39 0423 9092, ruggeri@ruggeri.it
ruggeri.it

Ab-Hof-Verkauf: Ja
Kellermeister: Fabio Roversi
Kontakt: Daniela Ziegler-Scapin
Produktion: 4.533.333 Flaschen, 99 % Schaumwein, 91 % weiß, 9 % rosé

Der 1950 gegründete Weinbaubetrieb stellt seine Schaumweine aus Trauben her, die in den herrlichen Hügeln von Valdobbiadene angebaut werden, die dafür bekannt sind, die hochwertigsten Trauben des gesamten Prosecco-Superiore-DOCG-Gebietes zu produzieren. Hier liegt auch der wertvolle Cartizze-Hügel, der berühmteste Cru des gesamten Gebietes. Das ständige Streben nach Qualität hat Ruggeri zu einem der wichtigsten Hersteller von Cartizze gemacht. Ruggeri war die erste Weinkellerei, die einen Prosecco herstellte, für den nur Trauben von 100-jährigen Rebstöcken verwendet wurden.

94 Giustino B. Valdobbiadene Prosecco Superiore DOCG 2021
11,5 Vol.-%, DIAM, Stahltank
Brillantes Silbergrün mit anhaltender Perlage. Duftet in der Nase sehr klar und präzise nach frischer Birne und frischer Banane, sowie feiner Blütenduft. Am Gaumen strahlend, klar und mit toller Fruchtsüße, spannt einen weiten Bogen auf, in sich wundervoll ausgewogen.

94 Cartizze Conegliano Valdobbiadene Prosecco Superiore di Cartizze DOCG Brut
11,5 Vol.-%, DIAM, Stahltank
Glänzendes, helles Silber, zarte Perlage. Eröffnet mit feinen Kräuternoten, etwas Thymian und Salbei, dann Marille und weißer Pfirsich, schönes Spiel. Salzig und saftig am Gaumen, öffnet sich mit schönem Spiel, frische Frucht, klar und präzise.

92 Argeo Prosecco DOC Brut
11 Vol.-%, DIAM, Stahltank
Brillantes Silbergrün mit anhaltender Perlage. In der Nase frisch, sehr duftig, nach frisch geschnittenem Gras, Stachelbeeren und ausgepresster Zitrone. Am Gaumen mit toller Struktur und knochentrockenem Verlauf, die Perlage ist wohlig eingebunden, endet blitzsauber.

91 Giall'Oro Valdobbiadene Prosecco Superiore DOCG Extra Dry
11 Vol.-%, DIAM, Stahltank
Helles Grau mit grünlichen Reflexen. Die Nase erinnert an reifen Apfel und Akazienblüten. Der Beginn im Mund ist reif, die Entwicklung klar und geschmacksintensiv, im Abgang lebhaft mit Noten von weißen Früchten.

90 Quartese Valdobbiadene Prosecco Superiore DOCG Brut
11 Vol.-%, DIAM, Stahltank
Leuchtendes, klares Strohgelb mit grünlichen Reflexen. Aromen von Pfirsich, Ananas und Banane. Im Mund weich, frisch, geradlinig mit feiner, anhaltender Perlage. Schließt mit leicht mandeligen Noten.

90 Prosecco Rosé DOC 2021 Brut
11,5 Vol.-%, PK, Stahltank
Funkelndes Hellrosa mit zarter Perlage. In der Nase leicht floral, hält sich zurück, hefig. Am Gaumen mit schöner Saftigkeit und gut eingebundener Säure, im Finale dann auf spitzer Perlage und zartem Tannin.

★★★★

TENUTA SANT'ANTONIO

Via Ceriani 23, 37030 Colognola ai Colli (VR)
T: +39 045 7650383, info@tenutasantantonio.it
tenutasantantonio.it

Ab-Hof-Verkauf: Ja
Kellermeister/Kontakt: Armando, Tiziano, Paolo und Massimo Castagnedi

Tenuta Sant'Antonio wurde 1995 von den Gebrüdern Castagnedi gegründet, die aus Generationen von Winzern stammen und sich der Herstellung von ikonischen Weinen verschrieben haben. Es werden drei Marken vertrieben: Tenuta Sant'Antonio, Scaia und Télos, mit Etiketten von Amarone bis Soave über Valpolicella, jede mit ihrer eigenen Seele und eng mit dem Know-how des Weingutes verbunden. Mit ihnen bringt die Familie ihre Vision vom Weinbau zum Ausdruck, indem sie jede Flasche mit handwerklicher Sorgfalt zu einem Unikat macht.

91 Vigna Monte Ceriani Soave DOC 2020
13 Vol.-%, NK
Leuchtendes Strohgelb mit grünlichen Reflexen. Sehr blumige Nase, rosa Grapefruit, Holunderblüten und andere krautige Noten. Mundfüllend, ausgewogen, komplex, intensiv und sehr dicht. Langer Abgang, der den Kontrast zwischen fruchtig und saftig hervorhebt.

96 Lilium Est Amarone della Valpolicella Riserva DOCG 2012
16 Vol.-%, NK
Sattes und kompaktes Granatrot mit rubinroten Reflexen. Komplexe und intensive Nase mit Noten nach eingelegten Zwetschken und Sauerkirschen, Rumtopf und etwas Kaffee. Am Gaumen mit kräftigem und zugleich geschmeidigem Tannin, mit viel reifer Kirschfrucht, saftig und mit langem Finale.

93 Campo dei Gigli Amarone della Valpolicella DOCG 2017
16 Vol.-%, NK
Rubinrot mit Tendenz zu Violett. In der Nase zeigen sich deutliche Noten von Sauerkirsche, Kirsche, Pflaume, Blutorange und Unterholz, gefolgt von blumigen Noten von Rose und Veilchen. Nach und nach entfalten sich würzige Noten. Am Gaumen voll, saftig und fruchtig, mit prachtvollem Tannin, endet zartbitter im langem Abgang.

92 Antonio Castagnedi Amarone della Valpolicella DOCG 2018
15 Vol.-%, NK
Rubinrote Farbe. In der Nase zeigen sich Noten von kleinen roten Früchten wie Himbeere und Kirsche. Leichte Eisen- und Gewürznoten, in guter Balance. Am Gaumen fleischig, tanninhaltig, sehr reife Fruchtnoten, die sich mit Lakritznoten verbinden. Anhaltender Abgang.

91 Monti Garbi Valpolicella Ripasso Superiore DOC 2019
14 Vol.-%, NK
Im Kern Rubinrot mit granatrotem Rand. Würzige Nase nach schwarzem Pfeffer und Nelken, dann nach satter Amarenakirsche und reifen Pflaumen. Am Gaumen cremiger Eintritt, mit gut eingebundenem Tannin, saftiges Finale.

90 La Bandina Valpolicella Superiore DOC 2019
14,5 Vol.-%, NK
Mittleres Rubinrot mit granatroten Reflexen. In der Nase nach satter Himbeere und reifen Waldbeeren, im Nachhall etwas Würze und Leder. Am Gaumen fruchtsüß und mit leichter Würze, mit gut eingebundenem Gerbstoff, eher langes Finale.

★★★

CASA SARTORI 1898

via Casette 4, 37024 San Maria di Negrar (VR)
T: +39 02813 140239, sartori@sartorinet.com
sartorinet.com

Ab-Hof-Verkauf: Ja
Kellermeister: Marco Dell'Eva, Luca Bonetti, Franco Bernabei
Kontakt: Carmen Stirn
Produktion: 120 Hektar

Die Familie Sartori ist untrennbar mit der Weinkultur der Region Venetien verbunden. Über 125 Jahre Weinbautradition liegen nun in den Händen der 4. Generation, Andrea und Luca Sartori. Die Brüder haben ein tiefes Verständnis für das Terroir, die einheimischen Trauben und die klassischen Weinstile ihrer Region. Die Casa Vinicola Sartori mit Sitz in Negrar im Valpolicella-Gebiet hat im Zuge einer neuen Corporate Identity ihren Namen in Casa Sartori 1898 geändert. Der neue Name stärkt das historische Image und unterstreicht das Engagement der Familie Sartori für die Weinbaukultur der Region.

92 Marani Bianco Veronese IGT 2020
13,5 Vol.-%, NK, Tonneau Fass
Leuchtende goldene Farbe. Die Nase zeigt Noten von reifen und kandierten Früchten mit einem Hauch von Honig und Tee. Im Mund gute Dichte und hoher Trinkfluss, gut ausgeprägter und anhaltender Abgang.

89 La Musina Lugana DOC 2021
12,5 Vol.-%, KK, Beton/Stahltank
Helles, leuchtendes Strohgelb. In der Nase Noten von Eisbonbon, exotischer Frucht und Wiesenkräutern. Weicher Eintritt mit zarter Frucht, gelber Pfirsich, mittlere Struktur, im Abgang dann etwas verwaschen.

91 Corte Brà Amarone della Valpolicella Classico Riserva DOCG 2015
15,5 Vol.-%, NK, Holzfass
Dunkles Rubin mit granatrotem Rand. Würziges Bouquet mit Aromen von Dörrpflaume, eingelegtem Veilchen und Edelholz. Am Gaumen kraftvoll und rund, mit samtigem Tannin, und Noten von Bitterschokolade und Mokka, bis ins anhaltende Finale.

90 Montegradella Valpolicella Classico Superiore DOC 2018
13,5 Vol.-%, NK, großes Holzfass
Intensives Rubinrot mit leichten granatroten Reflexen. In der Nase wechseln sich fruchtige Noten von Kirschen mit würzigen Anklängen von Bittermandel und Tabak ab. Voller, warmer, weicher, umhüllender und leicht würziger Geschmack.

90 Regolo Valpolicella Ripasso Classico Superiore DOC 2019
14 Vol.-%, NK, Holzfass
Leuchtendes Rubinrot mit leicht aufhellendem Rand. In der Nase nach satter Kirsche und reifer Pflaume, dann nach Brombeere und Leder. Am Gaumen sehr fruchtsüß, saftig, im Finale leicht bremsend.

88 Brolo di Sotto Valpolicella Classico DOC 2020
12,5 Vol.-%, NK, Beton/Stahltank
Rubinrot mit leichten granatroten Reflexen. In der Nase zarte Aromen von Kirsche, Himbeere und einem Hauch von Trockenobst. Harmonischer, ausgewogener, leicht pikanter Verlauf mit leicht bitterem Ausklang.

★★★

SCRIANI

Via Ponte Scrivan 7, 37022 Fumane (VR)
T: +39 045 6839251, info@scriani.it
scriani.it

Ab-Hof-Verkauf: Ja
Kellermeister: Stefano Cottini
Kontakt: Mara Cottini
Produktion: 300.000 Flaschen, 3 % Schaumwein, 10 % weiß, 85 % rot, 2 % süß, 30 Hektar

Das Weingut Scriani in Fumane ist ein kleines Juwel im Herzen des Valpolicella Classico, einem fruchtbaren Land der Geschmäcker und Traditionen. Die Familie Cottini blickt auf eine lange landwirtschaftliche Geschichte zurück und hat die Werte ihrer Arbeit auf der über Generationen weitergegebenen bäuerlichen Kultur gegründet. Der liebevolle Anbau von Weintrauben nach alten Traditionen und im Einklang mit der Natur verleiht den Projekten dieses Familienunternehmens Kontinuität und Authentizität und gewährleistet ein Ergebnis, das den Ambitionen der Cottinis stets gerecht wird.

94 Amarone della Valpolicella Classico DOCG 2018
16 Vol.-%, NK, Barrique/großes Holzfass/Flaschenreifung
Tief rubinrote Farbe mit Tendenz zum Granatrot. In der Nase finden sich Aromen von roten Früchten, Kirsche, Sauerkirsche, Erdbeerkonfitüre, Vanille und Lakritze. Am Gaumen samtige und gut eingebundene Tannine, lang und frisch im Abgang.

93 Amarone della Valpolicella Classico Riserva DOCG 2016
16 Vol.-%, NK, Barrique/Flaschenreifung
Rubinrot mit Tendenz zu Violett. Die Nase ist süß, fruchtig mit Noten von Sauerkirschen, Erdbeerbonbons, frischen Brombeeren und Pflaumen mit einem leichten Hauch von Vanille. Im Trunk reichhaltig, saftig und süß, mit gut eingebundenen Tanninen und angenehmem Nachklang.

92 Valpolicella Classico Superiore DOC 2019
13,5 Vol.-%, NK, großes Holzfass/Flaschenreifung
Leuchtendes und intensives Rubinrot. Sehr würzige und balsamische Aromen, gefolgt von Noten von reifen Beeren, Vanille und Unterholz. Weicher, reicher und ausgewogener Gaumen mit dichten Tanninen und einem saftigen Abgang.

93 Valpolicella Ripasso Classico Superiore DOC 2020
14 Vol.-%, NK, großes Holzfass/Flaschenreifung
Rubinrot mit violetten Reflexen. In der Nase Noten von Sauerkirschen, Kirschen, Pflaumen und Unterholz. Am Gaumen gute Struktur, angenehm und saftig, mit weichen Tanninen.

92 Carpané Corvina Veronese IGT 2017
14,5 Vol.-%, NK, gebrauchte Barriques/großes Holzfass/Flaschenreifung
Intensive rubinrote Farbe mit leicht violetten Reflexen. In der Nase Noten von kleinen roten Früchten, Johannisbeeren, Himbeeren, Kirschen und Brombeeren. Am Gaumen wieder kleine rote Früchte zusammen mit sehr angenehmen würzigen und krautigen Noten.

93 Maddalena Recioto della Valpolicella Classico DOCG 2019
14 Vol.-%, NK, kleines Holzfass/Flaschenreifung
Funkelndes Rubin mit dezentem Granatrand. Intensive Nase mit Noten nach Granapfelsaft, eingelegten Kirschen, etwas Zimtwürze im Hintergrund. Feinmaschiges Tannin am Gaumen, zeigt schönes Spiel zwischen Süße und Tannin, langer Nachhall.

★★★★

SECONDO MARCO

Via Campolongo 9, 37022 Fumane (VR)
T: +39 045 6800954, info@secondomarco.it
secondomarco.it

Ab-Hof-Verkauf: Ja
Kellermeister: Marco Speri, Attilio Pagli
Kontakt: Marco Speri
Produktion: 166.667 Flaschen, 95 % rot, 5 % süß
3900 Hektar
Anbauweise: Bio

Marco Speri repräsentiert die fünfte Generation der Winzerfamilie Speri, die Weine herstellt , die bei Kennern auf der ganzen Welt bekannt sind. Wenn man eine Familientradition fortsetzt, gibt es einerseits die Angst vor der Veränderung, aber andererseits auch den Wunsch, etwas Neues zu machen, eine Spur zu hinterlassen, und so gündete Marco Speri im Jahr 2008 in Fumane im Herzen des Valpolicella Classico ein neues Unternehmen namens »SECONDO MARCO«. Vom Boden bis zum Klima sind hier die besten Voraussetzungen für die Produktion edler Weine gegeben.

95 Amarone della Valpolicella Classico DOCG 2013
16 Vol.-%, NK, Eichenfass/Flaschenreifung
Leuchtendes Granat-Rubinrot. In der Nase reife Noten von Himbeeren, Kirschen und Pflaumen mit einer leicht holzigen Note im Finale. Am Gaumen gut ausgeprägt, fruchtig, unterstützt von einer angenehmen Säure und einer gut integrierten pflanzlichen Note. Gut eingebundene Tannine, pikante Note im Abgang, angenehmer und eleganter Tropfen.

95 Fumetto '08 Amarone della Valpolicella Classico Riserva DOC 2008
16 Vol.-%, NK, Beton/Eichenfass/Flaschenreifung
Intensives, dunkles Granatrot mit leicht orangem Rand. Eröffnet mit Noten nach Leder und Lakritze, nach getrockneten Tomaten, Dörrpflaumen und feine Gewürze. Am Gaumen viel griffiges, gut eingebundenes Tannin, zeigt schöne gereifte Zwetschken, im Finale nach Lakritze, stoffig.

93 Amarone della Valpolicella Classico DOCG 2015
16 Vol.-%, NK, Eichenfass/Flaschenreifung
Leuchtendes Rubinrot. Reichhaltige Nase mit Noten von reifen roten Früchten, verwelkten Rosen, gefolgt von feinen vegetalen Noten, begleitet von scharfer Würze. Am Gaumen gut ausgeprägt, mit strahlenden Fruchtnoten, leichtem Röstaroma und festen, aber gut integrierten Tanninen. Anhaltend im Abgang.

92 Valpolicella Classico DOC 2019
13 Vol.-%, NK, Beton/Eichenfass/Flaschenreifung
Intensives Rubinrot. Noten von roten Früchten wie Sauerkirsche und Kirsche, mit würzigen und pfeffrigen Anklängen im Abgang. Im Mund strukturiert und geschmeidig, mit einer schönen Frische und einem langen, saftigen Abgang.

92 Valpolicella Ripasso Classico Superiore DOC 2017
14 Vol.-%, NK, Beton/Eichenfass/Flaschenreifung
Leuchtendes Rubinrot mit granatroten Reflexen. In der Nase nach satter Pflaume und reifen Kirschen, dann leicht nach Veilchen und weißem Pfeffer. Am Gaumen filigran, frisch und sehr saftig, mit feinem Schmelz, hat Zug, langes Finale.

92 Recioto della Valpolicella Classico DOCG 2016
13 Vol.-%, NK, Stahltank/Tonneau Fass/Flaschenreifung
Leuchtendes Rubin mit zart violetten Reflexen. In der Nase nach angeschnittenem roten Apfel, Zwetschken, gerösteten Haselnüssen, getrocknete Rosenblätter. Am Gaumen mit zart spürbarem Tannin, lebendig und saftig, mit klarer Frucht, kommt im Finale wiederum saftig zur Geltung.

★★★★

SPERI

Via Fontana 14, 37029 San Pietro in Cariano (VR)
T: +39 045 7701154, info@speri.com
speri.com

Ab-Hof-Verkauf: Ja
Kellermeister: Alberto und Giuseppe Speri
Kontakt: Giampaolo Speri
Produktion: 60 Hektar
Anbauweise: Bio

Die Familie Speri besitzt 60 Hektar Weinberge in den besten Lagen der Valpolicella Classica, die zwischen 120 und 350 Meter über dem Meeresspiegel liegen. Der Betrieb vinifiziert ausschließlich Trauben aus den eigenen Weinbergen und baut nur autochthone Valpolicella-Reben an (Corvina, Corvinone, Rondinella, Molinara und andere Sorten). Darin liegt seine Stärke. Bis heute ist das Weingut Speri, in dem drei Generationen arbeiten, die bedeutendste Bio-Kellerei (seit 2015 zertifiziert) der Valpolicella Classica in puncto Hektaranzahl und Produktion.

95 Sant' Urbano Amarone Classico DOCG 2018
15 Vol.-%, NK Ⓑ
Leuchtendes Rubinrot. In der Nase deutliche Noten von Blumen und Trockenfrüchten, Kirschen, Walderdbeeren, Hibiskus und leicht süßer Würze, Zimt. Am Gaumen strukturiert und vollmundig, sehr ausgewogen. Samtige Tannine, langer und anhaltender Abgang.

94 Sant' Urbano Valpolicella Classico Superiore DOC 2019
13,5 Vol.-%, NK Ⓑ
Intensives Rubinrot mit violetten Reflexen. In der Nase zeigen sich deutliche florale Noten von Veilchen und Rosen, gefolgt von angenehmen Anklängen an Kirschen, Pfirsichen, Kräuter und süßen Gewürzen. Im Mund ausgezeichnete Struktur, feine Tannine, begleitet von einer mineralischen Spur und schöner Frische der Frucht.

92 Valpolicella Classico DOC 2021
12,5 Vol.-%, DIAM Ⓑ
Rubinrot mit zarten violetten Reflexen. In der Nase duftende Aromen von schwarzen Kirschen, Wildrosen und Kräutern, gefolgt von würzigen und balsamischen Noten im Hintergrund. Am Gaumen unmittelbar und frisch, mit mittlere Struktur und ausgezeichnet fruchtiger Abgang.

92 Valpolicella Ripoasso Classico Superiore DOC 2020
13,5 Vol.-%, NK Ⓑ
Intensive rote Farbe. In der Nase Noten von roten Früchten, Kirsche, Pflaume, Sauerkirsche und Erdbeermarmelade, gefolgt von wärmeren Noten von Kakao und süßen Gewürzen. Weich und ausgewogen am Gaumen, runde Tannine und angenehme Länge im Abgang, der noch einmal Frucht und Würze bietet.

95 La Roggia Recioto della Valpolicella Classico DOCG 2019
13,5 Vol.-%, NK Ⓑ
Sehr intensives Rubin mit einem Tropfen Violett. IVielschichtige Nase nach eingelegten Kirschen, Nelken, Brombeeren, dann wieder viel dunkle Schokolade, im Finale auf Zimt. Zeigt am Gaumen tolle süße Frucht, ausgewogen, harmonisches Spiel zwischen Süße, Frische und Tannin, im Nachhall strahlend und sehr lange.

★★★★★

TEDESCHI

Via G. Verdi, 4, 37029 San Pietro in Cariano (VR)
T: +39 045 7701487, tedeschi@tedeschiwines.com
tedeschiwines.com

Ab-Hof-Verkauf: Ja
Kellermeister: Riccardo Tedeschi
Kontakt: Antonietta, Lorenzo Tedeschi
Produktion: 42 Hektar

Als Vorzeigebetrieb der Valpolicella hat das Weingut, das als einer der Pioniere der Cru-Weine im Gebiet anerkannt ist, stets an die autochthonen Rebsorten und die Weinberge in Hanglage geglaubt, die heute eine Fläche von mehr als 42 Hektar ausmachen. Die Familie Tedeschi setzt auf Nachhaltigkeit und Innovation und hat im Laufe der Jahre die Zertifizierungen »Biodiversity Friend« und »Equalitas« erhalten. Nach der Zoneneinteilung und der Bodencharakterisierung ist auch die neueste Forschung zur Geotypisierung von Trauben und Weinen bahnbrechend, um die Vielfalt der Unterzonen weiter hervorzuheben.

96 Capitel Monte Olmi Amarone della Valpolicella Classico Riserva DOCG 2016
17 Vol.-%, NK, großes Holzfass/Stahltank
Intensives Rubinrot mit Violett. Angenehme pflanzliche und fruchtige Nase mit holzigen und blumigen Noten von Rosen und Geranien sowie dunkleren Röst- und Tabaknoten. Am Gaumen fest, breit und vollmundig. Würzige und pikante Tannine. Toller Trinkgenuss.

96 Maternigo Amarone della Valpolicella Riserva DOCG 2016
17 Vol.-%, NK, großes Holzfass/Stahltank
Dunkelleuchtendes, sattes Rubinrot. In der Nase edel und klar, nach reifen, satten Kirschen, Pfirsich, Hagebutten und Waldbeermousse, feine Würze. Am Gaumen stoffig und dicht, öffnet sich satt und mit dunkelbeerigen Fruchtkomponenten, saftiges Tannin, feiner Schmelz, endet lange im Finale auf Holunderbeersirup.

96 La Fabriseria Amarone della Valpolicella Classico Riserva DOCG 2015
17 Vol.-%, NK, Stahltank/großes Holzfass
Kräftiges, intensives und leuchtendes Rubinrot. Sehr reichhaltiges und intensives Bouquet, Noten von Kirschen und Johannisbeeren, zudem von Kaffee, Harz und edler Pfefferwürze. Am Gaumen vollmundig und einhüllend, dicht, mit leicht griffigen Tanninen. Der Abgang ausgeprägt, lang und anhaltend, mit angenehmem Nachgeschmack von reifen Kirschen.

93 Marne 180 Amarone della Valpolicella DOCG 2019
16,5 Vol.-%, NK, Stahltank/großes Holzfass
Rubinrot. Noten von reifen roten Früchten, Kirschen, Johannisbeeren, Heidelbeeren mit einem leichten Hauch von Menthol. Am Gaumen strukturiert mit warmen und einhüllenden Noten, präsentes, gut integriertes Tannin. Langer und saftiger Abgang.

92 Maternigo Valpolicella Superiore DOC 2019
15 Vol.-%, NK, Stahltank/großes Holzfass
Intensives Rubinrot. In der Nase Noten von Sauerkirschen und Pflaumen, gefolgt von dunkler Schokolade, Lakritze und Tabak. Im Mund weich und einhüllend, saftig mit einer schönen pikanten Ader und würzigem Abgang.

92 La Fabriseria Valpolicella Classico Superiore DOC 2019
15,5 Vol.-%, NK, Stahltank/großes Holzfass
Sehr tiefes Rubinrot. In der Nase würzige Noten von weißem Pfeffer und Tabak, mit Anklängen an Kaffee und kleine rote Früchte. Im Mund vollmundig und intensiv, weich, mit Charakter, Persönlichkeit und ausgeprägten Tanninen im Abgang.

★★★

TINAZZI

Via delle Torbiere 13, 37017 Lazise (VR)
T: +39 45 6470697, info@tinazzi.it
tinazzi.it

Ab-Hof-Verkauf: Ja
Kellermeister: Giuseppe Gallo
Kontakt: Federico Laurie
Produktion: 4.000.000 Flaschen, 20 % weiß, 5 % rot, 75 % rosé
Anbauweise: Bio

Die Familie Tinazzi produziert seit mehr als 50 Jahren in Venetien und Apulien Wein. Gian Andrea Tinazzi erweiterte nach und nach den Horizont des Betriebs. Es gelang ihm im Laufe der Jahre, das Familienunternehmen von einer lokalen Institution zu einer bedeutenden Gruppe zu machen. Unter seiner Führung produziert man heute qualitativ hochwertige Weine, die in über 50 Ländern weltweit verkauft werden. Inzwischen arbeiten auch Gian Andreas Sohn Giorgio und Tochter Francesca in der Leitung der Produktionsgruppe mit Sitz in Lazise am Gardasee mit.

Tinazzis Weingut Feudo Croce in Apulien

beigestellt

91 Ca' de Rocchi Lugana DOC 2021
12,5 Vol.-%, NK, Stahltank
Strahlendes, sehr helles Strohgelb. In der Nase zarte Noten von weißen Blüten und weißem Pfirsich. Am Gaumen mit leichtem Fruchtschmelz, kompakt, spannt sich gut auf, mit zarter Salzigkeit, schöner Druck und schöne Länge.

90 San Giorgio Sentieri Infiniti Negroamaro Rosato Salento IGT 2021
12,5 Vol.-%, NK, Stahltank
Blasses Kupferrot. Feine duftige Nase nach Pflaume und Erdbeere, dann im Nachhall blumige Nuancen von Rosenblüten. Am Gaumen saftig und frisch, mit mittlerem Finale, einfacher, guter Sommerwein.

90 Feudo Croce Amarosé Negroamaro Rosato Salento IGT 2021
12,5 Vol.-%, NK, Stahltank
Leuchtendes helles Lachsrosa. Fruchtige Nase nach Blutorange und Steinobst, Orangenblüten und frischen Marillen. Am Gaumen mit mittlerem Gewicht, zarte Frucht, gut eingebundene Salzigkeit mit mittellangem Finale.

90 San Giorgio Kleio Negroamaro Rosato Salento IGT 2021
12,5 Vol.-%, NK, Stahltank
Sehr helles Lachsrosa mit orangefarbenen Reflexen. In der

VERKOSTUNGSERGEBNISSE
TINAZZI

Nase feine Nuancen nach Kirsche und Himbeere, im Nachhall würzige Töne von mediterraner Macchia und weißen Rosenblüten. Am Gaumen frisch und saftig, schön ausbalanciert, mit fruchtigem Finale.

90 Ca' de Rocchi Campo delle Rose Chiaretto di Bardolino DOC 2021

12,5 Vol.-%, NK, Stahltank

Hell glänzendes Lachsrosa. In der Nase fruchtig, mit Nuancen von Erdbeeren und Himbeeren, sowie roter Grapefruit, im Nachhall Blutorange. Am Gaumen schön ausgewogen und mit feiner Saftigkeit, mittleres Finale.

93 Feudo Croce Imperio LXXIV Primitivo di Manduria DOC 2021

14,5 Vol.-%, NK, Eichenfass

Leuchtendes Rubinrot. In der Nase nach reifen Preiselbeeren, reifen Erdbeeren, einem Hauch Bourbonvanille, Zimt und Tabak. Am Gaumen mit süßem Schmelz und cremiger Textur, ausgewogen und mit sanftem Druck, hallt saftig nach, schöne Länge.

92 San Giorgio Diodoro Primitivo di Manduria DOC 2021

14,5 Vol.-%, NK, Eichenfass

Kräftiges Rubin mit undurchdringlichem Kern. Reife Zwetschken und Johannisbeeren, Anklänge von Zimt und getrockneten Wiesenkräutern, Früchtetee. Am Gaumen mit animierender Frische, viel engmaschiger Gerbstoff, getrocknete rote Frucht, ausgewogen und harmonisch vom Anfang bis zum Schluss.

91 San Giorgio Sentieri Infiniti Primitivo Puglia IGT 2021

14 Vol.-%, NK, Teilbarrique

Sattes Purpur mit aufhellenden Rändern. In der Nase nach reifen Waldbeeren, Amarenakirsche, Pflaume, im Nachhall leicht auf Zeder. Am Gaumen saftig mit, leichtem Tannin, nach Erdbeeren und kaltem Rauch, ausgewogen im mittleren Finale.

90 San Giorgio Strabone Primitivo Salento IGT 2021

14 Vol.-%, NK, Teilbarrique

Undurchsichtiges Rubinrot mit kirschroten Rändern. In der Nase nach Blaubeeren, reifen Erdbeeren und Preiselbeermarmelade, Nuancen von getrockneten Küchenkräutern und dunklem Tabak. Am Gaumen kühl, mit angenehmer Fruchtsüße, Anklänge von Tabak und Leder, mittleres Finale.

90 Ca'de Rocchi La Bastia Amarone della Valpolicella DOCG 2018

15 Vol.-%, NK, Eichenfass

Intensives, dunkles Rubinrot. Noten von Kirsche, Sauerkirsche, Pflaume, Schokolade, Vanille. Am Gaumen reichhaltig und dunkel, würzig und vollmundig. Kraftvoller Abgang mit guter Persistenz.

beigestellt

★★★★

TOMMASI VITICOLTORI

Via Ronchetto 4, 37029 San Pietro in Cariano (VR)
T: +39 045 7701266, wine@tommasi.com
tommasiwine.com

Ab-Hof-Verkauf: Ja
Kellermeister: Giancarlo Tommasi
Anbauweise: in Umstellung
Förderprogramm: EU Reg.No 1308/2013

Tommasi ist die Geschichte einer Familie, die seit 1902 im Herzen des historischen Valpolicella Classica mit der Weinproduktion verbunden ist. Tradition, Leidenschaft und Respekt für das Land haben die Familie dazu gebracht, sich als einer der führenden Produzenten von exzellenten Weinen zu etablieren. Heute umfasst das Weingut 115 Hektar im Herzen des Valpolicella Classica und 17 Hektar im Valpolicella-Valpantena. Hinzu kommen 65 Hektar in den anderen DOC-Gebieten von Verona und 45 Hektar des Weinguts Le Fornaci im Gebiet von Lugana am Südufer des Gardasees.

90 Le Fornaci Lungana DOC 2021

12,5 Vol.-%, NK

Strohgelb mit goldenen Reflexen. In der Nase zarte, Noten von weißem Pfirsich, Litschi, tropischen Früchten, gefolgt von leichten, pflanzlichen Noten. Am Gaumen würzig und fruchtig. Einladender und langer Abschluss mit Zitrusaromen.

94 Ca' Florian Amarone della Valpolicella Classico Riserva DOCG 2013

15,5 Vol.-%, NK

Dunkelleuchtendes Rubinrot mit zart aufhellendem Rand. In der Nase nach sehr reifen Waldfrüchten, Brombeere, dazu satte Kirschfrucht, nach Veilchen, Minze. Am Gaumen geschliffen und mit toller Saftigkeit, kommt in vielen Schichten, straff, im Nachhall noch minimale Nachtrocknung, kann lange reifen.

92 Rafaèl Valpolicella Classico Superiore DOC 2020

12,5 Vol.-%, NK

Rubinrot. In der Nase reife Noten von Kirschen, frischen roten Blumen, Roter Bete, Paprikagewürz und leicht angedeuteter Vanille mit balsamischem Finale. Am Gaumen weich und leicht würzig. Weiches Tannin, anhaltender und saftiger Abgang.

91 Amarone della Valpolicella Classico DOCG 2018

15 Vol.-%, NK

Leuchtendes, strahlendes Rubinrot. In der Nase von mittlerem Ausdruck, reife Kirsche, Holzeinsatz, im Nachhall nach Preiselbeermarmelade. Am Gaumen mit feiner Saftigkeit und mittlerem Gewicht, zeigt leicht staubiges Tannin im Verlauf, kernig, im Finale wieder saftig.

91 Ripasso Valpolicella Classico Superiore DOC 2019

13,5 Vol.-%, NK

Rubinrot. In der Nase finden sich Noten von reifen roten Früchten, Kirsch- und Erdbeerkonfitüre, Wurzeln, Pfeffer und anderen süßen Gewürzen. Der Gaumen ist breit, umhüllend, weiche Tannine. Saftiger, fruchtiger und anhaltender Abgang.

★★★★

VALDO SPUMANTI

Via Foro Boario 20, 31049 Valdobbiadene (TV)
T: +39 0423 9090, info@valdo.com
valdo.com

Kellermeister: Gianfranco Zanon

Valdo ist ein Name, der sofort an die einzigartige Gegend erinnert, zu der er gehört: Conegliano Valdobbiadene, einem UNESCO-Weltkulturerbe. Die Winzergenossenschaft, deren Geschichte offiziell 1926 begann, hat sich ständig weiterentwickelt und strebt durch Aufwertung der Tradition und Instinkt für Innovation stets nach Spitzenleistungen. Heute stützt man sich auf mehr als 70 Winzer, die ihre Trauben liefern. Viele von ihnen tun dies seit drei Generationen: eine uralte Beziehung, die vom Vater an den Sohn weitergegeben wird, eine Allianz, die auf Vertrauen, Respekt und gegenseitigem Austausch beruht.

94 Cuvée di Boj Valdobbiadene Prosecco Superiore DOCG Brut
11,5 Vol.-%, NK, Stahltank
Leuchtendes Silber mit grauen Akzenten. Die Nase präsentiert sich mit Noten von Birne, Kräutern, Zitronatzitrone und süßen Mandeln. Saftige, sehr harmonische und fruchtige Entwicklung am Gaumen, schließt mit eleganten Noten von Haselnuss und Minze ab..

92 Cuvée 1926 Valdobbiadene Prosecco Superiore DOCG Extra Dry
11,5 Vol.-%, NK, Stahltank
Silbergrau mit grünlichen Reflexen. In der Nase zeigen sich fruchtige Aromen von Apfel, Zitrusfrüchten und Minze. Am Gaumen gute balsamische Frische, kräftige und faserige Textur und gute Geschmackserhaltung.

92 Amor Soli Valdobbiadene Prosecco Superiore DOCG Brut 2021
11,5 Vol.-%, NK, Stahltank B
Helles Strohgelb mit leicht grünen Reflexen, leuchtend. In der Nase Noten von frischen weißen Früchten, gefolgt von leichten blumigen Noten. Der Geschmack ist lebhaft, knackig und reichhaltig, mit guter Persistenz und angenehmer Verbindung zwischen Nase und Mund.

91 Marca Oro Valdobbiadene Prosecco Superiore DOCG Extra Dry
11 Vol.-%, NK
Helles, leuchtendes Strohgelb. Anhaltende und feine Perlage. Aromen von Birne und frischem Apfel, zarte aromatische Pflanzennote. Am Gaumen reichhaltig, erinnert an die Frucht. Angenehme Ausgewogenheit und Länge.

91 Tenuta la Maredana Prosecco Treviso DOC Brut
11 Vol.-%, NK, Stahltank
Leuchtendes, helles Grüngelb mit vielen feinen Perlen. Duftet zart nach Weißdorn, etwas Jasminblüten und Birne. Rund und gehaltvoll am Gaumen, feine Noten nach Marille, zieht schön durch, salzig im Nachhall.

91 Prosecco Rosé DOC Millesimato 2021 Brut
11,5 Vol.-%, NK, Stahltank
Intensives Babyrosa. In der Nase auf Hefegebäck, zart nach kaltem Rauch, dann viel Beerenfrucht. Am Gaumen mit tollem Schmelz und klarer Frucht, breitet sich mit zart würzigem Unterton aus, kraftvoll, hat gute Struktur, lange.

★★★

VIGNALTA

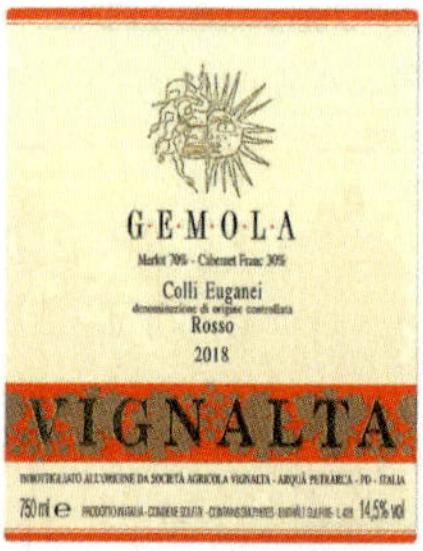

Via Scalette 23, 35032 Arquà Petrarca (PD)
T: +39 429 777305, info@vignalta.it
vignalta.it

Ab-Hof-Verkauf: Ja
Kellermeister: Lucio Gomiero, Michele Montecchio
Kontakt: Arianna Guzzo
Produktion: 240.000 Flaschen, 12 % Schaumwein, 22 % weiß, 60 % rot, 6 % süß, 35 Hektar
Anbauweise: in Umstellung

Vignalta kann sich rühmen, ein Pionier in Sachen Qualität gewesen zu sein. Sowohl durch die Anpflanzung von Weinbergen mit hoher Intensität an den höchsten Hängen des Gebiets als auch durch die Weinbereitung mit einer Sorgfalt und einem Ehrgeiz, die damals nicht nur in den Colli Euganei unbekannt waren. Bis heute setzt das Unternehmen seinen auf Exzellenz ausgerichteten Produktionsweg fort. Vignalta setzt auf ökologische Nachhaltigkeit und war eine der ersten Weinkellereien Italiens, die eine Photovoltaikanlage zur Stromerzeugung installierte.

92 Cabernet Riserva Colli Euganei DOC 2011 CS/CF
15 Vol.-%, NK, Stahltank/500-l-Fass
Dunkles Rubinrot mit Grantroten Reflexen. In der Nase vielschichtig nach Maggikraut, grüner Kräuterwürze, Leder, getrockneten Tomaten und Eisenkraut. Am Gaumen angenehm frisch und saftig, mit geschliffenem Gerbstoff und anhaltendem Finale, minimal austrocknend.

91 Rosso Riserva Colli Euganei DOC 2017 ME/CS
13,5 Vol.-%, KK, Stahltank/500-l-Fass
Mittleres Rubinrot mit Granatrotem Rand. In der Nase intensiv duftend nach roter Paprika, reifer Kirsche, Hagebuttenmarmelade unterlegt mit würzigen Noten. Am Gaumen sehr saftig und fruchtbetont, moderatem Tannin und mittlerer Länge, leicht bremsend am Ende.

91 Gemola Rosso Colli Euganei DOC 2018 ME/CF
14,5 Vol.-%, NK, Stahltank/500-l-Fass
Intensive rubinrote Farbe mit granatroten Reflexen. Die Nase ist intensiv und elegant, mit Noten von Pflaumen, reifen Kirschen und kleinen roten und schwarzen Früchten. Hinzu kommen deutliche würzige Noten von Kakao, weißem Pfeffer, Tabak und Wacholder. Balsamischer Abgang.

91 Merlot Riserva Colli Euganei DOC 2016
15 Vol.-%, NK, Stahltank/500-l-Fass
Intensive rubinrote Farbe. Die Nase zeigt warme Noten von reifen roten Früchten, Tabak, Kaffee und Lakritze. Am Gaumen saftig, mit gut eingebundenen Tanninen. Balsamische Note, die den gesamten Geschmack begleitet.

90 Carmenère Riserva Colli Euganei DOC 2019
13,5 Vol.-%, NK, Stahltank/500-l-Fass
Rubinrot mit violetten Reflexen. In der Nase balsamische Noten von dunklen Früchten, krautige und würzige Noten. Am Gaumen sehr intensiv, saftig mit gut präsentem Tannin, das an blutige und krautige Empfindungen erinnert.

90 Pinot Nero Veneto IGT 2017
13 Vol.-%, NK, Stahltank/500-l-Fass
Mittleres, transparentes Granatrot mit aufhellenden Rändern. In der Nase erst etwas verhalten, dann zarter Duft nach roten Beeren und süßen Gewürzen. Am Gaumen ausgewogene Frische und feinkörniges Tannin, das im Nachhall etwas bremsend wirkt.

★★★

VILLA MEDICI

Via Campagnol 9, 37066 Sommacampagna (VR)
T: +39 045 515147, info@cantinavillamedici.it
cantinavillamedici.it

Ab-Hof-Verkauf: Ja
Kellermeister: Giulio Liut
Kontakt: Silvia Caprara
Produktion: 15 Hektar

Die Weinbautradition der Familie geht auf das 18. Jahrhundert zurück, als Wein für die »Osteria il Sole« hergestellt wurde, die sich in dem Hof befand, in dem heute die Kellerei untergebracht ist. In den 1960er Jahren gründete Adelino Caprara die Weinkellerei Villa Medici, die ihren Namen von dem in Custoza gelegenen Bauernhof übernahm. Heute wird das Weingut von seinem Sohn Luigi und dessen Frau Paola sowie deren Tochter Silvia geführt. Die Weinberge erstrecken sich zwischen Hügeln und Ebenen auf moränischem Boden.

93 Custoza Superiore DOC 2021
13 Vol.-%, NK, Stahltank
Glänzendes, helles Goldgelb. Intensive Nase mit ausgeprägten Noten nach gelbem Pfirsich und Ananas, im Hintergrund frische Birne. Zeigt am Gaumen schönes Spiel, frische, auf den Punkt gereifte Frucht, im Finale schöner Druck.

92 Primizia Provincia di Verona Bianco IGT 2021 CO2/GR2/TRE
13 Vol.-%, DV, Stahltank
Leuchtendes Grüngelb. In der Nase nach Zitrus, rosa Grapefruit, ein Hauch weißer Pfeffer, im Nachklang nach saftiger Ananas. Am Gaumen fein cremig und sehr saftig, mit schönem Fruchtschmelz, knackig, trinkt sich sehr gut!

91 Custoza DOC 2021
13 Vol.-%, DV, Stahltank
Glänzendes, helles Goldgelb. Intensive Nase mit ausgeprägten Noten nach gelbem Pfirsich und Ananas, im Hintergrund frische Birne. Zeigt am Gaumen schönes Spiel, frische, auf den Punkt gereifte Frucht, im Finale schöner Druck.

92 Chiaretto Bardolino DOC 2021
12,5 Vol.-%, NK,DV, Stahltank
Intensives mittleres Rosa. In der Nase Duft nach Erdbeere und Himbeere, im Nachhall Pflaume. Leichte Würznoten. Am Gaumen präsente Frucht mit gut eingebundener Säure, mittel im Gewicht, dennoch lange fruchtig und anhaltend.

89 Corallo Rosato Verona IGT 2021 CO3/RO2/SN
12,5 Vol.-%, DV, Stahltank
Helles Lachsrosa. In der Nase Duft nach Erdbeere und Himbeere, ganz leichte Würznuance. Am Gaumen fruchtsüß, guter Trinkfluss, leichte Säure und mittlerer Abgang.

92 Bardolino Superiore DOCG 2019
13,5 Vol.-%, NK, Stahltank
Leuchtendes Kirschrot mit zart aufhellendem Rand. In der Nase nach Blutorangen, süßen Himbeeren, Vanillezucker, im Nachhall floral und duftig. Am Gaumen rund und geschmeidig, breitet sich samtig über die Zunge, ausgewogen und mit feiner Harmonie, trinkt sich sehr gut.

★★★★

VILLA SANDI

Via Erizzo 113/A, 31035 Crocetta del Montello (TV)
T: +39 0423 8607, info@villasandi.it
villasandi.it

Ab-Hof-Verkauf: Ja
Kellermeister: Stefano Gava
Kontakt: Flavio Geretto

Villa Sandi ist ein familiengeführter Premium-Prosecco-Hersteller mit einer langen Tradition. Die Weingüter, die als »Biodiversity Friend« zertifiziert sind, befinden sich in allen Appellationen des Prosecco – vom DOC-Gebiet über die sanften Hänge der Asolo DOCG bis hin zu den steilen Hängen der Valdobbiadene DOCG und dem Cru von Cartizze in Valdobbiadene. Giancarlo Moretti Polegato hat den Ruf des Prosecco sowohl als Wein als auch als Anbaugebiet begründet und gefördert, wobei er sich stets für hohe Qualität, Tradition und die Umwelt eingesetzt hat.

93 Nero Asolo Prosecco Superiore DOCG Extra Brut
11 Vol.-%, PK, Stahltank
Brillantes Silbergrün. Duftige und ausdrucksstarke Nase nach knackigem Steinobst, weißen Blüten, einem Hauch von frisch geschnittenem Gras und Grapefruit, Meersalz. Am Gaumen mit saftigem Eintritt, zeigt lebendige Perlage, trocken aber mit viel Frucht und schöner Frische, lange.

92 Valdobbiadene Prosecco Superiore DOCG Extra Dry
11 Vol.-%, NK, Stahltank
Brillantes Silbergrau mit anhaltender Perlage. In der Nase nach nassem Stein, ausgepresster Zitrone, weißen Blüten und einem Hauch Steinobst. Am Gaumen mit schönem Fruchtspiel, hat exotische Frucht-Anklänge, ausgewogen und klar und in sich stimmig, trinkt sich sehr gut.

92 La Rivetta 120 Valdobbiadene Prosecco Superiore Extra Brut
11,5 Vol.-%, PK, Stahltank
Leuchtendes Silbergrau mit zarter Perlage. Zeigt sich in der Nase duftig, nach Rosenblüten und weißem Pfirsich, auch nach hellem Honig. Am Gaumen sehr trocken in der Dosage, wenngleich mit schönem Fruchtschmelz, zeigt gut eingebundene Perlage, schöne Harmonie.

91 Conegliano Valdobbiadene Prosecco Superiore DOCG 2021 Millesimato Brut
11 Vol.-%, NK, Stahltank
Leuchtendes, helles Strohgelb mit anhaltender Perlage. Offene, zugängliche Nase mit leicht gereiften Noten nach gelbem Apfel und etwas Akazienblüte. Cremig in Ansatz und Verlauf, nach Banane und weißer Melone, guter Druck im Finale.

90 Il Fresco Prosecco DOC Brut
11 Vol.-%, NK, Stahltank
Brillantes Silbergrau mit anhaltender Perlage. In der Nase nach weißem Pfirsich und feiner Zitrusfrucht. Öffnet sich am Gaumen mit zartem Fruchtschmelz, gut eingebundener Perlage, trinkt sich gut.

88 Il Fresco Prosecco Rosé DOC Millesimato 2021 Brut
11 Vol.-%, PK, Stahltank
Leuchtendes Lachsrosa mit zarter Perlage. In der Nase zurückhaltend, am Gaumen recht einfach gestrickt, mit viel Fruchtsüße, wird im Ausklang leicht pappig.

★★★★

VILLA SPINOSA

Via Jago dall'Ora, 14, 37024 Negrar (VR)
T: +39 045 7500093, info@villaspinosa.it
villaspinosa.com

Ab-Hof-Verkauf: Ja
Kellermeister/Kontakt: Enrico Cascella Spinosa
Produktion: 100 % rot, 20 Hektar

Wir befinden uns in Valpolicella Classica, in Negrar di Valpolicella, im alten Borgo di Jago. Die Villa Spinosa aus dem 19. Jahrhundert, die im Herzen des Dorfes erbaut wurde, wird von einem romantischen Garten im italienischen Stil geschmückt und ist von ländlichen Höfen und Weinbergen umgeben. Das wertvollste Erbe sind die Weinberge in den Lagen Jago, Figari und Costa del Buso: 20 Hektar in den Hügeln, zwischen 230 und 423 Metern über dem Meer, auf denen Corvina Veronese, Corvinone und Rondinella angebaut werden, um ausschließlich klassische Valpolicella-Weine herzustellen.

94 Amarone della Valpolicella Classico DOCG 2017

16,5 Vol.-%, NK, Stahltank/Tonneau Fass/großes Holzfass/Flaschenreifung

Sehr helles Rubinrot. In der Nase zunächst schüchtern, dann nach frischen Preiselbeeren, Himbeer-Bonbons, Holunderbeeren, Veilchen, einladend. Am Gaumen mit klarer Frucht und frischem Spiel, zeigt schönen Verlauf, kompakt und mit zartem Druck, leichtfüßig und mit elegantem, minimal zehrendem, Ausklang.

94 Albasini Amarone della Valpolicella Classico DOCG 2015

16 Vol.-%, NK, Stahltank/Tonneau Fass/großes Holzfass/Flaschenreifung

Leuchtendes, elegantes Rubinrot. In der Nase nach reifen Erdbeeren, Gewürzen, saftigen Kirschen, getrocknetes Rosenblatt, Früchte-Tee. Am Gaumen mit kraftvollem Eintritt, zeigt engmaschiges Tannin, zupackend, sehr saftig und klar, hallt lange nach.

92 Valpolicella Classico DOC 2021

12,5 Vol.-%, NK, Stahltank/Flaschenreifung

Rubinrot mit leicht violetten Reflexen. Duftende und zarte Noten von roten Blumen, Sauerkirschen, Gewürzmischungen und Kräutern. Im Mund sehr agil und saftig, weich und delikat, mit eleganten Tanninen.

92 Figari Valpolicella Classico Superiore DOC 2019

13,5 Vol.-%, NK, Stahltank/Tonneau Fass/Flaschenreifung

Intensives, leuchtendes Rubinrot. Noten von kleinen roten Früchten, Zimt, schwarzem Pfeffer und Unterholz. Im Mund delikat, fein, mit gut eingebundenen Tanninen und Säure, schließt mit einer leichten, angenehmen Gewürznote ab.

92 Jago Valpolicella Ripasso Classico Superiore DOC 2018

14 Vol.-%, NK, Stahltank/Tonneau Fass/großes Holzfass/Flaschenreifung

Intensives Rubinrot mit granatroten Reflexen. Noten von Sauerkirschen, begleitet von frischen pflanzlichen und blumigen Noten. Am Gaumen frisch, saftig und sehr trinkig, mit eleganten Tanninen und fruchtigem Nachgeschmack.

92 Francesca Finato Spinosa Recioto della Valpolicella Classico DOCG

15 Vol.-%, NK, Stahltank/Tonneau Fass/großes Holzfass/Flaschenreifung

Mittleres Ziegelrot mit aufhellendem Rand. In der Nase Noten von eingelegten Schwarzkirschen, getrockneten Pflaumen, Vanille und Brombeermarmelade. Am Gaumen voll und anhaltend, die mäßige Süße verleiht ein zartes und samtiges Gleichgewicht, im Finale elegant.

★★★★★

ZENATO

Via San Benedetto 8, 37019 Peschiera del Garda (VR)
T: +39 045 7550300, info@zenato.it
zenato.it

Ab-Hof-Verkauf: Ja
Kellermeister: Alberto Zenato
Kontakt: Antonio Terrell
Produktion: 95 Hektar

Seit 1960 investiert das Weingut Zenato in Peschiera del Garda in einheimische Rebsorten – 95 Hektar in den begehrtesten Gebieten von Lugana und in der Valpolicella-Zone. In einer von Moränenhügeln und einem milden Klima geprägten Landschaft hat der Gründer Sergio Zenato seit 1960 den Trebbiano di Lugana verarbeitet. Zenato hat seinen Horizont bis ins Valpolicella ausgedehnt: Hier besitzt das Unternehmen 35 Hektar Land, wo die Rebsorten für den berühmten Amarone angebaut werden. Das Unternehmen produziert auch erfolgreich den Ripassa, einen Valpolicella DOC Superiore.

91 Metodo Classico Lugana DOC Brut 2018
12,5 Vol.-%, NK, Flaschengärung
Brillantes Strohgelb mit feiner, zahlreicher Perlage. in der Nase Brioche und Hefegebäck, gefolgt von reifer Frucht und Muskatnuss. Am Gaumen volles Mundgefühl mit Fruchtnoten von Steinobst und exotischen Früchten mit gut eingebauter Säure und anhaltendem Abgang.

93 Sergio Zenato Lugana Riserva DOC 2019
13,5 Vol.-%, NK, großes Holzfass
Funkelndes, helles Goldgelb. Elegante Nase, zeigt Noten von reifem Pfirsich und Zitrusfrüchten, dann würzige Vanillenuancen vom Holzausbau, edle Haselnuss. Am Gaumen schmelzig und mundfüllend, saftig mit gut integrierter Säure, schöner Zug und feines fruchtiges Finale, lange und elegant.

91 San Benedetto Lugana DOC 2021
13,5 Vol.-%, DIAM, Stahltank/Flaschenreifung
Helles Strohgelb mit grünlichen Reflexen. In der Nase Nuancen von Banane und reifem Steinobst, dann im Nachhall Orangenschale, leichter Muskatton. Am Gaumen fruchtsüß, ausbalanciert und elegant, mit anhaltendem Finale.

91 Rosé San Benedetto Trevenzie IGT 2021 PN/RO2/CF
12,5 Vol.-%, DV, Stahltank/Flaschenreifung
Helles, leuchtendes Lachsrosa. In der Nase blumig sowie Duft von Erdbeeren und Kirschen. Am Gaumen saftig, klar und frisch, mit leichtem Körper, dafür leichtfüßig und fruchtsüß, im Finale leichte Bitterkeit.

95 Sergio Zenato Amarone della Valpolicella Classico Riserva DOCG 2016
16,5 Vol.-%, NK, großes Holzfass
Strahlendes, dunkles Rubinrot. In der Nase schönes Aromenspektrum, fein ausgewogen zwischen Frucht und Würze, Zwetschke, Kirsche, Zimt, gebrannte Haselnuss, Edelholz. Am Gaumen wunderbar dicht und geschliffen, kompakt, sehr saftig und mit elegantem Druck, spannt einen finessenreichen Bogen, stimmig in Ansatz und Verlauf bis ins lange Finale.

94 Amarone della Valpolicella Classico DOCG 2017
16,5 Vol.-%, NK, großes Holzfass
Leuchtendes, sattes Rubinrot. Schöne Nase nach kandierten Zitrusfrüchten, Blutorange, auch leicht nach gedörrter Grapefruit, dann Kirschen, Rosen, im Nachklang dann wiederum Himbeer-Sirup und Walderdbeeren. Am Gaumen kompakt und mit tollem Schmelz, zeigt sich komplex und dennoch zugänglich, saftiges Tannin umüllt die klare Frucht, sehr langes Finale.

★★★

ZENI 1870

Via Costabella 9, 37011 Bardolino (VR)
T: +39 045 7210022, info@zeni.it
zeni.it

Ab-Hof-Verkauf: Ja
Kellermeister: Fausto Zeni
Kontakt: Elena und Federica Zeni
Förderprogramm: EU Reg.No 1308/2013

Ein Akt reiner Liebe zu einem Land, das reich an Geschichte und Traditionen ist, eine ständige Suche nach dem Gleichgewicht zwischen der glorreichen Erinnerung an eine Vergangenheit, die für immer bleiben wird, und einer Zukunft, die von Forschung und Innovation geprägt ist. Das und noch vieles mehr ist Zeni 1870. Die historische Bardolino-Kellerei feiert in diesem Jahr 2022 ihr bereits 150-jähriges Bestehen. Ein wichtiges Jubiläum, das sich durch fünf Generationen zieht und unweigerlich zum nächsten Teil der Familiengeschichte wird.

90 Vigne Alte Lugana DOC 2021
13 Vol.-%, NK, Stahltank
Helles, funkelndes Strohgelb. In der Nase Nuancen von Zitronenschalen, gelbem Apfel, im Nachhall Orangenblüten. Am Gaumen zarte Fruchtsüße, gut ausbalanciert, saftig und frisch, mittleres Finale.

91 In Anfora Chiaretto Bardolino Classico DOC 2020
13,5 Vol.-%, KK, Amphore
Funkelndes Zwiebelfarben mit kupferroten Reflexen. Duftiges Bouquet mit feinen Noten von Holunderblüte und weißem Pfirsich, dazu ein Hauch Akazienhonig. Am Gaumen mit saftiger Note und dezentem Fruchtkern auf knackige Kirsche, bei mittellangem Abgang.

90 Vigne Alte Chiaretto Bardolino Classico DOC 2020
12,5 Vol.-%, PK, Stahltank
Intensive und strahlende Zwiebelfarbe. Direkt und einladend in der Nase nach knackiger Süßkirsche, dazu florale Aromen. Am Gaumen mit feinem Fruchtschmelz, frisch bei mittlerer Säure, mit leichtem Grip, angenehm im Sommer zu trinken.

92 Barriques Amarone della Valpolicella DOC 2016
16 Vol.-%, NK, Barrique
Dunkles Rubin mit granatrotem Rand. Herzhaft und intensiv in der Nase, nach dunkler Pflaume, Rosinen, Zedernholz und einem Hauch Anis. Am Gaumen reichhaltig und imposant, mit viel eingelegter Frucht, einem Touch Vanille, engmaschigem Tannin, und langem Nachhall.

90 Marogne Valpolicella Ripasso Superiore DOC 2020
14 Vol.-%, DIAM, großes Holzfass
Intensives, leuchtendes Rubinrot. Verhalten in der Nase nach eingelegter dunkler Kirsche und Zwetschken. Am Gaumen schmeichlerisch, rund und weich, mit feinmaschigem Tannin, geprägt von Noten von eingelegtem Obst, Rumtopf, anhaltend im Abgang.

91 Cruino Rosso Veronese IGT 2019
16 Vol.-%, NK, Barrique
Leuchtendes Granatrot mit aufhellendem Rand. Intensiv in der Nase nach überreifen Waldbeeren, unterlegt von Edelholz und erdigen Noten. Weich und rund beim Eintritt, Aromen von eingelegten Brombeeren und Heidelbeeren, mit gut integriertem Holzeinsatz, mit vollem Mundgefühl bis ins Finish.

★★★★

ZÝMĒ

Via Cà del Pipa 1, 37029 San Pietro in Cariano (VR)
T: +39 045 7701108, info@zyme.it
zyme.it

Ab-Hof-Verkauf: Ja
Kellermeister: Celestino Gaspari
Kontakt: Elisa Sartori

Der Name Zýmē stammt aus dem Griechischen und bedeutet »Hefe«, ein grundlegendes Element in der Welt der Önologie. Das Weingut Zýmē liegt in der Region Venetien, nahe bei Verona, und wird von einem außergewöhnlichen Winzer, Celestino Gaspari, bewirtschaftet. Gaspari führt sein Weingut nach einer strengen Philosophie, nach der der Wein im Einklang mit dem natürlichen Rhythmus, dem ihm die Natur und das Klima vorgibt, entstehen soll. Umweltschutz und Respekt vor der alten Kultur ist in Zýmē kein Luxus, sondern eine Notwendigkeit, um dauerhaft Gutes zu erschaffen.

Celestino Gaspari,
Weingut Zýmē

beigestellt

94 Amarone della Valpolicella Classico DOCG 2017

15,5 Vol.-%, NK

Intensives, ins Violette tendierendes Rubinrot. Reichhaltige, fruchtige Nase mit Noten von Sauerkirschen, Pflaumen, Himbeeren und einer leichten, gut integrierten pflanzlichen Note, gefolgt von Lakritze und Walnuss. Im Trunk markant und salt, die dichten Tannine sorgen für einen anhaltenden Geschmack am Gaumen.

93 Valpolicella Classico Superiore DOCG 2018

15 Vol.-%, NK

Leuchtendes Rubinrot mit sehr leichten granatroten Reflexen. Noten von reifen Kirschen, Waldbeeren, süßen Gewürzen und einigen Anklängen von Kakao und Trockenblumen. Samtiger, weicher, anhaltender, würziger Geschmack mit hervorragender Extraktfülle.

92 Syrah Veneto Rosso IGP 2016

15 Vol.-%, NK

Intensives Rubinrot. In der Nase finden sich Noten von reifen roten Früchten, schwarzen Johannisbeeren, Brombeeren, Rhabarber, Pfeffer und Tabak. Am Gaumen vollmundig, intensiv und saftig, mit feinen, gut eingebundenen Tanninen und langem Nachhall.

PLATZ FÜR IHRE WEINNOTIZEN

Schloss Levizzano Rangone, Castelvetro, Modena

EMILIA-ROMAGNA

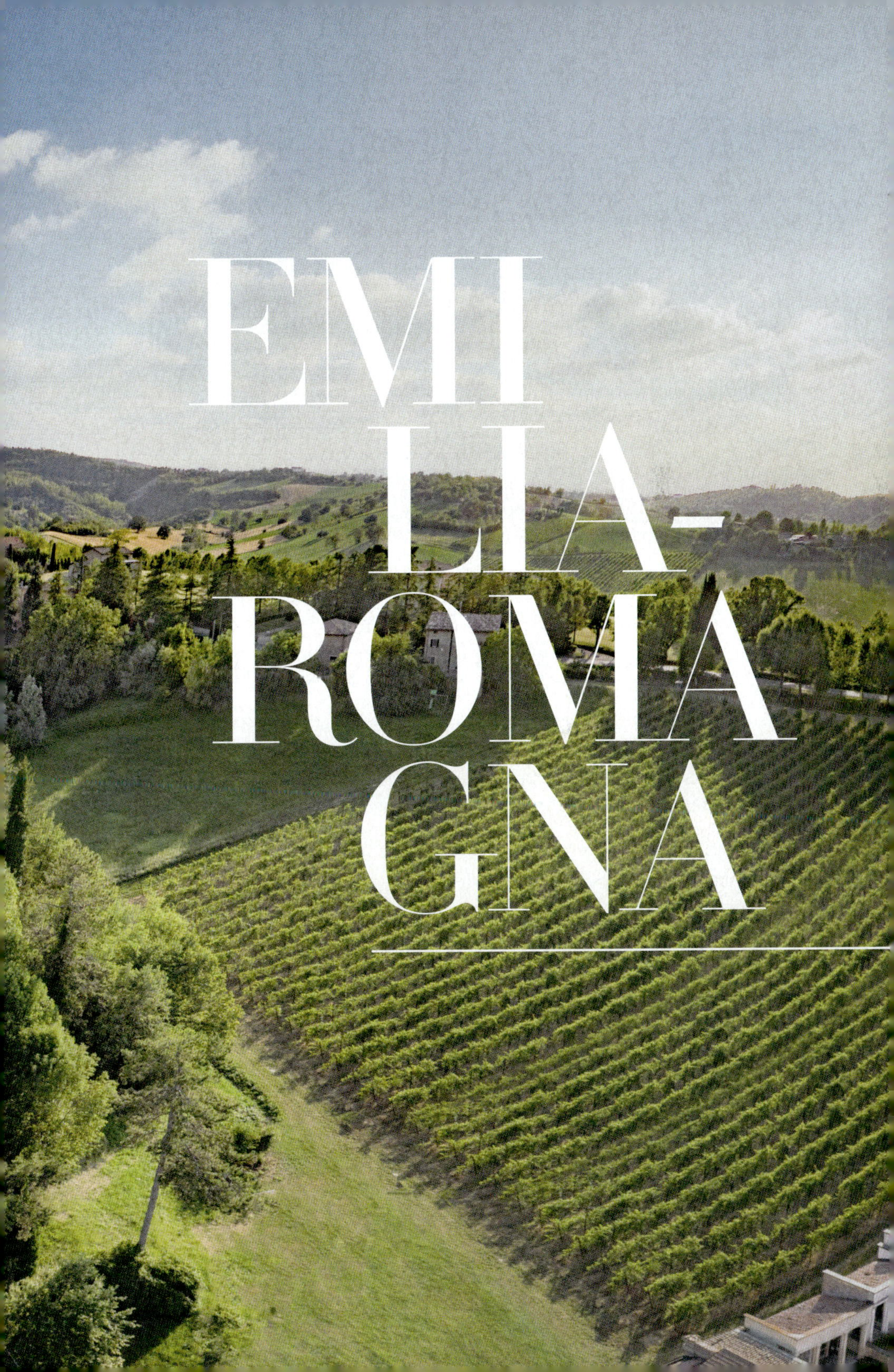

Rocca Manfrediana, Brisighella

LAND DES WEINES UND DER DELIKATESSEN

Die Emilia-Romagna ist berühmt für ihre Delikatessen, Aceto Balsamico Tradizionale di Modena, Parmigiano Reggiano und Prosciutto di Parma, Weinqualitäten konnten da lange Zeit nicht mithalten. Seit aber selbst der ehemals unter Kennern verpönte Lambrusco hervorragende Qualitäten liefert, weht hier ein frischer Wind durch die Weinberge.

Die **EMILIA-ROMAGNA** ist nicht nur wegen des Weines bekannt, deren berühmtester – und partiell auch berüchtigter – der Lambrusco ist, sondern vielmehr auch wegen seiner weltweit gesuchten Delikatessen, dem legendären Schinken aus Parma, der unter Feinschmeckern gepriesenen, unvergleichlichen Essigspezialität Aceto Balsamico Tradizionale di Modena, und natürlich auch wegen des Parmigiano Reggiano. Die Emilia Romagna ist dabei keine einheitliche Region, sondern unterteilt sich, wie der Name besagt, in die zwei Teile Emilia, die ihren Namen von der von den Römern angelegten West-Ost-Verbindung Via Aemilia erhielt, und Romagna. Dabei verläuft die Emilia im Westen direkt im Süden angrenzend an die Lombardei von der Po Ebene aus bis zum Appenin im Süden und der Toskana. Die Romagna schließt sich im Osten an und grenzt an die Adria mit dem berühmten und beliebten Badeort Rimini. Während die Emilia eine flache Topographie aufweist, ist es in der Romagna weitaus hügeliger. Gemeinsam sind beiden die fruchtbaren Böden, die natürlich zu hohen Erträgen einladen, sowie das moderat warme Klima. Während Frühjahr und Herbst mit durchaus angenehmen Temperaturen aufwarten, kann es im Sommer hingegen sehr warm werden, während der Winter sogar

WEIN-PRODUKTION
EMILIA-ROMAGNA
6.658.000 hl*
52% weiß
48% rot/rosé

* Jahrgang 2020, Gesamtweinprodukion Italien: 49.908.000 hl

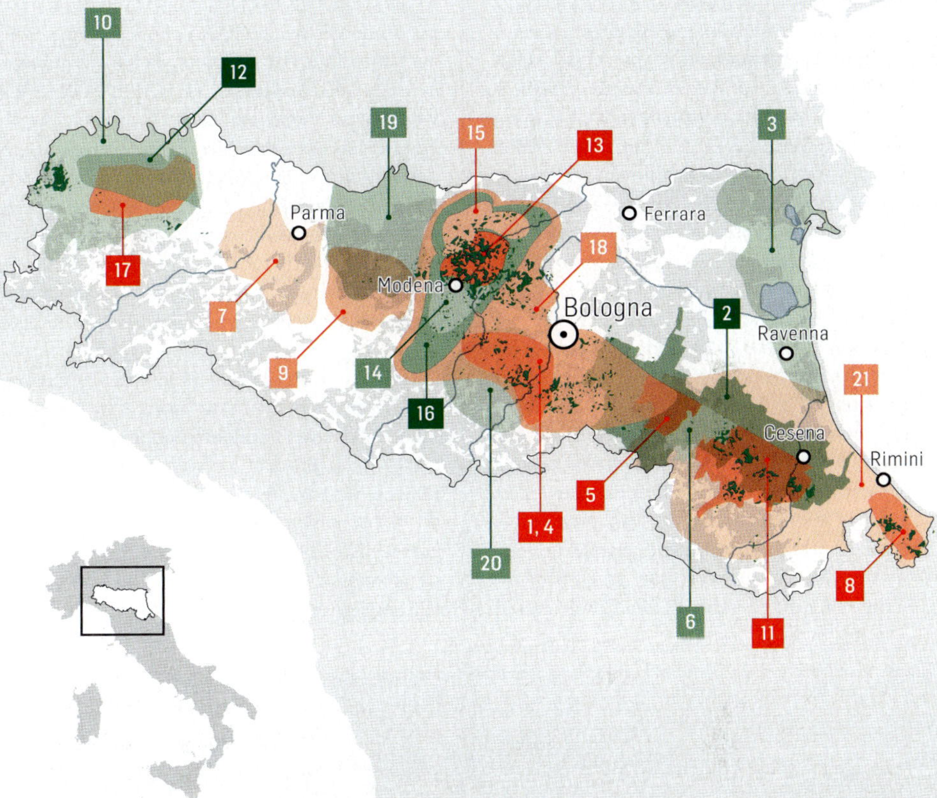

EMILIA-ROMAGNA

D.O.C.G.

1 Colli Bolognesi Pignoletto
2 Romagna Albana

D.O.C.

3 Bosco Eliceo
4 Colli Bolognesi
5 Colli d'Imola
6 Colli di Faenza
7 Colli di Parma
8 Colli di Rimini
9 Colli di Scandiano e di Canossa
10 Colli Piacentini
11 Colli Romagna Centrale
12 Gutturnio
13 Lambrusco di Sorbara
14 Lambrusco Grasparossa di Castelvetro
15 Lambrusco Salamino di Santa Croce
16 Modena
17 Ortrugo dei Colli Piacentini
18 Pignoletto
19 Reggiano
20 Reno
21 Romagna

Quelle: Istat date 2021

bis in den Frostbereich verlaufen kann. An der Küste hat das Mittelmeer einen regulierenden Einfluss, im Landesinneren hingegen verläuft das Klima eher kontinental. Ca. 55.000 Hektar stehen hier unter Reben, knapp doppelt so viel wie in Deutschlands größter Weinbauregion Rheinhessen, die Ernten mit einem Ertrag von ca. acht bis neun Millionen Hektoliter entsprechen knapp dem gesamten deutschen Ertrag. Die Emilia ist die Heimat eines der bekanntesten Weine Italiens, dem Lambrusco, in den 1960er und 70er Jahren beliebt als Erfrischungswein, danach allerdings auch sehr verpönt unter Weinfreunden und -kennern. Sicher haben hierzu minderwertige Qualitäten aus recht hohen Erträgen sowie auch der halbtrockene bis eher liebliche Charakter der Weine beigetragen. In den 1980er Jahren war es auch einer der ersten Weine, die ihre Premiere in einer Dose feiern konnten. Das hat sich in den letzten 20 Jahren grundlegend geändert. Heute kommen bemerkenswert gute und attraktive Qualitäten aus den Subregionen Lambrusco di Sorbara, Lambrusco Grasparossa di Castelvetro und Lambrusco di Salamino di Santa Croce, alle in der Provinz Modena angesiedelt, sowie auch etwa aus der gesamten Region Lambrusco Reggiano. Aus diesen Vertretern ist die Süße weitgehend verschwunden. Unter den Weißweinsorten dominiert der Trebbiano, den man dann auch weiter südlich in der angrenzenden Toskana wiederfindet. Diese Sorte erbringt eher einfache Weine, kann aber in den Händen qualitätsorientierter Winzer durchaus zu frisch fruchtigen Weißweinen heranwachsen, die etwa als Begleiter von Antipasti eine gute Figur abgeben können. Eine besondere Spezialität ist die autochthone Weißweinsorte Albana, die als erste weiße Rebsorte den höchsten Herkunftsstatus verliehen bekommen hat, die DOCG. Unter den Rotweinen ist vor allen Dingen der Sangiovese die bestimmende Sorte, die Weine fallen allerdings leichter und weniger gerbstoffbetont aus als weiter südlich in der Toskana. Aber auch Pignoletto und Cabernet Sauvignon spielen hier eine wichtige Rolle.

San Ruffillo, Ravenna

★★★★

CANTINA DELLA VOLTA

Via per Modena 82, 41030 Bomporto (MO)
T: +39 59 7473312, info@cantinadellavolta.com
cantinadellavolta.com

Ab-Hof-Verkauf: Ja
Kellermeister/Kontakt: Christian Bellei

Die Cantina della Volta wurde 2010 von einer Gruppe von Weinliebhabern gegründet, die Christian Bellei um ein neues Projekt baten: die Kontinuität der Schaumweinproduktion im Gebiet von Modena durch die Anwendung der klassischen Methode, also der traditionellen spontanen Flaschengärung, zu gewährleisten. Christian Bellei ist die vierte Generation von Winzern in Bomporto di Modena. Die Gesellschafter wollten, dass Bellei eine Bedingung erfüllt: Er sollte weiter Wein »auf seine Art« herstellen und das Know-how nutzen, das er von seinem Vater geerbt und im Laufe der Jahre in der Praxis erworben hatte.

94 Rosé Metodo Classico Lambrusco di Sorbara DOC 2016 Brut
12,5 Vol.-%, Flaschengärung/Flaschenreifung
Brillantes Apricot. In der Nase duftend und ausdrucksstark, mit Nuancen von knackigen Himbeeren, Orangen, dazu feine rote Johannisbeeren, im Nachhall nach Meersalz. Am Gaumen sehr saftig und sehr klar, zeigt feinen Fruchtschmelz mit sehr gut eingebundener Perlage, dazu viel Frische und rassiger Zug, toll ausgewogen.

92 Brutrosso Metodo Classico Lambrusco di Sorbara DOC 2018 Brut
12,5 Vol.-%, Flaschengärung/Flaschenreifung
Leuchtendes Kirschrosa, funkelnd. In der Nase nach Erdbeermousse, Orangen, dazu kandierte Früchte im Hintergrund. Am Gaumen sehr saftig und sehr klar, mit kleinen Perlen, saftigem Unterton und knochentrockenem Verlauf, im Finale präzise Beerenfrucht.

92 Christian Bellei Metodo Classico VSQ 2016 Brut
12,5 Vol.-%, Flaschengärung/Flaschenreifung
Leuchtendes Silber mit zarter Perlage. In der Nase zunächst mit leichter Reduktion, etwas nach Feuerstein, reife Zitronen, dazu kalter Rauch und Kerzenwachs. Am Gaumen präzise, fast schneidend, mit rassiger Säure und hohem Zug, lässt die Zunge schnalzen.

90 Rimosso Lambrusco di Sorbara DOC 2021 Vino Frizzante Secco
11,5 Vol.-%, NK
Brillantes, funkelndes Kirschrot. In der Nase krautige Töne, nach roter Bete, Rhabarber und etwas roten Johannisbeeren. Am Gaumen knochentrocken mit hohem Säuregehalt und zart wahrnehmbarem Tannin, dazu vegetale Töne, erschließt sich noch nicht ganz, ungestüm.

93 Il Mattaglio Chardonnay Pinot Nero Metodo Classico Rosé VSQ 2018 Brut CH/PN
12,5 Vol.-%, Flaschengärung/Flaschenreifung
Intensives Apricot mit zarter Perlage. In der Nase nach gerösteten Haselnüssen, dazu sanfter Himbeerduft, etwas Kirsche, im Nachhall Orangenzesten. Am Gaumen mit zarter Fruchtsüße und viel rassiger Säure, dazu kecke Perlage, ausgewogen und sehr saftig, toll zu fetten Wurstwaren.

93 Il Mattaglio Blanc de Noirs Pinot Nero Metodo Classico VSQ 2016 Brut
12,5 Vol.-%, DIAM, Flaschengärung
Strahlendes Silbergrau mit zart anhaltender Perlage. In der Nase nach weißen Blüten, Birne, dazu Kerzenwachs und geröstete Mandeln, dazu feine Anklänge von nassem Stein. Am Gaumen strahlend und sehr saftig, spannt sich mit rassiger Säure auf, dazu filigrane Frucht, kommt im Finale ständig saftig wieder, präzise wie ein Rasiermesser.

★★★★

CLETO CHIARLI

Via Belvedere 8, 41014 Castelvetro di Modena (MO)
T: +39 059 3163311, export@chiarli.it
chiarli.it

Kellermeister: Michele Faccin
Kontakt: Tommaso Chiarli

Cleto Chiarli Tenute Agricole wurde 2001 gegründet, um die Verwaltung der 7 Weingüter zu vereinen und eine neue Kellerei zu gründen, die sich der Produktion von Spitzenweinen widmet. Darunter ist der erste Lambrusco in der Geschichte, der die begehrtesten und prestigeträchtigsten Auszeichnungen der italienischen und ausländischen Weinkritiker erhielt: Vecchia Modena Premium und Lambrusco del Fondatore. Neben der Charmat-Methode wird die natürliche Flaschengärung nach der »traditionellen Methode« beibehalten und weiterentwickelt, bei der die Familie Chiarli auf über 160 Jahre Erfahrung blicken kann.

93 ❸ Del Fondatore Lambrusco di Sorbara DOC 2021 Frizzante Secco
11,5 Vol.-%, DIAM
Leuchtendes Kirschrot mit anhaltender Perlage. In der Nase duftig und ausdrucksstark, feine florale Anklänge, Rosen, im Nachhall nach Walderdbeeren und Himbeeren. Am Gaumen ebenso mit feinem Erdbeerton, knackig und trocken, zeigt toll eingebundenes Tannin, im Finale saftig.

91 ❸ Vecchia Modena Premium Lambrusco di Sorbara DOC 2021 Frizzante Secco
11 Vol.-%, DIAM
Leuchtendes Kirschrosa. Duftet in der Nase nach frischen Himbeeren, dazu viel Zitrus, dann wieder rote Johannisbeeren. Zeigt sich am Gaumen ausgewogen, mit gut eingebundener Perlage, dazu etwas Fruchtsüße, insgesamt in sich stimmig, von vorne bis hinten korrekt.

90 ❸ Lambrusco Grasparossa di Castelvetro DOC Frizzante Secco
11 Vol.-%, DIAM Ⓑ
Dunkles Rubinviolett mit zarter Schaumkrone. Duftet in der Nase zunächst erdig, dann satt nach Waldbeeren und Brombeeren, etwas rote Bete, im Nachhall sogar leicht nach Schokoladepulver. Am Gaumen trocken, mit saftigem Tannin, zeigt gut eingebundene Perlage, zehrt im Finale leider etwas zu sehr aus.

89 ❸ Centenario Lambrusco Grasparossa di Castelvetro DOC Frizzante Amablile
8 Vol.-%, DIAM
Leuchtendes Rubinrot mit violettem Stich. Riecht in der Nase sehr weinig, nach Traubensaft, dazu leichte erdige Noten, Veilchen und Heidelbeeren. Am Gaumen saftig, mit leichter Restsüße, gut eingebundener Perlage, im Nachhall dann eher wie Saft als wie Wein.

92 ❸ Rosé de Noir Vino Spumante Brut LC/PN
12 Vol.-%, DIAM
Leuchtendes, schimmerndes Orangerosa im Glas. Frisch und duftig, nach Himbeeren, Zuckerkirschen und Orangenblüten. Am Gaumen mit ausgewogenem Trunk, zeigt klare Frucht mit gut eingebundener Perlage, kecke Säure stützt den Verlauf, im Finale saftig.

★★★

ENIO OTTAVIANI

Via Panoramica 187,
47842 San Giovanni in Marignano (RN)
T: +39 0541 952608, enio@eniottaviani.it
enioottaviani.it

Ab-Hof-Verkauf: Ja
Kellermeister: Davide Lorenzi und Team
Kontakt: Massimo Lorenzi
Produktion: 140.000 Flaschen, 30 % weiß, 70 % rot
12 Hektar

Das Weingut Enio Ottaviani ist ein Familienunternehmen mit Jahrzehnte langer Tradition. Die Weinberge befinden sich in San Clemente di Rimini, im wunderschönen Val Conca, zwischen Land und Meer, und somit steht man hier so zu sagen mit einem Fuß im Weinberg und mit dem anderen an der Adria. Milena Tonelli, Massimo Lorenzi, Davide Lorenzi und Marco Tonelli arbeiten und leben nach dem Motto »We make Wine for Friends«, weil sie überzeugt sind, dass Geselligkeit ein kostbares Gut und Wein der ultimative Ausdruck der Freude am Tisch ist.

91 Clemente Primo Bianco Rubicone IGP 2021 XX1/SB/RR
12,5 Vol.-%, DV, Beton
Sattes und leuchtendes Strohgelb mit goldenen Reflexen. In der Nase nach gelbem Apfel, weißem Pfirsich und weißen Blüten, im Nachhall leicht pfeffrig. Am Gaumen frisch und saftig, mit weicher Textur, harmonisch, langer Abgang.

91 Rebola Colli di Rimini DOP 2021
13 Vol.-%, DV, Beton
Leuchtendes Strohgelb. Duftet in der Nase nach reifem Pfirsich und goldenem Apfel, hat im Nachhall feine Birnen-Nuancen sowie Bananenjoghurt. Am Gaumen mit schönem Fruchtkern und gut integrierter Saftigkeit, ausgewogen, endet im Finale mit vibrierendem Nerv.

90 Strati Pagadebit Romagna DOP 2021
12,5 Vol.-%, DV, Beton
Intensives Strohgelb mit grünlichen Reflexen. In der Nase nach frischem Apfel und Birne, im Nachhall Banane und ein Touch Pfeffer. Am Gaumen frisch und sehr saftig, mit weicher Textur, ausgewogen, trinkig.

91 Dado Sangiovese Romagna DOC 2018
13,5 Vol.-%, NK, Beton
Strahlendes, helles Granatrot mit funkelndem Kern. Elegantes Bouquet mit ätherischen Noten, dazu saftige Sauerkirsche und ein Hauch Mokka. Am Gaumen sehr saftig, mit engmaschigem Tannin, lebendiger Säure, und präziser Fruchtnote nach roten Beeren, knackig und druckvoll bis ins Finish.

88 Caciara Sangiovese Romagna Superiore DOP 2020
13 Vol.-%, DV, Beton
Aufhellendes Rubinrot. In der Nase grünwürzig und mit vegetalen Aromen, nach etwas Zeit im Glas Tomatenblatt und junge Kirschen. Am Gaumen sehr jung und mit frischem Kern, im hinteren Finale dann leider spröde und trocknend.

★★★

PANDOLFA

Via Pandolfa 35, 47016 Predappio (FC)
T: +39 0543 940073, info@pandolfa.it
pandolfa.it

Ab-Hof-Verkauf: Ja
Kellermeister: Paolo Salvi
Kontakt: Marco Cirese

Dies ist eine Familiengeschichte. Vier Generationen voller Leidenschaft und Hingabe. Eine Geschichte von Frauen, von Geschwistern. Die Geschichte eines Landes, geschrieben mit altem Ton und kalkhaltigem Sand. Dies ist die Geschichte von der hellen Farbe des Sangiovese, der Farbe der Weinberge von Predappio und des Flusses Rabbi. Es ist eine Geschichte der Stille, der harten Arbeit und der Entschlossenheit. Eine uralte Geschichte, die nach Meeresbrise riecht und nach dem Duft wilder Pflanzen. Dies ist die Geschichte der fleißigen Romagna, die Geschichte derer, die nie aufhören zu lernen und zu träumen.

88 Ginevra Rosato Rubicone IGT 2021
12,5 Vol.-%, DV, Stahltank
Leuchtendes Orangerosa. In der Nase nach reifem Steinobst und roten Waldbeeren. Am Gaumen frisch und saftig, fruchtbetont, kurzes Finale.

91 Federico Sangiovese Romanga Superiore DOC 2021
13,5 Vol.-%, NK, Stahltank Ⓑ
Leuchtendes Rubinrot mit leicht aufhellendem Rand. In der Nase nach reifen Kirschen und Zwetschken, im Nachhall etwas Schokolade. Am Gaumen gut ausbalanciert, saftig, mit feinem und gut eingebundenem Gerbstoff, im Finale klare Frucht mit guter Länge.

89 Pandolfo Sangiovese Romagna DOC 2020
13 Vol.-%, NK, Stahltank/Eichenfass
Helles, leuchtendes Rubinrot. In der Nase zurückhaltend, fast verschlossen, mit Noten von kleinen Beeren. Am Gaumen direkt und zupackend, mit knackiger Kirsche, dezenter Gerbstoffstruktur, mittelgewichtig, insgesamt etwas kurz.

89 Pandolfo Sangiovese Riserva Romagna DOCG 2019
14 Vol.-%, NK, 500-l-Fass
Mittleres, leuchtendes Rubinrot mit aufhellendem Rand. Dezent in der Nase mit Aromen von roten Beeren und getrockneten Blüten, unterlegt von zarter Butternote. Am Gaumen straff und frisch, gefolgt von leicht austrocknendem Tannin, bei mittlerer Länge.

★★★

VENTURINI BALDINI

Via F. Turatti 42, 42020 Roncolo di Quattro Castella (RE)
T: +39 0522 249011, info@venturinibaldini.it
venturinibaldini.it

Ab-Hof-Verkauf: Ja
Kellermeister: Piergiuseppe Carucci
Kontakt: Julia Prestia
Anbauweise: Bio

Die Geschichte reicht bis ins 16. Jahrhundert zurück. Aber erst 1976 begann die Familie Venturini Baldini mit der Schaumweinproduktion.
Heute wird das Gut von der Familie Prestia verwaltet, die 2015 die bekannte Marke aus Reggio Emilia wiederbelebt hat. So wurden alte autochthone Rebsorten wiederentdeckt. Das Unternehmen besitzt 20 Hektar mit Lambrusco-Trauben, die alle biologisch angebaut werden und aus denen 4 Lambrusco-Schaumweine entstehen, Montelocco und T.E.R.S. sowie die preisgekrönten Marchese Manodori und Rubino del Cerro.

92 Metodo Classico VSQ 2018 Brut PN/CH
13 Vol.-%, DIAM Ⓑ
Helles Strohgelb mit silbernen Reflexen. In der Nase nach Brotkruste, Milchschokolade, feinen nussigen Nuancen, etwas weiße Steinfrucht. Am Gaumen mit schönem Schmelz und ausgewogenem Trunk, rassig-kecker Säure, wirkt sehr vertikal, im Ausklang stimmig und pur.

90 Cadelvento Lambrusco Spumante Rosato DOP Brut
11,5 Vol.-%, PK Ⓑ
Helles Zartrosa mit feinkörniger Perlage. Saftig anmutende Nase nach frischem Steinobst und Orangen, im Nachhall leicht blumig. Am Gaumen , leicht floreal. Am Gaumen frisch und saftig, mit gut integrierter Perlage, trinkig, macht Spaß.

90 Lambrusco Montelocco Rosato Emilia IGT 2020
11 Vol.-%, DIAM Ⓑ
Dunkelviolett. Noten von reifen Früchten, Brombeeren, Kirschen und Pflaumen. Mundgefühl offen und warm, vollmundig, mit Tanninstruktur, ausgewogen, aber nicht sehr anhaltend.

91 Rubino del Cerro Lambrusco Reggiano DOP 2021 Brut
12 Vol.-%, DIAM Ⓑ
Intensives Violett. In der Nase Noten von reifen Früchten, Brombeeren, Kirschen und Beeren. Gute Struktur, deutliche Fruchtsüße, anhaltende Tanninstruktur mit sehr fruchtigem Abgang.

Schloss Uzzano, Greve in Chianti, Florenz

TOS KANA

Albola, Radda in Chianti, Siena

DAS JUWEL ITALIENS

Die Toskana ist eine atemberaubend schöne Weinkulturlandschaft, die nicht nur ein wesentliches Stück italienischer Weinbaugeschichte geschrieben hat, sondern geradezu mit einer beneidenswerten Stilvielfalt exzellenter Weine gesegnet ist. Deren beste Vertreter haben Weltruhm und Kultstatus erreicht.

Zu den schönsten Weinkulturlandschaften der Welt zählt zweifelsfrei die Toskana. Pinienhaine, Olivenhaine, immer wieder durchbrochen von Weinbergen, malerische Dörfer und viele historische Gebäude und Paläste bieten den Besuchern ein einzigartiges Panorama. Es ist eine Region der Superlativen, denn hier ist nicht nur die Heimat vieler großer italienischer Rotweine, die Toskana ist auch Sitz der ältesten den Weinbau betreibenden Familien der Welt. Toskanische Ikonen wie Marchesi Antinori oder Frescobaldi können ihre Wurzeln im Weinbau bis in das 13. Jahrhundert zurückverfolgen, die Familie Mazzei sogar bis in das 11. Die Toskana ist neben dem Piemont die wichtigste Region für Spitzenrotweine und kann auch eine vergleichbare Stilvielfalt vorweisen, allerdings basierend in erster Linie auf einer Rebsorte – dem Sangiovese. Und das ist eine der ältesten Rebsorten Italiens, die schon die Römer anbauten und sie wegen der Farbe »Sangue Jovis« nannten, das »Blut des Jupiters«. Ca. 65.000 Hektar stehen hier unter Reben, die sich über die Westküste Italiens zwischen La Spezia im Norden und Grosseto im Süden bis hinauf auf ca. 700 Meter Seehöhe in den Apennin verteilen. Der Chianti ist der wohl berühmteste Wein der Region, der lange Zeit ein eher qualitativ bescheidenes Dasein führte, in den letzten 50 Jahren aber einen beeindruckenden Weg an Italiens Spitze eingeschlagen hat. Der Chianti, wie man ihn heute kennt, wurde in

WEIN-PRODUKTION
TOSKANA
2.603.000 hl*
13% weiß
87% rot/rosé

* Jahrgang 2020, Gesamtweinprodukion Italien: 49.908.000 hl

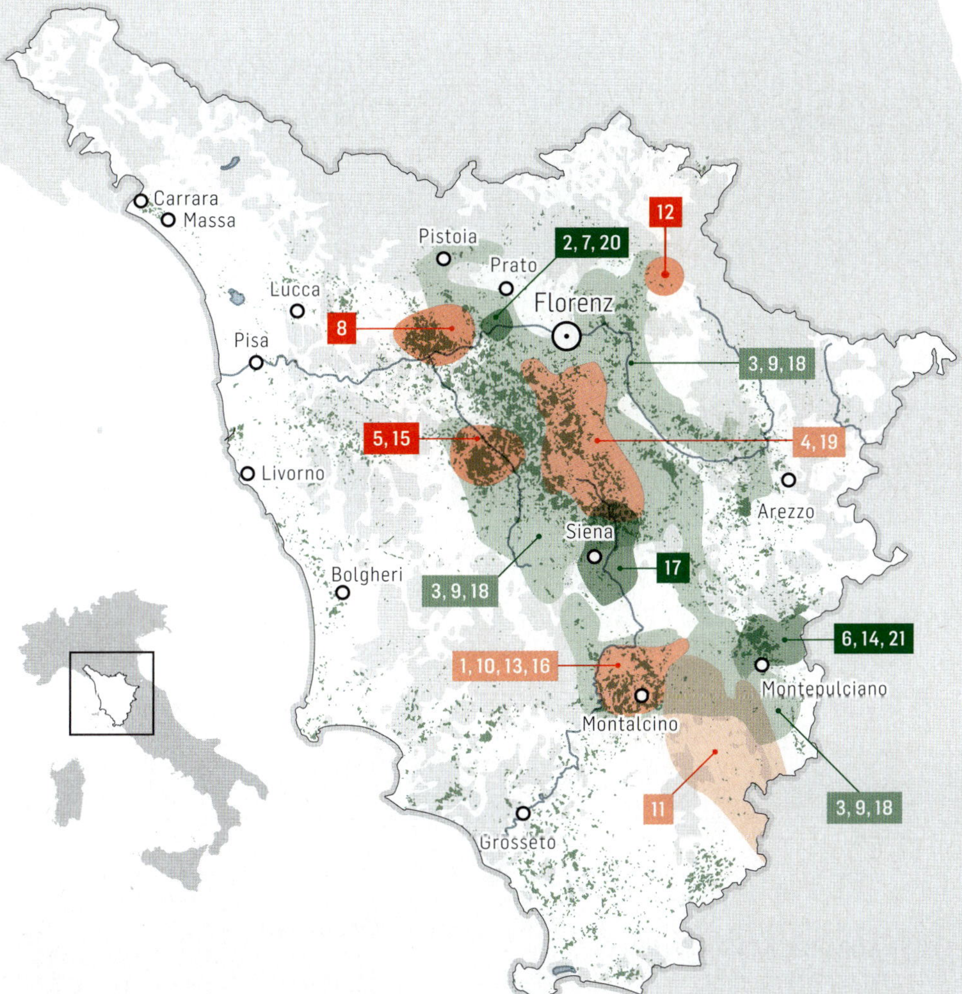

TOSKANA »DAS EHRWÜRDIGE HERZ«

D.O.C.G.

1 Brunello di Montalcino
2 Carmignano
3 Chianti
4 Chianti Classico
5 Vernaccia di San Gimignano
6 Vino Nobile di Montepulciano

D.O.C.

7 Barco Reale di Carmignano
8 Bianco dell'Empolese
9 Colli dell'Etruria Centrale
10 Moscadello di Montalcino
11 Orcia
12 Pomino
13 Rosso di Montalcino
14 Rosso di Montepulciano
15 San Gimignano
16 Sant'Antimo
17 Val d'Arbia
18 Vin Santo del Chianti
19 Vin Santo del Chianti Classico
20 Vin Santo di Carmignano
21 Vin Santo di Montepulciano

Quelle: Istat data 2021

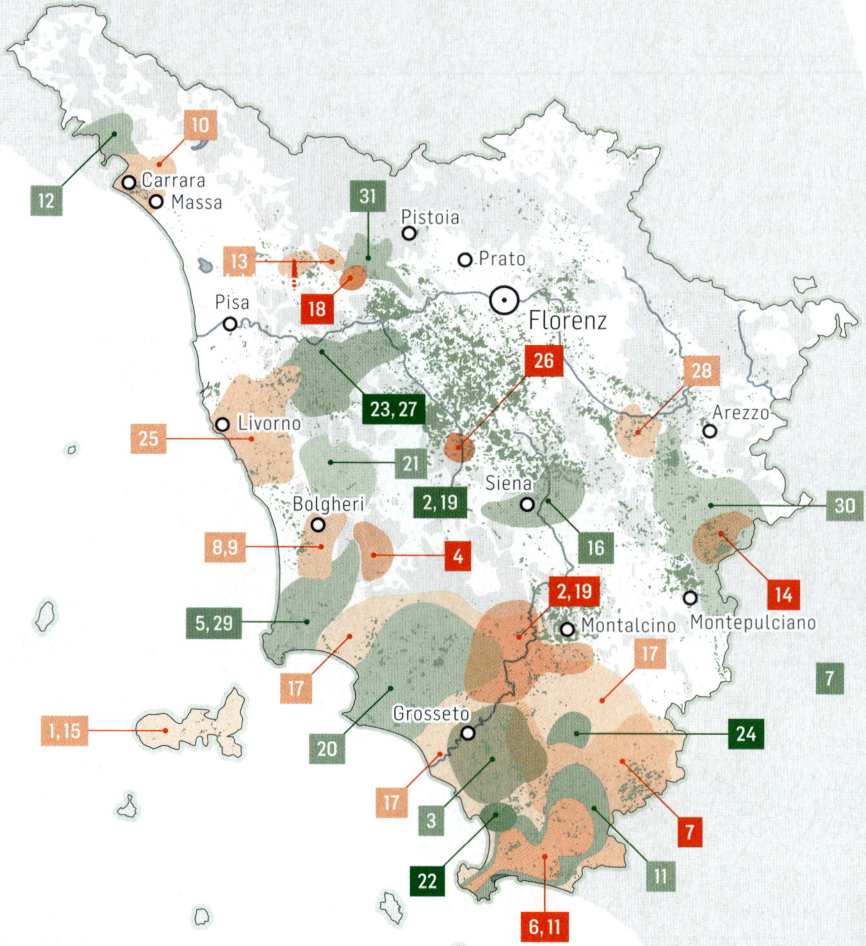

TOSKANA »DIE NEUE DYNAMIK«

D.O.C.G.

1 Elba Aleatico Passito
2 Montecucco Sangiovese
3 Morellino di Scansano
4 Suvereto
5 Val di Cornia Rosso

D.O.C.

6 Ansonica Costa dell'Argentario
7 Bianco di Pitigliano
8 Bolgheri
9 Bolgheri Sassicaia
10 Candia dei Colli Apuani
11 Capalbio
12 Colli di Luni
13 Colline Lucchesi
14 Cortona
15 Elba
16 Grance Senesi
17 Maremma Toscana
18 Montecarlo
19 Montecucco
20 Monteregio di Massa Marittima
21 Montescudaio
22 Parrina
23 San Torpè
24 Sovana
25 Terratico di Bibbona
26 Terre di Casole
27 Terre di Pisa
28 Val d'Arno di Sopra
29 Val di Cornia
30 Valdichiana Toscana
31 Valdinievole

erster Linie von Barone Bettino Ricasoli beeinflusst, der 1872 in seiner berühmten »Chianti-Formel« festlegte, dass dem Sangiovese ein gewisser Anteil an Weißwein beigegeben werden sollte, um den damals rauen Charakter dieser Rotweinsorte etwas abzumildern. In den 90er Jahren des letzten Jahrhunderts wurde der Weißweinanteil nach und nach reduziert und zunehmend durch die einheimische Canaiolo Nero, oder durch internationale Sorten wie Cabernet Sauvignon oder Merlot ersetzt. Das Chianti unterteilt sich selbst wieder in unterschiedliche Herkünfte, die wichtigste ist das Chianti Classico. Auf 400 bis zu 700 Metern Seehöhe entstehen heute elegante und finessenreiche Rotweine, die absolutes Top-Niveau erreichen können. Die Appellation Vino Nobile di Montepulciano mit ihren ca. 1.200 Hektar rund um die Ortschaft Montepulciano gelegen, liefert wegen der etwas tiefer gelegenen und wärmeren Weinberge etwas kräftigere und gehaltvollere Rotweine und ist eine Art Bindeglied zur Top-DOCG Region Brunello di Montalcino im Süden mit ihren eleganten und gehaltvollen Weinen, die ihre Vielfalt durch die Weinberge um das Hügeldorf Montalcino und die mediterranen Einflüsse beziehen. Gerade um diese raren Weine ist in den letzten Jahren ein wahrer Hype – um nicht zu sagen Kult – entstanden. Die Maremma, der Küstenstreifen zwischen Livorno und Grosseto ist einer der Stars der Toskana, dank der Geburt des Kultweins »Sassicaia« Anfang der 1970er-Jahre ist diese Region zu einem Magneten für Weinmacher geworden, die hier aus internationalen Sorten wie Cabernet Sauvignon, Merlot oder Syrah, aber natürlich auch aus Sangiovese eine Vielzahl großartiger Weine hervorbringen. Weißwein ist vielleicht nicht die Sache der Toskana, dennoch gibt es mit dem Vernaccia di San Gimignano auch eine Herkunft für Weißwein. Die weißen Rebsorte Trebbiano di Toscana und Malvasia werden zwar für trockene Weißweine verwendet, finden ihre höchste Expression aber im süßen Vin Santo, Italiens Ur-»Natural Wine«.

Schloss Torre a Decima, Pontassieve, Florenz

Quelle: Istat data, 2021

★★★

FATTORIA AMBRA

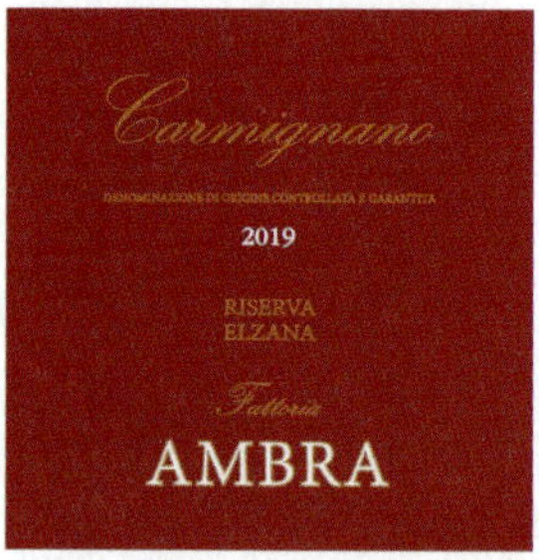

Via Lombarda, 85, 59015 Carmignano (PO)
T: +39 055 8719049, fattoria.ambra@alice.it
fattoriaambra.it

Ab-Hof-Verkauf: Ja
Kellermeister: Giuseppe Rigoli
Kontakt: Susan Rigoli
Anbauweise: Bio

Der Carmignano gehört zu den ersten Weinen mit kontrollierter Herkunftsbezeichnung in der Welt. Fattoria Ambra ist seit Mitte des letzten Jahrhunderts im Besitz der Familie Romei Rigoli. Der Gutshof befindet sich in der Nähe des Flusses Ombrone und der Villa Medicea von Poggio a Caiano. Die Weinberge, insgesamt 24 Hektar, befinden sich in vier der bekanntesten Crus des Carmignano-Gebiets: der Montalbiolo-Hügel, Elzana, Santa Cristina in Pilli und Montefortini Podere Lombarda, neben den gleichnamigen etruskischen Gräbern.

92 Elzana Carmignano Riserva DOCG 2019 SN/CS
15 Vol.-%, NK B
Dunkle und dichte rubinrote Farbe. Die Nase zeigt Aromen von kleinen, reifen roten Beeren, Tabak und Schokolade, gefolgt von süßen Gewürzen wie Vanille und Zimt. Im Mund entfaltet er eine ungestüme Struktur, unterstützt durch feines Gleichgewicht zwischen Frucht und Tannin, mit schöner Länge.

91 Montefortini Podere Lombarda Carmignano DOCG 2019 SN/CN3/CS
14,5 Vol.-%, NK B
Intensives Rubinrot. Die Nase zunächst reich an reifen roten Früchten, im Nachhall von subtilen würzigen Nuancen von Leder und Tabak durchzogen. Am Gaumen trocken und warm, tanninhaltig, mit gutem Körper und gutem Abgang.

91 Santa Cristina in Pilli Podere Carmignano DOCG 2019 SN/CS/SY/ME/COL/CN3
14,5 Vol.-%, NK B
Intensives Rubinrot. In der Nase intensive fruchtige und würzige Aromen mit Noten von reifen Kirschen, Brombeeren, Sauerkirschen, Kaffee und Leder. Weich und frisch im Mund, mit feinem Tannin und ausgewogenem Abgang.

90 Montalbiolo Carmignano Riserva DOCG 2019 SN/CN3/CS
14,5 Vol.-%, NK B
Rubinrot mit granatroten Reflexen. In der Nase deutliche Anklänge von Wildblumen, schwarzen Früchten und krautige Nuancen, die von Tabak, Nelken und Leder ergänzt werden. Am Gaumen warm und tanninhaltig, robust und von guter Länge.

89 Barco Reale di Carmignano DOC 2021 SN/CS/CN3
13,5 Vol.-%, NK B
Leuchtendes Rubinrot. In der Nase rote Früchte, ergänzt durch blumige Noten von Veilchen und vegetale Nuancen. Am Gaumen frisch und tanninhaltig, ausgewogen und fließend, mit einer guten Länge.

90 Vin Santo di Carmignano DOC 2013
14 Vol.-%, NK
Leuchtendes Bernstein. In der Nase Duft nach getrockneten Aprikosen, gerösteten Nüssen und Mandeln, im Nachhall nach Rosinen, Muskatnuss und etwas Tabak. Am Gaumen süß und wärmend, mit angenehmer Salzigkeit und Frische, anhaltendes Finale.

★★★★★

MARCHESI ANTINORI

Via Cassia per Siena 133
50026 San Casciano in Val di Pesa (FI)
T: +39 055 23595, antinori@antinori.it
antinori.it

Ab-Hof-Verkauf: Ja
Kellermeister: Renzo Cotarella
Produktion: 3.000 Hektar

Die Familie Antinori widmet sich seit mehr als 600 Jahren der Weinproduktion. Im Laufe ihrer Geschichte hat die Familie das Unternehmen immer direkt geführt und dabei innovative und mutige Entscheidungen getroffen, ohne die Tradition und das Gebiet aus den Augen zu verlieren. Das Gleichgewicht zwischen Tradition und Innovation ist ein besonderes Merkmal des Unternehmens, zu dessen wichtigsten Werten die Leidenschaft für den Wein, die für die Landwirte typische Umsicht und die Geduld gehören, die notwendig sind, um keine Kompromisse auf Kosten der Qualität einzugehen.

94 Castello della Sala – Cervaro della Sala Umbria Bianco IGT 2020 CH/GR6
12,5 Vol.-%, NK
Leuchtendes, helles Strohgelb mit leichten Grünnoten. Präsentiert sich in der Nase zunächst recht verspielt nach Banane, Pfirsich und Mango, wird dann zunehmend komplexer, etwas Feuerstein und Anis. Saftig am Gaumen, zeigt schöne gelbe Fruchtnoten, rassige, gut eingebundene Säure, gibt Lebendigkeit, im Finale dezente Rauchnoten, salzig, wirkt noch sehr jung.

95 Guado al Tasso - Guado al Tasso Bolgheri Superiore DOC 2019
14,5 Vol.-%, NK
Funkelndes, sattes Rubinviolett. Klare und frische Nase, eröffnet mit Noten nach Minze und Eukalyptus, viel saftige Schwarze Ribisel, etwas Lakritze, feines Spiel. Klar und geradlinig am Gaumen, sehr präzise, dunkelbeerige Frucht, straffes, herzhaftes Tannin, im Finale dezent nach Zimt, braucht noch etwas Zeit.

94 Pian delle Vigne - Brunello di Montalcino DOCG 2017
14,5 Vol.-%, NK
Funkelndes, kraftvolles Rubin mit feinem Granatschimmer. Präsente und einladende Nase, satt nach reifen dunklen Kirschen, dazu etwas Himbeere und Zwetschken, im Hintergrund nach Orangenschale, wirkt sehr klar. Griffiges Tannin am Gaumen, Noten nach Zwetschken und Blutorange, im Finale fester Druck.

93 Guado al Tasso - Cont'Ugo Bolgheri Rosso DOC 2020
14,5 Vol.-%, NK
Sattes Rubinrot. In der Nase nach reifen Waldbeeren und Pflaume, im Nachhall leicht würzig, komplexe Nase. Am Gaumen salzig und mit feinkörnigem Tannin, fruchtsüß, gut ausbalanciert, hat Zug, langes Finale.

91 Pèppoli Chianti Classico DOCG 2020 SN/ME/SY
13,5 Vol.-%, NK
Rubinrot. In der Nase finden sich Noten von roten Johannisbeeren, Kirschen, Holz und Tabak. Gute Struktur am Gaumen, dichte und gut eingebundene Tannine, frischer Abgang.

91 Villa Antinori Chianti Classico Riserva DOCG 2019 SN/CS
14 Vol.-%, NK
Sattes Rubinrot mit leicht aufhellendem Rand. In der Nase nach satter Sauerkirsche und reifen Waldbeeren, dann leicht nach Leder und Trüffel, komplexe und elegante Nase. Am Gaumen mit viel satter Frucht, feinkörniges und gut eingebundenes Tannin, hat Zug, trinkig, langes Finale.

★★★

TENUTA DI ARCENO

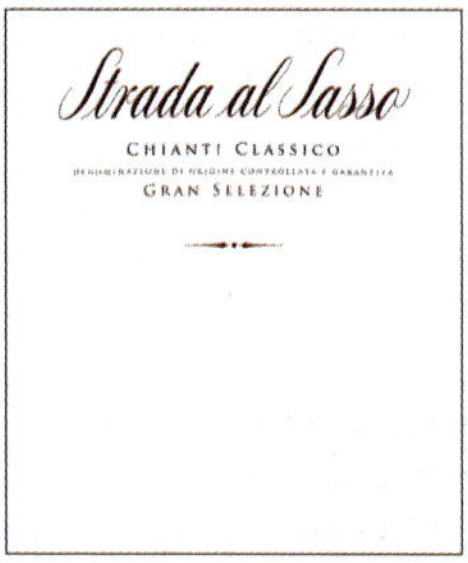

Loc. Arceno, 53010 San Gusmè (SI)
T: +39 577 359 346, info@tenutadiarceno.com
tenutadiarceno.com

Ab-Hof-Verkauf: Ja
Kellermeister: Lawrence Cronin und Pierre Seillan
Kontakt: Pepe Schib
Produktion: 533.333 Flaschen, 100 % rot, 112 Hektar

Tenuta di Arceno ist ein historisches Weingut mit vielseitiger Auswahl an Weinen höchster Qualität innerhalb zweier Ursprungsbezeichnungen – drei Weine, die sich auf die einheimische Sangiovese-Traube der Chianti Classico DOCG konzentrieren und drei Super Tuscans, welche unter der Bezeichnung Toscana IGT die internationalen Rebsorten des Weinguts zelebrieren. Das Anwesen befindet sich am südlichsten Rand der Chianti Classico Ursprungsbezeichnung wenige Kilometer von Siena entfernt. Mit Recht wird also der hier produzierte Chianti Classico als der sienesischste aller Chianti Classico bezeichnet.

93 Strada al Sasso Chianti Classico Gran Selezione DOCG 2019

14,5 Vol.-%, NK, gebrauchte Barriques

Leuchtendes und sattes Rubinrot mit leicht aufhellendem Rand. In der Nase elegant und einladend, nach frischer Cassis und frischer Holunderbeere, Potpurri aus Rosen und Veilchen, im Nachklang helle Würze. Am Gaumen saftig, mit präsentem, jungem Tannin, hat dazu feinen Schmelz und satten Druck, kommt in vielen Schichten daher, langer Ausklang, wird gut reifen.

93 Il Fauno di Arcanum Toscana Rosso IGT 2020 ME/CF/CS/PV

14,5 Vol.-%, NK, Barrique/gebrauchte Barriques

Dunkles Rubinrot mit fast violettem Kern. In der Nase intensiv nach Brombeere, Pflaumenkompott und dunklen Kirschen, leicht würzig und vegetal. Am Gaumen fruchtig, saftig und warm, mundfüllend und mit langem Finale.

92 Tenuta di Arceno Chianti Classico DOCG 2020 SN/ME

14,5 Vol.-%, NK, gebrauchte Barriques

Mittleres Rubinrot mit bläulichem Schimmer. In der Nase dezent nach Malz, Sauerkirsche und Zwetschke. Am Gaumen stoffig, mit klarer Frucht, öffnet sich mit gut eingebundenem Gerbstoff, hat Zug, langes Finale.

92 Chianti Classico Riserva DOCG 2019

14,5 Vol.-%, NK, gebrauchte Barriques

Dunkeles Rubinrot mit leicht aufhellendem Rand. In der Nase betont würzig, ebenso Minze, Duft nach Pflaumen und Brombeeren, wirkt sehr balsamisch. Am Gaumen sofort präsent mit eng gewobenem, feinkörnigem Tannin und reifer Frucht, gute Frische, dicht, griffig und lang.

92 Valadorna Toscana IGT 2017 ME/CF/PV/CS

15 Vol.-%, NK, Barrique/gebrauchte Barriques

Sattes Rubinrot mit violetten Reflexen. Sehr intensiv und ansprechend in der Nase, mit Noten nach satter Sauerkirsche, reifen Pflaumen und Heidelbeeren, dann nach Bitterschokolade und Kakao. Zeigt am Gaumen viel feinkörniges und weiches Tannin, mit viel satter Beerenfrucht, salzig, langes Finale.

93 Arcanum Toscana IGT 2017

14,5 Vol.-%, NK, Barrique/gebrauchte Barriques

Leuchtendes Rubinrot mit violetten Reflexen. In der Nase nach Cassis, eingelegten Pflaumen und Sauerkirschen, im Nachhall etwas Minze und nach Waldboden. Am Gaumen mit feinkörnigem und gut eingebundenem Tannin, mit viel satter Frucht, hat Spannung, langes und fruchtbetontes Finale.

★★★★★

ARGENTIERA

Via Aurelia 412/A, 57022 Donoratico (LI)
T: +39 0565 773176, info@argentiera.eu
argentiera.eu

Ab-Hof-Verkauf: Ja
Kellermeister: Nicolò Carrara
Kontakt: Federico Zileri
Produktion: 75 Hektar

In einem herrlichen Winkel der Maremma, das Land und Meer vereint, zwischen Wäldern und mediterraner Macchia, liegt die Tenuta Argentiera. Wir befinden uns im Herzen des renommierten DOC Bolgheri, einem Terroir, das sich den großen Rotweinen verschrieben hat, in der Gegend der berühmten Super Tuscans. Die Tenuta ist diejenige, die der tyrrhenischen Küste am nächsten liegt und gleichzeitig diejenige, die mit 200 Metern über dem Meer die höchste Höhe des gesamten Bolgheri-Gebietes erreicht: Diese Duplizität unterscheidet sie von allen anderen und schafft ein Mikroklima mit einzigartigen Eigenschaften.

98 Argentiera Bolgheri Superiore DOC 2019 ME/CS/CF

14,5 Vol.-%, NK, Barrique

Edles Rubinrot, dunkelleuchtend. Satte und einladende Nase, eröffnet mit feinen würzigen Noten, etwas Sandelholz und Kardamom, dann satte Waldfrucht und reife Himbeere, nach Amarenakirsche im Nachhall. Am Gaumen mit edler Würze und tollem Schmelz, breitet sich ausgewogen über die Zunge, mit engmaschigem Tannin, sehr präzise, zeigt Finesse und Eleganz, mit feinem Druck am Gaumen, langer Abgang.

93 Villa Donoratico Bolgheri Rosso DOC 2020 CS/ME/CF/PV

14,5 Vol.-%, NK, Tonneau Fass

Leuchtendes, intensives Rubinrot. Feinwürzige Nase, nach Brombeeren, Cassis, satten reifen Kirschen, zart nach gerösteten Haselnüssen, mediterranen Kräuter, auch nach Bitterschokolade. Am Gaumen zunächst mit feinem Schmelz, zeigt ausgewogene Säure, dazu engmaschiges Tannin, klarer Fruchtkern auf roter Paprika und Waldbeeren unterlegt mit feiner Würze, hat satten Druck im Finale.

92 Poggio ai Ginepri Bolgheri Rosso DOC 2020 CS/ME/CF/PV

14,5 Vol.-%, NK, gebrauchte Barriques/Stahltank

Intensives Rubinrot. Zeigt in der Nase Aromen von Brombeeren und Heidelbeeren, dazu Zwetschken, sowie ein Hauch süße Würze. Öffnet sich stoffig und klar am Gaumen mit zart griffigem, geschliffenem Tannin, mittelgewichtig, trinkt sich sehr gut, auf Kirschen im Finale.

96 Ventaglio Toscana Rosso IGT 2018 CF/CS

14,5 Vol.-%, NK, Barrique/Tonneau Fass

Intensives, leuchtendes Rubinrot. Feinwürzige Nase, nach roter Paprika, weißem Pfeffer, Gewürznelken, nach Cassis und frischen Holunderbeeren. Am Gaumen sehr saftig und mit frischem Fruchtkern, unterlegt von feiner Würze, zeigt geschliffenes, samtiges Tannin in vielen Schichten, spannt insgesamt einen feinen Bogen, endet im Finale elegant und leicht salzig.

★★★★

ARGIANO

Loc. S. Angelo in Colle, 53024 Montalcino (SI)
T: +39 0577 84 40 37, argiano@argiano.net
argiano.net

Ab-Hof-Verkauf: Ja
Kellermeister: Bernardino Sani
Kontakt: Margherita Macagni
Produktion: 333.333 Flaschen, 100 % rot, 58 Hektar
Anbauweise: Bio

Argiano ist eines der ältesten Weingüter in Montalcino mit Ursprüngen in der Renaissance und einer 500-jährigen Geschichte. Die Weinberge auf der Hochebene, auf der sich der Betrieb befindet, erhalten viel Licht und Wärme, dazu kommt meist eine leichte Brise vom Tyrrhenischen Meer. Die Böden sind besonders reich an Kalkstein und altem Ton. Die nachhaltige Landwirtschaft trägt entscheidend zur Verbesserung der Artenvielfalt bei, was den Produkten zusätzlich Ausgewogenheit verleiht. All diese Bedingungen ergeben am Ende Weine von großer Eleganz, Langlebigkeit und starker Identität des Terroirs.

93 Solengo Toscana IGT 2020
14,5 Vol.-%, NK, Stahltank/Barrique
Leuchtendes, fast schwarzes Rubinrot. Elegant und intensiv in der Nase nach Zwetschkenkompott, Bergamotte, eingelegten Veilchen, dazu Lakritz, sehr komplex. Beim Gaumeneintritt zunächst weich und geschmeidig, gefolgt von feinkörnigem, recht jugendlichem Tannin, wuchtig im Mundgefühl, dezente Bitternote, braucht noch Zeit, aber viel Potenzial.

91 Non Confunditur Toscana IGT 2020
14,5 Vol.-%, DIAM, Stahltank/Barrique
Dunkles, leuchtendes Rubinrot mit aufhellendem Rand. Duftiges Bouquet, filigran nach Veilchen, knackigen Sauerkirsche und einem Touch Bittermandel. Geradlinig und direkt am Gaumen, gerbstoffreich, aber mit Druck, zieht schön durch bis ins salzig-saftige Finale.

92 Brunello di Montalcino DOCG 2017
14,5 Vol.-%, NK, Stahltank/großes Holzfass
Leuchtendes Rubinrot. In der Nase nach Malz, Bourbonvanille, zartem Karamell, im Nachhall nach reifer Kirschfrucht. Am Gaumen mit schönem Fruchtschmelz, breitet sich gut über die Zunge, kerniges Tannin rundet den Verlauf ab, mit leichter Zehrung.

91 Rosso di Montalcino DOC 2020
14,5 Vol.-%, DIAM, Stahltank/großes Holzfass
Leuchtendes Rubin mit funkelndem Kern und granatrotem Rand. In der Nase nach Kirschkompott, Leder und einem Hauch getrockneter Rosenblätter. Am Gaumen druckvoll, frisch und mit lebendiger Säure, feinkörnigem, festem Tannin, zieht gut durch mit knackiger Frucht und etwas Bittermandel.

★★★

BADIA DI MORRONA

Via del Chianti, 6, 56030 Terricciola (PI)
T: +39 0587 656013, info@badiadimorrona.it
badiadimorrona.it

Ab-Hof-Verkauf: Ja
Kellermeister: Giorgio Marone
Produktion: 110 Hektar

In der herrlichen Landschaft zwischen Pisa und Volterra kann Badia di Morrona auf ein 600 Hektar großes Landgut zählen, davon 110 Hektar Weinberge. 1939 wurde der Besitz von der Familie Gaslini Alberti erworben und in den 1990er-Jahren von Duccio, dem Vater der heutigen Besitzer Filippo und Alessandra, umfangreich neu bepflanzt. Bei den roten Rebsorten spielt der Sangiovese mit 60 Prozent eine führende Rolle, während einige Parzellen auch für Cabernet Sauvignon, Cabernet Franc, Merlot und Syrah vorgesehen sind. Bei den weißen Rebsorten sind der Vermentino und der Chardonnay die wichtigsten.

91 Felciano Vermentino Toscana IGT 2021

13 Vol.-%, NK

Blasses Strohgelb mit grünlichen Reflexen. Frische Nase, Noten von geschnittenem Gras, weißen Blumen und Zitrusfrüchten. Am Gaumen weich und saftig mit einer angenehmen pikanten Note, Nachgeschmack von frischen und kandierten Zitrusfrüchten.

93 Taneto Toscana Rosso IGT 2020 SY/ME/SN

14,5 Vol.-%, NK

Sattes Rubinrot mit dunklen Nuancen. Ausgeprägt in der Nase mit Noten von Blaubeeren, Brombeeren, etwas Zedernholz, Pfeffer, und einem Hauch von getrockneten Blüten. Weich und rund der Eintritt, mit jungem, aber engmaschigem Tannin, recht kraftvoll und zupackend, schließt auf reifer Kirsche und Bittermandel.

90 I Sodi del Paretaio Chianti Classico DOCG 2021 SN

14 Vol.-%, DIAM

Sattes Rubinrot mit Ziegelrand. Im Duft nach saftigen Sauerkirschen und Preiselbeeren, dann etwas Verbene und ein Hauch Pfeffer. Am Gaumen frisch und saftig, klar in der Frucht, mit dezent eingebundenem Gerbstoff, gute Länge.

90 N'Anita Toscana Rosso IGT 2019 CS/ME/CF

14,5 Vol.-%, NK

Sattes Rubinrot mit granatroten Reflexen. In der Nase florale Nuancen nach Veilchen und getrockneten Rosen, dann satte Kirschfrucht und Dörrpflaume. Am Gaumen mundfüllend und rund, mit gut eingebundenem Gerbstoff, aktuell leicht bitter im Abgang.

92 I Sodi del Paretaio Chianti Classico Riserva DOCG 2019

14,5 Vol.-%, NK

Mittleres Rubinrot mit granatroten Reflexen. In der Nase intensive Frucht von Kirschen und Pflaumen, gepaart mit würzigen und vegetalen Noten. Am Gaumen frisch und saftig, mit gut integrierter Säure und feinkörnigem Tannin, schöner Trinkfluss mit mittlerem Nachhall.

94 VignaAlta Sangiovese Terre di Pisa DOC 2018

15 Vol.-%, NK

Mittleres Granatrot mit aufhellendem Rand. In der Nase sehr fruchtig nach saftiger Kirsche, Brombeere, einem Hauch Majoran und Gewürznelken. Am Gaumen mit feinem Fruchtschmelz, zeigt sich elegant im Körper, feinen Gerbstoffen, in sich harmonisch, im Finale tolle Salzigkeit.

★★★

BELGUARDO

Loc. Montebottigli, 58100 Grosseto (GR)
T: +39 0577 735 71, mazzei@mazzei.it
mazzei.it

Ab-Hof-Verkauf: Ja
Kellermeister: Gionata Pulignani
Kontakt: Giovanni Mazzei
Produktion: 34 Hektar
Förderprogramm: EU Reg.No 1308/2013

Tenuta Belguardo ist das önologische Projekt der Familie Mazzei in der toskanischen Maremma: Es konzentriert sich auf große Rotweine aus einheimischen und internationalen Rebsorten sowie zwei Weißweine auf Vermentino-Basis und einen Rosé. Die 1997 erworbene Tenuta befindet sich zwischen Grosseto und Montiano, ein ganz besonderes Terroir mit einem einzigartigen Mikroklima. Die Gesamtfläche beträgt 80 Hektar, davon 34 Hektar Weinberge, in einer Höhe zwischen 70 und 175 Metern über dem Meeresspiegel mit Süd-/Südwestausrichtung und einer Hangneigung von 10 bis 19 Prozent.

92 Codice V Vermentino Maremma Toscana DOC 2020
13 Vol.-%, NK
Leuchtendes Strohgelb mit goldenen Reflexen. Spannend und vielschichtig in der Nase, mit Aromen von Lilien, weißem Pfirsich und Aprikose, etwas, Jod, danach ein Hauch Lavendel. Spannt sich weich über den ganzen Gaumen, saftig und harmonisch, mit langem Abgang.

91 Vermentino Toscana IGT 2021
13,5 Vol.-%, NK
Helles, leuchtendes Strohgelb. In der Nase fein und parfümiert mit Noten von Zitrusfrüchten, Äpfeln, weißem Pfirsich und Maulbeeren. Am Gaumen würzig, mit einem leichten Hauch von nassem Stein, dazu feine Saftigkeit, im Nachhall frisch und anhaltend.

90 Rosé Toscana IGT 2021 SN/SY
13,5 Vol.-%, NK
Blasses, leuchtendes Kirschrosa. Frischer, blumiger Duft nach Rosen, gefolgt von Noten kleiner frischer Früchte wie Walderdbeeren, Himbeeren und Preiselbeeren. Am Gaumen frisch und lebendig, anhaltend und leicht mineralisch.

91 Tirrenico Maremma Toscana DOC 2018 CS/AB/CF/PV
14 Vol.-%, NK
Intensives Rubinrot, leicht violett gefärbt. In der Nase Noten von kleinen reifen roten Früchten, Unterholz und ein intensiver Hauch von Leder. Am Gaumen fleischig und strukturiert. Im Abgang würzig, saftig und fruchtig. Gut integrierte Tannine, mittlere Länge.

90 Bronzone Morellino di Scansano Riserva DOCG 2019
13,5 Vol.-%, NK
Intensives Rubinrot. Die Nase Noten von reifen Früchten, Kirsche, Himbeere und Heidelbeere, gefolgt von blumigen Noten von Veilchen, Graphit und Gewürzen. Im Trunk saftig, kernig-zehrender Mittelteil, lang anhaltend.

★★★★

BIBI GRAETZ

Piazza Mino 37, 50014 Fiesole (FI)
T: +39 055 597222, filippo@bibigraetz.com
bibigraetz.com

Kellermeister/Kontakt: Bibi Graetz
Produktion: 50 Hektar

In den zwei Jahrzehnten seit seinem ersten Jahrgang hat sich Bibi Graetz zu einem der hellsten Köpfe der toskanischen Weinwelt entwickelt. Dies ist vor allem der hervorragenden Qualität seines reinen Sangiovese Testamatta zu verdanken. Graetz greift auf alte Rebstöcke zurück, die seinen besten Rotweinen Tiefe und Seele verleihen. Die roten Trauben werden an den Hängen oberhalb von Florenz angebaut und stammen aus den besten Lagen des Chianti Classico. Seine Weißweine von der Insel Giglio sind ebenfalls eine Inspiration und beweisen, dass die Toskana auch Weißweine hervorbringen kann.

94 Colore Toscana Bianco IGT 2021

14 Vol.-%, NK, Barrique

Leuchtendes, helles Goldgelb. Zeigt zunächst Noten nach Feuerstein und Honigmelone, dann viel Kamille, leicht jodig-salzige Komponenten im Hintergrund. Zeigt am Gaumen sehr gute Spannung, schönes Spiel zwischen salzigen Komponenten und reifer gelber Frucht, breitet sich gut aus, im Finale Frische und viel Druck.

92 Testamatta Toscana Bianco IGT 2021

13,5 Vol.-%, NK, Barrique

Funkelndes, helles strohgelb. Feinduftige Nase, eröffnet mit Noten nach Marille und Bienenwaben, im Hintergrund leicht harzig. Am Gaumen saftig, feine gereifte Frucht, feine salzige Noten, breitet sich lange aus.

94 Colore Toscana Rosso IGT 2020

13,5 Vol.-%, NK, gebrauchte Barriques

Sattes, funkelndes Rubin. Intensive Nase mit Noten nach Himbeere, Rhabarber, roter Rübe, Zwetschke und Kirschenmarmelade. Griffiges Tannin in Ansatz und Verlauf, feine Himbeer- und Kirschfrucht, gute Spannung, im Finale etwas Zimt, gut gemacht, saftig, aber weit entfernt von der Konzentration und Komplexität anderer Jahrgänge.

92 Testamatta Toscana IGT 2020

13 Vol.-%, NK, gebrauchte Barriques

Funkelndes, leicht aufhellendes Rubin. Eröffnet mit betont würzigen Noten, nach Kräuterbonbons, dann fein nach knackiger Kirsche, frisch. Am Gaumen erstaunlich frisch und klar, feine Himbeernote, feinmaschiges Tannin von mittlerer Struktur, feine Himbeerfrucht, guter Trinkfluss, wirkt im Finale dann aber recht weitmaschig, von der Tiefe und Komplexität anderer Jahrgänge leider weit entfernt.

★★★

BINDI SERGARDI

Strada comunale di Mocenni, 35
53019 Castelnuovo Berardenga (SI)
T: +39 0577 30 93 09, bindisergardi@bindisergardi.it
bindisergardi.it

Ab-Hof-Verkauf: Ja
Kellermeister: Stefano di Blasi, Federico Cerelli
Kontakt: Nicolò Casini
Produktion: 100 Hektar

Alessandra Casini Bindi Sergardi leitet mit ihrem Vater Nicolò seit 2005 die Weingüter der Familie. Wagemut, Integrität und Authentizität sind ihr Credo und die Leitlinien für eine qualitativ hochwertige Produktion. So sagt die Winzerin: »Die Antworten, die uns das bearbeitete Land gegeben hat, waren stark, lebendig, ehrlich, und wir haben daraus in den langen Jahren, in denen wir uns ihm mit Leidenschaft gewidmet haben, unverrückbare Gewissheiten gewonnen. Es scheint uns, dass das, was heute existiert, in der Kraft der Reben im Sommer und in der Strenge der Weinberge im Winter lächelt.«

93 La Ghirlanda Chianti Classico DOCG 2019
14 Vol.-%, DIAM, Holzfass
Sattes, funkelndes Rubinrot mit feinem Granatschimmer. Sehr intensive Nase, nach satten, reifen Beeren, Maulbeere, Heidelbeere, im Hintergrund etwas Rote Rübe, leicht harzige Noten. Viel geschliffenes, feinmaschiges Tannin, breitet sich kontinuierlich aus, gut herausgearbeitet Frucht, sehr langer Nachhall.

92 Ser Gardo Chianti Classico DOCG 2019
13,5 Vol.-%, DIAM, Eichenfass
Strahlendes Rubinrot mit aufhellendem Rand. Filigranes Bouquet mit Noten von Mandelblüte, knackiger Kirsche, Waldpilzen, und einem Touch gerösteter Kaffeebohne. Beim Gaumeneintritt fast cremig, mit zartem Fruchtschmelz, druckvoll, mit präsentem Gerbstoff, mit leicht floraler Note im anhaltenden Ausklang.

92 Calidonia Chianti Classico Riserva DOCG 2018
14 Vol.-%, DIAM, Eichenfass
Leuchtendes Rubinrot. In der Nase toller Ausdruck, satte Kirsche, Tomate und feine Würze wechseln sich ab und laden ein. Am Gaumen saftig, klar und ausgewogen, zeigt mittleres Gewicht, trinkt sich in einem Zug, tolle Riserva!

91 I Colli Chianti Classico Riserva DOCG 2018
14,5 Vol.-%, DIAM, Eichenfass
Leuchtendes Rubinrot. In der Nase zarte Preiselbeere, Kirsche, etwas gedörrtes Rosenblatt, ein Hauch Feigen. Am Gaumen mit viel Saft und klarer Frucht, breitet sich schön über die Zunge, feines Spiel, minimale Nachtrocknung.

93 Simbiosi Toscana IGT 2019 CS/ME
14,5 Vol.-%, DIAM, gebrauchte Barriques
Sattes und funkelndes Rubinrot. In der Nase pilzig und ledrig, dann nach reifen Sauerkirschen und Waldbeeren, im Nachhall ein Touch Schokolade. Am Gaumen fruchtbetont und saftig, mit kraftvollem Tannin, hat Zug, langes Finale.

93 Mocenni 91 Cabernet Sauvignon Toscana IGT 2018
14,5 Vol.-%, DIAM, gebrauchte Barriques
Dunkelleuchtendes, sattes Rubinrot. In der Nase sehr ausdrucksstark und fruchtsatt, viel dunkle Beerenfrucht unterlegt von toller Würze, Pfeffer, Minze, Cassis, zart fleischig. Am Gaumen engmaschig und geschliffen, öffnet sich auf zart cremingen Nuancen, elegant-kraftvolles Spiel, tolle Länge und Harmonie.

★★★★★

BIONDI SANTI

Villa Greppo 183, 53024 Montalcino (SI)
T: +39 577 848023, biondisanti@biondisanti.it
biondisanti.it

Ab-Hof-Verkauf: Ja
Kontakt: Tancredi Biondi-Santi
Produktion: 80.000 Flaschen, 25 Hektar

Der Brunello di Montalcino verdankt seine Existenz Ferruccio Biondi-Santi, der 1888 die erste Flasche Brunello der Geschichte herstellte. Eine Geschichte der Liebe zum Detail und der Treue zu einer einfachen, aber ehrgeizigen Idee von Wein. Ein Wein, der für ein langes Leben gemacht ist. 2016 wurde das Weingut von der Familie Descours übernommen und eine neue Ära in der Geschichte von Biondi-Santi eingeleitet. An der Spitze des Weinguts steht heute CEO Giampiero Bertolini, gebürtiger Toskaner mit lebenslanger Erfahrung im heimischen Weinbau. Ihm zur Seite steht Chefwinzer Federico Radi.

Blick auf Montalcino

98 Brunello di Montalcino Riserva DOCG 2015
14,5 Vol.-%, NK, großes Holzfass
Leuchtendes, elegantes Rubinrot mit aufhellendem Rand. In der Nase fein gezeichnet, nach reifen Himbeeren und saftigen Zwetschken, dazu tolles Zedernholz, im Nachhall nach Blutorange und zart nach Feuerstein. Sehr saftig und ausgewogen am Gaumen, mit tollem Spannungsbogen, kommt in vielen Schichten daher, wirkt pur und präzise, drückt im Abgang nochmal auf den Gaumen, finessenreich und endlos.

96 Brunello di Montalcino DOCG 2016
14 Vol.-%, NK, großes Holzfass
Glänzendes, intensives Granatrot. Eröffnet mit Noten nach Preiselbeeren, saftigen roten Kirschen, im Hintergrund etwas Siegellack. Am Gaumen viel feinmaschiges Tannin, breitet sich gut aus, klar und geradlinig, zeigt viele Schichten, im Finale langer Nachhall, ein Langläufer.

94 Rosso di Montalcino DOC 2019
13,5 Vol.-%, NK, großes Holzfass
Leuchtendes, strahlenedes Rubinrot. Zeigt sich in der Nase fein duftig, nach reifen roten Beeren, Hagebutten, ein Hauch gedörrte Zitrusfrucht, dazu edles Holz und etwas zarte Lederwürze. Am Gaumen geschliffen und eng gewoben, mit sanft cremigem Eintritt, kommt in vielen Schichten daher, druckvoll und mit klarer, präziser Länge.

★★★★

BOSCARELLI

Via di Montenero 28, 53045 Montepulciano (SI)
T: +39 0578 767277, info@poderiboscarelli.com
poderiboscarelli.com

Ab-Hof-Verkauf: Ja
Kontakt: Nicolò und Luca De Ferrari

Egidio Corradi erwarb 1962 zwei kleine, halb verlassene Bauernhöfe in Cervognano di Montepulciano. Tochter Paola Corradi und ihr Ehemann Ippolito De Ferrari pflanzten die ersten Weinberge und bauten auch den ersten Keller. Der Geist des Unternehmens wird heute von der dritten Generation bewahrt, Luca und Nicolò De Ferrari. Schrittweise wurde neu angepflanzt, sodass heute 22 Hektar Rebfläche mit einer Pflanzdichte von 6.000-7.000 Pflanzen pro Hektar bewirtschaftet werden. Die Produktion von Poderi Boscarelli, rund 100.000 Flaschen, konzentriert sich auf den Vino Nobile, der 80 Prozent ausmacht.

93 Vino Nobile di Montepulciano Riserva DOCG 2018 SN/COL

14 Vol.-%, NK

Intensives, leuchtendes Rubinrot. Die Nase zeigt Aromen von Heidelbeeren und Pflaumen, die sich zu Veilchen und Iris entwickeln, mit feiner Würze. Am Gaumen elegant, angenehm fruchtig, leicht tanninhaltig und mit ausgewogenem Nachhall.

93 Sotto Casa Vino Nobile di Montepulciano Riserva DOCG 2018 SN/CS/ME

14 Vol.-%, NK

Leuchtendes Rubinrot mit zart aufhellendem Rand. In der Nase zunächst balsamisch, sowie nach gerösteten Haselnüssen, einem Hauch Zimt, im Nachklang reife dunkle Beeren. Am Gaumen sehr saftig, breitet sich mit toller, klarer Frucht über die Zunge, herzhaft, mit kernigem Tannin, hallt lange nach.

92 Vino Nobile di Montepulciano DOCG 2019 SN/CN3

14 Vol.-%, NK

Intensives Rubinrot. Die Nase zeigt elegante Aromen von Rosen und Veilchen, Sauerkirsche und Waldbeerenkonfitüre, Gewürzen und Lakritze. Im Mund weich und warm, umhüllend und elegant, mit einer dichten Tanninstruktur.

89 Prugnolo Rosso di Montepulciano DOC 2021 SN/MM3

13,5 Vol.-%, DIAM

Leuchtendes Rubinrot. Die Nase duftet nach Humus, Unterholz, Veilchen und kleinen roten Früchten. Im Mund zeichnet er sich aus durch leichte Bitterkeit am Gaumen, kompakte Tannine, deutliche Säure und Saftigkeit bei mittlerer Länge.

93 Costa Grande Vino Nobile di Montepulciano DOCG 2018

14 Vol.-%, NK

Leuchtendes Rubinrot mit zart aufhellendem Rand. In der Nase mit feinem Lederduft, zart nach geröstetem Malz, im Nachhall feine Erdbeeren. Am Gaumen dann sehr strahlend, saftig, mit klarer roter Beerenfrucht, endet im Finale druckvoll auf edlen Würzenoten.

92 Il Nocio Vino Nobile di Montepulciano DOCG 2018

14,5 Vol.-%, NK

Leuchtendes Rubinrot mit zart aufhellendem Rand. In der Nase etwas verhalten, am Gaumen mit schönem Schmelz und elegantem Verlauf, zeigt sich feinmaschig und dicht gewoben, im Ausklang dann etwas zehrend.

★★★★

BRANCAIA

Località Poppi 42/B, 53017 Radda in Chianti (SI)
T: +39 577 742007, brancaia@brancaia.it
brancaia.com

Ab-Hof-Verkauf: Ja
Kellermeister: Amar Amarouche
Kontakt: Andrea D'Alessio
Produktion: 80 Hektar
Anbauweise: Bio

Die Geschichte begann 1980, als die Schweizer Familie Widmer das Gut Brancaia (Castellina in Chianti) erwarb. Bruno und Brigitte Widmer beschlossen, nur noch Weine von höchster Qualität zu produzieren. Heute besitzt Brancaia 40 Hektar Weinberge im Gebiet des Chianti Classico und 40 Hektar in der Maremma, mit Weinkellern in beiden Gebieten. Tochter Barbara Widmer ist seit 1998 für die Produktion verantwortlich. Der ökologische Weinbau war für Brancaia schon immer von zentraler Bedeutung. Eine der schönsten gelernten Lektionen: Biologischer Anbau und kompromisslose Qualität sind kompatibel.

91 Rosé Toscana Rosato IGT 2021
12,5 Vol.-%, DIAM (B)

Zartes Rosa, ähnlich wie bei Rosenblüten. Zarte und angenehme Aromen, mit Nuancen von Erdbeeren, weißen Blumen und leichten Jod-Nuancen. Knackiger, frischer, leichter, sauberer Gaumen, knackige Frucht und langer, würziger, im Abgang auf Zitrus.

95 Il Blu Toscana Rosso IGT 2019 ME/SN/CS
14,5 Vol.-%, NK

Dunkles, leuchtendes Rubinrot mit zarten Violett-Tönen. In der Nase zunächst satte Holzwürze, dann leicht süßliche Anklänge von reifen Waldbeeren und reifen Amarenakirschen, ein bisschen Weihrauch, im Nachhall nach geriebenen roten Johannisbeeren. Am Gaumen mit präsentem Fruchtkern und strahlendem Verlauf, zeigt sich gleich präsent, leicht balsamische Anklänge, stoffig, aktuell noch sehr jung, wird sich sehr gut entwickeln.

95 Ilatraia Toscana Rosso IGT 2019 PV/CS/CF

Leuchtendes, intensives Rubin. Eröffnet mit leicht rauchigen Noten, dann viel Gewürze, Koriandersamen und Kardamom, schließlich dunkle Zwetschke. Satt und intensiv in Ansatz und Verlauf, öffnet sich mit zupackendem, herzhaftem Tannin, griffig, zeigt aber auch viel saftige Frucht, langer Nachhall.

93 Chianti Classico Riserva DOCG 2019 SN/ME
14 Vol.-%, NK (B)

Leuchtendes Rubinrot mit leicht aufhellendem Rand. In der Nase feine süße und klare Frucht von Herzkirsche und Pflaume, mit zart würzigem Unterton sowie leicht malzig, im Nachklang mit edler Holzwürze. Am Gaumen ausgewogen, mit feiner Eleganz, spannt sich fruchtig über die Zunge, mit packendem Tannin sowie gewissem Druck, im Nachklang herzhaft.

95 Chianti Classico Gran Selezione DOCG 2019
14,5 Vol.-%, NK (B)

Leuchtendes Rubinrot. Leuchtendes Rubinrot mit zart aufhellendem Rand. In der Nase zunächst fein lederwürzig, dann nach Pfeffer und Malz, im Nachhall feine Fruchtnuancen. Am Gaumen strahlend, sehr fruchtbetont mit feinen salzigen Noten im Unterton, zeigt ordentlich Druck, zugleich sehr elegant und finessenreich, hallt lange nach.

92 Chianti Classico DOCG 2020
14 Vol.-%, DIAM (B)

Hell schimmerndes Granatrot mit violetten Reflexen. Ausgeprägt duftend nach reifen Ribiseln und Tee, auch etwas Jasmin und feinen Wiesenkräutern. Spannt am Gaumen ein weites Kleid auf, zeigt feinen Schmelz und Rückgrat, im Finale mit guter Spannung und Zug, bleibt lange haften.

★★★

CACCIA AL PIANO

Via Bolgherese 279, 57022 Castagneto Carducci (LI)
T: +39 0565 763394, info@cacciaalpiano.it
cacciaalpiano.it

Ab-Hof-Verkauf: Ja
Kellermeister/Kontakt: Paolo Ziliani
Produktion: 18 Hektar
Anbauweise: Bio

Die Tenuta Caccia al Piano liegt inmitten von Bolgheri. Hier bietet die Kombination aus mediterranem Mikroklima und Lehm-Kalk-Boden das ideale Terroir für große Weine. Entlang der reizvollen Via Bolgherese, die zwischen Weinbergen und Olivenhainen verläuft, hat die Familie Ziliani ein neues Abenteuer begonnen und sich der Herstellung von Weinen gewidmet, die Spuren hinterlassen. Die Tenuta befindet sich in Castagneto Carducci, einem Ortsteil von Bolgheri, und entstand aus der Renovierung eines alten Jagdgutes der Adelsfamilie Della Gherardesca aus dem Jahr 1868.

Weingut Caccia al Piano

92 Lungocosta Bolgheri Bianco DOC 2020 VE2/SB
13 Vol.-%, NK, Stahltank/Barrique
Sehr helles Strohgelb mit leicht grünem Schimmer. In der Nase intensiv und vielschichtig, nach Akazie und mediterraner Macchia, im Nachhall reife gelbe Frucht. Am Gaumen frisch und saftig, gut ausbalanciert, der Holzausbau ist deutlich spürbar, langes Finale.

92 Caccia al Piano Bolgheri Superiore DOC 2019 CS/CF
14,5 Vol.-%, NK, Stahltank/Barrique/Flaschenreifung
Leuchtendes Rubinrot. In der Nase anfangs eher verhalten, dann leichte Nuancen von eingelegter Amarenakirsche, ein Hauch Thymian und feine Röstaromen vom Holzausbau, im Nachhall ein ledriger Touch. Am Gaumen saftig, gut ausbalanciert, mit samtigem Gerbstoff, hat Zug, langes Finale.

90 Ruit Hora Bolgheri Rosso DOC 2020 ME/CS/SY/PV
14 Vol.-%, NK, Stahltank/Barrique/Flaschenreifung
Intensives, leuchtendes Rubinrot. Fruchtig-floral in der Nase geprägt von reifen Kirschen, Rosenblättern und etwas Rumtopf. Weicher Gaumeneintritt, spannt sich gut auf, mit angenehmer Textur und feinem Tannin, sehr saftig und fast üppig im Finale.

★★★

BASILICA CAFAGGIO

Via S. Martino 5, 50007 Panzano in Chianti (FI)
T: +39 055 8549094, info@cafaggio.wine
cafaggio.wine

Ab-Hof-Verkauf: Ja
Kellermeister: Francesco Baldacci
Kontakt: Irene Cantini
Produktion: 200.000 Flaschen, 100 % rot, 30 Hektar
Anbauweise: Bio
Förderprogramm: EU Reg.No 1308/2013

Das Gebiet, in dem sich das Weingut Cafaggio befindet, überblickt auch eines der besten Chianti Classico Anbaugebiete, die Conca D'Oro. Die Zusammensetzung des Bodens von Conca d'Oro ist eine Mischung aus Mergel und Lehm, eine einzigartige und besondere Eigenschaft, die die Bedingungen für die in diesem Gebiet angebauten Trauben bestimmt. Der Lehm macht den Boden kompakt und brüchig und trägt dazu bei, das Wasser in der Tiefe zu halten. Er garantiert somit eine Wasserreserve, nach der die Wurzeln der Reben in einem Gebiet ohne Wasserläufe und mit trockenen Sommern suchen können.

92 Basilica Solatìo Chianti Classico Gran Selezione DOCG 2018
14 Vol.-%, DIAM, Eichenfass/Beton B V
Funkelndes Rubinrot. In der Nase nach eingelegten Sauerkirschen und reifen Waldbeeren, im Nachhall Gewürznelken. Am Gaumen mit frischer Frucht, griffiges Tannin, harmonisch, langes Finale, wirkt aber noch jugendlich.

91 Chianti Classico DOCG 2020
13,5 Vol.-%, DIAM, Eichenfass/Beton V
Sattes Granat mit rubinroten Nuancen. Feinwürzig in der Nase mit reifer Pflaume, Brombeere, Sattelleder und einem Hauch Vanille. Geradlinig am Gaumen, mit ordentlich Grip, getragen von markanter Säure bis in den langen Abgang.

91 Chianti Classico Riserva DOCG 2019
13,5 Vol.-%, DIAM, Eichenfass/Beton B V
Schimmerndes, leuchtendes Rubin mit granatroten Rändern. Filigran in der Nase, mit feiner Holzwürze, klarer Frucht auf Kirsche und Maulbeeren, etwas Efeu und einem Hauch Räucherspeck. Weich und schmeichlerisch beim Gaumeneintritt, mit breitmatschigem, präsentem Tannin, zieht sich durch mit feiner Vanillenote ins mittellange Finale.

92 Basilica San Martino Chianti Classico Gran Selezione DOCG 2018
14 Vol.-%, DIAM, gebrauchte Barriques/Beton B V
Funkelndes Rubin mit leicht aufhellendem Rand. In der Nase nach reifer Amarenakirsche und schwarzen Waldbeeren, im Nachhall eine ledrige Note, wirkt leicht animalisch. Am Gaumen fruchtbetont, mit feingliedrigem Gerbstoff, saftig und gut ausbalanciert, kraftvoll, langes Finale.

92 Basilica del Cortaccio Cabernet Sauvignon Toscana Rosso IGT 2018
14 Vol.-%, DIAM, gebrauchte Barriques/Beton B V
Dunkelleuchtendes Rubinrot. In der Nase von mittlerem Ausdruck, zarte Pfeffer- und Lederwürze, dunkle Beeren. Am Gaumen mit engmaschigem Tannin und würziger, dunkler Beerenfrucht, spannt sich schön über die Zunge, warmherzig und satt, mit Nachdruck.

90 Basilica del Pruneto Toscana IGT 2018 CS/ME/CF
13 Vol.-%, DIAM, gebrauchte Barriques V
Leuchtendes, intensives Rubinrot. Zurückhaltend in der Nase nach Sauerkirsche und floralen Noten. Am Gaumen trocken und direkt, mit gutem Zug, dezentem Gerbstoff, lebendiger Säure, knackiger Frucht, bei mittellangem Abgang.

★★★★

IL CAGGIO

Il Caggio, 53011 Castellina in Chianti (SI)
T: +39 0577 73571, wine@ipsus.it
ipsus.it

Kellermeister: Gionata Pulignani
Kontakt: Giovanni Mazzei
Produktion: 6.5 Hektar
Förderprogramm: EU Reg.No 1308/2013

Ipsus ist aus der Kombination eines für den Anbau von Sangiovese-Reben idealen Bodens und der Leidenschaft einer Adelsfamilie entstanden, die sich seit 1435 dem Weinbau widmet. In Castellina in Chianti gelegen, ist Il Caggio ein mittelalterlicher Weiler, umgeben von sanften Hügeln. Der himmlische »Clos« zog die Aufmerksamkeit der Familie Mazzei auf sich. Aus diesen 6,5 Hektar, die das Herzstück der 150 Hektar bilden, hat die Familie einen außergewöhnlichen Wein gekeltert. Il Caggio liegt zwischen 320 und 350 Metern über dem Meer und hat die perfekten Eigenschaften für einen spektakulären Sangiovese.

98 Ipsus Chianti Classico Gran Selezione DOCG 2015
13,5 Vol.-%, NK
Funkelndes, sattes Rubin-Granat, sehr lebendig. Eröffnet in der Nase mit Noten nach Preiselbeeren und Zwetschken, dahinter feine salzige Noten, etwas getrocknete Tomaten. Am Gaumen ungeheuer energievoll, viel feinmaschiges Tannin, kompakte Frucht, sehr gute Spannung, sehr langer Nachhall, kraftvoll, aber auch mit tollem Trinkfluss.

98 Ipsus Chianti Classico Gran Selezione DOCG 2016
13,5 Vol.-%, NK
Aufhellendes, funkelndes Rubinrot. In der Nase ausdrucksstark und einladend, auf frischen Walderdbeeren, Blutorangen, dazu feine blumige Anklänge, im Nachhall nach reifem roten Pfirsich, edler, kaum wahrnehmbarer Holzeinsatz. Am Gaumen äußerst geschliffen und elegant, spannt einen weiten, saftigen, Bogen, viele Schichten, sanfter, anhaltender Druck, feine Salzigkeit im Ausklang mit langem Finish.

96 Ipsus Chianti Classico Gran Selezione DOCG 2018
14 Vol.-%, NK
Leuchtendes Rubinrot mit zart aufhellendem Rand. In der Nase duftend, nach Zedernholz, Kirschen, dazu feiner Marzipan, ein Hauch gedörrtes Rosenblatt. Öffnet sich geschliffen und klar am Gaumen, dazu spannende, salzige Töne, kompakte Säure mit zart wahrnehmbarem Holzeinsatz schmücken das Bukett, wirkt sehr energiereich und strahlend, wird gut reifen.

★★★★

CAIAROSSA

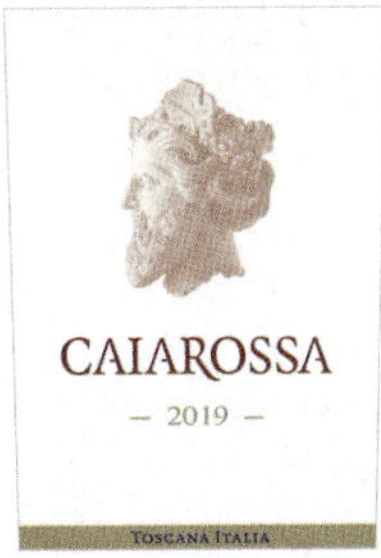

Via per Montescudaio 59, 56046 Riparbella (PI)
T: +39 586 699016, info@caiarossa.it
caiarossa.com

Ab-Hof-Verkauf: Ja
Kellermeister: Francesco Villa, Marco Lipparini
Kontakt: Roberta Palma
Anbauweise: Bio-dynamisch

Caiarossa liegt nahe am Dorf Riparbella, wenige Kilometer vom Meer entfernt. Der Betrieb verfügt über 100 Hektar, davon 37 mit Reben bepflanzt. Die 60 Parzellen – auf denen 7 rote und 4 weiße Sorten angebaut werden – werden nach Bodenbeschaffenheit, Höhenlage und Exposition unterschieden.

Seit 2004 ist das Anwesen im Besitz der Familie Albada Jelgersma, die seit den 1970er Jahren in der Weinwelt tätig ist und auch das Château Giscours in Margaux besitzt. Während im Weinberg die Biodynamik im Vordergrund steht, kommt die Inspiration im Keller von der orientalischen Disziplin des Feng Shui.

91 Caiarossa Toscana Bianco IGT 2020 VI/CH
13 Vol.-%, NK Ⓑ
Funkelndes, helles Strohgelb. Klare und fein gezeichnete Nase mit Noten nach frischer Ananas, Pfirsich und Marille. Zeigt am Gaumen betont salzige Noten, frische, präsente Frucht, funkelt, im Finale nach mediterranen Kräutern.

96 Caiarossa Toscana Rosso IGT 2019 SY/CS/ME/CF/PV/SN/GN
14,5 Vol.-%, NK Ⓑ
Funkelndes, sattes Rubin mit leichtem Violettschimmer. Eröffnet mit Noten nach kaltem Rauch, leicht metallische Komponenten, dahinter nach Heidelbeeren und Preiselbeeren, etwas Pfeffer. Zupackendes, stoffiges Tannin, öffnet sich in vielen Schichten, im Finale feine Lakritznoten.

94 Aria di Caiarossa Toscana Rosso IGT 2019 CS/ME/CF/SY/GN
14 Vol.-%, NK Ⓑ
Sattes, undurchdringliches Rubinrot mit leicht aufhellendem Rand. In der Nase vielschichtig und komplex, nach reifen Waldbeeren und Pflaume, im Nachhall Anklänge von Eisenkraut, Bitterschokolade und nassem Leder. Am Gaumen stoffig und kraftvoll, mit feinem Tanningerüst, würzig und mit lang anhaltendem Finale.

92 Pergolaia Toscana Rosso IGT 2019 SN/CS/ME
14 Vol.-%, NK Ⓑ
Mittleres Rubinrot mit leicht aufhellendem Rand. In der Nase am Anfang verhalten, dann Töne von reifer Kirsche, Walderdbeere und Ribisel, im Nachhall Anklänge von Veilchen, wirkt leicht eisig. Am Gaumen elegant und mit geschmeidigem Tannin, vielschichtig und mit langem und spannendem Abgang.

★★★

CAMIGLIANO

Via d'Ingresso 2, 53024 Montalcino (SI)
T: +39 577 844068, info@camigliano.it
camigliano.it

Ab-Hof-Verkauf: Ja
Kontakt: Gualtiero Ghezzi
Produktion: 100 Hektar

Camigliano wurde im Jahr 1957 von dem der Landwirtschaft sehr zugetanen Unternehmer Walter Ghezzi erworben und auf die Produktion von Qualitätsweinen, insbesondere von Brunello di Montalcino, umgestellt. Sein Sohn Gualtiero und dessen Familie haben sich um die Modernisierung des Betriebes und die Aufwertung des Gebietes bemüht. Im Jahr 2014 begann das Weingut außerdem mit der Herstellung von Weinen mit biologischen Methoden, die Herbizide wurden seither vollständig durch mechanische Bearbeitung zwischen den Reihen und auch durch manuelle Intervention in den jüngeren Weinbergen ersetzt.

89 Gamal Vermentino Toscana IGT 2021
13 Vol.-%, KK, Stahltank S V
Helles Strohgelb mit silbernen Reflexen. Verhalten in der Nase mit einem Hauch von grünem Apfel und etwas Jasminblüte. Spritziger Eintritt, im Trunk aber sonst eher schmal, mit angenehmer Säure, saftig und leicht salzig im Finale.

95 Gualto Brunello di Montalcino Riserva DOCG 2016
14,5 Vol.-%, NK, Eichenfass/Beton/Stahltank S V
Leuchtendes Rubinrot. Herzhafte und einladende Nase nach saftigen Kirschen und Blutorangen, dazu feine weiße Pfeffertöne, getrocknete Tomate im Nachklang. Am Gaumen sehr saftig und sehr klar, zeigt sich mit feinem Schmelz und viel Saft, im langen Finale finessenreich und elegant.

94 Paesaggio Inatteso Brunello di Montalcino DOCG 2017
15 Vol.-%, NK, Eichenfass/Beton/Stahltank B S V
Rubinrot im Kern mit granatrotem Rand. In der Nase nach reifen Sauerkirschen und Brombeeren, im Nachhall leicht würzig und nach Tabak. Am Gaumen saftig und mit klarer roter Frucht, mit gut eingebundenem und weichem Gerbstoff, elegant und harmonisch, vielschichtig und mit langem Finale.

91 Rosso di Montalcino DOC 2020
14,5 Vol.-%, NK, Eichenfass/Stahltank B S V
Leuchtendes Rubin mit granatrotem Rand. In der Nase ausgeprägt nach saftiger Kirsche, Unterholz, mit leicht ätherischer Note. Seidig am Gaumen, saftig und guter Frische, gut eingebautem, kompaktem Tannin, mit feiner Fruchtnote bis ins lange Finish.

89 Camigliano Brunello di Montalcino DOCG 2017
15 Vol.-%, NK, Eichenfass/Beton/Stahltank B S V
Leuchtendes Rubinrot. In der Nase einladend nach reifen Kirschen, reifen Erdbeeren, leicht balsamische Komponenten, Minze. Am Gaumen mit wahrnehmbarem Holzeinsatz, reifer, roter Beerenfrucht und leicht harzigen Tönen, im Finale dann leider austrocknend.

88 Poderuccio Rosso Toscano IGT 2020
14 Vol.-%, KK, Eichenfass B S V
Tiefdunkles, beinahe undurchdringliches Purpurrot. In der Nase leicht reduktiv, mit Noten von frischer Brombeere und Veilchen. Am Gaumen frisch und direkt, mit gutem Zug, dezentem Gerbstoff, etwas schmal und unpräzise in der Frucht.

★★★

CAMPO ALLA SUGHERA

Loc. Caccia al Piano 280, 57022 Bolgheri (LI)
T: +39 565 766936, info@campoallasughera.com
campoallasughera.com

Ab-Hof-Verkauf: Ja
Produktion: 16.5 Hektar

Campo alla Sughera wurde 1998 von der deutschen Unternehmerfamilie Knauf gegründet, die seit langem in der Toskana geschäftlich tätig ist. Heute ist das Weingut eine der bekanntesten Ausdrucksformen des lokalen Geistes von Bolgheri: der mergelige Boden, der reich an Mineralien ist, das Meer, das einen starken Einfluss auf das Mikroklima hat und die Zeit, die die Entwicklung der Weine ermöglicht. Campo alla Sughera vereint all diese Elemente dank einer sorgfältigen, nachhaltigen und manuellen Bewirtschaftung der Weinberge, die in Mikrolagen unterteilt wurden, von denen jede separat vinifiziert wird.

91 Arioso Vermentino Toscana IGT 2021
13 Vol.-%, DIAM
Leuchtendes, funkelndes Strohgelb. In der Nase nach Wiesenkräutern, Kamille, etwas Muskat, dann Zitrusfrüchte, etwas Banane im Hintergrund. Am Gaumen mit feinen Noten nach Pfirsich, zeigt sanfte Struktur, im Finale saftig, ausgewogen, trinkt sich gut.

93 Arnione Bolgheri Superiore DOC 2017 CS/ME/CF/PV
14,5 Vol.-%, NK
Dunkelleuchtendes Rubinrot, satt. In der Nase zunächst deutlicher Holzeinsatz merkbar, dann kalkige Töne, dunkle Beerenfrucht und Leder, im Nachhall etwas Lakritze. Am Gaumen dicht, mit griffigem, leicht weitmaschigem Tannin, zeigt viel Druck, braucht noch viel Geduld.

93 Campo alla Sughera Toscana Rosso IGT 2018 PV/CF
14,5 Vol.-%, NK
Dunkelleuchtendes Rubinrot. In der Nase nach Brombeeren, Kaffeesatz, Leder, Edelholz, auch etwas Cassis, im Nachhall würzig. Am Gaumen mit geschliffenem Eintritt, zeigt saftigen Kern, dunkle Frucht umwoben von präsentem, packendem Tannin, verlangt nach einer herzhaften Speise, will noch lange lagern.

91 Adèo Bolgheri Rosso DOC 2020 CS/ME
14,5 Vol.-%, NK
Dunkelleuchtendes Rubinrot. In der Nase zunächst mit toller Beerenfrucht, Preiselbeeren, Waldbeeren, dazu feine harzige Nuancen. Am Gaumen mit feiner Würze und klarer Frucht, auch saftig, im Finale dann etwas weitmaschig und nachtrocknend.

★★★★

CANALICCHIO DI SOPRA

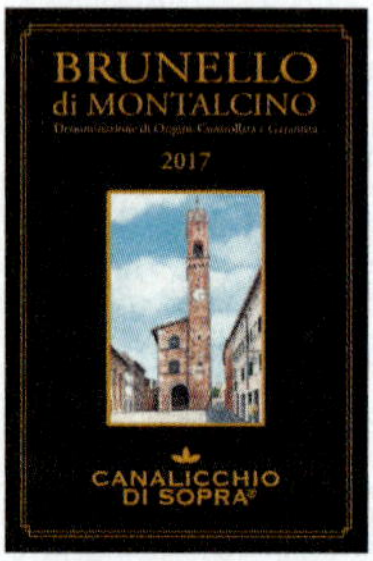

Loc. Cassaccia, 73, 53024 Montalcino (SI)
T: +39 0577 848316, info@canalicchiodisopra.com
canalicchiodisopra.com

Ab-Hof-Verkauf: Ja
Kellermeister: Francesco Pacenti
Produktion: 19 Hektar

Canalicchio di Sopra – das sind 60 Hektar Land am Nordosthang des Montalcino-Hügels, wovon mit 19 Hektar Weinbergen ein Drittel unter Reben steht. In einem Umfeld, das reich an Biodiversität und landschaftlicher, natürlicher Schönheit ist, und welches seit 2004 sogar zum Unesco-Kulturerbe zählt. Das pulsierende Herz von Canalicchio di Sopra ist seit 1962 ein aktiver Teil der qualitativen Entwicklung von Montalcino und das Ergebnis von drei Generationen Winzern, die ihr Handwerk mit Leidenschaft und Know-how ausüben.

96 Brunello di Montalcino Riserva DOCG 2016
14,5 Vol.-%, NK, Stahltank/Eichenfass
Kraftvolles, dunkles Granatrot. Eröffnet in der Nase mit Noten nach Malzkaffee, Dörrpflaume und reifen Waldhimbeeren. Herzhaftes und griffiges Tannin am Gaumen, breitet sich satt aus, schöne gereifte Frucht, zeigt guten Druck im Finale.

95 Brunello di Montalcino DOCG 2017
14,5 Vol.-%, NK, Stahltank/Eichenfass
Leuchtendes, intensives Granatrot. Intensive Nase mit ausgeprägten Noten nach reifen Zwetschken, Rosenblättern, dazu feines Leder. Am Gaumen überaus saftige Frucht, dunkle Kirschen und Zwetschken, griffiges, herzhaftes Tannin.

94 La Casaccia Brunello di Montalcino DOCG 2017
14,5 Vol.-%, NK, Stahltank/Eichenfass
Strahlendes Rubingranat mit aufhellendem Rand. Duftige und ansprechende Nase mit Noten nach Rosenblättern, frischen Zwetschken und knackigen Kirschen. Am Gaumen gute Präsenz, kerniges, dichtes Tannin, feine Kirschfrucht, im Finale noch etwas rau.

93 Rosso di Montalcino DOC 2020
14,5 Vol.-%, NK, Stahltank/Eichenfass
Dunkles, leuchtendes Rubinrot. In der Nase nach satten Waldfrüchten, reifen Kirschen und einem Hauch Milchschokolade. Am Gaumen geschliffen und mit herzhaftem Tannin, zeigt tolle Spannung, satte Frucht, im Nachhall mit schön eingebundener Säure und feinem Nachdruck.

★★★★

DEI

Via di Martiena 35, 53045 Montepulciano (SI)
T: +39 0578 716878, info@cantinedei.com
cantinedei.com

Ab-Hof-Verkauf: Ja
Kellermeister: Paolo Caciorgna
Kontakt: Maria Caterina Dei, Elisa Francini

Alles begann im Jahre 1964, als Alibrando Dei beschloss, Ländereien in Bossona zu kaufen und dort seinen ersten Weinberg anzulegen. Hier entdeckte er einen außergewöhnlichen Ort, der ideal für die Herstellung großer Rotweine ist. In den 1970er Jahren wurde der Besitz durch den Kauf der Villa Martiena und der umliegenden Weinberge erweitert. 1985 wurde schließlich die erste von der Familie Dei signierte Flasche Vino Nobile di Montepulciano freigegeben. Seitdem hat die Familie die große Leidenschaft für den Wein weitergeführt.

90 Martiena Toscana IGT 2021 MA2/CH/GR6/SB
13 Vol.-%, NK, Stahltank
Blass strohgelb und leuchtend. Zart und leicht in der Nase. Er präsentiert frische Noten von gelben Früchten, Zitronenschalen und weißen Blumen. Im Trunk frisch, mineralisch und von einer angenehmen Säure getragen.

89 Rosa Toscana IGT 2021
14 Vol.-%, NK, Stahltank
Leuchtendes Blassrosa. In der Nase zeigen sich Noten von reifen roten Beeren und frischen Blumen. Am Gaumen saftig mit zarter Frucht und unkompliziertem Trunk.

93 Bossona Vino Nobile di Montepulciano Riserva DOCG 2017
15,5 Vol.-%, NK, Tonneau Fass
Dunkles Rubinrot mit granatroten Reflexen. In der Nase intensiv nach reifen Sauerkirschen und satten Pflaumen, dann helles Malz, im Nachklang eine balsamische Note. Am Gaumen mit viel Frucht und spannendem Verlauf, breitet sich mit Druck über die Zunge aus, langes und fruchtbetontes Finale.

94 Madonna della Querce Vino Nobile di Montepulciano DOCG 2017
15 Vol.-%, NK, großes Holzfass
Leuchtendes, mittleres Rubinrot mit granatroten Reflexen. In der Nase intensiv nach reifer Brombeere, satter Kirsche und eingelegter Zwetschke, im Hintergrund fein nach Lakritze und Leder. Kraftvoll am Gaumen, mit viel reifer Frucht und geschmeidiges Tannin, im langen Finale fester Druck.

93 Vino Nobile di Montepulciano DOCG 2019 SN/CN3
14,5 Vol.-%, NK, großes Holzfass
Leuchtendes Rubinrot mit granatroten Reflexen. In der Nase am Anfang eher verhalten, dann nach satten Himbeeren, Orangen und Hagebutten, im Nachhall leicht würzig. Am Gaumen saftig, mit klarer Frucht und gut eingebundenem Gerbstoff, langer Abgang.

★★★★

CAPANNA

Loc. Capanna 333, 53024 Montalcino (SI)
T: +39 0577 84 82 98, info@capannamontalcino.com
capannamontalcino.com

Ab-Hof-Verkauf: Ja
Kontakt: Familie Cencioni
Produktion: 20 Hektar

Das Weingut Capanna, das sich seit 1957 im Besitz der Familie Cencioni befindet, liegt in Montosoli, nördlich von Montalcino. Die Produktion, die anfangs nur einige tausend Flaschen betrug, wurde durch die Anpflanzung neuer Weinberge erhöht. 1975 begann der Export des Brunello di Montalcino DOC – Capanna 1970 – nach Deutschland; in den folgenden Jahren wurden neue Märkte erschlossen: USA, Kanada, Schweiz, Belgien, Holland, Japan, Österreich, Polen, Dänemark. Das Weingut wird heute von Amedeo Cencioni in der vierten Generation geführt.

90 Sangiobì Bianco Toscano IGT 2021
13,5 Vol.-%, NK, Eichenfass
Helles, leuchtendes Strohgelb. In der Nase deutliche Noten von Zitrusfrüchten, Glyzinien, weißem Fruchtfleisch und Anklängen Meersalz. Leichter, angenehmer, frischer Geschmack saftigem Swing und langem Zitrusabgang.

98 Brunello di Montalcino Riserva DOCG 2016
15 Vol.-%, NK, Eichenfass
Kraftvolles, funkelndes Granatrot. Satte, sehr ansprechende Nase mit Noten nach reifen Himbeeren und frischen Zwetschken, etwas Lakritze und feine Gewürznoten im Hintergrund. Griffiges, feinmaschiges Tannin am Gaumen, baut sich in vielen Schichten auf, salzig, gute Spannung, im Finale sehr langer Nachhall.

93 Brunello di Montalcino DOCG 2017
15 Vol.-%, NK, Eichenfass
Leuchtendes Rubinrot. Feine Würze in der Nase, dann nach reifen Preiselbeeren, Kirschen, unterlegt von einem Hauch Minze. Am Gaumen präsent und mit zartem Schmelz, rollt sich herzhaft auf der Zunge ab, leichte Austrocknung im Nachklang.

93 Nicco Brunello di Montalcino DOCG 2017
15 Vol.-%, NK, Eichenfass
Leuchtendes Rubinrot mit zart aufhellendem Rand. In der Nase nach feinen Orangen, reifen Preiselbeeren, Himbeeren, im Nachhall feine Lederwürze. Am Gaumen mit griffigem Tannin, gut eingebundenem Holz, zeigt gute Spannung und zarten Saft, wird im Nachhall dann leider etwas trocknend.

92 Rosso di Montalcino DOC 2020
14,5 Vol.-%, NK, Eichenfass
Dunkel leuchtendes Rubinrot. In der Nase nach feiner Waldfrucht, reifen Himbeeren und zarter Würze. Am Gaumen saftig, klar und fruchtig, zeigt rassige Säure im Nachhall, trinkt sich sehr gut.

92 Moscadello di Montalcino Vendemmia Tardiva DOC 2018
14,5 Vol.-%, NK, Eichenfass
Bernsteinfarben. In der Nase intensiv nach kandiertem Apricot, reifen Birnen und Akazienhonig, im Nachhall ein Touch Muskat und ein Hauch Pfeffer. Am Gaumen süß, frisch und saftig, wärmend, gute Balance zwischen Süße und Säure, vielschichtig, mit langem Nachhall.

★★★

CAPANNELLE

Loc. Capannelle 13, 53013 Gaiole in Chianti (SI)
T: +390577 74 5 11, info@capannelle.com
capannelle.it

Ab-Hof-Verkauf: Ja
Kellermeister: Simone Monciatti
Kontakt: Federico Oldano
Produktion: 16 Hektar

Die Geschichte von Capannelle begann 1974, als Raffaele Rossetti in ein Bauernhaus aus dem 17. Jahrhundert einzog, das von 10,5 Hektar Land umgeben ist. Er begann mit der Neuanpflanzung von 3,5 Hektar Weinbergen mit Sangiovese, Canaiolo, Colorino und Malvasia nera. Das erste Etikett stammt von 1975: Es handelt sich um einen Tafelwein namens Capannelle. 1977 wurden Barriques eingeführt, die innerhalb weniger Jahre zum Kult wurden. 1986 begann das Experimentieren mit Weißwein: Nach zwei Jahren entstand der Capannelle Chardonnay, der in Barriques vergoren und ausgebaut wird.

91 Oroblanco Chardonnay Toscana IGT 2019
13,5 Vol.-%, NK
Mittleres, leuchtendes Goldgelb. In der Nase Duft von reifer Ananas, Mango und Orangenzeste sowie Noten von Mandeln und etwas Karamell. Am Gaumen sehr gute Frische mit angenehmem Trinkfluss, gute Länge und ganz leichter Bitterkeit im Nachhall.

93 Chardonnay Toscana IGT 2019
14,5 Vol.-%, NK
Mittleres leuchtendes Goldgelb. In der Nase Blütenduft von Ginster, Noten von Honig sowie exotische Früchte. Am Gaumen schöne Frische und angenehme Saftigkeit, sehr gut integrierter Holzeinsatz, fruchtbetont und leicht salzig im langen Nachhall.

93 Solare Toscana Rosso IGT 2016 SN/MAN
13,5 Vol.-%, NK
Leuchtendes mittleres Granatrot mit leicht aufhellenden Rändern. In der Nase Noten von Pflaumen, Vollmilchschokolade, gepaart mit leichter Holzwürze. Am Gaumen mit feiner Tanninstruktur, knackiger Säure und lang im Nachhall.

93 Avignonesi Capannelle 50 e 50 Rosso Toscana IGT 2018 SN/ME
14 Vol.-%, KR
Rubinrot mit leichten granatroten Reflexen. In der Nase zeigen sich pflanzliche und blumige Noten von Rosen und Veilchen, gefolgt von Anklängen an reife rote Beeren. Am Gaumen kräftig und satt mit einem saftigen und anhaltenden Abgang.

90 Chianti Classico Riserva DOCG 2018
13 Vol.-%, NK
Leuchtendes Rubinrot mit granatrotem Schimmer. In der Nase nach satten Waldbeeren und Brombeeren, im Nachhall nach hellem Leder und dezenter Würze. Am Gaumen fruchtbetont, mit feinem Gerbstoff, salzig, wirkt noch sehr jung und im Finale etwas austrocknend.

★★★

CAPRILI

Podere Caprili 268, 53024 Montalcino (SI)
T: +39 0577 84 85 66, info@caprili.it
caprili.it

Ab-Hof-Verkauf: Ja
Kontakt: Familie Bartolommei
Produktion: 85.000 Flaschen

Die Familie Bartolommei ließ sich zu Beginn des letzten Jahrhunderts in der Gemeinde Montalcino nieder. Im Jahr 1911 zog sie nach Podere Poggi und bewirtschaftete das Land in Teilpacht. 1965 beschloss die Familie unter Alfo Bartolommei, das Anwesen von der Familie Castelli-Martinozzi zu kaufen. Im selben Jahr wurde der erste Weinberg gepflanzt, der noch heute »Madre« heißt und von dem die Klone für die neuen Weinberge des Unternehmens stammen. Die erste Flasche des Brunello di Montalcino von Caprili war der Jahrgang 1978, der 1983 auf den Markt kam.

Sonnenaufgang am Tag der Lese
am Weingut Caprili

93 Brunello di Montalcino DOCG 2017
14 Vol.-%, NK
Leuchtendes Rubinrot. In der Nase nach hellem Leder, Tabak, feinen Amarenakirschen und Hagebutten. Am Gaumen herzhaft und mit klarer Frucht, breitet sich schön aus, mit Finesse, spannt einen schönen Bogen.

92 Rosso di Montalcino DOC 2020
14,5 Vol.-%, NK
Leuchtendes Rubinrot. In der Nase nach Waldbeeren, reifen Kirschen, Unterholz, sanft nach Tabak und dunklem Leder. Zeigt sich am Gaumen mit sattem Schmelz und eng gewobenem Tannin, noch jugendlich, im Finale saftig und auf fruchtigen Waldbeernuancen.

★★★★

TENUTA DI CARLEONE

Tenuta di Carleone

. CHIANTI CLASSICO .

Loc. Castiglioni 5, 53017 Radda in Chianti (SI)
T: +39 391 3965118, office@carleone.it
tenutadicarleone.com

Ab-Hof-Verkauf: Ja
Kellermeister: Sean O'Callaghan
Kontakt: Sean O'Callaghan, Dominic Probst
Produktion: 30 Hektar
Anbauweise: in Umstellung

Das Weingut »Tenuta di Carleone« wurde im Jahr 2012 von der Linzer Unternehmerfamilie Egger gegründet. Besonderen Wert legt das Weingut auf die biologische und biodynamische Behandlung seiner Produkte, was bedeutet, dass den Weinen nichts zugeführt wird – keine Hefe und keine Klärmittel. Das Ziel ist es, ehrliche und lebenswerte Produkte zu kreieren. Das gesamte Anwesen, das eine Fläche von etwa 100 Hektar umfasst, besteht aus bewaldeten Hügeln, kleinen Flüssen und fruchtbaren Ebenen. Dazwischen befinden sich etwa 30 Hektar hauptsächlich Sangiovese-Weinberge und einige Olivenbäume.

90 Rosato Toscana IGT 2021
12 Vol.-%, DV, Stahltank
Leuchtendes, intensives Zwiebelschalenfarben mit pinkfarbenen Nuancen. Zurückhaltend in der Nase mit Anklängen von Himbeeren und Thymian. Mit gutem Grip am Gaumen, saftig, dezent nach Sauerkirsche.

95 Il Guercio Toscana Rosso IGT 2020
12,5 Vol.-%, NK, Beton
Funkelndes, aufhellendes Rubin mit lichtem Rand. Eröffnet mit Noten nach Zimt und Gewürznelken, dann viel Himbeere, etwas dunkle Kirschen. Seidig und geschliffen in Ansatz und Verlauf, feine Himbeernote, sehr saftig, öffnet sich mit feinmaschigem Tannin in vielen Schichten, im Finale fester Druck, kernig.

94 Uno Toscana Rosso IGT 2019
13,5 Vol.-%, NK, Beton/Stahltank/Barrique
Funkelndes Rubin mit aufhellendem Rand. sehr duftig und ansprechend in der Nase, nach Gojibeeren, Granatapfel, dazu etwas Pflaumen, klar und präsent. Saftig in Ansatz und Verlauf, entfaltet sich mit griffigem, herzhaftem Tannin, feine salzige Noten, im Finale fester Druck.

93 Chianti Classico DOCG 2019
13,5 Vol.-%, NK, Stahltank/Beton/großes Holzfass
Leuchtendes Rubinrot mit schimmerndem Kern. Fruchtbetont, elegant in der Nase auf Himbeere und kleine Walderdbeeren, begleitet von feiner Holzwürze. Druckvoll beim Eintritt, spannt sich sehr gut über den ganzen Gaumen, schönes Wechselspiel von rassiger Säure und griffigem Tannin, mit viel Zug bis in den anhaltenden Abgang.

91 Il Randagio Toscana Rosso IGT 2019 CF/ME
13,5 Vol.-%, NK, Beton
Leuchtendes Rubinrot. In der Nase intensiv und duftig nach Kirschen, Walderdbeeren und Blutorangen, im Nachhall fleischig und ledrig. Am Gaumen mit knackiger Säure, salzig, trinkig, gut ausbalanciert, im Finale wirkt das Tannin leicht austrocknend.

★★★★

PODERE IL CARNASCIALE

Podere il Carnasciale, 52020 Mercatale Valdarno (AR)
T: +39 055 9911142, contact@caberlot.eu
caberlot.eu

Kellermeister: Marco Maffei
Kontakt: Moritz Rogosky
Anbauweise: Bio

Der bekannteste Wein des Familienbetriebs ist der Il Caberlot. Keine Cuvée, sondern eine Sorte, die aus einer natürlichen Kreuzung von Cabernet und Merlot, der Caberlot-Traube, entstammt. Eine Rebschule bei Piacenza war die Entdeckerin dieses besonderen Phänomens. Die Trauben für den Il Caberlot werden von Hand gelesen und in einer traditionellen Handpresse verarbeitet. Sobald die Gärung abgeschlossen ist, wird der Wein 18 Monate in Barrique Fässern ausgebaut. Der erste Jahrgang »Il Caberlot« entstand 1988 auf damals 0,3 Hektar Rebfläche.

Moritz Rogosky,
Podere Il Carnasciale

96 Il Caberlot Toscana Rosso IGT 2018
13,5 Vol.-%, NK
Glänzendes Rubin-Violett. Eröffnet mit betont würzigen Noten, nach Kardamom und Koriandersamen, etwas Lorbeerblatt, dann viel knackige Johannisbeere. Herzhaftes, zupackendes Tannin am Gaumen, kernig, gut herausgearbeitete dunkle Beerenfrucht, schwingt lange nach, hat von etwas Zeit in der Flasch noch profitiert.

94 Carnasciale Toscana Rosso IGT 2019
13,5 Vol.-%, NK
Funkelndes, dunkles Rubin-Violett. Würzige Nase mit Noten nach Paprika, etwas Geranienblatt dann viel dunkle Johannisbeere. Am Gaumen nach weißem Pfeffer, herzhaftes Tannin, griffig, fließt mit Spannung dahin, im Finale erdige Töne.

92 Ottantadue Sangiovese Vald'Arno di Sopra DOC 2019
13,5 Vol.-%, NK
Aufhellendes, funkelndes Rubinrot. In der Nase pfefferwürzig und aktuell von zarter Reduktion geprägt, nach etwas Luft nach frischen Himbeeren. Am Gaumen klar und strahlend, hat enorm viel Saft und Frucht, kernig und salzig bis ins Finale, sehr gut gelungen dieses Jahr.

★★★

CARPINETA FONTALPINO

Loc. Carpineta – Montaperti
53019 Castelnuovo , Berardenga (SI)
T: +39 0577 369219, office@carpinetafontalpino.it
carpinetafontalpino.it

Ab-Hof-Verkauf: Ja
Kellermeister: Gioia Cresti
Kontakt: Filippo Cresti
Produktion: 100.000 Flaschen, 28 Hektar
Anbauweise: Bio

Carpineta Fontalpino befindet sich im Herzen der Toskana, in der Nähe des wunderschönen Siena. Italo Cresti, der Vater von Gioia und Filippo, beschloss 1967, an seine Berufung zu glauben und diese zu verwirklichen, und so gründete er das Unternehmen, das er mit viel Liebe und Hingabe führte. Die Weinberge sind mit Sangiovese, Merlot und Cabernet Sauvignon bestockt, aber auch mit anderen ausgewählten Rebsorten wie Petit Verdot und Alicante. Dank der Lage an der Grenze zwischen verschiedenen Weinbaugebieten erzeugt das Weingut neben dem Supertuscan IGT auch Chianti Classico und Chianti Colli Senesi DOCG.

90 ● Boulé Metodo Classico VSQ Brut
12,5 Vol.-%, PK, Flaschengärung
Sattes Strohgelb mit goldigen Reflexen und feinkörniger Perlage. In der Nase nach reifem Apfel und Birne, im Nachhall Anklänge von Zitrusfrüchten, Hefe und Brotkruste. Am Gaumen sehr frisch und saftig, mit angenehmer Perlage, gut ausbalanciert, mittellanges Finale.

91 Chianti Colli Senesi DOCG 2020
14 Vol.-%, NK, Beton
Rubinrot. In der Nase nach roten Früchten, Kirsche, Johannisbeere und Unterholz. Am Gaumen intensiv und ausgewogen mit gut eingebundenen Tanninen. Anhaltender Abgang.

90 Do Ut Des Toscana IGT 2018 PV/ME/CS
14 Vol.-%, NK, Beton/Barrique Ⓑ
Sattes Rubinrot mit aufhellendem Rand. In der Nase nach Tomatenblatt und grüner Paprika, im Nachhall leicht würzig, nach Lakritze und überreifen Sauerkirschen. Am Gaumen mit viel dunkler Frucht und feinkörnigem Gerbstoff, im Nachhall etwas austrocknend.

91 Fontalpino Chianti Classico DOCG 2020
14 Vol.-%, NK, Beton/Tonneau Fass
Rubinrot mit Violett. Intensive Nase, fein gezeichnet nach roten Früchten und einigen blumigen Nuancen. Am Gaumen frisch, fruchtig, auch saftig, mit weichem Tannin und langem Finish.

91 Vigna Dofana Chianti Classico Gran Selezione DOCG 2018
14 Vol.-%, NK, großes Holzfass Ⓑ
Edel leuchtendes Rubinrot. In der Nase saftige Kirschfrucht, auch nach Zwetschken, erinnert im Nachhall an Veilchen, dazu etwas Zimt. Am Gaumen saftig, mit klarem Fruchtkern, zeigt im hinteren Bereich noch leicht sperriges Tannin, mit zarter Nachtrocknung.

89 Vigna Montaperto Chianti Classico Gran Selezione DOCG 2018
14 Vol.-%, NK, großes Holzfass Ⓑ
Sattes Rubinrot mit leicht aufhellendem Rand. In der Nase nach sehr reifen Pflaumen und Sauerkirschen, etwas Rumtopf im Nachhall. Am Gaumen mit viel satter Frucht, breitet sich weit auf, im Finale dann leider etwas austrocknend.

★★★

CASA EMMA

S.P. di Castellina in Chianti, 3-5-7
50028 Barberino Tavarnelle (FI)
T: +390558 07 22 39, casaemma@casaemma.com
casaemma.com

Ab-Hof-Verkauf: Ja
Kontakt: Marco Salvadori
Produktion: 28 Hektar

Casa Emma ist ein Weingut im Herzen des Chianti Classico, in San Donato in Poggio auf einer Höhe von 430 Metern über dem Meeresspiegel. Die Weinkellerei wurde 1969 gegründet, als Fiorella Lepri beschloss, das Weingut von der florentinischen Adeligen Emma Bizzarri zu kaufen, wobei der Name und die historischen Wurzeln des Weinguts beibehalten wurden. Casa Emma ist heute noch im Besitz der Familie und zeichnet sich durch seine ursprüngliche Lage aus, umgeben von 28 Hektar Weinbergen und 1.000 Olivenbäumen. Am Gut wachsen Rebsorten wie Sangiovese, Merlot, Ciliegiolo und Malvasia Nera prächtig.

93 Soloìo Colli della Toscana Centrale IGT 2019

13,5 Vol.-%, NK

Dunkles, sattes Rubinrot. Tolle und ausdrucksstarke Nase, nach satter Brombeere, Erdbeermarmelade, dazu edler Holzeinsatz und Graphit im Nachhall. Eröffnet den Gaumen mit deutlich balsamischen Tönen, schöne Minze, dazu Frisch und mit klarem Fruchtkern, feiner Schmelz, im Ausklang begleitet tänzelnde Säure das noch jugendliche Tannin, schöne Länge mit gutem Potential.

91 Chianti Classico DOCG 2020

14 Vol.-%, NK

Intensive rubinrote Farbe. In der Nase kräftig mit Noten von Kirschen, Pflaumen und schwarzen Johannisbeeren. Am Gaumen voll und einhüllend, mit einer angenehmen Säure und saftigen Note. Gut eingebundene Tannine, anhaltender Abgang.

90 Vignalparco Chianti Classico DOCG 2018

14 Vol.-%, NK

Leuchtendes Rubinrot mit leicht aufhellendem Rand und granatroten Reflexen. In der Nase balsamische Töne, dann nach satter Brombeere, Sauerkirschen, im Nachhall leicht würzig. Am Gaumen mit viel roter Frucht, fruchtsüß, mit gut eingebundenem Gerbstoff, guter Trinkfluss und langes Finale.

91 Harenae Colli della Toscana Centrale IGT 2020

14 Vol.-%, NK

Sattes Rubinrot. In der Nase intensiv nach reifen Sauerkirschen, dann nach Leder und Waldboden. Am Gaumen knackige Säure, salzig, zeigt viel rote Frucht, mit eng gewobenem Tannin, wirkt noch etwas jung, hat aber Alterungspotential.

90 Chianti Classico Gran Selezione DOCG 2018

14 Vol.-%, NK

Funkelndes Rubin mit feinem Granatschimmer und leicht aufhellendem Rand. In der Nase nach Waldboden, etwas Trüffel und Gewürznelken, im Nachhall nach satten Waldfrüchten und Leder. Am Gaumen mit präsentem aber gut eingebundenem Gerbstoff, wirkt im Finale etwas austrocknend.

★★★

CASALOSTE

Via Montagliari, 32, 50020 Greve in Chianti (FI)
T: +39 055 852725, casaloste@gmail.com
casaloste.com

Ab-Hof-Verkauf: Ja
Kellermeister: Giovanni Battista d'Orsi
Kontakt: Emilia und Giovanni Battista d'Orsi
Produktion: 10 Hektar
Anbauweise: Bio

Casaloste befindet sich in Panzano in Chianti und ist seit 1992 im Besitz von Giovanni Battista d'Orsi. Der Betrieb umfasst 18 Hektar, von denen 10,5 Hektar Weinberge sind. Casaloste hat von Anfang an auf den Umweltschutz geachtet; die Bio-Zertifizierung stammt aus dem Jahr 1994. Das Weingut produziert nur Rotweine: Chianti Classico DOCG in drei Kategorien (Annata, Riserva und Gran Selezione) und drei IGT-Weine, darunter den »Don Vincenzo«, einen reinen Sangiovese, der aus der besten Auswahl eines einzigen Weinbergs hergestellt wird, und den »Inversus« auf Merlot-Basis.

94 Chianti Classico Gran Selezione DOCG 2017

15 Vol.-%, NK B

Leuchtendes Rubinrot. In der Nase elegante Würze, deutlich nach Kirsche, Waldhonig und Orangen, im Nachhall zart nach hellem Leder und erdigen Nuancen. Am Gaumen mit eleganter und klarer Struktur, breitet sich mit kernigem Tannin aus, zeigt schönen Saft und Fruchtsüße, gute Länge, im Nachhall nochmal druckvoll.

94 Don Vincenzo Toscana Rosso IGT 2016

15 Vol.-%, NK B

Edel leuchtendes Rubinrot. In der Nase nach Brombeeren, Holunderbeeren, satter Minz-Ton, auch nach hellem Leder im Nachhall. Zeigt sich am Gaumen packend und mit engmaschigem Tannin, tolle Reife, spannt sich schön über die Zunge, herzhaft-würzig, lange.

92 Chianti Classico DOCG 2019

14 Vol.-%, NK B

Rubinrote Farbe. In der Nase finden sich Noten von Erdbeeren, schwarzen Johannisbeeren und Kirsche. Am Gaumen sehr fruchtig, unterstützt von einer guten Säure und Struktur.

91 Inversus Toscana Rosso IGT 2018 ME/SN

14,5 Vol.-%, NK B

Sattes Rubinrot mit violetten Reflexen. Würzige Nase nach Pfeffer und Nelken, dann nach sehr reifen Schwarzkirschen, Brombeeren und dunklen Waldfrüchten, im Nachhall ein Touch Kaffee. Am Gaumen mit saftigem Fruchtkern, breitet sich schön über die Zunge, im Finale mit etwas austrocknendem Tannin.

90 Chianti Classico Riserva DOCG 2018

14,5 Vol.-%, NK B

Mittleres Rubinrot mit leicht aufhellenden Rändern. In der Nase leicht harzigen Noten nach Zedernholz, reifer Kirsche und Preiselbeere. Am Gaumen leicht spröde, im mittleren Verlauf Aroma von Kirsche, dann allerdings auch harsches Tannin, braucht noch Lagerung.

★★★★★

CASANOVA DI NERI

Podere Fiesole, 53024 Montalcino (SI)
T: +39 577 834455, info@casanovadineri.com
casanovadineri.it

Ab-Hof-Verkauf: Ja
Kellermeister: Giacomo, Giovanni und Gianlorenzo Neri
Kontakt: Federica Capaccioli
Produktion: 310.000 Flaschen, 1 % weiß, 98 % rot, 1 % rosé, 79 Hektar

Casanova di Neri wurde 1971 von Giovanni Neri gegründet, einem Mann mit einem Traum: große Rotweine in Montalcino zu keltern. Nach seinem Tod im Jahr 1991 übernahm sein Sohn Giacomo das Weingut, und noch heute ist er, unterstützt von seinen Söhnen Giovanni und Gianlorenzo, die Seele von Casnova die Neri. Die Philosophie des Familienbetriebs basiert auf bestem Terroir, sorgfältiger Pflege der Reben, dazu Leidenschaft und Know-how. Das Ergebnis sind einzigartige Weine mit großem Charakter und einem unverwechselbaren, klar definierten Stil, der sich nicht von Modetrends beeinflussen lässt.

100 Cerretalto Brunello di Montalcino DOCG 2016

15 Vol.-%, NK, Barrique

Funkelndes Rubin mit feinem Granatrand. Vielschichtige Nase mit Noten nach dunklen Kirschen, Brombeeren, Rosenholz, dahinter leicht erdige Töne, klar und einprägsam. Hat viel pralle Frucht im Ansatz, saftige dunkle Kirsche, Zwetschke, öffnet sich dann mit feinmaschigem Tannin in vielen Schichten, sehr gute Spannung und Länge, elegant und fein definiert, langer Nachhall.

96 Tenuta Nuova Brunello di Montalcino DOCG 2017

15 Vol.-%, NK, Tonneau Fass

Sattes, funkelndes Granatrot. Intensive Nase mit Noten nach Granatapfel, Roter Rübe, dann viel Zwetschke und dunkle Kirsche. Herzhaft und zupackend am Gaumen, dunkle Beerenfrucht, öffnet sich dann mit viel dichtmaschigem Tannin, im Finale fester Druck.

94 Brunello di Montalcino DOCG 2017

14,5 Vol.-%, NK, großes Holzfass

Funkelndes, intensives Rubinrot. Elegantes Bouquet auf eingelegten Kirschen und schwarzer Pflaume, mit Noten von Kardamom und etwas Jod. Am Gaumen geschliffen, mit seidigem Tannin, markanter Frische, sehr ausgewogen, mit tollem Zug von Anfang bis ins lange Finish.

93 Giovanni Neri Rosso di Montalcino DOCG 2020

14 Vol.-%, NK, Tonneau Fass

Helles, leuchtendes Rubinrot. Herzhafte, offene Nase nach reifen Kirschen und reifen Himbeeren, zart nach Gewürznelken und edler Würze. Am Gaumen mit eng gewobenem Tannin und rassigem Spiel, nach feinen Blutorangen, sehr saftig und salzig im Nachdruck.

93 Pietradonice Toscana IGT 2019

15 Vol.-%, NK, Barrique

Dunkles Rubinrot. In der Nase mit feinen malzigen Aromen, ein Hauch Sardinen, dann sehr satte dunkle Beerenfrucht. Am Gaumen sehr warmherzig und druckvoll, öffnet sich auf engmaschigem, druckvollem Tannin, auf schwarzen Johannisbeeren und edlem Leder, im Finale wieder fester Druck.

92 Irrosso Toscana IGT 2020

14 Vol.-%, KK, großes Holzfass

Tiefdunkles Rubin mit schimmerndem Kern. Öffnet sich ausgeprägt in der Nase auf Espresso, Bitterschokolade und schwarze Brombeere, dazu ein Touch Teer. Entfaltet sich weich und rund im Trunk, mundfüllend und kraftvoll, breites, etwas ruppiges Tannin, mit kompakter, konzentrierter Fruchtnote, anhaltend.

★★★

TENUTA CASENUOVE

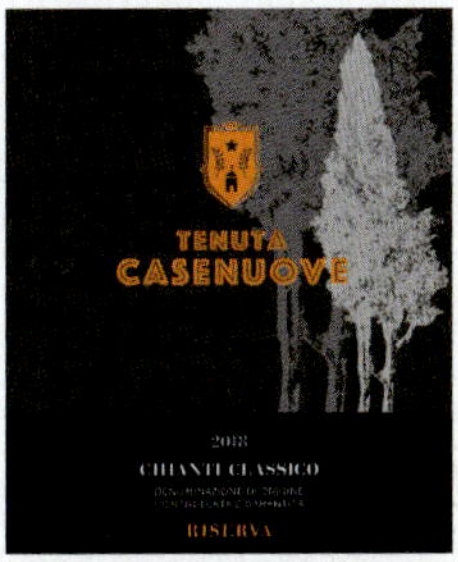

Loc. San Martino a Cecione
50022 Panzano in Chianti (FI)
T: +39 33 58 03 34 40, info@tenutacasenuove.it
tenuta-casenuove.com

Kellermeister: Cosimo Casini
Kontakt: Andrea Cappelli
Produktion: 14 Hektar

Das in Panzano gelegene Weingut Tenuta Casenuove wurde erstmals um 1600 erwähnt. 2015 wurde es von Philippe Austruy komplett renoviert. Das Weingut gehört zur Gruppe der Vignobles Austruy, die drei weitere Weingüter besitzt. Sie werden von einem französischen Beraterteam unter der Leitung von Stephane Derenoncourt betreut. Die Produktion konzentriert sich auf den Chianti Classico Riserva sowie einen IGT und einen Rosé-Schaumwein aus 100 Prozent Sangiovese. Ab dem nächsten Jahr wird das Angebot um den Chianti Classico Gran Selezione erweitert und die Produktion biologisch zertifiziert sein.

88 ❶ Ziik Rosé Vino Spumante Extra Brut
12 Vol.-%, DIAM Ⓑ

Leuchtendes und helles Lachsrosa mit feinkörniger Perlage. In der Nase zart nach Blutorange und Himbeeren, im Nachhall ganz leicht würzig. Am Gaumen frisch und mit eher aggressiver Perlage und relativ kurzem Abgang.

93 Tenuta Casenuove Toscana Rosso IGT 2019 SN/ME
14,5 Vol.-%, NK

Leuchtendes, intensives Rubinrot. In der Nase zugänglich und offenherzig, fein würzige Duft, getrocknetes Rosenblatt, etwas Himbeere, hält sich insgesamt etwas zurück. Am Gaumen zunächst mit toller Saftigkeit, strahlend und mit feinen blumigen Aromen, zeigt feines Salz mit toller Frische, im Finale dann minimal krautig.

92 Chianti Classico DOCG 2019
14,5 Vol.-%, DIAM

Leuchtendes, intensives Rubin. Nach schwarzen Kirschen in der Nase, getrocknetem Rosenblatt, dazu feiner balsamischer Unterton, feine Würze im Ausklang. Am Gaumen saftig, mit gut eingebundenem Tannin, auch stoffig, zeigt viel Kraft für einen "Annata", langer Nachhall.

92 Chianti Classico Riserva DOCG 2018
14,5 Vol.-%, NK

Dunkelleuchtendes Rubinrot. Öffnet sich in der Nase mit feiner Würze, satten Herzkirschen, etwas Leder und Pfeffer, öffnet sich sehr kompakt und einladend. Am Gaumen druckvoll, eng verwoben mit würzigem Kern, zeigt auch feinen Schmelz, im Ausklang aktuell noch etwas Holzeinsatz spürbar.

★★★

CASISANO

Loc. Casisano 52, 53024 Montalcino (SI)
T: +39 045 7701266,
annalisa.armani@tommasi.com
casisano.it

Ab-Hof-Verkauf: Ja
Kellermeister: Giancarlo Tommasi
Förderprogramm: EU Reg.No 1308/2013

Casisano ist eines der wichtigsten Weingüter der Familie Tommasi; es liegt auf einer natürlichen Terrasse in 480 Meter Höhe und dominiert den südöstlichen Teil von Montalcino. Das Landgut umfasst 53 Hektar, von denen 22 Hektar mit Weinbergen und acht Hektar mit Olivenhainen bepflanzt sind.

Die wichtigste Rebsorte ist Sangiovese Grosso. Das Alter der Rebstöcke und die Vielfalt der Böden, sowie die Höhenlagen, ermöglichen die unterschiedlichen Ausprägungen dieser Rebsorte in all ihren Facetten. Dank dieses Terroirs sind die Weine elegant und vereinen optimal Struktur, Säure und Langlebigkeit.

Pierangelo Tommasi,
Geschäftsführer Weingut Casisano

92 Brunello di Montalcino DOCG 2017
14 Vol.-%, NK
Rubinrot mit leichten granatroten Reflexen. Die Nase zeigt Noten von reifen, frischen Früchten wie Brombeeren, Johannisbeeren und Blutorangen, gefolgt von scharfen und würzigen Noten von Pfeffer, Vanille und dunklen Noten von Tabak und Unterholz. Am Gaumen reichhaltig, voll und rund. Sehr feines Tannin, schwächelt in der Mitte. Anhaltender Abgang.

92 Colombaiolo Brunello di Montalcino Riserva DOCG 2016
14 Vol.-%, NK
Glänzendes Rubinrot. In der Nase zeigen sich typische Noten von roten Früchten wie Kirsche und Himbeere, gefolgt von Anklängen an Blutorange, die in Noten von süßen Gewürzen, Holz und Tabak übergehen. Vollmundig, reichhaltig, strukturiert, Tannin ist merkbar, aber gut ausgewogen. Anhaltender und ausgeprägter Abgang.

91 Rosso di Montalcino DOC 2020
13,5 Vol.-%, KK
Leuchtendes, sattes Rubinrot. In der Nase nach Pfefferwürze und edlen Kirschen, dazu etwas gedörrte Hagebutten, im Nachhall nach Orangenschokolade. Zeigt sich sehr saftig am Gaumen, mit cremigem Tannin und strahlender Frucht, feiner Druck, im Finale sogar leicht salzig.

★★★★

CASTELLARE DI CASTELLINA

Loc. Castellare, 53011 Castellina in Chianti (SI)
T: +39 577 742903, info@castellare.it
castellare.it

Ab-Hof-Verkauf: Ja
Kellermeister/Kontakt: Alessandro Cellai
Produktion: 400.000 Flaschen, 33 Hektar

Das 1977 gegründete Weingut befindet sich in Castellina in Chianti, einem der berühmtesten Terroirs des Chianti Classico. Perfekte Sonneneinstrahlung, gute Wasserableitung und ein Mischboden aus Kalkmergel, Galestro und wenig Lehm ergeben gut strukturierte, intensive Rot- und Weißweine, die lange reifen können. Aushängeschild ist der »I Sodi di S. Niccolò«, ein Supertuscan, der 1977 erstmals abgefüllt wurde und die Größe des Sangiovese in Verbindung mit Malvasia Nera demonstriert. Chefwinzer ist Alessandro Cellai, stolzer Schüler von Giacomo Tachis, dem Vater der italienischen Weinrenaissance.

98 I Sodi di San Niccolò Toscana Rosso IGT 2018 SN/MAN

14 Vol.-%, NK, Stahltank/Beton/Eichenfass/Flaschenreifung

Sattes, funkelndes Rubin mit leicht hellem Rand. Eröffnet in der Nase klar und tiefgründig, nach Zwetschken und Brombeeren, dazu dezente Rauchnoten, etwas Kardamom. Fest und stoffig am Gaumen, zeigt viel dichtmaschiges Tannin, baut festen Druck auf, viel Zwetschke, im Finale langer Nachhall.

93 Il Poggiale Chianti Classico Riserva DOCG 2019

13,5 Vol.-%, NK, Stahltank/Beton/Eichenfass/Flaschenreifung

Rubinrot mit leichten granatroten Reflexen. Die Nase zeigt intensive Aromen von reifen schwarzen Kirschen, Noten von Unterholz, Rhabarber, roten Wildrosen, Veilchen und Gewürzen. Im Mund harmonisch, mit lebhaften Tanninen und feinwürzigem Nachgeschmack von Edelholz.

92 Chianti Classico Riserva DOCG 2019

13,5 Vol.-%, NK, Stahltank/Beton/gebrauchte Barriques/Flaschenreifung

Funkelndes, mittleres Rubinrot. In der Nase intensiv nach satten Sauerkirschen, Zwetschken und reifen Waldbeeren, im Nachhall nach Leder und Waldboden. Am Gaumen saftig und mit gut eingebundenem Gerbstoff, mit viel roter Frucht, hat Zug, langes Finale.

91 Chianti Classico DOCG 2020

13,5 Vol.-%, NK, Stahltank/Beton/gebrauchte Barriques/Flaschenreifung

Intensives Rubinrot. Noten von Kirsche und Veilchen, mit einem Hauch von Lakritze und Vanille. Ausgewogener Gaumen mit guter Tanninstruktur, Kirsche im Abgang und feinen Gewürznoten.

94 Poggio ai Merli Merlot Toscana IGT 2020

14 Vol.-%, NK, Stahltank/Beton/Eichenfass/Flaschenreifung

Funkelndes, intensives Rubin mit leichtem Violettschimmer. Intensive und fein gezeichnete Nase, satte Noten nach Brombeeren, Heidelbeeren, dahinter etwas Tabak und Schokolade. Herzhaftes, griffiges Tannin, zeigt sich in vielen Schichten, nach Brombeere und Cassis, guter Druck im Finale.

93 Coniale di Castellare Cabernet Toscana IGT 2019

14 Vol.-%, NK, Stahltank/Beton/Eichenfass/Flaschenreifung

Rubinrot mit violetten Reflexen. Zarte Nase von roten Früchten wie Kirschen, Johannisbeeren, Blutorange, gefolgt von edlen Holz-Noten. Am Gaumen anhaltend und saftig, toll integrierte Tannine , mit geschliffenem, langem Finish.

★★★★

CASTELLO DEL TERRICCIO

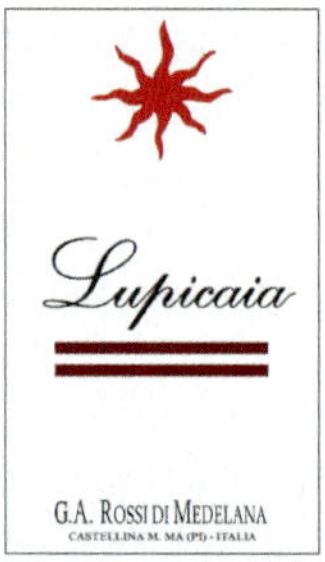

Via Bagnoli, 16, 56040 Castellina Marittima (PI)
T: +39 050 699709, b.bertheau@terriccio.it
terriccio.it
Ab-Hof-Verkauf: Ja
Kellermeister: Carlo Ferrini (beratender Önologe), Valerio Corsini (interner Önloge)
Kontakt: Bettina Bertheau
Produktion: 200.000 Flaschen, 3 % weiß, 97 % rot
65 Hektar
Förderprogramm: EU Reg.No 1308/2013

Die Toskana ist bekanntlich das Land der spektakulären Landschaften und des guten Weins, aber das Castello del Terriccio ist wirklich ein besonderes Juwel in dieser Region. Von den 1.500 Hektar hügeligen Wäldern, goldenen Getreidefeldern und Rebzeilen des Anwesens kann man über ein saphirblaues Meer bis nach Korsika blicken. Das Boutique-Weingut produziert nur vier Weine: einen Weißwein (Con Vento) sowie drei Rotweine, die international als einige der besten sogenannten »Super-Tuscans« anerkannt sind: Tassinaia, Castello del Terriccio und Lupicaia, das Flaggschiff des Weinguts.

Verkostungsraum,
Castello del Terriccio

96 Lupicaia Toscana Rosso IGT 2011 CS/PV
14 Vol.-%, NK, Erstaunlich sattes und dichtes Rubin, am Rand leicht Granat. Kompakt und zugleich fein gezeichnet in der Nase, eröffnet mit Noten nach Cassis und eingelegten Nüssen, unterlegt von Noten nach Tabak und Trüffel. Am Gaumen schön gereifte, Frucht, öffnet sich mit dichtem Tannin, baut sich gut auf, salzig, im Finale langer Nachhall.

96 Lupicaia Toscana Rosso IGT 2016 CS/ME/PV
14,5 Vol.-%, NK, Funkelndes, sattes Rubin. Eröffnet mit feiner Lederwürze, dann viel Cassis, etwas Holunderbeere, edler Nachhall nach Kaffeesatz. Spannt ein herrliches, saftiges Kleid auf, komplex und strukturreich, saftiges Tannin mit würziger Frucht, harmonisch, hat im Finale feinen Grip.

95 Castello del Terriccio Toscana Rosso IGT 2016 SY/PV
15 Vol.-%, NK, Funkelndes, sattes Rubin mit leichtem Granatrand. Eröffnet mit betont würzigen Noten, nach schwarzem Pfeffer, Heidelbeere, etwas Pflaume, einladend. Öffnet sich sehr saftig am Gaumen, Tannin, Frucht und Säure spielen gekonnt miteinander, hat Druck und viel Salz, langer Nachhall.

95 Castello del Terriccio Toscana Rosso IGT 2011 SY/PV
13,5 Vol.-%, NK, Funkelndes Rubin mit feinem Granatschimmer, wirkt noch überaus jung. Eröffnet mit Noten nach Ingwer

VERKOSTUNGSERGEBNISSE
CASTELLO DEL TERRICCIO

und Jod, weißer Pfeffer, dahinter viel Heidelbeere und Holunderbeere. Saftige, dunkle Frucht am Gaumen, noch sehr jung, feinmaschiges Tannin, spannt einen weiten Bogen, hat durch die Reifung sehr gewonnen.

95 Lupicaia Toscana Rosso IGT 2014 CS/PV
13,5 Vol.-%, NK, Funkelndes, sattes Rubin-Granat. Intensive Nase, eröffnet mit würzigen Noten nach Kardamom und dunklem Pfeffer, etwas Tintenblei, dunkle Beeren, im Hintergrund nach Zedernholz. Am Gaumen dicht und stoffig, öffnet sich mit viel dichtmaschigem Tannin, fest und zupackend, im Finale reife Frucht und feine Ledernoten, absolut erstaunlich für diesen Jahrgang, bravo!

95 Lupicaia Toscana Rosso IGT 2017 CS/PV
15 Vol.-%, NK, Kraftvoll leuchtendes Rubin mit leichtem Violettschimmer. Eröffnet mit betont erdigen Noten, nach schwarzem Trüffel, etwas Grafit, dann Cassis-Likör und Holunderbeeren. Griffiges Tannin in vielen Schichten, umwoben von fein schmelzigem Tannin, herzhaft, hat viel Druck, im Finale nach Cassis.

94 Castello del Terriccio Toscana Rosso IGT 2007 SY/PV
14 Vol.-%, NK, Intensives, sattes Granatrot, leuchtet bis zum Rand. Sehr präsente und ansprechende Nase, duftet nach roten und schwarzen Johannisbeeren, dazu Noten nach Leder und Jod. Viel reife Beerenfrucht, zeigt immer noch gute Saftigkeit und Spannung, griffiges Tannin das im Finale noch ordentlich Druck hat.

94 Lupicaia Toscana Rosso IGT 2015 CS/PV
14 Vol.-%, NK, Intensives, leuchtendes Rubin-Granat. Eröffnet feinen Noten nach Kirsche und Johannisbeeren, dazu viel Gewürznelken. Stoffig und dicht am Gaumen, zeigt reifes, dicht verwobenes Tannin, kleidet den Gaumen satt aus, zeigt sich im Finale immer noch etwas kantig.

93 Lupicaia Toscana Rosso IGT 2010 CS/PV
14 Vol.-%, NK, Stahltank/Eichenfass, Funkelndes, sattes Rubin-Granat. Einladene und intensive Nase, nach Cassis, reifen Zwetchgen, dazu Kardamom und Leder. Im Ansatz sehr präsent, öffnet sich mit gut gereifter Frucht, griffiges, kerniges Tannin, zeigt guten Druck, im Finale leicht trocknend, aber doch sehr gut gereift.

91 Lupicaia Toscana Rosso IGT 2012 CS/PV
14 Vol.-%, Glänzendes Rubin mit ausgeprägter Granatnote. Zeigt sich in der Nase etwas zurückhaltend, dezente Noten nach Schokolade und Cassis, dazu viel Tabak. Kerniges Tannin prägt Ansatz und Verlauf, dunkle Beerenfrucht im mittleren Verlauf, im Finale dann recht rau und trocknend, im Nachhall viel Tabak.

★★★

CASTELLO TRICERCHI

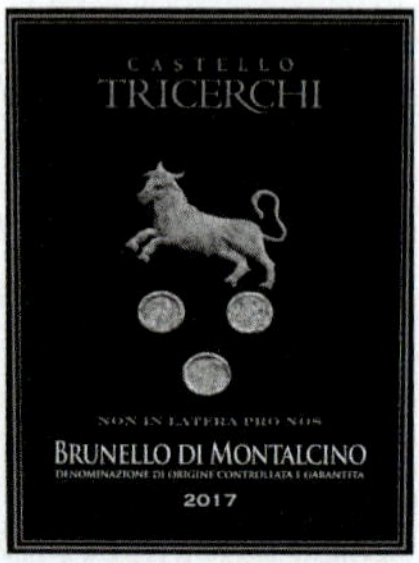

Loc. Altesi, 53024 Montalcino (SI)
T: +39 0577 806081, info@castellotricerchi.com
castellotricerchi.com

Ab-Hof-Verkauf: Ja
Kellermeister: Maurizio Castelli
Kontakt: Tommaso Squarcia
Produktion: 13 Hektar

Das Castello Tricerchi erstreckt sich über 400 Hektar am Nordhang von Montalcino, von denen 13 Hektar dem Sangiovese Grosso und der Produktion von Brunello und Rosso di Montalcino gewidmet sind. Im Zentrum des Anwesens steht das Schloss, das 1441 von der Familie Tricerchi fertiggestellt wurde und heute Wohn- und Firmensitz der direkten Nachfahren ist, der Familie Squarcia. Drei Hektar Rebfläche, auf denen ausschließlich Sangiovese Grosso angebaut wird, umschließen das Schloss mit sieben verschiedenen Parzellen. Die Landwirtschaft folgt ökologischen Prinzipien.

95 AD 1441 Brunello di Montalcino DOCG 2016
14 Vol.-%, NK
Intensives Rubinrot mit orangefarbenen Reflexen. In der Nase zeigt er breite und komplexe Aromen mit Noten von reifen Früchten, Leder, Wurzeln, Chinarinde und balsamischen Gewürzen. Im Mund sehr weich und einhüllend, mit einer ausgezeichneten seidigen Textur und besonders süßen Tanninen.

94 AD 1441 Brunello di Montalcino DOCG 2017
14 Vol.-%, NK
Aufhellendes Rubinrot. In der Nase schöne Himbeerfrucht, Hagebutten, filigraner Fumé, nach Leder. Zeigt sich geschliffen und sehr elegant am Gaumen, saftig, hat hohen Trinkfluss bei ausgewogenem Spiel, kerniger Nachdruck.

92 Brunello di Montalcino DOCG 2017
14 Vol.-%, NK
Leuchtendes Rubinrot. Sehr deutliche rotbeerige Nase nach Erdbeeren und Himbeeren, ein Hauch Minze und Orangenzesten. Zeigt sich am Gaumen rund und geschliffen, mit herzhaftem, leicht salzigem Verlauf, endet im Finale mit leicht griffigem Tannin.

91 Rosso di Montalcino DOC 2020
14 Vol.-%, NK
Rubinrot mit purpurroten Reflexen. Intensive Noten von Pflaumen, reifen Kirschen und Kräutern. Im Mund intensiv, voll, schön saftig, elegant und angenehm tanninhaltig, toller Essensbegleiter.

★★★

CASTELLO DI ALBOLA

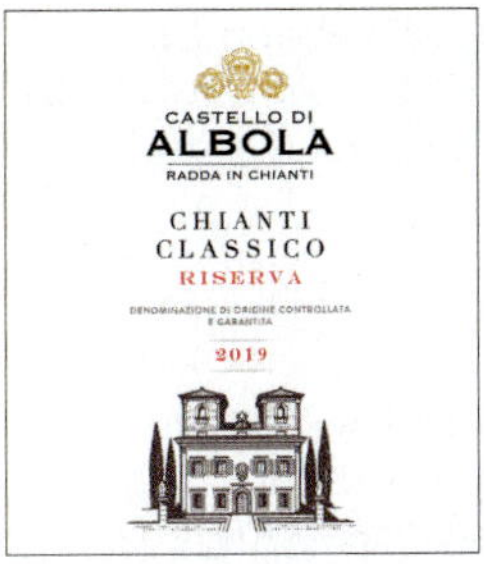

Via Pian d'Albola 31, 53017 Radda in Chianti (SI)
T: +39 577 738019, info@albola.it
albola.it

Ab-Hof-Verkauf: Ja
Kellermeister/Kontakt: Alessandro Gallo
Produktion: 150 Hektar

Das mittelalterliche Dorf Castello di Albola liegt auf den herrlichen Hügeln des Chianti. Im Laufe seiner Geschichte gehörte dieses Juwel den edelsten toskanischen Familien, seit 1979 ist es im Besitz der Familie Zonin. Das Castello di Albola erstreckt sich über mehr als 900 Hektar, von denen 98 mit Reben bepflanzt sind. Die Weinberge, die ein wahres Kulturerbe darstellen, liegen auf steilen Hängen in einer Höhe zwischen 350 und 650 Metern über dem Meer mit beträchtlichen Temperaturunterschieden und einem idealen Mikroklima für die Erzeugung von hervorragenden Weinen.

93 Acciaiolo Rosso Toscana IGT 2018 CS/SN
13,5 Vol.-%, NK, Barrique
Sattes, dunkles Rubin mit granatrotem Rand. Imposantes und offenherziges Bouquet von schwarzer Johannisbeere, Brombeeren, Unterholz, schwarzem Pfeffer, dazu Lakritz. Im Trunk mit feinem, engmaschigen Tannin, lebendiger Säure, knackiger Frucht und gutem Zug, bis ins anhaltende Finale. Braucht noch Zeit, mit viel Potenzial.

93 Santa Caterina Chianti Classico Gran Selezione DOCG 2019
14 Vol.-%, NK, großes Holzfass/Barrique
Sattes Rubinrot mit leicht aufhellendem Rand. In der Nase dezent nach Sauerkirsche, Zimt und Schokolade, im Nachhall ein Hauch Minze. Am Gaumen saftig und mit samtigem Gerbstoff, harmonisch, langes Finale.

92 Castello di Albola Chianti Classico DOCG 2020
13,5 Vol.-%, PK, großes Holzfass
Leutchtendes Rubinrot mit granatrotem Schimmer. In der Nase nach reifer Sauerkirsche und roten Waldbeeren, im Nachhall Unterholz und Veilchen. Am Gaumen frisch und saftig, mit feinkörnigem und gut eingebundenem Tannin, hat Zug, langes Finale.

91 Castello di Albola Chianti Classico Riserva DOCG 2019
14 Vol.-%, NK, großes Holzfass/Barrique
Edles, leuchtendes Rubinrot mit granatroten Nuancen. Feines Bouquet von Sauerkirsche, kleinen Waldbeeren, Unterholz, und getrockneten Rosenblättern. Saftig beim Eintritt, spannt einen schönen Fächer auf, jugendliches, feinkörniges Tannin, markante Säure, mit sehr gutem Trinkfluss.

★★★★★

CASTELLO DI AMA

Località Ama, 53013 Gaiole in Chianti (SI)
T: +39 577 746031, info@castellodiama.com
castellodiama.com

Kellermeister: Marco Pallanti
Kontakt: Lorenza Sebasti
Produktion: 75 Hektar

Die Ursprünge des Landguts Castello di Ama gehen auf eine Stadt aus der Etruskerzeit zurück. Tomaso Carini und die drei Freunde Gian Vittorio Cavanna, Pietro Tradico und Lionello Sebasti leiteten Anfang der 1970er-Jahre die Wiedergeburt dieses Gebiets ein. Sie pflanzten den größten Teil der Weinberge neu an und bauten einen modernen Gärkeller. 1982 kam Marco Pallanti hinzu, ein Florentiner Agronom mit Ausbildung in Bordeaux, der zum Önologen des Weinguts wurde. Lorenza Sebasti, die Tochter von Lionello, übernahm 1993 die Leitung des Guts. Marco und Lorenza teilen dieselbe Leidenschaft und Vision.

97 Vigneto La Casuccia Chianti Classico Gran Selezione DOCG 2019
13,5 Vol.-%, NK
Dunkelleuchtendes Rubinrot. In der Nase nach satter Kirschfrucht, verwoben mit Brombeeren und Waldbeeren, feines Unterholz, dazu ein Hauch Minze und Malz. Am Gaumen eng verwoben mit prachtvollem Fächer, spannt sich elegant über die Zunge, tolle Saftigkeit im hinteren Bereich, im Finale zudem edle Würze, druckvoll, wird prächtig reifen.

96 Vigneto Bellavista Chianti Classico Gran Selezione DOCG 2019
13,5 Vol.-%, NK
Dunkelleuchtendes Rubinrot. Öffnet sich zögernd an der Nase, feine harzige Anklänge gepaart mit satter Kirschfrucht, dazu getrocknetes Rosenblatt und helle Würze. Am Gaumen sehr saftiges Spiel mit klarer Frucht, zeigt viel Rasse, dazu junges, frisches Tannin in vielen Schichten, braucht noch etwas Zeit, wird sich prächtig zusammenfügen.

94 San Lorenzo Chianti Classico Gran Selezione DOCG 2019
13,5 Vol.-%, NK
Leuchtendes, schimmerndes Rubinrot. In der Nase zunächst etwas verhalten, dann nach gerösteter Haselnuss, Waldbeeren, Unterholz, sowie feines Harz und Wachs. Am Gaumen geschliffen, mit feinmaschigem Tannin, dazu schöne süße Frucht, kommt ständig wieder, hallt lange und saftig nach.

91 Haiku Toscana Rosso IGT 2019 SN/CF/ME
13,5 Vol.-%, NK
Intensives Rubinrot, das ins Violette übergeht. Reichhaltiges Bouquet mit Noten von reifen Kirschen, Brombeeren, Pflaumen und schwarzen Johannisbeeren, gefolgt von viel pfeffriger Würze und holzigen Noten. Am Gaumen reichhaltig, saftig und fleischig, die Tannine verleihen dem Wein einen gewissen Grip, der jedoch mit der Frucht und einer salzigen Note verschwindet, lang im Abgang.

96 L'Apparita Merlot Toscana Rosso IGT 2019
13,5 Vol.-%, NK
Dunkles, leuchtendes Rubinrot. In der Nase auf Minze, Preiselbeere, Zedernholz, dazu elegante Brombeerenuancen. Zeigt sich am Gaumen sehr geschliffen und vielschichtig, öffnet sich dunkelbeerig im Kern mit tollem Grip, eng verwoben, tolle Länge mit sattem Druck im Finish, kann ruhig noch etwas lagern.

★★★★

CASTELLO DI BOLGHERI

Via Lauretta 7, 57020 Bolgheri (LI)
T: +39 565 762110, info@castellodibolgheri.eu
castellodibolgheri.eu

Ab-Hof-Verkauf: Ja
Kellermeister: Alessandro Dondi
Kontakt: Federico Zileri Dal Verme
Produktion: 55 Hektar

Die Wurzeln des Weinguts Castello di Bolgheri gehen auf die Geschichte der Familie Gherardesca zurück. In den letzten 25 Jahren hat Federico Zileri Dal Verme die Familientradition fortgesetzt mit dem Ziel, Weine zu erzeugen, die in Bezug auf Komplexität, Eleganz und Langlebigkeit höchsten Ansprüchen des Gebiets genügen. Die beiden Etiketten sind: Castello di Bolgheri, ein Bolgheri Superiore DOC, und Varvàra Rosso Bolgheri DOC. Seit 1996 wurde der Weinanbau auf Cabernet Sauvignon, Cabernet Franc, Merlot, Syrah und Petit Verdot umgestellt, die wichtigsten Rebsorten im Gebiet.

Federico Zileri Dal Verme,
Weingut Castello di Bolgheri

96 Castello di Bolgheri Bolgheri Superiore DOC 2019 CS/CF/ME
15 Vol.-%, NK
Funkelndes, dichtes Rubin mit leichtem Violettschimmer. Klare und intensive Nase mit satten Noten nach dunkler Johannisbeere, Holunderbeere, dazu etwas Kardamom und Leder. Fest und stoffig am Gaumen, dunkler, reife Beerenfrucht, öffnet sich mit dichtem, feinmaschigem Tannin, umwoben von süßem Schmelz, zeigt im Finale festen Druck, satt nach Cassis.

91 Varvàra Bolgheri DOC 2020 CS/ME/CF/PV
14,5 Vol.-%, NK
Intensives, dunkles Rubinrot mit violetten Reflexen. In der Nase zeigen sich reife Noten von Kirsche, Erdbeere und Feige, gefolgt von krautigen Noten und mediterraner Macchia. Am Gaumen straff, saftig, fruchtig, zuerst süß, dann dunkler und im Abgang fast würzig. Junge Gerbstoffe. Sehr ausgeprägter Nachgeschmack und langer, leicht balsamischer Abgang.

★★★★★

CASTELLO DI FONTERUTOLI

Loc. Fonterutoli, 53011 Castellina in Chianti (SI)
T: +39 0577 73571, mazzei@mazzei.it
mazzei.it

Ab-Hof-Verkauf: Ja
Kellermeister: Gionata Pulignani
Kontakt: Giovanni Mazzei
Produktion: 117 Hektar
Förderprogramm: EU Reg.No 1308/2013

Das Castello di Fonterutoli der Familie Mazzei ist das Herzstück des Chianti Classico. Der Betrieb hat bereits 1995 das Konzept der Gran Selezione vorweggenommen, indem es die Trauben der besten Parzellen einem echten »Chianti Classico Château«-Konzept zuordnete. Das Weingut erstreckt sich über 650 Hektar, wovon 117 Hektar mit Reben bepflanzt und in sieben Zonen zwischen 220 und 570 Metern über dem Meer unterteilt sind, die sich wiederum in 114 Parzellen gliedern. Die Weinberge sind hauptsächlich mit Sangiovese und teilweise mit Malvasia Nera, Colorino, Merlot und Cabernet Sauvignon bepflanzt.

96 Siepi Toscana IGT 2020 SN/ME
14,5 Vol.-%, NK
Dunkelleuchtendes Rubin mit einem Tropfen Violett. In der Nase nach satter Kirschfrucht, dazu Brombeeren, auch nach edler Schokolade und Leder, filigran gezeichnet, spannend. Am Gaumen ausdrucksstark und strahlend, zeigt kompakte, dunkle Beerenfrucht, dazu geschliffenes, cremiges Tannin, ohne dabei seine toskanischen Wurzel zu verleugnen, griffig und kraftvoll im Abgang.

94 Concerto di Fonterutoli Toscana IGT 2020 SN/CS
14 Vol.-%, NK
Dunkelleuchtendes Rubinrot. In der Nase sehr würzig, dunkelbeerig, nach Zwetschken, Waldbeeren, dazu etwas Sattel, Pfeffer, im Ausklang auf reifen Amarenakirschen. Am Gaumen eng verwoben mit klarer Frucht und saftigem Unterton, schwingt schön dahin, knackiges Tannin, wirkt schön ausgewogen und harmonisch, im Finale wieder saftig.

92 Fonterutoli Chianti Classico DOCG 2020
13,5 Vol.-%, NK
Rubinrot. In der Nase finden sich Noten von roten Früchten, Beeren, blumige Veilchennoten und süße Vanillegewürze. Am Gaumen weich, mit guter Struktur und angenehmer Rückkehr der Frucht, langer Abgang, angenehme Frische.

92 Ser Lapo Chianti Classico Riserva DOCG 2019
14 Vol.-%, NK
Leuchtendes Rubinrot. In der Nase finden sich Noten von roten Früchten, Kirsche, Himbeere und Blutorange. Leichte eisenhaltige Note, die in Begleitung von fleischigen Noten hervorsticht. Am Gaumen fruchtig, mit guter Säure und fein eingebundenen Tanninen, schließt würzig, lang und frisch.

95 Castello Fonterutoli Chianti Classico Gran Selezione DOCG 2019
13,5 Vol.-%, NK
Leuchtendes, strahlendes Rubinrot. In der Nase etwas verhalten, sanfte Anklänge nach Orangenzesten und Himbeeren. Am Gaumen saftig und mit rotbeerigem Fruchtkern versehen, zeigt sich elegant und trinkig, aktuell noch sehr jung, im Nachhall zarter Druck mit viel Finesse, salzig.

94 Vicoregio 36 Chianti Classico Gran Selezione DOCG 2019
13,5 Vol.-%, NK
Leuchtendes Rubinrot. In der Nase zunächst von sattem Edelholzeinsatz gezeichnet, dann nach Blutorange und frischen Himbeeren, im Ausklang rosarote Rosen. Am Gaumen kompakt und mit klarer Frucht, zeigt sich geschliffen und strahlend, kernig, im Finale minimale Nachtrocknung.

★★★★★

CASTELLO DI MONSANTO

Via Monsanto 8, 50028 Barberino Tavarnelle (FI)
T: +39 0558 059000
monsanto@castellodimonsanto.it
castellodimonsanto.it

Ab-Hof-Verkauf: Ja
Kellermeister: Laura Bianchi und Andrea Giovannini
Kontakt: Laura Bianchi
Produktion: 450.000 Flaschen, 4 % weiß, 94 % rot, 1 % rosé, 1 % süß, 72 Hektar

Monsanto liegt im zentral-westlichen Teil einer der schönsten Gegenden Italiens, dem Chianti Classico. Hier, im größten Sangiovese-Anbaugebiet, koexistieren die Pflanzen harmonisch mit der umgebenden Natur, was zu einer einzigartigen Weinqualität beiträgt. Die ständige Suche nach Exzellenz, das ständige Experimentieren um das Beste des Terroirs in seinen zahlreichen Facetten zum Ausdruck zu bringen, wobei man immer seiner Tradition und den eigenen Werte verbunden bleibt: Mut, Ehrgeiz, Respekt, Geduld, Beständigkeit, Identität und Wiedererkennbarkeit – dies ist die Philosophie von Castello di Monsanto.

96 Vigna Il Poggio Chianti Classico Gran Selezione DOCG 2017

Funkelndes, kraftvolle Rubin-Granat. Eröffnet mit betont würzigen Noten, etwas Kardamom und Thymian, dann saftige Weichselkirschen, Pflaumen und Granatapfel, wirkt sehr frisch. Am Gaumen stoffiges, dichtmaschiges Tannin, zeigt sehr gute Spannung, salzig und mit langem Nachhall.

95 Chianti Classico Riserva DOCG 2019

14 Vol.-%, NK

Leuchtendes Rubinrot. In der Nase nach frischen Kirschen und Himbeeren, zart nach Früchte-Tee, edler Holzeinsatz, dazu feiner Pfeffer, vielschichtig und einladend. Am Gaumen strahlend und klar, breitet sich mit herrlicher Frucht aus, saftig, kompakt und trinkig, dazu griffiges Tannin, hallt lange nach.

94 Monsanto Chianti Classico DOCG 2020

14 Vol.-%, NK

Funkelndes Rubinrot mit aufhellendem Rand. In der Nase Töne von reifen Sauerkirschen und Erdbeeren, im Nachhall leicht würzig. Am Gaumen harmonisch und elegant, gute Saftigkeit, feinmaschiges und gut eingebundes Tannin, mit Zug und sehr langem Finale.

93 Fabrizio Bianchi Sangioveto Grosso Toscana IGT 2018

14 Vol.-%, NK, großes Holzfass

Funkelndes, elegantes Rubinrot mit leuchtendem Kern. Einladende Nase mit filigranen Noten von Rosenblättern, reifer Kirsche und feiner Holzwürze. Geschmeidig beim Eintritt, mit sehr guter, feiner Tanninstruktur, präziser Frucht und mit leicht salziger, saftiger Note im langem Abgang.

★★★

CASTELLO DI QUERCETO

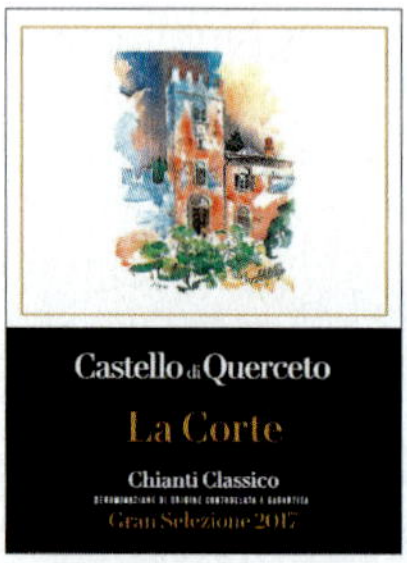

Via Alessandro François 2, 50020 Greve in Chianti (FI)
T: +39 055 85921, querceto@castellodiquerceto.it
castellodiquerceto.it

Ab-Hof-Verkauf: Ja
Kontakt: Alessandro François
Produktion: 190 Hektar

Die Weinberge von Castello di Querceto, unweit von Greve in Chianti, liegen in 400 bis 530 Metern Seehöhe und gelten im Chianti als Höhenlagen. Der Boden besteht aus »polychromem Schiefer« und ist sehr speziell. Ziel des Weinbaubetriebs ist es, beste Qualität zu erhalten und dabei eine ökologische Produktion zu gewährleisten. Aus diesem Grund hat man sich für einen sehr kurzen Rebschnitt entschieden und dünnt die Trauben, wenn nötig, aus. Produziert wird überwiegend Rotwein, wichtigste Rebsorte ist der Sangiovese Grosso. Geerntet werden die Trauben immer noch von Hand und dabei sehr sorgfältig ausgewählt.

93 La Corte Chianti Classico Gran Selezione DOCG 2019

13,5 Vol.-%, NK

Dunkelleuchtendes Rubinrot. In der Nase zart würzig-ledrig, auch ganz leicht animalisch, Siegellack, Preiselbeeren. Am Gaumen saftig, auf Orangen, spannt sich elegant auf, zügig, fein salzig, im Finale wieder schöne Würze.

92 Cignale Colli della Toscana Centrale Rosso IGT 2018 CS/ME

13,5 Vol.-%, NK

Dunkles, undurchdringliches Rubinrot. Noten von wilden Früchten und würzige Anklänge von grünem Pfeffer. Ausgewogener, weicher, linearer, knackiger Gaumen, zwischen würzigen und süßen Noten, mit sanften Tanninen und einem fast balsamischen Abgang.

91 Chianti Classico Riserva DOCG 2019

13,5 Vol.-%, NK

Dichtes Rubinrot mit leichten violetten Reflexen. In der Nase Noten von Kirschen, reifen Pflaumen, roten Rosen, Gewürznelken und ein Hauch von Minze. Im Mund von einer lebendigen Frische durchzogen, die gut mit dem alkoholischen und tanninhaltigen Teil verschmilzt, im Abgang zartes Kakaoaroma.

91 Il Picchio Chianti Classico Gran Selezione DOCG 2019

13,5 Vol.-%, NK

Rubinrot mit violetten Reflexen. In der Nase Noten von Wildkirsche, aromatischen Kräutern und Gewürzen. Am Gaumen mit feiner Struktur, guter Geschmacksentwicklung und ausgesprochen würzigem Abgang.

90 Chianti Classico DOCG 2020

13 Vol.-%, NK

Rubinrot. Zarte Aromen von Veilchen, Kirschen und kleinen roten Früchten. Im Mund entschlossen, unmittelbar, von Frische und Saftigkeit geprägt und schließt mit fruchtigen und balsamischen Noten ab.

89 Il Querciolaia Colli della Toscana Centrale Rosso IGT 2018 CS/SN

13,5 Vol.-%, NK

Intensives, undurchdringliches Rubinrot. Angenehme fruchtige Noten mit Anklängen an Kirschen, Chinarinde, Tabak, Kakao und Vanille. Weicher, runder, fruchtiger Geschmack, im Nachhall dann allerdings von mittlerer Länge und etwas verwaschen.

★★★

CASTELLO DI RADDA

Località Il Becco 101/A, 53017 Radda In Chianti (SI)
T: +39 577 738992, info@castellodiradda.com
castellodiradda.com

Kellermeister: Maurizio Castelli
Kontakt: Stefano Peruzzi
Produktion: 45 Hektar

Das Weingut Castello di Radda liegt auf einem Hügel gegenüber dem Dorf Radda in Chianti, unterhalb der Burg Volpaia. Die Lage der Weinberge wechselt von Südosten nach Südwesten auf lehmig-kalkhaltigen Böden, die sich besonders für den Anbau von Sangiovese und Canaiolo eignen. Das Weingut wurde 2003 von der Familie Beretta erworben, die bereits den traditionellen Familienbetrieb »Lo Sparviere« im Franciacorta-Gebiet führt. Die 45 Hektar Rebfläche wurden qualitativ aufgewertet und der Bau eines großen, unterirdischen Weinkellers im Fels vorangetrieben.

92 Chianti Classico Riserva DOCG 2016
14,5 Vol.-%, NK, Tonneau Fass/Flaschenreifung
Intensives, funkelndes Granatrot. Ausgeprägt fruchtig-würzig in der Nase mit Aromen von reifer Brombeere, roter Pflaume, Edelholz und Lakritz. Frisch und zugänglich am Gaumen, saftig und mit feinkörnigem, gut eingebautem Tannin, getragen von markanter Säure bis ins fruchtbetonte Finish.

92 Vigna Il Corno Chianti Classico Gran Selezione DOCG 2016
14,5 Vol.-%, NK, Tonneau Fass/Flaschenreifung
Strahlendes, dunkles Rubinrot mit aufhellendem Rand. Elegant in der Nase mit präziser, knackiger Frucht auf Kirsche, dazu Veilchen, Holunder und dezenter Eichenholznote. Geschliffen am Gaumen, mit knackiger Säure, sehr gut integriertem, feinen Tannin, zieht stahlig durch bis ins Finale mit feiner Fruchtnote.

92 Chianti Classico DOCG 2020
14 Vol.-%, DIAM, Holzfass/Flaschenreifung Ⓑ
Volles Rubin mit granatrotem Rand. Elegant in der Nase nach frischer Weichsel, roter Pflaumen, Veilchen, und etwas nassem Stein. Im Trunk trocken und geradlinig, mit viel Druck und feinem Tannin, knackige Frucht im langem Finish.

91 Guss Toscana IGT 2016 ME/SN
15,5 Vol.-%, NK, Tonneau Fass/Flaschenreifung
Satte, leuchtendes Rubinrot mit dunklem Kern. Einladend in der Nase, öffnet sich mit würziger Note auf schwarze Kirsche, Zartbitterschokolade und Satteleder. Geschliffen am Gaumen, mit samtigem, festen Tannin, leicht wärmend, saftiger Fruchtnote, druckvoll, lang bis ins anhaltende Finale.

91 Occhio di Pernice Vin Santo del Chianti Classico DOC 2016
13 Vol.-%, NK, kleines Holzfass/Flaschenreifung
Dunkles Bernstein. In der Nase oxidativ mit Nuancen von Honig, Mandeln, Karamell und Walnüssen. Am Gaumen süß, mit strahlend-goldenem Kern, dazu minimal wahrnehmbares Tannin, mit viel Schmelz, harmonisch, gut ausbalanciert, langer Nachhall.

★★★★★

CASTELLO DI VOLPAIA

Loc. Volpaia - Coltassala, 53017 Radda in Chianti (SI)
T: +39 577 738066, info@volpaia.com
volpaia.com

Kellermeister: Lorenzo Regoli
Kontakt: Federica Mascheroni Stianti
Produktion: 46 Hektar
Anbauweise: Bio

Die Fattoria Castello di Volpaia ist ein Familienunternehmen, das seine 45 Hektar Weinberge und 15 Hektar Olivenhaine biologisch auf dem als »Macigno del Chianti« bekannten lokalen Sandstein-Terroir anbaut. Dieser Boden ist besonders locker und reich an Sand. Die Weine stammen alle von diesem speziellen, durch ein einzigartiges Mikroklima geprägtes Terroir und zeichnen sich durch Eleganz und einen einzigartigen Duft aus. Die Fattoria liegt hoch oben auf einem Hügel im Herzen des Chianti Classico. Die erste urkundliche Erwähnung des Schlosses und seiner Weinberge geht auf das Jahr 1172 zurück.

96 Balifico Toscana IGT 2019 SN/CS
14 Vol.-%, NK Ⓑ
Dunkelleuchtendes Rubinrot. In der Nase zunächst feine Würze, dann nach Preiselbeermarmelade, ein Hauch Siegellack, im Nachhall feine Kirscharomen, sowie sanft nach kaltem Rauch. Am Gaumen sehr saftig und sehr strahlend, öffnet sich mit klarer Frucht und edlen Gewürz-Nuancen, auch auf feinen balsamischen Tönen, zeigt sich sehr elegant mit weiterem Reifepotential.

94 Volpaia Chianti Classico DOCG 2020
13,5 Vol.-%, NK Ⓑ
Glänzendes, mittleres Rubinrot. In der Nase am Anfang eher verhalten, dann nach frischen Kirschen, im Nachhall feine Röstaromen vom Holzausbau. Am Gaumen saftig und fruchtbetont, mit seidenem Tannin, harmonisch und elegant, langes Finale.

94 Il Puro Casanova Chianti Classico Gran Selezione DOCG 2018
14,5 Vol.-% Ⓑ
Leuchtendes Rubinrot mit zart aufhellendem Rand. Öffnet sich fein duftig in der Nase, nach saftigen Kirschen, Waldbeeren, unterlegt von gedörrten Hagebutten, zart nach getrockneten Tomaten, vielschichtig und einladend. Zeigt sich am Gaumen druckvoll und klar, öffnet sich saftig-salzig, mit tollem Spannungsbogen; langer Nachhall mit edlem, kargem Ausklang.

94 Coltassala Chianti Classico Gran Selezione DOCG 2019
14 Vol.-%, NK Ⓑ
Leuchtendes Rubinrot. In der Nase zunächst feine Minze, etwas Früchte-Tee, auch feine Lakritze, im Nachhall nach reifen Brombeeren und Kardamom. Am Gaumen mit klarer, strahlender Frucht, spannt druckvolles Tannin auf, auch am Gaumen mit reifer Beerenfrucht, im Finale mit zart erdig-würzigen Nuancen, griffig.

93 Chianti Classico Riserva DOCG 2019
14 Vol.-%, NK Ⓑ
Leuchtendes Rubinrot mit leicht aufhellendem Rand. In der Nase nach reifen Erdbeeren und satten Himbeeren, unterlegt von zartem Rosenduft und Vanillenote. Am Gaumen schön saftiger Eintritt, spannt sich elegant über die Zunge, mit leichtem Druck, im Nachhall minimale Nachzehrung.

91 Vin Santo del Chianti Classico DOC 2016
15 Vol.-%, NK
Leuchtendes, dunkles Bernstein. In der Nase eine oxidative Note, Nuancen von getrockneten Aprikosen und von Wal- und Haselnüssen. Am Gaumen süß, wärmend, salzig, mit einer angenehmen Frische, gut ausbalanciert, langer Nachhall.

★★★

CASTELPRILE

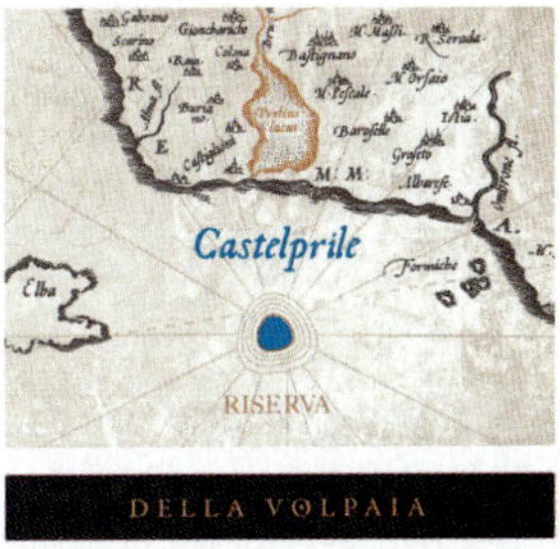

Loc. Volpaia - Coltassala, 53017 Radda in Chianti (SI)
T: +39 0577738066, info@volpaia.com
volpaia.com

Kellermeister: Lorenzo Regoli
Kontakt: Federica Stianti Mascheroni
Produktion: 21 Hektar

Die Besitzer waren 2007 auf der Suche nach einem Traum, der einen Hauch von Meer hatte. Von einem großen Terroir, das sich von dem von Volpaia unterscheidet und eine andere Nuance der Toskana zum Ausdruck bringen könnte. Und so begannen sie ihre Reise entlang der toskanischen Küste, von den Hügeln von Morellino und Montecucco bis zur Küste von Bolgheri und Lunigiana. Schon bald verliebten sich ihre Sinne in die toskanische Maremma, ein landwirtschaftlich noch intaktes und geschichtsträchtiges Gebiet, das schon die Etrusker als Wiege ihrer Zivilisation wählten.

91 Prelius Vermentino Maremma Toscana DOC 2021

14 Vol.-%, KK B

Hell leuchtendes Goldgelb. In der Nase intensiv nach Ananas und gelbem Apfel, im Nachhall kräutrige Anklänge nach Salbei. Am Gaumen sehr salzig und frisch, harmonisch und gut ausbalanciert, mit langem, saftigem Finale.

91 Castelprile Vermentino Riserva Maremma Toscana DOC 2020

13,5 Vol.-%, NK B

Funkelndes, sattes Goldgelb. In der Nase vielschichtig und komplex, intensiv nach reifer gelber Frucht, im Nachhall kräutrig und mit leichter Vanille Note vom Holzausbau. Am Gaumen samtig, mundfüllend und salzig, gut ausbalanciert und harmonisch, mit langem Finale.

91 Castelprile Maremma Toscana Rosso DOC 2018 CS/SN/ME

14 Vol.-%, NK B

Intensives, dunkles Rubinrot. Die Nase ist reichhaltig mit Noten von Kirsche, Pflaume, Unterholz, Brombeere und Holz. Am Gaumen ausgeprägt und angenehm tanninhaltig. Der Abgang ist kräftig, lang und anhaltend mit Anklängen an die fruchtigen Noten der Nase.

89 Prelius Cabernet Sauvignon Maremma Toscana DOC 2020

13,5 Vol.-%, KK B

Dunkles, sehr sattes Rubinrot mit leicht aufhellendem Rand. In der Nase sehr feinwürzig, Noten von schwarzem Pfeffer, dann reife Holunderbeeren. Am Gaumen saftig mit zartem Tannin, würzige Töne, leicht animalisch, mittlere Länge, im Finale leicht spröde.

★★★

CASTIGLION DEL BOSCO

Loc. Castiglion del Bosco, 53024 Montalcino (SI)
T: +39 0577 1913750, info@castigliondelbosco.com
castigliondelbosco.com

Kellermeister: Cecilia Leoneschi
Kontakt: Roberto Ruscito
Produktion: 62 Hektar

Castiglion del Bosco versteht es, zu begeistern. Hier spricht die Natur, und die Eingriffe des Menschen haben stets den Raum und das Gleichgewicht respektiert. Der Name des Ortes ist sehr anspielungsreich, denn der Wald, der Castiglione umgibt, ist das Reich der Rehe, Fasane, Wildschweine und Füchse. Und des Sangiovese. Castiglion del Bosco liegt nordwestlich von Montalcino, wo der felsige Boden ideal für die Erzeugung von Weinen mit großer Eleganz und Komplexität ist. Neben den Weinbergen in Montalcino gibt es auch die Tenuta Prima Pietra; 11 Hektar in Riparbella an der toskanischen Küste.

97 Millecento 1100 Brunello di Montalcino Riserva DOCG 2016
15 Vol.-%, NK
Leuchtendes Rubinrot. In der Nase nach reifen Kirschen, einem Hauch Marzipan, getrockneten Rosen, dann Erdbeeren im Nachhall, edle harzige Töne runden das Bukett ab. Am Gaumen mit toller Fruchtsüße und herzhaftem Verlauf, zeigt tänzelndes Spiel, baut sich in vielen Schichten auf, eigenständig und lange.

94 Campo del Drago Brunello di Montalcino DOCG 2017
14,5 Vol.-%, NK
Leuchtendes Rubinrot. Tolle Nase nach saftigen Kirschen und Himbeeren, Granatapfel und frisch ausgepresster Blutorange, edler Würzeton rundet das spannende Bukett ab. Am Gaumen herzhaft, klar und mit Schliff, spannt sich toll auf, kerniges Tannin im Nachklang.

93 Brunello di Montalcino DOCG 2017
15 Vol.-%, NK
Leuchtendes Rubinrot. In der Nase präzise und klar, nach reifen Hagebutten, reifen Himbeeren, etwas Blutorange, dazu feiner Vanilletouch. Am Gaumen geschliffen und mit toller Saftigkeit, zeigt sich mit schönem Schmelz und rotbeeriger Frucht, kernig und druckvoll im Finale.

94 Prima Pietra Toscana Rosso IGT 2018 ME/CS/CF/PV
16 Vol.-%, NK
Intensives, dunkles Rubinrot mit fast schwarzem Kern. In der Nase Noten nach dunklem Kakao, etwas Zedernholz, dann nach dunklen Beeren. Am Gaumen mit würzig-harzigen Noten, dunkle Beerenfrucht, strammer Tanninstruktur, im Finale fester Grip.

93 Prima Pietra Toscana Rosso IGT 2019 ME/CS/CF/PV
14 Vol.-%, NK
Leuchtendes Rubinrot mit Violettschimmer. In der Nase mit einladenden Gewürznoten, fein gezeichnet, mit viel dunklen Beeren und etwas Bitterschokolade. Am Gaumen spannungsgeladen, zeigt gute Dichte, mit viel feinmaschigem Tannin, geschliffen, zugleich auch saftige, präsente Frucht, im Nachhall leicht harzige Noten.

92 Prima Pietra Toscana Rosso IGT 2017 ME/CS/CF/PV
14 Vol.-%, NK
Dunkel leuchtendes Rubinrot mit violettem Kern. In der Nase erst etwas zurückhaltend , öffnet sich dann auf reifen Kirschen und reifen Pflaumen, ein Hauch Rumtopf und feine Holzwürze. Am Gaumen noch sehr jung am Gaumen, griffig, zupackendes Tannin, saftige Frucht, spannungsvoll, sollte unbedingt noch einige Zeit liegen bleiben.

★★★

FAMIGLIA CECCHI

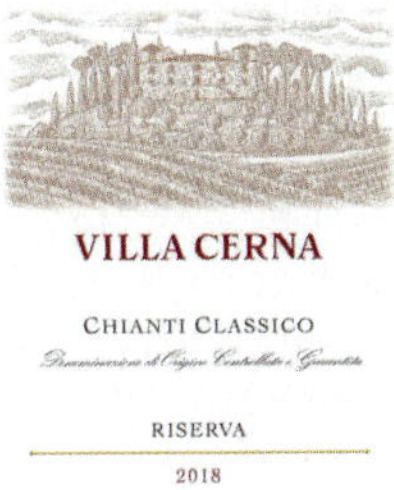

Località Casina dei Ponti 56
53011 Castellina in Chianti (SI)
T: +39 0577 54311, cecchi@cecchi.net
cecchi.net

Ab-Hof-Verkauf: Ja
Kellermeister: Miria Bracali
Kontakt: Serena Rettoir
Produktion: 300 Hektar

Alles begann 1893, als Luigi Cecchi als professioneller Verkoster das Potenzial des italienischen Weinbaus erkannte. Mit ihm begann eine Reise, die man heute als perfekte Verbindung von Innovation und Tradition bezeichnen können. Gerade in der Fähigkeit, die Zukunft zu erahnen, eine Art Mitgift, die wie ein Erbe vom Vater an den Sohn weitergegeben wird, liegt eines der Geheimnisse von Cecchis Erfolg. Jedem Schritt, den das Unternehmen unternommen hat, gingen sorgfältige und gründliche Forschung voraus, und der Respekt vor der Tradition hat die Familie bei ihren Entscheidungen stets begleitet.

90 Val delle Rose Litorale Vermentino Maremma Toscana DOC 2021

13,5 Vol.-%, PK, Stahltank ⓥ

Intensives, funkelndes Strohgelb. Dezent in der Nase nach Zitrusfrüchten und Wiesenblumen. Weich und leicht cremig beim Gaumeneintritt, bei mittelgewichtiger und mit angenehmer Säurestruktur, läuft zusammen auf rote Grapefruit im Finale. Schöner Sommerwein!

92 Storia di Famiglia Chianti Classico DOCG 2020

13,5 Vol.-%, DIAM, Stahltank/Teilbarrique ⓥ

Funkelndes Rubinrot. In der Nase nach reifen Preiselbeeren und Sauerkirsche, im Nachhall ein Touch Pfeffer, wirkt ganz leicht animalisch. Am Gaumen saftig und fruchtbetont, hat Zug und ist trinkig, langes Finale.

91 Val delle Rose Aurelio Maremma Toscana DOC 2018 ME/CF

14,5 Vol.-%, DIAM, Stahltank/Barrique ⓥ

Leuchtendes, mittleres Rubin mit granatroten Reflexen. Einladende, duftende Nase mit Aromen von saftiger Kirsche, Blaubeeren, unterlegt von Noten von Eukalyptus und Zedernholz. Am Gaumen trocken und mit engmaschigem, festem Gerbstoff, druckvoll und mit lebendiger Säure, bei anhaltendem Abgang.

90 Le Cifre Vino Nobile di Montepulciano DOCG 2018

14 Vol.-%, DIAM, Stahltank/kleines Holzfass ⓥ

Klares, mittleres Rubin mit dunklen Reflexen. Verhalten in der Nase mit floralen Anklängen nach Geranie und einem Touch Sauerkirsche, unterlegt von leichter Würze. Am Gaumen mit guter Frische, mittelgewichtig, mit Aromen von Kirsche und Vanille, dazu präsenter Gerbstoff, der im Finale aber leicht zehrt.

90 Villa Cerna Chianti Classico Riserva DOCG 2018

14 Vol.-%, NK, Stahltank/Barrique ⓥ

Leuchtendes, intensives Granatrot. In der Nase mit Aromen von schwarzer Brombeere, dunklem Holz und Gewürznelken, auch leicht erdig. Mundfüllend und druckvoll am Gaumen, mit jugendlichem, aber feinem Tannin, schöner Säure, etwas dünner Frucht, bei mittellangem Abgang.

89 Val delle Rose Poggio al Leone Morellino di Scansano Riserva DOCG 2019

14,5 Vol.-%, DIAM, Stahltank/Barrique

Leuchtendes Granatro mit rubinroten Nuancen. Noch recht verhalten und leicht staubig in der Nase, öffnet sich dann auf dunkle Kirsche und Maulbeeren, unterlegt von erdiger Note. Kompakt beim Eintritt, mit festem Tannin und merklicher Säure, mit gutem Zug in den mittellangen Abgang.

★★★★

CHIAPPINI

Podere Felciaino 189/B, 57020 Bolgheri (LI)
T: +39 0565 765201, info@giovannichiappini.it
giovannichiappini.it

Ab-Hof-Verkauf: Ja
Kellermeister: Giovanni Chiappini
Kontakt: Martina Chiappini
Produktion: 16 Hektar
Anbauweise: Bio

Das Weingut Chiappini befindet sich im Herzen des DOC-Gebiets Bolgheri, an der Bolgheri-Weinstraße, die die größten Weingüter des Gebiets beherbergt. Die Geschichte ist die einer immer wieder erneuerten Familientradition, die vom Familienoberhaupt Giovanni – Sohn von Bauern aus den Marken, die in den 1950er Jahren nach Bolgheri eingewandert sind – an seine Töchter Martina und Lisa weitergegeben wurde, die an der Seite ihres Vaters im Betrieb arbeiten. Die Chiappinis pflegen eine ganz besondere Beziehung zu dem Land, das sie bearbeiten – und das macht den Erfolg des Weinguts aus.

Giovanni Chiappini,
Weingut Chiappini

98 Guado De' Gemoli Bolgheri Superiore DOC 2019 CS/ME/CF
14,5 Vol.-%, NK, Barrique
Funkelndes, intensives Rubin, dunkler Kern, leicht aufhellender Rand. Intensive Noten nach Kardamom, etwas rote Rübe, dann viel Heidelbeere und Cassis. Öffnet sich mit viel geschliffenem, sehr gut platziertem Tannin, umwoben von feinem Schmelz, baut sich in vielen Schichten auf, im Finale dunkle Beerennoten und etwas Lakritze.

90 Felciaino Bolgheri Rosso DOC 2020 CS/ME/CF
14,5 Vol.-%, NK, gebrauchte Barriques
Leuchtendes, helles Rubinrot. In der Nase mit Noten nach Waldbeeren und schwarzem Pfeffer, im Nachhall Anklänge von Amarenakirsche. Am Gaumen fruchtsüß, saftig, mit feinmaschigem Gerbstoff, etwas ruppiger Abgang.

97 Lienà Cabernet Franc Toscana IGT 2019
15 Vol.-%, NK, Barrique
Leuchtendes, intensives Rubin mit leichtem Granatrand. Eröffnet mit betont rauchigen Noten, nach getrockneten Tomaten und eingelegten Sardellen, dann nach Zwetschken und Schwarzkirsche. Am Gaumen dicht und kompakt, zeigt viel griffiges Tannin, leicht rauchig-erdige Komponenten, im Finale salzig und lange.

★★★★★

CIACCI PICCOLOMINI D'ARAGONA

Loc. Molinello, 53024 Montalcino (SI)
T: +39 0577 835616, info@ciaccipiccolomini.com
ciaccipiccolomini.com

Ab-Hof-Verkauf: Ja
Kellermeister: Paolo Bianchini
Kontakt: Lucia Bianchini
Produktion: 55 Hektar

Nach dem Motto »mit der Technologie von heute die Tradition bewahren« erzeugt Familie Bianchini beste Weine aus Montalcino. Die Ursprünge des Anwesens gehen auf das 17. Jahrhundert zurück. Heute erstreckt sich das Anwesen über 220 Hektar, davon 55,5 Hektar mit Weinreben bepflanzt. Vigna Ferraiole, Vigna Egle, Vigna Contessa und Vigna Colombaio sind nur einige der wichtigsten Sangiovese Grosso-Weinberge. Der Klon Sangiovese Grosso wird aus den ältesten Rebstöcken des Weinguts ausgewählt, die beiden Brunello di Montalcino stammen aus ausgewählten Trauben aus einem einzigen Weinberg.

98 Vigna di Pianrosso Santa Caterina d'Oro Brunello di Montalcino Riserva DOCG 2016

15 Vol.-%, NK, Eichenfass

Leuchtendes, sattes Granatrot. Sehr klare und intensive Nase, satt nach reifen Himbeeren, eingelegte Kirschen und im Hintergrund etwas Lakritze. Am Gaumen viel reife Frucht, zeigt griffiges Tannin, im Finale fester Druck, langer Nachhall nach Zwetschken.

96 Pianrosso Brunello di Montalcino DOCG 2017

15 Vol.-%, NK, Eichenfass

Aufhellendes, funkelndes Granatrot. Eröffnet mit betont duftigen Noten nach frischen dunklen Kirschen, etwas Hagebutte und feinen Rosenblättern, erstaunlich frische Noten. Rund und geschmeidig im Ansatz, öffnet sich mit schön gereiften Fruchtnoten, griffiges Tannin, sehr gut platziert.

94 Rossofonte Rosso di Montalcino DOC 2020

14,5 Vol.-%, NK, Eichenfass

Leuchtendes Rubinrot. Die Nase zeigt Aromen von Himbeeren und Johannisbeeren mit Noten von Pflaumen, Kräutern, Erde und Trockenblumen. Im Mund elegant, fruchtig, würzig und sehr lang , toller Rosso di Montalcino.

93 Brunello di Montalcino DOCG 2017

14,5 Vol.-%, NK, Eichenfass

Aufhellendes Rubinrot. In der Nase nach Blutorangen, Hagebutten, Minze, auch nach Eukalyptus, im Nachhall feine mediterrane Kräuter. Zeigt sich geschliffen und elegant am Gaumen, mit feinstem Schmelz, hoher Trinkfluss bei kernigem Tannin, sehr gut gelungen.

92 Rosso di Montalcino DOC 2020

14 Vol.-%, NK, Eichenfass

Funkelndes Rubinrot. In der Nase nach duftenden Himbeeren und feiner Würze, im Nachhall nach Hagebutten. Zeigt sich am Gaumen mit toller Saftigkeit und zartem Schmelz, öffnet sich schön, zugänglich und trinkig.

91 Ateo Sant' Antimo DOC 2020 CS/ME

14,5 Vol.-%, NK, Eichenfass

Mittleres glänzendes Rubinrot mit dunklem Kern. In der Nase Duft von reifen Himbeeren und Waldfrüchten, feiner Würze und Kräuternoten. Am Gaumen angenehm weich, mit feiner Tanninstruktur, praller Frucht und anhaltendem Finale.

★★★★

COL D'ORCIA

Via Giuncheti, 53024 Montalcino (SI)
T: +39 0577 80891, info@coldorcia.it
coldorcia.com

Ab-Hof-Verkauf: Ja
Kellermeister: Antonino Tranchida
Kontakt: Santiago Marone Cinzano
Anbauweise: Bio

Unmittelbar außerhalb von Montalcino liegt Col d'Orcia – der Hügel über dem Fluss Orcia mit einer reichen Weinbaugeschichte, die bis ins Jahr 1700 zurückreicht. Das Weingut begann vor mehr als 100 Jahren mit der Herstellung des hoch geschätzten Brunello di Montalcino. Seit 1973 trägt die Familie Marone Cinzano zum Erfolg des Brunello auf den Weltmärkten bei. Col d'Orcia umfasst 1.300 Hektar Land, davon 350 Hektar Weingärten. Seit 2010 wird das gesamte Weingut nach ökologischen Methoden bewirtschaftet. Mit dieser Zertifizierung ist Col d'Orcia das größte zertifizierte Bio-Weingut in der Toskana.

90 Ghiaie Bianche Chardonnay Sant'Antimo DOC 2019
14 Vol.-%, NK Ⓑ
Strohgelb mit goldenen Reflexen. Noten von weißen Pfirsichen und frischen Aprikosen mit zarten Anklängen von Butter und Vanille. Weicher und frischer Geschmack, mit einem saftigen Abgang von knackigen Früchten.

96 Poggio al Vento Brunello di Montalcino Riserva DOCG 2015
15 Vol.-%, NK Ⓑ
Funkelndes, kraftvolles Granatrot. Fein gezeichnete, duftige Nase mit Noten nach Preiselbeeren, reifen, dunklen Kirschen, etwas Dörrpflaumen und reichlich Tabak. Geschliffenes Tannin am Gaumen, zeigt gereifte Fruchtnoten, im Finale griffiges Tannin in vielen Schichten.

95 Vigna Nastagio Brunello di Montalcino DOCG 2016
15 Vol.-%, NK Ⓑ
Leuchtendes, elegantes Rubinrot. Ausdrucksstarke und klar gezeichnete Nase nach reifen Walderdbeeren, Blutorangen, Hagebutten und Himbeeresirup, zart florale Noten runden das Bukett ab. Geschliffen und finessenreich am Gaumen, öffnet sich zart cremig, dann mit toller Spannung und feinem Salz, schöne Länge.

92 Rosso di Montalcino DOCG 2020
14 Vol.-%, NK Ⓑ
Intensive rubinrote Farbe. In der Nase finden sich Noten von Waldbeeren, Kirschen, aromatischen und mediterranen Kräutern mit einer leichten hämatischen und dann würzigen Note. Am Gaumen straff, ausgewogen und mit gut eingebundenen Tanninen.

92 Olmaia Cabernet Sant'Antimo DOC 2015
14,5 Vol.-%, NK Ⓑ
Konzentriertes Rubinrot. Kräftige Noten von Pfeffer, reifen roten Früchten und Beeren, begleitet von tertiären Anklängen an süßen Gewürzen, feuchter Erde, Pilze und Leder. Vollmundiger, intensiver und gut strukturierter Geschmack, mit deutlich tanninhaltigem und balsamischem Akzent im Abgang.

92 Pascena Moscadello di Montalcino DOC 2016
12,5 Vol.-%, NK
Funkelndes und sattes Goldgelb. In der Nase nach kandiertem Apricot, Litschi, Mango und Zitrusfrüchten, im Nachhall ein Touch Muskat und ein Hauch Pfeffer. Am Gaumen süß, mit weichem Mundgefühl, frisch und saftig, trotz der Süße guter Trinkfluss, langes Finale.

★★★

FATTORIA I COLLAZZI

Via Colleramole 101, 50023 Impruneta (FI)
T: +39 055 237 4902, info@collazzi.it
collazzi.it

Ab-Hof-Verkauf: Ja
Kellermeister: Alberto Torelli
Kontakt: Laura Fanfani
Produktion: 30 Hektar

Das Weingut Collazzi liegt nur wenige Kilometer von Florenz entfernt und befindet sich seit 1933 im Besitz der Familie Marchi. Es ist ein beeindruckendes, 400 Hektar großes Anwesen, von dem rund 30 Hektar mit Weinreben und 140 Hektar mit Olivenbäumen bepflanzt sind. Seit Mitte der 1990er-Jahre hat eine Umstrukturierung der Weinberge und der Kellerei dem Weingut neuen Schwung verliehen. Die Olivenbäume stellen den zweiten wichtigen Bestandteil der Produktion des Gutes dar und werden in einer speziellen Kultur angebaut, um ein wertvolles natives Olivenöl von höchster Qualität zu erzeugen.

89 Otto Muri Toscana Bianco IGT 2021
13 Vol.-%, DIAM
Blass strohgelb. In der Nase Noten von Glyzinien und weißen Früchten wie Golden-Delicious-Apfel und Pfirsich, Nuancen von tropischen Früchten und krautige Untertöne. Am Gaumen frisch und saftig, im Abgang weich und von mittlerer Länge.

94 Collazzi Toscana Rosso IGT 2019 CS/ME/CF/PV
14,5 Vol.-%, NK
Intensives Rubinrot. Reichhaltiges, komplexes Bouquet, Noten von Brombeer- und Heidelbeerkonfitüre treffen auf Anklänge von Lakritz und Kaffee. Voll im Geschmack, saftig, würzig, mit runden Tanninen und einem sehr langen Abgang.

92 Libertà Toscana Rosso IGT 2019 ME/CF/CS
14 Vol.-%, DIAM
Dunkles Rubinrot. Intensive Noten von roten Beerenfrüchten wie Johannisbeeren und Sauerkirschen, ein Hauch von mediterraner Macchia mit Anklängen von Rosmarin und Myrte. Im Mund gute Struktur, gleichmäßig und dicht, die sich zu einem frischen und anhaltenden Abgang entwickelt.

90 I Bastioni Chianti Classico DOCG 2020
13,5 Vol.-%, DIAM
Intensives Rubinrot mit leichten granatroten Reflexen. Intensive Nase nach roten Beeren, Kirschen, im Hintergrund süße, feine Gewürze. Strukturiert am Gaumen, mit schönem Schmelz und packendem Tannin, aktuell noch mit leichter Zehrung.

95 Ferro Toscana Rosso IGT 2019
14,5 Vol.-%, NK
Edelleuchtendes Rubinrot mit einem Tropfen Violett. In der Nase nach reifen Zwetschken, reifen Amarenakirschen und Brombeeren, feine Würze, auf Gewürznelken, im Nachhall getrocknetes Rosenblatt. Am Gaumen griffig, eisenhaltig und eng gewoben, zeigt ordentlichen Holzeinsatz, dadurch leider etwas trocknend, im Finale fester Druck, aktuell noch sehr jung.

★★★★

COLLEMASSARI

Loc. Poggi del Sasso, 58044 Cinigiano (GR)
T: +39 0564 990496, info@collemassari.it
collemassariwines.it

Ab-Hof-Verkauf: Ja
Kellermeister: Luca Marrone
Kontakt: Anna Paola Barberi
Produktion: 200.000 Flaschen, 120 Hektar
Anbauweise: Bio

Die Familie Tipa-Bertarelli erwarb 1999 ColleMassari, eine Festung aus dem 13. Jahrhundert samt Weinbergen. Von Beginn an produzierte man hochwertige, biologisch zertifizierte Weine und erwarb später die renommierten Weingüter Grattamacco in Bolgheri, Poggio di Sotto und San Giorgio in Montalcino. Das Weingut umfasst 1.200 Hektar, davon 120 Hektar Weinberge. Der maritime Einfluss ermöglicht auch den Anbau eines mineralischen und aromatischen Vermentino. Der Sangiovese von Castello ColleMassari hat Tiefe, weiche Tannine und ausgeprägte fruchtige sowie balsamische Noten.

Weingut ColleMassari

92 Irisse Vermentino Montecucco DOC 2020 VE2/GR6
14 Vol.-%, NK Ⓑ
Intensives, leuchtendes Goldgelb. In der Nase entfaltet sich ein schöner Fächer mit Aromen von Melone, Birne, Wildkräutern und weißen Blüten. Im Mund umhüllend und weich, mit integrierten Holznoten, guter Persistenz und saftigem Abgang.

90 Melacce Vermentino Montecucco DOC 2021
14 Vol.-%, DIAM Ⓑ
Leuchtendes Strohgelb. In der Nase duftende Aromen von Pfirsich und weißen Früchten, mit krautigen Nuancen. Im Mund straff, weich, frisch, fließend, saftig mit einem leicht zitrusartigen Abgang und einigen Anklängen von süßer Würze.

91 Gròttolo Rosato Muotnecucco DOC 2021 SN/CG/CS
13,5 Vol.-%, DIAM Ⓑ
Leuchtendes Korallenrosa. In der Nase blumige und fruchtige Aromen mit Anklängen an Rosenblüten, kleinen roten Früchten, Sauerkirschen und Kräuter. Am Gaumen frisch, saftig, elegant und ausgewogen, mit Aromen von Früchten und Wildkräutern im Abgang.

★★★

COLLINE DI SOPRA

Via delle Colline 17, 56040 Montescudaio (PI)
T: +39 334 7180758, Info@collinedisopra.com
collinedisopra.com

Ab-Hof-Verkauf: Ja
Kellermeister: Gianluca Mattia
Kontakt: Ulrich Ziegler
Produktion: 53.333 Flaschen, 88 Hektar
Anbauweise: Bio

Das Bioweingut wurde 2006 gegründet und im Jahr 2015 von Ulrich Ziegler übernommen. Es verfügt über vier ausgezeichnete Terroirs mit einer Gesamtfläche von 450 Hektar. Die Bewirtschaftung der Weinberge erfolgt rigoros nach biologischen Grundsätzen und wird von der Zertifizierungsbehörde ICEA kontrolliert. Die Spezialität des Weinguts ist der Ausbau reinsortiger Weinen. Alle Rotweine werden in Fermentation und Mazeration gleich hergestellt. Dadurch kommen die Unterschiede der verschiedenen Rebsorten sehr gut zu tragen. Das Besondere ist der burgundische Weinstil in der bordeauxgeprägten Region.

93 Sopra Cabernet Franc Toscana IGT 2018

14 Vol.-%, NK, Barrique B V

Funkelndes, intensives Rubinrot. Ausgeprägt in der Nase nach grüner Paprika, Zirbenholz, weißem Pfeffer, Brombeeren und Ribes im Nachgang. Geschmeidig beim Gaumeneintritt, frische Säure im Wechsel mit festem, engmaschigem Tannin, gut integriertem Holz, saftigen mit salziger Note im anhaltenden Finish.

92 Sopra Petit Verdot Costa Toscana IGT 2018

14 Vol.-%, NK, Barrique B V

Tiefdunkles, undurchdringliches Rubinrot. Intensives würzig-florales Bouquet zunächst nach Veilchen, dann Lavendel, dazu dunkler Frucht und Gewürznelken. Saftig am Gaumen, jugendlich, gerbstoffreich, mit schönem Fruchtkern von dunklen Brombeeren und Cassis, druckvoll ausgewogen dann zulaufend im Abgang.

92 Sopra Cabernet Sauvignon Costa Toscana IGT 2019

14 Vol.-%, NK, Barrique B V

Dunkler rubinroter Kern mit aufhellenden Rändern. Intensiv und komplex in der Nase nach schwarzer Johannisbeere, Zedernholz, Vanille, schwarzem Pfeffer, Himbeerkonfitüre, sowie ein Hauch Graphit. Baut sich am Gaumen mit elegantem, feinkörnigen Tannin rasch auf, präzise Frucht, guter Holzeinsatz, dazu florale Noten von Veilchen bis ins lange Finale.

91 Sopra Syrah Costa Toscana IGT 2018

14 Vol.-%, NK, Barrique B V

Dunkles, elegantes Rubinrot mit granatrotem Rand. Intensives, würziges Bouquet nach dunklen Kirschen, Gerstenmalz, dazu Noten von Leder und Edelholz, auch leicht animalisch im Nachgang. Beim Gaumeneintritt zunächst von äußerst weicher Textur, dann gerbstoffreich, und mit angenehmer Frische und Saftigkeit, noch etwas forsch.

90 Sopra Sangiovese Costa Toscana IGT 2018

14,5 Vol.-%, NK, Barrique B V

Sattes Granatrot mit aufhellenden Rändern. In der Nase mit Noten von Liebstöckel, dazu leicht ätherisch nach Jod, und kaltem Rauch. Am Gaumen direkt und voll, mit breiter Frucht nach Pflaumenkompott, mit engmaschigem Gerbstoff, und merklichem Holzeinsatz.

90 Sopra Merlot Toscana IGT 2018

14,5 Vol.-%, NK, Barrique B V

Intensives, leuchtendes Rubinrot. In der Nase leicht rauchig, ausgeprägt nach Veilchen, frischer Brombeere, und Holzwürze. Am Gaumen druckvoll, aber noch recht jugendlich und etwas ruppig, Tannin- und Holzbetont, braucht noch Zeit, sich zu integrieren.

★★★

DONATELLA CINELLI COLOMBINI

Loc. Casato, 17, 53024 Montalcino (SI)
T: +39 0577 662108, vino@cinellicolombini.it
cinellicolombini.it

Ab-Hof-Verkauf: Ja
Kellermeister: Barbara Magnani
Kontakt: Violante Cinelli Colombini
Produktion: 1 % Schaumwein, 2 % weiß, 94 % rot, 1 % rosé, 2 % süß, 33 Hektar
Anbauweise: Bio

Das Weinbauunternehmen Donatella Cinelli Colombini besitzt 33 Hektar Weinberge, die ausschließlich biologisch und von Hand bewirtschaftet werden. Die Weinberge verteilen sich auf zwei Weingüter, die bereits vor 400 Jahren von den Vorfahren der Familie bewirtschaftet wurden: Casato Prime Donne in Montalcino, wo Brunello und kleine Mengen anderer Spitzenweine hergestellt werden, sowie Fattoria del Colle im südlichen Chianti. Die beiden Weingüter sind die ersten in Italien, die – von den Winzerinnen über das Gastgewerbe bis hin zum Marketingteam – ausschließlich von Frauen betrieben werden.

94 Brunello di Montalcino Riserva DOCG 2016
14,5 Vol.-%, NK, Beton/großes Holzfass/Tonneau Fass/ Flaschenreifung
Sattes, dunkles Rubin mit granatrotem Rand. Offenherzig in der Nase nach Dörrpflaume, dunkler Schokolade, Waldboden, und Leder. Im Trunk straff, mit festem, engmaschigem Tannin, gepaart mit saftiger Frische, ordentlich Druck, lang im Abgang.

93 Prime Donne Brunello di Montalcino DOCG 2017
14,5 Vol.-%, NK, Beton/großes Holzfass/Tonneau Fass/ Flaschenreifung
Funkelndes Rubin mit dunklen Nuancen. Imposant in der Nase mit Aromen von eingelegter Zwetschke, Flieder, Siegellack, und Leder. Linear und direkt im Trunk, lebendige Säure, feine Frucht, festes Tannin, noch etwas jung, braucht noch Zeit, um sich zu integrieren.

92 Brunello di Montalcino DOCG 2017
14,5 Vol.-%, NK, Beton/großes Holzfass/500-l-Fass/ Flaschenreifung
Intensives, funkelndes Granatrot. In der Nase mit Aromen von Waldboden, Kirschlikör, dunklem Edelholz, dazu etwas Graphit, vielschichtig. Am Gaumen straff, mit gutem Fruchtkern und Bittermandelnote, mit gutem Grip bis ins Finish.

90 Rosso di Montalcino DOC 2020
14,5 Vol.-%, NK, Tonneau Fass/Beton/ Flaschenreifung B
Leuchtendes, mittleres Rubinrot. Einladend in der Nase nach knackiger Kirsche, Hagebutte, und unterlegt von leichter pfeffriger Note. Am Gaumen direkt und linear, mit dezentem Gerbstoff, druckvoll bis ins fruchtig-frische Finish.

91 Cenerentola Orcia Rosso DOC 2018
15 Vol.-%, NK, Beton/Tonneau Fass/ Flaschenreifung B
Helles Rubinrot mit leicht aufhellendem Rand. In der Nase nach roten Waldbeeren und Amarenakirsche, im Nachhall leicht würzig und ledrig. Am Gaumen gut ausbalanciert, wärmend, saftig, mit kräftigem aber gut eingebundenem Gerbstoff, langes Finale.

89 Chianti Superiore DOCG 2019
14 Vol.-%, DIAM, Beton/Flaschenreifung B
Funkelndes Rubinrot. In der Nase intensiv nach roten Früchten, Amarenakirsche und Duftveilchen, im Nachhall leicht pfeffrig. Am Gaumen saftig und gut ausbalanciert, mit gut eingebundenem Gerbstoff, wird im Finale etwas bitter.

★★★★★

DUEMANI

Loc. Ortacavoli, 56046 Riparbella (PI)
T: +39 0583 975048, info@duemani.eu
duemani.eu

Ab-Hof-Verkauf: Ja
Kellermeister: Luca D'Attoma
Kontakt: Elena Celli
Anbauweise: Bio-dynamisch

DueMani wurde von Elena Celli und Luca D'Attoma gegründet, sie Marketingfachfrau, er Önologe. Als sie im Jahr 2000 in Riparbella und Castellina Marittima ankamen, suchten sie nach einem Ort, an dem ihre Reben in Harmonie mit der Natur wachsen könnten. Sie wählten die toskanische Küste, um Weine aus ihren bevorzugten Rebsorten Cabernet Franc, Syrah und Merlot zu erzeugen, für die Klima und Boden hier ideal sind. Der biodynamische Weinanbau erfolgt behutsam, hauptsächlich von Hand. Aus den Trauben werden saubere, originelle und schmackhafte Weine gewonnen, jeder mit eigenem Charakter.

98 Duemani Cabernet Franc Costa Toscana Rosso IGT 2019
14 Vol.-%, NK, Barrique Ⓑ
Sattes, tiefdunkles Rubin mit feinem Violettschimmer. Sehr klare und einprägsame Nase, nach harzigem Zedernholz, viel dunkle Beerenfrucht, Waldhimbeere, Brombeere und Holunderbeere, Tabak im Hintergrund. Zeigt am Gaumen sehr viel feinmaschiges Tannin, saftige, dunkle Beerenfrucht, öffnet sich in vielen Schichten, energievoll und präsent, im Finale fester Druck.

91 Cifra Cabernet Franc Costa Toscana Rosso IGT 2020
14 Vol.-%, NK, Beton Ⓑ
Funkelndes, volles Rubin mit leicht aufhellendem Rand. Filigran in der Nase mit Noten von Cassis und kleinen Waldbeeren, und einem Hauch Ingwer. Am Gaumen, direkt und linear im Verlauf, mit feinem, sehr gut integriertem Tannin, präziser Frucht und knackigem Finale.

95 Suisassi Syrah Costa Toscana Rosso IGT 2019
14 Vol.-%, NK, Barrique Ⓑ
Sattes, tiefdunkles Rubin-Violett. Sehr einladende Nase mit Noten nach Holunderbeeren, Himbeeren, dunkler Pfeffer, etwas Galgant, Zuckerwatte. Am Gaumen viel Frucht, nach Maulbeere, feinmaschiges Tannin, baut sich gut auf, im Finale noch etwas rau.

92 Altrovino Costa Toscana Rosso IGT 2019 CF/ME
14 Vol.-%, NK, Beton Ⓑ
Sattes Rubin mit dunklem Kern und granatroten Rändern. Feinwürzig in der Nase, mit Noten von schwarzer Johannisbeere, Waldbeeren, etwas Minze, im Nachhall etwas dunkle Schokolade. Geschmeidig am Gaumen, noch recht junges, festes Tannin, saftig und mit viel Grip, langem Abgang mit leicht salzigem Finale.

92 G.Punto Grenache Costa Toscana Rosso IGT 2020
14 Vol.-%, NK, Barrique Ⓑ
Leuchtendes, aufhellendes Kirschrot. Frische, ansprechende Nase, Noten nach Himbeere, Blutorange, dazu feine Kräuterwürze. Am Gaumen herzhafte, erstaunlich präsentes Tannin, feiner Fruchtschmelz, im Finale etwas ruppig, braucht noch Zeit.

★★★★★

FÈLSINA

Via del Chianti 101, 53019 Castelnuovo Berardenga (SI)
T: +39 0577 355117, info@felsina.it
felsina.it

Ab-Hof-Verkauf: Ja
Kellermeister: Franco Bernabei
Kontakt: Giovanni Poggiali
Produktion: 72 Hektar

Das Weingut Fèlsina ist ein »Grenzland«, die Grenze der Chianti-Classico-Zone verläuft durch sein Gebiet, das zwischen den letzten Kämmen der Chianti-Berge und dem ersten Abschnitt des Tals des Flusses Ombrone liegt. Nicht weit davon entfernt liegt die lehmige Heidelandschaft der Crete. Daraus ergibt sich eine außergewöhnliche Vielfalt an Böden, Mikroklimata und Sangiovese-Klonen, die seit dem Erwerb des Anwesens durch die Familie Poggiali im Jahr 1966 gehütet und bewahrt wird. Berardenga, Fontalloro und Rancia stehen für die Qualität und den Stil von Fèlsina und sind weltweit ein Maßstab für Sangiovese.

91 I Sistri Chardonnay Toscana IGT 2020
13,5 Vol.-%, NK, Barrique
Leuchtendes Strohgelb. In der Nase reife gelbe Früchte, Pfirsich, gefolgt von süßeren Vanillenoten. Am Gaumen vollmundig, cremig, gut präsente Säure, frischer und würziger Abgang mit Anklängen an gelbe Früchte.

97 Colonia Chianti Classico Gran Selezione DOCG 2018
14 Vol.-%, NK, Barrique
Funkelndes, sattes Rubinrot. Sehr intensive und klar gezeichnete Nase, satt nach Waldhimbeeren und Brombeeren, dahinter nach Kardamom, spannend. Stoffig und dicht in Ansatz und Verlauf, öffnet sich in viel kernigem Tannin, satte, dunkelbeerige Frucht, im Finale betont erdige Noten, nach roter Rübe und Kakao.

96 Fontalloro Toscana IGT 2019 SN
14 Vol.-%, NK, Barrique
Leuchtendes Rubinrot mit aufhellendem Rand. In der Nase herzhaft und einladend, nach satten Kirschen, Waldfrüchten, dazu ein Hauch Bitterschokolade, im Hintergrund erdige Töne. Am Gaumen stoffig und klar, breitet sich saftig und mit ausgewogenem Tannin über den Gaumen, zeigt eleganten Druck, kommt im langen Finale saftig wieder.

94 Rancia Chianti Classico Riserva DOCG 2019
13,5 Vol.-%, NK, Barrique
Intensive rubinrote Farbe. Das Bouquet ist jung, ausgewogen, mit gut ausgeprägten frischen Blumennoten, gefolgt von fruchtigen Noten von Beeren und Kirschen. Am Gaumen frisch, lebendig und immer noch fruchtig, mit einer leichten mineralischen Spur, anhaltend und würzig.

92 Berardenga Chianti Classico DOCG 2020
13,5 Vol.-%, NK, großes Holzfass
Leuchtend rubinrote Farbe. Die Nase zeigt frische Noten von roten Früchten, Himbeeren, Erdbeeren und Unterholz. Am Gaumen direkt, mit guter Struktur und gut eingebundenen Tanninen. Angenehmer Nachklang und Saftigkeit.

90 Maestro Raro Cabernet Sauvignon Toscana IGT 2019
14 Vol.-%, NK, Barrique
Intensive, tiefrote, ins Violette tendierende Farbe. Die Nase ist reich und komplex, rote Früchte, Leder, Kaffee, Tabak. Am Gaumen mittelkräftig und vollmundig, mit rauen Tanninen, die auch im Nachhall noch präsent sind.

★★★★

TENUTE FOLONARI

Via di Nozzole 12, 50022 Greve in Chianti (FI)
T: +39 55 859811, folonari@tenutefolonari.com
tenutefolonari.com

Ab-Hof-Verkauf: Ja
Kellermeister: Roberto Potentini, Raffaele Orlandini
Kontakt: Michele Polvani

Ambrogio e Giovanni Folonari Tenute wurde 2000 gegründet, um die bis ins späte 18. Jahrhundert zurückreichende Weinbautradition der Familie fortzusetzen. Heute wird der Betrieb von Giovanni Folonari geleitet und vereint mit fünf Weingütern das Beste der toskanischen DOC-Weine: Tenuta di Nozzole im Chianti Classico, Le Tenute del Cabreo in Greve in Chianti, Tenuta La Fuga in Montalcino, Campo al Mare in Bolgheri und Vigne a Porrona in der Maremma. Die Weingüter haben eine Gesamtfläche von 250 Hektar und produzieren jedes Jahr etwa eine Million Flaschen.

91 Tenuta il Cabreo - La Pietra Chardonnay Toscana IGT 2019

13,5 Vol.-%, NK

Leuchtendes Strohgelb mit goldenen Reflexen. In der Nase nach Vanille, Butter, dann nach Akazienhonig, öffnet sich im hinteren Bereich auf zartem Fumé, Banane und exotischen Früchten. Am Gaumen schmeichelnd und strahlend, öffnet sich sehr warmherzig, fließt ruhig dahin, im Finale dann etwas gesetzt.

97 Tenuta di Nozzole - Il Pareto Cabernet Sauvignon Toscana IGT 2018

15,5 Vol.-%, NK

Sattes, tiefdunkles Rubin. Sehr klare und einprägsame Nase, viel Maulbeere und Cassis, dazu zarte Noten nach Sandelholz und rote Rüben. Am Gaumen stoffig und zupackend, viel dunkle Frucht, öffnet sich mit griffigem, herzhaftem Tannin in vielen Schichten, dazwischen immer wieder feiner Schmelz, satter Druck im Finale.

95 Tenuta il Cabreo - Cabreo il Borgo Toscana Rosso IGT 2018 SN/CS/ME

15 Vol.-%, NK

Dunkles, edles Rubinrot. In der Nase ausdrucksstark, auf dunkle Beeren, zart fleischig, satte Kirsche und satte Frucht, unterlegt von Zedernholz und einem Hauch Trüffel. Zeigt sich am Gaumen sehr präsent und ausdrucksstark, auf Preiselbeermarmelade, packend, mit viel Druck, feine salzige Noten im langen Finale.

92 Tenuta Campo al Mare - Baia al Vento Bolgheri Superiore DOC 2018 ME/CS

15,5 Vol.-%, NK

Glänzendes, sattes Rubin mit leichtem Granatschimmer. Klare und einprägsame Nase mit Noten nach dunklen Johannisbeeren und Brombeeren, etwas dunkle Kirsche, im Hintergrund feine Kräuterwürze. Am Gaumen recht ruppiges Tannin, dunkle Beeren, im Finale auch viel dunkler Karamell, trocknet nach.

94 Tenuta di Nozzole - Giovanni Folonari Chianti Classico Gran Selezione DOCG 2016

14 Vol.-%, NK

Leuchtendes, edles Rubinrot. Duftende, einladende Nase nach reifen Waldbeeren, Hagebutten, getrockneten Orangenzesten, gestützt von heller Pfefferwürze. Am Gaumen sehr elegant und saftig, spannt sich mit klarer, salziger Frucht über die Zunge, hoher Trinkfluss, im Finale harmonisch und präzise.

91 Tenuta Campo al Mare - Gallico Petit Verdot Toscana IGT 2019

15,5 Vol.-%, NK

Dunkles, undurchdringliches Rubinrot. Intensive Noten von roten Früchten und Gewürzen, die in Nuancen von Tabak, Kakao und Leder übergehen. Vollmundig und intensiv am Gaumen, mit intensivem und anhaltendem Bouquet, warmer und würziger Abgang.

★★★★★

FONTODI

Via S. Leolino - Loc. Panzano 89,
50022 Greve in Chianti (FI)
T: +39 055 852005, fontodi@fontodi.com
fontodi.com

Ab-Hof-Verkauf: Ja
Kellermeister/Kontakt: Giovanni Manetti
Produktion: 90 Hektar
Anbauweise: Bio

Das Weingut Fontodi, das seit 1968 im Besitz der Familie Manetti ist, ist ein zertifizierter biologischer Betrieb im Herzen des Chianti Classico. Auf 180 Hektar wird überwiegend Wein, größtenteils Sangiovese, aber auch Oliven angebaut. Mit großer Leidenschaft für Qualität bewegt man sich erfolgreich auf eine immer aufmerksamere Bewirtschaftung der Weinberge und eine tiefere Kenntnis des Potenzials des Sangiovese in der Zone von Panzano zu. Inspiriert von den Prinzipien der Nachhaltigkeit und Natürlichkeit werden die Weine im Einklang mit dem fantastischen Mikroklima dieses Gebiets produziert.

99 Flaccianello della Pieve Colli della Toscana Centrale IGT 2019
14,5 Vol.-%, NK, Eichenfass/Barrique
Leuchtendes Rubinrot. In der Nase zarte Preiselbeere, etwas Kirsche und edle Würze, hält sich insgesamt zurück. Am Gaumen eng und dicht gewoben, dabei sehr geschliffen, sehr saftig im Verlauf, im Finale sehr lange und druckvoll, endet auf leicht erdigen Noten, wird hervorragend reifen.

95 Terrazze San Leolino Chianti Classico Gran Selezione DOCG 2019
15 Vol.-%, NK, Eichenfass
Leuchtendes, strahlendes Rubinrot. In der Nase sehr würzig, nach Leder und Pfeffer, erinnert auch an nassen Stein, öffnet sich im hinteren Bereich auf reifen dunklen Beeren, im Nachhall nach Blut. Spannt sich mit toller Frische und kompaktem Tannin auf, sofort präsent, ausgewogen und mit Klasse, im Nachhall kernig und mit festem Druck.

92 Filetta di Lamole Chianti Classico DOCG 2019
13,5 Vol.-%, NK, Eichenfass
Leuchtendes, intensives Rubin mit funkelndem Kern. Elegantes Bouquet mit Noten von dunkler Kirsche, Brombeere, Zartbitterschokolade und einem Hauch Zimt. Spannt sich direkt am Gaumen auf, mit griffigem Tannin, feiner Frucht, sehr geradlinig, viel Druck bis ins sehr lange Finish.

92 Fontodi Chianti Classico DOCG 2019
14 Vol.-%, NK, gebrauchte Barriques/Eichenfass
Edel funkelndes, dunkles Rubinrot. Filigran in der Nase mit Noten von reifer Kirsche, Mokka, Waldboden, und dunkler Schokolade. Spannt sich fein auf am Gaumen, mit straffem, engmaschigem Tannin, präziser Frucht, sehr saftig, mit tollem Druck und sehr lange im Abgang.

95 Vigna del Sorbo Chianti Classico Gran Selezione DOCG 2019
14,5 Vol.-%, NK, Barrique/Eichenfass
Dunkelleuchtendes Rubinrot mit zart aufhellendem Rand. In der Nase betont würzige Aromen, nach reifen Waldbeeren, satten Amarenakirschen und deutlicher Pfefferwürze, im Nachhall nach Leder. Am Gaumen engmaschig und kernig, breitet sich griffig aus, dazu sehr saftig, im Unterton auch fein salzig, druckvoll und lange mit viel Charakter, benötigt noch etwas Flaschenreife.

92 Case Via Syrah Colli Toscana Centrale IGT 2019
15 Vol.-%, NK, Eichenfass
Dunkelleuchtendes Rubinrot mit einem Tropfen Violett. In der Nase nach saftigen Kirschen, saftigen Zwetschken, dazu ein Hauch Eisen, im Nachhall edler Pfeffer und leicht speckige Töne. Am Gaumen würzig, mit griffigem Tannin und saftiger Frucht, wird im Ausklang dann etwas rau.

★★★★★

FRESCOBALDI

Via Santo Spirito 11, 50125 Firenze (FI)
T: +39 055 27141, communicazione@frescobaldi.it
frescobaldi.it

Ab-Hof-Verkauf: Ja
Kellermeister: Nicolò d'Afflitto
Kontakt: Andrea Orsini Scataglini

Die Vielfalt der Toskana kultivieren« – dieses Motto fasst die Philosophie der Familie Frescobaldi zusammen und zeugt zugleich von ihrer engen Beziehung zu den vielen Facetten dieser Region. Das Unternehmen verkörpert das Wesen der Toskana und die faszinierende Vielfalt ihrer Anbaugebiete. Die Einzigartigkeit der Familie Frescobaldi besteht gerade darin, dass sie diese Vielfalt mit ihren neun Weingütern und in ihren Weinen zum Ausdruck bringt. Diese Weine bieten geradezu ein Kaleidoskop von Düften und Empfindungen, und jeder von ihnen spiegelt die Eigenschaften eines bestimmten Terroirs wider.

94 Aurea Gran Rosé Toscana IGT 2020 SY/VE2

13 Vol.-%, NK, Tonneau Fass

Zartes, helles Lachsrosa. In der Nase Bienenwachs, Vanille und schwarze Johannisbeere, edler Holzeinsatz. Am Gaumen gut eingebundener Schmelz, rund und fliessenreich, angenehme Frische, saftig, langes Finale.

94 Vigna Montesodi Chianti Rufina Riserva Terraelectae DOCG 2019

14,5 Vol.-%, NK, Holzfass

Dunkelleuchtendes Rubinrot. In der Nase mit schönem Ausdruck, nach herzhaften Kirschen, reifen Preiselbeeren, dazu edler Holzeinsatz. Öffnet sich spannend und mit kernigem Tannin, schöner Saftigkeit und klarer Kirschfrucht, kühler Kern, im Finale druckvoll, lange.

92 Castel Giocondo Brunello di Montalcino DOCG 2017

14,5 Vol.-%, NK, Teilbarrique/Holzfass

Leuchtendes, helles Granatrot. In der Nase nach schwarzen Waldbeeren und reifer Pflaume, im Nachhall leicht erdig und animalisch. Am Gaumen viel Frucht, feinkörniges und griffiges Tannin, langes und salziges Finale.

92 Tenuta Perano Chianti Classico DOCG 2019

13,5 Vol.-%, PK, Teilbarrique/Stahltank

Leuchtendes, mittleres Rubin mit purpurroten Reflexen. Graziles Bouquet mit feiner Vanillenote, zarter Sauerkirsche, und Veilchen. Am Gaumen linear im Trinkfluss, sehr frisch, leichtem Grip, mittelgewichtig, hin zum Finale auf edlen Mandeln.

91 Rialzi Chianti Classico Gran Selezione DOCG 2018

15 Vol.-%, NK, Barrique

Sattes Rubin mit granatroten Rändern. Ausgeprägte Eichenholznote in der Nase, gefolgt von dezenter Frucht, feiner Würzaromen von Efeu und Lakritz. Schmeichlerisch und rund beim Gaumeneintritt, mit engmaschigem, leicht trocknenden Tannin, merklicher Säure, bei mittellangem Abgang.

91 Nipozzano Chianti Rúfina Riserva DOCG 2019

13,5 Vol.-%, PK, gebrauchte Barriques Ⓗ

Sattes, dunkles Rubin mit purpurnen Nuancen. Zurückhaltend in der Nase mit Anklängen von dunkler Kirsche, Waldboden und Champignons. Weich im Ansatz, mit merklicher Frische, dezentem Tannin, mit leicht erdiger Note im mittellangen Abgang.

★★★

TENUTA DI GHIZZANO

Via della Chiesa 1, 56030 Ghizzano di Peccioli (PI)
T: +39 587 630096, info@tenutadighizzano.com
tenutadighizzano.com

Ab-Hof-Verkauf: Ja
Kellermeister: Michele Franci
Kontakt: Ginevra Venerosi Pesciolini
Produktion: 20 Hektar
Anbauweise: Bio-dynamisch

Die Geschichte des Weinbaus in Ghizzano ist seit 1370 mit der Familie Venerosi Pesciolini verbunden. Pierfrancesco verfeinerte Mitte des 20. Jahrhunderts seine Studien über den Sangiovese und experimentierte mit dem Anbau von Cabernet Sauvignon, Merlot und Petit Verdot. 1985 wurde der Veneroso geboren. Zehn Jahre später trat Ginevra in den Familienbetrieb ein. 1996 wurde der Nambrot geboren, der zum Aushängeschild des Weinguts werden sollte. 2003 begann Ghizzano mit dem biologischen und später mit dem biodynamischen Weinbau. Das Gut umfasst fast 280 Hektar, davon 20 Hektar Weinberge.

91 Il Ghizzano Bianco Costa Toscana IGT 2021 VE2/TRE/MA2
13 Vol.-%, DIAM Ⓑ
Leuchtendes Strohgelb. Intensives, fruchtiges und mediterranes Bouquet mit Noten von Zitrusfrüchten, Kräutern, gelben Blüten und Harz. Reichhaltiger, frischer, fruchtiger, mineralischer und fast salziger Geschmack, mit guter Persistenz.

91 Mimesi Vermentino Costa Toscana IGT 2021
13,5 Vol.-%, DIAM Ⓑ
Strohgelb mit grünlichen Reflexen. In der Nase zeigen sich fruchtige Aromen von Pfirsich und Aprikose mit schwefelhaltigen Noten von Feuerstein. Im Mund würzig, trocken, saftig und anhaltend.

94 Mimesi Sangiovese Terre di Pisa DOC 2019
14 Vol.-%, NK Ⓑ
Leuchtendes, aufhellendes Rubin-Granat. Ansprechende, klare Nase mit Noten nach Siegellack, Granatapfel, dann feine Himbeeren und Kirschen. Viel süße, ansprechende Frucht am Gaumen, nach saftigen Kirschen, feinmaschiges, leicht griffiges Tannin, zeigt gute Spannung und schönen Schmelz, saftig.

93 Nambrot Costa Toscana IGT 2018 ME/CF/PV
14 Vol.-%, NK Ⓑ
Intensives, undurchdringliches Rubinrot. Noten von Waldbeerkonfitüre, Anis, Vanille, Chinarinde, Harz und Schokolade, gefolgt von balsamischen Anklängen. Im Mund weich, frisch, mit guter Fruchtigkeit und ebenso guter Länge im Abgang.

92 Il Ghizzano Costa Toscana IGT 2020 SN/ME
13,5 Vol.-%, DIAM Ⓑ
Sattes Rubinrot. In der Nase nach reifen Kirschen und Pflaumen, im Nachhall Anklänge von Minze und Grafit, vielschichtig. Am Gaumen mit gut eingebundenem Tannin, frisch und saftig, ist trinkig, langes Finale.

90 Veneroso Rosso Terre di Pisa DOC 2018 SN/CS
13,5 Vol.-%, DIAM Ⓑ
Intensives Rubinrot. Noten von Brombeeren und schwarzen Johannisbeeren in der Nase, mit Anklängen von Pfeffer und Tabakblättern. Am Gaumen ausgewogen und geradlinig, mit reichhaltigem, fruchtigen Mundgefühl und umhüllenden, anhaltenden Abgang mit guter Tanninstruktur.

★★★★

GIODO

Loc. Poderino, 53024 Montalcino (SI)
T: +39 055 674189, info@giodo.it
giodo.it

Kellermeister/Kontakt: Carlo Ferrini
Produktion: 12.000 Flaschen, 100 % rot, 6 Hektar

Nach jahrelanger Suche hat Carlo Ferrini 2001 einen kleinen Weinberg im Brunello-Gebiet in Sant'Angelo in Colle gefunden. Heute besitzt er sechs Hektar Rebfläche nahe der Abtei von Sant'Antimo, auf denen nur ausgewählte Sangiovese-Klone angepflanzt sind. Viel weiter südlich, an den Hängen des Ätna auf Sizilien, liegen die anderen Rebflächen des Weinguts Giodo. Hier reifen an wurzelechten alten Reben der Sorte Nerello Mascalese die Trauben für den Alberelli di Giodo. Beide Gebiete liefern Zeugnisse des Könnens und der Passion des Winzers, der von Tochter Bianca unterstützt wird.

94 Alberelli di Giodo Carricante Sicilia DOC 2020

12,5 Vol.-%, NK, Stahltank

Helles, leuchtendes Strohgelb mit leicht goldenen Reflexen. In der Nase Noten von frischen Zitrusfrüchten, kandierter Zitrone und Zitronatzitrone, die in Noten von weißen Blumen übergehen. Vertikal, präzise und saftig am Gaumen mit toller Säure.

96 Brunello di Montalcino DOCG 2017

14 Vol.-%, NK, Tonneau Fass/Beton

Glänzendes Rubingranat. Eröffnet mit leichten Noten nach Lakritze und Sandelholz, dann satt nach Brombeere und Zwetschken. Am Gaumen vielschichtig und salzig, viel saftige Frucht, viel griffiges Tannin.

93 La Quinta Rosso Toscana IGT 2020

14 Vol.-%, NK, großes Holzfass/Amphore/ Tonneau Fass/Beton

Leuchtendes Rubin mit granatroten Reflexen. Elegant und würzig in der Nase, öffnet sich auf Süßkirsche, Heidelbeeren und Gewürznelken, gefolgt von Lakritz und einem Hauch Zartbitterschokolade. Am Gaumen zupackend, aber sehr frisch, mit festem, engmaschigem Tannin, präziser Fruchtnote bis ins anhaltende Finale.

93 Alberelli di Giodo Nerello Mascalese Sicilia DOC 2019

14 Vol.-%, NK, Tonneau Fass/Beton

Leuchtendes, strahlendes Rubinrot. In der Nase herzhaft, nach satten Kirschen, nassem Stein, etwas schwarzer Trüffel, dazu edle Nuancen nach Tee. Am Gaumen strahlend und saftig, zeigt feine cremige Nuancen, aktuell auch noch mit sehr jungem Tannin, im Finale mit festem Grip und Druck.

★★★

TENUTA DI GRACCIANO DELLA SETA

Via Umbria 59, 53045 Montepulciano (SI)
T: +39 0578 708340, info@gracciandellaseta.com
graccianodellaseta.com

Ab-Hof-Verkauf: Ja
Kellermeister: Giuseppe Rigoli
Anbauweise: Bio

Die Familie Della Seta Ferrari Corbelli ist seit Mitte des 19. Jahrhunderts im Besitz des Anwesens. Das 70 Hektar große Gut umgibt die Villa und den Park. Die Weinberge liegen auf dem schlammigen Lehmboden der Hügel von Gracciano, einer der Crus von Montepulciano. Gracciano della Seta ist eines der historischen Weingüter von Montepulciano. Die Philosophie basiert auf dem Respekt vor der Tradition und der Umwelt, um das Terroir so gut wie möglich zum Ausdruck zu bringen, durch minimale Handhabung im Keller und natürliche Praktiken im Weinberg. Das Unternehmen arbeitet seit 2015 biologisch.

Merlot- Trauben

93 Vino Nobile di Montepulciano Riserva DOCG 2018
14 Vol.-%, NK, Stahltank/Tonneau Fass/großes Holzfass/Flaschenreifung B F
Leuchtendes Rubinrot. Komplexe und reichhaltige Nase. Präsentiert Noten von reifen roten Früchten, Himbeeren, gefolgt von feinen, süßen Gewürznoten. Die Tannin-Note ist präsent und griffig. Komplexer und vielschichtiger Wein mit guter Persistenz und Frucht. Angenehme holzige Note im Abgang.

92 Vino Nobile di Montepulciano DOCG 2019
14 Vol.-%, NK, Stahltank/großes Holzfass B
Rubinrot. In der Nase zeigen sich Noten von reifen Kirschen, Heidelbeeren und Himbeeren, gefolgt von würzigen Noten und Holz. Am Gaumen sehr angenehm, kompakt und saftig, mit jungen, aber gut eingebundenen Tanninen. Der Abgang ist fruchtig und anhaltend.

91 Rosso di Montepulciano DOC 2021
14 Vol.-%, NK, Stahltank/Flaschenreifung B
Intensives Rubinrot mit violetten Reflexen. Reichhaltige und komplexe Nase. Zeigt Noten von reifen roten Früchten, Kirschen, Brombeeren, Heidelbeeren und schwarzen Johannisbeeren. Darauf folgen blumige Noten von Veilchen und Geranie. Am Gaumen lebendig, saftig und mit griffigen Tanninen. Gute Persistenz und fruchtiger Nachgeschmack.

★★★★★

GRATTAMACCO

Loc. Lungagnano, 128, 57022 Castagneto Carducci (LI)
T: +39 565 765069, info@collemassari.it
collemassariwines.it

Ab-Hof-Verkauf: Ja
Kellermeister: Luca Marrone
Kontakt: Anna Paola Barberi
Produktion: 29 Hektar
Anbauweise: Bio

Grattamacco war bei der Gründung 1977 das zweite Weingut in Bolgheri. Heute wird der Betrieb von Familie Tipa-Bertarelli geführt, die ihren Pioniergeist und ihre biologischen Anbaumethoden (seit 1997 zertifiziert) fortsetzt, um äußerst elegante Weine mit einzigartigem Stil zu erzeugen. In Bolgheri verdankt der Grattamacco Rosso seine Eleganz dem geringen Anteil an Sangiovese in der Assemblage mit Cabernet Sauvignon und Merlot. 2004 wurde ein neuer Weinberg angelegt, ein typischer Rive-Gauche-Bordeaux-Verschnitt, L'Alberello. Das Weingut umfasst 80 Hektar, davon 29 Hektar Reben.

Weingut Grattamacco

93 Vermentino Bolgheri Bianco DOC 2020
14,5 Vol.-%, NK Ⓑ
Strahlendes Strohgelb. In der Nase intensive Nuancen nach reifem Steinobst, Limetten, Feuerstein und Iod, im Nachhall leicht kräutrig. Am Gaumen sehr salzig und präzise, filigraner Verlauf, hat Zug, mit mineralischem Abgang.

97 L'Alberello Bolgheri Rosso Superiore DOC 2019 CS/CF
14,5 Vol.-%, NK Ⓑ
Funkelndes Rubin mit leichtem Violettschimmer. Intensive und zugleich fein gezeichnete Nase mit Noten, intensiv nach Cassis und Brombeere, etwas Waldhimbeere im Hintergrund. Griffiges, herzhaftes Tannin, baut satten Druck auf, viel saftige Frucht, langer Nachhall.

96 Grattamacco Bolgheri Rosso Superiore DOC 2019 CS/ME/SN
14,5 Vol.-%, NK Ⓑ
Leuchtendes, kraftvolles Rubin mit leichtem Granatschimmer. Eröffnet mit intensiven Noten nach hellem Tabak, etwas kalter Rauch, dann reife, dunkle Kirschen und Maulbeeren. Am Gaumen griffiges, zupackendes Tannin, öffnet sich in vielen Schichten, sehr langer Nachhall, schöner Trinkfluss.

★★★

GUALDO DEL RE

Località Notri 77, 57028 Suvereto (LI)
T: +39 0565 829888, info@gualdodelre.it
gualdodelre.it

Ab-Hof-Verkauf: Ja
Kellermeister: Barbara Tamburini
Kontakt: Massimiliano Capanni
Produktion: 130.000 Flaschen

Gualdo del Re hat mit einem Besitzerwechsel ein neues Kapitel aufgeschlagen. Barbara Tamburini, eine der bekanntesten Önologinnen Italiens, wird jedoch an der Spitze bleiben. Sie war es, die den I'Rennero auf den Markt gebracht, einen reinen Merlot, der zu den wichtigsten italienischen Merlots zählt. Ebenfalls zahlreich ausgezeichnet wurde der Cabraia, hergestellt aus Cabernet Franc und Cabernet Sauvignon. Gualdo del Re erstreckt sich über 40 Hektar, davon 22 Hektar Weinberge in Suvereto (südlich von Livorno), mit einer Produktion von 100.000 Flaschen, die durch Neuanpflanzungen erheblich gesteigert werden soll.

Gualdo del Re

91 Eliseo Pinot Bianco Costa Toscana IGT 2021
12,5 Vol.-%, NK
Leuchtendes Strohgelb. Das Bouquet ist delikat und fruchtig, mit Anklängen an weiße Früchte, Wildblumen und Wildkräuter. Im Mund weich, frisch, saftig, harmonisch und ausgewogen.

91 Valentina Vermentino Costa Toscana IGT 2021
13 Vol.-%, NK
Strahlendes, sattes Strohgelb. In der Nase nach Pfirsich, Banane, im zweiten Nachhall etwas Südfrüchte mit feiner Musaktnote. In Ansatz und Verlauf dann von mittlerem Gewicht, zieht klar und leicht salzig auf, trinkt sich sehr gut.

92 Shiny Rosato Aleatico Costa Toscana IGT 2021
12,5 Vol.-%, NK
Helles, leuchtendes Zartrosa. Eröffnet in der Nase rosa Pfirsich, Grapefruit und Orange sowie ein Hauch von Jasmin und Minze. Saftiger und angenehmer Trunk, tolle Frucht, mit gut ausbalancierte Säure und Länge.

97 Quintorè Merlot Costa Toscana IGT 2017
14,5 Vol.-%, NK
Funkelndes Rubinrot mit leicht aufhellendem Rand. In der Nase intensiv und duftig, sehr klar, nach reifen Waldhimbeeren und Heidelbeeren, unterlegt von Noten nach Zimt und

VERKOSTUNGSERGEBNISSE
GUALDO DEL RE

Gewürznelken, etwas Kardamom, spannend. Im Ansatz satt und füllig, entfaltet sich mit viel feinmaschigem Tannin, viel süßer Schmelz, sehr gut eingebundenes Tannin, langer Nachhall, geschmeidig und rund.

92 l'Rennero Merlot Suvereto DOCG 2019
14 Vol.-%, NK
Volles Rubin mit dunklem Kern. Imposant in der Nase nach dunkler Pflaume, Kräuterwürze, Tabak, mit Noten von Leder im Nachhall. Weich und geschmeidig beim Gaumeneintritt, druckvoll, dunkle Beeren, reifes nach hinten zulaufendes Tannin im knackigen Finish.

93 Cabraia Toscana Rosso IGT 2018 CF/CS
14,5 Vol.-%, NK
Intensives, undurchdringliches Rubinrot. In der Nase stehen Noten von Beeren und Kirschen im Vordergrund, mit einem Hauch von Pfeffer und blumigen Anklängen. Im Mund frisch und fruchtig mit lebendigen Tanninen und angenehm pfeffrigen Abgang.

91 Eliseo Rosso Toscano IGT 2018 SN/CS/ME
14 Vol.-%, NK
Intensives Rubinrot. Intensive Aromen von roten Früchten, Sauerkirsche, Pflaume und einem Hauch von süßen Gewürzen. Im Mund vollmundig, mit guter Struktur, feinen Tanninen und einem schönen fruchtigen Abgang.

91 Il Gualdo Sangiovese Suvereto DOCG 2017
14,5 Vol.-%, NK
Dunkles Rubinrot mit leicht aufhellendem Rand. Öffnet sich in der Nase auf dunklen Beeren, auch weinig und nach gut integriertem Holz, im Nachhall leichte Lederwürze und satte Brombeere. Zeigt sich am Gaumen konzentriert und druckvoll, dunkle Frucht öffnet sich weit am Gaumen, im Finale leicht zehrend.

90 Sensanzia Pinot Nero Costa Toscana IGT 2020
13,5 Vol.-%, NK
Leuchtendes, dunkles Rubinrot mit aufhellendem Rand. In der Nase offen und zugänglich, zeigt Noten nach reifen Kirschen, etwas Himbeere und etwas Holzwürze. Am Gaumen viel reife Frucht, öffnet sich mit feinmaschigem etwas austrocknendem Tannin , im Finale feiner Schmelz.

92 Amansio Aleatico Passito Costa Toscana IGT 2019
13,5 Vol.-%, PK
Strahlendes Rubinrot mit leicht aufhellendem Rand. In der Nase nach eingelegten Pflaumen und Sauerkirschen, im Nachhall nach Cassis und weißem Pfeffer. Am Gaumen süß, mit sehr weichem und gut eingebundenem Tannin, mit feinem Säurespektrum und mittellangem Finale.

★★★

I GIUSTI & ZANZA

Via dei Puntoni 9, 56043 Fauglia (PI)
T: +39 585 44354, info@igiustiezanza.it
igiustiezanza.it

Ab-Hof-Verkauf: Ja
Kellermeister: Paola Carella
Kontakt: Paolo E. Giusti
Produktion: 17 Hektar
Anbauweise: Bio

I Giusti & Zanza Vigneti entstand 1996 durch die Wiederbelebung eines historischen Weinguts in den Hügeln von Fauglia. Die Ländereien, die das kleine toskanische Dorf in der Nähe von Pisa umgeben, sind nicht weit von der Mittelmeerküste entfernt und zeichnen sich durch einen blühenden Weinanbau seit Anfang des 16. Jahrhunderts aus. Nahezu unverändert geblieben ist die Anbaumethode, da sie völlig natürlich ist. Sie zeichnet sich aus durch ein harmonisches Miteinander von Mensch und Umgebung, was zu einem hervorragenden Endprodukt führt.

90 Nemorino Toscana Bianco IGT 2021 TRE/SE
13 Vol.-%, DIAM
Helles Zitronengelb mit grünlichen Reflexen. In der Nase nach grünem Apfel und Zitrusfrüchten, im Nachhall ein Hauch kräutrig. Am Gaumen feines Mundgefühl, angenehme Salzigkeit, gut ausgewogen, mit kräutrigem Finale.

92 Dulcamara Toscana Rosso IGT 2019 CS/ME/PV
14 Vol.-%, NK B
Sattes Rubinrot mit dunklem Kern und aufhellenden Rändern. Dunkle Beeren, Holunder, leicht erdig in der Nase. Am Gaumen rund und kraftvoll, gut integrierter Alkohol, noch recht junges Tannin und schöner Druck, im überdurchschnittlich langen Finish auf saftige Kirsche.

89 Nemorino Rosso Toscana Rosso IGT 2020 SY/SN/ME
13,5 Vol.-%, DIAM B
Kraftvolles, mittleres Rubin. In der Nase ausgeprägt nach Brombeere, Kräuterwürze, herzhaft, fast fleischig, und einem Hauch Pfeffer. Im Trunk direkt und geradlinig, merkliches, leicht trocknendes Tannin, mit dezenter Frucht im Verlauf.

89 Belcore Toscana Rosso IGT 2020 SN/ME
13,5 Vol.-%, DIAM B
Klares, funkelndes Rubinrot. Dezent und recht verhalten in der Nase mit leichter Fruchtnote, leicht animalisch. Beim Eintritt sehr direkt, mittelgewichtig baut sich linear am Gaumen auf, mit rassiger Säure, bei mittlerer Länge.

92 Vigna Vecchia Sangiovese Costa Toscana Rosso IGT 2019
13,5 Vol.-%, DIAM B
Hell funkelndes Rubinrot. In der Nase am Anfang eher verschlossen, dann feine Nuancen von reifer Kirsche und Zwetschke. Am Gaumen gut ausbalanciert, fruchtsüß, mit salzigem und gut eingebundenem Gerbstoff, langer Abgang.

92 Perbruno Syrah Toscana Rosso IGT 2019
14 Vol.-%, NK B
Leuchtendes Rubinrot mit leicht aufhellendem Rand. In der Nase nach eingelegten Kirschen und Zwetschken, im Nachhall Himbeeren und Rosenblüten, wirkt ätherisch. Am Gaumen fruchtsüß, mit weichem und gut eingebundenem Gerbstoff, gut ausbalanciert, langes Finale.

★★★

ICARIO WINERY

Via delle Pietrose 2, 53045 Montepulciano (SI)
T: 578 758845, marketing@icario.it
icario.it

Ab-Hof-Verkauf: Ja
Kellermeister/Kontakt: Franco Bernabei, Lucia del Fabbro

Die Geschichte des Vino Nobile di Montepulciano in der ganzen Welt verbreiten – das ist das Ziel des Teams des Weinguts Icario. Seit 2015 ist der Betrieb Teil der Dr. Helmut Rothenberger Holding, und mit dieser teilt man die Werte Qualität, Leidenschaft, Liebe zur Kunst und Architektur sowie Respekt für Natur und Mensch. Zusammen mit dem bekannten Önologen Franco Bernabei will man Weine erzeugen, die den einzigartigen Charakter des Terroirs, die Harmonie des Sangioveses in all seinen Ausdrucksformen, die Kunst des präzisen Weinbaus und die enorme Hingabe der Menschen von Icario repräsentieren.

88 Trebbiano Bianco Toscana IGT 2021
13 Vol.-%, NK

Blass strohgelb. Zarte, fruchtige Aromen von Kamille, Jasmin, Äpfeln, Wildblumen und mediterraner Macchia. Im Mund warm, nicht sehr harmonisch und mit einem Abgang, der zur Bitterkeit neigt.

94 Sansasìa Vino Nobile di Notepulciano DOCG 2017
14,5 Vol.-%, NK

Leuchtendes Rubinrot. Herzhafte Nase nach reifen Pflaumen, reifen Brombeeren und nach gezuckerten Veilchen, im Nachklang nach Zedernholz und deutlich nach Pfefferminze. Öffnet sich am Gaumen geschliffen und mit sattem Fruchtkern, druckvoll, baut sich in vielen Schichten auf, noch jung, wird sich sehr toll in der Flasche entwickeln.

93 Vino Nobile di Montepulciano DOCG 2018
14,5 Vol.-%, NK

Intensives Rubinrot mit sehr leichten granatroten Reflexen. In der Nase Noten von Pflaumen- und Kirschkonfitüre mit Anklängen von Veilchen, Gewürzen und Leder. Im Mund umhüllend, weich, mit großer Struktur und toller Frische im Abgang.

92 Vitaroccia Vino Nobile di Montepulciano Riserva DOCG 2017
14,5 Vol.-%, NK

Intensives Rubinrot. In der Nase finden sich Aromen von reifen roten Früchten, Leder und Tabak mit Anklängen von süßen Gewürzen und Chinarinde. Im Mund würzig und einhüllend, mit weichen Tanninen, seidiger Textur und einem langen, anhaltenden Abgang.

90 Rosso di Montepulciano DOC 2021
14 Vol.-%, NK

Mittleres Rubinrot mit dunklem Kern. In der Nase Noten von Brombeeren, Preiselbeeren sowie Amarenakirschen, gepaart mit leichter Würze. Am Gaumen rotfruchtig, mit jugendlichem Tannin, schöner Saftigkeit und gutem Schliff, ausgewogen im Finale.

★★★

IL BORRO

Loc. Borro 1, 52024 San Giustino Valdarno (AR)
T: +39 055 977053, ilborro@ilborro.it
ilborro.it

Ab-Hof-Verkauf: Ja
Kellermeister: Stefano Chioccioli
Kontakt: Laura Mariani
Produktion: 333.333 Flaschen, 90 Hektar
Anbauweise: Bio

Die Anfänge der Weinherstellung bei Il Borro auf den Hügeln des Arnotals gehen auf 1995 zurück. Hier ermöglichen die einzigartigen pedoklimatischen Bedingungen, die milden Winter und die hervorragende Lage der Weinberge die Erzeugung von Qualitätsweinen. Seit 2015 produziert das Weingut nach biologischen Richtlinien. Rebsorten wie Sangiovese, Merlot, Cabernet Sauvignon und Syrah passen sich gut an die Variabilität der Böden an. Die 85 Hektar großen Weinberge liegen zwischen 300 und 500 Metern über dem Meer. 2020 wurde ein neuer Tunnel gebaut, der den Fässern, Amphoren und Pupitres gewidmet ist.

92 Bolle di Borro Rosé Metodo Classico 2015 Brut
12 Vol.-%, PK, Flaschengärung
Brillantes Lachsrosa. Leicht salzig in der Nase mit Noten von gerösteten Haselnüssen, Käserinde und kleinen Waldbeeren. Am Gaumen mit feiner Perlage, gut integriert, mit feinem Wechselspiel von knackiger Säure und stahliger Frucht, bis in den langen Abgang.

88 Rosé del Borro Toscana IGT 2021
13,5 Vol.-%, PK, Stahltank
Leuchtendes Zwiebelschalenfarben mit schimmerndem Kern. In der Nase sehr zurückhaltend mit dezenten Noten von Waldbeeren. Am Gaumen saftig, mit zartem Fruchtschmelz, getragen von frischer Säure und leichtem Gerbstoff.

94 Il Borro Toscana IGT 2018 ME/CS/SY
15,5 Vol.-%, NK, Stahltank/Barrique
Dunkles Rubinrot. In der Nase finden sich Noten von Kirschen, Sauerkirschen, Erdbeerkonfitüre, Pflaumen und ein Hauch von Minze. Am Gaumen reichhaltig, markant und vollmundig. Reifes und präsentes Tannin. Angenehmer fruchtiger und balsamischer Nachgeschmack.

90 Pian di Nova Toscana IGT 2019 SY/SN
14 Vol.-%, DIAM, Stahltank/gebrauchte Barriques
Funkelndes Karminrot mt bläulichem Schimmer. In der Nase nach reifen Kirschen und eingelegten Pflaumen, im Nachhall erdig und etwas ledrig. Am Gaumen fruchtsüß, mit gut eingebundenem Gerbstoff, salzig, mittellanger Abgang.

93 Petruna Sangiovese Valdarno di Sopra DOC 2019
14 Vol.-%, DIAM, Amphore
Leuchtendes, helles Karminrot. In der Nase intensiv nach Granatapfel, Orangen und frischen Kirschen, im Nachhall leicht würzig. Am Gaumen sehr frisch und saftig, mit gut eingebundenem Gerbstoff, wirkt mundfüllend und weich, hat Trinkfluss, angenehmer Abgang.

89 Vigna Polissena Sangiovese Valdarno di Sopra DOC 2018
14,5 Vol.-%, NK, Stahltank/gebrauchte Barriques
Funkelndes, helles Rubinrot mit leicht aufhellendem Rand. In der Nase nach Kirsche, dann eine würzig-rauchige Nuance vom Holzausbau. Am Gaumen wärmend, mit viel roter Frucht, gut eingebundener Gerbstoff, wird im Finale etwas zu breit.

★★★★

IL POGGIONE

Loc. Monteano, 53024 Sant' Angelo in Colle (SI)
T: +39 0577 844029, info@ilpoggione.it
tenutailpoggione.it

Ab-Hof-Verkauf: Ja
Kellermeister: Fabrizio Bindocci
Kontakt: Alessandro Bindocci
Produktion: 140 Hektar

Il Poggione vermarktete bereits um 1900 als eines der ersten Weingüter den Brunello di Montalcino. Seither wurde viel in die Qualitätsforschung, Klonenselektion, Weinbereitung und die Reifungstechniken investiert. Nach über einem Jahrhundert ist die Arbeit von Lavinio Franceschi, dem Gründer des Weinguts, immer noch ein grundlegender Bezugspunkt für seine Nachfolger Leopoldo und Livia, die den Betrieb mit derselben Hingabe und unerbittlichen Leidenschaft weiterentwickeln, indem sie die alten Fertigkeiten des traditionellen Weinhandwerks mit neuesten und innovativsten Techniken verbinden.

90 Lo Sbrancato Toscana IGT 2021
12,5 Vol.-%, DV, Stahltank
Intensive, leuchtend rosa Farbe. Die Nase ist sofort blumig und würzig, gefolgt von intensiven Noten von kleinen roten Früchten, Himbeeren und Johannisbeeren. Am Gaumen mittelgewichtig, ausgeprägt und saftig mit guter Säure.

96 Vigna Paganelli Brunello di Montalcino Riserva DOCG 2016
15 Vol.-%, NK, Stahltank/Holzfass/Flaschenreifung
Funkelndes Rubin mit leicht aufhellendem Rand. Sehr klare und fein gezeichnete Nase, duftet nach frischen roten Kirschen, dazu feine Himbeere. Geschliffenes, feinmaschiges Tannin am Gaumen, zeigt viel saftige Frucht, beschreibt einen weiten Bogen.

92 Brunello di Montalcino DOCG 2017
14,5 Vol.-%, NK, Stahltank/Holzfass/Flaschenreifung
Leuchtendes Rubinrot. In der Nase leicht speckige Anklänge, dann reife Himbeeren und Kirschen, zeigt Nuancen von hellem Malz, Leder. Am Gaumen kernig und mit zart weitmaschigem Tannin, herzhafte Frucht in Ansatz und Verlauf, muss sich noch finden.

88 Rosso di Montalcino DOC 2020
14,5 Vol.-%, NK, Stahltank/Holzfass
Intensives Rubinrot mit aufhellendem Rand. In der Nase Preiselbeere und Himbeere, etwas Würznoten und Kräuter. Am Gaumen markantes Tannin, eher austrocknend und im Nachhall bremsend.

88 Toscana Rosso IGT 2020 CS/ME/SN
13,5 Vol.-%, DV, Stahltank
Mittleres Rubinrot mit Granatroten Reflexen. In der Nase Noten von Brombeeren, reifen Kirschen und feiner Kräuterwürze. Am Gaumen schöner Eintritt, frisch und saftig, eher schlank, die Gerbstoffe im Nachhall etwas bremsend.

90 Moscadello di Montalcino DOC Vino Frizzante 2021
7,5 Vol.-%, NK, Stahltank
Strohgelb mit leicht goldenen Reflexen. Feine Perlage. In der Nase finden sich Noten von reifen Früchten, Birne, Apfel und blumigen Noten. Am Gaumen perlend, cremig und süß, angenehm zu trinken.

★★★★★

ISOLE E OLENA

Loc. Isole 1, 50021 Barberino Tavarnelle (FI)
T: +39 055 8072763
office@isoleolena.it

Ab-Hof-Verkauf: Ja
Kellermeister/Kontakt: Paolo de Marchi
Produktion: 56 Hektar

Isole e Olena liegt am Westhang der Hügel des Chianti Classico auf halber Strecke zwischen Florenz und Siena. Der Name entstand 1956, als die Familie De Marchi die beiden benachbarten Weiler Isole und Olena kaufte und zu einem einzigen zusammenlegte. 1976 übernahm Paolo De Marchi das Weingut: Er wollte den bestmöglichen Sangiovese erzeugen, der Eleganz, Finesse und Kraft in sich vereint und Weine hervorbringt, die einen einzigartigen Ausdruck der Lage darstellen. Alle Weine sind Gutsweine, die nur aus den Trauben der 56 Hektar Weinberge des Guts hergestellt werden.

94 Collezione Privata Chardonnay Toscana IGT 2020
14 Vol.-%, NK, Barrique
Leuchtendes Strohgelb. Fein gezeichnete Nase, feines Fumé, dazu helle Würze, etwas kalte Butter, geröstete Haselnuss, im Nachhall edle Nuancen von reifem Kernobst. Zeigt sich sehr geschliffen am Gaumen mit cremigem Eintritt, dann tolle Saftigkeit, kompakt und mit edlem Säurenerv, spannt sich weit auf, bleibt äußerst lange und ausgewogen auf der Zunge, im Finale salzig.

97 Chianti Classico Gran Selezione DOCG 2015
14,5 Vol.-%, NK, Barrique/Holzfass
Sattes, funkelndes Rubingranat. Eröffnet mit leicht rauchigen Noten, satt nach Zedernholz, dann viel Brombeere und reife dunkle Kirsche, etwas Tabak im Hintergrund. Satt und präsent in Ansatz und Verlauf, zeigt viel saftige, präsente Frucht, öffnet sich mit feinmaschigem, kernigem Tannin, beschreibt einen langen Bogen, gute Spannung.

93 Chianti Classico DOCG 2019
14,5 Vol.-%, NK, großes Holzfass
Helles Rubinrot. Zarte Aromen von Iris, Veilchen, Sauerkirsche, Tabak und schwarzem Pfeffer. Im Mund trocken, sehr frisch und saftig, mit knackiger Frucht, ausgewogenen Tanninen und einem langen, eleganten und fruchtigen Abgang.

91 Collezione Privata Syrah Toscana IGT 2019
15 Vol.-%, NK, Barrique
Leuchtendes, tiefdunkles Rubin mit schwarzem Kern. Eröffnet mit Noten nach Pfeffer, etwas Maulbeeren, dann viel Sandelholz, etwas Teer. Am Gaumen recht raues Tannin, zeigt sich da stark geprägt von neuem Holz, trocknet im Finale leider deutlich nach.

93 Vin Santo del Chianti Classico DOCG 2010
13,5 Vol.-%, NK, Barrique
Dunkler Bernstein, braune und goldene Farbtöne. In der Nase zeigen sich Noten von Aprikosen, eingelegten Kirschen, Datteln, Walnuss, gerösteten Haselnüssen und Holz. Umhüllend, lebendig und ausgeprägt im Mund, mit der Süße von reifen Früchten, hinterlässt den Gaumen sauber und bereit für den nächsten Schluck.

★★★

FATTORIA KAPPA

Via Aia Vecchia 118, 56040 Castellina Marittima (PI)
office@fattoriakappa.it
fattoriakappa.com

Kellermeister: Andrea di Maio
Kontakt: Stephan Klasmann
Produktion: 40.000 Flaschen, 14 Hektar

Die 1999 gegründete Kellerei Fattoria Kappa bewirtschaftet biologisch zertifiziert 14 Hektar Rebfläche an der toskanischen Küste etwa 20 Kilometer nördlich von Bolgheri. Kultiviert werden hauptsächlich französische Rebsorten wie Cabernet Franc, Syrah, Cabernet Sauvignon sowie etwas Sangiovese.Kappa hat den Anspruch, terroir-betonte und komplexe Weine mit exzellentem Preis/Leistungsverhältnis zu keltern. Sie bieten Kennern Vielschichtigkeit, Dichte und Länge, sind aber dennoch zugänglich und vermitteln Trinkgenuss und italienische Lebensfreude.

Rebsorte Cabernet Franc

95 Essenza Toscana Rosso IGT 2018
14,5 Vol.-%, NK
Glänzendes, sattes Rubin mit leichtem Granatrand. Sehr satte und einprägsame Noten nach reifen dunklen Beeren, vor allem dunkle Johannis- und Holunderbeere, etwas Leder im Hintergrund. Feinmaschiges Tannin in vielen Schichten, zeigt festen Druck am Gaumen, auch da viel dunkle Beerenfrucht, im Nachhall nach Tabak.

93 Kappa Toscana Rosso IGT 2019 CS/CF/SY/PV
14,5 Vol.-%, NK
Sattes, tiefdunkles Rubinviolett. Zeigt in der Nase Noten nach reifen Maulbeeren, viel Holunderbeeren, im Hintergrund nach Leder. Saftig im Ansatz, öffnet sich mit leicht griffigem Tannin, dunkle Beerenfrucht, im Finale dann etwas rau, trocknet leicht nach.

91 Lambda Toscana IGT 2019 CS/CF/ME/PV
14,5 Vol.-%, NK
Intensives Rubinrot. Würzig und balsamisch, mit Noten von Himbeeren, Kirschen, Johannisbeeren und Nuancen von weißem Pfeffer. Im Mund weich und kompakt, mit guter Frische, weichen Tanninen und würzigem Abgang.

★★★

LA GERLA

Loc. Canalicchio - Pod. Colombaio, 5,
53024 Montalcino (SI)
T: +39 0577 848599, lagerla@tin.it
lagerla.it

Ab-Hof-Verkauf: Ja
Kellermeister: Vittorio Fiore
Kontakt: Alberto Passeri
Produktion: 95.000 Flaschen, 11.5 Hektar

Im Jahr 1974 wurde La Gerla von Sergio Rossi gegründet, der das Weingut Colombaio-Santi von der Familie Biondi Santi erwarb und zu den 24 Gründern des Consorzio del Brunello di Montalcino gehörte. Der Besitz umfasst insgesamt 15 Hektar, wovon der Großteil mit 11,5 Hektar Weinberge sind. Diese verteilen sich auf 6,5 Hektar im Gebiet von Canalicchio und auf weitere fünf Hektar in Castelnuovo dell'Abate. In diesen Weinbergen wird ausschließlich die Rebsorte Sangiovese Grosso angebaut, die in Montalcino Brunello genannt wird.

94 Gli Angeli Brunello di Montalcino Riserva DOCG 2016
14,5 Vol.-%, NK
Funkelndes, mitteldichtes Rubingranat. Eröffnet mit Noten nach Mokka, dazu reife, dunkle Kirschen, etwas Preiselbeere. Am Gaumen reife Zwetschke, dazu feine Gewürznelke und etwas Zimt, zeigt geschliffenes Tannin.

92 Brunello di Montalcino DOCG 2017
14 Vol.-%, NK
Edel leuchtendes Rubinrot mit granatroten Reflexen. In der Nase nach Tabak und Leder, dann nach reifen Sauerkirschen und Waldfrüchten, im Nachhall nach getrockneten Rosenblättern und ganz zart nach Münze. Am Gaumen elegant und finessenreich, vielschichtig, mit feinem und samtigem Gerbstoff, langes Finale.

92 La Pieve Brunello di Montalcino DOCG 2017
14 Vol.-%, NK
Leuchtendes Rubinrot. In der Nase edle Nuancen nach Zedernholz, reifen Kirschen, ein Hauch Früchtetee und Hagebutte, Leder. Am Gaumen geschliffen, mit schönem Schmelz und dunkelbeeriger Frucht, im Finale auf kernigem Tannin.

91 Rosso di Montalcino DOC 2020
14 Vol.-%, NK
Funkelndes, aufhellendes Rubinrot. In der Nase nach saftigen Kirschen und frischen Himbeeren, im Nachhall nach getrockneten Blutorangen. Am Gaumen saftig und mit schönem Schmelz, zeigt strahlende Frucht, feiner Trinkfluss.

★★★★★

TENUTA LA MASSA

Via Case Sparse 9, 50020 Panzano in Chianti (FI)
T: +39 55 852722, info@lamassa.com
lamassa.com

Ab-Hof-Verkauf: Ja
Kellermeister/Kontakt: Giampaolo Motta
Produktion: 149.333 Flaschen, 100 % rot, 24 Hektar

Die Tenuta La Massa wird seit dem 15. Jahrhundert bewirtschaftet und wurde im Jahr 1992 von Giampaolo Motta erworben. Die Weinberge liegen auf einer durchschnittlichen Seehöhe von 360 Metern. Die Böden lassen sich drei verschiedenen geologischen Formationen zuordnen: einem undifferenzierten Komplex aus tonhaltigem Schiefer und kalkhaltigem Mergel, einer Formation aus gelbem und grauem Mergel (Galestro) sowie einem dritten Segment aus großen Blöcken und Schichten, die von einer tonhaltigen Matrix umgeben sind. Die Reben geben unter dem Erziehungssystem der Spornkordel ihr Bestes.

Giampaolo Motta,
Tenuta la Massa

99 Giorgio Primo Toscana IGT 2019 CS/ME/PV
14,5 Vol.-%, NK, Stahltank/Barrique
Leuchtendes, edles Rubinrot. Kompakte Nase, nach satten Kirschen, schwarzer Trüffel, etwas Pfeffer, dann wieder reichlich satte Beerenfrucht im Nachhall, Brombeere und Cassis. Am Gaumen dicht verwoben, mit schönem Schmelz und druckvollem Tannin, öffnet sich in vielen Schichten, dazu karge steinige Komponenten, strahlend und kraftvoll, hallt lange nach, grandios.

92 La Massa Toscana IGT 2019 SN/ME/CS/AB/PV
13,5 Vol.-%, NK, Stahltank/Teilbarrique
Intensives Rubinrot mit dunklen Nuancen. Leicht erdig zunächst in der Nase, öffnet sich dann auf dunkle Kirsche und Rosenblätter. Am Gaumen frisch, jugendliches, breitmatschiges Tannin, mit guter Fruchtnote, bis ins mittellange Finish.

96 Carla 6 Toscana IGT 2019
13,5 Vol.-%, NK, Stahltank/500-l-Fass/Beton
Leuchtendes, strahlendes Rubinrot. In der Nase zunächst edle Gewürztöne, nach Nelken, Pfeffer, sowie reifen Waldfrüchten, dazu feine balsamische Anklänge, wirkt sehr kompakt. Am Gaumen äußerst geschliffen, mit druckvoll-elegantem Verlauf, saftig, leicht salzig im Unterton, zeigt schöne Haptik und langen Ausklang, mit Druck im Finish.

★★★

LAMOLE DI LAMOLE

Località Castello di Lamole, 50022 Greve in Chianti (FI)
T: +39 0577 738186, info@lamole.com
lamole.com

Ab-Hof-Verkauf: Ja
Kellermeister: Andrea Daldin
Produktion: 40 Hektar
Anbauweise: Bio

Inmitten des Chianti Classico, im Weiler Lamole, von einer einmaligen Landschaft umgeben, erhebt sich das Weingut Lamole di Lamole auf einer natürlichen Terrasse. Die biologisch bewirtschafteten Weinberge liegen auf 350 m bis zu 655 m Seehöhe und damit auf einem der höchsten Punkte innerhalb der Ursprungsbezeichnung. Temperaturschwankungen, Licht- und Windverhältnisse sorgen für optimale Traubenreife und verleihen den Weinen elegante Aromen und Reichhaltigkeit sowie Persistenz. Sie sind zudem stolze Vertreter der geschützten geografischen Einheit von Lamole, der »Unità Geografica Aggiuntiva«.

93 Vigna Grospoli Chianti Classico Gran Selezione DOCG 2018
14,5 Vol.-%, NK, Holzfass Ⓑ
Sattes Rubinrot. In der Nase zunächst nach Butterkeksen, dann nach saftigen Herzkirschen, erinnert an Fichtenhonig, im Nachhall nach Himbeeren und getrocknetem Rosenblatt. Am Gaumen saftig, strahlend, zeigt tollen Nerv im Verlauf, lange und mit Druck, aktuell noch jung, wird sich sehr gut einpendeln.

92 Vigneto di Campolungo Chianti Classico Gran Selezione DOCG 2017
14,5 Vol.-%, NK, Eichenfass Ⓑ
Satt leuchtendes Rubinrot. In der Nase Nuancen von Blutorange, knackigen Kirschen und frischen Himbeeren, ein Hauch heller Würze, im Nachhall nach Zimtrinden und einer Prise Anis, erinnert auch an Lakritze. Am Gaumen geschliffen und mit saftigem Kern, zeigt herzhafte Frucht, kühl und elegant, kerniges Tannin kommt im Finale saftig wieder.

91 Lareale Chianti Classico Riserva DOCG 2018
14 Vol.-%, DIAM, Holzfass
Funkelndes Rubinrot. Helle Würze in der Nase, mit viel Kirsche und Himbeere, gedörrtes Rosenblatt. Am Gaumen saftig und straff, zeigt sich herzhaft, mit salzigem Tannin, beachtlicher Nachdruck.

90 Duelame Chianti Classico DOCG 2019
14 Vol.-%, DIAM, großes Holzfass
Helles, leuchtendes Rubinrot mit schimmerndem Kern. Zurückhaltend in der Nase mit Noten von frischer Sauerkirsche und Rosenblüten. Am Gaumen klar und direkt, mit gutem Grip, zieht ganz durch, mit delikater Fruchtnote im mittellangen Abgang.

★★★★★

LE MACCHIOLE

Via Bolgherese 189/A, 57022 Bolgheri (LI)
T: +39 0565 76 60 92, info@lemacchiole.it
lemacchiole.it

Ab-Hof-Verkauf: Ja
Kellermeister: Luca Rettondini
Kontakt: Cinzia Merli
Produktion: 27 Hektar

Das Anfang der 1980er Jahre in Bolgheri gegründete Weingut Le Macchiole hat sich im Laufe der Zeit zu einem Referenzpunkt für toskanischen Qualitätswein entwickelt. Das Wirken von Eugenio Campolmi und Cinzia Merli im Weinberg und im Keller hat zum Ruhm von Bolgheri beigetragen. Heute leitet Cinzia das Unternehmen, wobei ihre Söhne Elia und Mattia einen entscheidenden Beitrag leisten. Die überzeugte Entscheidung für den biologischen Anbau und die immer präzisere Definition eines Stils, der Finesse und Eleganz bevorzugt, charakterisieren das Weingut.

98 Messorio Merlot Toscana Rosso IGT 2019

14,5 Vol.-%, NK, Barrique

Funkelndes, intensives Rubin mit Violettschimmer. Eröffnet mit Noten nach Waldboden, Zedernholz und Tannennadeln, dann nach Heidel- und Brombeere, einladend. Sehr saftig, viel dunkle Frucht, öffnet sich mit feinmaschigem, sehr gut platziertem Tannin, zeigt guten Trinkfluss, saftig, sehr langer Nachhall.

97 Paleo Cabernet Franc Toscana Rosso IGT 2019

14 Vol.-%, NK, Barrique

Funkelndes Rubin-Violett mit leicht aufhellendem Rand. Eröffnet in der Nase mit betont würzigen Noten, nach weißem Pfeffer, Oregano und Thymian, dann Himbeere und Cassis. Am Gaumen viel süße, dunkelbeerige Frucht, zeigt zupackendes, kerniges Tannin, dazu feiner süßer Schmelz, im Finale fester Druck und langer Nachhall.

96 Scrio Syrah Toscana IGT 2019

14 Vol.-%, NK, Tonneau Fass/Beton

Leuchtendes, intensives Rubin mit ausgeprägtem Violettschimmer. Eröffnet in der Nase mit Noten nach Unterholz, etwas Pfeffer und Galgant, dann nach Zwetschke, etwas Graphit. Spannt sich am Gaumen toll auf, griffiges, im Kern feinmaschiges Tannin in vielen Schichten, hat Druck und Saft, im Nachhall viel Zwetschke.

91 Le Macchiole Bolgheri Rosso DOC 2020 ME/SY/CF/CS

14 Vol.-%, NK, gebrauchte Barriques/Beton

Funkelndes, dunkles Rubin. Duftende Nase nach schwarzer Johannisbeere, reifen Holunderbeeren, frisch gemahlenem Kaffee und erdigen Noten, vielschichtig. Weich und geschmeidig beim Gaumeneintritt, balanciert, mit schönem Druck, reifer Frucht und festem Tannin, bis ins ausgeprägte Finale.

★★★

LA REGOLA

Località Altagrada, SR 68 km 4,600
56046 Riparbella (PI)
T: +39 0588 813 63, info@laregola.com
laregola.com

Ab-Hof-Verkauf: Ja
Kellermeister: Luca Nuti, Valentino Nuti
Produktion: 25 Hektar
Anbauweise: Bio

Das Weingut Podere la Regola befindet sich an der toskanischen Küste, nur 4 Kilometer vom Tyrrhenischen Meer entfernt in der Gemeinde Riparbella. Es wurde 1990 gegründet und wird von den Brüdern Luca und Flavio Nuti geleitet. Auf den 25 Hektar Rebfläche, die seit 2016 biologisch zertifiziert sind, werden hauptsächlich Weine aus Merlot, Cabernet Sauvignon und Cabernet Franc erzeugt, die den Flaggschiffwein La Regola ergeben, während bei den Weißweinen Viogner, Sauvignon Blanc und Chardonnay die Hauptrolle spielen, ohne dabei die autochthonen Sorten Sangiovese und Vermentino zu vergessen.

Weinkeller im Weingut
La Regola

91 L'Eccezione Metodo Classico VSQ 2016 Brut Nature PMS/CH
12,5 Vol.-%, DIAM, Flaschengärung
Hellgelb mit goldenen Reflexen. Mittlere und anhaltende Perlage. In der Nase Noten von frischen gelben Früchten, Zitrusschalen, gefolgt von krautigen und minzigen Noten, die mit einem Hauch von Hefe abschließen. Am Gaumen trocken und fruchtig, gute Länge.

91 Steccaia Costa Toscana Bianco IGT 2021 VE2/SB
12,5 Vol.-%, NK
Leuchtendes Strohgelb mit goldenen Reflexen. In der Nase frische Zitrusnoten von Grapefruit und Mandarine, Apfel und mediterrane Kräuter. Am Gaumen mit schöner Saftigkeit und Frische, wirkt leicht pikant, gute Länge mit klarer Frucht.

91 Lauro Toscana Biano IGT 2020 VI/CH
13,5 Vol.-%, NK
Leuchtendes Gelb mit klaren goldenen Reflexen. Die Nase ist reich, intensiv und breit mit Noten von reifen Früchten, weißen Blüten, mediterranen Kräutern und einem leicht balsamischen Finale, begleitet von Vanillenoten. Am Gaumen weich und intensiv mit einer saftigen Note, schöner, ausgewogener Abgang.

beigestellt

VERKOSTUNGSERGEBNISSE
LA REGOLA

90 Rosègola Costa Toscana Rosato IGT 2021 SY/ME

12,5 Vol.-%, NK, Hell leuchtendes Lachsrosa. In der Nase Duft nach Walderdbeeren, Chinarinde und Pfirsich. Am Gaumen saftig, sauberer Verlauf mit ausgewogenem Säurespiel.

93 La Regola Toscana Rosso IGT 2019

14,5 Vol.-%, NK, Leuchtendes Rubinrot. Die Nase ist elegant und komplex mit Noten von Kirsche, Cassis und Johannisbeere, gefolgt von einem Hauch von Holz und Vanille, Trockenblumen und krautigen Noten. Der Schluck ist saftig, fruchtig, mit einer angenehmen Säure, langer Abgang.

92 Strido Toscana Rosso IGT 2017

12,5 Vol.-%, NK, Intensives Rubinrot. In der Nase finden sich Noten von Kirsche, Blaubeere, Pflaume, Brombeere, Malz und Vanille, gefolgt von balsamischen und minzigen Anklängen. Am Gaumen saftig und weich, mit ausgeprägter Persistenz, viel Frucht und leicht zehrenden Tanninen.

91 Beloro Sangiovese Costa Toscana Rosso IGT 2019

14 Vol.-%, NK, Intensives, leuchtendes Rubinrot. In der Nase zeigen sich süße, intensive und reife Früchte, gefolgt von Noten von Orangenschalen und leichten Anklängen an mediterrane Kräuter. Am Gaumen saftig und fruchtig, anhaltender Abgang, feine Tannine.

90 Ligustro Sangiovese Costa Toscana Rosso IGT 2020

13,5 Vol.-%, NK, Rubinrote, ins Violette tendierende Farbe. Die Nase ist reichhaltig mit Noten von reifen Kirschen und Brombeeren, Pflaumen und Blutorangen. Am Gaumen frisch, dank einer angenehmen Säure, feinen und gut integrierten Tanninen, reichhaltig und vollmundig, anhaltender und sauberer Abgang.

91 Vallino Toscana Rosso IGT 2019 CS/SN

14 Vol.-%, NK, Rubinrot. In der Nase fruchtige Noten von Kirsche, Himbeere, Brombeere und ein Hauch von Blutorange und Pflaume. Am Gaumen lebhaft, saftig und von guter Übereinstimmung mit der Nase. Angenehme Säure, mittlerer Nachhall.

93 Sondrete Passito Bianco di Toscana IGT 2008 PMS/CH

12 Vol.-%, NK (B)

Matt glänzendes Ockerbraun mit Kupferrand. Offenherzig im Duft nach Fichtensprossen und Rosinen, Lebkuchengewürz und Mandarinenschalen. Baut sich saftig auf, animierendes Wechselspiel zwischen Säure und Süße, komplexe Aromenvielfalt, geröstete Nüsse, kandierte Frucht, umhüllt von feiner Würze, zeigt Fülle und hallt lange nach.

beigestellt

★★★★★

FATTORIA LE PUPILLE

Località Piagge del Maiano 92/A, 58100 Grosseto (GR)
T: +39 0564 409517, info@fattorialepupille.it
fattorialepupille.it

Ab-Hof-Verkauf: Ja
Kellermeister: Andrea Lupi, Ettore Arturo Rizzi
Kontakt: Clara Gentili
Produktion: 500.000 Flaschen, 85 Hektar

Die Fattoria Le Pupille befindet sich in der Maremma, im südlichen Teil der toskanischen Küste. Hier begann Elisabetta Geppetti 1985, sich um den damals kleinen Familienbetrieb zu kümmern und ihre Weine zum Leben zu erwecken. Als Produzentin, aber auch als erste Präsidentin des Konsortiums zum Schutz des Morellino di Scansano hat sie im Lauf der Jahre den Spitznamen »Signora del Morellino« erhalten. Heute wird Elisabetta von zwei ihrer fünf Kinder, Clara und Ettore, unterstützt. Sie sind voller Energie und entschlossen, neue Träume und Projekte in Angriff zu nehmen und zu verwirklichen.

Elisabetta Geppetti mit Tochter Clara Gentili und Sohn Ettore Rizzi

beigestellt

92 Piemme Petit Manseng Toscana Bianco IGT 2019
15,5 Vol.-%, NK
Intensives, funkelndes Goldgelb. Feine Nase mit Noten nach Brioche, dazu Ananas und Marille. Gutes Gewicht am Gaumen, süße Frucht, gute Spannung, feiner Schmelz, im Finale betont karamellige Noten.

91 Poggio Argentato Toscana Bianco IGT 2021 SB/PMS/TR
13,5 Vol.-%, DIAM
Leuchtendes Gelb mit grünlichen Reflexen. Aromen von Orangenblüten, Kamille, Gewürzen und krautigen Anklängen. Frischer Geschmack mit ausgezeichneter Saftigkeit, klar und präzise, mittellanger Abgang.

93 RosaMati Syrah Toscana Rosato IGT 2021
14 Vol.-%, DIAM
Helles Rosa mit leuchtenden Reflexen. In der Nase klare Noten von Blutorange, Walderdbeeren und ein Hauch von Oregano. Elegant und ausgewogen, leichte Würze und ansprechende Länge, mit zarter Creme, angenehm ausbalanciert und trinkig.

97 Saffredi Toscana Rosso IGT 2019 CS/ME/PV
15 Vol.-%, NK
Sattes, undurchdringliches Rubin-Violett. Intensive Noten nach dunklen Beeren, Cassis und Maulbeeren, etwas dunkle

VERKOSTUNGSERGEBNISSE
FATTORIA LE PUPILLE

Schokolade. Stoffig und dicht am Gaumen, zupackendes, herzhaftes Tannin, im Nachhall nach Zimt und Gewürznelken, sehr viel Stoff.

91 Morellino di Scansano Riserva DOCG 2019 SN/CS
14 Vol.-%, NK
Intensives Rubinrot mit violetten Reflexen. Aromen von roten Früchten und Sauerkirschen mit balsamischen und pflanzlichen Noten. Weicher und voller Geschmack, mit feinen Tanninen und guter Persistenz.

90 Morellino di Scansano DOCG 2021 SN/CG
14 Vol.-%, DIAM
Leuchtendes Rubinrot mit aufhellendem Rand. In der Nase intensiv duftend nach reifen Erdbeeren, Himbeeren und Waldbeeren sowie etwas vegetabil und feinwürzig. Am Gaumen frisch und saftig, mit jungem Tannin, fruchtig und hoher Trinkfluss.

96 Syrah Toscana Rosso IGT 2018
14,5 Vol.-%, NK
Sattes, funkelndes Rubin mit Violettschimmer. Duftet in der Nase nach Heidelbeeren und Pfeffer, etwas Zwetschke, im Hintergrund nach Efeu. Hat tolles Spiel am Gaumen, viele Gewürznoten, griffiges Tannin, umwoben von süßem Schmelz, breitet sich lange aus.

94 Poggio Valente Toscana Rosso IGT 2019
15 Vol.-%, NK
Sattes Rubin-Violett. Satte und ansprechende Nase, satt nach Zwetschken. Hat am Gaumen viel feine Würze, nach getrockneten Kräutern, Salbei und Currykraut, stoffig am Gaumen, schon erstaunlich geschliffenes Tannin, im Finale wieder viel Zwetschken.

★★★

TENUTA DI LILLIANO

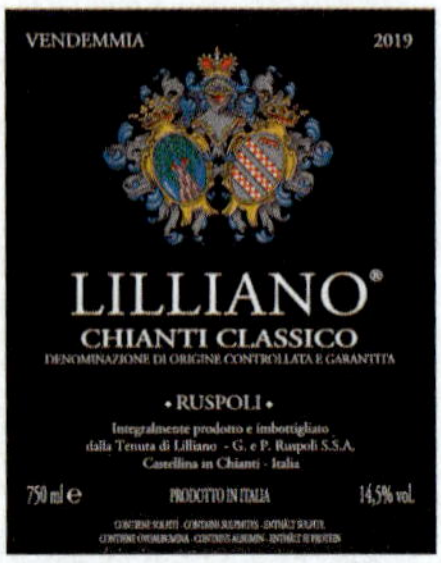

Località Lilliano 8, 53011 Castellina in Chianti (SI)
T: +39 0577 743070, info@lilliano.it
lilliano.com

Ab-Hof-Verkauf: Ja
Kellermeister: Lorenzo Landi
Kontakt: Francesca Rossi
Produktion: 40 Hektar

Die Tenuta di Lilliano wurde 1920 von Baron Berlingieri erworben. Die erste, die das Potenzial des Weinguts erkannte, war Prinzessin Eleonora Ruspoli Berlingieri, die 1958 mit der Abfüllung der Lilliano-Weine begann. Heute wird das Weingut von Giulio Ruspoli geleitet. Der Besitz erstreckt sich über 460 Hektar, von denen 40 mit Reben bepflanzt sind, hauptsächlich mit Sangiovese und in geringerem Maße mit anderen einheimischen und internationalen Sorten. Das Weingut verfügt über drei Weinberge von höchstem Niveau: Le Piagge, Casina Sopra Strada und Vigna Catena.

93 Chianti Classico Gran Selezione DOCG 2019

14,5 Vol.-%, NK

Mittleres Rubinrot mit granatroten Rändern. In der Nase einladend mit roten Beerenfrüchten, reifen Herzkirschen und Himbeeren, unterlegt von Nuancen nach Orangenschale, Zedernholz rundet das Bukett ab. Am Gaumen feingliederig, breitet sich saftig über die Zunge aus, schöner Druck, äußerst elegant und mit gutem Trinkfluss.

92 Chianti Classico DOCG 2020

14,5 Vol.-%, DIAM

Funkelndes Rubinrot mit Granatroten Reflexen. In der Nase feiner Duft von Rosen, etwas Veilchen, umhüllt von Brombeeren und reifen Himbeeren, etwas Würze. Am Gaumen klar und geradlinig, zeigt sich im Ansatz mit frischer Frucht, feinmaschigem Tannin, im Finale mit Druck und stoffig.

92 Anagallis Toscana Rosso IGT 2019 CS/ME/PV

14,5 Vol.-%, NK

Sattes Rubinrot mit leicht aufhellendem Rand. In der Nase nach satten Brombeeren und reifen Sauerkirschen, im Hintergrund nach Waldboden. Am Gaumen mit kräftigem aber gut eingebundenem Gerbstoff, saftig, mit viel roter Frucht, langer Nachhall.

90 Chianti Classico Riserva DOCG 2019

14,5 Vol.-%, NK

Helles Rubinrot mit granatrotem Schimmer. In der Nase nach satten Sauerkirschen und Waldbeeren, im Nachhall leicht pfeffrig. Am Gaumen mit klarer roter Frucht, frisch und saftig, das Tannin wirkt noch sehr jugendlich, ist im Finale etwas austrocknend.

★★★★

LISINI

Podere Casanova, Sant'Angelo in Colle,
53024 Montalcino (SI)
T: +39 0577 86 40 40, azienda@lisini.com
lisini.com

Ab-Hof-Verkauf: Ja
Kontakt: Carlo Arturo Lisini Baldi
Produktion: 100 % rot, 23 Hektar

Es gibt nur wenige Betriebe in Montalcino, die so tief in dieser Gegend verwurzelt sind wie das Weingut Lisini. Die Familie Lisini-Clementi besitzt seit dem 16. Jahrhundert Ländereien in Montalcino – der historische Turm und die Loggia auf dem Anwesen gehen sogar auf das Jahr 1300 zurück. Lisini war nicht nur eines der Gründungsmitglieder des Consorzio di Brunello im Jahr 1967, sondern die im Jahr 2009 verstorbene Elina Lisini war 1970 die erste und einzige weibliche Präsidentin! Heute führen die Brüder Carlo und Lorenzo gemeinsam mit ihrer Cousine Ludovica die Traditionen ihrer Vorfahren fort.

Sangiovese-Trauben

97 Ugolaia Brunello di Montalcino DOCG 2016
14,5 Vol.-%, NK, Beton/großes Holzfass F H S
Leuchtendes, strahlendes Rubinrot. In der Nase mit elegan tem Duft nach getrockneten Rosen, reifen Waldfrüchten, sowie feiner, edler harziger Unterton, erinnert entfernt an frischen Honig. Öffnet sich am Gaumen mit engmaschigem Tannin, zeigt klare Frucht, spannt sich griffig auf, im Ausklang karg und zugleich salzig, ein Langläufer.

94 Brunello di Montalcino DOCG 2017
14,5 Vol.-%, NK, Beton/großes Holzfass F H S
Leuchtendes, helles Rubinrot mit leicht aufhellendem Rand. In der Nase intensiv nach reifen Maraskakirschen und dunklen Waldbeeren, im Nachhall Tabak und Unterholz, komplex und vielschichtig. Am Gaumen kräftiges Tannin, reife Kirschfrucht, saftig, wirkt noch jugendlich, langes Finale.

90 Rosso di Montalcino DOC 2020
14,5 Vol.-%, NK, Beton/großes Holzfass F H S
Strahlendes, intensives Rubinrot. Ausgeprägtes Bouquet nach Jod, Amarenakirsche, und schwarzem Pfeffer. Geschmeidig beim Eintritt, mit gutem Grip und Frische im Trunk, saftiger Fruchtnote, mittellang im Abgang.

★★★★

TENUTA LUCE

Località Castelgiocondo, 53024 Montalcino (SI)
T: +39 055 27141, info@lucedellavite.com
lucedellavite.it

Kellermeister: Alessandro Marini
Kontakt: Andrea Orsini Scataglini
Produktion: 88 Hektar

Tenuta Luce befindet sich inmitten der sanften Hügel der südwestlichen Seite von Montalcino. Zwischen 200 und 430 Metern über dem Meeresspiegel gelegen, besteht das Anwesen aus Weinbergen, Olivenhainen und Wäldern, umgeben von einer wilden Natur, die reich an Artenvielfalt ist. Tenuta Luce ist aus dem außergewöhnlichen Sonnenlicht von Montalcino entstanden, das durch das Licht der Leidenschaft und des Know-hows in die Welt gebracht wurde. Tenuta Luce ist wie das Licht selbst: eine lebendige Harmonie aus kontrastreichen Weinen.

Tenuta Luce

95 Luce Brunello di Montalcino DOCG 2017
15 Vol.-%, NK, großes Holzfass

Sattes Rubin mit aufhellendem Granatrand. Feine, satte, dunkle Kirsche, dazu baumfrische Zwetschke, im Hintergrund etwas Tabak. Am Gaumen schön herausgearbeitete Frucht nach Kirsche und Himbeere, öffnet sich dann mit griffigem Tannin, eingebettet in süßen Schmelz.

94 Luce Della Vite Toscana IGT 2019 ME/SN
14,5 Vol.-%, NK, Barrique

Dunkelleuchtendes Rubinrot. In der Nase sehr ausdrucksstark, nach Cassis, aufgemahlenen Heidelbeeren, dazu edler Holzeinsatz, ein Hauch Siegellack, im Nachhall feine malzige Noten. Am Gaumen mit viel Saft und kernigem Tannin, breitet sich bestimmend über die Zunge, mit schönen würzigen Noten, stoffig, im Nachhall dann allerdings etwas harsch und noch sehr jung.

92 Lucente Toscana IGT 2019 ME/SN
14,5 Vol.-%, PK, Barrique

Glänzendes, sattes Rubinrot. In der Nase nach Sauerkirsche, Erdbeermarmelade und schwarzen Waldbeeren, im Nachhall ganz leicht ledrig und balsamisch. Am Gaumen gut ausbalanciert, saftig, mit feinkörnigem Gerbstoff, fruchtsüßes und langes Finale.

beigestellt

★★★

FATTORIA DI MAGLIANO

Località Sterpeti 10, 58051 Magliano in Toscana (GR)
T: +39 0564 593040, info@fattoriadimagliano.it
fattoriadimagliano.it

Ab-Hof-Verkauf: Ja
Kellermeister: Graziana Grassini
Kontakt: Nicola Lenci
Produktion: 50 Hektar
Anbauweise: Bio

Die Fattoria di Magliano ist ein 97 Hektar großes Weingut, das 1996 im Herzen der Maremma gegründet wurde. Agostino Lenci beschloss nach einer langen und bedeutenden Erfahrung in der Schuhbranche, seinem Traum zu folgen, Weinproduzent zu werden. Er wählte diesen Teil der Toskana, weil er fasziniert war von einer Landschaft, in der die Arbeit des Menschen nach einer jahrhundertealten toskanischen Regel darauf ausgerichtet ist, das gesunde Gleichgewicht des Bodens zu bewahren. 2001 begann der Betrieb mit der Produktion , als einer der ersten Bio-Betriebe in der Maremma.

91 Brissi Ansonica Maremma Toscana DOC 2021

12,5 Vol.-%, NK Ⓑ

Leuchtendes Goldgelb mit hellen Reflexen. In der Nase intensive Kräuternoten von Salbei, Thymian und Origano sowie Grapefruit und Zitronenzeste. Am Gaumen mit Druck und Struktur, kraftvoll und angenehme Säure.

90 Pagliatura Vermentino Maremma Toscana DOC 2021

13 Vol.-%, NK Ⓑ

Helles Zitronengelb mit silbernem Schimmer. In der Nase nach Macchia und Orangenzesten. Am Gaumen gut ausbalanciert, frisch und saftig, leichtfüßig, mit steinig-salzigem Finale.

91 Poggio Bestiale Rosso Maremma Toscana DOC 2018 ME/CS/CF

14 Vol.-%, DIAM Ⓑ

Dunkles Granatrot mit leicht aufhellenden Rändern. In der Nase Pfeffer und Kräuterwürze, Waldbeeren und dunkle Kirschen. Am Gaumen druckvoll und mit klarer Fruchtaromatik, sowie eng gewobenem Tannin und langem Finale.

88 Heba Morellino di Scansano DOCG 2020 SN/SY

13 Vol.-%, NK Ⓑ

Strahlendes Rubinrot mit leicht aufhellendem Rand. In der Nase feine Kräuteraromatik, Duft von Kirschen und roter Paprika. Am Gaumen rotbeerige Frucht und vegetale Aromatik, straffer, etwas bremsender Gerbstoff mit mittlerer Länge.

88 Altizi Cabernet Franc Maremma Toscana DOC 2018

14 Vol.-%, DIAM Ⓑ

Im Kern Rubin, am Rand Granat. In der Nase nach reifer Sauerkirsche und Hagebutte, dann ein Touch Pfeffer und Zimt. Am Gaumen noch jugendlich, saftig, mit kräftigem Tannin, wird im Finale bitter und austrocknend.

★★★

MANNUCCI DROANDI

Via Rossinello e Campolucci, 61/62, 52025 Montevarchi (AR)
T: +39 348 6540693, info@mannuccidroandi.com
mannuccidroandi.it
Ab-Hof-Verkauf: Ja
Kellermeister: Roberto Giulio Droandi, Gianfrancesco Paoletti
Kontakt: Maria Grazia Mammuccini
Produktion: 106.667 Flaschen, 5 % weiß, 89 % rot, 5 % rosé, 1 % süß, 20 Hektar
Anbauweise: Bio

Die Weingüter des Weinguts liegen sowohl im Chianti- als auch im Chianti-Classico-Gebiet. Seit über 20 Jahren ist der Betrieb biozertifiziert, und so produziert man heute eine Reihe von preisgünstigen Bio-Terroir-Weinen mit starkem Charakter und Charme, wie den eleganten Chianti Colli Aretini DOCG Mannucci Droandi, den vollmundigen Chianti Classico DOCG Ceppeto oder Ceppeto Riserva. Eine besondere Erwähnung verdienen die »Weine von gestern«: Barsaglina, Pugnitello und Foglia Tonda, drei sortenreine IGT-Rotweine aus alten, autochthonen toskanischen Rebsorten.

89 Rossinello Sangiovese Toscana Rosato IGT 2021
12 Vol.-%, PK, Stahltank
Volles, leuchtendes Kirschrosa. In der Nase verschlossen, leicht ätherische Noten von Lack. Am Gaumen von weicher und cremiger Textur, mit angenehmer Frische, leicht verwaschener Kirschfrucht und mittlerer Länge im Abgang.

91 Ceppeto Chianti Classico Riserva DOCG 2018
14,5 Vol.-%, NK, gebrauchte Barriques
Kraftvolles Rubinrot mit undurchdringlichem Kern. Öffnet sich im Bukett auf würzige Komponenten wie Efeu und Eukalyptus, grünen Pfeffer und Sandelholz, im Hintergrund Waldbeeren und Kaffee. Baut sich am Gaumen kraftvoll auf, zeigt guten Grip und eine feste Struktur, kompakter Kern, geht mit Zug ins Finale und bleibt lange haften.

91 Campolucci Toscana Rosso IGT 2017 CS/ME/SY
14,5 Vol.-%, NK, gebrauchte Barriques
Sattes, dunkles Rubinrot. Intensives Bouquet von reifen Pflaumen und Wacholder, auch leicht fleischig, ledrig. Am Gaumen zunächst frisch, gerbstoffreich und leicht zehrend, mit fruchtiger Note auf Süßkirsche, mit mittellangem Abgang.

88 Chianti Colli Aretini DOCG 2020 SN/BSG
14 Vol.-%, NK, Beton
Helles Rubinrot mit leicht aufhellendem Rand. In der Nase nach reifer Amarenakirsche und Duftveilchen, wirkt leicht animalisch. Am Gaumen mit sehr kräftigem Tannin, wirkt im Finale leider austrocknend und bitter.

89 Barsaglina Toscana IGT 2018
14 Vol.-%, NK, gebrauchte Barriques
Sattes Rubinrot mit dunklem Kern. In der Nase zunächst mit leichtem Geranienton, danach dezent nach kleinen, dunklen Beeren, und leichter pfeffriger Note im Nachgang. Am Gaumen mit reifer Süßkirsche, dezenter Tanninstruktur, ordentlicher Frische, bei mittellangem Abgang.

88 Foglia Tonda Toscana IGT 2018
14 Vol.-%, NK, gebrauchte Barriques
Edles, leuchtendes Rubinrot. In der Nase deutlich animalisch, mit blutig-fleischigen Tönen, Leber, Eisen, Kirsche. Am Gaumen mit kargem, sprödem Tannin, viel Zehrung.

★★★★★

IL MARRONETO

Loc. Madonna delle Grazie 307, 53024 Montalcino (SI)
T: +39 0577 849382, info@ilmarroneto.it
ilmarroneto.it

Kellermeister: Paolo Vagaggini
Kontakt: Alessandro Mori

Im Jahr 1974 kaufte Giuseppe Mori, Vater des heutigen Besitzers Alessandro, in Montalcino ein kleines Landgut. Der Bauernhof liegt unterhalb einer Kirche aus dem 13. Jahrhundert. Die Familie Mori bepflanzte 1975 die ersten 3.000 Quadratmeter Weinberg, 1979 einen großen Teil und 1984 die letzten 9.000 Quadratmeter. Von der ersten Weinlese 1976 über die erste Abfüllung 1980 bis heute gehen die Geschichte des Marroneto und die von Alessandro Mori Hand in Hand. Jeder Jahrgang steht nicht nur für einen verregneten Sommer oder einen strengen Winter, sondern auch für die unauslöschliche Spur seines Lebens.

98 Madonna delle Grazie Brunello di Montalcino DOCG 2017
14,5 Vol.-%, NK
Leuchtendes Rubingranat. Duftige und einladende Nase, satt nach Himbeeren, Brombeeren und frischen Zwetschken, sehr klar. Zeigt auch am Gaumen satte Frucht, viel Himbeere und dunkle Kirsche, öffnet sich dann mit dichtem, griffigem Tannin, im Nachhall würzig und salzig.

93 Iacopo Rosso di Montalcino DOC 2019
13,5 Vol.-%, NK
Leuchtendes, edles Rubinrot. In der Nase zart nach Leder, dann nach reifen Kirschen, Preiselbeeren und gut eingebundenen Edelhölzern. Am Gaumen dicht und tiefgründig, mit edlem Holzeinsatz und vielen Schichten, herzhaft in Ansatz und Verlauf, tolle Länge.

93 Brunello di Montalcino DOCG 2017
14 Vol.-%, NK
Leuchtendes, mitteldichtes Rubinrot. Eröffnet mit betont würzigen Noten nach Thymian und Kardamom, dann viel saftige Weichselkirsche. Am Gaumen präsente Frucht mit saftiger Frucht, fällt dann im Finale etwas ab, sprödes Tannin im Nachhall.

91 Ignaccio Rosso di Montalcino DOC 2019
14 Vol.-%, NK
Strahlendes Rubinrot mit aufhellendem Rand. Duftende und fasswürzige Nase nach Edelholz, Waldbeeren, reifen Kirschen und einem Hauch Malzkaffee. Am Gaumen saftig und mit klarer, präsenter Frucht, fleischige Textur, zugänglich und ausgewogen.

★★★★★

MASSETO

Località Ornellaia 191, 57022 Castagneto Carducci (LI)
T: +39 565 71811, info@masseto.com
masseto.com

Kellermeister: Axel Heinz
Kontakt: Elena Oprea
Produktion: 100 % rot, 11 Hektar

Masseto ist der Name eines einzigartigen Weins, eines Weinbergs und eines Weinguts. Das Potenzial des Hangs, auf dem der Masseto wächst, wurde Anfang der 1980er-Jahre erkannt, als entgegen allen Vorhersagen, Ratschlägen und lokalen Traditionen die ersten Rebstöcke gepflanzt wurden. Der Lehmboden, die kühle Küstenbrise und die hervorragende Lichtbrechung, die das Mittelmeer garantiert, tragen zur faszinierenden Mischung aus Kraft, Eleganz und Komplexität bei, die die Weine dieses Weinguts kennzeichnet. Seit seiner Gründung im Jahr 1986 hat Masseto internationales Ansehen erlangt.

Moderner Weinkeller,
Weingut Masetto

99 Masseto Toscana Rosso IGT 2019
15 Vol.-%, NK, Barrique/Flaschenreifung
Glänzendes, intensives Rubin-Violett. Intensive und einladende Nase, zunächst etwas Rauch und Lakritze, dann viel Brombeere, Dörrpflaumen und Schwarzkirsche, im Hintergrund feine Würze. Blüht am Gaumen grandios auf, viel saftige Frucht, öffnet sich in vielen Schichten, hallt sehr lange nach, präzise und fein.

94 Massetino Toscana Rosso IGT 2020 ME/CF
15 Vol.-%, NK, Barrique/Flaschenreifung
Leuchtendes, intensives Rubin Violett. Kompakte und ansprechende Nase mit Noten nach reifen Brombeeren, getrockneten Tomaten und schwarzer Johannisbeere, im Hintergrund dezente Würze. Zupackend und herzhaft am Gaumen, zeigt viel kerniges Tannin, viel Tabak, etwas Brombeere, zeigt sich im Finale noch etwas rau.

beigestellt

★★★★

IL MOLINO DI GRACE

Loc. Il Volano Lucarelli - Panzano
50022 Greve in Chianti (FI)
T: +39 055 8561010, info@ilmolinodigrace.it
ilmolinodigrace.it

Ab-Hof-Verkauf: Ja
Kellermeister: Iacopo Morganti
Kontakt: Franco Bernabei
Produktion: 33 Hektar
Anbauweise: Bio

Der Name Molino di Grace des 1998 von Frank Grace gegründeten Weinguts leitet sich vom Nachnamen der Eigentümer und einer historischen Windmühle aus dem 19. Jahrhundert ab, das sich gegenüber der Weinkellerei befindet. Der Besitz umfasst etwa 60 Hektar, von denen 30 Hektar Weinberge sind. Die Unternehmensphilosophie ist es, elegante Weine zu erzeugen, die das Terroir zum Ausdruck bringen, indem die »Seele des Chianti Classico« (der Sangiovese) hervorgehoben und das Holz für die Reifung sorgfältig eingesetzt wird. Seit 2014 arbeitet der Betrieb biologisch.

94 Gratius Toscana IGT 2018 SN/COL/CN3
14 Vol.-%, NK Ⓑ
Glänzendes Rubin mit feinem Granatschimmer. Eröffnet mit Noten nach saftiger dunkler Kirsche, etwas getrocknete Tomaten, im Hintergrund würzige Noten. Breitet sich am Gaumen satt aus, dichtmaschiges Tannin, entfaltet viel Druck, dunkle Beerenfrucht, wirkt im Finale etwas roh.

93 Chianti Classico Riserva DOCG 2019
14 Vol.-%, NK Ⓑ
Leuchtendes mittleres Rubinrot mit leicht aufhellendem Rand. In der Nase nach reifen Sauerkirschen und dunklen Waldbeeren, im Nachhall Anklänge von schwarzem Pfeffer, Karamell und etwas Leder. Am Gaumen mit gut eingebundenem Tannin, salzig und frisch, mit langem Nachklang.

92 Il Margone Chianti Classico Gran Selezione DOCG 2018
14 Vol.-%, NK Ⓑ
Lebhaftes, sattes Granatrot. Eröffnet mit Noten nach schwarzem Trüffel und Gewürznelken, dann dunkle Kirsche, etwas Pflaume. Herzhaft und zupackend am Gaumen, gut herausgearbeitet Frucht, griffiges Tannin, im Finale etwas spröde.

91 Chianti Classico DOCG 2019
13,5 Vol.-%, DIAM Ⓑ
Leuchtendes Rubinrot. Blumiges und balsamisches Bouquet mit Anklängen an rote Rosen, Pflaumen, Pfeffer und Lakritze. Am Gaumen weich und frisch, mit gut eingebundenen Tanninen und langen, würzigen Aromaspuren.

★★★

MONTEMERCURIO

Via di Totona 25/A, 53045 Montepulciano (SI)
T: +39 0578 716610, vini@montemercurio.com
montemercurio.com

Ab-Hof-Verkauf: Ja
Kellermeister: Emiliano Falsini
Kontakt: Paola Luciani, Irene Lesti
Produktion: 12 Hektar
Anbauweise: Bio

In der Antike soll dort, wo heute die Festung von Montepulciano steht, ein römischer Tempel gestanden haben, der dem Gott Merkur geweiht war. Dieses Bauwerk gab dem Hügel den Namen Mons Mercurius, nach dem auch das Weingut benannt ist. Der Markenname ist von Merkur inspiriert, dem Gott mit den geflügelten Schuhen, der die Botschaften zwischen den Bewohnern des Olymps überbrachte. Wie diese legendäre Figur entstand der Wein von Montemercurio aus dem Bestreben, die authentischsten und charakteristischsten Geschmäcker und Aromen des Gebiets in ein Glas zu bringen.

92 Vino Spumante Metodo Classico VSQ 2014 Dosaggio Zero SN/CN3/MM3/COL
12 Vol.-%, NK,DIAM, Stahltank/Flaschengärung
Brillantes Goldgelb mit anhaltender feiner Perlage. Offenherzig in der Nase nach Baguette, gerösteten Nüssen, dazu reifer gelber Apfel und etwas Akazienhonig. Schöner Fruchtschmelz im Trunk, spannt sich schön und elegant am Gaumen auf, saftig und präzise bis ins anhaltende Finale.

91 Caduceo Toscana Bianco IGT 2020 VR/UB/MA2/GR6
13 Vol.-%, NK, Stahltank/Holzfass/Flaschenreifung
Leuchtendes, intensives Goldgelb mit funkelndem Kern. Offenherziges Bouquet mit knackigem Apfel, reifen Zitrusfrüchten und floraler Note. Am Gaumen frisch, mit lebendiger Säure, leicht würzigem Touch, mit schöner Spannung und guter Länge.

93 Damo Vino Nobile di Montepulciano DOCG 2012
14,5 Vol.-%, NK, großes Holzfass/Flaschenreifung
Dunkles Rubin mit ziegelroten Reflexen. Wirkt zunächst leicht oxidativ in der Nase, öffnet sich dann auf Röstaromen, viel eingelegte dunkle Frucht, getrocknete Tomaten, einem Hauch Thymian und Datteln, spannend. Am Gaumen weich und samtig, mit sehr gut eingebautem, feinkörnigen Tannin, erstaunlicher Frische, elegantem Fruchtkern, sehr lange im Abgang.

91 Messaggero Vino Nobile di Montepulciano DOCG 2017
15 Vol.-%, NK, Eichenfass
Intensives, dunkles Rubinrot mit schimmerndem Kern. Ausgeprägt würzig in der Nase nach Cayenne-Pfeffer, Efeu, dunklen Früchten und Gewürznelken. Kraftvoll und direkt am Gaumen, entfaltet sich rasch und direkt, mit präsentem, leicht ruppigem Tannin, präziser Frucht auf Kirsche, die lange verweilt.

90 Petaso Rosso di Montepulciano DOC 2019
14,5 Vol.-%, DIAM, Eichenfass
Sattes Rubinrot mit leicht aufhellendem Rand. In der Nase nach roten reifen Waldbeeren und Kirschen, im Nachhall Anklänge von Würze und Vanille vom Holzausbau. Am Gaumen salzig, mundfüllend, mit guter Struktur und gut eingebundenem Gerbstoff, mittellanges Finale.

★★★★

MONTEPELOSO

Località Montepeloso 82, 57028 Suvereto (LI)
T: +39 0565 828180, contact@montepeloso.it
montepeloso.it

Kellermeister/Kontakt: Fabio Chiarelotto
Produktion: 100.000 Flaschen, 15 Hektar

Fabio Chiarelotto kaufte 1999 etwa 6 Hektar Weinberge von einem Schweizer Ehepaar. Nach dem Kauf führte er das Weingut unter dem Namen Montepeloso wieder ein. Das Gut liegt in der Maremma, ganz in der Nähe der Südseite von Bolgheri. Heute erstreckt sich das Anwesen über 30 Hektar, wovon die Hälfte Weinberge sind. 2007 trat Silvio Denz, ein angesehener Geschäftsmann schweizerischer Herkunft, dem Unternehmen Montepeloso bei. Verarbeitet werden überwiegend Sangiovese, Malvasia Nera und ein kleiner Anteil Cabernet Sauvignon. Heute produziert Montepeloso etwa 100.000 Flaschen.

95 Gabbro Cabernet Sauvignon Toscana Rosso IGT 2020
15 Vol.-%, NK, Barrique/500-l-Fass/gebrauchte Barriques/Stahltank/Flaschenreifung F
Sattes, tiefdunkles Rubin. Eröffnet mit feinen Noten nach Minze, dazu etwas Schokolade, frische dunkle Johannisbeere. Stoffiges und zupackendes Tannin am Gaumen, gute Spannung, viel Druck im Finale.

93 Nardo Toscana Rosso IGT 2020 SN/MAN/CS
15 Vol.-%, NK, Stahltank/500-l-Fass/gebrauchte Barriques/Flaschenreifung F
Kraftvolles Rubin mit leichtem Violettschimmer. Präsentiert sich in der Nase mit intensiven Noten nach Zwetschken, eingelegten Kirschen und etwas Tabak. Griffiges, zupackendes Tannin, viel süßer Fruchtschmelz, im Finale noch ein wenig ruppig.

92 Eneo Toscana Rosso IGT 2020 SN/CS/MAN
15 Vol.-%, DIAM, Stahltank/gebrauchte Barriques/Flaschenreifung F
Sattes, funkelndes Rubinrot mit dunklem Kern. Filigran in der Nase mit dezenter Note von reifer Kirsche, Heidelbeeren und roten Rosen. Am Gaumen mit feinem Fruchtschmelz, cremig und mit schöner Frucht, saftig, junges, aber feinkörniges Tannin, leicht salzig im anhaltenden Abgang.

90 Alpha Toscana Rosso IGT 2020 SN/MAN/CS
14,5 Vol.-%, DIAM, Stahltank/gebrauchte Barriques/Flaschenreifung F
Volles, dunkles Rubinrot. In der Nase noch recht verhalten, leicht staubig, mit dezenter Kirschfrucht und floralem Touch. Weich beim Eintritt, spannt sich rasch auf, straffes Tannin, mit knackiger Sauerkirsche und Bittermandelton im mittellangen Abgang.

89 A Quo Toscana Rosso IGT 2021 SN/MAN/CS
14,5 Vol.-%, DIAM, Stahltank/gebrauchte Barriques/Flaschenreifung F
Sattes, funkelndes Rubinrot. In der Nase nach reifer Pflaume und Brombeere, im Nachhall würzig und getoastet. Am Gaumen saftig, gut ausbalanciert, feinkörniges Tannin, mit viel Struktur, leicht zehrend im Finale.

★★★★

TENUTA MONTETI

Strada della Sgrilla 6, 58011 Capalbio (GR)
T: +39 0564 896160, info@tenutamonteti.it
tenutamonteti.it

Ab-Hof-Verkauf: Ja
Kellermeister: Maria Michela Bussu, Carlo Ferrini
Kontakt: Eva Baratta
Produktion: 28 Hektar

Das Weingut befindet sich in Capalbio, im Süden der Maremma. 1998 von Gemma und Paolo Baratta gegründet, wird das Weingut seit 2010 von Tochter Eva mit Ehemann Javier Pedrazzini geführt. Die Berücksichtigung von Biodiversität und schonende Bewirtschaftung sind wichtige Konstanten des »V.I.V.A.«-zertifizierten Unternehmens. Drei gebietstypische Weine – die beiden Roten Monteti und Caburnio sowie der Rosé TM – beschreiben jeweils ein Stück Landschaft: Monteti verkörpert die Wälder und riesige Felsen, Caburnio die mediterrane Vegetation und der Rosé steht für Licht und sanfte Meeresbrisen.

Arbeit im Weinkeller,
Tenuta Monteti

91 TM Rosé Rosato di Toscana IGT 2021 ME/CF/MV
13 Vol.-%, KK, Stahltank
Hell leuchtendes Babyrosa. In der Nase delikate Aromen von Erdbeeren, Waldhimbeere und einer leichten Kräuternote. Am Gaumen präsentiert er sich frisch und saftig mit gutem und anhaltendem Finish.

95 Monteti Toscana Rosso IGT 2017 PV/CS/CF
14,5 Vol.-%, NK, Barrique/Beton
Leuchtendes Rubin mit feinem Violettschimmer. Sehr klare und einprägsame Nase, satt nach Holunderbeeren und schwarzer Johannisbeere, etwas Rosen, duftig und einladend. Griffiges, kerniges Tannin am Gaumen, viel Tabak, öffnet sich dann mit feinen Fruchtnoten, sehr langer Nachhall, feiner Schmelz.

92 Caburnio Toscana Rosso IGT 2017 CS/ME/AB
14 Vol.-%, NK, Barrique/Stahltank/Beton
Tiefes, sattes Rubin. Satte Nase nach reifen Beeren, reifen Kirschen, zarte Grafitnuancen untermalen das Bukett, im Nachhall nach nassem Stein und Preiselbeermarmelade. Am Gaumen ausgewogen und mit tollem Grip, zeigt sich mit klarer Frucht, spannt einen würzig-animierenden Bogen, minimale Nachtrocknung.

★★★★

MONTEVERRO

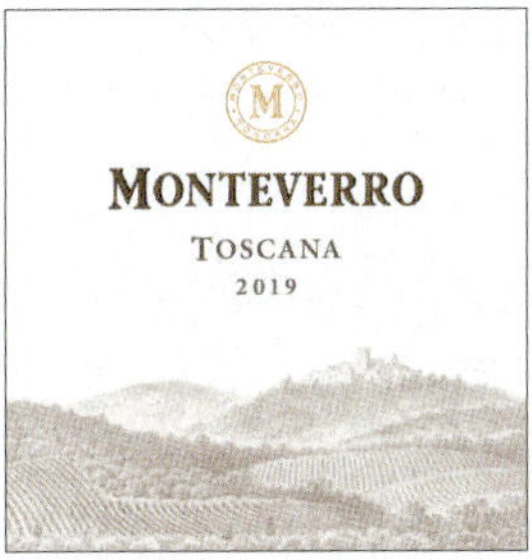

Strada Aurelia Capalbio 11, 58011 Capalbio (GR)
T: +39 0564 560721, info@monteverro.com
monteverro.com

Ab-Hof-Verkauf: Ja
Kellermeister: Matthieu Taunay
Kontakt: Andreas Comploj
Produktion: 40 Hektar
Anbauweise: Bio

Monteverro liegt am Fuße des mittelalterlichen Dorfes Capalbio im südlichsten Teil der Toskana, der Maremma. Das Weingut liegt wenige Kilometer vom Meer entfernt und zeichnet sich durch seine charakteristischen Hänge mit steinigen roten Lehmböden aus. Was Monteverro einzigartig macht, sind auch die Menschen. Ihre Leidenschaft für den Wein bringt es mit sich, dass sie bei der Verarbeitung und der Auswahl der Trauben keine Kompromisse eingehen, um schließlich jede Rebsorte, jedes Terroir und jeden Jahrgang mit Präzision und innovativen Weinbereitungstechniken zur Geltung zu bringen.

93 Chardonnay Toscana IGT 2019
14 Vol.-%, NK, Barrique/Beton Ⓥ
Glänzendes, helles Strohgelb mit leicht grünen Noten. In der Nase ansprechendes Spiel zwischen reifen tropischen Früchten, Ananas, Mango und Banane, und edlen Holznoten. Das Spiel zwischen tropischer Frucht und feinem Holz setzt sich am Gaumen fort, feiner Schmelz, saftig, kann noch etwas liegen, aber sehr gutes Potential.

96 Monteverro Toscana IGT 2018 CS/CF/ME/PV
14 Vol.-%, NK, Barrique Ⓥ
Funkelndes, kraftvolles Rubinviolett. Kompakte Nase mit Noten nach saftigen, dunklen Brombeeren, Schwarzkirschen und Ribiseln, im Hintergrund feine Würze. Stoffig und zupackend am Gaumen, zeigt kerniges, griffiges Tannin, baut sich gut auf, im Finale fester Druck und im Nachhall nach Tabak.

94 Tinata Toscana IGT 2018 SY/GN
14 Vol.-%, NK, Barrique/Beton Ⓥ
Kraftvolles, funkelndes Rubinviolett. Eröffnet mit kühl-würzigen Noten, etwas Geranienblatt, dazu frische Zwetschken. Am Gaumen klare und präsente Frucht, griffiges Tannin von schönem Schmelz ummantelt, im Nachhall satt nach Brombeere und würzigem Unterholz.

92 Terra di Monteverro Toscana Rosso IGT 2018 CS/CF/ME/PV
14 Vol.-%, NK, Barrique Ⓥ
Tiefdunkles Rubinrot mit Granatreflexen. Feiner Duft nach reifen Waldbeeren, Pflaumenröster, feiner Mokka und Zartbitterschokolade, im Nachhall feine Röstaromen und Minze. Spannt sich wohlig über den Gaumen, zeigt sich feingliedrig verwoben im Tannin, kraftvoller Ansatz, zieht sich jedoch mit Schliff in die Länge, gutes Potenzial.

★★★★★

MONTEVERTINE

Loc. Montevertine 1, 53017 Radda in Chianti (SI)
T: +39 0577 73 80 09, info@montevertine.it
montevertine.it

Kellermeister/Kontakt: Martino Manetti
Produktion: 18 Hektar

Montevertine wurde 1967 von Sergio Manetti gegründet. Ende der 1970er Jahre tauchte der Name in vielen Fachzeitschriften als eines der besten Beispiele für Chianti Classico auf. 1977 kam der Wendepunkt: Pergole Torte wurde geboren, das erste Beispiel von Sangiovese in Reinkultur. Heute produziert der Betrieb unter Martino Manetti auf 18 Hektar nur drei Rotweine: Le Pergole Torte, 100 Prozent Sangiovese, Montevertine und Pian del Ciampolo, beide 90 Prozent Sangiovese, 5 Prozent Canaiolo und 5 Prozent Colorino. Die Produktion liegt bei etwa 80.000 Flaschen, die Weinbereitung ist traditionell.

97 Le Pergole Torte Toscana Rosso IGT 2018
14 Vol.-%, NK
Funkelndes, aufhellendes Rubin mit lichtem Rand. Einladende, sehr fein gezeichnete Nase, duftet nach Himbeeren, Weichselkirschen und frischen Zwetschken, sehr klar. Zupackendes, stoffiges Tannin das sich in Schichten aufbaut, feine würzige Komponenten, im Finale satter Druck, kann noch lange lagern.

96 Le Pergole Torte Toscana Rosso IGT 2019
13,5 Vol.-%, NK
Glänzendes Rubin mit feinem Granatschimmer. Fein gezeichnete Nase mit satten Noten nach dunkler Kirsche, Himbeere und Brombeere, im Hintergrund nach Thymian. Geschliffenes, feinmaschiges Tannin, das den gesamten Verlauf schön begleitet, geschliffen, knackige Frucht, hat im Finale festen Druck, hallt lange nach, saftig.

95 Montevertine Toscana Rosso IGT 2019 SN/CN3/COL
13 Vol.-%, NK
Leuchtend rubinrote Farbe. Warme und entschiedene Nase mit Noten von Kirschen, Walderdbeeren und feinem Unterholz. Am Gaumen viel präsenter, mit gut ausgeprägter und knackiger Frucht. Frischer Schluck, lang anhaltender Abgang.

94 Montevertine Toscana Rosso IGT 2018 SN/CN3/COL
14 Vol.-%, NK
Rubinrot mit Tendenz zum Granatrot. Zarte Nase von Kirsche, Granatapfel, Himbeere und Johannisbeere. Am Gaumen saftig und fruchtig. Mittlerer Körper und angenehm frischer Nachklang.

92 Pian del Ciampolo Toscana IGT 2019 SN/CN3/COL
13,5 Vol.-%, NK
Leuchtendes Rubinrot. Noten von Veilchen und Sauerkirschen, aromatischen Kräutern und Anklängen von süßen Gewürzen. Vollmundig und intensiv am Gaumen, mit schöner Frische und Saftigkeit und einem dichten Abgang aus Tanninen und zarten Fruchtnoten.

92 Pian del Ciampolo Toscana IGT 2020 SN/CN3/COL
13 Vol.-%, NK
Leuchtendes Rubinrot. In der Nase Noten von Veilchen und dunklen Gewürzen mit Anklängen von Kräutern. Im Mund wird die Struktur von der Säure gut gestützt. Frisch, saftig, mit krautigem Abgang.

★★★

GIANNI MOSCARDINI

Via San Bartolomeo 24, 56040 Santa Luce (PI)
T: +39 345 9400874, iinfo@giannimoscardini.com
giannimoscardini.com

Kontakt: Gianni Moscardini
Produktion: 13 Hektar

Gianni Moscardini befindet sich in der oberen Maremma nördlich von Bolgheri, etwa 40 Kilometer südwestlich von Pisa. Das Land liegt auf einer Hochebene unweit des Dorfes Pomaia und gehört zum DOC-Gebiet Montescudaio. 13 Hektar sind in mehrere Parzellen aufgeteilt, die Campo San Giovanni, Campo al Pino, Cantina, Puntina und Riserva heißen. Die Sorten sind Ciliegiolo, Sangiovese, Teroldego, Merlot und Cabernet Franc für rote, Vermentino, Verdicchio und Fiano für die weißen Trauben. Die Reifung erfolgt je nach Bodenbeschaffenheit in Zement-, Stahl- oder Eichenfässen sowie Amphoren aus Topfstein.

90 Artume Toscana Bianco IGT 2020 Fiano/VE2
12 Vol.-%, DIAM, Tonneau
Sattes Goldgelb. In der Nase nach weißem Steinobst, mediterrane Kräuter und Vanille vom Holzausbau. Am Gaumen sehr saftig und frisch, gut ausbalanciert, mit Zug, der Holzeinsatz ist deutlich spürbar, mittellanges Finale.

91 Sileno Ciliegiolo Toscana Rosso IGT 2019
13,5 Vol.-%, DIAM, Eichenfass/Beton
Helles Rubinrot. In der Nase nach reifen Sauerkirschen und Erdbeeren, im Nachhall eine rauchige Note vom Holzausbau. Am Gaumen fruchtsüß, gut ausbalanciert, salzig, mit gut eingebundenem Gerbstoff, mittellanges Finale.

91 Atteone Cabernet Franc Montescudaio DOC 2018
13,5 Vol.-%, DIAM, Tonneau
Sattes Rubinrot mit leicht aufhellendem Rand. In der Nase nach roten Früchten, Tomatenblatt und Paprika, im Nachhall Nuancen von Tabak und Schokolade. Am Gaumen mundfüllend, salzig, elegant, mit feinem Gerbstoff, langes Finale.

91 Operaundici Montescudaio DOC 2017 SN/TR5/CG
14,5 Vol.-%, DIAM, Eichenfass
Sattes Rubinrot mit leicht aufhellendem Rand. In der Nase nach roten Waldbeeren, im Nachhall kräutrig und nach Lakritz. Am Gaumen elegant, ausgeglichen, mit feinem Gerbstoff, fruchtsüß und salzig, langes Finale.

90 Sator Montescudaio Rosso DOC 2020 SN/TR5
14,5 Vol.-%, DIAM, Beton/Barrique
Leuchtendes, helles Rubinrot mit leicht aufhellendem Rand. In der Nase nach reifen roten Waldbeeren und Sauerkirschen, im Nachhall ein Hauch Pfeffer. Am Gaumen gut ausbalanciert, saftig, mit gut eingebundenem Gerbstoff, wirkt wärmend, mittellanges Finale.

90 Sileno Merlot Montescudaio DOC 2020
14,5 Vol.-%, DIAM, Barrique
Mittleres Rubinrot mit dunklem Kern. Ausgeprägt in der Nase, nach eingelegter Pflaume, Amarenakirsche, mit floralen Noten nach Trockenblumen und etwas Jod im Nachhall. Frisch und fruchtbetont am Gaumen, mit zurückhaltendem Gerbstoff, schließt auf leicht bittere Kirsche.

★★★★

NITTARDI

Viale del Poggio Imperiale16
53011 Castellina in Chianti (SI)
T: +39 0577 740269, info@nittardi.com
nittardi.com

Ab-Hof-Verkauf: Ja
Kellermeister: Carlo Ferrini
Kontakt: Giorgio Conte
Produktion: 32 Hektar
Anbauweise: Bio

Das Anwesen – einst im Besitz der Familie Buonarroti – ist umgeben von 120 Hektar Wald, 12 Hektar Weinbergen und 4 Hektar Olivenhainen. Die Weine sind der »Belcanto«, ein Sangiovese mit kleinem Anteil autochthoner Sorten, der »Casanuova di Nittardi«, ein reiner Sangiovese, und die Riserva »Nittardi«. Ende der 1990er Jahre wurden in der Maremma weitere 22 Hektar Weinberge angelegt. Der erste Wein, »Nectar Dei«, ist ein roter Maremma Toscana DOC, gefolgt von »Ad Astra« und dem letzten Wein, »BEN«, einem Maremma Toscana Vermentino DOC. Seit 2017 ist Nittardi ein zertifiziertes Bio-Weingut.

90 Ben Vermentino Maremma Toscana DOC 2021

14 Vol.-%, NK Ⓑ

Helles, leuchtendes Strohgelb. Noten von Zitrusfrüchten, Glyzinien, weißblättrigen Früchten und ein Hauch von Gewürzen in der Nase. Am Gaumen leicht, frisch, mit einer feinen Nuance nach Meersalz und einer leichten Bitterkeit im Abgang.

94 Belcanto Chianti Classico DOCG 2020

13,5 Vol.-%, NK Ⓑ

Kräftige rote Farbe mit violetten Reflexen. Intensive, tiefe Nase. Blumige und mediterrane Noten. Kirsche, schwarze Johannisbeere, Himbeere und Pflaume. Am Gaumen saftig, reichhaltig und gut strukturiert, mit viel Finesse und toller Länge!

93 Chianti Classico Riserva DOCG 2019

14 Vol.-%, NK Ⓑ

Satt leuchtendes Rubinrot mit leicht aufhellendem Rand. In der Nase mit blutig-fleischigen Nuancen und leicht erdig, mit feinen Nuancen nach Preiselbeeren und schwarze Johannisbeeren. Am Gaumen geschliffen, mit geschmeidiger Frucht und engmaschigem, leicht adstringierendem Tannin, breitet sich schön aus, zeigt ordentlich Nachdruck mit filigraner Zehrung

91 AD Astra Maremma Toscana Rosso DOC 2020 SN/CS/ME/CF

14 Vol.-%, DIAM Ⓑ

Sehr dunkles Rubinrot mit fast schwarzem Kern. In der Nase mit feinwürzigen Komponenten nach frischen Wacholderbeeren, Rosmarin und etwas Unterholz, im Hintergrund zarte Waldbeeren. Am Gaumen schöne Säure und gut eingebundenes Tannin, stimmig in Ansatz und Verlauf, griffig strukturiert, im Ausklang minimal zehrend.

91 Nectar Dei Maremma Toscana Rosso DOC 2019 CS/PV/ME/SY

14 Vol.-%, NK Ⓑ

Tiefdunkles, sattes Rubin mit violetten Reflexen. In der Nase intensiv würzig und ausdrucksstark nach satten Herzkirschen, Pfeffer, Brombeeren, hat im Nachhall leicht ledrige Töne. Am Gaumen mit kernigem Körper und engmaschigem Tannin, sehr dicht, mit gewisser Saftigkeit, im Nachhall minimal bremsend.

94 Casanuova di Nittardi La Doghessa Chianti Classico DOCG 2020

14 Vol.-%, NK Ⓑ

Dunkles, sehr sattes Rubinrot. In der Nase mit vielschichtiger Beerenfrucht, zart nach Leder, auch nach Früchte-Tee, würzig. Spannt einen schönen, fein cremigen Bogen auf, viel Druck, sehr stimmig ausgewogen zwischen Nase und Mund, im Finale mit viel Druck und Charakter.

★★★★

ORMA

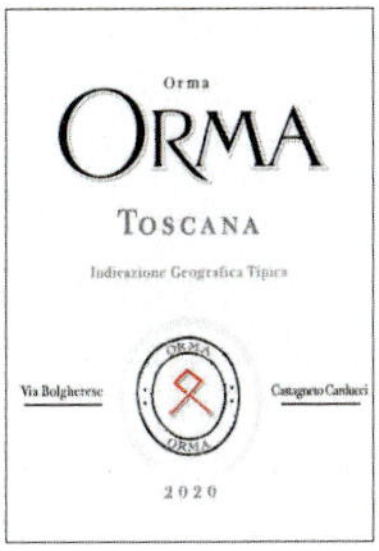

Via Bolgherese, 57022 Castagneto Carducci (LI)
T: +39 0575 477857, info@ormabolgheri.it
ormawine.it

Kontakt: Fabiana Santi Laurini
Produktion: 7.5 Hektar

Orma ist die Geschichte eines Traums, einer Leidenschaft: Bolgheri ist ein weit geöffnetes Fenster in einer Ecke der Toskana, in der sich Meer und Wald vereinen, ein idealer Ort für die Weinproduktion. Ein Ort, der einem die Sprache verschlägt, genau wie die Weine, die hier produziert werden. 2004 ergriff Antonio Moretti Cuseri die Gelegenheit: Er erwarb 7,5 Hektar Weinberge im nördlichen Teil der Via Bolgherese, die mit Merlot, Cabernet Sauvignon und Cabernet Franc bepflanzt sind. Sie liegen auf einer Höhe von 80 Metern über dem Meer in einer für den Weinbau sehr geeigneten Lage.

Toreingang zum Dorf Bolgheri

96 Orma Toscana IGT 2020 ME/CS/CF
15 Vol.-%, NK, Barrique
Leuchtendes Rubin mit leichtem Violettschimmer. Intensive Nase mit Noten nach Gewürznelken, etwas Minze, feine Brombeere, im Hintergrund leicht erdige Komponenten. Breitet sich am Gaumen toll aus, hat viel feinmaschiges, herzhaftes Tannin, schöne Saftigkeit, knackige Frucht, im Finale langer Nachhall.

92 Passi di Orma Bolgheri DOC 2020 ME/CS/CF
14,5 Vol.-%, NK, kleines Holzfass
Sattes Rubinrot mit leicht aufhellendem Rand. In der Nase würzig nach weißem Pfeffer und getrockneten Rosenblättern, dann Nuancen von Leder und Bitterschokolade. Am Gaumen auf der Frucht aufgebaut, gut ausbalanciert, mit weichem Gerbstoff, saftig, im Finale lang.

★★★★★

ORNELLAIA

Località Ornellaia 191, 57022 Castagneto Carducci (LI)
T: +39 0565 71811, info@ornellaia.it
ornellaia.com

Kellermeister: Axel Heinz
Kontakt: Elena Oprea
Produktion: 119 Hektar

Ornellaia – allein der Name steht für Exzellenz, Prestige und Einzigartigkeit. Erst 1981 gegründet, hat das Weingut in dieser kurzen Zeitspanne entscheidend zum Ansehen des Bolgheri-Gebiets beigetragen, denn heute drückt der elegante und faszinierende Stil von Ornellaia die ganze Schönheit, Größe und Kreativität der Toskana aus. Die Trauben, die hier angebaut werden, stammen fast ausschließlich aus dem Bordeaux – von Cabernet über Merlot bis hin zu Petit Verdot. Aber die Struktur, die Ausgewogenheit, Frische und Intensität der Weine, die sie hervorbringen, sprechen eine rein toskanische Sprache.

94 Ornellaia Bianco Toscana IGT 2019 SB/VI
13 Vol.-%, NK, Barrique/Flaschenreifung
Strahlendes Strohgelb. In der Nase mit starkem Ausdruck, duftig, nach saftiger Grapefruit, Cassis, dazu Holunderblüten und knackiger Granny Smith, im Hintergrund nach edler weißer Schokolade. Zeigt sich am Gaumen saftig und mit geschliffenem Eintritt, zart cremig, hat viel Strahlkraft, im Finale mit elegantem Nachklang und feinem Druck.

93 Poggio alle Gazze dell'Ornellaia Toscana Bianco IGT 2020 SB/VI/VE2/VB
13 Vol.-%, DIAM, Stahltank/Beton/Barrique/Flaschenreifung
Leuchtendes, strahlendes Strohgelb. In der Nase deutlich nach Sauvignon, Feuerstein, Limetten und Grapefruit, dazu feine salzige Komponenten. Am Gaumen sehr saftig und sehr salzig, breitet sich schön über die Zunge, tänzelnd, bricht dann im hinteren Bereich etwas ein, toller aromatischer Speisenbegleiter.

98 Ornellaia Bolgheri Superiore DOC 2019 CS/ME/PV/CF
14,5 Vol.-%, NK, Barrique/Flaschenreifung
Sattes Rubin-Violett. Sehr vielschichtige Nase mit Noten nach Brombeere, Cassis und Holunderbeere, dann feine Gewürze, etwas Zimt, Kardamom und Zedernholz. Geschliffen und fein am Gaumen, öffnet sich mit viel feinmaschigem Tannin, reife Beerenfrucht, im hinteren Bereich ein Feuerwerk an Gewürzen, feiner Fruchtschmelz.

94 Le Serre Nuove dell'Ornellaia Bolgheri Rosso DOC 2020 ME/CS/CF/PV
14,5 Vol.-%, NK, Barrique/Flaschenreifung
Sattes, fast undurchdringliches dunkles Rubin mit schimmerndem Kern. Grazil in der Nase mit Noten von schwarzem Ribes, Mokka, Tabakblatt und etwas Minze. Am Gaumen imposant und geschliffen, elegant, sehr gut integriertem Holz, feinkörnigem, festem Tannin, mit ausgezeichneter Struktur und langem Abgang mit viel dunkler Frucht.

92 Le Volte dell'Ornellaia Toscana IGT 2020 ME/CS/SN
13,5 Vol.-%, DIAM, Beton/Barrique
Tiefes Rubinrot mit schimmerndem Kern. Grazil, fruchtbetont in der Nase auf eingelegte Kirsche, saftige Zwetschken, dazu ein Touch Lakritz. Am Gaumen sehr zugänglich und offenherzig, ausgewogen, mit sehr gutem Trinkfluss, getragen von lebendiger Säure, und frischer, saftiger Frucht, bis ins knackige Finale.

★★★

PAGLIARESE

Località Paglirese, 53019 Castelnuovo Berardenga (SI)
T: +39 0577 355117, info@pagliarese.com
pagliarese.com

Ab-Hof-Verkauf: Ja
Kellermeister: Franco Bernabei
Kontakt: Giovanni Poggiali
Produktion: 26 Hektar

Pagliarese ist ein historischer Weinbaubetrieb in Castelnuovo Berardenga und war in den 70er- und 80er-Jahren eines der angesehensten Weingüter des Chianti Classico. 1995 erwarb die Familie Poggiali den Betrieb, mit der Idee, die Marke wieder aufleben zu lassen. Mit der Ernte 2015 wurde der erste Jahrgang des modernen Pagliarese abgefüllt. Die derzeitige Produktion umfasst einen Bianco, einen Rosato, einen Chianti Classico und einen Chianti Classico Riserva – Weine, die ihr Terroir wie auch das Anbaugebiet widerspiegeln und für die Wiederbelebung eines der unvergesslichen Schätze der Toskana stehen.

89 Pagliarese Giosafà Bianco Toscana IGT 2019 TRE/MA2
12,5 Vol.-%, NK, Teilbarrique
Leuchtendes Strohgelb. Die Nase ist fruchtig und pflanzlich mit Noten von Apfel, Litschi, Salbei und Weißdorn. Im Mund frisch, saftig und weich, mit mittlerer Länge.

89 Pagliarese Toscana Rosato IGT 2021 SN/MM3/CN3
12 Vol.-%, NK, Stahltank
Leuchtendes Lachsrosa. Fruchtige und blumige Nase nach Weißdorn, grünem Apfel, Wildkirsche und weißer Mandel. Am Gaumen zart und schmackhaft, mit guter Frische dank einer angenehmen Säure.

90 Pagliarese Chianti Classico DOCG 2020
13 Vol.-%, NK, großes Holzfass
Rubinrot. In der Nase Noten von Beeren, Pflaumen, Gewürzen und leichte Anklänge von Eisen. Am Gaumen frisch, einhüllend, mit guten Tanninen und Intensität, würzigen und fruchtigen Noten.

90 Pagliarese Chianti Classico Riserva DOCG 2019
13,5 Vol.-%, NK, großes Holzfass
Intensives Rubinrot. In der Nase duftet er nach Beeren, Unterholz, Erde, Gewürzen und Veilchen. Am Gaumen vollmundig und strukturiert, mit dezenter Frische und recht weichen Tanninen, im Abgang mit holzigen Anklängen.

★★★

PANIZZI

Loc. Santa Margherita 34, 53037 San Gimignano (SI)
T: +39 0577 941576, panizzi@panizzi.it
panizzi.it

Ab-Hof-Verkauf: Ja
Kellermeister: Walter Sovran
Kontakt: Camelia Lazar
Produktion: 266.667 Flaschen, 55 % weiß, 45 % rot
60 Hektar
Anbauweise: Bio

Im Jahr 1979 kaufte Giovanni Panizzi das Weingut Santa Margherita außerhalb der mittelalterlichen Stadtmauern von San Gimignano. 2005 verkaufte er es an die Familie Niccolai, die mit ihm die gleiche Vision teilt: den Vernaccia di San Gimignano unter den besten italienischen Weißweinen zu positionieren. Heute wird das Gut mit 60 Hektar Rebfläche von Simone Niccolai geleitet, der die Leitlinien Qualität, Typizität und nachhaltiger Weinbau verfolgt. Dies hat zu innovativen Ergebnissen geführt, nicht nur beim Vernaccia di San Gimignano, sondern auch bei den roten Sorten Sangiovese und Pinot Noir.

91 Vigna Santa Margherita Vernaccia di San Gimignano DOCG 2020
13,5 Vol.-%, DIAM, Teilbarrique B
Helles, funkelndes Goldgelb. Öffnet sich interessant und filigran in der Nase, mit Noten von Minze, Orangenzeste und Flint. Beim Gaumeneintritt fast cremig, dann mit Spannung und lebendiger Säure, bis ins leicht salzige Finale.

91 Vernaccia di San Gimignano Riserva DOCG 2018
13,5 Vol.-%, DIAM, Barrique
Intensives, leuchtendes Goldgelb mit funkelndem Kern. Öffnet sich in der Nase mit feiner Vanillenote, gefolgt von saftiger Honigmelone, Ginster und einem Hauch Muskatnuss. Geschmeidig am Gaumen, mit spürbarer Holznote, saftig, mit Grip und ordentlich Spannung bis in den anhaltenden Abgang.

90 Vernaccia di San Gimignano DOCG 2021
13 Vol.-%, DIAM, Stahltank B
Leuchtendes Strohgelb mit silbrig-grüngelben Reflexen. Dezent und fast schüchtern in der Nase nach grünem Apfel und etwas Salbei. Spannt sich am Gaumen schön auf, mit saftiger Frische, dazu feinem Fruchtschmelz, druckvoll bis in den Abgang.

92 Folgóre Rosso San Gimignano DOC 2019 SN/CS/ME
14 Vol.-%, DIAM, Barrique
Dunkles Rubinrot mit aufhellenden Rändern. Intensiv in der Nase nach dunklen Brombeeren, Kaffee, fast fleischig. Am Gaumen kompakt und kraftvoll, mit engmaschigem, festem Tannin, gut integriertem Holzeinsatz, anhaltend im Abgang.

90 Vertunno Chianti Colli Senesi Riserva DOCG 2018
14 Vol.-%, DIAM, Barrique
Sattes, intensives Rubinrot mit aufhellendem Rand. In der Nase intensiv nach dunkler Frucht, Zedernholz und dazu etwas Muskatnuss. Am Gaumen frisch und direkt, in der Frucht etwas verhalten, mit feinkörnigem Tannin, und leichter Bitternote im Abgang.

90 Ermius Pinot Nero San Gimignano DOC 2019
14 Vol.-%, NK, Holzfass
Helles, leuchtendes Rubinrot. Filigranes Bouquet von Sauerkirsche, Waldbeeren und Veilchen. Am Gaumen mit seidigem Tannin, saftig, präzise Fruchtnote, dazu etwas Bittermandel, getragen von frischer Säure bis in den anhaltenden Abgang.

★★★

PETRA

Località San Lorenzo Alto 131, 57028 Suvereto (LI)
T: +39 565 84 53 08, info@petrawine.it
petrawine.it

Ab-Hof-Verkauf: Ja
Kellermeister: Augusto Graziano
Kontakt: Jeanette Servidio
Produktion: 103 Hektar

Im Weingut Petra gibt es eine Reihe von Mikroklimata, mit meist wenig Regen, viel Sonne und heftigen Südwestwinden. Auch die Böden sind sehr unterschiedlich. Bei Petra schwingt alles in Harmonie und zielt darauf ab, einen einzigartigen Stil zu definieren, der in der Lage ist, die Stärken des Terroirs zu bündeln und sie in Wein zu verwandeln. Im Keller ist es die Sensibilität des Menschen, die den Unterschied ausmacht. Aus all diesen Elementen entstehen die Weine von Petra, die in der Lage sind, die Fäden der Vergangenheit aufzunehmen und daraus ein modernes Geflecht zu weben.

93 Petra Toscana Rosso IGT 2018 CS/ME
14,5 Vol.-%, NK, Barrique
Leuchtendes, dunkles Rubinrot mit granatroten Nuancen. Öffnet sich in der Nase auf reife Kirsche, Heidelbeeren, und feinem Edelholz, unterlegt von kaltem Rauch und Ledernoten. Fein geschliffen am Gaumen, gut eingebautem Holzeinsatz, angenehmer Frische und engmaschigem Tannin, mit präziser Frucht im anhaltenden Ausklang.

88 Hebo Toscana Rosso IGT 2019 CS/ME/SN
14 Vol.-%, DIAM, Barrique
Leuchtendes Rubinrot mit purpurnen Reflexen. Fruchtigsüß in der Nase mit Noten von Sauerkirsche, Himbeerdrops, und Vanille. Am Gaumen frisch, fruchtig, mit gut integriertem Alkohol, geradlinig und etwas schmal zum Finale hin.

91 Potenti Cabernet Sauvignon Toscana Rosso IGT 2019
14,5 Vol.-%, NK, Barrique
Kräftiges Rubin mit granatroten Nuancen. Fein gezeichnete Nase mit feiner Holzwürze und reifen Waldbeeren, unterlegt von Tabaknoten. Am Gaumen geprägt von festem, feinkörnigem Tannin, reifer Frucht, und markanter Frische, mit guter Balance und ordentlich Druck im Finish.

90 Quercegobbe Toscana IGT 2019
14,5 Vol.-%, NK, Barrique
Dunkler rubinroter Kern mit granatroten Rändern. Zurückhaltend in der Nase mit einem Hauch von Heidelbeeren und Waldboden. Am Gaumen etwas klarer nach Kirsche und floraler Note, markanter Säure und feinkörniges, etwas adstringierendes Tannin bei spürbarem Holzeinsatz.

★★★★★

PETROLO

Località Petrolo 30, 52021 Bucine (AR)
T: +39 055 9911322, petrolo@petrolo.it
petrolo.it

Kellermeister: Carlo Ferrini, Simone Cuccoli
Kontakt: Luca Sanjust di Teulada
Produktion: 31 Hektar
Anbauweise: Bio

Petrolo ist seit drei Generationen im Besitz der Familie Bazzocchi-Sanjust und wird derzeit von Luca Sanjust geleitet. Seinen Sitz hat es im Valdarno di Sopra am Rande des Chianti-Gebirges in der neu geschaffenen gleichnamigen DOC. Seit der zweiten Hälfte der 1980er Jahre hat sich Petrolo zum Ziel gesetzt, nur Weine zu produzieren, die mit dem Gebiet verbunden sind, auf natürliche und nachhaltige Weise, aus Sangiovese-, Merlot-, Cabernet Sauvignon- und Trebbiano-Reben, mit Traubenselektion, geringer Produktivität pro Pflanze und sorgfältiger Arbeit im Keller.

92 Bòggina B Trebbiano Toscana IGT 2020
13 Vol.-%, NK B V

Leuchtendes Strohgelb mit weißgoldenem Reflex. In der Nase nach Obers und Bourbon-Vanille, dann intensiv nach Minze, Salbei und medizinalen Kräutern, im Nachhall etwas Zitrus und goldener Apfel. Am Gaumen mit gewisser Saftigkeit, spannt sich mit zartem Tannin über die Zunge, von mittlerer Länge, trinkt sich leicht und schnörkellos.

98 Galatrona Merlot Vigna Galatrona Val D'Arno di Sopra DOC 2020
14 Vol.-%, NK B V

Funkelndes, intensives Rubin mit Violettschimmer. Sehr klare und einladende Nase, satt nach Heidelbeere und Brombeere, dazu feine Tabaknoten, etwas Kardamom. Saftig und viel frische Frucht, zeigt geschliffenes Tannin, griffig, nach Brombeeren im Nachhall, zeigt im Finale einen feinen Gewürzteppich.

95 Bòggina C Sangiovese Vigna Bòggina Riserva Val D'Arono di Sopra DOC 2020
14 Vol.-%, NK B V

Funkelndes, intensives Rubin mit feinem Granatrand. Klar gezeichnete, intensive Nase, zeigt Noten nach Brombeere, dunkler Kirsche und etwas Zwetschke, leichte Grafitnoten im Hintergrund. Griffiges, herzhaftes Tannin am Gaumen, baut sich gut auf, saftig und mit guter Spannung, knackige Kirsch- und Brombeerfrucht, im Finale fester Druck.

93 Bòggina A Sangiovese Vigna Bòggina Val D'Arno di Sopra DOC 2020
14 Vol.-%, NK B V

Leuchtendes, mitteldichtes Rubin mit leicht hellem Rand. Sehr duftige und ansprechende Nase, nach reifen Himbeeren, frische Zwetschken, dazu Noten nach Zimt, etwas Kardamom. Kerniges Tannin am Gaumen, zeigt gute Spannung, wirkt zugleich aber etwas roh, salzig im Finale.

94 Campo Lusso Cabernet Sauvignon Vigna Campo Lusso Val D'Arno di Sopra DOC 2020
13 Vol.-%, NK B V

Schimmerndes, dunkles Rubin mit ausgeprägten Violettnoten. Eröffnet mit Noten nach Tabak, dazu feines Zedernholz, dann viel satte Cassis-Noten. Knackige, dunkelbeerige Frucht, viel dunkle Johannisbeeren, frische Säure, feinmaschiges Tannin, hat im Finale viel Druck.

93 Torrione Toscana Rosso IGT 2020 SN/ME/CS
13,5 Vol.-%, NK

Leuchtendes und intensives Rubinrot. Noten von schwarzen Kirschen und Brombeeren, mit einem Abgang, der in Richtung Tabak und Leder tendiert. Am Gaumen vollmundig und intensiv, mit schöner Frische und Weichheit, reichem Bouquet und schönem, saftigem Abgang.

★★★★

PIAGGIA

Via Cegoli 47, 59016 Poggio a Caiano (PO)
T: +39 055 8705401, info@piaggia.com
piaggia.com

Kellermeister: Emiliano Falisni, Alberto Antonini
Kontakt: Silvia Vannucci
Produktion: 18 Hektar

Piaggia ist das Ergebnis von Mauro Vannuccis Liebe zu seinem Land und seiner großen Leidenschaft für Rotweine von höchster Qualität. Er war sich sicher, dass das Gebiet Carmignano imstande ist, Weine zu produzieren, die mit den Besten mithalten können. So beschloss er 1988, zwei schöne Weinberge in der Nähe seines Hauses in Poggio a Caiano in der Ortschaft Piaggia anzulegen. Seitdem ist seine Leidenschaft für Wein mehr und mehr gewachsen, so dass er auch seine Tochter Silvia in dieses Projekt einbezog, die in die Fußstapfen ihres Vaters tritt und von der gleichen Leidenschaft genährt wird.

Silvia und Mauro Vannucci,
Weingut Piaggia

96 Poggio de' Colli Cabernet Franc Toscana Rosso IGT 2020
14,5 Vol. %, NK
Dunkelleuchtendes Rubinrot. In der Nase würzig, nach Pfeffer und mediterranen Kräutern, dazu edle Cassis Note und Bitterschokolade, im Finale auf Himbeermarmelade. Spannt einen tollen Bogen auf, sehr saftig mit kompakter Frucht und sehr gut eingebundenem Tannin, ausgewogen im Finish mit saftigem, fruchtsüßem Ausklang.

95 Piaggia Carmignano Riserva DOCG 2019 SN/CS/ME
14,5 Vol.-%, NK
Aufhellendes, leuchtendes Rubinrot. In der Nase auf reifer Beerenfrucht gepaart mit edler Holzwürze, herzhaft und einladend. Am Gaumen eng gewoben mit feinem, cremigem Verlauf, aktuell mit noch etwas Holzüberhang der sich gut integrieren wird, komplex und druckvoll, toller Wein.

94 Il Sasso Carmignano DOCG 2020 SN/CS/ME
14,5 Vol.-%, NK
Leuchtendes, sattes Rubinrot. In der Nase nach Kerzenwachs, edlem Holzeinsatz, dazu feine Brombeeren und Cassis, im Nachhall feine Würze. Am Gaumen mit präsentem Körper, zeigt satten Druck, viel Saft, wirkt fleischig, im Finale auf saftigem Ausklang.

★★★

PIETROSO

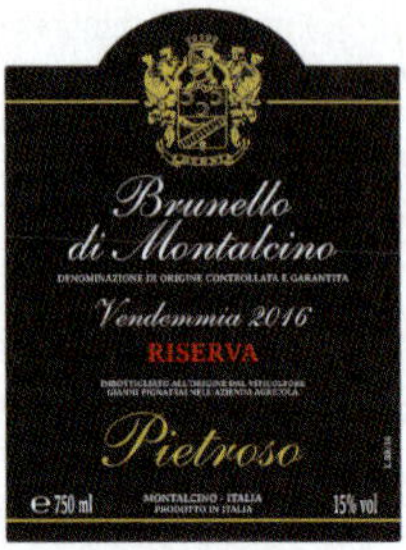

Podere Pietroso 257, 53024 Montalcino (SI)
T: +39 0577 848573, info@pietroso.it
pietroso.it

Kellermeister: Alessandro Dondi
Kontakt: Gianni und Andrea Pignattai
Produktion: 5 Hektar

Die Weinkellerei Pietroso wurde in den 1970er Jahren von Winzer Domenico Berni in Montalcino mit dem Ziel gegründet, edle Weine wie den Brunello und den Rosso di Montalcino in begrenzten Mengen herzustellen. Heute wird das Weingut mit großer Sorgfalt und Begeisterung von Bernis Enkel Gianni Pignattai geführt, der vom Önologen Alex Dondi und dem Agronomen Federico Becarelli beraten wird. Das Weingut umfasst 13 Hektar, von denen 5 Hektar als Weinberge und davon wiederum 3,7 Hektar als Anbauflächen für den Brunello di Montalcino registriert sind sowie ein Hektar Olivenhaine.

Weinverkostungsraum am Weingut Pietroso

95 Brunello di Montalcino Riserva DOCG 2016
15 Vol.-%, NK, Eichenfass
Leuchtendes, strahlendes Rubinrot mit zart aufhellendem Rand. Öffnet sich in der Nase mit viel Edelholz-Würze, dazu reifen Kirschen, Leder und Pfeffer, im Nachhall nach Zigarrenkiste. Zeigt sich am Gaumen mit satter Dichte und samtigem Schmelz, sehr druckvoll, auch merklicher Holzeinsatz, wird sich gut zusammenfügen, hat tolles Lagerpotential.

93 Brunello di Montalcino DOCG 2017
14,5 Vol.-%, NK, Eichenfass
Leuchtendes Rubin mit granatroten Nuancen. Öffnet sich elegant auf feine Kirschfrucht, gefolgt von Noten von Cassis, dunklem Flieder und einem Hauch Gewürznelke. Im Trunk samtig, mit festem, sehr gut eingebautem Tannin, braucht noch etwas Zeit, sehr frisch, saftig und mit tollem Druck, anhaltender Abgang.

92 Rosso di Montalcino DOC 2020
14,5 Vol.-%, NK, Eichenfass
Funkelndes, helles Rubinrot. In der Nase nach reifer Sauerkirsche und roten Waldbeeren, im Nachhall eine leichte und feine Pfeffernuance. Am Gaumen saftig, mit gut eingebundenem Gerbstoff, fruchtbetont, langes Finale.

★★★★

PODERE FORTE

Località Petrucci 13, 53023 Castiglione d'Orcia (SI)
T: +39 0577 8885100, podereforte@podereforte.it
podereforte.it

Ab-Hof-Verkauf: Ja
Kellermeister: Cristian Cattaneo
Kontakt: Pasquale Forte
Produktion: 22 Hektar
Anbauweise: Bio-dynamisch

Das Val d'Orcia, seit 2004 Unesco-Kulturerbe, ist der Schauplatz von Podere Forte, einem 1997 von Pasquale Forte gegründeten Weingut. Der visionäre Unternehmer hat ein System im Gleichgewicht geschaffen, in dem sich alle Elemente ergänzen und das den Grundsätzen der biologischen und biodynamischen Landwirtschaft folgt. Auf einer Fläche von 500 Hektar wurde die antike Idee der römischen Corti wiederbelebt. Ein Ort, an dem Menschen, Pflanzen und Tiere harmonisch koexistieren, so dass er autark und nachhaltig ist. Eine wahre Hymne an die Artenvielfalt.

97 Guardiavigna Toscana Rosso IGT 2018
14 Vol.-%, NK, Holzfass/Flaschenreifung
Intensives, leuchtendes Rubinrot. Reichhaltige, elegante und vielschichtige Nase, Noten von Veilchen und Unterholz, gefolgt von Noten reifer Früchte wie Kirsche, Pflaume und Johannisbeere. Die Tannine sind präsent, aber perfekt integriert. Voller, saftiger, edler Nachgeschmack.

97 Petrucci Anfiteatro Toscana IGT 2018
15 Vol.-%, NK, Holzfass/Flaschenreifung
Dunkles, leuchtendes Rubinrot mit zart aufhellendem Rand. In der Nase fast parfümiert, ausdrucksstark, nach roten Rosen, satter Kirschfrucht, Himbeermarmelade, dazu ein Hauch Pfefferminze und Lakritze im Nachhall, dazu Edelholz. Am Gaumen stoffig und satt, zeigt sich eng verwoben mit kraftvollem Aufbau, dazu strahlendes, dunkle Beerenfrucht, mit geschliffenem Tannin, große Finesse und Klasse!

94 Villaggio Rocca d'Orcia Orcia DOC 2020
14,5 Vol.-%, NK, Holzfass/Flaschenreifung Ⓑ
Funkelndes Rubinrot mit leicht aufhellendem Rand. In der Nase nach reifer Kirsche, dann ein Touch Waldbeeren und schwarzer Pfeffer. Am Gaumen frisch und sehr saftig, mit gutem Trinkfluss, harmonisch, gut eingebundenes Tannin, langes Finale.

93 Petrucci Melo Toscana IGT 2018
15 Vol.-%, NK, Holzfass/Flaschenreifung
Helles, leuchtendes Rot. In der Nase Noten von Kirsche, Sauerkirsche, Blutorange. Im Trunk saftig, weich und an die Frucht erinnernd. Robustes, aber gut integriertes Tannin, warmer Abgang mit guter Länge.

91 Petruccino Sangiovese Orcia DOC 2019
15 Vol.-%, NK, Holzfass/Flaschenreifung Ⓑ
Strahlendes, helles Rubinrot. In der Nase intensiv nach Waldbeeren und Sauerkirsche, ein Hauch Pfeffer und Bitterschokolade im Nachhall. Am Gaumen salzig, hat Zug, harmonisch, gerbstoffreich, wirkt noch etwas jugendlich.

★★★★

PODERE LE RIPI

Loc. Le Ripi, 53024 Montalcino (SI)
T: +39 577 835641, info@podereleripi.it
podereleripi.it

Ab-Hof-Verkauf: Ja
Kellermeister: Sebastian Nasello
Produktion: 34 Hektar
Anbauweise: Bio-dynamisch

Francesco Illy stammt aus einer Unternehmerfamilie, die für hochwertigen Kaffee bekannt ist. 1987 machte er sich auf die Suche nach einem Haus in der Toskana. Er fand Podere Le Ripi: den Ort seines Lebens. 60 Hektar Wald, Weinberge und Olivenhaine, die bis 1998 von einem Schäfer und seinen Schafen bewohnt wurden. Seit dem Tag, an dem er anfing, über ein Weingut nachzudenken, sind ganze 12 Jahre vergangen. Es hat sich gelohnt, denn wer diese Kathedrale des Weins betritt, spürt die intensive Harmonie, die von ihr ausgeht und die sich auf die Weine überträgt.

98 Lupi e Sirene Brunello di Montalcino Riserva DOCG 2016

14 Vol.-%, NK, Eichenfass/Beton/Flaschenreifung

Funkelndes Rubin mit feinem Granatrand. Eröffnet mit leicht rauchig-erdigen Noten, dann viel Brombeere, dunkle Kirsche, etwas Teer. Am Gaumen pralle, süße Frucht, da dominiert die Himbeere, griffiges, zupackendes Tannin das sich in vielen Schichten aufbaut, feiner Schmelz im langen Finale.

96 Amore e Magia Brunello di Montalcino DOCG 2017

14,5 Vol.-%, NK, Eichenfass/Beton

Glänzendes, intensives Rubin-Violett. Intensive und einladende Nase, zunächst etwas Rauch und Lakritze, dann viel Brombeere, Dörrpflaumen und Schwarzkirsche, im Hintergrund feine Würze. Blüht am Gaumen grandios auf, viel saftige Frucht, öffnet sich in vielen Schichten, hallt sehr lange nach, präzise und fein.

95 Cielo d'Ulisse Brunello di Montalcino DOCG 2017

13,5 Vol.-%, NK, Eichenfass/Beton

Funkelndes Rubingranat. Sehr fein gezeichnete Nase mit satten Noten nach Himbeere und etwas Erdbeere, im Hintergrund nach Koriandersamen. Am Gaumen charmante süße Frucht, breitet sich lange aus, öffnet sich dann mit feinmaschigem Tannin, im Finale fester Druck.

92 Sogni e Follia Rosso di Montalcino DOC 2019

13,5 Vol.-%, NK, Eichenfass/Beton

Aufhellendes, funkelndes Rubin mit hellem Rand. Fein gezeichnete, ansprechende Nase mit Noten nach knackiger Kirsche und Himbeeren. Feinmaschiges Tannin, zeigt gutes Gewicht, viel Himbeere, im Finale fester Druck, zarter süßer Schmelz.

91 Amore e Follia Toscana Rosso IGT 2019 SN/SY

14 Vol.-%, NK, Beton/Flaschenreifung

Leuchtendes Rubinrot mit granatrotem Schimmer. In der Nase nach eingelegten Pflaumen und Sauerkirsche, im Nachhall etwas Würze und Röstaromen vom Holzausbau. Am Gaumen sehr saftig, mit kräftigem Gerbstoff, angenehme Säure, langes Finale.

★★★

POGGIOARGENTIERA

Strada Banditella 2, 58100 Grosseto (GR)
T: +39 0564 1950033, info@poggioargentiera.com
poggioargentiera.com

Ab-Hof-Verkauf: Ja
Kellermeister: Marco Lamastra
Kontakt: Giovanni Frascolla
Produktion: 22 Hektar

Poggio Argentiera wurde 1997 mit dem Kauf des Betriebs Adua gegründet, der aus dem frühen 20. Jahrhundert stammt, der Zeit der Urbarmachung der Maremma. Die ursprünglichen 6 Hektar wurden für die Produktion von Morellino di Scansano genutzt, dann wurde der neue Weinkeller gebaut, und 2001 wurde der Besitz durch den Kauf eines weiteren landwirtschaftlichen Betriebs, Keeling, in der Gegend der Gemeinde Scansano erweitert. Zu den alten und wertvollen Weinbergen kommen neue Anpflanzungen hinzu, so dass das Unternehmen heute über 20 Hektar Land verfügt, das zur DOCG Morellino gehört.

89 Vermentino Toscana IGT 2021
13,5 Vol.-%, DIAM, Stahltank

Helles, leuchtendes Strohgelb. Noten von Zitrusfrüchten, Glyzinien, weißfleischigen Früchten und Anklängen von Meersalz. Am Gaumen leicht, angenehm, frisch, mit einer feinen salzigen Vene und einem leicht mandelartigen Abgang.

91 Podere Adua Syrah Toscana IGT 2019
14,5 Vol.-%, NK, Barrique

Leuchtendes Rubinrot. In der Nase intensiv nach reifen Waldbeeren und weißem Pfeffer. Im Mund sehr saftig und mit gutem Zug, mit feinkörnigem Tannin, langes, würziges Finale.

91 Poggioraso Cabernet Franc Toscana IGT 2020
14,5 Vol.-%, NK, Barrique

Intensives Rubinrot. In der Nase intensiv nach Cassis und eingelegten Sauerkirschen, im Nachhall leicht würzig nach Macchia. Am Gaumen saftig und gut ausbalanciert, mit kräftigem Tannin, mittellanger Abgang.

90 Maremmante Toscana Rosso IGT 2020 CF/SY
13,5 Vol.-%, DIAM, Stahltank

Mittleres Rubinrot. In der Nase am Anfang eher verhalten, dann würzig und fruchtig nach reifen Kirschen und roten Waldbeeren. Am Gaumen gut ausbalanciert und saftig, mit kräftigem Tannin und reifer Frucht, mittellanges Finale.

88 Capatosta Toscana Rosso IGT 2019 SN/AB
14,5 Vol.-%, DIAM, großes Holzfass

Leuchtendes Rubinrot mit leicht aufhellendem Rand. In der Nase nach reifen Amarenakirschen und eingelegten Pflaumen, im Nachhall ein Hauch Schokolade. Am Gaumen mundfüllend und saftig, mit belegendem Tannin, ziemlich austrocknend im Finale.

88 Bellamarsilia Morellino di Scansano DOCG 2021
14,5 Vol.-%, DIAM, Stahltank

Sattes Rubinrot. In der Nase nach dunklen Waldbeeren und reifen Kirschen, im Nachhall ein Hauch Würze. Am Gaumen saftig, mit belegendem Gerbstoff, eher kurz im Finale.

★★

GRAF TOGGENBURG – POGGIO ROZZI

Strada Romita 29, 50028 Tavarnelle V.P. (FI)
T: +39 055 8070012, info@toggenburg.it
toggenburg.it

Ab-Hof-Verkauf: Ja
Kellermeister: Edoardo Galieni
Kontakt: Eberhard Toggenburg
Produktion: 46.667 Flaschen, 10 % weiß, 90 % rot
10 Hektar

Harmonisch schmiegt sich Poggio Rozzi in die Natur des Chianti. Mit seiner außergewöhnlichen Lage, einer unglaublichen Topographie und Biodiversität bietet das Weingut alles, was man als »Genussbotschafter« braucht. Die Weine von Eberhard Graf Toggenburg tragen den Ursprung in sich und sind charakterstark wie ihre Herkunft. Aus heimischen, autochthonen Sorten wie Sangiovese, Fogliatonda, Canaiolo oder Colorino entstehen in gewissenhafter Handarbeit mutige Kombinationen. Die Verbundenheit mit der Natur und die Liebe zur Landwirtschaft prägt die Grafenfamilie seit eh und je.

87 Idda Toscana IGT 2021
12 Vol.-%, DIAM, Stahltank
Helles Silbergrau mit funkelndem Kern. Sehr verhalten in der Nase mit einem Hauch von Zitrusfrüchten und grünem Apfel. Im Trunk eher schmal, bei mittlerer Säure, mit weicher Bitternote, wenig aussagekräftig.

92 Eccellenza Passito Rosso Toscana IGT 2018 SN/CN3/SGT
16,5 Vol.-%, NK, Barrique
Sattes, volles Rubin mit granatrotem Rand. Sehr ausgeprägtes Bouquet auf Amarenakirsche, eingelegte Veilchen, Teer, unterlegt von leicht ätherisch-würziger Note. Weich und schmeichelnd beim Gaumeneintritt, festes Tannin, dominiert von getrockneter Fruchtnote, dazu dunkle Schokolade, mit lebendiger Frische, druck- und kraftvoll bis ins anhaltende Finish.

88 Luogotenente Toscana IGT 2019 FGT/SN/TR5
14,5 Vol.-%, NK, Tonneau Fass
Funkelndes Rubinrot. Öffnet sich würzig-intensiv in der Nase nach Zwetschegenmuss, rauchig und mit Noten von Bitumen und eingelegten Veilchen. Weich und geschmeidig am Gaumeneintritt, merklichem Alkohol, sonst recht dünn und verweilt nur kurz.

86 Alano Toscana IGT 2020 SN/CN3/COL
13 Vol.-%, PK, Beton
Helles Rubinrot mit violettem Schimmer. In der Nase reduktiv und nach verbranntem Gummi und Klebstoff. Am Gaumen sehr süßlich, unausgewogen, eindimensional, kurzes Finale.

89 Ulrico Chianti Riserva DOCG 2017
14,5 Vol.-%, NK, 500-l-Fass
Leuchtendes Rubin mit granatrotem Touch. Leicht staubig zunächst in der Nase, dann mit Aromen von verbranntem Gummi, dunkler Pflaume und nassem Stein, unterlegt von feiner Holzwürze. Im Trunk mit feinkörnigem, leicht trocknendem Tannin, mittelgewichtig, mit Noten von dunkler Frucht und Teer.

★★★

POGGIO AL LUPO

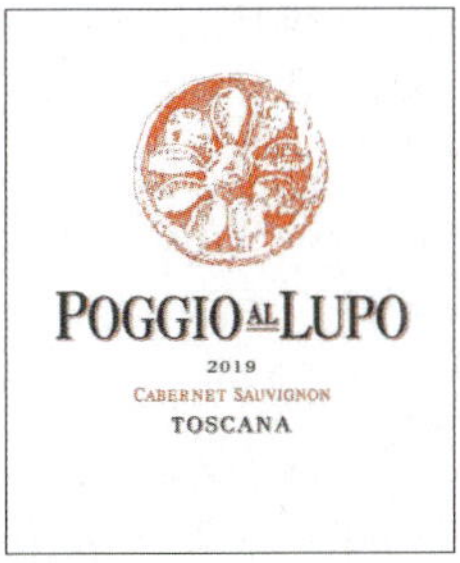

Strada di Colle di Lupo, 58051 Magliano in Toscana
T: +39 0575 477857, info@poggioallupowine.it
poggioallupowine.it

Kontakt: Fabiana Santi Laurini
Produktion: 16 Hektar

In der Maremma gründete Antonio Moretti Cuseri Anfang 2000 das Weingut Poggio al Lupo in Magliano in Toscana (Grosseto). Das Anwesen erstreckt sich über 45 Hektar, von denen 16 mit den Rebsorten Sangiovese, Vermentino und Cabernet Sauvignon bepflanzt sind, um drei sortenreine Weine zu erzeugen. Alle Weinberge sind in biologischer Umstellung. Das Mikroklima ist mediterran, warm, aber luftig, dank der Anwesenheit des Meeres: Wir befinden uns gegenüber der Insel Giglio, rechts das Vorgebirge von Talamone, dahinter, in der Ferne, sieht man die wilde und bewaldete Landschaft des Monte Amiata.

Poggio al Lupo vor der Insel Giglio

92 Poggio al Lupo Cabernet Sauvignon Toscana IGT 2019
14,5 Vol.-%, NK, kleines Holzfass
Sattes Rubinrot. In der Nase nach reifen Brombeeren, Cassis und Rumtopf, im Nachhall leicht vegetale Note. Am Gaumen fruchtbetont, saftig, mit weichem Gerbstoff, harmonisch, hat Zug, langes Finale.

90 Morellino di Scansano DOCG 2021
14,5 Vol.-%, DIAM, Stahltank
Volles, funkelndes Purpurrot. Öffnet sich fruchtig, würzig in der Nase auf reife Sauerkirsche, Veilchen und schwarzem Pfeffer. Samtig beim Eintritt, im Trunk frisch und mit feinem, leicht zerrendem Gerbstoff, sonst geradlinig und mit gutem Trinkfluss.

★★★★

POGGIO AL SOLE

Strada Rignana 2, 50028 Barberino Tavarnelle (FI)
T: +39 055 8071850, info@poggioalsole.com
poggioalsole.com

Ab-Hof-Verkauf: Ja
Kellermeister: Johannes Davaz
Kontakt: Johannes und Kathrin Davaz

Poggio al Sole befindet sich in der Nähe von Badia a Passignano, zwischen Florenz und Siena. In der Familie Davaz hat der Weinbau eine zehnjährige Tradition. Im Einklang mit der Natur, mit Leidenschaft und harter Arbeit wird die Basis für die Weine von Poggio al Sole gelegt. In den letzten drei Jahrzehnten hat Johannes Davaz Poggio al Sole zu einem innovativen Weingut mit Liebe zum Detail gemacht. Das Ergebnis sind biologische, moderne und authentische Weine. Poggio al Sole stellt hochwertige Weine aus Sangiovese her, darunter Chianti Classico, Gran Selezione und verschiedene IGTs.

Familie Davaz
Weingut Poggio al Sole

91 Chiara Toscana Bianco IGT 2021
14 Vol.-%, DIAM, Stahltank Ⓥ
Helles, funkelndes Strohgelb. Öffnet sich fruchtig-blumig in der Nase mit Aromen von gelbem Pfirsich, Nektarinen, und Holunderblüte, sowie einem Touch Muskat. Am Gaumen feinwürzig, fast pfeffrig, mit frischer Säure, saftig und tollem Druck bis ins lange Finale.

91 Sangiovese Bianco Toscana IGT 2021
13,5 Vol.-%, DIAM, Stahltank Ⓥ
Funkelndes, helles Silber mit schimmerndem Kern. Filigran in der Nase mit Noten von Holunder und Zitronenzesten. Spannt sich am Gaumen schön auf, mit feiner Säure, saftig und mit leicht salziger Note iim Finish.

93 Primavera Rosato di Sangiovese Toscana IGT 2021
13,5 Vol.-%, DIAM, Stahltank Ⓥ
Intensives Rosarot. In der Nase blumig, nach frischen Walderdbeeren, Zitrusfrüchten, im Nachhall auf rosarotem Pfirsich. Eröffnet am Gaumen mit deutlicher Frische, sehr saftig, zeigt schönen Schmelz, auf Orange, kommt im Finale saftig wieder, schöne Länge.

VERKOSTUNGSERGEBNISSE
POGGIO AL SOLE

94 Ponente Toscana Rosso IGT 2019 SN/ME/CS
14,5 Vol.-%, NK, gebrauchte Barriques B V
Glänzendes, mittleres Rubinrot. In der Nase am Anfang eher verhalten, dann nach reifer Kirsche und dunklen Waldbeeren, im Nachhall leicht würzig und ein Touch Kaffee. Am Gaumen saftig und klar, mit sehr gut eingebundenem Gerbstoff, angenehmes Säurespektrum, mit langem Finale.

92 Chianti Classico DOCG 2020 SN/CN3/ME
14 Vol.-%, NK, Barrique B V
Leuchtendes, intensives Rubinrot. Feines Bouquet mit Noten von dunkler Frucht, getrockneten Rosenblättern, unterlegt von kaltem Rauch. Am Gaumen frisch und sehr saftig, mit jugendlichem, feinkörnigem Tannin, und ordentlich Zug ins fruchtbetonte Finale.

94 Syrah Toscana IGT 2020
14,5 Vol.-%, NK, gebrauchte Barriques B V
Dunkles, funkelndes Purpurrot mit violetten Nuancen. Öffnet sich elegant und einladend in der Nase auf reife Preiselbeeren, Waldfrucht und feiner Würze. Samtig am Gaumen, mit tollem Trinkgefühl, feinkörnigem, sehr gut integriertem Tannin, voll reifer Fruchtnoten, unterlegt von tragender Säure, zum sehr langen Abgang.

94 Casasilia Chianti Classico Gran Selezione DOCG 2019
14,5 Vol.-%, NK, Barrique B V
Strahlendes Rubinrot. In der Nase mit edlen Noten von schwarzen Johannisbeeren, reifen Kirschen, dazu feine Unterholz-Töne, im Nachhall reife Zwetschke. Am Gaumen geschliffen, öffnet sich auf strahlend-würziger Frucht, eng verwoben, im Nachhall druckvoll mit griffigem Tannin.

90 Canaiolo Toscana IGT 2021
14 Vol.-%, DIAM, Stahltank B V
Leuchtendes Purpurrot mit hellem Rand. Verhalten in der Nase, leicht rauchig, und dezenten Noten von Blaubeeren, Veilchen und einem Hauch Graphit. Am Gaumen knackig, frisch, leicht trocknendem, feinkörnigen Tannin, aber sehr trinkig, mit durchgehend fruchtiger Note.

beigestellt

★★★★

POGGIO AL TESORO

POGGIO AL TESORO
BOLGHERI · ITALIA

Via Bolgherese189/B, 57022 Castagneto Carducci (LI)
T: +39 045 6832011, info@poggioaltesoro.it
poggioaltesoro.it

Ab-Hof-Verkauf: Ja
Kellermeister: Christian Coco
Kontakt: Saverio De Luca
Produktion: 440.000 Flaschen, 30 % weiß, 62 % rot, 8 % rosé, 70 Hektar

Im Jahr 2001 verwirklichten Marilisa und Walter Allegrini, verliebt in das eindrucksvolle Gebiet von Bolgheri, ihren Traum vom eigenen Weingut, und so wurde Poggio al Tesoro in wenigen Jahren zu einem der dynamischsten und bedeutendsten Weingüter der Region, das sich durch Exzellenz und Originalität seiner Weine auszeichnet. Die verschiedenen Lagen ermöglichen den Anbau unterschiedlichster Rebsorten sowie die Herstellung von Weinen, die das Potenzial des Bolgheri-Terroirs voll zum Ausdruck bringen, und zwar unter Einhaltung von Nachhaltigkeitskriterien und umweltfreundlichen Produktionsmethoden.

90 Solosole Vermentino Bolgheri DOC 2021
14 Vol.-%, DIAM, Stahltank
Funkelndes Goldgelb mit schimmerndem Kern. Filigranes Bouquet von Grapefruit, Salbei und Zitronenschale. Interessante Kombination am Gaumen zwischen cremiger Struktur und frischer Säure, Zitrusfrüchte und etwas Mandelblüte, bei mittellangem Abgang.

91 Cassiopea Bolgheri Rosato DOC 2021
13 Vol.-%, DIAM, Stahltank
Intensives Lachsrosa mit kupferfarbenen Reflexen. Einladendes, offenherziges Bouquet von Stachelbeere, Roter Grapefruit, und ganz entfernt ein Hauch Oregano. Im Trunk straff, mit lebendiger Säure, sehr schönem, sommerlichen Trinkfluss vor dem salzigem Finish.

96 Dedicato a Walter Bolgheri Superiore DOC 2018
15 Vol.-%, NK, Eichenfass
Schimmerndes Rubin mit leichten Violettnoten. Sehr klare und ansprechende Nase, satt nach reifen dunklen Kirschen, schwarzen Johannisbeeren und Brombeeren, im Hintergrund feine Gewürznoten. Stoffig und dicht in Ansatz und Verlauf, öffnet sich mit präsentem, griffigem Tannin in vielen Schichten, dunkle Beeren, im Finale zart nach Minze.

93 Sondraia Bolgheri Superiore DOC 2019 CS/ME/CF
15 Vol.-%, NK, Stahltank/Eichenfass
Intensives, volles Granatrubin. Vielschichtig in der Nase mit Aromen von Teer, Bitterschokolade, kompaktem Eichenholz und viel dunkler Frucht. Geschliffen und elegant im Trunk, präzise in der Frucht, markanter Frische, mit jungem, aber sehr feinkörnigem Tannin, braucht noch etwas Zeit, aber mit sehr viel Reifungspotenzial.

91 Il Seggio Bolgheri DOC 2020 ME/CS/CF/PV
14,5 Vol.-%, NK, Stahltank/Eichenfass/Flaschenreifung
Leuchtendes, dunkles Rubin mit aufhellenden Rändern. Elegant und noch zurückhaltend in der Nase, nach dunklen Beere, etwas Lakritz und feiner Holzwürze. Schmeichlerisch am Gaumen, mit feinem, gut integriertem Tannin, schöner Frische für angenehmen Trinkfluss bis ins knackige Finale.

90 Mediterra Toscana IGT 2021 SY/ME/CS
14 Vol.-%, DIAM, Stahltank/Eichenfass/Flaschenreifung
Leuchtendes, dunkles Rubinrot. In der Nase Aromen von dunkler Pflaume, Heidelbeeren, und schwarzem Pfeffer. Am Gaumen weich und mundfüllend, mit merklicher Holznote, leicht trocknendem Gerbstoff, saftigem Fruchtton und etwas Bittermandel.

★★★★★

POGGIO DI SOTTO

Località Castelnuovo dell'Abate, 53024 Montalcino (SI)
T: +39 0577 83 55 02, info@poggiodisotto.it
collemassari.it

Ab-Hof-Verkauf: Ja
Kellermeister: Luca Marrone
Kontakt: Anna Paola Barberi
Produktion: 16 Hektar
Anbauweise: Bio

Poggio di Sotto wurde 1989 am Südosthang des Hügels von Montalcino gegründet, im Gebiet von Castelnuovo dell'Abate. Das unterschiedliche Alter der Rebstöcke und die Vielfalt der Böden sowie der Höhenlagen ermöglichen die verschiedenen Ausprägungen dieser Rebsorte. Eine Besonderheit ist das Vorhandensein von mehr als 100 Sangiovese-Biotypen. Die spontane Gärung erfolgt in Holzfässern, nach der malolaktischen Gärung ruht der Wein in 30-Hektoliter-Eichenfässern: zwei Jahre der Rosso di Montalcino, vier Jahre der Brunello di Montalcino, fünf Jahre der Brunello di Montalcino Riserva.

Poggio di Sotto

beigestellt

100 Brunello di Montalcino Riserva DOCG 2016
14 Vol.-%, NK, Eichenfass

Funkelndes, mitteldichtes Rubingranat. Intensive und sehr ansprechende Nase nach Rosenblättern, frischen Waldhimbeeren und dunklen Kirschen. Entfaltet sich am Gaumen mit viel griffigem Tannin, ausgefüllt von feinem Schmelz, im Finale langer Nachhall mit Noten nach Himbeere und Kirsche, überaus geschliffen.

97 Brunello di Montalcino DOCG 2017
14 Vol.-%, NK, Eichenfass

Leuchtendes Rubingranat mit leicht aufhellendem Rand. Zeigt zunächst feine würzige Noten nach Kardamom und Gewürznelken, dunkle Fruchtnoten nach Brombeeren und dunklen Kirschen. Breitet sich am Gaumen mit feiner Stoffigkeit aus, öffnet sich mit griffigem Tannin in vielen Schichten, langer Nachhall, saftig.

95 Rosso di Montalcino DOC 2019
14 Vol.-%, NK, Eichenfass

Leuchtendes, funkelndes Rubinrot. In der Nase klar, präzise, nach reifen Kirschen, edler Lederton, dazu feine Würze, wirkt sehr elegant, im Nachhall feine Pfefferminze. Öffnet sich am Gaumen äußerst finessenreich und elegant, mit saftig-salzigem Tannin und klarer roter Frucht, dicht gewoben, hallt lange nach.

★★★★★

POLIZIANO

Via Fontago 1, 53045 Montepulciano (SI)
T: +39 0578 738171, info@carlettipoliziano.com
carlettipoliziano.com

Ab-Hof-Verkauf: Ja
Kellermeister: Federico Carletti
Kontakt: Maria Stella Carletti
Produktion: 640.000 Flaschen, 1 % weiß, 99 % rot
155 Hektar
Anbauweise: Bio

Poliziano in Montepulciano wurde 1961 gegründet und ist heute auf 155 Hektar Rebfläche angewachsen. Federico Carletti übernahm 1980 die Leitung und verarbeitete nur noch die eigenen Trauben. Er hat sich auf einen modernen, die Umwelt respektierenden Qualitätsweinbau konzentriert – und so gleich einen Vino Nobile von großer Tiefe gewonnen. In den 1990er Jahren wurden internationale Sorten gepflanzt, aber gleichzeitig der Sangiovese verbessert. Federico konzentriert sich darauf, das Potenzial seiner Weine maximal zur Geltung zu bringen und hat sich so der Herstellung großer Crus verschrieben.

95 Le Caggiole Vino Nobile di Montepulciano DOCG 2018

14,5 Vol.-%, NK, Stahltank/Tonneau

Strahlendes, elegantes Rubinrot mit zart aufhellendem Rand. In der Nase ausdrucksstark und duftig, nach reifen Herzkirschen, Walderdbeeren, dazu edler Holzeinsatz, sowie feine Gewürze im Hintergrund. Am Gaumen sehr geschliffen und saftig, eng verwobenes Tannin ummantelt die herzhafter Frucht, strahlend und finessenreich, im Finale aktuell noch etwas griffig.

93 Asinone Vino Nobile di Montepulciano DOCG 2019

14 Vol.-%, NK, Stahltank/Tonneau

Leuchtendes Rubinrot mit zart aufhellenden Rändern. Öffnet sich strahlend in der Nase auf feinen Nuancen von reifen, dunklen Beeren, zart nach Graphit, etwas Leder, einladend. Am Gaumen mit engmaschigem Tannin, kernig, aber auch mit toller Saftigkeit und feinem Spiel, spannt einen weiten Bogen, im Nachhall fester Druck.

92 Vino Nobile di Montepulciano DOCG 2019

14,5 Vol.-%, NK, Stahltank/Barrique/großes Holzfass/Tonneau Fass

Funkelndes Rubinrot mit dunklen Nuancen. Feinwürzig, mit präziser Frucht in der Nase, dazu Noten von Lakritze und Kaffeebohnen, unterlegt mit kaltem Rauch. Geschmeidig beim Gaumeneintritt, mit festem, eingestricktem Gerbstoff, ausgewogen, mit lebendiger Säure, feinem Fruchtschmelz, anhaltend.

★★★★

PRINCIPE CORSINI

Via San Piero di Sotto 1, 50026 San Casciano in Val di Pesa (FI)
T: +39 055 8293032, info@principecorsini.com
principecorsini.com
Ab-Hof-Verkauf: Ja
Kellermeister: Claudio Giglioni
Kontakt: Gianluca Carbone
Produktion: 149.333 Flaschen, 10 % Schaumwein, 5 % weiß, 80 % rot, 3 % rosé, 2 % süß, 50 Hektar
Anbauweise: Bio
Förderprogramm: EU Reg.No 1308/2013

Die Villa Le Corti (San Casciano Val di Pesa, Florenz) und die Tenuta Marsiliana (Manciano, Grosseto) sind historische Weingüter in der Toskana, deren Wurzeln bis ins 14. Jahrhundert zurückreichen. Die Geschichte der beiden Unternehmen ist eng mit einer alten, berühmten florentinischen Familie verbunden: den Corsinis. Seit 1992 leitet Duccio Corsini die Villa Le Corti und seit 1996 gemeinsam mit seiner Schwester Sabina auch die Tenuta Marsiliana. Respekt vor der Natur, Liebe zur Region, Tradition, Leidenschaft und Innovation sind die Eigenschaften, die beide Weingüter charakterisieren.

95 Don Tommaso Chianti Classico Gran Selezione DOCG 2018
14,5 Vol.-%, NK, Stahltank/Tonneau/Flaschenreifung Ⓑ Ⓥ
Leuchtendes Rubin mit feinem Granatschimmer. Zeigt in der Nase zunächst feine würzige Noten, nach Zedernholz und Kardamom, dann Brombeere und Kirsche, einladend. Am Gaumen sehr elegant und geschliffen, satte Kirschfrucht, gepaart mit Noten nach Granatapfel und Gojibeeren, öffnet sich mit viel feinmaschigem, sehr gut platziertem Tannin, elegant und lange, schwingt.

93 Marsiliana Costa Toscana Rosso IGT 2018
14 Vol.-%, DIAM, Stahltank/Tonneau Ⓥ
Kraftvoll leuchtendes Rubin mit leichtem Violettschimmer. Zeigt sich in der Nase leicht verhangen, etwas erdige Noten, dann nach getrockneten Tomaten, etwas Maulbeeren. Herzhaftes, zupackendes Tannin, dunkle Beeren und Tabak, im Finale leicht trocknend.

92 Cortevecchia Chianti Classico Riserva DOCG 2018
14,5 Vol.-%, NK, Stahltank/großes Holzfass/Flaschenreifung Ⓥ
Strahlendes Rubinrot. In der Nase rotbeerig und einladend, nach Himbeeren und Kirschen, schöne florale Töne, erinnert entfernt an Wassermelone, zarter roter Pfeffertouch. Am Gaumen frisch und mit klarer Frucht, zeigt saftiges Tannin, spannt sich herzhaft über die Zunge, lange.

91 Birillo Costa Toscana IGT 2019
14 Vol.-%, DIAM, Stahltank/Barrique/Flaschenreifung Ⓑ Ⓥ
Rubinrot mit violetten Nuancen. Aromen von kleinen roten Früchten wie Johannisbeeren und Himbeeren, balsamische Noten und Anklänge von Gewürzmischungen. Im Mund saftig und erfrischend, ausgewogen, mit würzigen Untertönen.

90 Le Corti Chianti Classico DOCG 2020
14,5 Vol.-%, DIAM, Stahltank/Beton/Flaschenreifung Ⓑ Ⓥ
Rubinrot. Noten von reifen Früchten, Veilchen, Leder, Tabak und ein Hauch von süßen Gewürzen. Intensiver und umhüllender Geschmack, mit guter Frische und angenehmer Persistenz.

93 Zac Chianti Classico Gran Selezione DOCG 2018
14,5 Vol.-%, NK, Stahltank/Barrique Ⓑ Ⓥ
Leuchtendes, intensives Rubinrot mit leicht hellem Rand. Satte Frucht mit Noten nach Kirsche, Granatapfel und Brombeeren, sehr klar. Griffiges, herzhaftes Tannin in Ansatz und Verlauf, dunkle Frucht, saftig, im Finale noch etwas vom Holz geprägt, braucht noch Zeit.

★★★★★

QUERCIABELLA

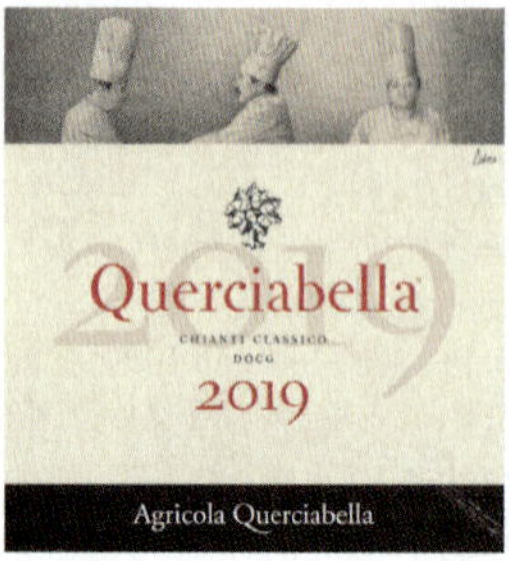

Via di Barbiano 17, 50022 Greve in Chianti (FI)
T: +39 055 85927777, info@querciabella.com
querciabella.com

Ab-Hof-Verkauf: Ja
Kellermeister: Manfred Ing
Kontakt: Emilia Marinig
Produktion: 106 Hektar
Anbauweise: Bio-dynamisch

Das 1974 auf den Hügeln von Greve in Chianti gegründete Gut Querciabella steht für Weinbau der Spitzenklasse. Die innovativen Entscheidungen des Eigentümers Sebastiano Cossia Castiglioni zielen darauf ab, die Besonderheiten der Weinberge im Chianti Classico und in der Maremma zum Ausdruck zu bringen. Die Weine von Querciabella, komplexe und raffinierte Ausdrucksformen großer Weinberge, werden weltweit für ihre Reinheit und Ausdruckskraft geschätzt. Sie sind das Ergebnis biologischer und biodynamischer Praktiken, die vom Weinberg bis zur Flasche zu 100 Prozent vegan sind.

93 Batàr Toscana Bianco IGT 2020 WB/CH

14 Vol.-%, NK, Barrique Ⓑ Ⓥ

Leuchtendes Hellgold. In der Nase nach Pfefferminze, Obers, etwas Haselnuss, im Nachhall feines Fumé und reifes Steinobst. Am Gaumen geschmeidig und rund, breitet sich sahnig und wohlig über die Zunge, ausgewogen, im Finale etwas gesetzt und leicht bitter, braucht noch Zeit.

94 Chianti Classico DOCG 2019

14 Vol.-%, NK, Stahltank Ⓑ Ⓥ

Leuchtendes Rubinrot. In der Nase finden sich frische Noten von Roter Bete, Kirsche, Preiselbeeren und Brombeeren. Lebendig und saftig am Gaumen, gut eingebundene und feine Tannine. Guter Nachhall, sehr spannend.

92 Chianti Classico Riserva DOCG 2018

14 Vol.-%, NK, Teilbarrique Ⓑ Ⓥ

Leuchtendes, strahlendes Rubinrot. In der Nase leicht fleischig, viel satte rote Beeren, Rosenblatt. Am Gaumen nach roten Beeren, saftig und klar, breitet sich frisch aus, im Nachhall leicht trocknend.

94 Camartina Toscana Rosso IGT 2018 CS/SN

14 Vol.-%, NK, Tonneau Fass Ⓥ

Rubinrot. In der Nase Noten von kleinen reifen roten Früchten, Cassis, Holunderbeeren, Veilchen mit einem Hauch von Minze und Lakritze. Am Gaumen reichhaltig, saftig, fruchtig und mit einem Hauch von süßer Würze. Anhaltender Abgang mit gut eingebundenen Tanninen.

91 Mongrana Toscana IGT 2020 SN/CS/ME

13,5 Vol.-%, NK, Beton Ⓥ

Leuchtendes und intensives Rubinrot. In der Nase Aromen von Sauerkirsche und Brombeere, mit einem Finale, das in Richtung Tabak und Leder tendiert. Am Gaumen vollmundig und intensiv, mit schöner Frische und Weichheit, reichem Bukett und schönem, würzigem Abgang.

91 Turpino Toscana Rosso IGT 2019 CF/SY/ME

14 Vol.-%, NK, Stahltank Ⓑ Ⓥ

Dunkles, fast undurchdringliches Rubinrot. Dezent in der Nase, mit feiner Würze, dunkler Frucht und erdigen Noten. Spannt sich rasch und zielstrebig am Gaumen auf, verhaltene, aber präzise Frucht, mit festem, engmaschigem Tannin, noch jung, aber mit viel Druck und Entwicklungspotenzial.

★★★★★

RICASOLI

Loc. Madonna a Brolio, 50123 Gaiole in Chinati (SI)
T: +39 0577 7301, barone@ricasoli.it
ricasoli.it

Ab-Hof-Verkauf: Ja
Kellermeister: Massimiliano Biagi
Kontakt: Francesco Ricasoli
Produktion: 240 Hektar

Seit 1141 spielt die Familie Ricasoli eine wichtige Rolle im Weinbau der Toskana und ist unbestritten ein Synonym für den Chianti Classico. Das Weingut mit seinen 240 Hektar Rebfläche wird von Francesco Ricasoli geleitet, der seit 1993 kontinuierliche Forschung und Innovation betreibt. Auf dem Castello di Brolio wird im Namen der Nachhaltigkeit und des größtmöglichen Respekts für den Boden Präzisionslandwirtschaft betrieben. Die Weinberge mit Höhenlagen zwischen 220 und 500 Metern über dem Meer und 19 verschiedenen Bodentypen fördern das Potenzial der Hauptrebsorte des Gebiets, des Sangiovese.

97 Colledilà Chianti Classico Gran Selezione DOCG 2019

14,5 Vol.-%, NK

Leuchtendes Rubinrot. In der Nase duftend, nach saftigen Blutorangen, frischen Walderdbeeren, Kirschen, im zweiten Nachhall floral, erinnert entfernt an Steinobst, einladend und ausdrucksstark. Zeigt am Gaumen sehr saftigen Ansatz und Verlauf, eng verwobenes Tannin stützt die ausdrucksstarke Frucht, blumig und strahlend, dabei sehr zugänglich und mit hohem Trinkfluss, großes Chianti Classico-Kino!

94 Brolio Chianti Classico Gran Selezione DOCG 2019

14,5 Vol.-%, NK

Leuchtendes Rubinrot mit funkelndem Kern. In der Nase nach Granatapfel, Blutorangen, etwas Weihrauch, dann wiederum satte Kirschen, edles Holz. Am Gaumen sehr klar und sehr saftig, öffnet sich auf feinen Orangen-Tönen, kernig, leichtfüßiges Tannin, wirkt sehr zielgerade und finessenreich, tolle Länge.

92 Brolio Chianti Classico Riserva DOCG 2019

14,5 Vol.-%, NK

Leuchtendes Rubinrot mit leicht aufhellendem Rand. In der Nase nach reifer Sauerkirsche und satter Zwetschke, im Nachhall etwas Leder und schwarzer Trüffel. Am Gaumen mit gut eingebundenem Gerbstoff, mit viel roter Frucht, mit Zug, macht Spaß, langes Finale.

93 Brolio Chianti Classico DOCG 2020

14 Vol.-%, NK

Rubinrot mit leicht violetten Reflexen. Die Nase präsentiert rote Früchte wie Kirsche, Johannisbeere, Pflaume und ein angenehm würziges Finale. Am Gaumen gut strukturiert, saftig und anhaltend, mit guter Säure.

93 Casalferro Merlot Toscana IGT 2018

14,5 Vol.-%, NK

Edles, leuchtendes Rubinrot. In der Nase fasswürzig und nach Edelholzern, Zwetschke, Brombeere, pfeffrig-malzige Töne im Nachklang. Am Gaumen sehr frisch und mit knackiger Säure, ohne dabei seinen Körper zu vermissen, spannt sich schön auf, geschliffen und mit viel Saft, kommt immer wieder, weglegen, wird ein Langstreckenläufer.

★★★★

RIECINE

Località Riecine 28, 53013 Gaiole In Chianti (SI)
T: +39 0577 749098, riecine@riecine.com
riecine.it

Ab-Hof-Verkauf: Ja
Kellermeister/Kontakt: Alessandro Campatelli
Produktion: 22 Hektar
Anbauweise: Bio

Im Dezember 2011 übernahm Lana Frank den Staffelstab, den die Familie Baumann und zuvor die Dunkleys hinterlassen hatten, und wurde Eigentümerin von Riecine. Lanas Ziel ist klar: den typischen Stil der Weine des Weinguts zu bewahren, die handwerkliche Dimension beizubehalten und Riecine mit erstklassiger Ausrüstung auszustatten. Riecine ist eine Kombination aus den natürlichen Gegebenheiten des Bodens und dem schöpferischen Erfindungsreichtum des Menschen. Die Weine bleiben dem charakteristischen Terroir des Chianti Classico und Gaiole in Chianti treu.

95 Riecine di Riecine Toscana Rosso IGT 2019 SN
13 Vol.-%, NK
Sehr helles Rubinrot mit aufhellendem Rand. Duftige und ausdrucksstarke Nase, mit edlen vegetalen Nuancen, nach Geranien und frischen Walderdbeeren, dazu frisch gemahlener Pfeffer. Zeigt am Gaumen schöne Fruchtsüße mit elegantem, saftigem Verlauf, kernig-saftiges Tannin begleitet den Trunk, spannend und salzig im Finale, sehr hoher Trinkfluss, positiv gefährlich!

94 Vigna Gittori Chianti Classico Gran Selezione DOCG 2019
14,5 Vol.-%, NK
Leuchtendes Rubinrot mit zart aufhellendem Rand. Ausdruckvolle Nase, klar, zunächst nach feinen Walderdbeeren und etwas Himbeeren, im Nachhall rote Johannisbeeren und zart vegetale Aromen. Zeigt sich am Gaumen äußerst elegant und geschliffen, mit engmaschigem, kernigem Tannin, im hinteren Bereich sehr saftig, mit minimal nachzehrendem Tannin.

94 Chianti Classico Riserva DOCG 2019
14 Vol.-%, NK
Leuchtendes Rubinrot. Duftende und ansprechende Nase, nach feinen Erdbeeren und Himbeeren, ein Hauch Geranien und würzige zart vegetale Nuancen, weißer Pfeffer. Am Gaumen mit tollem Saft und klarer, geschmeidiger Frucht, wirkt sehr geschliffen und präzise, salziges Finish.

92 Chianti Classico DOCG 2020
13 Vol.-%, DIAM
Leuchtendes Rubinrot. In der Nase zunächst würzig, dann etwas nach Siegellack, nicht ganz klar, etwas Preiselbeere und Hagebutte. Am Gaumen mit kühler Frucht und schönem Saft, knackig und mit feiner vegetaler Würze, leichtfüßig, hoher Trinkfluss, dazu gute Länge.

94 La Gioia Toscana Rosso IGT 2018 SN/ME
14,5 Vol.-%, NK
Dunkelleuchtendes Rubinrot. Öffnet sich in der Nase auf saftigen Kirschen, etwas Zwetschken, dazu feine erdige Töne und viel Pfeffer. Am Gaumen sehr eng gewoben mit saftigem Tannin, druckvoll, baut sich in vielen Schichten auf, elegant und ausgeprägt, langes, präsentes Finale.

93 Tresette Merlot Toscana IGT 2018
15 Vol.-%, NK
Intensives Rubinrot. Noten von Kirsche, Himbeere und Sauerkirsche, mit einem Hauch von Kräutern und mediterraner Macchia. Am Gaumen tief und weich, mit ausgezeichnet eingebundenen Tanninen und würzigen, frischen Abgang.

★★★

ROCCA DELLE MACÌE

Località Le Macìe 45, 53011 Castellina in Chianti (SI)
T: +39 577 732236, info@roccadellemacie.com
roccadellemacie.com

Ab-Hof-Verkauf: Ja
Kellermeister: Luca Francioni, Lorenzo Landi
Kontakt: Sergio Zingarelli
Produktion: 200 Hektar

Rocca delle Macìe wurde 1973 gegründet, als Filmproduzent Italo Zingarelli (u.a. Bud-Spencer-Filme) beschloss, seinen Lebenstraum zu verwirklichen, indem er das Landgut Le Macìe kaufte – 93 Hektar, von denen nur zwei mit Reben bepflanzt sind. Heute verfügt das Unternehmen über ca. 500 Hektar, von denen mehr als 200 mit Weinreben und ca. 22 mit Olivenbäumen bepflanzt sind, die sich auf sechs Weingüter verteilen: Le Macìe, Sant'Alfonso, Riserva di Fizzano und le Tavolelle in der Chianti Classico-Zone sowie Campomaccione und Casamaria in der Maremma.

93 Sergioveto Chianti Classico Riserva DOCG 2018
14,5 Vol.-%, NK, Eichenfass/Flaschenreifung
Leuchtendes Rubinrot. In der Nase nach Pflaumen und Amarenakirschen, dazu Holunderbeeren, Minze, erinnert entfernt an rotbackenem Apfel. Am Gaumen saftig, strahlend, breitet sich mit tollem Spiel und viel Spannung über die Zunge, leicht salzig, finessenreiches und langes Finish.

92 Sergio Zingarelli Chianti Classico Gran Selezione DOCG 2018
14 Vol.-%, NK, kleines Holzfass/Flaschenreifung
Elegant leuchtendes, dunkles Rubin. Graziles Bouquet von Waldbeeren, knackiger Kirsche, und Minze, begleitet von leichter Ledernote. Frisch und stahlig am Gaumen, mit tollem Zug, mit präsentem, feinkörnigem Tannin, schönem Fruchtkern bis ins anhaltende Finish.

90 Tenuta Sant'Alfonso Chianti Classico DOCG 2020
14,5 Vol.-%, NK, Holzfass/Flaschenreifung
Leuchtendes, helles Rubinrot mit leicht aufhellendem Rand. In der Nase nach Kirschen, Zwetschken und Veilchen. Am Gaumen fruchtbetont, mit kräftigem aber gut eingebundenem Gerbstoff, salzig, wirkt im Finale etwas wärmend und marmeladig.

90 Famiglia Zingarelli Chianti Classico DOCG 2020
13,5 Vol.-%, NK, Eichenfass/Flaschenreifung
Glänzendes Rubin mit granatrotem Schimmer. In der Nase Nuancen von frischen Kirschen, im Nachhall leicht würzig. Am Gaumen sehr saftig und mundfüllend, mit feinkörnigem Tannin, mittellanges Finale.

90 Famiglia Zingarelli Chianti Classico Riserva DOCG 2019
14 Vol.-%, NK, Eichenfass/Flaschenreifung
Funkelndes Granatrot mit rubinroten Reflexen. In der Nase mit Aromen von Kräuerwürze, Edelholz, roter Paprika, und Pflaumenmus. Mundfüllend am Gaumen, mit spürbarer Säure, mit weicher Bitternote, breitem, im Finale leicht trocknendem Tannin.

90 Tenuta Fizzano Chianti Classico Gran Selezione DOCG 2019
14,5 Vol.-%, NK, kleines Holzfass/Flaschenreifung
Granatrot mit rubinroten Reflexen. In der Nase nach Kirschen und Orangen, hat eine leicht laktische Note. Am Gaumen fruchtbetont, saftig, im Finale mit etwas austrocknendem Tannin, wird leicht bitter.

★★★★

ROCCA DI FRASSINELLO

Loc. Poggio alla Guardia, 58023 Gavorrano (GR)
T: +39 0577 742903, visite@roccadifrassinello.it
roccadifrassinello.it

Ab-Hof-Verkauf: Ja
Kellermeister: Alessandro Cellai
Kontakt: Pericle Paciello
Produktion: 83 Hektar

Das im Herzen der Maremma gelegene Weingut entstand aus einem Joint Venture zwischen Castellare di Castellina, einem Weingut im Chianti Classico, und den Domaines Barons de Rothschild-Château Lafite. Seit den Anfängen des Unternehmens ist Alessandro Cellai, ein stolzer Schüler Giacomo Tachis, des Vaters der italienischen Weinrenaissance, Chefwinzer und Vizepräsident von Rocca di Frassinello. Aus Sangioveto (einem speziellen Sangiovese-Klon, in Castellare ausgewählt), Cabernet Sauvignon, Merlot, Syrah und Vermentino, entstehen hier Weine, die das Beste aus Italien und Frankreich vereinen.

92 Maremma Vermentino Toscana Bianco DOC 2020
13 Vol.-%, NK, Stahltank/Flaschenreifung
Strohgelb mit goldenen Reflexen. In der Nase entfalten sich deutliche Aromen von Zitrone und Bergamotte sowie leichte Anklänge an Holunderblüten. Im Mund sehr ausgewogen, wobei sich die frischen und würzigen Empfindungen gut mit der Fruchtsüße verbinden, was zu einem langen Abgang mit zarten Zitrusnoten führt.

88 Vermentino Maremma Toscana DOC 2021
13 Vol.-%, NK, Stahltank/Flaschenreifung
Helles Strohgelb. Umhüllende Aromen mit Noten von Zitrusfrüchten, weißen Früchten und aromatischen Kräutern. Frisch, mediterran, schlank und dynamisch, trinkig und angenehm.

96 Baffonero Maremma Toscana DOC 2019
15 Vol.-%, NK, Beton/Barrique/Flaschenreifung
Sattes, tiefdunkles Rubin mit feinem Violettschimmer. Intensive, duftige Nase, eröffnet mit Noten nach Minze und Kardamom, dann viel dunkle Brombeerfrucht, etwas Leder. Griffiges, herzhaftes Tannin, das sich in vielen Schichten öffnet, von feinem Schmelz durchsetzt, im Finale langer Nachhall, dunkle Fruchtkomponenten.

95 San Germano Maremma Toscana DOC 2018 ME/CS/SN
15 Vol.-%, NK, Stahltank/Barrique/Flaschenreifung
Funkelndes Rubin mit leichtem Granatrand. Eröffnet mit betont reifen Noten in der Nase, nach getrockneten Zwetschken, viel Brombeere, etwas Cassis. Am Gaumen fein verwobenes Tannin, baut sich in vielen Schichten auf, dazu gut integrierter süßer Schmelz, lange und geschmeidig.

90 Le Sughere di Frassinello IGT 2019 SN/ME/CS
15 Vol.-%, NK, Stahltank/Barrique/Flaschenreifung
Rubinrot. Fruchtige und würzige Noten mit Anklängen von roter Fruchtkonfitüre, Erde, Kaffee und Kakao. Vollmundiger, weicher Geschmack mit einer Persistenz, die starke Tannine und Nuancen von Pflaume und Gewürzen hervorhebt.

89 Ornello Maremma Toscana DOC 2019 SN/CS/ME/SY
14,5 Vol.-%, NK, Stahltank/Barrique/Flaschenreifung
Intensives Rubinrot. Noten von reifen Früchten wie Kirsche und Brombeere, begleitet von balsamischen Noten von Kaffee, Leder und Gewürzen. Vollmundig und intensiv, samtig, weich, voll und reich im Geschmack.

★★★★

ROCCA DI MONTEGROSSI

Loc. San Marcellino, 53013 Gaiole in Chianti (Si)
T: +39 577 747977
roccadimontegrossi@chianticlassico.com
roccadimontegrossi.it

Ab-Hof-Verkauf: Ja
Kellermeister: Antonio Ferru, Attilio Pagli
Kontakt: Marco Ricasoli
Produktion: 120.000 Flaschen, 81 % rot, 17 % rosé, 2 % süß, 20 Hektar
Anbauweise: Bio

Rocca di Montegrossi in Gaiole in Chianti produziert zwei Chianti Classico-Weine, eine Annata und einen Gran Selezione. Monti in Chianti ist eines der am besten für den Weinbau geeigneten Gebiete, deshalb hat Marco Ricasoli-Firidolfi dort internationale Rebsorten gepflanzt: Merlot und Cabernet Sauvignon. Daraus entstand der IGT Geremia mit stark territorialem Charakter. Weiter gibt es einen Rosé (100 Prozent Sangiovese) und den Vin Santo del Chianti Classico DOC. Seit 2021 gesellt sich der IGT Ridolfo (Cabernet Sauvignon und Pugnitello in gleichen Teilen) hinzu. Er wird ausschließlich in Magnum-Flaschen abgefüllt.

91 Rosato di Toscana IGT 2021
13,5 Vol.-%, DIAM, Stahltank Ⓑ
Hell leuchtendes Himbeerrosa. Filigrane Nuancen nach Waldbeeren und Himbeeren, florale Noten nach Rosenblüten. Am Gaumen ausbalanciert, präzise Frucht, frisch und salzig, mit guter Länge.

95 Ridolfo Toscana Rosso IGT 2016 (Magnum)
14 Vol.-%, NK, Barrique/Tonneau Fass/Flaschenreifung Ⓑ
Sattes, tiefdunkles Rubin-Violett. Eröffnet mit Noten nach Rauch und Zigarren, dazu etwas Pfeffer und Kardamom, viel satte Brombeerfrucht. Zeigt am Gaumen straffes, gut platziertes Tannin, öffnet sich in vielen Schichten, frische, knackige Frucht, baut im hinteren Bereich satten Druck auf, im Finale noch etwas rau.

94 Vigneto San Marcellino Chianti Classico Gran Selezione DOCG 2017
14,5 Vol.-%, NK, Barrique/Tonneau Fass/Eichenfass/Flaschenreifung Ⓑ
Sattes Rubin mit dunklem Kern. Zeigt in der Nase betont würzige Noten, nach Sandelholz und Kardamom, dann viel Brombeere und dunkle Kirsche. Vielschichtig und präsent am Gaumen, griffiges, herzhaftes Tannin, zeigt gute Spannung, salzig, im Finale fester Druck.

93 Geremia Toscana IGT 2017 ME/CS
14,5 Vol.-%, NK, Barrique/Tonneau Fass/Flaschenreifung Ⓑ
Sattes, tiefdunkles Rubin mit feinem Violettschimmer. Intensive Noten mit viel frischer, knackiger Frucht, nach Maulbeeren, frischen Pflaumen, Gojibeeren und etwas Koriandersamen. Im Ansatz viel saftige Frucht, öffnet sich dann mit zupackendem, griffigem Tannin, kernig, wirkt insgesamt ein wenig roh.

88 Chianti Classico DOCG 2020
14 Vol.-%, NK, Beton/großes Holzfass/Flaschenreifung Ⓑ
Intensives Rubinrot, ins Violette tendierend. In der Nase Noten von reifen roten Früchten, nicht sehr ausgeprägt, flüchtige Note vorhanden, die das Bouquet verdeckt. Im Trunk nicht sehr ausdrucksstark, kurzer Abgang.

95 Vin Santo del Chianti Classico DOC 2011
13 Vol.-%, NK, kleines Holzfass/Flaschenreifung Ⓑ
Sattes, leicht verhangenes Bernstein. Eröffnet mit Noten nach Milchkaffee, Karamell, dann getrocknet Feigen und Datteln, im Hintergrund würziges Zedernholz. Üppig und satt am Gaumen, sehr hohe Konzentration, es dominieren getrocknete Datteln und Feigen, endloser Nachhall.

★★★★★

SALVIONI

Piazza Cavour 19, 53024 Montalcino (SI)
T: +39 0577 84 84 99, info@aziendasalvioni.com
aziendasalvioni.com

Ab-Hof-Verkauf: Ja
Kellermeister/Kontakt: Umberto Salvioni
Produktion: 15.000 Flaschen, 4 Hektar

Das Unternehmen wurde 1985 mit der Produktion des ersten Brunello gegründet. Ein unerwarteter Erfolg, der den Betrieb in der Welt bekannt gemacht hat. Das Gelände liegt ca. drei Kilometer vom Zentrum von Montalcino entfernt, in südöstlicher Richtung auf einer Höhe von ca. 440 Metern. Dies verleiht den Weinen Eleganz und Finesse. Einer der Keller befindet sich im Zentrum von Montalcino, wo sechs Eichenfässer zu je 20 Hektolitern für die Reifung des Weines bereit stehen, der andere nahe den Weinbergen auf einem alten Bauernhof. Dort gibt es sieben Eichenfässer zu je 20 Hektolitern.

Familie Salvioni

95 Brunello di Montalcino DOCG 2017
14,5 Vol.-%, NK, Eichenfass
Funkelndes, sattes Granatrot. Vielschichtige Nase mit Noten nach Lakritze, Zwetschken, etwas eingelegten Kirschen und getrockneten Tomaten. Herzhaftes, griffiges Tannin am Gaumen, satte Zwetschkenfrucht, im Finale fester Druck, braucht noch etwas Zeit.

93 Rosso di Montalcino DOC 2020
14,5 Vol.-%, NK, Eichenfass
Leuchtendes, aufhellendes Rubinrot. In der Nase feine Himbeerfrucht, zeigt auch Anklänge von Walderdbeeren, einladend und klar. Viel geschliffenes und seidige Tannin, öffnet sich mit reifer roter Beerenfrucht, im Finale fester Druck.

★★★

TENUTA SAN GIORGIO

Via Porta Pinciana 6, 53020 Montalcino (SI)
T: +39 0577 835502, info@collemassari.it
collemassariwines.it

Ab-Hof-Verkauf: Ja
Kellermeister: Luca Marrone
Kontakt: Anna Paola Barberi
Produktion: 26 Hektar

Die im Jahre 1982 gegründete Tenuta San Giorgio liegt in der Nähe von Castelnuovo dell'Abate in der Gemeinde Montalcino, nicht weit entfernt von der Abtei von Sant'Antimo. Einzigartig gelegen auf der Spitze eines Bergrückens in 400 Metern Höhe, genießt es eine ganz besondere Lage. Die Weinberge erstrecken sich über eine Fläche von 26 Hektar, wovon 11 Hektar mit Brunello di Montalcino und 15 Hektar mit Rosso di Montalcino bepflanzt sind. Weitere 26 Hektar bieten den Olivenbäumen Platz. Seit 2016 gehört das Gut zur ColleMassari-Gruppe.

Tenuta San Giorgio

beigestellt

90 Ciampoleto Rosso di Montalcino DOC 2020
13,5 Vol.-%, NK
Rubinrot. In der Nase zeigen sich Noten von Pflaumen, reifen Kirschen und ein leichter Hauch von Kakao. Am Gaumen frisch und harmonisch, mit weichen Tanninen.

★★★

SAN LEONINO

Via Roma 117, 53011 Castellina in Chianti (SI)
T: +39 0577 804229, bertani@bertani.net
bertani.net

Ab-Hof-Verkauf: Ja
Kellermeister: Pietro Riccobono
Kontakt: Gaia Capitani
Produktion: 52 Hektar
Förderprogramm: EU Reg.No 1308/2013

Die damals zur Kirche gehörenden Ländereien Piviere von San Leonino in Conio werden in mehreren Urkunden erwähnt, wobei die älteste auf das Jahr 1043 datiert ist. Der Name und das Logo stammen von der romanischen Kirche San Leonino in dem kleinen mittelalterlichen Dorf Castellina in Chianti. Die Kombination verschiedener Bodentypen, das Vorhandensein von Seen und Bächen und die besonderen mikroklimatischen Eigenschaften des Gebiets machen diesen Teil des Chianti Classico besonders fruchtbar und ermöglichen die Herstellung von Weinen mit Eleganz und außergewöhnlicher Komplexität.

92 Al Limite Chianti Classico DOCG 2019

14 Vol.-%, DIAM

Rubinrot. Das Bouquet erinnert an reife Kirsche, Veilchen, Maulbeere, Tabak und Wurzeln. Am Gaumen warm, reichhaltig und saftig. Gut integrierte Tannine.

91 Governo all'uso Toscano Sangiovese Toscana IGT 2019

14 Vol.-%, DIAM

Leuchtendes, helles Rubinrot. In der Nase am Anfang nach Tomatenblatt und grüner Paprika, dann nach schwarzer Johannisbeere und Sauerkirschen. Am Gaumen fruchtsüß, mit samtigem Tannin, salzig, gut ausbalanciert, langes Finale.

91 Monsenese Chianti Classico Riserva DOCG 2018

14 Vol.-%, NK

Leuchtendes Rubinrot Mit leicht aufhellendem Rand.In der Nase nach frischen Himbeeren, Walderdbeeren und Hagebutten, im Nachhall leicht kräuterwürzig. Am Gaumen mit schönem Schmelz und von mittlerem Körper, schmiegt sich leicht über die Zunge, von feiner Tanninstruktur, im Finale minimale Nachzehrung.

91 Salivolpe Chianti Classico Gran Selezione DOCG 2017

14,5 Vol.-%, NK

Elegantes, leuchtendes Rubinrot. Zeigt in der Nase Nuancen von reifer Kirsche, Waldbeeren und Blutorangen, leicht nach Bitterschokolade. Am Gaumen präsent, würzig, mit Druck, viel satte dunkle Frucht, griffiges Tannin im Ausklang.

★★★★

SAN POLO

Località Podernovi 161, 53024 Montalcino (SI)
T: +39 0577 8351, info@poggiosanpolo.com
poggiosanpolo.com

Ab-Hof-Verkauf: Ja
Kellermeister: Riccardo Fratton
Kontakt: Saverio De Luca
Produktion: 16 Hektar
Anbauweise: Bio

Als Botschafterin der Allegrini-Weine in der Welt ist Marilisa Allegrini die Protagonistin einer einzigartigen Geschichte, die aus Leidenschaft und Weitsicht, sowie Hingabe und Respekt für die Umwelt besteht. Eine Geschichte, die mit dem Familienbetrieb in der Valpolicella beginnt und 2001 in der Toskana ankommt, um hier, in diesem einzigartigen Terroir, das ehrgeizige Projekt der Produktionsdiversifizierung fortzuführen. Ein Projekt, dessen Vertreter San Polo ist, mit seinen biologischen Weinbergen, den Zertifizierungen, dem avantgardistischen Weinkeller und dem stets in die Zukunft gerichteten Blick.

96 Podernovi Brunello di Montalcino DOCG 2017

14 Vol.-%, NK, großes Holzfass Ⓑ

Leuchtendes Rubinrot. In der Nase herzhaft nach Waldbeeren, Erdbeerbonbon, erinnert an rotes Steinobst, im Nachhall nach gezuckerten Himbeeren. Am Gaumen sehr geschliffen und sehr elegant, breitet sich mit saftiger Frucht über die Zunge, auch salzig, lange, prächtiger Nachhall.

96 Vignavecchia Brunello di Montalcino DOCG 2017

14,5 Vol.-%, NK, Tonneau Fass Ⓑ

Kraftvolles, dunkles Granatrot. Eröffnet in der Nase mit Noten nach Malzkaffee, Dörrpflaume und reifen Waldhimbeeren. Herzhaftes und griffiges Tannin am Gaumen, breitet sich satt aus, schöne gereifte Frucht, zeigt guten Druck im Finale.

93 Brunello di Montalcino DOCG 2017

14 Vol.-%, NK, Holzfass Ⓑ

Leuchtendes Rubinrot. Duftige Nase nach Walderdbeeren, Hagebutten, Blutorangen, hellem Leder und etwas Minze. Am Gaumen sehr saftig und sehr klar, breitet sich mit rotbeerigem Fruchtkern aus, im Nachhall mit tollem Nachdruck.

91 Rosso di Montalcino DOC 2020

14 Vol.-%, NK, großes Holzfass Ⓑ

Leuchtendes Granatrot mit funkelndem Kern. Dezent in der Nase mit Aromen von Himbeere und floralen Noten, dazu ein Hauch Zimtstange. Beim Gaumeneintritt fast cremig, mit feinem Fruchtschmelz, kompaktem Gerbstoff und lebendiger Frische, sehr guter Trinkfluss.

91 Amphora Vignamasso Toscana IGT 2020

14,5 Vol.-%, NK, Amphore

Leuchtendes Rubin mit granatroten Nuancen. Interessantes, vielschichtiges Bouquet mit Noten von Kaffee, Röstbrot, Zwetschkendatschi, Lack und einem Hauch Bitumen. Saftig, frisch beim Gaumeneintritt, breitet sich rasch aus, weitmaschiges, sehr präsentes Tannin, dabei mittelgewichtig und fruchtbetont im Finale.

88 Rubio Toscana IGT 2020

13,5 Vol.-%, KK, Stahltank Ⓑ

Klares, helles Rubinrot mit schimmerndem Kern. Öffnet in der Nase auf Holzsüße, gefolgt von etwas unpräziser Frucht und Röstaromen. Am Gaumen straff, mit dezenter Tanninstrukur, saftig, bricht aber relativ schnell ab.

★★★

SANCABA

53040 San Casciano dei Bagni (SI)
info@vinifranchetti.com
vinifranchetti.com

Kontakt: Carlo Franchetti

In den Hügeln von San Casciano dei Bagni in der südlichen Toskana profitieren die Weinberge von Sancaba von kühleren Bedingungen: konstante Winde vom Apennin, niedrigere Tagestemperaturen und ausreichende Schwankungen zwischen Tag und Nacht. Hier findet der Pinot Noir geeignete Bedingungen und kalkreiche Böden, die die Wurzeln zwingen, sich tief in den Boden zu graben um so mineralreiche Weine hervorzubringen. Je nach Jahrgang sind die Weine unterschiedlich konzentriert, elegant und fruchtbetont, stets bemerkenswert durch komplexe Aromen, Saftigkeit und einem präsentem mineralischen Rückgrat.

Pinot Nero-Trauben

95 Sancaba Pinot Nero Toscana Rosso IGT 2020

13,5 Vol.-%, NK, großes Holzfass/Barrique/Beton

Leuchtendes Rubin mit leichtem Granatschimmer. Intensive und fein gezeichnete Nase mit Noten nach Zimt, etwas Gewürznelken, dahinter feine Brombeerfrucht, tiefgründig. Geschliffen in Ansatz und Verlauf, zeigt seidiges Tannin, saftige rote Beerenfrucht, zarter süßer Schmelz im Finale.

94 Sancaba Pinot Nero Toscana Rosso IGT 2019

14 Vol.-%, NK

Funkelndes, mitteldichtes Rubin. Fein gezeichnete Nase mit Noten nach reifen Himbeeren und Brombeeren, unterlegt von Gewürznelken und Kardamom. Feinmaschiges, sehr geschliffenes Tannin mit süßem Schmelz, zeigt viel saftige Frucht, elegant und mit langem Nachhall.

★★★

PODERE SAPAIO

Via del Fosso 31, 57022 Castagneto Carducci (LI)
T: +39 0565 765187, info@sapaio.it
sapaio.it

Ab-Hof-Verkauf: Ja
Kellermeister: Carlo Ferrini, Alessandro Nannelli
Kontakt: Greta Bandini
Produktion: 26 Hektar
Anbauweise: Bio

Podere Sapaio in Castagneto Carducci wurde im Jahr 1999 von Massimo Piccin gegründet, einem Ingenieur mit großer Leidenschaft für Wein. Heute verfügt das Unternehmen über zwei Marken: Sapaio und Volpolo. Neben der Leidenschaft sind vor allem Innovation und Tradition die Grundprinzipien der Weinbauphilosophie dieses Betriebes – Werte, die zueinander keineswegs in einem Gegensatz stehen, sondern vielmehr eine Synergie bilden. Die Sortenanteile der Volpolo-Cuvée sind jedes Jahr gleich, während jene des Sapaio weniger starr sind und Jahr für Jahr – je nach den Besonderheiten des Jahrgangs – variieren.

Weingut Podere Sapaio

93 Sapaio Toscana Rosso IGT 2019 CS/PV/CF
14,5 Vol.-%, NK, kleines Holzfass
Kompaktes, dunkles Rubinrot mit schimmerndem Kern. Öffnet sich grazil Inder Nase mit Noten von Bitterschokolade, Zigarrenkiste, und schwarzer Brombeere. Spannt sich mit festem, feinem Tannin rasch über den Gaumen auf, ordentlich Druck, und viel dunkler Frucht bis ins anhaltende Finale.

90 Volpolo Bolgheri Rosso DOC 2020 CS/ME/PV
14,5 Vol.-%, DIAM, kleines Holzfass
Leuchtendes Rubinrot mit dunklem Kern. Verhalten in der Nase, Anklänge von schwarzer Johannisbeere und floralen Tönen. Beim Gaumeneintritt weich, mit breitmatschigem und vordergründigem Tannin, saftigen Fruchtnoten und kompaktem Finish.

★★★★★

TENUTA SAN GUIDO – SASSICAIA

Località Le Capanne 27, 57022 Bolgheri (LI)
T: +39 565 762003, info@sassicaia.com
tenutasanguido.com

Kellermeister: Carlo Paoli, Graziana Grassini
Kontakt: Priscilla Incisa della Rocchetta
Produktion: 90 Hektar

Tenuta San Guido ist Ausdruck einer langen Tradition und einer ethischen Botschaft. Sassicaia ist aus der Vision von Mario Incisa della Rocchetta entstanden, der in den 1940er Jahren in Bolgheri mit Cabernet-Sauvignon-Trauben experimentierte. Was zunächst als »Familienwein« gedacht war, wurde später zu einem weltweiten Erfolg. In der Zwischenzeit entwickelte sich Bolgheri zu einem attraktiven Weinanbaugebiet und Sassicaia wurde mit einer eigenen besonderen Bezeichnung geehrt: Bolgheri Sassicaia DOC. Seit 2000 produziert die Tenuta San Guido auch den Guidalberto und seit 2002 den Le Difese.

Weingut Tenuta San Guido – Sassicaia

100 Sassicaia Bolgheri Sassicaia DOC 2019 CS/CF
14 Vol.-%, NK
Kraftvolles, funkelndes Rubin. Intensive und klare Nase mit viel prägnanter Frucht, Johannisbeere und Maulbeere, dann feine Noten nach Zedernnadeln und würzigem Zedernholz, leichte harzige Noten im Hintergrund. Zeigt sich im Ansatz kühl und geschliffen, viel saftige dunkle Beerenfrucht, öffnet sich mit griffigem, dichtem Tannin in vielen Schichten, baut sich lange auf, im hinteren Verlauf sehr mächtig, satter Druck, sehr langer Nachhall, im Finale etwas Tabak und dezente Minzenoten, ein Wein mit großer und langer Zukunft, Druck und Eleganz.

94 Guidalberto Toscana IGT 2020 CS/ME
14 Vol.-%, NK
Leuchtendes, intensives Rubin mit leichtem Violettschimmer. Eröffnet mit Noten nach würzigem Zedernholz, etwas Zimt, dann viel Brombeere und Heidelbeere. Stoffig und mit guter Dichte am Gaumen, zeigt dabei aber auch guten Trinkfluss, viel feinmaschiges Tannin, im Finale fester Druck.

91 Le Difese Toscana Rosso IGT 2020 CS/SN
14 Vol.-%, NK
Funkelndes Rubinrot. In der Nase auf saftigen Kirschen, dazu etwas Gewürznelken und schwarze Johannisbeeren, im Nachhall auch feine eisenhaltige Töne. Am Gaumen mit schönem Saft, trinkfreudig und kernig, zeigt schöne Kirschfrucht, sehr guter Speisenbegleiter.

★★★★

MICHELE SATTA

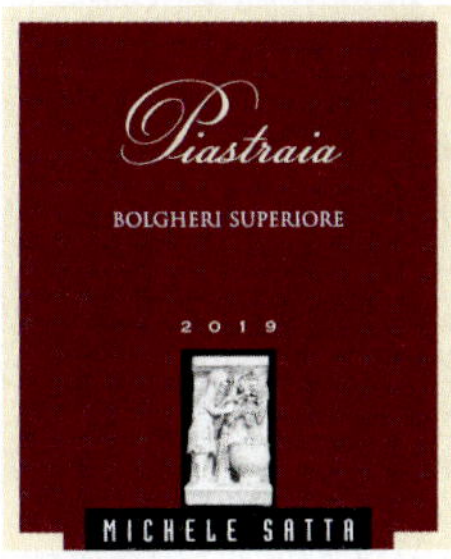

Località Vigna Al Cavaliere 61
57022 Castagneto Carducci (LI)
T: +39 565 77 30 41, info@michelesatta.com
michelesatta.com

Ab-Hof-Verkauf: Ja
Kellermeister: Attilio Pagli
Kontakt: Giacomo Satta
Produktion: 150.000 Flaschen, 23 Hektar

Im Jahr 1984 beschloss Michele Satta, seinen Beruf als Landwirt aufzugeben und ein Weingut zu gründen. 1991 legte er seinen ersten Versuchsweinberg mit Cabernet Sauvignon und Merlot an. Die beiden Rebsorten haben in der Gegend von Bolgheri großen Ausdruck und Charakter. Dann kaufte er weitere angrenzende Weinberge, die heute mit Reben bepflanzt sind, die alle das große Potenzial des Gebiets zum Ausdruck bringen. Seine Frau Lucia begleitete ihn bei diesem Abenteuer. Inzwischen sind zwei ihrer sechs Kinder, Giacomo und Benedetta, Teil des Unternehmens, womit die Reise der zweiten Generation begonnen hat.

92 Giovin Re Viognier Toscana Bianco IGT 2020
13,5 Vol.-%, NK, Barrique/Beton
Strahlendes, intensives Goldgelb. Ausgeprägtes, einladendes Bouquet mit Aromen von Datteln, getrockneten Aprikosen, Honig, dazu auch etwas Karmamom und Litschi. Mundfüllend und mit cremig-weicher Struktur am Gaumen, gleichzeitig mit tollem Grip, anhaltend und leicht salzig im Finale.

90 Costa di Giulia Bolgheri Bianco DOC 2021 VE2/SB
13,5 Vol.-%, DIAM, Stahltank
Leuchtendes Strohgelb mit goldgelben Reflexen. In der Nase dezent mit Aromen von frischem Gras und grünem Apfel. Am Gaumen mit schönem Fruchtschmelz, gepaart mit frischer Säure, mittelgewichtig, leichter Grip, zieht gut durch bis ins leicht salzige Finish.

96 Marianova Bolgheri Superiore DOC 2019 SN/SY
14 Vol.-%, NK, Barrique
Kraftvolles, dunkles Granatrot. Eröffnet in der Nase mit Noten nach Malzkaffee, Dörrpflaume und reifen Waldhimbeeren. Herzhaftes und griffiges Tannin am Gaumen, breitet sich satt aus, schöne gereifte Frucht, zeigt guten Druck im Finale.

93 Piastraia Bolgheri Superiore DOC 2019 CS/ME/SN/SY
14 Vol.-%, NK, Barrique
Dunkles, volles Rubin mit granatrotem Rand. Öffnet sich mit elegantem Bouquet von dunkler Kirsche und Brombeere, unterlegt mit würzigen Noten von Lakritz, Leder und Unterboden. Am Gaumen kraftvoll und rund, festem, gut integriertem Tannin, mit präziser Frucht und leicht salzig im langen Abgang.

93 Cavaliere Sangiovese Toscana Rosso IGT 2019
13,5 Vol.-%, NK, Beton
Leuchtendes, volles Rubinrot. Öffnet sich filigran und mit feiner Fruchtnote auf dunkle Kirsche, Pflaumen, dazu etwas Eukalyptus und Salbei. Am Gaumen mit präziser Frucht, schönem Wechselspiel von rassiger Säure und festem Tannin, ausgewogen und mit schönem Trinkfluss bei langem Abgang.

93 Syrah Toscana IGT 2020
14 Vol.-%, NK, Amphore
Dunkles, leuchtendes Rubinrot. Kompakt in der Nase mit feiner Würze, Heidelbeere, Holunder und dunkler Schokolade. Geschmeidig beim Gaumeneintritt, rund und volles Mundgefühl, elegant, mit satter Frucht und anhaltendem Abgang.

★★★★★

TENUTA SETTE PONTI

Località Oreno 29, 52024 San Giustino Valdarno (AR)
T: +39 575 477857
tenutasetteponti@tenutasetteponti.it
tenutasetteponti.it

Ab-Hof-Verkauf: Ja
Kontakt: Fabiana Santi Laurini
Produktion: 50 Hektar
Anbauweise: Bio

In den 1950er Jahren erwarb Alberto Moretti Cuseri die ersten 55 Hektar Land der Tenuta Sette Ponti. Dank der hervorragenden Eignung des Bodens begann er mit der Bearbeitung der Weinberge, stellte aber keinen eigenen Wein her. Nachdem Albertos Sohn das Weingut übernahm, brachte dieser 1998 seine erste Marke heraus: Crognolo, der aus den Klonen der Sangiovese-Reben des ältesten Weinbergs des Gutes, Vigna dell'Impero, hergestellt wird. Seit 2018 repräsentiert die nächste Generation der Moretti Cuseri-Familie die starken Werte des Unternehmens, die Ausdruck von Tradition und Leidenschaft sind.

97 Oreno Toscana IGT 2020 ME/CS/PV
15 Vol.-%, NK, Barrique
Leuchtend-strahlendes Rubinrot. Duftet in der Nase sanft nach Brombeeren, reifen Waldfrüchten, etwas Lakritze und Minze, dazu feiner Siegellack im Nachhall. Am Gaumen strahlend, klar, eng gewobenes Tannin, dazu präsente Frucht, im hinteren Bereich sehr saftig, wirkt ausgewogen und tiefgründig, langer Nachhall.

92 Crognolo Toscana IGT 2020 SN/ME
14,5 Vol.-%, KK, kleines Holzfass
Funkelndes, sattes Rubinrot. In der Nase Anklänge von rei fen Kirschen und schwarzem Pfeffer, im Nachhall leicht kräutrig und nach Minze. Am Gaumen saftig und fruchtbetont, hat Zug, gut ausbalanciert, mit feinkörnigem Tannin, langes Finale.

95 Vigna dell'Impero Sangiovese Toscana IGT 2018
14,5 Vol.-%, NK, großes Holzfass
Intensives, tiefes Rubinrot. Noten von Kirschen, Himbeeren, Johannisbeeren und leichte Würze im Finale. Am Gaumen reichhaltig, voll und mit samtigen Tanninen, langer, strukturierter Abgang, finessenreicher Nachhall.

90 Vigna di Pallino Chianti DOCG 2021
14 Vol.-%, DIAM, Stahltank
Leuchtendes Rubinrot mit leicht aufhellendem Rand. In der Nase nach reifen Kirschen und roten Waldbeeren, im Nachhall leicht kräutrig. Am Gaumen mit kräftigem Tannin, salzig, gut ausbalanciert, hat Zug, mittleres Finale.

★★★★★

SIRO PACENTI

Loc. Pelagrilli, 53024 Montalcino (SI)
T: +39 0577 84 86 62, info@siropacenti.it
siropacenti.it

Ab-Hof-Verkauf: Ja
Kontakt: Ginacarlo Pacenti
Produktion: 100 % rot, 28 Hektar

Das Weingut wurde 1970 von Siro Pacenti gegründet. Seit 1988 wird es von Siros Sohn Giancarlo geführt. Die Weinberge erstrecken sich derzeit über 28 Hektar, teilweise auf der Südseite und teilweise auf der Nordseite des Hügels von Montalcino. Die beiden Seiten haben sehr unterschiedliche Mikroklimata und Böden: reich an Mineralien und Skelett auf der Südseite, mehr Ton und Sand auf der Nordseite. Zwei unterschiedliche Komplexitäten in Bezug auf Boden, Lage und Klima, bei denen die sorgfältige Pflege der Pflanzen und die Präzision entscheidend für die Qualität der Weine sind.

95 Vecchie Vigne Brunello di Montalcino DOCG 2017
15 Vol.-%, NK, Stahltank
Sattes, kraftvolles Rubingranat. Kompakte Nase mit viel Waldfrüchten, Himbeere und Brombeere, dazu satte Noten nach Tabak, im Hintergrund Gewürznelken. Viel geschliffenes, feinmaschiges Tannin, präsente Frucht, zeigt im hinteren Verlauf schönen Druck, langer Nachhall.

93 Rosso di Montalcino DOC 2020
15 Vol.-%, NK, Stahltank
Leuchtendes Rubinrot mit zart aufhellendem Rand. Zeigt sich in der Nase duftend und ausdrucksstark, fein gezeichnet, nach reifen Erdbeeren, Minze, dazu etwas Eukalyptus, edler Holzeinsatz. Am Gaumen strahlend, saftig, zeigt kernig-salziges Tannin, eng verwoben, spannt einen weiten Bogen, sehr trocken, wirkt steinig, gutes Lagerpotential.

91 Pelagrilli Brunello di Montalcino DOCG 2017
15 Vol.-%, NK, Stahltank
Glänzendes, intensives Rubingranat. Intensive, ausdrucksvolle Nase nach reifen Himbeeren, Zwetschken und Lakritze. Griffiges Tannin am Gaumen, betont reife Fruchtnoten am Gaumen, wirkt im Finale recht spröde, leicht alkoholisch im Ausklang.

97 PS Brunello di Montalcino Riserva DOCG 2016
14,5 Vol.-%, NK, Stahltank
Leuchtendes Rubingranat. Sehr klare und präzise Nase, zeigt schöne gereifte Fruchtnoten, spielt zwischen Nuancen von Himbeere, Kirsche und Erdbeere, unterlegt von würzigen Komponenten. Zeigt sich am Gaumen kompakt und geschliffen, viel feinmaschiges Tannin in vielen Schichten, feine Frucht, im Finale fester Druck.

★★★★★

TALENTI

Loc. Pian di Conte 98, 53024 Montalcino (SI)
T: +39 0577 84 40 64, info@talentimontalcino.it
talentimontalcino.it

Ab-Hof-Verkauf: Ja
Kontakt: Riccardo Talenti
Produktion: 22 Hektar

Unweit des mittelalterlichen Dorfes Sant'Angelo in Colle befindet sich Pian di Conte, ein altes Gebäude mit Blick auf das sanfte Tal des Flusses Orcia, das Herz des Weinguts Talenti. Es wurde 1980 von Pierluigi Talenti gegründet. Seit 1999 wird das Weingut unter der Leitung seines Neffen Riccardo Talenti geführt. Zurzeit umfasst das Gut eine Fläche von 40 Hektar, davon 22 Hektar Weinberge. 18 Hektar sind mit Sangiovese bepflanzt, von denen Pierluigi im Laufe der Jahre einen Teil direkt in unmittelbarer Nähe von Montalcino ausgewählt hat, um daraus einen Wein von großem Charakter zu erschaffen.

97 Pian di Conte Brunello di Montalcino Riserva DOCG 2016

15 Vol.-%, NK

Funkelndes, intensives Granatrot. Beeindruckende Nase, geradezu klassisch, nach reifen Zwetschken und eingelegten Kirschen, dazu eine zarte Note nach Tabak. Zeigt am Gaumen viel geschliffenes Tannin, öffnet sich in mehreren Schichten, gute Spannung, im Finale nach gereifter Frucht.

97 Piero Brunello di Montalcino DOCG 2017

14,5 Vol.-%, NK

Glänzendes Rubingranat. Eröffnet mit leicht rauchig-erdigen Tönen, dann schöne saftige Kirsche, Zwetschke, etwas Rosenblätter. Am Gaumen herzhaft und zupackend, zeigt griffiges, dichtes Tannin, ummantelt von feinem Schmelz.

95 Brunello di Montalcino DOCG 2017

15 Vol.-%, NK

Glänzendes Rubingranat mit aufhellendem Rand. Duftige und einladende Nase, satt nach dunklen Kirschen, Zwetschken und Rosenblättern, etwas Bienenwachs im Hintergrund. Griffiges, dichtes Tannin, frische Frucht, dazu erstaunlich frische Säure, zeigt gute Spannung, im Finale satter Druck, braucht noch etwas Lagerung.

91 Rosso di Montalcino DOC 2020

14,5 Vol.-%, NK

Aufhellendes, strahlendes Rubinrot. Duftende Nase nach herzhaften Erdbeeren und Kirschen, unterlegt von sanfter Cassisfrucht. Am Gaumen sehr saftig mit knackigem Kern, herzhaft, im Finale mit Grip.

★★★

TENUTA SETTE CIELI

Via Sandro Pertini, 57020 Bibbona (LI)
T: +39 0586 677435, info@tenutasettecieli.com
tenutasettecieli.com

Ab-Hof-Verkauf: Ja
Kellermeister: Elena Pozzolini
Kontakt: Tommaso Venturi
Produktion: 17 Hektar
Anbauweise: Bio

Das Weingut, die 1998 von der Familie Ratti gegründet wurde, hat eine Fläche von etwa 120 Hektar, davon 17 Hektar Weinberge. Davon liegen 7 Hektar im Gebiet Bolgheri DOC. Angebaut werden die Bordeaux-Sorten: Merlot, Cabernet Sauvignon, Cabernet Franc, Petit Verdot sowie ein Hektar Sangiovese. Hinzu kommt der Malbec. Die Bewirtschaftung erfolgt nach den Vorgaben des ökologischen Landbaus. Die besondere Lage begünstigt die Erzeugung komplexer, ausgewogener Weine mit eleganten Aromen und dem richtigen Maß an Säure, um den Alkoholgehalt und die Fülle der Tannine auszugleichen.

93 Indaco Toscana Rosso IGT 2018 ME/CS/MA
14 Vol.-%, NK, Stahltank/Barrique (V)
Tiefdunkles Rubin mit schimmerndem Kern. Elegantes und graziles Bouquet von dunklen Beeren, Weichsel, Zirbenholz, und einem Hauch Zimt im Nachgang. Weich und rund beim Gaumeneintritt, mit samtigem Tannin, begleitet von markanter Säure, für angenehmen Trinkfluss, ausgewogen bis in den anhaltenden Abgang.

91 Yantra Toscana IGT 2020 CS/ME
14,5 Vol.-%, DIAM, Stahltank/Barrique
Dunkles, funkelndes Rubin mit granatrotem Rand. Elegantes Bouquet von dunkler Kirsche, schwarzer Johannisbeere und Unterholz. Knackig und frisch am Gaumen, mit ausgeprägter Frucht, mit spürbarem Gerbstoff, der zum Finale hin leicht trocknet.

91 Noi4 Bolgheri DOC 2020 CS/ME/PV/CF
14,5 Vol.-%, NK, Stahltank/Barrique
Sattes, leuchtendes Dunkelrubin mit granatrotem Rand. Dezent in der Nase mit Noten von Teer, dunkler Frucht und einem Touch Rosenblätter. Frisch und saftig im Trunk, mit knackiger Süßkirsche, mittlerem Körper und fruchtbetontem Finale.

93 Scipio Cabernet Franc Toscana Rosso IGT 2018
14,5 Vol.-%, NK, Stahltank/Barrique (V)
Tiefdunkles Rubin mit granatrotem Rand. Feingezeichnete, würzige Nase nach schwarzer Johannisbeere, Mokka und Thymiannote im Nachhall. Am Gaumen von großer Intensität, balanciert, mit engmaschigem, noch jungem Tannin, gut integriertem Holzeinsatz, druckvoll bis ins lange Finale mit präziser Fruchtnote, Lagerungspotenzial.

★★★

TENUTA TREROSE

Via della Stella, 3, 53040 Valiano di Montepulciano (SI)
T: +39 0578 724018, bertani@bertani.net
tenutatrerose.it

Ab-Hof-Verkauf: Ja
Kellermeister: Pietro Riccobono
Kontakt: Gaia Capitani
Produktion: 200 Hektar
Förderprogramm: EU Reg.No 1308/2013

Die Tenuta Trerose ist eine der Referenzkellereien in Montepulciano. Die Villa Padronale ist von Weinbergen umgeben, die sich auf fünf Hügeln erstrecken. Der Großteil der Rebfläche ist mit Prugnolo Gentile bepflanzt. Georeferenzierung, Kontrolle durch Satellitenbilder und nachhaltiger Weinbau sind Alltag auf dem zukunftsgewandten Weingut. Der Weinkatalog umfasst einen Rosso di Montepulciano, zwei Vino Nobile di Montepulciano, einen Rosso aus Sangiovese-, Cabernet Sauvignon-, Cabernet Franc- und Syrah-Trauben, einen Rosé aus reinen Sangiovese-Trauben und einen Vin Santo di Montepulciano.

90 Rosé Toscana Sangiovese IGT 2021
12,5 Vol.-%, DIAM
Leuchtendes, zartes Rosa. In der Nase angenehme Noten von Erdbeeren, Granatäpfeln, Beeren und mediterranen Kräutern. Im Mund frisch, delikat, mit knackiger Frucht und würzigen Noten.

93 Vino Nobile di Montepulciano DOCG 2019
14,5 Vol.-%, NK
Intensives Rubinrot mit leicht aufhellendem Rand. In der Nase klare Noten von Amarenakirsche, Blaubeere, Brombeere und etwas Lakritz. Am Gaumen frisch und saftig, mit einem eleganten Tannin, im Nachhall Graphit und Tabaktöne.

92 Simposio Vino Nobile di Montepulciano Riserva DOCG 2018
14,5 Vol.-%, NK
Mittleres Rubinrot mit granatroten Reflexen. In der Nase komplex und subtil, mit würzigen Noten und angenehmen Anklängen an reife, dunkle Früchte und leichter Kaffeenote. Am Gaumen mit wuchtigen Tanninen, der Alkohol ist merklich spürbar, im Abgang minimal nachtrocknend.

89 Salterio Rosso di Montepulciano DOC 2021
14 Vol.-%, DIAM
Rubinrot mit fast violettem Kern. In der Nase sehr fruchtbetont, Rumtopfaroma und reifen dunklen Kirschen und Pflaumen, gepaart mit leichter Würze. Am Gaumen mit griffigen Tanninen, die etwas austrocknen, einer frischen Säure sowie Würzigkeit und einem Abgang von mittlerer Persistenz.

★★★★★

TENUTA DI BISERNO

Piazza Gramsci 9, 57020 Bibbona (LI)
T: +39 0586 67099, info@biserno.it
biserno.it

Ab-Hof-Verkauf: Ja
Kellermeister: Helena Lindberg
Kontakt: Niccolò Marzichi Lenzi
Produktion: 80 Hektar

Die Brüder Lodovico und Piero Antinori mit ihrem Neffen Niccolò Marzichi Lenzi übernahmen 2001 die Tenuta di Biserno und die Tenuta Campo di Sasso. Das Gut grenzt an Bolgheris Norden. Das außergewöhnliche Terroir ermöglicht authentische Weine. Die Tenuta di Biserno erstreckt sich über 40 Hektar und liegt 90 Meter über dem Meer. Hier werden Cabernet Franc, Merlot, Cabernet Sauvignon und Petit Verdot angebaut. Die Tenuta Campo di Sasso ist 56 Hektar groß und liegt auf einer niedrigeren Höhe. Diese Bedingungen sind ideal für den Anbau von Syrah und Vermentino sowie anderen Bordeaux-Sorten.

92 Occhione Vermentino Toscana Bianco IGT 2021
13 Vol.-%, KK
Helles Strohgelb. In der Nase intensive Nuancen von Zitrusfrüchten und Grapefruit, im Nachhall Töne von weißem Steinobst. Am Gaumen filigran, sehr salzig, frisch, mit Zug, gut ausbalanciert, langes Finale.

98 Biserno Toscana Rosso IGT 2019 CS/ME/PV/CF
14,5 Vol.-%, NK
Kraftvolles, leuchtendes Rubin-Violett. Sehr klar gezeichnete, einprägsame Nase mit viel dunkler Beerenfrucht, Brombeeren, Heidelbeeren und Johannisbeeren satt, dahinter zart rauchige Komponenten. Am Gaumen fester Druck, öffnet sich mit stoffigem, sehr gut platziertem Tannin, feine würzige Noten, bleibt lange am Gaumen haften.

94 Il Pino di Biserno Toscana Rosso IGT 2020 CS/CF/PV/ME
14,5 Vol.-%, NK
Sattes, dunkles Rubinrot. In der Nase nach reifen Amarenakirschen und dunklen Waldbeeren, im Nachhall eine leicht fleischige Note sowie ein Hauch Schokolade und Schwarztee. Am Gaumen sehr elegant und mundfüllend, salzig, harmonisch, langes und fruchtiges Finale.

93 Insoglio del Cinghiale Toscana Rosso IGT 2020 ME/CF/PV/SY
14 Vol.-%, NK
Sattes und leuchtendes Rubinrot. In der Nase nach reifen Kirschen und Pflaumen, im Nachhall Anklänge von Würze. Am Gaumen salzig, mit feinem Säurespektrum und gut eingebundenem Gerbstoff, harmonisch und elegant, langes Finale.

★★★

TERRE DEL MARCHESATO

Fattoria
TERRE DEL MARCHESATO
- FAMIGLIA FUSELLI -
BOLGHERI

Località Sant' Uberto 164
57022 Castagneto Carducci (LI)
T: +39 565 749752
info@terredelmarchesato.com
terredelmarchesato.com

Ab-Hof-Verkauf: Ja
Kellermeister/Kontakt: Alessandro Fuselli
Produktion: 30 % weiß, 70 % rot, 16 Hektar

Die Fattoria Terre del Marchesato ist ein kleines Familienunternehmen im Herzen der besten Gegend von Bolgheri, angrenzend an die renommiertesten Weingüter, auf denen die großen Weine von Bolgheri wie Sassicaia, Ornellaia und Guado al Tasso erzeugt werden. Mit dem Ziel, eine kleine, aber feine Nische neben den besten Erzeugern in Bolgheri zu schaffen, hat man sich von Anfang an um Exzellenz bemüht: Es werden nur Rebsorten angebaut, die die Besonderheit dieser Lage optimal zum Ausdruck bringen, und die Trauben werden vom Weinberg bis zum Keller mit größter Sorgfalt und Know-how verarbeitet.

Alessandro, Maurizio und Samuele Fuselli,
Terre del Marchesato

beigestellt

91 Papeo Bolgheri Bianco DOC 2020
14 Vol.-%, NK, Stahltank
Leuchtende, goldgelbe Farbe. In der Nase Noten von frisch geschnittenem Gras, Jasmin, Apfel, Birne und Honig. Am Gaumen gut strukturiert, mit einem saftigen und frischen Abgang, angenehm zu trinken.

90 Emilio Primo Toscana Bianco IGT 2021
13 Vol.-%, NK, Stahltank
Glänzende, klare strohgelbe Farbe. In der Nase finden sich Noten von frischen Kräutern und weißen Blüten, Zitrusfrüchten und einigen Anklängen von Trockenfrüchten. Am Gaumen lebendig und voll, mit saftigen und leicht pikanten Noten im Abgang.

93 Aldone Merlot Toscana Rosso IGT 2019
14,5 Vol.-%, NK, Barrique
Sattes Rubinrot mit leicht aufhellendem Rand. In der Nase nach reifer Kirsche und gedörrten Feigen, im Nachhall eine leicht balsamische Note. Am Gaumen mit satter Frucht, saftig und ausgewogen, schöne Länge und Eleganz.

92 Marchesale Bolgheri Superiore DOC 2019 SY/CS/ME/PV
14 Vol.-%, NK, Barrique
Sattes Rubinrot im Kern mit leicht aufhellendem Rand. In der Nase würzig nach schwarzem Pfeffer und getoastet vom

VERKOSTUNGSERGEBNISSE
TERRE DEL MARCHESATO

Holzausbau, im Nachhall ein Touch Orange. Am Gaumen stoffig, mit feinem Gerbstoff, mundfüllend, mit viel Körper, langer Abgang.

89 Emilio Primo Bolgheri Rosso DOC 2020 CS/ME/SY
13,5 Vol.-%, DIAM, Barrique
Brillant leuchtendes Rubinrot mit leicht granatrotem Rand. In der Nase intensiv nach Veilchen, dann nach Cassis und frischen Waldbeeren. Am Gaumen mundfüllend, mit austrocknendem Tannin, wird im Finale leicht bitter.

88 Inedito Toscana Rosso IGT 2021 ME/SY
13 Vol.-%, DIAM, Barrique
Sattes und leuchtendes Rubinrot. In der Nase nach satten Kirschen und Waldbeeren, im Hintergrund nach Waldboden und Leder. Am Gaumen mit noch etwas jugendlichem Tannin, mit klarer Frucht, im Nachhall etwas austrocknend und weitmaschig.

92 Maurizio Fuselli Petit Verdot Toscana Rosso IGT 2019
14,5 Vol.-%, NK, Barrique
Kräftiges, sattes Rubinrot. In der Nase nach dunklen Beeren, reifer Kirsche und schwarze Ribisel, im Nachhall ein Touch schwarzer Pfeffer. Am Gaumen mit stoffigem Tannin, gut ausgewogen und saftig, langer und vielschichtiger Abgang.

91 Il Tarabuso Cabernet Sauvignon Toscana Rosso IGT 2019
14 Vol.-%, NK, Barrique
Dunkles Rubin mit granatroten Reflexen. Duftig und einladend in der Nase, nach dunkler Pflaume und Cassis, mit Noten von schwarzem Pfeffer und Sattelleder. Vollmundig, mit straffem Tannin und gutem Druck für ein schönes Trinkgefühl, schließt im Finish auf Bitterschokolade.

91 Franchesato Cabernet Franc Toscana IGT 2019
14 Vol.-%, NK, Barrique
Dunkles Rubin mit granatroten Reflexen. Duftig und einladend in der Nase, nach dunkler Pflaume und Cassis, mit Noten von schwarzem Pfeffer und Sattelleder. Vollmundig, mit straffem Tannin und gutem Druck für ein schönes Trinkgefühl, schließt im Finish auf Bitterschokolade.

90 Nobilis Muffato di Vermentino Toscana IGT 2019
13,5 Vol.-%, NK, Barrique
Leuchtendes Hellgold, funkelnd. In der Nase nach Siegellack, dazu feiner Honig-Ton, kandierte Früchte, im Nachhall auf Schwarztee. Am Gaumen mit schönem Fruchtkern, dazu saftige Säure und feine Süße, auf Safran, im Nachhall dann etwas brandig und gesetzt.

beigestellt

★★★

TERRE NERE

Via di Vignale 188/c, 53024 Montalcino (SI)
T: +39 0577 373316, info@terreneremontalcino.it
terreneremontalcino.it

Ab-Hof-Verkauf: Ja
Kellermeister: Giuseppe Gorelli
Kontakt: Francesca Vallone
Produktion: 10 Hektar
Anbauweise: Bio

Das Weingut Terre Nere Campigli Vallone entstand Ende der 1990er Jahre. Pasquale Vallone kaufte 15 Hektar Land in Castelnuovo dell'Abate. Der Brunello di Montalcino, der Rosso di Montalcino und in besonders geeigneten Jahrgängen die Riserva di Brunello werden aus Weinbergen gewonnen, die biologisch bewirtschaftet werden. Die Verarbeitung der Trauben erfolgt nach traditioneller Art mit langer Gärung und Mazeration mit einheimischen Hefen und Reifung in großen 50- und 30-Hektoliter-Fässern aus slawonischer Eiche. Der Brunello Terre Nere zeichnet sich durch seine Eleganz und Finesse aus.

Francesca und Federico Vallone,
Terre Nere

95 Brunello di Montalcino Riserva DOCG 2016
14,5 Vol.-%, NK, Eichenfass
Funkelndes Rubin mit leichtem Granatrand. Eröffnet in der Nase mit leicht würzigen Noten nach Koriandersamen, dann frische, knackige Kirsche, im Hintergrund etwas Preiselbeere. Rund und geschliffen in Ansatz und Verlauf, dunkle Zwetschkenfrucht, griffiges, zupackendes Tannin.

93 Brunello di Montalcino DOCG 2017
14,5 Vol.-%, NK, Eichenfass
Leuchtendes, barockes Rubinrot. In der Nase nach reifen Himbeeren und edlen harzigen Nuancen, reife Hagebutten, ein Hauch Früchtetee, sowie getrocknete Gojibeeren im Nachhall. Am Gaumen mit toller Saftigkeit und klarer Frucht, spannt einen kernig-salzigen Bogen, im Nachhall schöne Länge.

90 Rosso di Montalcino DOC 2019
14,5 Vol.-%, NK, Eichenfass B
Leuchtendes, aufhellendes Rubinrot. In der Nase mit Anklängen von Brombeeren und reifen Waldfrüchten, dann im Nachhall mit würzigen Noten, auch nach Weichseln. Öffnet sich am Gaumen mit reichlich sattem Fruchtschmelz, geschliffen und voll, mit packendem, druckvollem Tannin im Nachklang.

beigestellt

★★★

TOLAINI

Strada Provinciale 9 di Pievasciata 28
53019 Castelnuovo Berardenga (SI)
T: +39 0577 356972, info@tolaini.it
tolaini.it

Ab-Hof-Verkauf: Ja
Kellermeister: Francesco Rosi
Produktion: 50 Hektar
Anbauweise: Bio

In der Toskana haben sich Vergangenheit und Gegenwart schon immer harmonisch miteinander verbunden, und der Wein ist oft ein leuchtendes Zeugnis davon. Pier Luigi Tolaini hatte ein Ziel: Als er vor über 45 Jahren seine Heimat in der Toskana verließ, um nach Amerika zu gehen, wollte er dort sein Glück machen und dann nach Hause zurückkehren, Land kaufen und Wein herstellen. Die besten Trauben werden im Weinberg vorselektiert und dann noch einmal im Keller von einem optischen Sortierer kontrolliert. Nur die besten Beeren kommen in die 12 Fässer aus französischer Eiche mit 50 Hektoliter Fassungsvermögen.

93 Picconero Toscana Rosso IGT 2018 ME/PV/CS

14 Vol.-%, NK, Eichenfass

Tiefdunkles, sattes Rubinrot mit Granatroten Reflexen. In der Nase, rauchig, Duft nach reifen schwarzen Johannisbeeren und Brombeeren sowie etwas Bitterschokolade. Am Gaumen frisch und saftig, dezent spürbarer Holzeinsatz, dennoch elegant, druckvoll und körperreich.

92 Vallenuova Chianti Classico DOCG 2020 SN/CN3

14 Vol.-%, NK, Eichenfass

Rubinrote Farbe. In der Nase zeigen sich sofort Noten von Holz, Kirsche, Sauerkirsche, Gewürzen und ein Hauch von Lakritze. Am Gaumen saftig und ausgeprägt. Die Tannine sind ausgewogen und der Abgang ist lang und ebenso ausgeprägt.

92 Valdisanti Toscana Rosso IGT 2019 CS/SN/CF

14,5 Vol.-%, NK, Eichenfass

Dunkel glänzende Rubinrot mit leicht aufhellenden Rändern. In der Nase vegetabil nach grüner Paprika sowie schwarze Johannisbeere und reife Brombeere, In Nachhall leicht ledrig. Am Gaumen fruchtbetont, mit feinmaschigem Tannin, angehmer Frische und Saftigkeit, bedarf noch etwas Lagerung.

90 Al Passo Toscana Rosso IGT 2019 SN/ME/CS

14 Vol.-%, DIAM, Eichenfass

Kräftiges Rubinrot mit hellem Rand. In der Nase Duft nach süßen Brombeeren und etwas schwarzer Johannisbeere, leicht rauchiger Nachhall. Am Gaumen zunächst gezeichnet von lebhafter Frische, geht dann ins Bittere über und endet im Finale ebenso bitter

91 Vigna Montebello Sette Chianti Classico Gran Selezione DOCG 2018

14,5 Vol.-%, NK, Eichenfass

Leuchtendes Rubinrot mit funkelndem Kern. In der Nase stark vom Holzeinsatz dominiert, erinnert an Malzkaffee, Milchschokolade und Graphit, nach etwas Zeit im Glas auch satte Aromen von roten Beeren und gedörrtem Rosenblatt. Am Gaumen satt, öffnet sich auf druckvollem Tannin, eng gewoben, wird im Nachhall allerdings etwas weitmaschig.

90 Legit Toscana Rosso IGT 2019

14 Vol.-%, NK, Eichenfass

Intensives Rubinrot. Noten von Brombeere und schwarzer Johannisbeere, mit abschließenden Anklängen von Pfeffer und Zimt. Im Mund vollmundig und intensiv, mit einem fruchtigen Geschmack gute, Tanninstruktur und würziger Abgang.

★★★

TORRE A CONA

Località Torre a Cona, 49, 50067 Rignano sull'Arno (FI)
T: +39 055 699000, info@torreacona.com
torreacona.com

Kellermeister: Beppe Caviola, Federico Curtaz (Agronom)
Kontakt: Niccolò Rossi di Montelera, Chiara Bellacci
Förderprogramm: EU Reg.No 1308/2013

Südöstlich von Florenz an der alten Straße nach Rignano sull'Arno befindet sich die prächtige Villa Torre a Cona aus dem 18. Jahrhundert. Die Weinberge des Landguts beherbergen insbesondere Sangiovese, Merlot, Colorino, Trebbiano und Malvasia und werden von einem Expertenteam unter der Leitung des landesweit anerkannten Agronomen Federico Curtaz, der für seine langjährige Erfahrung und sein Feingefühl bekannt ist, meisterhaft gepflegt. Auch das Winzerteam kann sich auf ein außergewöhnliches Know-how verlassen, denn seit den 1990er-Jahren begleitet Beppe Caviola die Entwicklung dieses florentinischen Juwels.

94 Badia a Corte Chianti Colli Fiorentini Riserva DOCG 2019

13,5 Vol.-%, KK, Holzfass

Leuchtendes Karminrot. In der Nase nach Sauerkirschen und roten Waldbeeren, im Nachhall leicht würzig und floral nach Veilchen. Am Gaumen geschmeidig, mit gut eingebundenem und feinkörnigem Gerbstoff, saftig und frisch, hat Zug, langes Finale.

92 Terre di Cino Chianti Colli Fiorentini Riserva DOCG 2019

13,5 Vol.-%, DIAM, Holzfass

Funkelndes Karminrot. In der Nase nach reifer Sauerkirsche, Waldbeeren, im Nachhall Veilchen, Tabak und Leder. Am Gaumen leichtfüßig, fein ausbalanciert, mit gut eingebundenem Gerbstoff, hat Zug, mittleres Finale.

92 Casamaggio Colorino Toscana IGT 2019

13,5 Vol.-%, KK, kleines Holzfass

Strahlendes Rubinrot. In der Nase zunächst nach Kirschsirup, Erdbeermarmelade, Veilchen und einer Prise Pfefferwürze. Am Gaumen klar und strahlend, zeigt sich mit klarer Frucht und herzhaftem Tannin, saftig und leicht salzig, trinkt sich sehr gut, eine willkommene Abwechslung.

88 Crociferro Chianti Colli Fiorentini DOCG 2020

14 Vol.-%, NK, Stahltank/großes Holzfass

Leuchtendes Karminrot. In der Nase intensiv nach roten Beeren und Kirsche, im Nachhall ganz leicht würzig. von mittlerer Stärke, zeigt speckigen Unterton, leichte Reduktion. Am Gaumen ziemlich einfach und eindimensional, mit eher kräftigem Gerbstoff, wirkt im Finale etwas austrocknend und bitter.

92 Fonti e Lecceta Occhio di Pernice Vin Santo del Chianti DOC 2014

14,5 Vol.-%, NK, kleines Holzfass

Dunkle Bernsteinfarbe mit leuchtenden goldenen Reflexen. Intensive und tiefe Nase mit Noten von Aprikosen, Datteln, getrockneten Feigen, Walnussschalen, kandierten Orangen und Mandarinenblättern. Der Schluck ist vollmundig, einhüllend und gut ausgeprägt. Fruchtige Süße, die an Vanille erinnert. Reifes Holz im Abgang, sehr angenehm.

91 Merlaia Vin Santo del Chianti DOC 2015 TRE/MA2

14,5 Vol.-%, NK, kleines Holzfass

Bernsteinfarben mit goldenen Reflexen. In der Nase zeigen sich Noten von Aprikosen, Datteln, getrockneten Feigen, kandierten Blutorangen und Akazienhonig. Am Gaumen reichhaltig und ausgeprägt, mit einem leicht bitteren, dichten, langen Abgang.

★★★★

TOSCANI

Via Pereta 9, 56040 Casale Marittimo (PI)
T: +39 0586 652050, vino@toscani.com
vino.toscani.com

Ab-Hof-Verkauf: Ja
Kellermeister: Attilio Pagli, Valentino Ciarla
Kontakt: Rocco Toscani
Produktion: 12 Hektar

Das Ende der 1960er Jahre von Starfotograf Oliviero Toscani gegründete und heute von seinem Sohn Rocco geleitete Unternehmen beherrscht die sanften Hügel von Casale Marittimo an der toskanischen Küste mit einem herrlichen Weinberg in Form eines Amphitheaters, 350 Meter über dem Meeresspiegel. In den letzten fünf Jahren hat der Betrieb auf seinen 12 Hektar Rebfläche mit integriertem Pflanzenschutz experimentiert, unter anderem mit der Einführung von Nützlingen. Am Weingut befindet sich ein Reitstall, sowie Roccos Taubenzucht – ein spannendes kleines Universum.

91 Lolí Syrah Costa Toscana IGT 2021
10,5 Vol.-%, KR
Babyrosa mit Eintrübung. In der Nase Noten nach frisch gepresstem Orangensaft sowie florale Nuancen, dann leichte Hefenoten und Orangenblüte. Am Gaumen rassige Säure mit trockenem Verlauf und schönem Zug, schöner Abgang.

95 O.T. Toscana Rosso IGT 2018 SY/CF
13,5 Vol.-%, NK Ⓑ
Glänzendes, sattes Rubin mit leichtem Granatschimmer. Eröffnet in der Nase mit Noten nach Blutorangen und Feuerstein, dazu Himbeere und Maulbeere. Am Gaumen sehr saftig, zeigt viel frische Beerenfrucht, griffiges, herzhaftes Tannin, gute Spannung, im Finale fester Druck, macht Spaß!

93 Lumeo Syrah Costa Toscana IGT 2019
14 Vol.-%, NK
Intensives, funkelndes Rubinrot. Elegant in der Nase, mit Noten von reifen Kirschen, kleinen Waldbeeren, Rosmarin, und Latschenkiefer. Direkt und filigran beim Eintritt, mit feinem Gerbstoff, schöner Säure, saftig und leicht salzig, im langen Abgang.

92 Vedomare Syrah Costa Toscana Rosso IGT 2019
14,5 Vol.-%, NK
Intensives, leuchtendes Purpurrot mit aufhellendem Rand. In der Nase mit Aromen von dunklen Beeren, Zedernholz, und etwas Tabak, unterlegt von leicht fleischiger Note. Im Trunk direkt, mit samtigem, reichhaltigem Tannin, schönem Fruchtkern und leichter Würze, bis in den anhaltenden Abgang.

91 i Toscani Syrah Costa Toscana Rosso IGT 2021
13,5 Vol.-%, NK
Sattes Purpurrot mit aufhellendem Rand. Intensives Bouquet von Brombeeren, Veilchen und leicht würzigen Noten. Beim Gaumeneintritt zunächst geschmeidig, spannt sich dann gut auf, mit feinkörnigem Tannin, leicht salzig und mit dezentem Bittermandelton im Nachhall.

92 Vieni Via Con Me Cabernet Franc Costa Toscana IGT 2019
14,5 Vol.-%, NK
Sattes Rubinrot. In der Nase am Anfang eher verschlossen, dann nach Tomatenblatt und grüner Paprika, im Nachhall nach roten Waldbeeren, unterlegt von minimaler Würze. Am Gaumen saftig, mit präziser Waldbeerfrucht, gut eingebundenes Tannin, langes Finale, wirkt noch etwas jugendlich.

★★★★★

TENUTA DI TRINORO

Via Val d'Orcia 15, 53047 Sarteano (SI)
T: +39 0578 267110, info@trinoro.it
vinifranchetti.com/tenuta-di-trinoro

Kellermeister: Lorenzo Fornaini, Calogero Portannese
Kontakt: Arianna Ciacci
Produktion: 90 % rot, 10 % weiß, 22 Hektar

Die Tenuta di Trinoro liegt in einem Gebiet ohne Weinbautradition, am Anfang des Val d'Orcia. Der leider vor Kurzem verstorbene Eigentümer Andrea Franchetti begann seine Ausbildung zum Winzer in Bordeaux, wo er die Bedeutung des Terroirs kennenlernte. Heute ist die Kellerei für ihre reichhaltigen und komplexen Rotweine aus Cabernet Franc, Merlot, Cabernet Sauvignon und Petit Verdot bekannt, die durch hohe Pflanzdichte, drastische Ausdünnung der Trauben, niedrige Erträge, volle phenolische Reife und Konzentration zu einem einzigartigen und unverwechselbaren Stil führen.

98 Palazzi Merlot Toscana Rosso IGT 2020
15 Vol.-%, NK, kleines Holzfass/Beton
Sattes, leuchtendes Rubin mit feinem Violettschimmer. Kompakte und sehr präsente Nase, duftet nach reifen Brombeeren, Heidelbeeren, etwas Trüffel und Grafit im Hintergrund, schönes Spiel. Füllt den Gaumen satt aus, ohne übermächtig zu werden, reife Heidelbeer- und Brombeerfrucht, geschliffenes, feinmaschiges Tannin in vielen Schichten, ummantelt von feinem Schmelz, macht einfach Spaß!

96 Campo di Magnacosta Cabernet Franc Toscana Rosso IGT 2020
15 Vol.-%, NK
Leuchtendes Rubinrot. In der Nase zeigen sich deutliche Gewürznoten von Zimt, Blutorange, Bitterorange, Nelken und viel reifer roter Frucht mit einem Hauch von süßer Würze. Am Gaumen reichhaltig und hat weiche Tannine. Der Wein ist vollmundig und schließt saftig, anhaltend und elegant.

95 Campo di Camagi Cabernet Franc Toscana Rosso IGT 2020
15,5 Vol.-%, NK
Tiefes, intensives Rubinviolettrot. In der Nase zeigen sich Noten von reifen Früchten, Kirsche, Johannisbeere, Brombeere, gefolgt von einem leicht holzigen und würzigen Hauch von weißem Pfeffer. Am Gaumen umhüllend, mit Wirkung, präsentes Tannin, noch jung, aber elegant. Wiederholt die Frucht- und Gewürznoten und die dunkleren Röstnoten aus der Nase. Lang anhaltender, gut ausgeprägter Abgang.

94 Campo di Tenaglia Cabernet Franc Toscana Rosso IGT 2020
15 Vol.-%, NK
Intensives, ins Violette tendierendes Rubinrot. Ausgesprochen blumige Nase nach Veilchen und getrockneten Rosenblättern. Es folgen Noten von Waldbeeren, Unterholz, Leder und Siegelwachs. Am Gaumen mit Schwung, das Tannin ist noch roh und leicht austrocknend. Anhaltender, ausgeprägter Abgang.

93 Le Cupole Toscana IGT 2020 ME/CF/CS/PV
14,5 Vol.-%, NK, kleines Holzfass/Beton
Sehr leuchtendes Rubinrot. In der Nase Noten von reifen roten Früchten, mit würzigen Nuancen und einigen lebhaften balsamischen Anklängen. Knackiger, frischer, trockener und fruchtiger Geschmack mit weichen Tanninen und langem Abgang.

★★★★★

TUA RITA

Località Notri 81, 57028 Suvereto (LI)
T: +39 565 829237, info@tuarita.it
tuarita.it

Ab-Hof-Verkauf: Ja
Kellermeister: Marco Lamastra
Kontakt: Susanna La Rosa
Produktion: 30 Hektar
Anbauweise: Bio

Im Jahr 1984 kauften Rita und Virgilio Bisti das Grundstück, aus dem später der Familienbetrieb Tua Rita wurde. Die ursprünglichen zwei Hektar Weinberge wurden von Anfang an akribisch bewirtschaftet, was Tua Rita in die Riege der erfolgreichsten Erzeuger mit der Bezeichnung »vins de garage« brachte. Heute umfasst das Weingut 30 Hektar. Die Philosophie des Unternehmens ist es, das Potenzial des Landes mit Qualität ohne Kompromisse zu vereinen. Die Weine drücken ein gemeinsames Element aus: die Persönlichkeit dieses Terroirs, Aromen eisenhaltiger Noten und eine intensive Geschmacksprogression.

97 Redigaffi Merlot Toscana Rosso IGT 2020
15 Vol.-%, NK, Barrique
Leuchtendes, sattes Rubin. Intensive und feine Nase mit Noten nach Brombeere, Waldhimbeere, dann nach Minze und mediterranen Kräutern. Am Gaumen geprägt von herzhaftem, dichtem Tannin, umwoben von viel süßem Schmelz, feine Würze im hinteren Verlauf, endet auf süßem Tabak, braucht aber auch noch etwas Zeit.

96 Giusto di Notri Toscana Rosso IGT 2020 CS/CF/ME
15 Vol.-%, NK, Barrique
Kraftvolles, leuchtendes Rubinrot. Klare und präzise Frucht, etwas Tabak und Leder im vorderen Bereich, dann viel dunkelbeerige Frucht. Stoffig und satt am Gaumen, zeigt viel feinmaschiges Tannin, fester Druck, etwas Lakritze, dazu viel Cassis, sehr langer Nachhall.

92 Rosso dei Notri Toscana IGT 2020 CS/ME/CF/SY
14,5 Vol.-%, DIAM, Stahltank
Leuchtendes, mittleres Rubinrot. In der Nase markant nach reifer Pflaume und eingelegter Sauerkirsche, im Nachhall leicht würzig nach weißem Pfeffer. Am Gaumen mundfüllend, mit weicher Textur und gut eingebundenem Gerbstoff, harmonisch, mit salzigem und langem Finale.

96 Per Sempre Syrah Toscana Rosso IGT 2020
14,5 Vol.-%, NK, Barrique
Funkelndes, kompaktes Rubin-Violett. Eröffnet mit intensiven Noten nach schwarzem Pfeffer und Galgant, dann Zwetschken und Heidelbeere. Stoffig und dicht am Gaumen, zeigt viel präsente, dunkle Frucht, griffiges, noch etwas ruppiges Tannin, herzhaft und wild.

94 Keir Syrah Toscana Rosso IGT 2019
15 Vol.-%, NK, Amphore
Glänzendes Rubin-Violett mit etwas hellem Rand. Eröffnet mit feinen Gewürznoten, Pfeffer und Efeu, dann etwas Kirsche, Blutorange. Am Gaumen viel griffiges, herzhaftes Tannin, dunkle Beeren, etwas Tabak, im Finale etwas spröde.

92 Perlato del Bosco Sangiovese Toscana IGT 2020
14,5 Vol.-%, NK, großes Holzfass
Leuchtendes Rubin mit aufhellendem Rand. Ansprechende Nase, nach reifen dunklen Kirschen, etwas Himbeere. Am Gaumen geschmeidig und erstaunlich rund im Ansatz, reife Beerenfrucht, griffiges Tannin.

★★★★

VAL DI SUGA

Loc. Val di Cava, 53024 Montalcino (SI)
T: +39 0577 804101, bertani@bertani.net
valdisuga.it

Ab-Hof-Verkauf: Ja
Kellermeister: Pietro Riccobono
Kontakt: Gaia Capitani
Produktion: 55 Hektar
Förderprogramm: EU Reg.No 1308/2013

Drei Hänge, drei Weinberge, drei Ausdruckformen des Brunello di Montalcino. Die Lagen Vigna del Lago, Poggio al Granchio und Vigna Spuntali unterscheiden sich merklich in Bodenzusammensetzung, Ausrichtung und geologischer Komposition. Jeder Cru bringt einen eigenständigen Wein hervor, drei völlig unterschiedliche Interpretationen des Sangiovese. Im Portfolio gibt es zusätzlich einen Rosso di Montalcino und einen Jahrgangs-Brunello, der jedes Jahr einen Querschnitt zwischen den Lagenweinen zeigt. Von 120 Hektar Gesamtfläche sind 55 Hektar Rebfläche ausschließlich mit Sangiovese Grosso bepflanzt.

97 Vigna Spuntali Brunello di Montalcino DOCG 2016

14,5 Vol.-%, NK

Funkelndes, sattes Rubin mit feinem Granatschimmer. Sehr klare und duftige Nase, satt nach Brom- und Maulbeere, dazu etwas Leder und Lakritze. Zeigt sich am Gaumen satt und stoffig, öffnet sich mit griffigem Tannin in vielen Schichten, sehr langer Nachhall im Finale, ein Langläufer.

95 Poggio al Granchio Brunello di Montalcino DOCG 2016

14,5 Vol.-%, NK

Intensives Rubinrot mit granatroten Reflexen. Elegantes Bouquet von Veilchen, Johannisbeeren, Pflaumen, Humus, Lakritze, Chinarinde, Graphit und balsamischen Kräutern. Am Gaumen samtig, warm, kräftig, tief und sehr anhaltend.

94 Vigna del Lago Brunello di Montalcino DOCG 2016

14 Vol.-%, NK

Kräftiges Rubinrot mit granatroten Reflexen. Intensives und komplexes Bouquet mit Noten von reifen roten Früchten, balsamischen Gewürzen, Unterholz, Leder und Edelholz. Im Mund warm, weich, ausgewogen und einhüllend, mit seidigen Tanninen und überzeugender Saftigkeit.

91 Rosso di Montalcino DOC 2020

15,5 Vol.-%, NK

Rubinrot. In der Nase Kirsche, schwarze Johannisbeere, frische Kirsche, mit würzigem Nachhall. Am Gaumen mit saftigem Tannin, zeigt beachtliche Struktur für einen Rosso, elegantes und anhaltendes Finale.

88 Brunello di Montalcino DOCG 2017

14 Vol.-%, NK

Leuchtendes Rubinrot. In der Nase zunächst mit leicht laktischen Tönen, dann etwas Himbeeren und Kirschen, würzige Tone, mittlerer Ausdruck. Am Gaumen zu Beginn mit gewisser Saftigkeit, bricht ab dem Mittelteil ein und zehrt im Finale nach.

★★★

VALDONICA

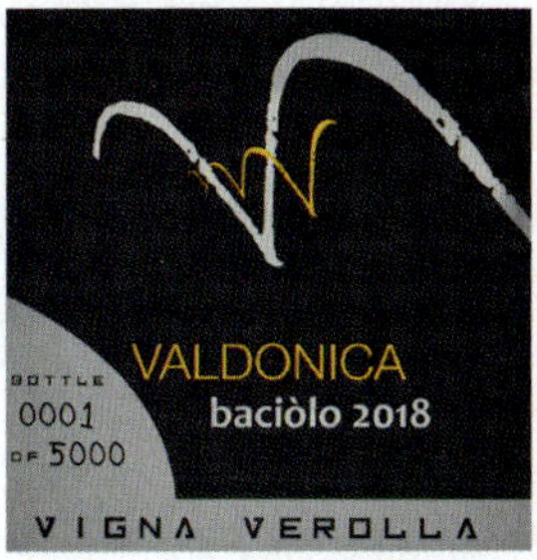

Via Dogana 1, 58036 Sassofortino (GR)
T: +39 0564 567251, office@valdonica.com
valdonica.com

Ab-Hof-Verkauf: Ja
Kellermeister: Nicola Lazzeri
Kontakt: Martin Kerres
Produktion: 10 Hektar
Anbauweise: Bio
Förderprogramm: EU Reg.No 1308/2013

Valdonica ist ein junges Weingut und erzeugt Weine aus rekultivierten, vergessenen Traubensorten, die in der Toskana zu Hause sind – alles biologisch und ökologisch. Die neu angelegten Weinberge sind die höchsten in der Maremma, mit dem Regen als einziger Bewässerung, biologisch zertifiziert und vegan. Im Keller wird auf Spontanvergärung mit Hefe aus den Weinbergen und Gärung in kleinen Chargen zur Förderung von Individualität gesetzt. Feinste französische Eichenfässer, Edelstahl und Amphoren bringen das Terroir zur Geltung.

91 Mersino Maremma Toscana Vermentino DOC 2021
12,5 Vol.-%, NK, Stahltank B V
Intensives, leuchtendes Strohgelb mit goldenen Reflexen. Einladend frisch in der Nase mit Noten von Grapefruit und Jasmin. Im Trunk mit knackiger Frucht, rassiger Säure, leicht vibrierend, mit schönem Zug und feinem Trinkfluss.

91 Ballarino Vermentino Toscana IGT 2020
14 Vol.-%, NK, Stahltank/Eichenfass B V
Leuchtendes, helles Goldgelb. In der Nase nach reifer Birne und tropischen Früchten, im Nachhall ein Hauch Macchia. Am Gaumen sehr salzig und frisch, gut ausbalanciert, wirkt wärmend, langes Finale.

90 Rosajo Toscana Rosato IGT 2021 SN/CG
12 Vol.-%, NK, Stahltank V
Leuchtendes Korallenrot mit Kirschtönen. In der Nase blumige Noten, mit Nuancen von roten Früchten, rosa Pfeffer und Granatapfel. Der Geschmack ist leicht und frisch, knackig, würzig und sehr frisch.

92 Vigna Rigualdo Ciliegiolo Maremma Toscana DOC 2019
14 Vol. %, NK, Tonneau Fass V
Kräftiges Rubinrot mit violetten Reflexen. In der Nase intensive Aromen von roten Beeren wie Kirsche, Heidelbeere, Johannisbeere und im Finale Röstaromen. Warmer, weicher, umhüllender Geschmack, Tannine, die zu einem tiefen und harmonischen Abgang führen.

90 Saragio Maremma Toscana Sangiovese DOC 2019
14,5 Vol.-%, NK, Barrique V
Intensives Rubinrot. Die Nase verströmt fruchtige Düfte mit Noten von Kirsche, gefolgt von roten Blumen und einer subtilen Würze. Am Gaumen breit, einhüllend, tanninhaltig und mit einem guten Säurerückgrat.

90 Arnaio Maremma Toscana Rosso DOC 2020 SN/CG/VMN/BSG
13,5 Vol.-%, NK, gebrauchte Barriques/Stahltank V
Rubinrot mit violetten Nuancen. In der Nase finden sich Aromen von kleinen roten Früchten wie Johannisbeeren, Himbeeren und balsamische Noten. Zeigt sich am Gaumen saftig, mit ausgeprägtem Säurespiel und feinen würzigen Noten im Nachhall.

★★★★

TENUTA DI VALGIANO

Via di Valgiano 7, 55010 Valgiano (LU)
T: +39 583 40 22 71, info@valgiano.it
valgiano.it

Ab-Hof-Verkauf: Ja
Kellermeister: Moreno Petrini
Kontakt: Laura di Collobiano, Moreno Petrini
Anbauweise: Bio-dynamisch

Valgiano zählte zu Beginn des 20. Jahrhunderts 37 Grundstücke und hat sich nach und nach auf 55 Hektar verkleinert, darunter 16 Hektar Weinberge und 10 Hektar Olivenhaine und Weizenfelder. Die Weinberge befinden sich im östlichen Teil des Anwesens hin zum Wildbach Sana. Der besondere Boden besteht aus Lehm auf Kalkstein mit einer Anschwemmung aus Sandstein. Der Betrieb wurde 1993 gegründet und hat es sich zur Aufgabe gemacht, nicht nur Weine zu erzeugen, die die Eigenschaften dieses Bodens in reinster Weise zum Ausdruck bringen, sondern auch seine Integrität zu bewahren.

Laura di Collobiano,
Tenuta Di Valgiano

beigestellt

95 Tenuta di Valgiano Colli Lucchesi DOC 2017 SN/SY/ME
14 Vol.-%, NK, Barrique
Kraftvolles, funkelndes Rubin, leichter Granatrand. Sehr einladende Nase mit reifen, dunklen Kirschen, etwas Brombeere, dazu etwas Grafit und Jod, spannend. Griffiges, herzhaftes Tannin am Gaumen, zeigt gute Dichte, dunkle Beerenfrucht, im Finale anhaltend mit leicht erdigen Noten.

90 Palistorti di Valgiano Colline Lucchesi DOC 2020 SN/ME/SY
13,5 Vol.-%, DIAM, Barrique
Leuchtendes Rubinrot. In der Nase Aromen von Unterholz, kleinen roten Früchten und einigen Anklängen von Tabak und Lakritze. Reichhaltiger, konzentrierter Geschmack, gleichzeitig weich und würzig, mit kompakten Tanninen und mittlerem Abgang.

★★★

VALLEPICCIOLA

S. P. 9 di Pievasciata 21
53019 Castelnuovo Berardenga (SI)
T: +39 577 1698718, info@vallepicciola.com
vallepicciola.com

Ab-Hof-Verkauf: Ja
Kellermeister/Kontakt: Alberto Colombo
Produktion: 110 Hektar

Vallepicciola umfasst 110 Hektar Weinberge in den östlichen Hügeln von Castelnuovo Berardenga im Chianti-Classico-Gebiet. Der Boden ist reich an Lehm und Kalkstein, und die Präsenz des Sangiovese wird durch internationale Sorten ergänzt, was zu einer Produktion von 14 Etiketten führt. Die sorgfältige Arbeit im Weinberg und die sehr niedrigen Erträge führen zu einer Produktion von hochwertigen und konzentrierten Weinen. Der neue, moderne Weinkeller, der zu 80 Prozent unterirdisch angelegt ist, schafft eine Reihe von Weinen mit starkem Charakter und gleichzeitig bemerkenswerter Eleganz.

91 Chianti Classico DOCG 2020
13,5 Vol.-%, NK, Stahltank/großes Holzfass/Flaschenreifung
Leuchtendes Rubinrot mit leicht aufhellendem Rand. In der Nase nach eingelegten Sauerkirschen und Brombeere, im Nachhall erdig und animalisch. Am Gaumen fruchtbetont und saftig, mit kräftigem Tannin, hat Zug, mittellanger Abgang.

91 Lapina Chianti Classico Gran Selezione DOCG 2018
14,5 Vol.-%, NK, Beton/Stahltank/großes Holzfass/Teilbarrique
Tiefdunkler rubinroter Kern mit aufhellenden Granaträndern. Filigran in der Nase auf Lavendel, Brombeere und Zirbenholz. Einladend und offenherzig am Gaumen, mit weicher, wohliger Textur, kompaktem Gerbstoff, und guter Frische, mit feinem Fruchtkern bis ins anhaltende Finale.

90 Chianti Classico Riserva DOCG 2018
14,5 Vol.-%, NK, Stahltank/großes Holzfass/Flaschenreifung
Tief dunkles, fast undurchdringliches Rubinrot. Intensiv in der Nase nach schwarzer Johannisbeere, Zedernholz und Kakaobohnen, im Nachhall ein Hauch Eukalyptus. Direkt beim Gaumeneintritt, festes, noch jugendliches Tannin, stützender Säure, etwas Zimt mit saftigem Finale.

91 Bosco Bruno Pinot Nero Toscana IGT 2020
13,5 Vol.-%, NK, Beton/gebrauchte Barriques/Flaschenreifung
Leuchtendes Rubin mit dunklen Nuancen. In der Nase parfümiert, mit Noten von Veilchen, frischen Brombeeren und Lavendel. Im Trunk zugänglich, von samtiger Textur, feinkörniges Tannin, getragen von lebendiger Säure, zum knackig, duftigen Finish.

91 Quercegrosse Merlot Toscana IGT 2019
14,5 Vol.-%, NK, Beton/Barrique/Flaschenreifung
Sattes und leuchtendes Rubinrot. In der Nase nach Rumtopf und reifen Zwetschken, dann leicht nach Macchia und Leder. Am Gaumen fruchtbetont und saftig, mit sehr feinem Tannin, ist trinkig, langes Finale.

91 Migliorè Rosso Toscana IGT 2018 ME/CF/CS
14,5 Vol.-%, NK, Stahltank/Barrique/Flaschenreifung
Intensive, dunkelrubinrote Farbe. In der Nase reiche, reife Noten von roten Früchten, Kirsche, Pflaume, blumige Anklänge von Veilchen und Rose. Am Gaumen reichhaltig, fleischig, intensiv und ausgeprägt. Dichtes Tannin, lang anhaltend.

★★★

BINDELLA – TENUTA VALLOCAIA

Via delle Tre Berte, 10/A, 53045 Montepulciano (SI)
T: +39 578 767777, info@bindella.it
bindella.it

Ab-Hof-Verkauf: Ja
Kellermeister: Giovanni Capuano, Andrea Scaccini
Kontakt: Enrico Benicchi
Produktion: 190.000 Flaschen, 15 % weiß, 76 % rot, 8 % rosé, 1 % süß, 54 Hektar

Das Weingut Vallocaia hat einen besonderen Charakter: Es ist ein Ort, an dem Wein, Kunst, Geschichte, Leidenschaft und die Menschen in einem dynamischen Gleichgewicht leben. Hier widmet man sich der Erzeugung von Weinen, die die Geschichten dieses Landes am besten erzählen können, hier atmet man die Energie der Zukunft in einem Land, das noch den Duft der Renaissance, des Humanismus und der Schönheit in sich trägt. Hier experimentiert man, man spricht mit dem Land, um seinen Charakter zu verstehen und diesen auf die Weine zu übertragen, die so einen modernen, raffinierten und eleganten Stil entwickeln.

91 Gemella Sauvignon Blanc Toscana IGT 2021

13 Vol.-%, DIAM, Stahltank

Leuchtendes Strohgelb mit schimmerndem Kern. In der Nase vielschichtig, beginnend auf Brennnessel, Grapefruit, dazu Aprikosen, und gelbe Johannisbeeren. Weicher Eintritt, breitet sich gut am Gaumen aus, mit angenehmer Frische bis ins mittellange saftig-salzige Finish.

93 Bindella Vino Nobile di Montepulciano DOCG 2018

14,5 Vol.-%, NK, großes Holzfass

Leuchtendes Rubinrot mit leuchtendem Kern. In der Nase nach satten Herzkirschen, dazu feine Würze, Waldbeeren und ein Hauch Leder im Ausklang. Wirkt sehr präzise und sauber am Gaumen, mit zartem Schmelz und gut eingebundener Säure, im Finale ausgewogen und mit kraftvollem Druck.

93 Vallocaia Vino Nobile di Montepulciano Riserva DOCG 2018

14,5 Vol.-%, NK, Tonneau Fass/großes Holzfass Ⓥ

Funkelndes Rubin mit granatroten Reflexen. Würzig-frisch in der Nase mit Aromen von Kirschkompott, Sattelleder, Kaffee, Zimtpulver und Süßholz. Im Trunk geschmeidig, mit samtigem Tannin, kraftvoll und mundfüllend, mit konzentrierter Frucht und etwas Bittermandel, im sehr langen Abgang.

91 Ardore Toscana Rosso IGT 2019

14 Vol.-%, DIAM, Tonneau Fass

Sattes Rubinrot mit aufhellendem Rand. Öffnet sich dezent in der Nase auf kleine Waldbeeren, leicht vegetabil, mit Noten von Liebstöckel und einem Hauch Pfeffer. Straff beim Eintritt, mit präsentem Tannin und markanter Frische im Trunk, hinten raus etwas weitmaschig.

90 Fossolupaio Rosso di Montepulciano DOC 2019

14 Vol.-%, DIAM, großes Holzfass

Funkelndes, helles Rubinrot. In der Nase intensiv nach Sauerkirsche und roten Johannisbeeren, im Nachhall Röstaromen vom Holzausbau und ein Hauch Lakritz. Am Gaumen frisch und saftig, mit feinem Tannin und mittlerem Abgang.

92 I Quadri Vino Nobile di Montepulciano DOCG 2018

14,5 Vol.-%, NK, Tonneau Fass

Elegant schimmerndes Rubinrot. Öffnet in der Nase auf Vanille und Zimtnote, gefolgt von erdigen und würzigen Aromen, unterlegt von Unterholz. Am Ansatz weich und rund am Gaumen, mit feinkörnigem Tannin, einladend mit schönem Fruchtschmelz, getragen von lebendiger Säure ins anhaltende Finish.

★★★★

VILLA CALCINAIA – CONTI CAPPONI

Via Citille 84, 50022 Greve in Chianti (FI)
T: +39 055 853715, commerciale@villacalcinaia.com
conticapponi.it

Kellermeister: Federico Staderini
Kontakt: Sebastiano Capponi
Anbauweise: Bio
Förderprogramm: EU Reg.No 1308/2013

Villa Calcinaia ist ein Gut im Chianti-Classico-Anbaugebiet und gehört seit 1524 der Familie Capponi. Graf Sebastiano Capponi ist seit 1992 zusammen mit dem beratenden Önologen Federico Staderini und dem beratenden Agronomen Luca Socci der Leiter des Weinguts und Chefwinzer. Villa Calcinaia liegt in Montefioralle am linken Ufer des Tals am Fluss Greve. Das Landgut umfasst 215 Hektar, davon sind 31 Hektar Weinberge, alles seit 1997 im biologischen Anbau und seit 2000 zertifiziert. Die Weinberge unterteilen sich auf in 10 Hektar alte (1959-1975) und 21 Hektar junge Rebstöcke (1990-2020).

91 Mauvais Chapon Rosato Metodo Classico VSQ 2016 Brut

12 Vol.-%, DIAM, Flaschengärung

Sattes Goldgelb mit feinkörniger und langanhaltender Perlage. In der Nase nach reifem Apfel, Brotkruste und Hefe. Am Gaumen sehr frisch und saftig, mit gut integrierter Perlage, viel reife Frucht, harmonisch und lang anhaltend.

96 Vigna Contessa Luisa Chianti Classico Gran Selezione DOCG 2018

14,5 Vol.-%, NK

Sattes, leuchtendes Rubin mit feinem Granatschimmer. Intensive Nase mit satten Noten nach Schwarzkirschen und Zwetschken, im Hintergrund etwas Lakritze. Schönes Spiel am Gaumen, zeigt auf der einen Seite schön herausgearbeitete, knackige Kirschfrucht, dann griffiges, im Zentrum feinmaschiges Tannin, langer Nachhall.

93 Vigna Bastignano Chianti Classico Gran Selezione DOCG 2017

14,5 Vol.-%, NK

Kraftvolles Rubin mit leichtem Violettschimmer. Intensive Nase mit viel reifer Beerenfrucht, Brombeere und Maulbeere, etwas Schokolade. Saftig am Gaumen, zeigt viel präsente Frucht, im hinteren Verlauf dann griffiges, noch etwas grobes Tannin, braucht noch Zeit.

92 Chianti Classico Riserva DOCG 2018

14,5 Vol.-%, NK

Intensiv schimmerndes Granatrot mit dunklem Kern. Ausgesprochen duftig, öffnet sich auf Veilchenblüten und satte Kirschfrucht, leicht nach Rosmarin, Minze und dunkler Schokolade. Satt im Antrunk, baut sich mit schönem Schmelz auf, zeigt samtigen Gerbstoff, mit guter Persistenz, kraftvoll und lange anhaltend im Abgang.

92 Chianti Classico DOCG 2019

13,5 Vol.-%, DIAM

Rubinrote Farbe. In der Nase reife Früchte, Kirsche und eine leicht würzige Note. Am Gaumen reichhaltig ausgeprägt und gut strukturiert. Ausgeprägter, würziger und sehr anhaltender Abgang.

90 Casarsa Merlot Toscana IGT 2016

14 Vol.-%, NK

Dunkelrot, mit violetten Reflexen. Intensives Bouquet von kleinen schwarzen Beerenfrüchten, dunkler Schokolade und Tabak, mit Anklängen von Graphit. Am Gaumen harmonisch, warm und samtig, mit einem Hauch von schwarzer Marmelade, unterstützt von einer ausgewogenen Struktur.

★★★

VILLA SANTO STEFANO

Via della Chiesa di Pieve di Santo Stefano 504
55100 Lucca (LU)
T: +39 0583395349, info@villa-santostefano.it
villa-santostefano.it

Kellermeister: Alessio Farnesi
Kontakt: Andrea Farnesi
Produktion: 30.000 Flaschen, 6.5 Hektar

Wolfgang Reitzle erwarb 2001 die Villa Santo Stefano in der Nähe von Lucca mit einem Hektar Wein. Der Ingenieur entwickelte das Anwesen mit Unterstützung von renommierten Önologen zu einem professionellen Weingut. Heute werden hier auf einer Anbaufläche von 6,5 Hektar jährlich ca. 30.000 Flaschen Rot- und Weißwein produziert. Die Aushängeschilder sind neben dem Super-Tuscan Loto, auch der Sangiovese Sereno und der Vermentino Gioia. Außerdem zählt das Weingut mit den bisher fünf Weinen zu einem der raren Boutique-Weingütern der Toskana.

90 Gioia Vermentino Toscana IGT 2021

14,5 Vol.-%, DIAM, Stahltank

Strohgelb mit leicht goldenen Reflexen. In der Nase finden sich Noten von aromatischen Kräutern wie Salbei, Thymian und Minze, gefolgt von zarten Noten tropischer Früchte. Am Gaumen frisch, weich und ausgeprägt, mit wiederkehrenden leicht vegetalen Noten und einem langen, würzigen Nachgeschmack.

90 Luna Toscana Rosato Toscana IGT 2021 ME/SN

13 Vol.-%, DIAM, Stahltank

Leuchtendes Rosa. In der Nase zeigen sich Noten von Walderdbeeren, Johannisbeeren und Minze. Am Gaumen weich, saftig, reichhaltig und ausdrucksstärker als in der Nase. Er schließt mit einer angenehmen Säure.

94 Loto Toscana IGT 2019 CS/ME/CF/PV

14,5 Vol.-%, NK, Flaschenreifung/Beton/Barrique

Funkelndes, tiefdunkles Rubin. Eröffnet mit betont erdigen Noten, nach Trüffel, kann Brombeeren und Kirsche, etwas getrocknete Orangenschale. Am Gaumen satter Druck, viel reifen Brombeer- und Kirschfrucht, öffnet sich mit griffigem Tannin, saftig und mit guter Länge.

92 Sereno Rosso Colline Lucchesi DOC 2020

14,5 Vol.-%, DIAM, großes Holzfass

Dunkles, intensives Rubinrot mit violetten Reflexen. Reiche und komplexe Nase nach reifen roten Früchten, Kirsche, Pflaume und Beeren sowie Noten von Unterholz, Veilchen und Gewürzen. Am Gaumen vollmundig und saftig, mit einer packenden, aber gut integrierten Tannin-Note. Der Abgang ist markant und anhaltend.

91 Volo Toscana IGT Rosso 2021 PV/CS/AB

14 Vol.-%, DIAM, Beton

Intensive, undurchdringliche rubinrote Farbe mit leicht violetten Reflexen. Reiche Nase von reifen roten Früchten, Gewürzen und Unterholz. Am Gaumen reichhaltig, saftig und weich mit jungen Gerbstoffen. Fruchtige und leicht wahrnehmbare holzige Note, die im langen Abgang wiederkehrt.

★★★

VITICCIO

Via San Cresci 12A, 50022 Greve In Chianti (FI)
T: +39 055 854210, info@fattoriaviticcio.com
viticcio.com

Ab-Hof-Verkauf: Ja
Kellermeister: Daniele Innocenti
Kontakt: Alexander Biba
Produktion: 120 Hektar
Anbauweise: Bio

Zusammen mit einem jungen Team von Mitarbeitern hat es sich Viticcio zur Aufgabe gemacht, Weine von hoher Qualität zu erzeugen, die Ausdruck des Chianti Classico und der Maremma sind. Zwei Gebiete mit klassischem und zugleich frischem önologischem Stil, die reich an Potenzial sind. Mit der gleichen Sorgfalt und Aufmerksamkeit stellt das Weingut Natives Olivenöl her und betreibt ein fein renoviertes Bauernhaus, das aus einem typischen toskanischen »Podere« hervorgegangen ist. Ein wahrhaft charmanter und entspannender Ort für eine authentische toskanische Erfahrung.

92 Prunaio Chianti Classico Gran Selezione DOCG 2017
14 Vol. %, NK, Barrique Ⓑ
Dichtes, dunkles Rubin, leicht aufhellend am Rand. Elegantes Bouquet von dunkler Schokolade, Kakaopulver, schwarzer Brombeere, schwarzem Pfeffer und etwas Hagebutte. Von weicher Textur am Gaumen, spannt sich schön auf, ausgewogen und mit gutem Trinkfluss, bis ins anhaltende Finish mit schwarzer Kirsche und einem Hauch Nougat.

91 Viticcio Chianti Classico DOCG 2019
14 Vol.-%, NK, Barrique
Sattes, tiefes Rubin mit granatrotem Rand. Leicht erdig, mit feiner Edelholznote, dunklen Beeren und Lakritz in der Nase. Feiner Fruchtschmelz im Trunk, saftig und mit schönem Trinkfluss, mit kompakten Gerbstoff, schließt auf salzige Mandeln.

91 Chianti Classico Riserva DOCG 2017
14 Vol.-%, NK, Barrique
Funkelndes, dunkles Rubin, aufhellend zum Rand. Elegant in der Nase mit feiner Kirschnote, Holunder, Heidelbeere, unterlegt mit Zirbenholz. Am Gaumen frisch, mit präsentem feinkörnigem Gerbstoff, saftig und ordentlich Druck, mit anhaltendem Abgang.

91 Monile Toscana Rosso IGT 2016 CS/ME
14 Vol.-%, NK, Barrique
Dunkles, leuchtendes Rubinrot. In der Nase duftig nach Erdbeeren, hellem Karamell und feiner Würze. Am Gaumen sehr saftig und klar, spannt sich mit salziger Frucht über die Zunge, gewisse Eleganz, minimale Trocknung im Finish.

90 Morellino di Scansano DOCG 2019
14,5 Vol.-%, NK, Barrique
Volles Rubinrot mit granatrotem Rand. Ausgeprägt in der Nase mit Aromen von reifer Süßkirsche, dunkler Schokolade, und Mokka. Am Gaumen trocken, geradlinig im Trinkfluss, mit frischem Fruchtkern, leichter Bitternote, mittellang im Abgang.

90 Foglia Tonda Toscana IGT 2020
14 Vol.-%, NK, Barrique Ⓑ
Leuchtendes Granatrot mit aufhellendem Rand. Zurückhaltend, fast schüchtern in der Nase, mit dezenter Fruchtnote und Zedernholz. Am Gaumen klar, weitmaschigem Tannin, lebendiger Säure, zieht mit viel Spannung durch, bei mittellangem Abgang.

Marken, die mittelitalienische Adriaregion um Ancona, östlich von Umbrien

MARKEN

Weinbau in den Marken

DIE WEINE DER EROBERER

Glaubt man historischen Quellen, haben bereits der Feldherr Hannibal (241-173 v. Chr.) und der Gotenkönig Alarich (370-410 n. Chr.) die Weine Markens auf ihren Eroberungszügen genossen. Lange Zeit stand die Region nur für den Weißwein Verdicchio die Castelli di Jesi, doch liefern heute Herkünfte wie Rosso Conero auch bemerkenswerte Rotweine.

Über 170 Kilometer erstreckt sich die Region **MARKEN** im östlichen Mittel-Italien mit der Hauptstadt Ancona entlang der Adriaküste, direkt südlich anschließend an die Region Emilia Romagna. Lange Zeit war die Region eher unbekannt und wenig beachtet, auch bedingt durch die schlechte Verkehrsanbindung. Die hier erzeugten Weine wurden von den Einheimischen oder den Touristen vor Ort getrunken. Immerhin aber stammt von hier mit Cesare Mondavi, Gründer der berühmten kalifornischen Weindynastie Mondavi, der Vater der international gefeierten Weinikone Robert Mondavi. Ca. 25.000 Hektar stehen hier auf den lehmhaltigen Böden unter Reben, die meisten Weinberge liegen aber in den Ausläufern des Apennin, nur selten dringen sie bis zu den Gestaden der Adria vor. Das Klima, beeinflusst auch vom nahen Meer, ist mediterran und moderat kühl. Die Weinqualitäten waren lange Zeit eher bescheiden, doch hat es dennoch ein Wein zu großer Bekanntheit geschafft, der Weißwein Verdicchio dei Castelli di Jesi, der westlich von Jesi in 25 Gemeinden in den Ausläufern des Appenin angebaut wird. Dieser Wein muss zu wenigstens 85 Prozent aus der Rebsorte Verdicchio erzeugt werden. Insgesamt aber liegen im Rebsortenspiegel

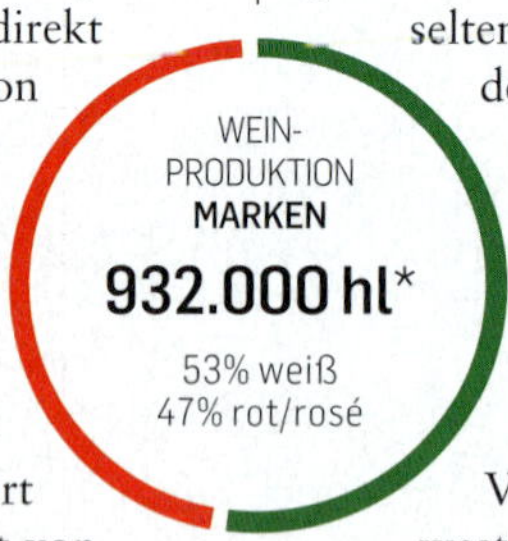

* Gesamtweinprodukion Italien: 49.908.000 hl, Jahrgang 2020

die Rotweine leicht vorne, und hier hat sich seit den 1990er Jahren viel getan. Nach der Qualitätsrevolution in der nahe gelegenen Toskana und dem damit einhergehenden Preisanstieg wurden die Marken zunehmend für die Erzeugung preiswerter, guter Rotweine entdeckt. Der Rosso Piceno, ein Blend zumeist aus den Sorten Montepulciano und Sangiovese, sowie der Rosso Conero, ein Rotwein aus der Provinz Ancona, der aus wenigstens 85 Prozent Montepulciano erzeugt werden muss, haben es längst zu einer gewissen Berühmtheit gebracht und weisen häufig ein sehr gutes Preis/Leistungsverhältnis auf. Aber auch in Sachen Weißwein hat sich einiges getan, neben dem Verdicchio die Castelli di Jesi hat sich der Verdicchio di Matelica etabliert, beiden Verdicchios wurde mittlerweile für ihre Riserva-Qualitäten der DOCG Status zugesprochen. Andere Herkünfte mit ihren Weinen aus Pinot Bianco, Pinot Grigio oder Trebbiano, der Schaumwein Vernaccia di Serrapetrona oder auch der Rotwein Lacrima di Morro warten indes noch auf ihre Entdeckung. Darüber hinaus werden auch Rosé-Weine erzeugt, insgesamt aber ist der Wandel zu höheren Qualitäten noch nicht abgeschlossen, einige Weingüter aber demonstrieren bereits eindrucksvoll, was hier noch möglich ist.

MARKEN

D.O.C.G.

1 Castelli di Jesi Verdicchio Riserva
2 Cònero
3 Offida
4 Verdicchio di Matelica Riserva
5 Vernaccia di Serrapetrona

D.O.C.

6 Bianchello del Metauro
7 Colli Maceratesi
8 Colli Pesaresi
9 Esino
10 Falerio
11 I Terreni di Sanseverino
12 Lacrima di Morro
13 Pergola
14 Rosso Cònero
15 Rosso Piceno
16 San Ginesio
17 1Serrapetrona
18 Terre di Offida
19 Verdicchio dei Castelli di Jesi
20 Verdicchio di Matelica

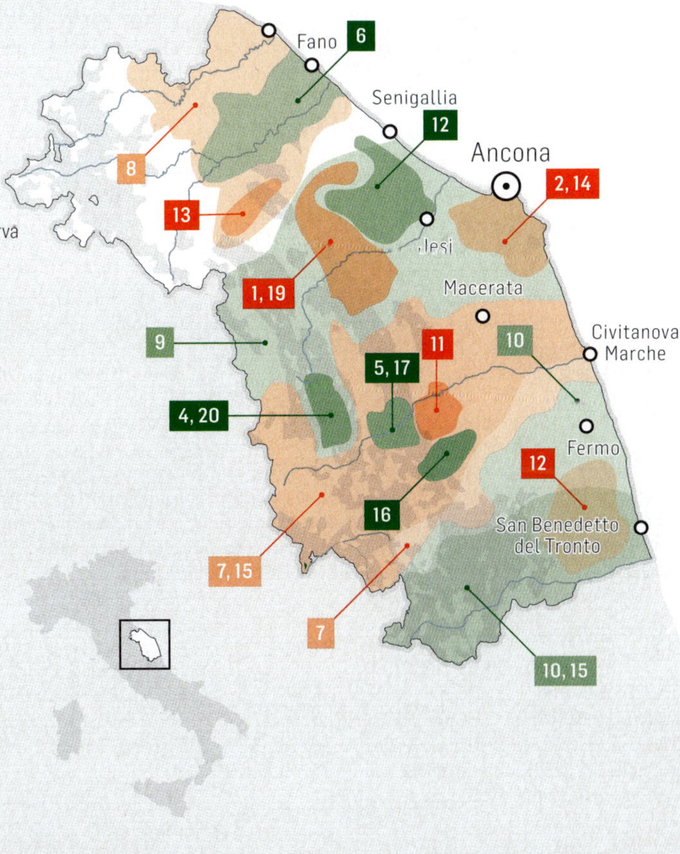

★★★★

GAROFOLI

Via Arno 2, 60025 Loreto (AN)
T: +39 071 7820162, mail@garofolivini.it
garofolivini.it

Ab-Hof-Verkauf: Ja
Kellermeister: Carlo Garofoli
Kontakt: Caterina Garofoli
Produktion: 1.600.000 Flaschen, 50 Hektar

Die Geschichte von Garofoli ist die Geschichte einer Familie, die seit fünf Generationen mit der Welt der Weinproduktion verbunden ist. Die Unternehmensphilosophie ist damals wie heute immer die gleiche geblieben: ständige Aktualisierung der Produktionstechniken, aber stets mit Respekt für die traditionellen und historischen Methoden der Weinherstellung, unermüdliche Aufmerksamkeit für die Entwicklungen des Marktes und dessen Bedürfnisse, aber gleichzeitig Treue zu den besonderen und wertvollen Traditionen dieses Gebietes.

92 Metodo Classico Verdicchio dei Castelli di Jesi Riserva DOC 2019 Brut
12 Vol.-%, NK, Flaschengärung
Leuchtendes Strohgelb mit silbernen Reflexen. In der Nase blumige Aromen von Jasmin, begleitet von fruchtigen Orangennoten und einem leichten Hauch von Butter. Im Mund cremig und frisch, straff, ausgewogen und von hervorragender Persistenz.

93 Podium Verdicchio dei Castelli di Jesi Classico Superiore DOC 2019
14 Vol.-%, NK
Leuchtendes Strohgelb. Feine Aromen von weißfleischigen Früchten mit deutlichen krautigen und würzigen Anklängen. Im Mund voll, dicht, fast cremig, sehr ausgewogen und schließt mit Noten, die zwischen Zitrusfrüchten und Mandeln schwanken, im Finale lange und salzig.

91 Macrina Verdicchio dei Castelli di Jesi Classico Superiore DOC 2021
13,5 Vol.-%, DIAM
Sehr intensives Strohgelb. Zarte Nase mit Nuancen von Melone, weißem Pfirsich und einem Hauch von Salbei. Im Mund gute Dichte und Frische, schließt salzig mit Noten von Zitrusfrüchten und Mandeln, gute Persistenz.

90 Komaros Rosato Marche IGT 2021
13 Vol.-%, DIAM
Sehr blasses Rosa. In der Nase zarte Anklänge an rote Früchte, begleitet von einigen pflanzlichen Noten. Am Gaumen elegant fruchtig, frisch und würzig, endet mit einer schönen Kräuternote.

91 Grosso Agontano Conero Riserva DOCG 2019
14 Vol.-%
Sattes, dunkles Purpurrot. Ausgeprägtes Bouquet mit Noten von Zartbitterschokolade, schwarzer Brombeere und einem Hauch Teer. Weich und rund am Gaumen, breitet sich wohlig aus, mit festem Tannin, präsenter Eichenholznote, welches noch etwas überlagert.

91 Piancarda Rosso Conero DOC 2019 GN
13,5 Vol.-%
Leuchtendes Purpurrot mit dunklem Kern. Zurückhaltend in der Nase, filigran, nach Brombeere und Veilchen. Weich und geschliffen am Gaumen, mit feinem Gerbstoff, von angenehmer Balance, saftig und leicht salzig im anhaltenden Finale.

★★★★★

OASI DEGLI ANGELI

C. da S. Egidio 50, 63012 Cupra Marittima (AP)
T: +39 735 778569, info@kurni.it
kurni.it

Ab-Hof-Verkauf: Ja
Kellermeister: Marco Casolanetti
Kontakt: Eleonora Rossi

In Cupra Marittima in den südlichen Marken führt eine kleine Landstraße landeinwärts zur Oase der Engel, der Oasi degli Angeli. Hier ist das Reich von Eleonora Rossi und ihrem Mann Marco Casolanetti. 1997 erzeugte Marco den ersten Wein, einen sortenreinen Montepulciano, den er nach dem Kosenamen seiner Schwiegermutter Kurni nannte. Marco Casolnaetti setzte von Beginn an auf naturnahen Anbau und extrem niedrige Erträge: Dichtpflanzungen im Stocksystem ergeben lediglich 150 bis 170 Gramm pro Stock. Seit einigen Jahren wurde das Sortiment um den Kupra erweitert, ein reinsortiger Grenache.

beigestellt

Elenora Rossi und Marco Casolanetti, Weingut Oasi degli Angeli

98 Kurni Rosso Marche IGT 2019

14,5 Vol.-%, NK

Tiefdunkles Rubinrot. In der Nase konzentriert nach Cassis und Brombeeren, zarter Anklang von Holunderbeeren, getrocknete Zwetschken, gestützt von feiner Würze und Edelholz. Am Gaumen dicht und stoffig, zeigt enorme Vielschichtigkeit, baut sich langsam und lange auf, die klare Frucht ist bestens eingebettet, im hinteren Bereich saftig mit Anklängen von feiner Salzigkeit, lange und mit sattem Druck

96 Kupra Rosso Marche IGT 2018

14,5 Vol.-%, NK

Aufhellendes Rubinrot mit transparenten Rändern. In der Nase einprägsam und ausdrucksstark, ein Hauch Würze, Tabakblatt, reife Erdbeeren, reife Himbeeren. Am Gaumen mit viel Finesse, klar und strahlend mit engem Tannin, spannt sich in vielen Schichten auf, rote Fruchtkomponente, im Nachhall sehr lange und druckvoll.

★★★★★

SANTA BARBARA

Borgo Mazzini 35, 60010 Barbara (AN)
T: +39 071 9674249, info@vinisantabarbara.it
santabarbara.it

Ab-Hof-Verkauf: Ja
Kellermeister: Pierluigi Lorenzetti
Kontakt: Stefano Antonucci
Produktion: 900.000 Flaschen, 45 Hektar

Die Wiedereinführung großer heimischer Rebsorten wie Verdicchio und Montepulciano und die Schaffung von Weinen nach internationalem Geschmack, die Originalität und Persönlichkeit besitzen: Dies sind die Ziele, die die Weinkellerei Santa Barbara verfolgt. Kein leichtes Spiel, erfordert es doch Mut und eine gewisse Risikobereitschaft. Eigenschaften, denen es Stefano Antonucci, dem charismatischen Leiter von Santa Barbara, nicht mangelt. Der Selfmademan hat es geschafft, eine Truhe voller önologischer Schätze zu füllen. Daraus gehen jedes Jahr Produkte hervor, die prestigeträchtige Preise gewinnen.

Santa Barbara

94 Moss Blanc Verdicchio dei Castelli di Jesi Classico Superiore DOC 2019
14 Vol.-%, NK, Leuchtendes Hellgold. In der Nase toller Holzeinsatz, Fumé, nach getoastetem Brot, Ananas, Mango, auch nach Birne und einem Hauch Haselnüsse, edle Würze. Am Gaumen mit tollem Spiel, tritt weich auf der Zunge auf, spannt einen weiten Bogen, golden und strahlend, mit cremiger Textur, zeigt feine Saftigkeit, sehr lange im Nachhall.

93 Stefano Antonucci Verdicchio dei Castelli di Jesi Classico Superiore DOC 2020
13,5 Vol.-%, DIAM, Leuchtendes Strohgelb. Duftende, ausdrucksstarke Nase, zunächst nach knackigem Golden Delicious, dann kandierte Zitronenzeste, etwas Minze und Muskat im Nachhall, dazu weiße Blüten. Am Gaumen mit fruchtbetontem Kern und schöner Saftigkeit, spannt sich zart cremig über den Gaumen, dazu tolle Salzigkeit, hallt lange nach.

93 Tardivo man non Tardo Verdicchio dei Castelli di Jesi Classico Riserva DOCG 2019
14 Vol.-%, DIAM, Strahlend leuchtendes Strohgelb mit grünlichem Schimmer. In der Nase nach Feuerstein, reifen Birnen, zarte Banane, etwas Marillen, leichter Mandelnote, dann nach Bienenwaben mit buttrigem Nachhall. Am Gaumen mit toller Struktur, elegant und schmelzig, gut eingebundene Säure, salzig, vielschichtig und mit viel Druck, im Abgang kräuterwürzig.

beigestellt

VERKOSTUNGSERGEBNISSE
SANTA BARBARA

91 Back to Basics Verdicchio dei Castelli di Jesi DOC 2021
13,5 Vol.-%, KK B
Leuchtendes Strohgelb. In der Nase Duftig und einladende, zarte Holzwürze, reifem Pfirsich, reifer Cassis und weißer Pfefferwürze. Sehr weich am Gaumen, satt und klar, sahniger Touch, im Hintergrund gut eingebundene Säure, fülliges Finale.

90 Le Vaglie Verdicchio dei Castelli di Jesi DOC 2021
13 Vol.-%, DIAM, Strahlendes Strohgelb. In der Nase auf saftigen Pfirsich, ein Hauch Marille, Zitrone. Am Gaumen mit saftigem Eintritt und ausgewogenem Spiel, klare Frucht, bricht im Finale dann etwas ein.

91 Animale Celeste Sauvignon Vino Bianco 2021
11,5 Vol.-%, DIAM
Helles leuchtendes Strohgelb. Intensiv in der Nase nach grüner Paprika, weißer Pfirsich, leichte Zitruswürze im Hintergrund. Am Gaumen grünfruchtig mit ausgewogenem Spiel, eigener Charakter, leicht salzig und mit saftiger Frucht im Finish.

95 Mossone Merlot Marche IGT 2019
14,5 Vol.-%, NK
Tiefes, dunkles Rubinrot. In der Nase deutlich pikante, würzige Noten, Edelholz, sowie dunkle Noten von Tabak, Kaffee, Sauerkirsche und reifer Waldfrucht. Am Gaumen bleibt die würzige Note erhalten, von tanninhaltiger Textur unterstützt, satte Struktur. Lang und anhaltend, sehr angenehm zu trinken.

94 Pathos Rosso Marche IGT 2019 ME/CS/SY
14 Vol.-%, NK
Intensives Purpurrot. In der Nase blumige und fruchtige Noten, die einen süßen und frischen Eindruck hinterlassen, im Nachhall auf frischer Pfefferminze. Der Schluck ist saftig und frisch, mit einem Hauch von Würze und erneuten Mentholnoten, dazu fast schon cremiges Tannin, im Nachhall druckvoll und saftig.

90 Stefano Antonucci Marche Rosso IGT 2019 ME/CS/MO2
14 Vol.-%, DIAM, Dunkles Rubinrot mit fast schwarzem Kern. In der Nase intensiver Duft nach reifen Kirschen, Pflaumen und Brombeeren sowie etwas schwarzem Pfeffer. Am Gaumen saftig, fruchtig und mit feinkörnigem Tannin, das im mittleren Nachhall leicht einbremst.

90 Il Maschio da Monte Rosso Piceno DOC 2019 MO2/SN
14,5 Vol.-%, NK, intensives Rubinrot mit fast schwarzem Kern. In der Nase intensiv nach marmeladigen roten Früchten, etwas Leder und Zimt, getrocknete Rosen im Hintergrund. Am Gaumen frisch und voll, mit zupackendem Gerbstoff, der im Finale leicht austrocknend wirkt.

beigestellt

★★★★

TENUTA DI TAVIGNANO

Località Tavignano 10, 62011 Cingoli (MC)
T: +39 0733 617303, info@tenutaditavignano.it
tenutaditavignano.it

Ab-Hof-Verkauf: Ja
Kellermeister: Pierluigi Lorenzetti, Paolo Novelli
Kontakt: Ondine de la Feld Aymerich
Produktion: 30 Hektar
Anbauweise: Bio

Tenuta di Tavignano liegt auf Hügeln in der Gegend von Cingoli im Herzen der Appellationen »Verdicchio dei Castelli di Jesi DOC Classico« und »Rosso Piceno DOC«. Hier herrscht ein perfektes Mikroklima für einen umweltschonenden Weinbau. Der mergelig-kalkhaltige Boden verleiht den Weinen einen mineralischen, saftigen Geschmack. Der Verdicchio Classico Superiore »Misco« und der »Misco Riserva« sind die Weißweine des Guts, während der Marche Rosso »Libenter« der klassische Rotwein ist. Alle Weißweine reifen in Edelstahltanks, die Rotweine in Eichenfässern.

Ondine de la Feld Aymerich und Stefano Aymerich, Tenuta di Tavignano

95 Misco Riserva Castelli di Jesi Verdicchio Classico Riserva DOCG 2019
13,5 Vol.-%, NK
Leuchtendes, strahlendes Strohgelb. In der Nase nach Meersalz, Himbeeren, Ananas, saftiger Birne und kandierter Zitronenzeste sowie einem Hauch Würze. Öffnet sich am Gaumen mit tollem Spiel, herzhaft und klar, wirkt sehr edel, bleibt lange und geschliffen im Finale zurück.

91 Villa Torre Verdicchio dei Castelli di Jesi Classico Superiore DOC 2021
13 Vol.-%, DV B
Strahlendes Silbergrau. In der Nase nach frisch geschnittenem Gras und Passionsfrucht, wirkt sehr exotisch und duftig, im Nachhall auf weißen Pfirsich und weißen Blüten. Am Gaumen mit den selben Aromen, zeigt sich schön saftig und klar, präzise, wirkt kristallin, mit fein salzigem Abgang.

91 Cervidoni Rosso Piceno DOC 2020
13,5 Vol.-%, NK B
Tiefes Rubinrot mit violetten Anklängen. In der Nase feine Würze, dazu etwas Brombeere und Kirsche. Am Gaumen stoffig, mit feinem Holzeinsatz, zeigt dazu schöne Saftigkeit, fruchtwürzig, guter Speisenbegleiter.

beigestellt

★★★

VELENOSI

ROGGIO
DEL FILARE

Via dei Biancospini 11, 63100 Ascoli Piceno (AP)
T: +39 0736 341218, info@velenosivini.com
velenosivini.com

Ab-Hof-Verkauf: Ja
Kellermeister: Filippo Carli, Luca Fioravanti
Kontakt: Angela Velenosi
Produktion: 2.666.667 Flaschen

Das Weingut Velenosi wurde 1984 von Angela und Ercole Velenosi gegründet. Das Herz des Betriebs befindet sich in Ascoli Piceno in der Region Marken. Neben den vier Weingütern in Ascoli Piceno, Castorano, Monsampolo del Tronto und Castel di Lama gibt es noch ein Weingut in der Gegend von Ancarano und im Gebiet von San Marcello, inmitten der Castelli di Jesi. Die Produktion beträgt etwa 2.500.000 Flaschen. Das Team wird von renommierten Fachleuten unterstützt wie Attilio Pagli, einem der bekanntesten Önologen Italiens, und Cesare Ferrari, Berater für eine lange Liste von Franciacorta-Weingütern.

92 Rève Pecorino Offida DOCG 2020
13 Vol.-%, NK
Strahlendes helles Goldgelb. In der Nase mit deutlich wahrnehmbarer Holzwürze, leicht getoastet, nach Weißbrot und Vanille, auch buttrig, tolle Gelbfrucht. Am Gaumen mit beachtlicher Dichte, schöner Spannungsbogen, viel Druck, sahnig und mit schöner Salzigkeit ausgestattet, sowie kristallklarer Säure, langes Finale.

89 Battito Rosa Marche Rosato IGT 2021
13,5 Vol.-%, NK
Helles Babyrosa. Duftig, intensive Nuancen nach Gummibärchen, Himbeere und Waldfrüchte. Am Gaumen etwas spitze Säure und schüchterne Frucht, mittlere Länge.

89 Prope Cerasuolo d'Abruzzo DOC 2021
14,5 Vol.-%, NK
Leuchtendes Kirschrosa mit leicht aufhellenden Rändern. In der Nase blumig, mit Nuancen nach Veilchen und Rosenblüten, dann auch fruchtig mit Tönen von Himbeere und Granatapfel. Am Gaumen kommt eine zartbittere Frucht zum Vorschein, mit gewisser Saftigkeit und von mittlerer Länge.

92 Versosera Montepulciano d'Abruzzo Colline Teramane DOCG 2020
14,5 Vol.-%, NK
Intensives, dunkles Rubinrot. Intensive, fruchtige Nase von Sauerkirschen, Pflaumen, Johannisbeeren, Vanille, Tabak und Leder. Am Gaumen von großer Struktur und Körper, voll und üppig, weiche und geschliffene Tannine mit würzigem Ausklang.

92 Ludi Offida Rosso DOC 2019 MO2/CS/ME
14,5 Vol.-%, NK
Intensives, undurchdringliches, sehr dunkles Rubinrot. In der Nase wechseln sich Noten von roten Früchten mit Lakritze und Graphit ab, dazu leicht balsamisches Finale. Im Mund vollmundig und intensiv, baut sich in vielen Schichten auf, harmonisch im Abgang mit toller Länge.

91 Roggio del Filare Rosso Piceno Superiore DOC 2019
14,5 Vol.-%, NK
Sehr dunkles und undurchdringliches Rubinrot mit Violett. In der Nase nach getrockneten roten Rosen, sehr reifen Erdbeeren und satten Kirschen, dazu merklicher Holzeinsatz. Am Gaumen dunkelbeerig und sehr würzig, zeigt packendes Tannin, aktuell noch sehr jung, von mächtiger Struktur.

Assisi, Perugia, Umbrien

LA
TIUM
UM
BRIEN

Campo Soriano-Berge bei Terracina, Latium

REGIONEN AUF NEUEN WEGEN

Umbrien im Herzen Italiens war lange Zeit nur bekannt für seinen Weißwein Orvieto, das benachbarte Latium im Süden für seinen Weißwein Frascati. Seit aber Ikonen wie Marchese Antinori oder die Önologen-Familie Cotarella das Potential dieser Regionen neu entdecken und entwickeln, weht auch hier ein frischer Wind.

Rund um die »Ewige Stadt«, die italienische Hauptstadt Rom, liegt die Weinbauregion **LATIUM** mit ihren ca. 20.500 Hektar Weinbergen. Dabei stehen im Norden der pulsierenden Metropole Weißweinreben, vorwiegend, Bombino, Malvasia Bianco oder auch Trebbiano Toscano, der Süden ist den Rotweinsorten wie Aleatico, Canaiolo, Cabernet Sauvignon, Cabernet Franc oder Merlot vorbehalten. Das Klima ist hier, vor allen Dingen in Küstennähe, sehr warm und trocken, weiter im Landesinneren und auf höheren Lagen ist es kühler. Die vulkanischen Böden rund um Rom sind für Weinbau sehr geeignet. Der größte Teil der Weinerzeugung wird vor Ort getrunken, doch haben es zwei Weißweine zu großer Berühmtheit gebracht, der Frascati, der vorwiegend aus Malvasia unter Beigabe von Sorten wie Bombino oder Trebbino erzeugt wird, und der Est! Est!! Est!!!, eine Cuvée aus Trebbiano und Malvasia. Um den Letzteren rankt sich die Legende, dass der kuriose Name dadurch zustande kam, dass ein Bote im Auftrag eines deutschen Bischofs für eine Reise jene Landgasthöfe markieren sollte, in denen der Wein besonders gut sei. Diese markierte er mit einem »Est!«, war aber in einer Herberge so begeistert, dass er dieses lateinische Wort (»das ist es«) gleich dreimal mit den bekannten Ausrufezeichen an die Wand schrieb. Spitzen-Rotweine wie der »Montiano« der Önologen Legende Cotarella haben aber den Fokus anspruchsvoller Weinfreunde auch auf die Rotweine der Region gelenkt.

WEIN-
PRODUKTION
LATIUM
1.450.000 hl*
72% weiß
28% rot/rosé

* Jahrgang 2020, Gesamtweinprodukion Italien: 49.908.000 hl

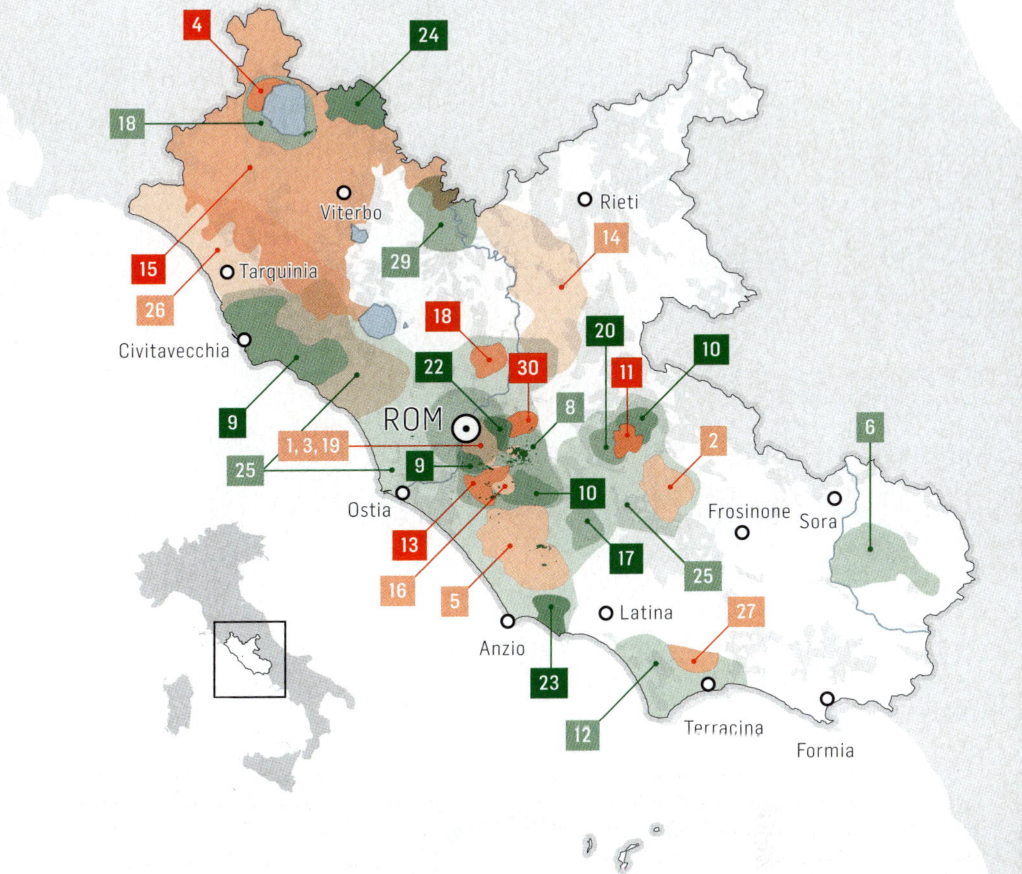

LATIUM

D.O.C.G.

1 Cannellino di Frascati
2 Cesanese del Piglio
3 Frascati Superiore

D.O.C.

4 Aleatico di Gradoli
5 Aprilia
6 Atina
7 Bianco Capena
8 Castelli Romani
9 Cerveteri
10 Cesanese di Affile
11 Cesanese di Olevano Romano
12 Circeo
13 Colli Albani
14 Colli della Sabina
15 Colli Etruschi Viterbesi
16 Colli Lanuvini
17 Cori
18 Est! Est!! Est!!! di Montefiascone
19 Frascati
20 Genazzano
21 Marino
22 Montecompatri Colonna
23 Nettuno
24 Orvieto
25 Roma
26 Tarquinia
27 Terracina
28 Velletri
29 Vignanello
30 Zagarolo

Quelle: Istat date 2021

UMBRIEN

D.O.C.G.

1 Montefalco Sagrantino
2 Torgiano Rosso Riserva

D.O.C.

3 Amelia
4 Assisi
5 Colli Altotiberini
6 Colli del Trasimeno
7 Colli Martani
8 Colli Perugini
9 Lago di Corbara
10 Montefalco
11 Orvieto
12 Rosso Orvietano
13 Spoleto
14 Todi
15 Torgiano

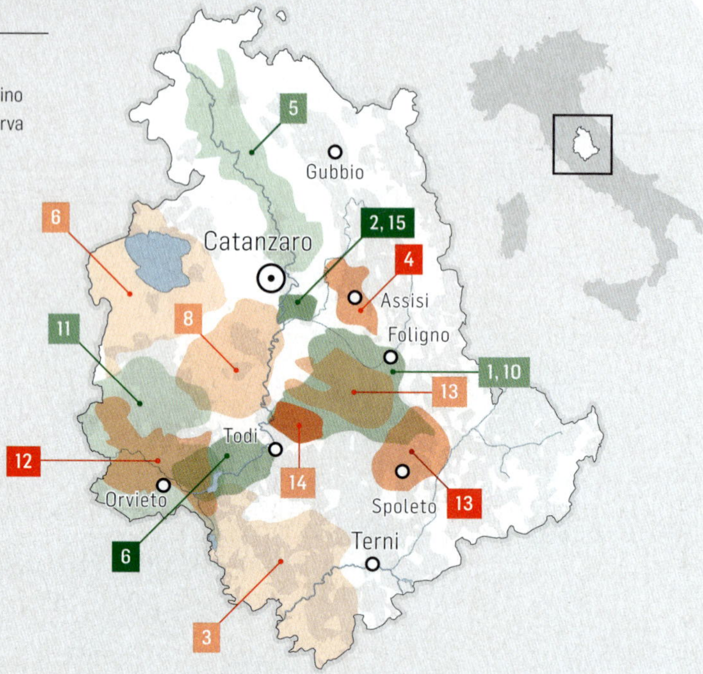

Die Region **UMBRIEN**, gelegen südlich der Toskana mit dem Städtchen Grosseto in der Maremma im Westen und Siena mit seinem berühmten Brunello di Montalcino im Nordwesten, zählt zu den ältesten Weinbauregionen Italiens. Archäologische Funde von Weinkellern und Gerätschaften lassen den Schluss zu, dass hier nicht erst die Römer mit dem Weinbau begannen, sondern bereits die Etrusker und die Umbrier selbst ca. 3000 v. Chr. Umbrien war indes bis in die 80er und 90er Jahre wenig bekannt für seine Weine bis auf eine große Ausnahme, den Weißwein Orvieto, der schon lange zu den Weißweinklassikern Italiens zählt. Einen großen Aufschwung erlebte die Region durch die Cantina Lungarotti, die in den 70er mit ihrer Release des Rotweins »Torgiano«, einer Cuvée aus vorwiegend Sangiovese mit etwas Montepulciano und Canaiolo, unter Fachleuten und Kritikern für Aufsehen sorgte und bewies, dass die Weinberge Umbriens auch für Rotweine besonders geeignet sind. Tatsächlich stehen hier heute mehr Rotweinreben im Ertrag als Weißweinreben, trotz der Übermacht des Orvieto. Das Klima mit seinen überwiegend sehr warmen, trockenen Sommern und milden, aber feuchten Wintern ist dem der Toskana sehr ähnlich und im Verbund mit den zumeist kalkhaltigen Böden für die Produktion hochwertiger Rotweine sehr geeignet. Das lockte nach der Pionierleistung von Lungarotti auch die Marchesi Antinori an, die mit Castello della Sala ebenso ein Spitzenweingut etablierte wie die berühmte Önologenfamilie Cotarella mit ihrem Weingut Falesco, was der Region weiteren Aufschwung verlieh. Als Geheimtipp gelten die Weine des Lago Trasimeno. Ca. 13.700 Hektar umfassen die Weinberge Umbriens, übrigens eine der wenigen Weinbauregionen Italiens ohne Meereszugang.

WEIN-PRODUKTION
UMBRIEN
644.000 hl*
48% weiß
52% rot/rosé

* Jahrgang 2020, Gesamtweinprodukion Italien: 49.908.000 hl

★★★★

ANTONELLI

Loc. San Marco 60, 06036 Montefalco (PG)
T: +39 0742 379158, info@antonellisanmarco.it
antonellisanmarco.it

Ab-Hof-Verkauf: Ja
Kellermeister: Massimiliano Caburazzi
Produktion: 350.000 Flaschen, 55 Hektar
Anbauweise: Bio

Das Weingut Antonelli liegt im Herzen des Weinbaugebiets Montefalco DOCG. Die lehmhaltigen und kalkreichen Parzellen haben unterschiedliche geologische Ursprünge: Einige sind tief, andere felsig, was den Weinen intensive und vielfältige Nuancen verleiht. Die Hügel sind von Wäldern umgeben und bieten ein ideales Mikroklima. Angebaut werden hauptsächlich einheimische Rebsorten wie Grechetto und Trebbiano Spoletino für die Weißweine sowie Sangiovese und Sagrantino für die Rotweine. Seit der Ernte 2012 ist das Weingut offiziell biologisch zertifiziert.

92 Trebium Spoleto Trebbiano Spoletino DOC 2021
13,5 Vol.-%, NK, großes Holzfass
Leuchtendes Strohgelb. Intensive Nase von reifen gelben Früchten, Pfirsich und Aprikose, Vanille und einigen würzigen Noten. Saftig, dicht, fast cremig, unterstützt von ausgewogener Säure, schließt er mit Noten von rosa Grapefruit.

94 Chiusa di Pannone Montefalco Sagrantino DOCG 2016
15 Vol.-%, NK, großes Holzfass Ⓑ
Dunkles Rubinviolett mit undurchdringlichem Kern. In der Nase komplex und duftend, mit feinen Nuancen von Veilchen und Rosen, zeigt satte Kirsch- und Himbeerfrucht, Vanille und herzhafte Brombeere. Am Gaumen ausgewogen und geschliffen, zeigt griffiges-engmaschiges Tannin, mit viel Kraft und edlen harzigen Tönen, im Nachhall mit festem Druck.

94 Molino dell'Attone Montefalco Sagrantino DOCG 2016
15 Vol.-%, NK, 500-l-Fass Ⓑ
Dunkles Rubinviolett. In der Nase mit feiner Lederwürze, reifen Waldbeeren, Brombeeren, auch nach Bitterschokolade und edlem Holzeinsatz. Am Gaumen komplex und eng gewoben, baut sich in vielen Schichten auf, zeigt sehr tolles Reifpotenzial, weglegen und in ein paar Jahren voll genießen.

92 Montefalco Sagrantino DOCG 2017
14,5 Vol.-%, NK, großes Holzfass
Sattes Rubinrot mit granatrotem Rand. In der Nase nach reifen Zwetschken und Amarenakirschen, im Nachhall leicht würzig. Am Gaumen wärmend, mit sehr kräftigem Tannin, mit klarer Frucht, harmonisch, langes und würziges Finale.

92 Montefalco Rosso Riserva DOC 2018
14,5 Vol.-%, NK, 500-l-Fass/großes Holzfass Ⓑ
Dunkles Granatrot. In der Nase eleganter Duft nach Waldhimbeere gepaart mit leichter Kräuterwürze. Am Gaumen fruchtbetont, mit griffigem Tannin, sattem Druck, wird von Lagerung profitieren.

93 Montefalco Sagrantino Passito DOCG 2016
14,5 Vol.-%, NK, Eichenfass/Beton
Rubinrot mit Tendenz zu Purpur. Reichhaltige Nase, intensiv und komplex mit Noten von frischen und konfitüreartigen Waldbeeren, eingelegten Kirschen und feiner Würze. Am Gaumen süß, vollmundig und weich, mit frischem Abgang und lang anhaltendem Nachgeschmack von Datteln.

★★★★★

ARNALDO CAPRAI

Località Torre, 06036 Montefalco (PG)
T: +39 0742 378802, info@arnaldocaprai.it
arnaldocaprai.it

Ab-Hof-Verkauf: Ja
Kellermeister: Vera Lafranconi
Kontakt: emarzi@arnaldocaprai.it
Produktion: 1.200.000 Flaschen, 1 % Schaumwein, 28 % weiß, 70 % rot, 1 % süß, 160 Hektar

Im Jahr 1971 beschloss Arnaldo Caprai, ein bedeutender Textilhersteller, seinen Traum vom eigenen Wein zu verwirklichen und erkannte das große Potenzial der Rebsorte Sagrantino. Ab dem Jahr 1988 ging die Leitung des Betriebs nach und nach auf seinen Sohn Marco über, der in modernste Produktions- und Betriebsführungsmethoden investierte. Die Zusammenarbeit mit führenden Fachleuten und Forschern, die sich mit den Anbau- und Weinbereitungsmethoden der Sagrantino-Rebe beschäftigen, war ein wesentlicher Faktor bei der Herstellung eines der besten italienischen Rotweine.

90 Grecante Grechetto Colli Martani DOC 2021
13,5 Vol.-%, NK, Stahltank/Flaschenreifung

Blass strohgelb. Süße, breit gefächerte Fruchtnoten von Pfirsich und Akazienhonig. Am Gaumen frisch und belebend, saftig, im Abang nach Orangenschalen.

96 25 Anni Montefalco Sagrantino DOCG 2018
15,5 Vol.-%, NK, Barrique/Flaschenreifung

Dunkles Rubinviolett mit schwarzem Kern. In der Nase offenherzig und einladend, nach Schokoladepulver, Malz, Vanille, dann nach satten Brombeeren sowie Amarenakirschen, im Nachhall zart nach Butterkeksen und getrockneten Veilchen. Am Gaumen satt und strahlend, zeigt dunkle und reife Frucht umhüllt von sattem und eng gewobenem Tannin, baut sich in vielen Schichten auf, endet im Finale sehr lange.

93 Collepiano Montefalco Sagrantino DOCG 2018
15,5 Vol.-%, NK, Barrique/Flaschenreifung

Dunkles Rubinviolett mit undurchdringlichem Kern. In der Nase nach Brombeeren, Minze, eingelegten Kirschen, satte Waldfrucht und Schokolade im Nachhall. Öffnet sich am Gaumen mit edlen Noten von Rosinen und Zwetschken, spannt ein eng gewobenes, sattes Kleid auf, herzhaft nach Schokolade und hellem Malz im druckvollen Nachklang.

93 Valdimaggio Montefalco Sagrantino DOCG 2018
15,5 Vol.-%, NK, Barrique/Flaschenreifung

Dunkles Rubin mit violetten Nuancen. In der Nase sehr offenherzig nach eingelegten Kirschen und einem Hauch Rumtopf, im Nachhall feine malzige Töne. Am Gaumen mit reifem Fruchtkern, eingebettet in saftig-griffiges Tannin, fein gewoben, im Finale mit elegantem Ausklang und Nachdruck.

92 Montefalco rosso DOC 2020 SN/SGT/ME
14,5 Vol.-%, PK, Stahltank/gebrauchte Barriques/Flaschenreifung

Funkelndes Rubinrot mit dunklem Kern. In der Nase reife Brombeeren, schwarze Johannisbeeren und Heidelbeeren sowie leicht erdige Noten. Am Gaumen gut integrierte Säure, kraftvoll mit zupackenden Tanninen und anhaltendem Trinkfluss.

92 Montefalco Rosso Riserva DOC 2019 SN/SGT/ME
14,5 Vol.-%, NK, gebrauchte Barriques/Flaschenreifung

Finsteres Rubinviolett. In der Nase nach schwarzem Pfeffer, Curry, eingelegten Kirschen und sehr reifen Zwetschken, im Nachhall nach Brombeermarmelade. Am Gaumen mit Grip und Kraft, zeigt dunkle Frucht und sattes, engmaschiges Tannin, aktuell noch ein Baby, wird sich aber gut zusammenfügen, weglegen und in ein paar Jahren voll genießen.

★★★

CÒLPETRONE

Via Ponte La Mandria 8, 06035 Gualdo Cattaneo (PG)
T: +39 0742 99827, colpetrone@saiagricola.it
colpetrone.it

Ab-Hof-Verkauf: Ja
Kellermeister: Emanuele Nardi, Riccardo Cotarella
Kontakt: Francesco Ceccarelli
Produktion: 280.000 Flaschen, 3 % weiß, 96 % rot, 1 % süß, 63 Hektar

Còlpetrone ist das größte private Weingut, das Montefalco Sagrantino produziert. Ende der 80er-, Anfang der 90er-Jahre erfuhr der Sagrantino entscheidende Impulse, als einige Weingüter wie Còlpetrone das noch unausgeschöpfte Potenzial des Weins erkannten und sich neben der traditionellen Version, dem Sagrantino Passito, auch auf trockenen Rotwein konzentrierten. Còlpetrone gehört zu den Weingütern des Projekts Wine Research Team, einer Gruppe italienischer und ausländischer Weingüter, die sich für die wissenschaftliche Forschung und die Nachhaltigkeit in der Weinproduktion engagieren.

89 Grechetto dell'Umbria IGT 2021
12,5 Vol.-%, DIAM, Stahltank
Strohgelb mit leicht grünlichen Reflexen. In der Nase leichte Fruchtnoten von Birne und Zitrusfrüchten, die in blumige Noten von Trockenfrüchten übergehen. Am Gaumen lebendig, mit leichter Würze und einer dezenten Säure.

94 Sacer Montefalco Sagrantino DOCG 2010
15 Vol.-%, NK, Barrique
Rubin mit granatrotem Rand. In der Nase nach sehr reifen Zwetschken und eingelegten Sauerkirschen, dazu Brombeere, im Nachhall Unterholz und Schokolade. Am Gaumen stoffig, mit sehr kräftigem Tannin, harmonisch und gut ausbalanciert, mit langem Finale.

92 O' di Còlpetrone Montefalco Sagrantino DOCG 2016
16 Vol.-%, NK, Eichenfass
Leuchtendes Rubinrot im Kern mit granatrotem Rand. In der Nase nach reifen Amarenakirschen und eingelegten Pflaumen, im Nachhall etwas Leder und ein Hauch Pfeffer. Am Gaumen saftig, mit kräftigem Gerbstoff, ausbalanciert und harmonisch, wirkt wärmend, langes Finale.

91 Memoira Montefalco Sagrantino DOCG 2015
14,5 Vol.-%, NK, Barrique
Sattes Rubinrot mit leicht aufhellendem Rand. In der Nase nach roten Waldbeeren und Orangenzesten, im Nachhall etwas Leder sowie balsamischer Touch. Am Gaumen salzig, mit sehr kräftigem aber gut eingebundenem Gerbstoff, fruchtbetont, mit feinwürzigem Finale.

89 Montefalco Rosso DOC 2018 SN/SGT/ME
13,5 Vol.-%, DIAM, Stahltank
Leuchtendes Rubinrot. In der Nase nach Kirschen und Himbeeren, im Nachhall vegetaler Touch. Am Gaumen frisch und saftig, mit feinkörnigem Gerbstoff, leicht vegetabil, mit mittellangem Abgang.

88 Saccr Umbria Rosso IGT 2018 SN/ME/CS/SGT
13,5 Vol.-%, DIAM, Stahltank
Leuchtendes Rubin mit feinem Granatrand. Zeigt sich in der Nase zurückhaltend, etwas Brombeere. Feine süße Frucht, dezenter Schmelz, im Finale zehrend.

★★★★

FAMIGLIA COTARELLA

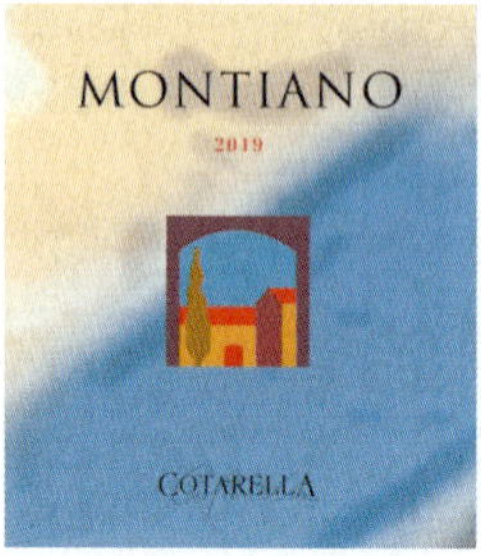

Loc. San Pietro, 05020 Montecchio (TR)
T: +39 0744 9556, info@famigliacotarella.it
famigliacotarella.it

Ab-Hof-Verkauf: Ja
Kontakt: Riccardo Cotarella
Produktion: 360 Hektar

Die Weingüter Cotarella wurden 1979 von zwei Brüdern in Montefiascone gegründet. 1999 erwarben diese das Weingut Marciliano südlich von Orvieto. 2017 kauften die Cotarellas das Gut Le Macioche in Montalcino. Dominga, Marta und Enrica, die dritte Generation, übernahmen 2015 den Betrieb. Zwei Jahre später gründeten sie Intrecci, eine Akademie für das Gastgewerbe. Das jüngste Projekt (2021) ist die Fondazione Cotarella. Die Stiftung will jungen Menschen mit einem Inklusionsprojekt ein positives Naturerleben und ein gesundes Verhältnis zum Essen vermitteln.

89 Falesco Tellus Chardonnay Lazio IGP 2021
12,5 Vol.-%, DIAM
Strahlendes sattes Strohgelb. In der Nase leicht reduktiv, öffnet sich nach etwas Zeit auf Wiesenkräutern und sanftem Zitrusduft. Am Gaumen mit gewisser Saftigkeit und klarer Frucht, mittlerer Säure, endet sauber im Finish.

94 Montiano Rosso Lazio IGP 2019
14,5 Vol.-%, NK
Dunkles, leuchtendes Rubinrot mit Violettem Kern. In der Nase einladende Aromen von Vanille als auch Früchte wie Brombeere, schwarze Johannisbeere und Holunder, sowie Leder und süßer Tabak. Am Gaumen sehr rund und weich, mit engmaschigem Gerbstoff, sehr elegant und mit schönem Druck im langem Finale.

92 Sodale Merlot Lazio IGP 2019
14 Vol.-%, NK
Satt leuchtendes Rubinrot. In der Nase nach satten Sauerkirschen, Waldbeeren und Pflaumen, im Hintergrund leicht würzig. Am Gaumen fruchtsüß, mit feinkörnigem und gut eingebundenem Tannin, spannt sich mit Finesse über die Zunge, endet zart cremig und harmonisch.

90 Le Macioche Brunello di Montalcino DOCG 2017
14,5 Vol.-%, NK
Leuchtendes Rubinrot mit Granatrotem Kern. In der Nase nach reifer Zwetschke und Brombeere, erinnert an Quitte und rotbackigen Apfel, dazu leichte Würze. Am Gaumen mit mittlerer Spannung, herzhaft, im Nachhall zart animalisch und leicht austrocknend.

89 Falesco Tellus Syrah Lazio IGP 2020
13,5 Vol.-%, DIAM
Dunkles, leuchtendes Rubinrot. In der Nase pralle und reife Kirschen und Pflaumen, leichte Pfeffernote. Am Gaumen kräftig, sehr fruchtbetont bei leicht rustikalem Gerbstoff, etwas austrocknend.

88 Falesco Vitiano Rosso Umbria IGP 2019 SN/ME/CS
13,5 Vol.-%, PK
Dunkles Rubinrot mit Granatrotem Kern. In der Nase dunkle Früchte wie Kirsche, Brombeere und Holunder, auch etwas Schokolade und Gewürze. Am Gaumen mit mittelkräftiger Struktur, wirkt insgesamt etwas verwaschen auf grünlichen Noten.

★★★★★

LUNGAROTTI

Viale Giorgio Lungarotti 2, 06089 Torgiano (PG)
T: +39 075 9886630, lungarotti@lungarotti.it
lungarotti.it

Ab-Hof-Verkauf: Ja
Kellermeister: Vincenzo Pepe, Lorenzo Landi
Kontakt: Chiara Lungarotti
Produktion: 2.533.333 Flaschen, 250 Hektar
Anbauweise: Bio

Die Geschichte von Lungarotti ist eine Geschichte der Liebe zu Umbrien und zum Wein, die sich über viele Generationen erstreckt. Bereits vor zwei Jahrhunderten produzierte die Familie Wein und Olivenöl im mittleren Tibertal. Dieses Unternehmen konsolidierte sich im Laufe der Jahre und schuf schließlich den Rubesco und den Torre di Giano, legendäre Weine des Unternehmens, deren erste Ernte 1962 von Giorgio Lungarotti, einem Pionier des modernen italienischen Weinbaus, auf den Markt gebracht wurde. Seit 1999 wird das Unternehmen von seinen Töchtern Chiara und Teresa geleitet.

92 Torre di Giano Vigna Il Pino Bianco di Torgiano DOC 2019 VE2/GR8/TRE

13 Vol.-%, NK, Teilbarrique/Flaschenreifung

Helles und leuchtendes Goldgelb. In der Nase Aromen von reifem Apfel, Zitronenschale, Anklänge von tropischen Früchten und süßen Gewürzen. Fruchtig, ausgewogen, saftig und sehr erfrischend im Abgang.

91 Aurente Chardonnay di Torgiano DOC 2018

13 Vol.-%, NK, Barrique/Flaschenreifung

Leuchtendes Goldgelb. In der Nase intensive Aromen von reifen gelben Früchten, weißen Blüten und einigen Röstaromen. Im Mund kraftvoll, geradlinig, saftig und mit einer angenehmen Säurenote, langer Abgang mit zarten Vanillenoten.

94 Montefalco Rosso DOC 2018 SN/ME/SGT

15 Vol.-%, NK, Barrique Ⓑ

Dunkles Rubinrot mit Violett. Zeigt sich in der Nase mit Noten von edlem Holzeinsatz, dann satte Kirsche und satte Zwetschke, erinnert im Nachhall an gedörrte Blutorange, edler Duft nach Pfeffer und Curry runden das Bukett ab. Am Gaumen mit schönen Noten von Schokolade, spannt ein eng gewobenes Kleid auf, ausgewogen und in sich stimmig, im Nachhall packend und saftig.

91 Rubesco Rosso di Torgiano DOC 2020 SN/COL

13,5 Vol.-%, NK, großes Holzfass/Flaschenreifung

Sattes dunkles Rubinrot mit dichtem Kern. In der Nase dunkle Kirsche und Brombeeren, gepaart mit Tabak und Zedernholz. Am Gaumen weich und fruchtig, gute Balance zwischen Säure und Tannin mit anhaltendem Finish.

94 Rubesco Vigna Monticchio Torgiano Rosso Riserva DOCG 2018

14 Vol.-%, NK, Barrique/großes Holzfass/Flaschenreifung

Intensives Rubinrot, leicht violett. In der Nase reife Noten von roten Früchten, Kirschen, Brombeeren, schwarzen Johannisbeeren, Granatapfel, eingelegten Sauerkirschen und ein blumiger Schluss nach zarter Minze. Am Gaumen reichhaltig und vollmundig, mit würzigen Noten. Angenehmer Verlauf dank gut eingebundener Tannine, lang anhaltend.

89 IlBio Umbria Rosso IGT 2020

14 Vol.-%, NK, großes Holzfass/Flaschenreifung Ⓑ

Dunkles Granatrot mit leicht aufhellenden Rändern. In der Nase reife Frucht von Pflaumen und Kirschen sowie Tabak und Zimt. Am Gaumen spannt sich der Bogen zuerst fruchtsüß und mit feinem Säurespiel, im Finale dann leicht bremsendes Tannin.

★★★

MADREVITE

Via Cimbano 36/2, 06061 Castiglione del Lago (PG)
T: +39 075 9527220, info@madrevite.com
madrevite.com

Ab-Hof-Verkauf: Ja
Kellermeister: Emiliano Falsini
Kontakt: Nicola Chiucchiurlotto
Produktion: 34.667 Flaschen, 11 Hektar
Anbauweise: in Umstellung

Madrevite liegt nahe der Grenze zwischen Umbrien und der Toskana, inmitten der Hügel, die den Trasimener See und den Lago di Chiusi umschließen. Drei Generationen von Winzern haben hier die tiefe, unveränderliche Verbindung zwischen Mensch und Natur weitergegeben. 2003 begann Nicola Chiucchiurlotto, den Familienbetrieb zu restaurieren und einen Teil der alten Weinberge seines Großvaters Zino aus dem Jahr 1978 neu zu bepflanzen. Heute verfügt Madrevite über etwa elf Hektar Rebflächen, die sich auf drei verschiedene Hügel im Gebiet des Trasimener Sees verteilen.

90 ❸ Futura Metodo Ancestrale VSQ Brut Nature
12 Vol.-%, DIAM, Stahltank/Flaschengärung
Strohgelb mit leicht gräulichem Schleier. In der Nase Noten von Apfel, Birne und einige blumige Anklänge. Im Mund ist die Kohlensäure gut mit der knackigen und angenehmen Zitrusfrucht integriert, tänzelt fein dahin.

92 Il Reminore Umbria Bianco IGT 2021
13 Vol.-%, DIAM, Stahltank
Strohgelb mit goldenen Reflexen. In der Nase intensive Noten von Apfel und reifem Pfirsich, weißen Blüten und einigen Gewürzen. Im Mund schlank, knackig, mit schöner Säure, die ihm einen langen Abgang verleiht.

91 Elvé Grechetto Trasimeno DOC 2021
13,5 Vol.-%, DIAM, Stahltank
Strohgelb mit grünlichen Reflexen. Angenehme Aromen von Zitrone, Heu und Pfirsichblüten in der Nase. Schöne Saftigkeit im Mund, dezenter erdiger Akzent im Abgang, wirkt sehr reichhaltig.

94 La Bisbetica Rosé Umbria Rosato IGP 2021
13,5 Vol.-%, DIAM, Stahltank
Helles Lachsrosa. In der Nase Zitrusfrüchte, Erdbeere, Melone und krautige Noten. Große Frische und Geradlinigkeit im Mund, knackige Säure und anhaltender Abgang, der mit Salzigkeit und der Fruchtsüße spielt.

93 C'Osa Gamay del Trasimeno Riserva DOC 2020
15,5 Vol.-%, DIAM, Beton/großes Holzfass
Leuchtendes Rubinrot mit zartem Violett-Ton. In der Nase nach Kirschsaft und Waldbeeren, dazu etwas Veilchen und Zwetschken, im Nachhall Minze. Zeigt sich sehr geschmeidig und sehr fruchtig am Gaumen, spannt sich schön auf, mit viel Saft, im Finale noch etwas junges Tannin.

91 Opra Gamay del Trasimeno DOC 2021
14,5 Vol.-%, DIAM, Stahltank/Beton
Mittleres leuchtendes Rubinrot mit leicht aufhellendem Rand. In der Nase Duft von Granatapfel, Preiselbeere und leicht pfeffrige Note. Am Gaumen frisch und saftig, mit feiner Tanninstruktur und mittellangem Finale.

★★★

SCACCIADIAVOLI

Località Cantinone 31, 06036 Montefalco (PG)
T: +39 742 371210, info@scacciadiavoli.it
cantinascacciadiavoli.it

Ab-Hof-Verkauf: Ja
Kontakt: Francesco Pambuffetti
Produktion: 40 Hektar

Das Weingut Scacciadiavoli wurde von Fürst Ugo Boncompagni Ludovisi von Piombino 1884 gegründet – 180 Hektar, die zum Teil mit Weinbergen und Olivenhainen bepflanzt sind. Das nach dem Vorbild französischer Weinkeller errichtete Gebäude erstreckt sich über vier Ebenen. 1954 kaufte Amilcare Pambuffetti das Gut, auf dem er schon als Lehrling gearbeitet hatte. Heute führen es Iacopo, Liù, Romeo, Fiammetta und Amilcare in vierter Generation. Besonderes Augenmerk wird heute auf ökologische und nachhaltige Produktion gelegt.

90 Grechetto Montefalco DOC 2021
13 Vol.-%, DIAM
Hell leuchtendes Strohgelb mit grünlichen Reflexen. In der Nase am Anfang eher verhalten, dann Noten von reifem Apfel und Birne, im Nachhall nach Zitrusfrüchten. Ausgewogen und in sich stimmig am Gaumen, saftig und frisch, mittellanger Abgang.

90 Montefalco Bianco DOC 2020 /GR6/CH
13,5 Vol.-%, DIAM
Leuchtendes, helles Goldgelb. In der Nase nach reifem Steinobst, gedörrten Früchten und gelben Blüten, im Nachhall Anklänge von weißem Pfeffer. Am Gaumen frisch und saftig, gut ausbalanciert, mit Zug, trinkig, mittellanger Abgang.

90 Trebbiano Spoletino Spoleto DOC 2020
13 Vol.-%, DIAM
Sattes Goldgelb. In der Nase nach Paprika, Curcuma und Pfeffer, im Nachhall nach Kamille, gedörrtem Steinobst und Zitrusfrüchten. Am Gaumen salzig, mit angenehmer Säure, mit viel reifer Gelbfrucht, weiche Textur, langes Finale.

92 Montefalco Rosso DOC 2020 SN/ME/SGT
14 Vol.-%, DIAM
Mittleres Rubinrot mit aufhellenden Rändern. In der Nase Duft von reifen Kirschen und Waldbeeren, Hagebutten sowie dunkler Schokolade. Am Gaumen saftig, mit schöner Frische und ausgewogener Tanninstruktur.

91 Sagrantino di Montefalco DOCG 2018
15 Vol.-%, NK
Dunkles Rubinrot mit aufhellenden Rändern. In der Nase zarter Duft nach Himbeeren und Waldbeeren, im Nachhall feine Lederwürze. Am Gaumen voll und rund, mit schönem Verlauf und ausgewogener Tanninstruktur.

92 Sagrantino Passito Montefalco DOCG 2018
14 Vol.-%, NK
Sattes, undurchdringliches Purpurrot mit leicht granatrotem Rand. In der Nase intensiv nach Dörrpflaumen und Rumtopf, im Nachhall Leder, Tabak und Bitterschokolade. Am Gaumen süß, mit feinem Fruchtschmelz, mit gut eingebundenem Gerbstoff, sehr finessenreich und saftig, würziger und langer Abgang.

★★★

VIANDANTE DEL CIELO

VIANDANTE®
del Cielo

Loc. Passignano Campagna, 22
06065 Passignano sul Trasimeno (PG)
winery@viandantedelcielo.com
viandantedelcielo.com

Kellermeister: Maurizio Castelli
Kontakt: Michele Biraga
Produktion: 4 Hektar

Im Jahr 2007 erwarb das kalifornische Unternehmen Skywalker 24 Hektar am Nordufer des Trasimener Sees. Die nach Süden, Osten und Westen ausgerichteten Terrassen wurden umgestaltet und mit einer Mischung aus internationalen Rebsorten und einheimischen Trauben bepflanzt, um Weine zu erzeugen, die das Kosmopolitische mit dem Traditionellen vereinen und so all das widerspiegeln, was Viandante del Cielo ausmacht. Die Trauben werden nach biologischen Methoden angebaut und nach bewährter Tradition von Hand bearbeitet und geerntet.

92 Lungolago Umbria Bianco IGT 2020 CH/GR6

13,5 Vol.-%, NK, Barrique

Funkelndes, helles Goldgelb. Intensive und breit angelegte Nase mit Noten nach Marille, Birne und Honigmelone, dahinter feine Briochenoten. Am Gaumen gute Fülle, breitet sich schön aus, mit hellen Honignoten, etwas kandierte Orangenschalen, dezente Mandelnote im Nachhall.

95 Viandante Umbria Rosso IGT 2018 CS/ME

14 Vol.-%, NK, Barrique

Sattes, tiefdunkles Rubin mit leichtem Violettschimmer. Reichhaltige und einladende Nase, eröffnet mit satten Noten nach Maulbeeren, dazu Holunderbeeren und etwas Cassis, im Hintergrund nach schwarzer Trüffel. Stoffig und dicht in Ansatz und Verlauf, öffnet sich mit dichtem Tannin in vielen Schichten, viel knackige Beerenfrucht, satter Druck, aber auch guter Trinkfluss, schwingt lange nach.

94 Pristinvm Umbria Rosso IGT 2019 CG/PU/FGT

14 Vol.-%, NK, gebrauchte Barriques

Funkelndes Rubin mit feinem Granatrand. Klare und präsente Nase mit Noten nach Kirschen und Brombeeren, etwas Veilchen im Hintergrund. Feinmaschiges Tannin, baut sich in vielen Schichten auf, süße Kirschfrucht, spannt einen weiten Bogen, im Finale etwas Kardamom.

Das Weingut Viandante Del Cielo am Nordufer des Trasimener Sees

beigestellt

★★★★

CASALE DEL GIGLIO

Strada Cisterna-Nettuno Km 13, 04100 Le Ferriere (LT)
T: +39 06 92902530, casale@casaledelgiglio.it
casaledelgiglio.it

Ab-Hof-Verkauf: Ja
Kellermeister: Paolo Tiefenthaler
Kontakt: Elise Rialland
Produktion: 1.800.000 Flaschen, 49 % weiß, 49 % rot, 1 % rosé, 1 % süß, 180 Hektar
Anbauweise: Bio-dynamisch
Förderprogramm: EU Reg.No 1308/2013

Im Jahr 1967 gründete Dino Santarelli in Le Ferriere das Weingut Casale del Giglio. Dies war der Beginn eines weitreichenden Forschungs- und Experimentierprogramms, an dem sich auch sein Sohn Antonio und der talentierte Winzer Paolo Tiefenthaler beteiligten – mit dem Ziel, Rebsorten zu fördern, die aufgrund ihrer Beschaffenheit am besten mit den Böden und dem Klima des Gebietes harmonieren, und einheimische Rebsorten wiederzubeleben, die einst als veraltet galten. Derzeit werden Weißwein, Rosé, Rotweine, Passito, Grappa und natives Olivenöl angeboten.

91 Anthium Lazio IGT 2021
14 Vol.-%, DIAM, Stahltank (V)
Leuchtendes Strohgelb. In der Nase nach reifem Steinobst, gelbem Pfirsich, etwas Birne, zarte Blüte im Nachhall und etwas Wachs. Am Gaumen präsent und rund mit schöner Frucht, geschliffener Verlauf mit sattem Nachdruck, salzig im Finale.

89 Satrico Lazio IGT 2021 CH/SB/TRE
13 Vol.-%, DIAM, Stahltank (V)
Mittleres leuchtendes Strohgelb. In der Nase Feuerstein, Orangenblüte, weißer Weinbergpfirsich sowie Kräuterwürze. Am Gaumen frisch, gut ausbalanciert, auf Noten von Zitronenzesten, allerdings am Ende etwas kurz.

89 Viognier Lazio IGT 2021
13,5 Vol.-%, DIAM, Stahltank (V)
Mittleres leuchtendes Strohgelb. In der Nase intensiv nach Litschi, Mango und Zuckermelone gepaart mit Mandelaroma. Am Gaumen mit gewisser Frische und von mittlerer Länge, im Finale leichte Bitterkeit.

90 Matidia Cesanese Lazio IGT 2020
14 Vol.-%, NK, 500-l-Fass (V)
Dunkles Rubinrot mit fast schwarzem kern. In der Nase reife Heidelbeeren, Holunderbeeren und Brombeeren sowie leichte Anklänge an Waldboden, Lorbeerblatt und Wacholder. Am Gaumen viel Frucht, mit griffigem Tannin und leichter Nachzehrung.

94 Mater Matuta Rosso Lazio IGT 2017 SY/PV
14 Vol.-%, NK, Holzfass (V)
Dunkel leuchtendes Rubinrot. In der Nase deutlich nach satten Kirschen und saftigen Zwetschken, edle Pfefferwürze, ein Hauch Fumé rundet das Bukett ab. Am Gaumen geschliffen und dicht, mit satter Frucht und kernigem Tannin, zeigt Finesse und Länge.

89 Petit Verdot Lazio IGT 2020
14 Vol.-%, DIAM, Teilbarrique (V)
Sehr dunkles Rubinrot mit aufhellenden Rändern. In der Nase intensive Aromen von Brombeeren, Heidelbeeren und Zimt. Am Gaumen frisch und mit straffem Tannin, bricht etwas schnell ab.

★★★★

ÔMINA ROMANA

Via Fontana La Prata 75, 00049 Velletri (RM)
info@ominaromana.com
ominaromana.com

Kellermeister: Simone Sarnà
Kontakt: Anton Börner
Förderprogramm: EU Reg.No 1308/2013

Das familiengeführte Weingut Ômina Romana in Velletri, 40km südöstlich von Rom inmitten der vulkanischen Hügel der Castelli Romani, die über das Tyrrhenische Meer blicken, stellt eine Rückkehr zum traditionellen Qualitätsweinbau in der Region Latium dar. Durch die Kombination aus nachhaltigem Anbau, modernen wissenschaftlichen Erkenntnissen und langjähriger Erfahrung, sowie Leidenschaft für das Winzerhandwerk und perfektes Teamwork, werden verschiedene einheimische und internationale Rebsorten zu einzigartigen, exklusiven Weinen verarbeitet.

Anton Börner,
Ômina Romana

91 Linea Ars Magna Viognier Lazio IGP 2019
13,5 Vol.-%, NK
Strohgelb mit leuchtenden goldenen Reflexen. Angenehme Noten von reifen Früchten und zarten Gewürznoten in der Nase. Der Geschmack ist vollmundig, reichhaltig, spannt sich cremig über die Zunge, im Finale schöne Harmonie zwischen fruchtig-würzigen Aromen.

90 Hermes Diactoros II Bianco Lazio IGP 2021 VI/CH/BL/MB/PMS
13,5 Vol.-%, DV
Strahlendes helles Goldgelb. In der Nase exotische Frucht von Ananas, Mango und Banane, gepaart mit zartem Fumé. Am Gaumen saftig und mit sanftem Druck, elegantem Verlauf, mit geschliffenem, leicht cremigem Kern und präzisem Nachdruck.

90 Chardonnay Lazio IGP 2020
13,5 Vol.-%, DV
Leuchtendes Strohgelb mit goldenen Reflexen. Noten von gelben Früchten, Zitrusfrüchten, tropischen Früchten wie Ananas und Mango, frischen Mandeln und Meeresbrise. Im Mund einhüllend, aromatisch und intensiv, mit knackiger Frische und würzigen Noten.

90 Linea Ars Magna Chardonnay Lazio IGP 2019
13,5 Vol.-%, NK
Intensives Strohgelb mit goldenen Reflexen. In der Nase duf-

VERKOSTUNGSERGEBNISSE
ÔMINA ROMANA

tende Noten von Zitrusfrüchten, frischen Kräutern, ein Hauch von weißen Blumen und angenehme Gewürznoten. Im Mund weich, saftig, reichhaltig, mit komplexem Aromenspektrum und einem Hauch von Bittermandel im Abgang.

94 Ars Magna Cabernet Franc Lazio IGP 2018
13,5 Vol.-%, NK
Mittleres, leuchtendes Rubinrot. In der Nase Preiselbeeren, rote Johannisbeeren sowie rote Paprikawürze, im Nachhall feie Kaffeenote. Am Gaumen mit klarer Frucht und zartem Schmelz, fein gewobenes Tannin spannt sich über die Zunge, sehr geschliffen und elegant, im langen Verlauf mit viel Druck.

92 Linea Ars Magna Cabernet Sauvignon Lazio IGP 2018
13,5 Vol.-%, NK
Leuchtendes Rubinrot. Intensive Aromen von Beeren mit Anklängen von schwarzem Pfeffer, Tabak und Zimt, gefolgt von einem Hintergrund aus kräutrigen Aromen von Salbei und Minze. Im Mund reichhaltig und ausgewogen, mit weichen und anhaltenden Tanninen, im Finale finessenreich.

92 Ars Magna Merlot Lazio IGP 2018
14 Vol.-%, NK
Leuchtendes, mittleres Rubinrot. In der Nase nach satten Kirschen und reifen Pflaumen, im Hintergrund nach etwas Leder, Waldhonig und ein Hauch Vanille. Am Gaumen mit viel reifer Frucht, mundfüllend und saftig, mit gut eingebundenem Gerbstoff und langem Abgang.

91 Ceres Anesidora I Lazio IGP 2018 CS/CF
13,5 Vol.-%, NK
Intensives Rubinrot. In der Nase Beeren und Kirschen mit einem Hauch von Pfeffer und blumigen Noten. Am Gaumen frisch und auf reifer Beerenfrucht mit lebendigen Tanninen und pfeffrigem Abgang, zeigt im Finale satten Druck.

89 Diana Nemorensis I Rosso Lazio IGP 2018 ME/CS/CF
13,5 Vol.-%, DV
Leuchtendes Rubinrot. In der Nase Noten von Pflaumen, Heidelbeeren und Kirschen mit würzigen und balsamischen Anklängen von Pfeffer und Minze. Im Mund warm und weich, im Nachhall dann leider etwas kurz.

90 Cesanese Lazio IGP 2016
14 Vol.-%, NK
Rubinrot mit granatroten Reflexen. In der Nase Aromen von roten und schwarzen Früchten wie Heidelbeeren und Kirschen, dann Trockenblumen und einige pflanzliche Noten im Abgang. Intensiver, strukturierter Geschmack mit guter Frische und einem langen, leicht griffigem Abgang.

Weingarten in den Abruzzen

ABRUZZEN

MOLISE

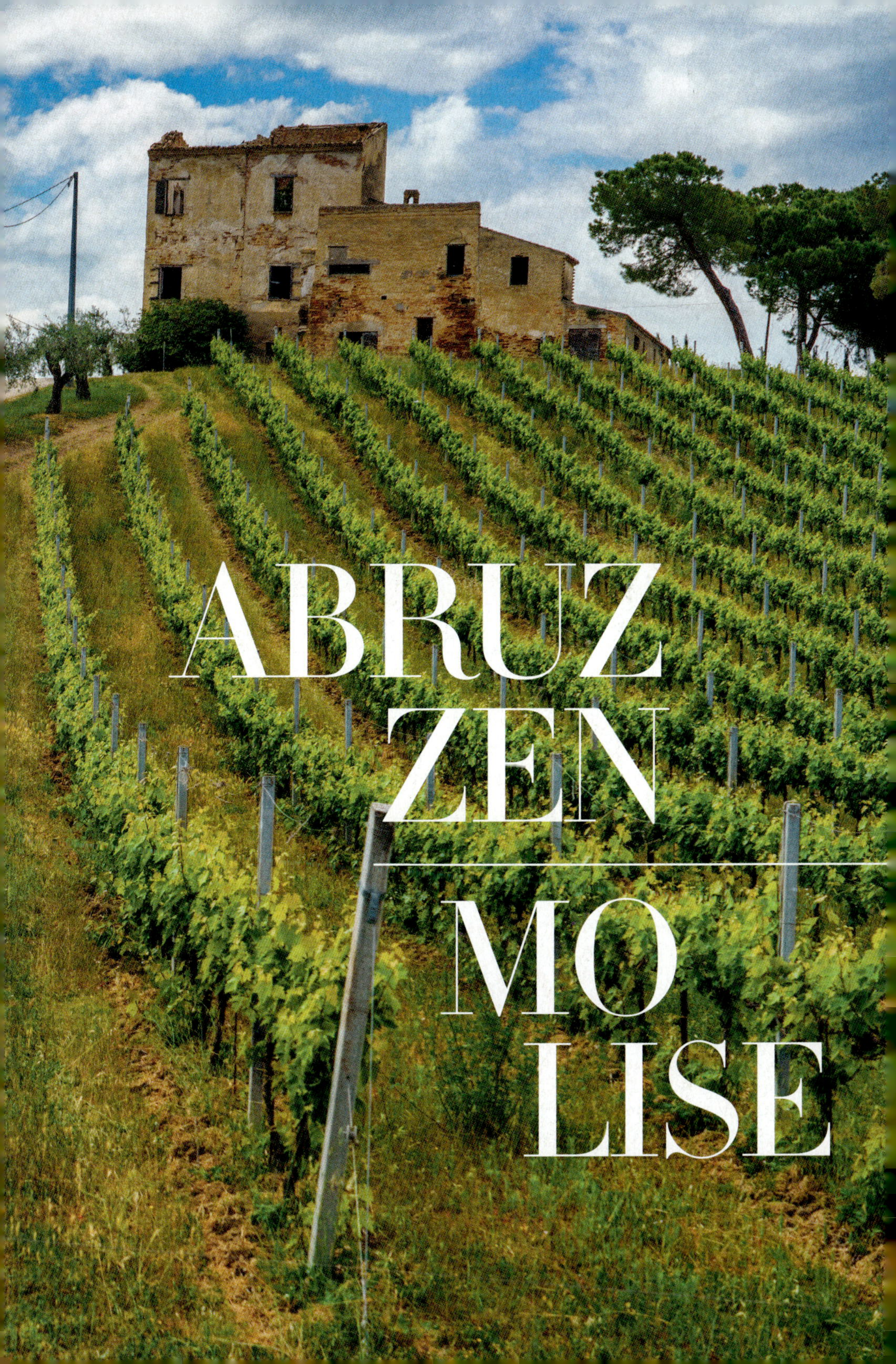

Schloss Roccascalegna, Chieti, Abruzzen

VON DER MASSE ZUR KLASSE

Die beiden Regionen an der Adriaküste Mittelitaliens standen lange Zeit für Massenproduktion, doch auch hier hat der Wind der Qualitätsrevolution Italiens Wunder bewirkt. Die Abruzzen liefern heute gute bis sehr gute Weine etwa aus Montepulciano oder Sangiovese. Die kleine Region Molise punktet mit Aglianico.

Östlich von Rom, direkt an die Region Marken im Süden anschließend, liegt die Region **ABRUZZEN**, die allerdings auf der Landkarte der großen Weine Italiens eine eher untergeordnete Rolle spielte und spielt. Schuld daran sind sicher die hohen Erträge, die hier nach wie vor geerntet werden und so ein Hindernis für höhere Qualitäten darstellen. Auch die immer noch von Genossenschaften geprägte Produktionsstruktur ist ein Grund dafür, dass die Abruzzen nur allmählich an die Güteklasse anderer Regionen Anschluss finden. Es muss aber auch erwähnt werden, dass einige Weingüter mittlerweile mit guten Weinen aufwarten können und somit zu einer massiven Verbesserung der Rufes der Region beitragen. Ca. 33.000 Hektar stehen unter Reben, die sich von den sandigen Küsten der Adria bis auf gut 600 Meter Seehöhe in den Ausläufern der Apenninen erstrecken. Das Klima ist ausgesprochen mediterran geprägt mit warmen, nicht zu heißen Sommern und kalten, aber zumeist frostfreien, Wintern. Zwei Rebsorten sind es, die mit drei Weinstilen die Eckpfeiler der Weinerzeugung in den Abruzzen bilden: zum einen, der in Italien auch anderswo weit verbreitete Trebbiano für Weißweine, zum anderen für Rotweine die Sorte Montepulciano. Die Weißweine fallen in den besten Fällen frisch und fruchtig aus, bilden daher für die mediterrane Fischküche eine

* Gesamtweinprodukion Italien: 49.908.000 hl, Jahrgang 2020

gute Begleitung. Sie sollten aber jung getrunken werden, denn der neutrale Charakter und auch das Potential lassen sie für eine längere Lagerung ungeeignet erscheinen. Der Montepulciano erbringt einen weichen, schmeichelnden und fruchtbetonten Rotwein, der in den besten Fällen durch kurze Lagerung sogar noch gewinnen kann. Mit dem Cerasuolo gewinnt auch ein Rosé zunehmend an Beliebtheit – nicht nur in Italien, in anderen europäischen Ländern wie z.B. Deutschland indes schwimmen Rosé-Weine ebenso auf einer Welle des Erfolges. Weitere Rebsorten im Anbau sind durchaus interessant und vielversprechend, wie etwa die Weißweinsorte Fiano oder die Rotweinsorte Aglianco, sodass man für die Zukunft noch einiges erwarten kann. Man darf allerdings nicht übersehen, dass gegenwärtig nur wenige Weine aus den Abruzzen die Grenzen Italiens überqueren. Der weitaus größte Teil wird vor Ort getrunken.

Ganz anders die kleine, man kann schon beinahe sagen exklusive Region **MOLISE**, die sich im Süden an die Abruzzen anschließt und den Übergang nach Süditalien, nach Kampanien und Apulien bildet. Heute eine eigenständige Region, wurde Molise bis 1963 immer wieder einmal zwischen den drei genannten Regionen hin und her geschoben. Diese Region bildet bis heute eine Art unberührtes Italien, Touristen »verirren« sich nur wenige an dieses Fleckchen Italiens, bestenfalls Wintersportfans, denn die Winter können in dieser bergigen Region recht hart mit reichlich Schneefall ausfallen. Anders als beim Nachbarn ist das Klima hier ohnehin eher kontinental. Etwas über 6.000 Hektar stehen hier unter Reben, wobei es sich bei den wichtigsten im Anbau um die aus den Abruzzen bekannten Trebbiano und Montepulciano handelt. Auf dem Vormarsch sind Sorten wie Fiano, Greco di Tufo und Aglianico, denen man in Süditalien auch an anderen Stellen begegnet. Auch ein schäumender wie ein süßer Moscato sind am Start. Mit einem Schlag berühmt gemacht hat die Region ein Weingut mit außergewöhnlichen Weinen – Di Majo Norante.

ABRUZZEN

D.O.C.G.

1 Montepulciano d'Abruzzo Colline Teramane
2 Terre Tollesi

D.O.C.

3 Abruzzo
4 Cerasuolo d'Abruzzo
5 Controguerra
6 Montepulciano d'Abruzzo
7 Ortona
8 Trebbiano d'Abruzzo
9 Villamagna

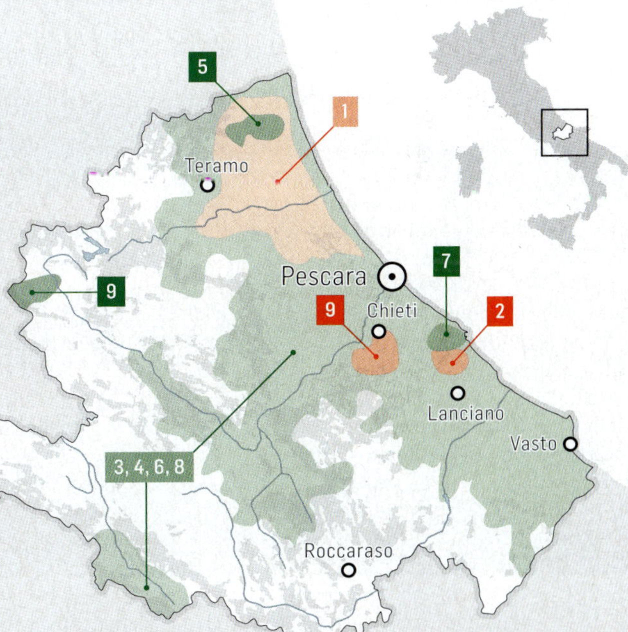

Quelle: Istat date 2021

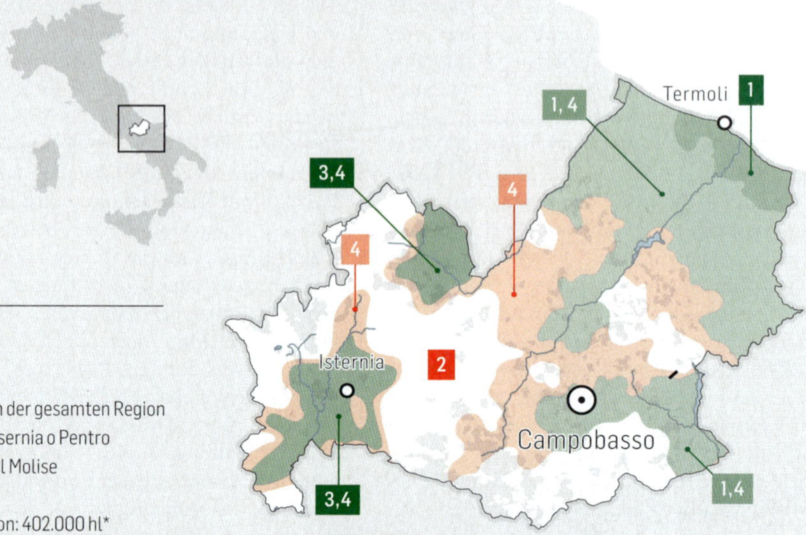

MOLISE

D.O.C.

1 Biferno
2 Molise – in der gesamten Region
3 Pentro d'Isernia o Pentro
4 Tintilia del Molise

Weinprodukion: 402.000 hl*

Weingärten in Molise

★★★

FEUDO ANTICO

Via Croce Vecchia 101, 66010 Tollo (CH)
T: +39 0871 969128
info@feudoantico.it
feudoantico.it

Ab-Hof-Verkauf: Ja
Kellermeister: Riccardo Brighigna

Das Weingut Feudo Antico liegt auf den Ruinen einer antiken römischen Villa. Das Weinbauprojekt begann im Jahr 2004 führte 2019 schließlich zur Anerkennung der kontrollierten und garantierten Ursprungsbezeichnung DOCG Tullum, einer der kleinsten Herkunftsbezeichnungen Italiens. DOCG Tullum ist ein echtes Exzellenz-Zertifikat für das gesamte Tollo-Gebiet. Die Winzer setzen hier alles daran, den Boden und seine Kulturen zu erneuern, zu erhalten und zu regenerieren, wobei man neue Weinbereitungstechniken einsetzt und insbesondere auch mit einheimischen Rebsorten experimentiert.

91 Pecorino Tullum DOCG 2021
13,5 Vol.-%, DIAM, Stahltank Ⓑ
Mittleres Strohgelb. In der Nase nach frischer Williamsbirne, Obers, nach etwas Zeit kandierte Zitronen und gelber Pfirsich, leichte Vanillenote. Am Gaumen mit feiner Frucht und schöner Salzigkeit, zeigt sich klar und ausgewogen, geradlinig mit guter Säurestruktur.

91 Casadonna Pecorino Terre Aquilane IGP 2020
13 Vol.-%, NK, Stahltank
Helles Strohgelb. In der Nase nach frisch angeschnittener Birne, frischer Quitte und Obers, nach etwas Zeit kandierte Zitronen und gelber Pfirsich. Am Gaumen mit feiner Frucht und leichter Salzigkeit, zeigt sich klar und ausgewogen, tänzelnd.

89 FS Rosato Terre di Chieti IGP 2021
14 Vol.-%, DIAM, Stahltank/großes Holzfass Ⓑ
Helles, leuchtendes Rot. In der Nase Noten von roten Früchten, Kirschen und Pflaumen, begleitet von einigen Anklängen an Trockenfrüchte und Wildblumen. Im Mund voll und fruchtig mit ausgeprägtem Zitrusgeschmack.

91 Rosso Riserva Tullum DOCG 2017
14,5 Vol.-%, DIAM, Tonneau Fass
Leuchtendes Rubinrot mit sehr dunklem Kern. Reife Nase nach Brombeermarmelade und eingelegten Pflaumen, dann Noten von Gewürznelken und von nassem Leder. Am Gaumen mundfüllend, mit kräftigem Tannin und deutlich erkennbarem Holzeinsatz, leicht marmeladig, langes Finale.

89 Tullum Rosso DOCG 2019
13,5 Vol.-%, DIAM, Beton Ⓑ
Sattes Rubinrot mit violettem Schimmer. In der Nase nach sehr reifen Pflaumen und Kirschen, im Nachhall Gewürznelke, Tabak und ein Hauch Jod. Am Gaumen mit deutlich spürbarem Holzeinsatz, mundfüllend, griffiges Tannin, eher kurzes Finale, wird leicht bitter.

89 inAnfora Tullum Rosso DOCG 2020
14,5 Vol.-%, DIAM, Amphore
Sattes, undurchdringliches Rubinrot. In der Nase nach reifer Amarenakirsche, nassem Holz und ein Touch Nagellack. Am Gaumen fruchtsüß, salzig und mit griffigem Tannin, wirkt wärmend und etwas marmeladig, im Finale leicht austrocknend.

★★★

TENUTA I FAURI

Strada Corta 9, 66100 Chieti (CH)
T: +39 0871 332627, info@tenutaifauri.it
tenutaifauri.it

Ab-Hof-Verkauf: Ja
Kellermeister: Luigi Di Camillo
Kontakt: Valentina Di Camillo

Die 30 Hektar Weinberge befinden sich in sechs Gemeinden im Herzen von Chieti in den Abruzzen auf Böden aus Sand, Ton und Schlick. Die Tenuta I Fauri ist ein Familienbetrieb. Die Weingärten auf etwa 200 Metern Meereshöhe werden nach den Grundsätzen des ökologischen Landbaus bewirtschaftet. Im Keller wird auf Spontangärung und Verarbeitung in alten Zementfässern gesetzt. Die einheimischen Weißweine (Trebbiano d'Abruzzo, Pecorino und Passerina) sind gefällig, aber nicht ohne Langlebigkeit. Der Cerasuolo d'Abruzzo oder Montepulciano ist von großer Struktur und Frische.

90 Baldovino Trebbiano d'Abruzzo DOC 2021

12 Vol.-%, NK, Beton Ⓑ

Intensives Strohgelb mit goldenen Reflexen. In der Nase dominieren intensive Aromen weißer Blüten, gefolgt von Noten reifer gelber Früchte, Aprikose und Apfel. Am Gaumen vollmundig und cremig, unterstützt von einer guten Säure, bevor er im Abgang ganz leicht bitter wird.

92 Baldovino Cerasuolo d'Abruzzo DOC 2021

13,5 Vol.-%, NK, Beton Ⓑ

Leuchtendes Kirschrosarot. In der Nase Noten von Kirschen und Pflaumen, mit feinem Würzeanklang. Am Gaumen fruchtsüß, saftig mit straffer Säure und mit leichtem Bittermandelaroma, hat Spannung und Struktur, trinkt sich sehr fein.

93 Ottobre Rosso Montepulciano d'Abruzzo DOC 2020

14,5 Vol.-%, KK, Beton Ⓑ

Leuchtendes dunkles Rubinrot mit aufhellendem Rand. In der Nase intensiver Duft nach reifen Kirschen und Pflaumen sowie ein Hauch von Unterholz. Am Gaumen frisch und saftig, mit griffigen Tanninen sowie salzigem, zupackendem Finish und gutem Trinkfluss.

92 Vigna Santa Cecilia Montepulciano d'Abruzzo Riserva DOC 2018

14,5 Vol.-%, NK, gebrauchte Barriques

Intensives Rubinrot mit violetten Reflexen. In der Nase blumige Noten von Rosen und getrockneten Veilchen, gefolgt von fruchtigen Anklängen an reife Kirschen, Sauerkirschen, Pflaumen und süße Gewürze. Am Gaumen vollmundig, warm, gut eingebundene Tannine, würzige Note im Abgang.

90 Passerina Colline Teatine IGT 2021

13 Vol.-%, NK, Beton

Intensives, goldgelbes Strohgelb. Aromatischer Auftakt mit blumigen Noten von Lindenblüten und Weißdorn, gefolgt von Noten von Zedratzitrone, Zitrone und Grapefruit. Am Gaumen frisch und schmackhaft, mit guter Länge und einem leichten Mandelgeschmack.

★★★★★

MASCIARELLI

Via Gamberale 2
66010 San Martino sulla Marrucina (CH)
T: +39 0871 852 41, info@masciarelli.it
masciarelli.it

Ab-Hof-Verkauf: Ja
Kellermeister: Romeo Taraborrelli
Kontakt: Marina Cvetic
Produktion: 2.000.000 Flaschen, 400 Hektar

Masciarelli Tenute Agricole wurde 1981 von Gianni Masciarelli, einer Symbolfigur der italienischen Weinbranche, in San Martino sulla Marrucina in der Provinz Chieti gegründet und verfügt über eigene Weinberge und Olivenhaine in den vier Provinzen der Abruzzen. Die Weinproduktion umfasst heute 22 Etiketten und 7 Produktlinien: Villa Gemma, Iskra, Marina Cvetic, Castello di Semivicoli, Gianni Masciarelli, Linea Classica und La Botte di Gianni. Zum Weingut gehört auch das Castello di Semivicoli aus dem 17. Jahrhundert, das als Relais de Charme eine treibende Kraft für den Weintourismus darstellt.

90 Castello di Semivicoli Pecorino Abruzzo DOC 2021
13,5 Vol.-%, NK, Stahltank
Kräftiges Goldgelb. Intensive Nase von Steinobst, gefolgt von Noten von exotischen Früchten und süßen Gewürzen. Am Gaumen frisch und ausgewogen, mit knackigem, saftigem Abgang mit Zitrusfrüchten.

93 Villa Gemma Cerasuolo d'Abruzzo Superiore DOC 2021
14 Vol.-%, NK, Stahltank
Zartes Purpurrot. Intensive Nase von Brombeeren und Pflaumen, unterstrichen von einem Hauch von Kräutern. Am Gaumen weich, rund und voll und bietet eine sehr angenehme Fruchtsüße, begleitet von knackiger Säure.

94 Marina Cvetic Montepulciano d'Abruzzo Riserva DOC 2019
14,5 Vol.-%, NK, Stahltank/Barrique
Dunkles Violett mit minimal aufhellendem Rand. Öffnet sich in der Nase mit erdigen Noten, dazu Bitterschokolade, gedörrtes Veilchen, Brombeere, etwas Malz, Kirsche im Nachhall, feines Wechselspiel. Am Gaumen mit tollem Saft, spannt sich knackig und kompakt auf, geradlinig, das Tannin ist hervorragend eingebunden, kommt im Finale saftig wieder.

94 Villa Gemma Montepulciano d'Abruzzo Riserva DOC 2017
15 Vol.-%, NK, Stahltank/Barrique
Dunkelleuchtendes Violett mit minimal aufhellendem Rand. In der Nase von mittlerem Ausdruck, auf geröstetem Malz, Walnüssen, dazu Schokoladepulver, im Nachhall auf Amarenakirsche und eingelegten Zwetschken. Am Gaumen mit schöner Cremigkeit und kompaktem Tannin, spannt einen weiten Bogen, herzhaft im Ansatz und Verlauf, satter Ausklang mit minimaler Nachzehrung.

92 Gianni Masciarelli Montepulciano d'Abruzzo DOC 2019
14 Vol.-%, NK, Stahltank
Sattes, dunkelleuchtendes Rubinrot. In der Nase intensiver Duft nach reifen Kirschen und Himbeeren, etwas Waldfrüchte sowie Unterholz. Am Gaumen voll und klar mit guter Struktur, druckvoll, mit griffigem Tannin und Nachdruck.

93 Marina Cvetic Merlot Terre Aquilane IGT 2017
14,5 Vol.-%, NK, Stahltank/Barrique
Leuchtendes Rubinrot. In der Nase nach reifen Kirschen und reifen Zwetschken, dazu ein Hauch Brombeeren und Milchschokolade, im Nachhall auf getrocknetes Rosenblatt. Am Gaumen fleischig-saftig, zeigt cremigen Fruchtkern mit toller Spannung, im Nachhall mit herzhaftem Tannin und feinem Druck.

★★★

FATTORIA NICODEMI

C.da Veniglio SP 19, 8
64024 Notaresco (TE)
T: +39 085 895493, info@nicodemi.com
nicodemi.com

Kellermeister: Mirko Niccolai
Kontakt: Elena Nicodemi
Produktion: 30 Hektar

Die Geschwister übernahmen das Unternehmen im Jahr 2000. Elena ist für den Verkauf verantwortlich, der sie in die ganze Welt führt, wohin das Unternehmen 80 Prozent seiner Produktion exportiert. Außerdem verfolgt sie mit dem jungen Team alle Phasen des Produktionszyklus. Alessandro kümmert sich hauptsächlich um die administrativen Aspekte. Die Arbeit in der ökologischen Landwirtschaft war eine bewusste Entscheidung. Sie ermöglicht es nicht nur, Qualität und Gesundheitszustand der Weine zu verbessern, sondern vor allem, das Unternehmen an den Werten der ökologischen Nachhaltigkeit auszurichten.

90 Notàri Trebbiano d'Abruzzo Superiore DOC 2020
12,5 Vol.-%, NK, Stahltank
Goldgelb. Die Nase zeigt intensive Noten von Kamille, Akazienhonig und exotischen Früchten. Im Mund voll, cremig, getragen von einer schönen Säure und schließt mit einem leicht mandelartigen Abgang.

92 Notàri Cerasuolo d'Abruzzo Superiore DOC 2021
13,5 Vol.-%, NK, Stahltank
Helles Rubinrot. In der Nase Nuancen von Beeren und Kirschen, gefolgt von Anklängen an Trockenblumen, Gewürze und Vanille. Tonisch, fruchtig, saftig und linear, langer und pfeffriger Abgang.

91 Le Murate Cerasuolo d'Abruzzo DOC 2021
13,5 Vol.-%, KK, Stahltank
Leuchtendes, intensives Lachsrosa. In der Nase deutlich nach feiner Holzwürze, Obers, Erdbeere, getragen von feinem Muskatton. Am Gaumen mit tollem Fruchtschmelz, geschliffen, druckvoll, öffnet einen weiten Fächer, tolle Länge.

92 Neromoro Montepulciano d'Abruzzo Riserva Colline Teramane DOCG 2017
13,5 Vol.-%, NK, Stahltank/gebrauchte Barriques
Dunkles Rubinrot mit leicht aufhellendem Rand. In der Nase nach reifer Pflaume, mediterraner Macchia und Bitterschokolade, im Nachhall Kakao und Minze. Am Gaumen samtiges Tannin, kraftvoll, harmonisch und elegant, langes Finale.

90 Notàri Montepulciano d'Abruzzo Colline Teramane DOCG 2020
13,5 Vol.-%, DIAM, Stahltank/Tonneau Fass B
Sattes Rubinrot mit leicht aufhellendem Rand. In der Nase nach eingelegter Pflaume und reifen Schwarzkirschen, im Nachhall Tabak und Leder. Am Gaumen mundfüllend, samtiges Tannin, mit klarer Frucht, wirkt leicht marmeladig, langes Finale.

89 Le Murate Colline Teramane Montepulciano d'Abruzzo DOCG 2020
13,5 Vol.-%, DIAM, Stahltank
Dunkles Rubinrot mit purpurnen Reflexen. Direkt in der Nase, weinig, würzig und leicht rauchige Note nach Speck. Am Gaumen kraftvoll, gerbstoffreich, mit weicher Fruchtnote, die leider nur kurz verbleibt.

★★★

CANTINA TOLLO

Viale Garibaldi 68
66010 Tollo (CH)
T: +39 0871 96251, info@cantinatollo.it
cantinatollo.it

Ab-Hof-Verkauf: Ja
Kellermeister/Kontakt: Riccardo Brighigna
Produktion: 3000 Hektar

Die 1960 von 20 Weinbauern gegründete Cantina Tollo ist heute eine der wichtigsten Winzergenossenschaften Italiens. Vor dem Hintergrund einer 60-jährigen Erfolgsgeschichte verfolgt das Unternehmen eine präzise Strategie: die ständige Verbesserung der Qualität der Weine, die sowohl in Italien als auch im Ausland immer mehr Anerkennung finden. Die Weine der Cantina Tollo sind in Italien sowohl im Großhandel als auch in der Hotellerie und Gastronomie erhältlich. Im Ausland ist man in über 46 Ländern vertreten, wobei Deutschland, Kanada, Frankreich, China und Japan die wichtigsten Märkte darstellen.

92 Peco Pecorino Terre di Chieti IGT 2021
13 Vol.-%, DIAM, Stahltank
Blass strohgelb. Intensive Noten von Kamille, weißen Blüten und einige Jodnoten. Saftig, zart und fruchtig im Mund mit einem würzigen, langen und erfrischenden Abgang.

92 Hedòs Cerasuolo d'Abruzzo DOC 2021
13,5 Vol.-%, DIAM, Stahltank
Leuchtendes Blassrosa. Intensive Aromen von kleinen roten Früchten in der Nase, gefolgt von blumigen und würzigen Noten. Zartes Mundgefühl mit einem schönen Zusammenspiel von Säure und Frucht und einem langen, würzigen Abgang.

91 Mo Montepulciano d'Abruzzo Riserva DOP 2018
13,5 Vol.-%, DIAM, großes Holzfass
Dunkles Rubinrot. In der Nase am Anfang eher verhalten, dann intensiv nach Rumtopf, Rauch und reifer Kirsche, im Nachhall nach Unterwald und nassem Leder. Am Gaumen stoffig, mit feinkörnigem Tannin, klare Kirschfrucht, saftig, langer Abgang.

91 Cagiolo Montepulciano d'Abruzzo Riserva DOC 2017
14,5 Vol.-%, NK, Tonneau Fass
Tiefdunkles, fast undurchdringliches Rubinrot. In der Nase viel dunkle Frucht, Kakaopulver, Rumtopf, und etwas Leder. Am Gaumen weich, aber mit ordentlich Zug, festem, engmaschigem Tannin, fruchtbetont auf Kirschkompott, bis ins anhaltende Finish.

89 Valle d'Oro Montepulciano d'Abruzzo DOP 2020
13 Vol.-%, DIAM, Stahltank
Dunkles, funkelndes Rubinrot. In der Nase leicht staubig, danach dezent nach dunkler Frucht und Dörrobst. Weich und geschmeidig beim Gaumeneintritt, dann adstringierender Gerbstoff, der die Frucht überdeckt.

89 Montepulciano d'Abruzzo DOP 2021
13,5 Vol.-%, DIAM, Beton Ⓑ Ⓥ
Leuchtendes Rubinrot mit violetten Reflexen. In der Nase nach reifen Pflaumen und eingelegten Kirschen, im Nachhall speckig und würzig. Am Gaumen mit starkem und noch etwas austrocknendem Tannin, saftig, mittellanger Abgang.

Amalfi, Salerno
© Shutterstock

KAM
PAN
IEN

Dem Greco di Tufo ist in Kampanien in der Provinz Avellino eine eigene Herkunft gewidmet, Greco di Tufo DOC

DIE WEINREGION DER RÖMISCHEN KAISER

Die Weinregion im Südosten Italiens gelangte schon früh zu großer Berühmtheit, denn die Weine waren im antiken Rom äußerst beliebt. Nach einem Dämmerschlaf im 20. Jahrhundert erleben die Weine Kampaniens eine große Renaissance, auch und gerade dank der großen Rebsortenvielfalt an autochthonen Rebsorten.

Kampanien im Südwesten Italiens mit seiner faszinierenden Metropole Neapel zählt zu den ältesten und historisch bedeutsamen Weinbauregionen Italiens. Der Weinbau in dieser malerischen Region geht auf die Zeit der Etrusker zurück, wie historische Funde belegen. Unter den Römern erlebte Kampanien eine erste große Blütezeit, denn im antiken Rom wurden diese Weine gemeinsam mit jenen des angrenzenden südlichen Latiums als der Wein der »Cäsaren« gepriesen und auch von Dichtern wie Vergil gelobt. Die Reblaus Ende des 19. Jahrhunderts setzte dem Höhenflug ein Ende und stürzte die Region mit ihrer atemberaubenden Küste, dem Panorama des Vesuvs und den Inseln Ischia und Capri in die Bedeutungslosigkeit, berühmt war und ist in der Folgezeit die Region eher für ihre Orangen und die legendären Amalfi-Zitronen. Ein Wein indes bleibt bekannt und berühmt, der Lacryma Christi von den Hängen des Vesuvs. Einer Legende zur Folge soll der Teufel, als er von Gott des Himmels verwiesen wurde, ein Stück davon mitgenommen und am Vesuv versteckt haben. Als Christus dies bemerkte, soll er mit seinen Tränen den Boden benetzt und ihm dadurch eine besondere Fruchtbarkeit verliehen haben. Der Aufschwung in anderen italienischen Regionen wie dem Piemont oder der Toskana erweckte auch wieder das Interesse einiger Winzer an den Weinen Kampaniens

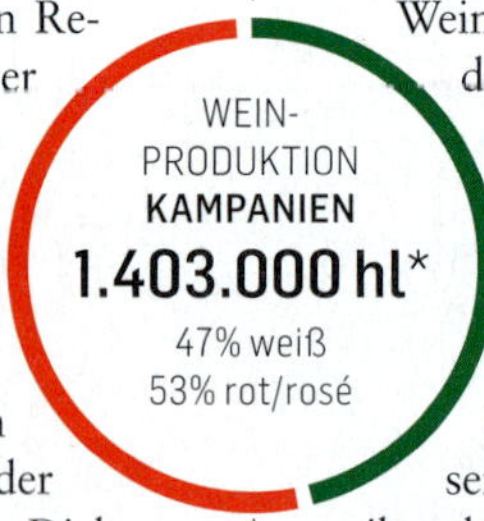

© Shutterstock

* Jahrgang 2020, Gesamtweinprodukion Italien: 49.908.000 hl

und deren zahlreiche autochthone Rebsorten. Pionier und Vorreiter war Mastroberardino, der mit einem Aglianico, gepflanzt etwa Mitte des 20. Jahrhunderts, einem gehaltvollen, kräftigen und charakterstarken Rotwein für Furore sorgte. Die Region Taurasi hat dafür heute DOCG-Status. Damit war der Startschuss für die große Renaissance der Weine Kampaniens abgegeben und der Weg bereitet für heutige Top-Betriebe wie etwa Feudi di San Gregorio. Das Klima ist im Verbund mit den vulkanisch geprägten Böden für Weinbau sehr geeignet, trotz der heißen Sommer und der kalten Winter, die es sogar in den hohen Gebirgslagen schneien lassen. Ein großer Teil der ca. 41.000 Hektar Rebfläche liegt im Hinterland auf bis zu 700 Meter Seehöhe, sodass die Weinberge ausreichend kühlende Luftströmungen erhalten, auch das Mittelmeer liefert mildernde Einflüsse. Mit Weißweinsorten wie Falanghina, Fiano oder Coda di Volpe verfügt Kampanien über einen wahren Schatz an autochthonen Rebsorten, denn deren Weine zählen zu den charaktervollsten Weißweinen Italiens. Und die besten Aglianicos aus Taurasi bewegen sich heute auf Augenhöhe mit den besten Brunellos oder Barolos. Übrigens, auch die vorgelagerten Inseln und Touristenmagneten Capri und Ischia verfügen über eigene Weinberge.

KAMPANIEN

D.O.C.G.

1 Aglianico del Taburno
2 Fiano di Avellino
3 Greco di Tufo
4 Taurasi

D.O.C.

5 Aversa
6 Campi Flegrei
7 Capri
8 Casavecchia di Pontelatone
9 Castel San Lorenzo
10 Cilento
11 Costa d'Amalfi
12 Falanghina del Sannio
13 Falerno del Massico
14 Galluccio
15 Irpinia
16 Ischia
17 Penisola Sorrentina
18 Sannio
19 Vesuvio

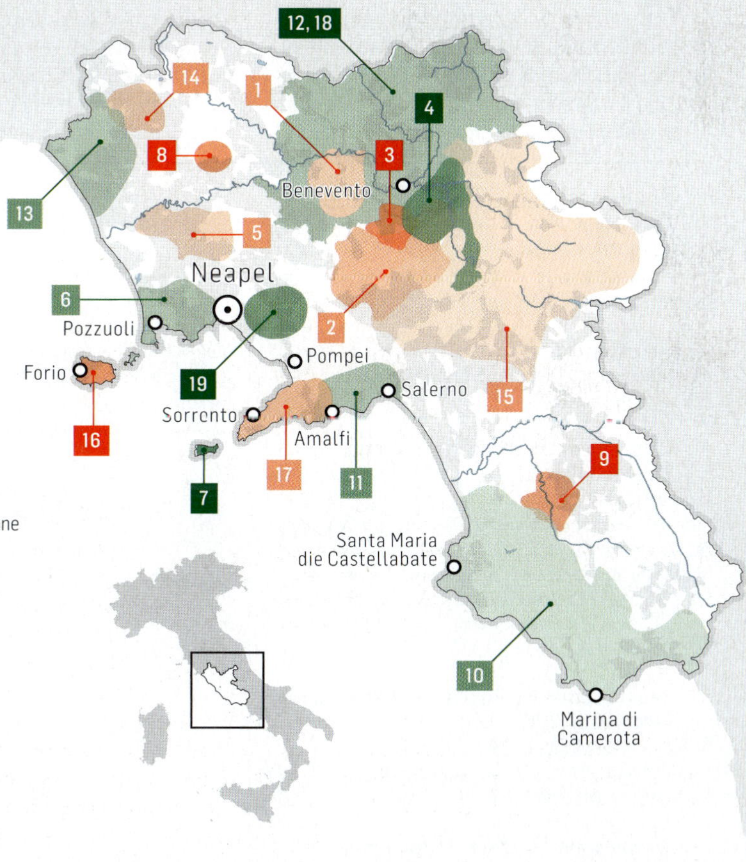

Quelle: Istat date 2021

★★★★

CANTINE ASTRONI

Via Sartania, 48, 80126 Napoli (NA)
T: +39 081 5884182, info@cantineastroni.com
cantineastroni.com

Kontakt: Giovanni Varchetta

Mit einer Weinbaugeschichte, die bis ins Jahr 1892 zurückreicht, gründete die Familie Varchetta 1999 in den Campi Flegrei an den äußeren Hängen des Astroni-Kraters zwischen Neapel und Pozzuoli das Weingut Astroni. In diesem einzigartigen Gebiet, vom Meer geküsst und von vulkanischem Feuer inspiriert, hat man sich verpflichtet, das von den Vorfahren überlieferte önologische Erbe zu schützen und zu fördern. Erzeugt werden Weine, die von dem Gebiet erzählen, aus dem sie stammen. Das Hauptaugenmerk liegt auf den autochthonen Rebsorten aus der Zeit vor der Reblausplage: Falanghina und Piedirosso.

93 Tenuta Jossa Campi Flegrei DOP 2020 FGH/Fiano
12,5 Vol.-%, DIAM, Amphore
Leuchtendes Goldgelb. In der Nase Anklänge von mediterranen Kräutern wie Ginster, gefolgt von fruchtigen Noten von gelbem Apfel, Birne und Banane, die in einer leicht würzigen Note enden. Der Geschmack ist vollmundig, saftig und würzig, im Abgang ausgeprägt und angenehm anhaltend.

92 Colle Imperatrice Falanghina Campi Flegrei DOP 2021
12,5 Vol.-%, DIAM, Stahltank
Strohgelb mit grün-goldenen Reflexen. In der Nase komplexes Aromenspektrum mit satter Intensität. Noten von Früchten wie Birne, Banane und reifem weißen Pfirsich, gefolgt von Anklängen an Kamille und kandierter Zitrone. Am Gaumen mit feinem Schmelz, ausgeprägt und trocken im Verlauf, im Trunk frisch und saftig mit intensivem Abgang.

93 Tenuta Camaldoli Piedirosso Riserva Campi Flegrei DOP 2017
12,5 Vol.-%, DIAM, Eichenfass
Leuchtendes Rubinrot mit zart aufhellendem Rand. In der Nase nach schwarzen Beeren, nach Fasswürze, ein Hauch schwarze Trüffel, Leder, leich iodige Anklänge, im Finale dann auf satten Kirschen. Zeigt sich am Gaumen mit viel Saft, krokant, mit schöner Frische und engmaschigem Tannin, im Finale druckvoll und salzig.

91 Colle Rotondella Piedirosso Campi Flegrei DOP 2021
12 Vol.-%, DIAM, Stahltank
Aufhellendes Rubinrot. In der Nase herzhafte Kirschfrucht, Himbeerbonbon, dazu blumige Nuancen nach Geranien. Am Gaumen sehr frisch, fruchtbetont, mit mittlerem Gewicht, zeigt sich sehr saftig-knackig, hoher Trinkfluss, im Finale würzig.

★★★★

MARISA CUOMO

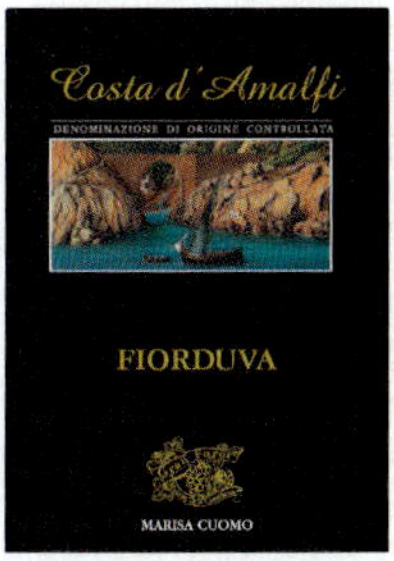

Via G.B. Lama 16/18, 84010 Furore (SA)
T: +39 089 830348, info@marisacuomo.com
marisacuomo.com

Ab-Hof-Verkauf: Ja
Kellermeister: Andrea Ferraioli, Luigi Moio
Kontakt: Dorotea Ferraioli

Seit dem Jahr 1980 ist Cantine Marisa Cuomo das Weingut von Andrea Ferraioli und Marisa Cuomo und erstreckt sich über 10 Hektar Land. Die Trauben, die auf dem Felsen von Furore wachsen, sind der magischen Wirkung der Sonne und des Meeres der Amalfiküste ausgesetzt.

Die Auswahl edler Trauben, die Suche nach dem richtigen Maß an Frische in Verbindung mit überlieferten Winzer-Geheimnissen und modernsten Verarbeitungstechniken führen zu Weinen von höchster Qualität, die in der ganzen Welt geschätzt werden.

96 Furore Bianco Fiorduva Costa d'Amalfi DOC 2020
14,50 Vol.-%, NK, Barrique
Helles Strohgelb mit goldenen Reflexen. Die Nase komplex, breit und vielschichtig, mit fruchtigen Noten wie Aprikose, Banane, Pfirsich und frische Zitrusnoten, Anklänge an mediterrane Blumen und Mandarinenblätter. Am Gaumen mineralisch und schließt mit salzigen Noten und sehr angenehmen Zitrustönen in sehr langem Abgang.

92 Ravello Bianco Costa d'Amalfi DOC 2021
13,5 Vol.-%, NK, Stahltank
Strohgelb mit goldenen Reflexen. In der Nase zart und blumig, mit Noten von Pfirsich, Lilie und Zitrusfrüchten. Am Gaumen weich und cremig, mit guter Frische und Würze, sowie abschließenden Noten von Kräutern.

90 Costa d'Amalfi Rosato DOC 2021 AG2/PDS
13,5 Vol.-%, NK, Stahltank
Intensives Lachsrosa. In der Nase Noten, die an Weißdorn, Kirsche und Mandel erinnern. Am Gaumen schmackhaft und angenehm saftig, mit Anklängen an kleine rote Beeren. Leichter Trinkgenuss und gute Persistenz.

93 Furore Rosso Riserva Costa d'Amalfi DOC 2018 AG2/PDS
14 Vol.-%, NK, Barrique
Dunkelleuchtendes, intensives Rubin. In der Nase deutlich nach Preiselbeermarmelade, Unterholz, dazu edler Holzeinsatz, etwas Chinarinde, wirkt sehr edel. Am Gaumen geschliffen, mit engmaschigem Tannin, öffnet sich mit feiner Würze, leicht griffig im Abgang, ohne dabei seine Salzigkeit zu vermissen.

90 Ravello Rosso Riserva Costa d'Amalfi DOC 2018 PDS/AG2
14,5 Vol.-%, NK, Barrique
Dunkelleuchtendes Rubinrot mit zart aufhellendem Rand. In der Nase sehr würzig, nach Leder und einem Hauch Sattel, schwarzer Pfeffer, dazu Amarenakirschen und Preiselbeeren, im Nachhall nach Unterholz. Am Gaumen zunächst cremig und geschliffen, öffnet sich präsent, zeigt im Nachhall dann ordentlich Grip und wildes Tannin, im Nachhall leider etwas trocknend.

★★★★

FEUDI DI SAN GREGORIO

Località Cerza Grossa, 83050 Sorbo Serpico (AV)
T: +39 0825 986675, info@feudi.it
feudi.it

Kellermeister: Pierpaolo Sirch
Kontakt: Antonio Capaldo
Produktion: 350 Hektar

Das 1986 gegründete Weingut Feudi di San Gregorio wertet seit 30 Jahren die autochthonen Rebsorten Greco, Fiano und Aglianico aus der regionalen Tradition Kampaniens auf. In dieser Zeit hat man das Terroir, Irpinia, das sich für den Anbau von Reben höchster Qualität bestens eignet, genauestens studiert. Diese Erfahrung hat die Familie Capaldo dazu veranlasst, das Weinpotenzial auch in anderen Regionen Italiens zu erforschen, und zwar im Rahmen des Projekts »Tenute Capaldo«, das eine Reihe von Weingütern umfasst, die alle dasselbe Ziel verfolgen: feine Weine als Produkt ihres lokalen Terroirs herzustellen.

Antonio Capaldo,
Weingut Feudi di San Gregorio

beigestellt

92 Cutizzi Greco di Tufo DOCG 2021
13 Vol.-%, NK, Stahltank
Intensives Strohgelb mit goldenen Reflexen. Vielschichtig in der Nase nach grünem Apfel und reifer Birne, sowie feine Kräuternoten im Nachhall. Am Gaumen sehr frisch mit ausgeprägt salzigem Spiel, dazu edle balsamische Töne, klares Finish.

90 Greco di Tufo DOCG 2021
13 Vol.-%, NK, Stahltank
Leuchtendes und intensives Strohgelb. In der Nase intensive fruchtige Noten mit Anklängen von Apfel und gelbem Pfirsich, begleitet von subtilen blumigen Nuancen von Glyzinien. Am Gaumen vollmundig, leicht würzig und mit einem angenehmen Mandelgeschmack im Abgang.

91 Pietracalda Fiano di Avellino DOCG 2021
13,5 Vol.-%, NK, Stahltank
Intensives Strohgelb. Angenehme Aromenvielfalt in der Nase, von frischen Kamillenblüten über frisch gepflücktes Obst bis hin zu kandierten Zitronenzesten. Frischer, weicher und ausgewogener Geschmack, mit angenehm salzigem und fruchtigem Nachklang.

89 Fiano di Avellino DOCG 2021
13,5 Vol.-%, NK, Stahltank
Strohgelb mit leicht goldenen Reflexen. Die Nase duftet nach frischen Früchten wie Aprikosen, Golden-Delicious-Äpfeln,

VERKOSTUNGSERGEBNISSE
FEUDI DI SAN GREGORIO

gemischten Blumen und Trockenfrüchten. Im Mund satt, mit gewisser Frischen und weichem, leicht alkoholischem Finale.

90 Serrocielo Falanghina del Sannio DOC 2021
13 Vol.-%, NK, Stahltank
Strohgelb mit goldenen Reflexen. Komplexe Nase, mit Noten von weißen Blumen, gelben Früchten, Heu und Kräutern. Angenehm und unmittelbar am Gaumen, mit guter Frische und Mineralität und einem mandelartigen Abgang.

89 Falanghina del Sannio DOC 2021
13 Vol.-%, NK, Stahltank
Leuchtendes Strohgelb mit grünlichen Reflexen. In der Nase frische Aromen von guter Intensität mit Noten von gelben Früchten, Zitrusfrüchten und aromatischen Kräutern. Weich und rund, mit gewisser Saftigkeit, bricht im hinteren Bereich dann etwas ein.

91 Visione Campania Rosato IGT 2021
12,5 Vol.-%, NK, Stahltank
Leuchtendes, sehr klares Rosa. Zarte, duftende Nase nach frisch gepflückten Waldbeeren, Kirschen, Wildblumen, Grapefruit und leichten Meeresnoten. Am Gaumen frisch, schlank, saftig und leicht trinkbar, mit guter Saftigkeit.

94 Piano di Montevergine Taurasi Riserva DOCG 2015
14 Vol.-%, DIAM, Barrique
Sattes Rubinrot mit leicht aufhellendem Rand. In der Nase am Anfang eher verhalten, dann nach reifen Preiselbeeren, Sauerkirschen und Zwetschken, im Nachhall Unterholz und Tabak. Am Gaumen kraftvoll und üppig, mit geschliffenem Gerbstoff, fein ausbalanciert, hat Power, langes und balsamisches Finale.

94 Serpico Aglianico Irpinia DOC 2015
14 Vol.-%, DIAM, Barrique
Leuchtendes, sattes Rubinrot mit leicht aufhellendem Rand. In der Nase nach reifen Sauerkirschen und Pflaumen, dann nach Lakritze und Kaffee. Am Gaumen sehr konzentriert, mit kräftigem Tannin, saftig, gut ausbalanciert, mit langem Finale.

93 Taurasi DOCG 2017
14 Vol.-%, DIAM, Barrique
Sattes Rubinrot mit zart aufhellendem Rand. In der Nase nach Rumtopf, reifen Sauerkirschen und eingelegten Zwetschken, im Nachhall nach reifen Waldbeeren und Lakritze. Am Gaumen saftig, mit kräftigem Tannin, gut ausbalanciert, hat Zug, langes und fruchtbetontes Finale.

★★★

FONZONE

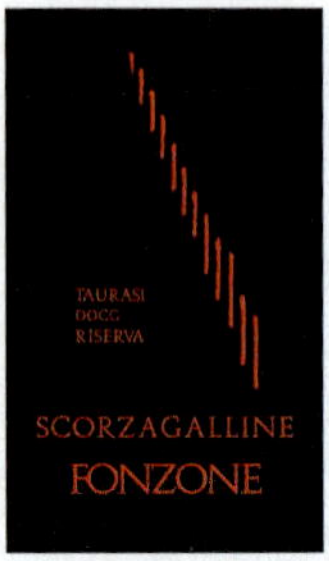

Loc. Scorzagalline, 83052 Paternopoli (AV)
T: +39 0827 1730100, info@fonzone.it
fonzone.it

Kellermeister: Luca D'Attoma
Kontakt: Amedeo de Palma

Die Faszination eines Fleckchens Natur im Herzen Irpiniens und der Wunsch, in einem Gebiet mit großen Weinen zur qualitativ hochwertigen Produktion beizutragen, veranlassten Lorenzo Fonzone Caccese und seine Familie im Jahr 2005 zur Gründung eines Weinguts in Paternopoli im Taurasi-Gebiet. Produziert werden vier Weißweine, zwei Roteweine und ein Rosé aus ausschließlich lokalen Sorten. Für die Winzerfamilie ist die Freude am Wein ein tägliches und konstantes Engagement bestehend aus Verantwortung, Voraussicht und Hartnäckigkeit.

92 Fiano di Avellino DOCG 2021
13,5 Vol.-%, DIAM
Strohgelb mit grün-silbrigen Reflexen. Breites blumiges Bouquet von Maulbeeren, Orangenblüten und Mandarinenblättern, gefolgt von Noten reifer gelber Früchte, Haselnüssen und Mandeln. Am Gaumen frisch und lebendig, mit stimmiger Kohärenz zwischen Nase und Mund. Im Abgang lang und zart salzig, sehr ausgewogen.

92 Le Mattine Falanghina Irpinia DOC 2021
13,5 Vol.-%, DIAM
Leuchtendes Strohgelb mit goldenen Reflexen. Reichhaltige und intensive Nase mit blumigen Noten von weißen Blumen, Blutorangen und kandierten Zitronen. Am Gaumen reichhaltig, weich und saftig mit Noten von Haselnuss, Mandel und nochmals satter Frucht. Langer, anhaltender Abgang.

90 Rosato Irpinia DOC 2021
13,5 Vol.-%, DIAM
Leuchtendes Kirschrosa. In der Nase zarte Noten von kleinen roten Früchten, Himbeeren und Walderdbeeren, gefolgt von leichten blumigen Noten. Der Schluck ist saftig und ausgeprägt, intensiver, lang und wiederkehrend saftig.

92 Scorzagalline Taurasi Riserva DOCG 2015
14 Vol.-%, NK
Leuchtendes Rubinrot, mit Violett. Die komplexe und reichhaltige Nase zeigt Noten von reifen roten und schwarzen Früchten, Lakritze, Leder und Tabak. Am Gaumen voll, breit und einhüllend, mit angenehmer und komplexer Struktur, dazu satte Frucht. Anhaltende, feste, aber gut eingebundene Tannine.

91 Campi Taurasini Irpinia DOC 2017
14,5 Vol.-%, NK
Rubinrot. Die Nase zeigt ausgeprägte Noten von reifen roten Früchten, Kirsche, Himbeere und leichte Anklänge von Unterholz, gefolgt von blumigen Noten von Rose und Veilchen, dazu Noten von süßen Gewürzen, Zimt und Vanille. Am Gaumen voll, weich und einhüllend, mit gut eingebundenen Tanninen und langem Abgang.

91 Greco di Tufo DOCG 2021
13,5 Vol.-%, DIAM
Gelb mit goldenen Reflexen. In der Nase blumige Noten, Orangenblüten und mediterranen Kräutern, gefolgt von frischen Zitrusnoten von Grapefruit, Zitrone, Apfel, getrockneter Aprikose und Ananas. Am Gaumen weich, intensiv und gut ausgeprägt, mit angenehmer Säure im saftigen Ausklang.

★★★★

GALARDI

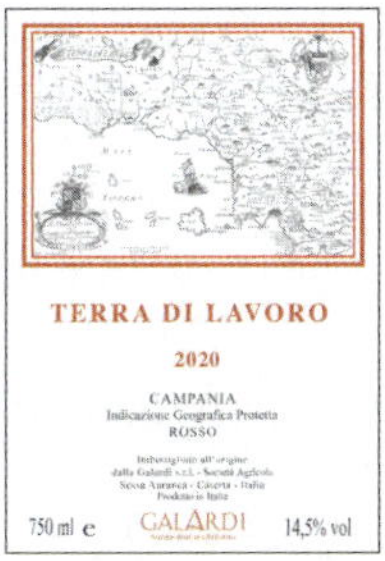

Strada Provinciale Sessa Mignano
81030 S. Carlo si Sessa Aurunca (CE)
T: +39 823 708900, info@terradilavoro.it
terradilavoro.it

Kellermeister: Riccardo Cotarella
Kontakt: Silvana Catello

Aus einer gemeinsamen Leidenschaft für Land und Landwirtschaft heraus begannen Dora und Maria Luisa mit Arturo, Roberto und Francesco 1991 mit dem Traum, die alte Tradition der edlen Reben Kampaniens zu erneuern. Das Potenzial des zum Meer hin abfallenden vulkanischen Geländes und das Zusammentreffen mit dem Önologen Riccardo Cotarella führten bei Galardi 1994 zur Geburt eines Produkts, das bei allen unglaubliche Emotionen hervorrief: Terra di Lavoro. 2017 ließ einen großen Jahrgang bei der Sorte Piedirosso hervorbringen. Seitdem gibt es einen Zweitwein, den Terra di Rosso.

Silvana Catello und Allegra Selvaggi, Weingut Galardi

beigestellt

95 Terra di Lavoro Rosso Campania IGP 2020 AG2/PDS

14,5 Vol.-%, NK, Barrique F

Dunkles, sattes Rubinrot. In der Nase nach reifer Cassis, edlem Unterholz mit feinen harzigen Anklängen, dann feine Pfefferwürze, dazu getrocknetes Rosenblatt, im Nachhall Amarenakirsche. Am Gaumen strahlend und saftig, geschliffen, spannt sich mit eleganten, wenngleich bestimmtem Druck auf, im Nachhall aktuell mit noch jungem Tannin, salzig.

91 Terra di Rosso Piedirosso Campania IGP 2020

15 Vol.-%, NK, Barrique

Sattes dunkles Granatrot. In der Nase intensiv duftend nach reifen Waldbeeren und Pflaumen, leicht vegetabil. Am Gaumen fruchtig und würzig, mit straffer Säure und leicht einbremsendem Tannin, mittellanger Abgang.

★★★★

MASTROBERARDINO

Via Manfredi 75-81, 83042 Atripalda (AV)
T: +39 825 614111, pr@mastroberardino.com
mastroberardino.com

Kellermeister: Massimo Di Renzo

Die Familie Mastroberardino betreibt seit drei Jahrhunderten Weinbau, die ersten Landkäufe in Santo Stefano del Sole gehen auf das Jahr 1735 zurück. Seither haben bereits zehn Generationen das Familienunternehmen geführt. Die Ländereien befinden sich alle in Irpinia, im Herzen der Produktionsgebiete der drei DOCG Taurasi, Greco di Tufo und Fiano di Avellino. Sie sind auf mehrere Gebiete verteilt, damit die Identität, der Schutz und die Entwicklung der lokalen Sorten und Weinberge gewahrt bleibt. Das Unternehmen wird seit Mitte der 90er-Jahre von Piero Mastroberardino, Winzer in 10. Generation, geleitet.

95 Stilèma Greco di Tufo Riserva DOCG 2018
12,5 Vol.-%, DIAM

Sattes Strohgelb mit grünlichen Reflexen. In der Nase nach tropischen Früchten, Litschi und Grapefruit, im Nachhall Jod, Feuerstein und leicht kräutrig, sehr komplex. Am Gaumen filigran, sehr salzig und frisch, trinkig, mit Zug, langes und mineralisches Finale.

93 Novaserra Greco di Tufo DOCG 2021
13,5 Vol.-%, DIAM

Leuchtendes Strohgelb mit leicht grünem Schimmer. In der Nase nach reifem Steinobst und Zitrusfrüchten, dann nach Salbei und Macchia. Am Gaumen sehr saftig und frisch, viel reife Frucht, harmonisch und elegant, langes Finale.

92 Radici Fiano di Avellino DOCG 2021
13,5 Vol.-%, NK

Leuchtendes Strohgelb mit grünlichen Reflexen. In der Nase nach Salbei und Thymian, reife Birnen, Ananas und Akazie, im Nachhall ein Touch Zitrusfrucht. Am Gaumen frisch und saftig, gut ausbalanciert, trinkig, fruchtig nach Grapefruit, mit langem Finale.

96 Naturalis Historia Taurasi Riserva DOCG 2016
13,5 Vol.-%, NK

Dunkles, sattes Rubinrot. In der Nase mit edlem Holzeinsatz, reifer, dunkler Beerenfrucht, Unterholz, etwas Datteln, im Nachhall nach leicht geröstetem Malz. Am Gaumen mit fruchbetontem Eingang, dann ausgewogen und sehr klar, mit herrlicher Saftigkeit, spannt einen weiten Bogen, präsentes Tannin, mit Druck, lange saftig wiederkehrend, herrlicher Aglianico!

94 Radici Taurasi Riserva DOCG 2016
13,5 Vol.-%, NK

Dunkelleuchtendes Rubinrot. Sehr satte, würzige Nase, nach Bitterschokolade, Unterholz, Tabak, dazu Lakritze und Brombeeren, erinnert im Nachhall an frisch gebackenes Schwarzbrot. Am Gaumen geschliffen und mit tollem, ausgeprägtem Fruchtkern, druckvoll, mit Grip, zeigt hervorragenden Holzeinsatz, harmonisch und lange, ohne dabei seinen tanningeprägten Charakter zu vermissen.

92 Radici Taurasi DOCG 2018
13,5 Vol.-%, NK

Leuchtendes Rubinrot mit leicht aufhellendem Rand. In der Nase nach reifen Herzkirschen und dunklen Waldbeeren, im Nachhall nach Veilchen, Leder und Unterholz, sehr komplex. Am Gaumen frisch und salzig, mit feinkörnigem und gut eingebundenem Gerbstoff, viel reife Frucht, langes Finale.

★★★

MONTEVETRANO

Via Montevetrano, 3, 84099 San Cipriano Picentino (SA)
T: +39 089 882285, info@montevetrano.it
montevetrano.it

Kellermeister: Riccardo Cotarella
Kontakt: Patrizia Marziale

Das Weingut wurde 1983 von Silvia Imparato und Riccardo Cotarella gegründet. Sechs Jahre später wurden die ersten Flaschen mit 90 Prozent Cabernet Sauvignon und zehn Prozent Aglianico produziert, der erste Jahrgang des Montevetrano. Ein außerordentlicher Erfolg, der bis heute anhält. Nach 20 Jahren wurde der Core geboren, ein neuer Rotwein aus 100 Prozent Aglianico, zu dem 2015 der Core bianco hinzukam. Heute umfasst Montevetrano fünf Hektar Weinberge, im Nationalpark Monti Picentini. Die Weingärten befinden auf einem alten Anwesen 100 Meter über dem Meer.

beigestellt

Silvia Imparato,
Weingut Montevetrano

90 Core Bianco Campania IGT 2021
13,5 Vol.-%, DIAM, Flaschenreifung
Intensives, leuchtendes Strohgelb. Aroma von Zitrusschalen, Williamsbirnen und Wildblumen. Erfrischend und würzig im Geschmack, mit guter Geschmeidigkeit und mediterranem Abgang.

92 Montevetrano Rosso Colli di Salerno IGT 2019
14,5 Vol.-%, NK, Teilbarrique
Dunkles, sattes Rubinrot. In der Nase nach Brombeeren, Waldfrüchten, einem Hauch Minze, im Nachhall etwas weißer Pfeffer und Leder. Am Gaumen mit viel Druck und Saft, spannt sich packend und mit etwas weitmaschigem Tannin über die Zunge, im Nachhall dann etwas austrocknend.

88 Core Rosso Campania IGT 2019
13,5 Vol.-%, DIAM, Teilbarrique
Dunkles Rubinrot mit leicht aufhellendem Rand. In der Nase reife Kirschen und Pflaumen, sowie leichter Würze. Am Gaumen fruchtsüß und leicht pfeffrig, im Nachhall bremsen die Tannine jedoch etwas ein.

★★★★

SAN SALVATORE 1988

AZIENDA AGRICOLA
SAN SALVATORE
19·88

Contrada Zerilli, 84075 Sito (SA)
T: +39 828 1990900, info@sansalvatore1988.it
sansalvatore1988.it

Ab-Hof-Verkauf: Ja
Kellermeister: Gianmarco Bergamante
Kontakt: Giuseppe Pagano
Produktion: 42 Hektar
Anbauweise: Bio-dynamisch

Es gibt Orte mit einer starken Identität, an denen sich die Zeit verlangsamt und das Leben einen anderen Charakter hat. Orte, an denen jede Grenze zum Horizont wird, die Vergangenheit zur Zukunft und die Tradition zur Modernität. Wie der Cilento-Nationalpark. Und im Herzen dieses Parks wurde San Salvatore geboren. In Gebieten, die noch nie intensiv bewirtschaftet wurden, ist das Land gänzlich unberührt. Die griechischen Wurzeln des Weinguts sind mit den römischen verflochten und gedeihen prächtig in einem riesigen Gebiet, das sich von den Tempeln von Paestum bis zu den Bergen von Stio erstreckt.

92 Gioi' Extreme Metodo Classico Rosé VSQ 2018 Brut

12,5 Vol.-%, NK, Stahltank

Leuchtendes Rosa mit orangefarbenen Reflexen. Frische Butter, kleine rote Früchte und Veilchen in der Nase. Die subtile, gut eingebundene Kohlensäure kitzelt den Gaumen mit einer sehr fruchtigen Länge, der Abgang ist angenehm würzig und salzig.

92 Elea Greco Paestum IGP 2019

13 Vol.-%, DIAM, Stahltank B

Hell leuchtendes Goldgelb. In der Nase zunächst reduktiv, dann laktische Noten, getrocknete Bananen und weißer Pfeffer. Am Gaumen saftig mit schönem Schmelz, gut integrierter Säure, leicht cremig und anhaltender Nachhall.

91 Pian di Stio Fiano Paestum IGP 2021

13 Vol.-%, NK, Stahltank

Strohgelb mit zarten goldenen Reflexen. In der Nase Noten von Ginster, Mimosen, Zitrusfrüchten, weißem Steinobst, mediterranen Kräutern und Meersalz. Im Geschmack elegant, frisch, angenehm würzig und harmonisch saftig.

89 Vetere Rosato Paestum IGP 2021

11 Vol.-%, NK, Stahltank

Sehr blasses, klares Rosa. Knackige Aromen von Walderdbeeren, roten Früchten, gelbem Pfirsich und frischen Blumen in der Nase. Der Geschmack ist frisch, trocken, leicht und einfach zu trinken.

92 Omaggio a Gillo Dorfles Aglianico Paestum IGT 2017

15 Vol.-%, NK, Stahltank

Dunkelleuchtendes Rubinrot. In der Nase zunächst betont würzig, nach Edelholz, dann nach Blutorangen und Bitterschokolade, dazu satte Waldbeerfrucht und etwa Leder. Am Gaumen kompakt, mit dichtem Tannin und satter, dunkler reifer Frucht, herzhaft, im Ausklang mit deutlich trocknend.

91 Jungano Aglianico Paestum IGP 2019

14 Vol.-%, DIAM, Stahltank

Sehr dunkles Rubinrot. In der Nase reife Kirschen und Pflaumen, ein Hauch von Leder, Tabak und Zimt. Am Gaumen fruchtsüß und saftig, mit straffem Tannin, im Finale Noten nach kaltem Rauch.

PLATZ FÜR IHRE WEINNOTIZEN

Die süditalienische Region Apulien
am »Absatz« des italienischen »Stiefels«

© Shutterstock

APU LIEN

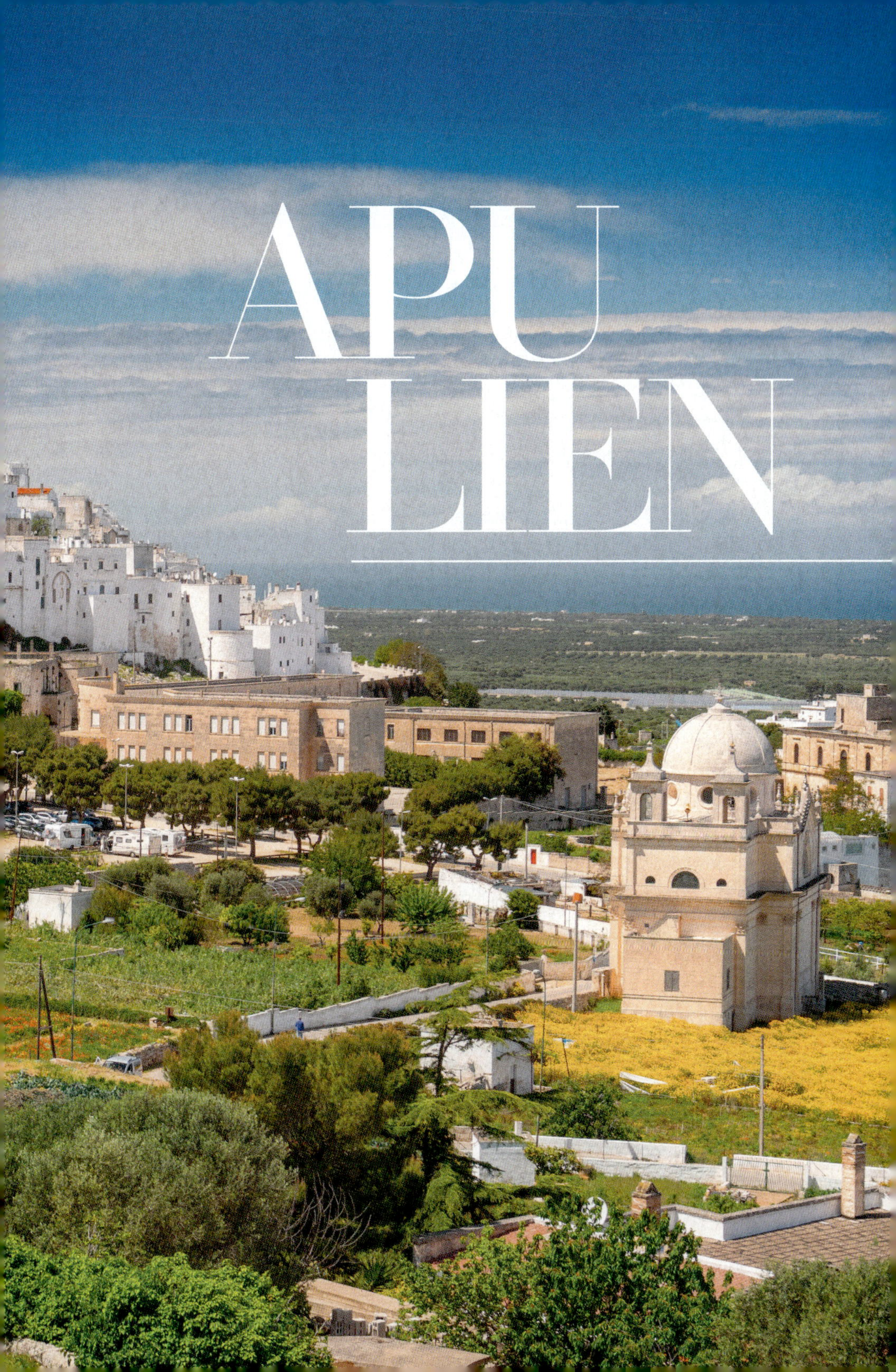

Locorotondo, Bari

EIN RIESE ERWACHT

Bis Ende des 20. Jahrhunderts spielten die Weine einer der größten Weinbauregionen des Landes keine Rolle, heute sind sie im wahrsten Sinn des Wortes in »aller Munde«, dank der Rotweinsorte Primitivo. Die besten kommen aus den Weinbergen rund um das Örtchen Manduria. Auch die Rotweine aus Castel del Monte verdienen Beachtung.

Über mehr als den gesamten Absatz des »Stiefels« erstreckt sich an der Ostseite des Südens Italiens das Weinbaugebiet Apulien, nicht nur eine der größten Regionen Italiens, sondern auch eine der ältesten. Bereits 3000 v. Chr. begannen etwa die Phönizier hier mit dem Weinbau, aber bis zu Beginn des 21. Jahrhunderts spielte die Region auf der Karte der Qualitätsweine Italiens keine Rolle. Die heute ca. 104.000 Hektar Weinberge entsprechen beinahe der Rebfläche von ganz Deutschland, auch die hier erzeugten Mengen Wein von 8 bis 10 Mio. Hektoliter pro Jahr sind fast identisch. Bis vor gut 20 Jahren war Apulien der Lieferant für Massenweine und Traubenmostkonzentrat ebenso wie für Weine für die Wermutproduktion oder auch für sogenannte Verschnitt- und Deckweine, die bis nach Frankreich geliefert wurden, um dort z.B. schwachbrüstigen Rotweinen Farbe und Körper zu verleihen. Doch mit dem ausklingenden 20. und dem beginnenden 21. Jahrhundert ging ein gewaltiger Ruck durch die Region, als Winzer und Önologen aus anderen Regionen und auch eine neue Generation von Winzern das große Potential dieser Region entdeckten und begannen auszuschöpfen. Den Startschuss markierte dabei wohl die aus der Toskana längst zu Ruhm und Ehren gelangte Familie Marchese Antinori 1998 mit der Gründung ihres Weinguts Tormaresca. Die sanft

WEIN-
PRODUKTION
APULIEN
9.764.000 hl*
53% weiß
47% rot/rosé

* Jahrgang 2020, Gesamtweinprodukion Italien: 49.908.000 hl

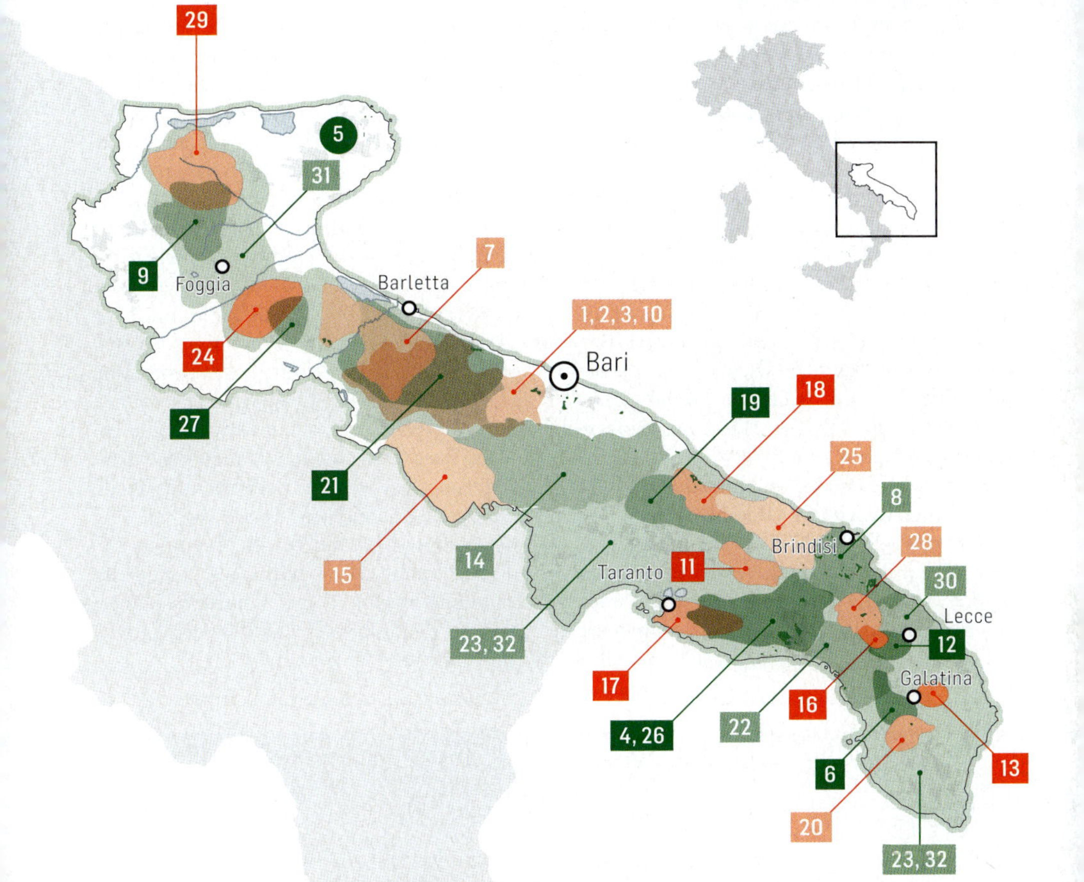

APULIEN

D.O.C.G.

1 Castel del Monte Bombino Nero
2 Castel del Monte Nero di Troia Riserva
3 Castel del Monte Rosso Riserva
4 Primitivo di Manduria Dolce Naturale

D.O.C.

5 Aleatico di Puglia – in allen Gebieten der Region
6 Alezio
7 Barletta
8 Brindisi
9 Cacc'è mmitte di Lucera
10 Castel del Monte
11 Colline Joniche Tarantine
12 Copertino
13 Galatina
14 Gioia del Colle
15 Gravina
16 Leverano
17 Lizzano
18 Locorotondo
19 Martina
20 Matino
21 Moscato di Trani
22 Nardò
23 Negroamaro di Terra d'Otranto
24 Orta Nova
25 Ostuni
26 Primitivo di Manduria
27 Rosso di Cerignola
28 Salice Salentino
29 San Severo
30 Squinzano
31 Tavoliere delle Puglie
32 Terra d'Otranto

hügelige, eher flache und plateauähnliche Landschaft mit ihrem mediterranen Klima und warmen Luftströmungen von der Adria ist für Rotwein wie geschaffen, wobei sich zwei autochthone Sorten als besonders geeignet hervorgetan haben. Auf der einen Seite ist das Negroamaro, die »schwarze Bittere« genannt wegen ihres Gerbstoffreichtums, und andererseits der Primitivo, der allerdings nichts von dem innehat, was man normalerweise mit diesem Begriff assoziieren mag, sondern die Sorte als »Erste reifend« so getauft wurde. Gerade der Primitivo hat mit seinem vollmundigen, sanften Geschmack vor allem im deutschsprachigen Raum zu einem wahren Höhenflug angesetzt. Dieses Geschmacksbild wird häufig noch durch das »Doppio Passo« Verfahren verstärkt, wobei dem Wein nochmals getrocknete Trauben zugesetzt werden, was häufig dem Geschmacksprofil auch noch eine feine Süße verleiht. Viele Konsumenten lieben dieses Geschmacksbild, bei manchen Kritikern ist es indes bereits ein wenig verpönt. Die besten Primitivo-Weine stammen aus Taranto rund um die Ortschaft Manduria, ein anderer Hot Spot ist die Halbinsel Salento, die neben Primitivo vor allen Dingen mit ausgezeichneten Negroamaro-Weinen aufwarten kann. In der Provinz Bari ist es speziell die Herkunft Castel del Monte, die hohe Beachtung verdient. Daneben liefern mittlerweile auch weitere einheimische Rotweinsorten wie Nero di Troja und Malvasia Nera beachtliche Ergebnisse. Weiters um Bari liefern die Primitivo aus dem höher gelegenen Gioia del Colle Spitzenresultate. Unter diesen klimatischen Bedingungen haben es Weißweine schwerer, denn die warme Witterung lässt frische und fruchtige Weißweine mit ausreichend Säure nur an sehr ausgewählten Standorten zu. Dennoch gibt es ordentliche Weißweine aus, einerseits, der einheimische Sorte Bombino Bianco, oder aus den internationalen Sorten Sauvignon Blanc und Chardonnay.

Trulli, auch Furnieddhi genannt,
prägen das Landschaftsbild in Apulien

★★★★

TENUTE CHIAROMONTE

Contrada Scappagrano, 70021 Acquaviva delle Fonti (BA)
T: +39 0803 050432, info@tenutechiaromonte.com
tenutechiaromonte.com

Ab-Hof-Verkauf: Ja
Kellermeister/Kontakt: Nicola Chiaromonte
Anbauweise: Bio

Nicola Chiaromonte, Vertreter der letzten Generation einer alten Winzerfamilie, ist Eigentümer der Tenute Chiaromonte, eines Betriebs, der über 60 Hektar Land mit 30 bis 100 Jahre alten Olivenhainen und Weinbergen verfügt, die alle nach ökologischen Methoden bewirtschaftet werden. Ihm zur Seite steht sein Freund und Unternehmer Paolo Montanaro. So wurden zusätzliche Hektar in einem bestens geeigneten Gebiet auf 350 Metern über dem Meer angepflanzt, um eine weitere Herausforderung anzunehmen: die Classico-Ancestrale-Methode auf Pinot Noir.

97 Chiaromonte Primitivo Gioia del Colle Riserva DOC 2015

18 Vol.-%, NK

Dunkel leuchtendes Rubinrot. In der Nase nach reifen Preiselbeeren, reifen Erdbeeren, feinen hellen harzigen Nuancen, dazu helles Malz, einladend und vielschichtig. Am Gaumen mit elegantem Eintritt und sehr saftigem Spiel, zeigt Tiefe und Eleganz, die Frucht ist in engstes Tannin eingebettet, kommt in vielen Schichten und bleibt unglaublich lange am Gaumen, ausgewogen, im Finale salzige Nuancen.

95 Muro Sant'Angelo Contrada Barbatto Primitivo Gioia del Colle DOP 2019

16,5 Vol.-%, DIAM

Edles Rubinrot mit aufhellendem Rand. Einprägsame und duftende Nase nach reifen Preiselbeeren, Himbeergelee, dazu ein Hauch Milchkaffee und edle Zimtwürze, im Nachhall auf hellem Leder und Tabak. Am Gaumen ausgeprägt und tiefgründig, spannt sich mit toller Rasse und Säure über die Zunge, engmaschiges Tannin begleitet den Verlauf, lange und präsent, im Finale auf frischen Fruchtnoten.

90 Contrada Scappagrano Puglia IGP 2020

14,5 Vol.-%, DIAM

Leuchtendes Rubinrot mit leicht violetten Reflexen. Die Nase ist durch Noten von roten Früchten, Tabak und weißer Schokolade geprägt. Am Gaumen üppig, fleischig, verführerisch und artikuliert, mit süßen Tanninen. Am Gaumen mittelgewichtig, frisch und saftig.

90 Elè Primitivo Puglia IGP 2020

14 Vol.-%, DIAM

Mittleres Rubinrot mit leicht aufhellendem Rand. In der Nase nach dunklen und reifen Waldbeeren, Pflaume, dann leicht nach schwarzen Holunderblüten. Am Gaumen sehr saftig, mit gut eingebundenem Gerbstoff, fruchtbetont, mittellanges Finale.

★★★

CANTINE COPPI

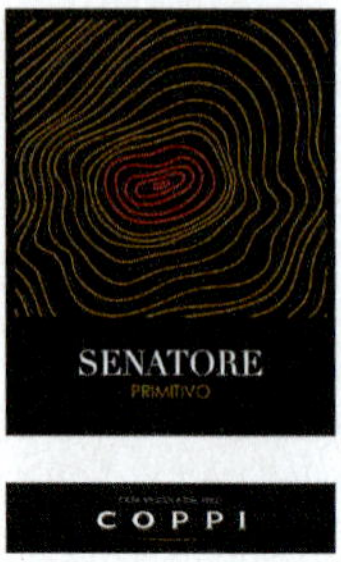

S.P. Turi - Gioia del Colle, 70010 Turi (BA)
T: +39 80 8915049, info@vinicoppi.it
vinicoppi.it
Ab-Hof-Verkauf: Ja
Kellermeister: Antonio Michele Coppi
Kontakt: Roberto Bianco
Produktion: 800.000 Flaschen, 10 % Schaumwein, 10 % weiß, 70 % rot, 10 % rosé, 200 Hektar
Anbauweise: Bio
Förderprogramm: EU Reg.No 1308/2013

Das Weingut Coppi ist eines der ältesten und renommiertesten in Apulien. 1972 übernahm Antonio Coppi das historische Weingut, das 1882 gegründet wurde, und machte es zu seiner Lebensaufgabe, dem apulischen Wein Würde und Ansehen zurückzugeben. Die Liebe zum Wein ist vor allem eine Liebe zum eigenen Land, eine innere Verbindung zu diesem Stück Apulien. Die Familie Coppi widmet sich der Herstellung und weltweiten Vermarktung von Weinen aus Apulien, die aus autochthonen Rebsorten wie Primitivo, Negroamaro, Aleatico, Malvasia und Falanghina gewonnen werden.

89 Cantonovo Primitivo Puglia Rosato IGT 2021
12 Vol.-%, DIAM, Stahltank Ⓑ
Intensiv leuchtendes helles Orangerot. In der Nase mediterrane Kräuter, Rosen und Rosmarin. Am Gaumen angenehme Würze und ausgewogene Säure, saftig, mit mittellangem Abgang.

93 Don Antonio Primitivo Puglia IGT 2018
14,5 Vol.-%, DIAM, gebrauchte Barriques
Sattes Rubin mit leicht aufhellendem Rand. Wirkt in der Nase balsamisch, mit Noten von reifer Kirsche und Waldbeeren, im Nachhall würziger Touch nach weißem Pfeffer und Kaffee. Am Gaumen tolles Mundgefühl, feine Tanninstruktur, zeigt tolle Saftigkeit und Frische, mit salzigem Finale.

93 Senatore Primitivo Gioia del Colle DOC 2019
13,5 Vol.-%, DIAM, gebrauchte Barriques
Leuchtendes Rubinviolett. In der Nase nach Macchia, satten Kirschen und reifen Waldfrüchten, auch feine Brombeere, im Ausklang Leder und ein Hauch Unterholz. Am Gaumen ausgewogen und mit toller, kompakter Frucht, fein vom Tannin unterstützt, druckvoll und äußerst lange, toller Primitivo.

91 Siniscalco Primitivo Puglia IGT 2019
13,5 Vol.-%, DIAM, Stahltank
Leuchtendes Rubinviolett. In der Nase nach satten Kirschen und satten Erdbeeren, dazu feine Anklänge von Preiselbeeren und etwas Schokoladepulver. Zeigt sich am Gaumen mit schöner Frische und klarem Fruchtkern, im Nachhall auch mit feinem, zartem Tannin, trinkt sich fein, tolle Preis-Leistung.

90 Cantonovo Primitivo Puglia IGT 2019
13 Vol.-%, DIAM, Stahltank
Intensives, leuchtendes Rubinrot. In der Nase sehr reife Nuancen nach Zwetschken, Kirschen, im Nachhall leicht würzige Nuance, auch Rote Bete. Am Gaumen üppig, wirkt leicht marmeladig, breit und mundfüllend, mit leicht staubigem Tannin, mittleres Finale.

89 Pellirosso Negroamaro Salento IGT 2019
13 Vol.-%, DIAM, Stahltank
Intensives Rubinrot mit Reflexen von Sauerkirsche. In der Nase Aromen von Sauerkirsche, Brombeere und Veilchen, dazu Heidelbeere, Tabak und Menthol verbinden. Am Gaumen sehr üppig, breitet sich weit aus, im Finale mit süßlich-griffigem Tannin.

★★★

FELLINE

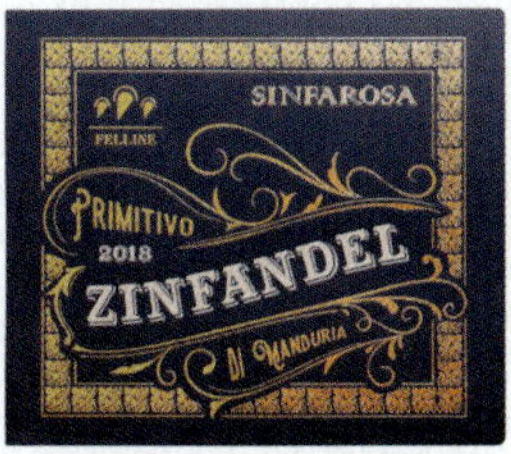

Strada Comunale Santo Stasi I 42, 74024 Manduria (TA)
T: +39 099 9711660, info@agricolafelline.it
agricolafelline.it

Kellermeister: Fabrizio Perrucci
Kontakt: Gregory Perrucci
Ab-Hof-Verkauf: Ja
Förderprogramm: EU Reg.No 1308/2013

Felline mit seinen 90 Hektar Weinbergen in der Manduria-Region ist Ausdruck einer langen Familientradition, die dem Wein gewidmet ist. Der Betrieb gilt als Pionier des Primitivo di Manduria DOC und ist der einzige Erzeuger, der diese Rebsorte in verschiedenen Mikrozonen anbaut und verschiedene Versionen in Form von »Crus« anbietet. Gregory Perrucci ist seit jeher die Seele des Weinguts, seit er für seine vergleichenden Forschungen zwischen Primitivo und Zinfandel im Rahmen des Projekts »Accademia dei Racemi« in die ZAP (Zinfandel Advocates and Producers) in Kalifornien aufgenommen wurde.

Weinkeller,
Weingut Felline

91 • Edmond Dantès Metodo Classico VSQ Pas Dosè VE2/CH
11,5 Vol.-%, DIAM, Flaschengärung
Glänzendes, helles Goldgelb mit feinkörniger Perlage. In der Nase nach tropischen Früchten, im Nachhall zarte Petrolnote sowie ein Touch Hefe. Am Gaumen knochentrocken, frisch und saftig, mit angenehmer Perlage und feinem Säurespektrum, langer und fein salziger Nachhall.

88 • Fiano Salento IGP 2021
12,5 Vol.-%, DV
Sattes, leuchtendes Strohgelb. In der Nase Duft nach Gebäck, Butterkeksen und sehr reifen Marillen, zarter Unterton von Orangenzesten, blumiger Nachhall. Am Gaumen mit schöner Fülle und cremigem Schmelz, gelbe Frucht, dreht sich im Mund und wird im Nachhall leider betont bitter.

87 • Verdeca Puglia IGP 2021
12,5 Vol.-%, DV
Intensives Strohgelb mit Tendenz zum Hellgold. In der Nase eher verschlossen, fast ausdruckslos. Am Gaumen von mittelschlankem Gewicht, bitter, wenig Frucht, schwindet schnell dahin.

91 • Cicala Salento Rosato IGP 2021
12,5 Vol.-%, DV
Kräftiges und funkelndes Orangerosa. In der Nase nach Kirschen und Erdbeeren, dann ein Touch Zitrusfrucht und

Macchia. Am Gaumen frisch und saftig, mit Zug, trinkig, kräutriges Finale.

92 Giravolta Primitivo di Manduria DOP 2018
14,5 Vol.-%, NK
Leuchtendes Rubinrot. In der Nase duftig und ausdrucksstark, feine blumige Nuancen, nach frischen Kirschen, frischen Himbeeren und etwas Orangenzeste. Am Gaumen mit tollem Saft und klarem, fast kühlem Fruchtkern, lange anhaltend, kommt im Abgang immer saftig wieder.

91 Dunico Primitivo di Manduria DOC 2017
16 Vol.-%, NK
Leuchtendes Rubinrot mit einem Tropfen Violett. Eröffnet die Nase auf feinen Noten von Liebstöckel, dann etwas Leder, die Frucht hält sich im Hintergrund. Am Gaumen mit feiner Frucht und toller Saftigkeit, im hinteren Bereich dann viel grobkörniges Tannin, mit Druck.

90 Zinfandel Sinfarosa Primitivo di Manduria DOP 2018
15 Vol.-%, NK
Dunkel leuchtendes Rubinrot mit aufhellenden Rändern. In der Nase reife Brombeere und Waldfrüchte mit leichter Würze im Hintergrund. Am Gaumen sehr fruchtig und weich, mit feinem Tannin und angenehmer Saftigkeit, mit mittlerer Länge.

89 Felline Terra Rossa Primitivo di Manudria DOP 2021
14 Vol.-%, NK
Intensives Rubinrot, ins Violette tendierend. Reichhaltiges und duftendes Bouquet, mit Noten von reifen Pflaumen, pikanten Gewürzen und Sauerkirschen. Am Gaumen leicht, frisch und saftig.

90 Anarkos Rosso 2018 MAN/PR/NA
13,5 Vol.-%, NK
Dunkles Rubinrot mit violettem Kern. In der Nase intensiv duftend nach reifen Pflaumen und Kirschen, eingelegten Früchten, sowie Leder und Holznoten. Am Gaumen fruchtbetont und saftig, gut integrierten Tanninen und mit mittlerer Länge.

88 Sum Susumaniello Salento IGT 2017
14,5 Vol.-%, NK
Konzentriertes, kräftiges Rubinrot, durchzogen von violetten Reflexen. In der Nase sehr reife Früchte mit einem Hauch von Gewürzen und einer leichten Pfefferminz-Note. Im Mund vollmundig und kraftvoll dank des hohen Alkoholgehalts, mit kräftigem Schluck, der den Gaumen mit samtigen Tanninen umhüllt, im Finale dann etwas brandig und gesetzt.

beigestellt

★★★★★

GIANFRANCO FINO

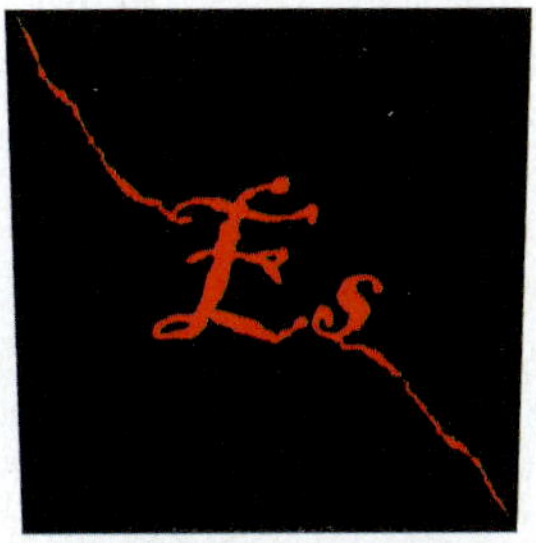

Contrada Lella s.n., 74024 Manduria (TA)
T: +39 099 777 3970, gianfrancofino@libero.it
gianfrancofino.it

Ab-Hof-Verkauf: Ja
Kellermeister: Gianfranco Fino
Kontakt: Simona Natale

Das Abenteuer von Gianfranco Fino und Simona Natale begann im Jahr 2004 mit dem Kauf eines kleinen Primitivo-Weinbergs von 1,3 Hektar. Ziel war es, Weine mit starker territorialer Identität zu erzeugen, was dank der Beharrlichkeit des jungen Winzerpaares bald erreicht wurde. Die Rebstöcke wachsen auf kalkhaltigem rotem Boden und werden von Brisen des Ionischen Meeres und der Sonne Apuliens verwöhnt. Typizität und Innovation sind die zentralen Werte, die durch Anwendung traditioneller Anbautechniken in Verbindung mit modernen Produktionsverfahren erreicht werden.

Barriquekeller,
Weingut Gianfranco Fino

beigestellt

92 ❸ SN Simona Natale Spumante Rosato Salento IGT 2017 Dosaggio Zero
12 Vol.-%, DIAM Ⓑ
Intensives Orange mit sehr feinkörniger Perlage. In der Nase nach Jod, Blutorangen und Blaubeeren, dann leicht erdige und medizinale Töne, komplex. Am Gaumen knochentrocken, sehr frisch und saftig, trinkig, langes Finale.

97 Es Primitivo Salento IGT 2020
16 Vol.-%, NK
Dunkel leuchtendes Rubinrot mit Violett. Intensive Nase nach saftigen Kirschen, reifen Himbeeren, zarte Anklänge von Erdbeermarmelade, im Nachhall auch nach eingelegten Zwetschken, feine Würze. Am Gaumen mit toller Säure und rassigem Spiel, spannt sich langsam und in vielen Schichten auf, mit prächtiger Finesse, bleibt lange und ausgewogen auf der Zunge zurück, kann ruhig noch lagern.

95 Jo Negroamaro Salento IGT 2019
14 Vol.-%, NK
Leuchtendes Rubinrot. Tolle, einladende Nase nach frischem Pfirsich, frischen Erdbeeren, dazu Granatapfel und Nuancen von Blutorange, im Nachhall auf Karamellbonbon, sehr vielschichtig. Am Gaumen mit prächtigem Spiel, ausgewogen und klar, spannt sich mit cremiger Textur und elegantem Schmelz über die Zunge, kommt im Finale saftig wieder.

★★★

LEONE DE CASTRIS

Via Senatore de Castris 26
73015 Salice Salentino (LE)
T: +39 0832 731112, info@leonedecastris.com
leonedecastris.com

Kellermeister: Matteo Esposito, Riccardo Cotarella
Kontakt: Piernicola Leone de Castris
Produktion: 300 Hektar

Die 1665 gegründete Cantina Leone de Castris befindet sich in Salice Salentino und begann 1925 mit der Abfüllung. 1943 wurde Five Roses geboren, der erste italienische Roséwein, der sofort in die USA exportiert wurde. 1954 folgte der Rosso Salice Salentino, der Anfang der 1970er Jahre zum DOC-Wein wurde. Die Weinkellerei bietet eine vielfältige Produktpalette an: Weiß-, Rosé- und Rotweine mit DOC (Salice Salentino, Primitivo di Manduria, Gioia del Colle Primitivo, Locorotondo), IGT Salento und Apulien sowie Weiß- und Rosé-Schaumweine. Die Jahresproduktion beträgt etwa 2,5 Millionen Flaschen.

Leone De Castris

beigestellt

93 Five Roses 78° Anniversario Rosato Salento IGT 2021 NA/MAN
12 Vol.-%, NK, Stahltank
Zartes blasses Rosarot. In der Nase fruchtige Nuancen nach Heidelbeeren, rote Johannisbeeren, im Nachhall Pfirsch und Honigmelone, ein Touch Orangenschale. Am Gaumen schmelzige Textur, gut eingebundene Säure, saftig, langes fruchtiges Finale.

92 Five Roses Rosato Salento IGT 2021 NA/MAN
12 Vol.-%, NK, Stahltank
Intensiv leuchtendes Rosarot. In der Nase zarter Duft nach Orangenblüten, Hagebutten und Erdbeerobers. Am Gaumen saftig und rund, mit schöner und klar definierter Frucht, eleganter Säure und knackigem Finish.

91 Marisa Primitivo Rosato Puglia IGT 2021
12 Vol.-%, NK, Stahltank
Strahlendes, intensives Lachsrosa. In der Nase blumig-fruchtige Aromen von Rosenblüten, Süßkirsche und Honigmelone. Am Gaumen unterlegt von feiner Würze, ausbalanciert, klar, mit knackiger Frucht und straffer Säure sowie salziges Spiel im Abgang.

87 Five Roses Rosé Metodo Classico Negroamaro Salice Salentino DOC 2019 Brut
12,5 Vol.-%, PK, Flaschengärung
Hell leuchtendes Orangerosa. Undefinierte Nase mit leicht

VERKOSTUNGSERGEBNISSE
LEONE DE CASTRIS

würziger Note und Töne von Kirsche. Zeigt sich am Gaumen mit Fruchtsüße und mittlerer Frische, wirkt im Finale leicht tanninhaltig und austrocknend.

92 Negroamaro Riserva Salice Salentino DOC 2019

14 Vol.-%, NK, Eichenfass
Sattes Rubinrot mit leicht aufhellendem Rand. In der Nase nach reifer Amarenakirsche, eingelegten Pflaumen und getrocknetes Rosenblatt, leicht animalisch. Am Gaumen saftig, fruchtbetont, hat Zug, mit feinkörnigem Tannin, langes Finale.

91 Donna Lisa Salice Salentino Riserva DOC 2017 NA/MAN

15,5 Vol.-%, NK, Eichenfass
Tiefdunkles Granatrot mit aufhellenden Rändern. In der Nase intensiver Duft von Pflaumen, Brombeeren und Lakritze. Am Gaumen viel Frucht und frische Säure sowie gutem Zug und griffigem Tannin, kann noch etwas reifen.

92 Per Lui Susumaniello Salento IGT 2017

13,5 Vol.-%, NK, Barrique
Intensives, undurchdringliches Rubinrot. In der Nase entfalten sich Aromen von schwarzen Früchten, begleitet von Anklängen an Kakao, Tabak und Leder. Am Gaumen frisch, mit dichten, süßen Tanninen und einem langen, fruchtigen Abgang.

92 Villa Santera Primitivo di Manduria DOC 2021

15 Vol.-%, NK, Eichenfass
Dunkles Rubinrot mit violetten Reflexen. In der Nase Noten von Kirschen und reifen Pflaumen, begleitet von einem Hauch von Unterholz. Am Gaumen mit Charakter, Geschmeidigkeit, knackige Frucht und toller Säurestruktur.

89 Colpo di Zappa Primitivo Gioia del Colle DOC 2020

15 Vol.-%, NK, Eichenfass
Dunkles Rubinrot mit leicht aufhellendem Rand. In der Nase intensiver Duft nach reifen Kirschen und Pflaumen, gepaart mit Gewürznoten von Zimt und Kardamom. Am Gaumen frisch und saftig, im hinteren Verlauf dann mit leicht zehrendem Tanninen und mittlerer Länge.

89 Saliscendi Primitivo Gioia del Colle Riserva DOC 2019

14 Vol.-%, NK, Barrique
Leuchtendes Rubinrot mit dunklem Kern. In der Nase intensiver Duft von reifen Kirschen und Pflaumen, sowie Bitterschokolade und Noten von Zimt. Am Gaumen fruchtig und mit etwas rustikalen Tanninen und mittlerer Länge.

beigestellt

★★★★

POLVANERA

POLVANERA

Strada Vic.le Lamie Marchesana 601
70023 Gioia del Colle (BA)
T: +39 080 758900, info@cantinepolvanera.it
cantinepolvanera.it

Ab-Hof-Verkauf: Ja
Kellermeister/Kontakt: Filippo Cassano
Produktion: 10 % Schaumwein, 10 % weiß, 75 % rot, 5 % rosé, 100 Hektar
Anbauweise: Bio

Das Weingut wurde 2002 von Filippo Cassano gegründet, der beschlossen hatte, zu den Wurzeln des Weinbaus seiner Familie zurückzukehren. Er nannte es Polvanera (»schwarzer Staub«) wegen des dunklen Bodens, der so typisch für die Gegend ist, die das Weingut umgibt. Auf über 100 Hektar Land werden neben dem Primitivo auch andere einheimische Rebsorten angebaut, wie Aleatico, Aglianico, Minutolo, Moscato, Bianco d'Alessano, Marchione, Maresco, Negroamaro, Nero di Troia und Falanghina. Das Weingut wird fast zu 100 Prozent biologisch bewirtschaftet.

Filippo Cassano,
Weingut Polvanera

91 ⊖ Macchia di Gatto Spumante Bianco Metodo Classico Puglia IGT 2017 Brut MRC/MCN/XX1/Fiano
12 Vol.-%, NK, Flaschengärung
Klar strahlendes Goldgelb mit Silber. Im Duft ausgeprägt nach reifer Ananas und Banane, umhüllt von zarter Nussbutter und Toast, dazu kandierte Orangenschalen. Spannt am Gaumen ein weites Kleid auf, saftig in der Säure, fließt geschmeidig dahin mit feinen Perlen, drückt am Ende nochmal satt nach, zeigt schöne Länge.

90 ⊖ Montevella Spumante Rosato Metodo Classico Puglia IGT 2017 Brut AG2/PR/NA/NDT
11 Vol.-%, NK, Flaschengärung
Satt leuchtende Zwiebelschalenfarbe. An der Nase einladend nach reifen Himbeeren und Cassis, umhüllt von gebuttertem Toast und Nüssen, im Anklang Milchschokolade. Im Auftakt lebhaft, zeigt schönes Wechselspiel zwischen Säure und Frucht, sehr eigenständig, mittelkräftig, zeigt gewissen Zug im Verlauf und endet salzig auf roter Beerenfrucht.

90 ⊖ A Spumante Rosé Puglia IGT 2021 Brut
12 Vol.-%, NK, Flaschengärung
Brillantes Orangerosa. In der Nase zurückhaltend, etwas Noten von Sauerkirschen, Orangenschale und leichte Anklänge

beigestellt

VERKOSTUNGSERGEBNISSE
POLVANERA

an roten Rüben. Am Gaumen dann mit zarter Fruchtsüße und grobkörniger Perlage, hat etwas von der Blutorange, saftig, mit einen eigenen Charakter, im Nachhall sehr weinig.

90 Blanco D'Alessano Puglia IGT 2021

13 Vol.-%, NK Ⓑ

Mittleres leuchtendes Strohgelb. In der Nase intensiver Duft nach Ananas, Mango, Zuckermelone und Banane, unterlegt mit weißer Schokolade. Am Gaumen rund und saftig, mit harmonischer Säurestruktur, im Nachhall leicht bitter.

91 Rosato Puglia IGT 2021 AL4/PR/AG2

12,5 Vol.-%, NK, Flaschenreifung Ⓑ

Strahlendes, intensives tiefes Rosa mit kirschroten Reflexen. In der Nase ausgeprägte Fruchtaromatik von reifen Erdbeeren und leicht floralem Ton. Saftig und mit schönem Druck am Gaumen, knackige Säure, präzise Frucht, klarer Abgang.

94 16 San Benedetto Primitivo Gioia del Colle DOC 2018

16 Vol.-%, DIAM, Stahltank/Flaschenreifung

Dunkel leuchtendes Rubin mit einem Tropfen Violett. In der Nase nach reifen Brombeeren undKirschen, erinnert an Holunderbeersirup, zart harzige Nuancen, etwas Zimt und Schokolade. Am Gaumen prachtvolle Süße und gut eingebundene Säure, spannt einen weiten Bogen auf, Frucht und Alkohol toll ausbalanciert.

91 14 Marchesana Primitivo Gioia del Colle DOC 2020

14,5 Vol.-%, DIAM, Stahltank/Flaschenreifung

Leuchtendes Rubinrot mit leicht aufhellendem Rand. Dunkelbeerige Nase nach reifen Brombeeren und Heidelbeeren, im Nachhall leicht floraler und vegetaler Touch. Am Gaumen frisch und saftig, gut ausbalanciert, griffiges Tannin, saftiges Finale.

92 17 Montevella Primitivo Gioia del Colle DOC 2018

16,5 Vol.-%, DIAM, Stahltank/Flaschenreifung

Dunkelleuchtendes Rubinrot mit leicht aufhellendem Rand. In der Nase duftend nach satten Pflaumen, getrockneten Aprikosen und reifen Erdbeeren. Am Gaumen schön frisch mit angenehmer Saftigkeit, gut integrierter Säure, in sich harmonisch, satter Körper mit guter Länge.

89 Aglianico Puglia IGT 2018

14,5 Vol.-%, DIAM, Stahltank/Flaschenreifung

Intensives Rubinrot mit granatroten Reflexen. Reichhaltiges, fruchtiges und krautiges Bouquet mit Noten von roten Früchten, Pflaumen, mit Anklängen von Lakritze und Kakao. Am Gaumen trocken, voll und einhüllend, etwas runder Säure und griffig-zehrendem Tannin.

beigestellt

★★★★

RIVERA

Contrada Rivera, S.P. 231 km 60,5, 76123 Andria (BT)
T: +39 0883 569510, info@rivera.it
rivera.it

Ab-Hof-Verkauf: Ja
Kellermeister: Angelo Mauriello, Marco Bernabei
Kontakt: Sebastiano de Corato
Förderprogramm: EU Reg.No 1308/2013

Rivera wurde Ende der 1940er-Jahre von Sebastiano de Corato gegründet und bald zum Maßstab für die Weinproduktion in Apulien, auch dank der von Sohn Carlo eingeführten Innovationen. Mit Sebastiano und Marco, der 3. Generation der Familie, kommt nun neue Energie in den Betrieb. In den Weinbergen wachsen autochthone Rebsorten wie Bombino Nero, Nero di Troia, Montepulciano und Aglianico, aber auch internationale Sorten wie Chardonnay und Sauvignon Blanc. Somit ist man hier fest mit dem lokalen Terroir verwurzelt, aber gleichzeitig mit den sich verändernden Anforderungen der Weltmärkte im Einklang.

Marco, Carlo und Sebastiano de Corato, Weingut Rivera

90 Preludio No. 1 Chardonnay Castel del Monte DOC 2021

13 Vol.-%, DIAM, Helles Strohgelb mit grünlichen Reflexen. In der Nase nach reifem Steinobst und Birnen, im Nachhall florale Noten. Am Gaumen frisch und saftig, gut ausbalanciert, filigran, mittellanger Abgang.

89 Marese Bombino Bianco Castel del Monte DOC 2021

13 Vol.-%, DIAM, Funkelndes Strohgelb mit leicht grünem Schimmer. In der Nase nach reifem Steinobst, im Nachhall leicht süßliche Würze. Am Gaumen frisch und saftig, mit feiner Textur, gut ausbalanciert, mittlerer Abgang.

94 Pungirosa Bombino Nero Castel del Monte DOCG 2021

12 Vol.-%, DIAM, Helles, blasses Kirschrosa. In der Nase Nuancen von Walderdbeeren, Johannisbeeren und Rosenblüten, im Nachhall Orangenschale. Am Gaumen gut ausbalanciert, feine schmelzige Textur, gut integrierte Säure und schöne Saftigkeit, mit lang anhaltendem Finale, traumhaft!

94 Il Falcone Rosso Riserva Castel del Monte DOCG 2016 NDT

13,5 Vol.-%, NK, Leuchtendes Rubin mit einem Tropfen Violett. Duftende Nase, sehr floral, nach Rosenblättern, Orangenblüten, auch auf Blutorange, dazu feines Grafit, auch Kirschen, im

beigestellt

VERKOSTUNGSERGEBNISSE
RIVERA

Wechselspiel mit Leder. Am Gaumen mit viel Finesse und Tiefe, breitet sich hervorragend aus, engmaschig im Tannin, äußerst elegant und lange, prächtig gelungen.

89 Rupicolo Rosso Castel del Monte DOC 2020 NDT/CS
13 Vol.-%, DIAM
Dunkles Rubinrot mit aufhellenden Rändern. In der Nase erst etwas verschlossen, dann zarter Duft von Preiselbeeren und Hagebutten, gepaart mit leichter Kräuternote. Am Gaumen saftig, Tannine bremsen etwas ein im mittleren Nachhall.

91 Triusco Primitivo di Manduria DOC 2020
14,5 Vol.-%, NK
Leuchtendes Rubinrot mit leicht aufhellendem Rand. In der Nase nach reifer Sauerkirsche und eingelegten Pflaumen, im Nachhall leicht nach Kakao und Leder. Am Gaumen frisch und saftig, mit feinkörnigem Tannin, gut ausbalanciert, salziges Finale.

89 Primitivo Salento IGT 2021
14 Vol.-%, NK
Intensives Rubinrot mit violetten Reflexen. Duftende Noten von saftigen Kirschen, frischen Pflaumen, weinigen Anklängen, Beeren, blumigen Essenzen und einem Hauch von mediterraner Macchia. Großzügig, weich und rund im Geschmack, wirkt im Verlauf etwas gesetzt.

90 Negroamaro Salento IGT 2020
13,5 Vol.-%, DIAM
Dunkles Rubinrot mit grantrotem Kern. In der Nase Duft nach schwarzen Holunderbeeren, Preiselbeeren sowie einer balsamischen Note. Am Gaumen frisch und saftig, kommt leichtfüßig daher, kräuterwürzig, von mittlerer Länge.

90 Violante Nero di Troia Castel del Monte DOC 2019
13 Vol.-%, DIAM
Leuchtendes, mittleres Rubinrot mit aufhellendem Rand. In der Nase mit leicht vegetalem Touch, duftet nach Schwarzer Johannisbeere und Preiselbeere, dazu Anklang von Bitterschokolade. Am Gaumen festes, feinkörniges Tannin, begleitet von lebendiger Frische, mit feiner Würze, minimale Austrocknung im mittleren Finale.

90 Cappellaccio Aglianico Riserva Castel del Monte DOC 2016
13,5 Vol.-%, NK
Tiefes Rubinrot mit leicht aufhellendem Rand. In der Nase duftig mit Noten nach Zedernholz und reifen roten Beeren wie Himbeeren und Johannisbeeren. Am Gaumen mittellang mit kompakten, leicht trocknenden Tanninen und etwas noch zu jungem Finish.

beigestellt

★★★★

TENUTE RUBINO

Via Enrico Fermi 50, 72100 Brindisi
T: +39 0831 571955, info@tenuterubino.it
tenuterubino.com

Ab-Hof-Verkauf: Ja
Kellermeister: Luca Petrelli
Kontakt: Luigi Rubino, Romina Leopardi

Tenute Rubino entstand Mitte der 1980er Jahre aus einer Idee von Tommaso Rubino. Sein Ziel: auf den fünf Weingütern die lokale Weinbautradition fortführen und autochthone Rebsorten wie Primitivo, Negroamaro und Susumaniello, eine fast verschwundene Sorte, aufzuwerten. 1999 gründete sein Sohn Luigi mit Ehefrau Romina Leopardi die Marke Tenute Rubino mit Sitz in Brindisi. Heute verfügt der Betrieb über eine moderne Weinkellerei und einen Reifekeller und ist mit über 70% des Umsatzes auf ausländischen Märkten eine anerkannte Größe und ein Symbol für die Renaissance des Qualitätsweins in Apulien.

Luigi Rubino und Romina Leopardi, Tenute Rubino

© Simone Assunta

90 Sumaré Metodo Classico Salento Rosato IGT 2017 Brut
11,5 Vol.-%, NK, Flaschengärung
Brillantes helles Lachsrosa. In der Nase Noten von Hefe, Chinarinde, Orangenzeste und Grapefruit. Am Gaumen sehr feine Perlage und kompakte Frucht, salzig und im Finale mit zartem Druck.

92 Giancòla Malvasia Bianca Salento IGT 2020
14 Vol.-%, DIAM, Stahltank
Leuchtendes Strohgelb mit grünlichen Reflexen. In der Nase nach tropischen Früchten, im Nachhall feine Muskatnuance. Am Gaumen frisch und saftig, mit viel gelber Frucht, gut ausbalanciert, langes und salziges Finale.

91 Saturnino Negroamaro Rosato Brindisi DOC 2021
12,5 Vol.-%, NK, Stahltank
Intensives Rosarot. Öffnet sich in der Nase zart auf Blutorange und Himbeeren, sogar leicht rauchig, nach Meeresbrise und weißen Blüten. Breitet sich am Gaumen schön aus, angenehmes Säurespiel mit elegantem Abgang.

91 Oltremé Susumaniello Salento Rosato IGT 2021
12,5 Vol.-%, NK, Stahltank
Leuchtendes, intensives Kirschrot. In der Nase Noten von Kirsche und Gartenkräutern, dezente Waldbeeren. Am Gaumen

VERKOSTUNGSERGEBNISSE
TENUTE RUBINO

rundes Mundgefühl und leichte Cremigkeit, mit feiner Balance zwischen Frische und Saftigkeit, sowie einer präzisen, lang anhaltenden Frucht im Abgang.

94 Jaddico Rosso Riserva Brindisi DOC 2017 NA/SU
14 Vol.-%, DIAM, Stahltank/Barrique
Dunkel leuchtendes Rubinrot. Einladende Nase nach frischer Brotkruste, dunklen Waldbeeren, dazu edle Fasswürze. Am Gaumen mit toller Komplexität, spannt sich mit schöner Saftigkeit und engmaschigem Tannin über den Gaumen, leichte Zimtnuancen, im Abgang sehr saftig und frisch, langes, kerniges Finale, toller Wein.

94 Visellio Primitivo Salento IGT 2019
15,5 Vol.-%, DIAM, Stahltank/Barrique
Dunkles Rubinrot. Zeigt sich sehr zugänglich und tiefgründig in der Nase, feine klare Frucht nach reifen Brombeeren und reifen Zwetschken, edle harzige Nuancen, auf Lakritze im Nachhall. Zeigt sich mit tollem Spiel am Gaumen zwischen Säure und Frucht, kernig, engmaschiges Tannin stützt den Verlauf, im Finale edel auf Anis.

93 Palombara Primitivo di Manduria DOC 2019
14,5 Vol.-%, DIAM, Stahltank/Barrique
Intensives Rubinrot mit violetten Reflexen. In der Nase frische Beerenaromen, Anklänge an Kakao, Lakritze und einigen würzigen Noten. Am Gaumen frisch und saftig, weiche Tannine und erfrischende Säure, mit langem, salzigem Abgang.

92 Punta Aquila Primitivo Salento IGT 2019
14,5 Vol.-%, NK, Stahltank/großes Holzfass
Intensives, undurchdringliches purpurrotes Rubinrot. Einladende Nase von Brombeeren, Kirschen, Feigen und dunkler Schokolade. Im Mund beweglich und geradlinig, ausgewogenes Spiel zwischen Süße, Frucht, Tannin und Säure, langer und leicht würziger Abgang.

94 Torre Testa Susumaniello Rosso Brindisi DOC 2017
15 Vol.-%, NK, Barrique/Stahltank
Tiefdunkles, sattes Granat. In der Nase lederwürzig und pfeffrig, Johannisbrot, satte Amarenakirschen. Am Gaumen jung und präsent, mit satter Dichte, spannt sich fein über die Zunge, griffiges, zupackendes Tannin, gute Frische auch am Gaumen, im Finale nach Brombeeren und Preiselbeeren, fester Druck.

91 Oltremé Susumaniello Rosso Brindisi DOC 2019
13,5 Vol.-%, DIAM, Stahltank
Rubinrot mit zart violettem Stich. In der Nase nach Schwarzen Johannisbeeren, Holunderbeeren und Lakritze, erinnert im Nachhall auch etwas an Brotkruste. Am Gaumen saftig mit toll eingebundener Fruchtsüße, spannt sich schön auf, mit Grip und Spiel, im Nachhall minimale Nachtrocknung.

★★★

TORREVENTO

S.P. 234 km 10.600, 70033 Corato (BA)
T: +39 0808 980923, info@torrevento.it
torrevento.it

Ab-Hof-Verkauf: Ja
Kellermeister: Dott. Leonardo Palumbo
Kontakt: Dott.ssa Alessandra Tedone
Ab-Hof-Verkauf: Ja
Produktion: 500 Hektar

Torrevento wurde in einem alten Kloster aus dem 17. Jahrhundert im Herzen des Nationalparks der Alta Murgia eingerichtet, am Fuße des berühmten, achteckigen Castel del Monte des Stauferkönigs Friedrich II. Das Weingut befindet sich seit 1913 im Besitz der Familie Liantonio. Heute umfasst Torrevento eine Rebfläche von 500 Hektar in Apulien, wobei die autochthonen Rebsorten der Region gefördert werden und während der gesamten Produktion eine Philosophie verfolgt wird, die auf Nachhaltigkeit, Forschung und Qualität beruht.

90 Veritas Bombino Nero Castel del Monte DOCG 2021
12 Vol.-%, DIAM
Helles Pink mit silberfarbenen Reflexen. Noten von Johannisbeeren, reifem rosafarbenem Pfirsich, weißem Pfeffer sowie gezuckerter Blutorange, im Nachhall Anklänge von reifen Bananen. Am Gaumen mit lebhafter Säure, Aromen von reifen Waldbeeren, im Finale saftig.

93 Ghenos Primitivo di Manduria DOC 2020
14 Vol.-%, NK
Kräftiges Rubin mit dunklen Purpurrändern. In der Nase nach Dörrpflaume, dunklem Leder und frisch gemahlenem Kaffee, im Nachhall getrocknete Orangenzesten. Angenehm fruchtig am Gaumen nach reifer Kirsche, schmeichelnde Textur, mit samtigem Gerbstoff, rund und ausgewogen, im langen Nachhall wieder auf Kirsche.

91 Since 1913 Primitivo Puglia IGT 2019
14,5 Vol.-%, NK
Leuchtendes Rubinrot mit leicht aufhellendem Rand. In der Nase nach reifen Pflaumen und Schwarzkirschen, im Nachhall leicht würzig vom Holzausbau. Am Gaumen saftig, ausgewogen, fruchtbetont, mit tollem Säurespektrum und langem Finale.

89 Passione Reale Primitivo Appassimento Puglia IGP 2021
15 Vol.-%, NK
Tiefes, intensives Rubinrot. In der Nase fruchtiges Aroma von Sauerkirschen und Heidelbeerkonfitüre mit Noten von getrockneten Blumen und mediterraner Macchia. Gute Struktur und Weichheit, abgerundet von einer würzigen Note.

93 Vigna Pedale Rosso Riserva Castel del Monte DOCG 2016
13,5 Vol.-%, NK
Leuchtendes Rubinrot mit einem Tropfen Violett. In der Nase mit Nuancen nach Amarenakirschen, roter Bete, auch mit toller Würze, nach Senfkorn, nach etwas Zeit dann auf edlen Holznuancen, wirkt steinig. Am Gaumen mit klarer Saftigkeit, zeigt viel Frucht im Kern, kühler Verlauf, ausgewogen und mit Rasse, im Finale fester Druck.

92 Ottagono Nero di Troia Riserva Castel del Monte DOCG 2014
13,5 Vol.-%, NK
Leuchtendes Rubinrot mit dunklem Kern. In der Nase mit satter Lederwürze, herzhaft und würzig, Holunderbeere und Brombeere im Nachhall. Am Gaumen geschliffen und mit saftigem Tannin, kernig, von mittlerem Gewicht, im hinteren Bereich minimale Austrocknung.

★★★

CONTI ZECCA

Via Cesarea snc, 73045 Leverano (LE)
T: +39 0832 925613, info@contizecca.it
contizecca.it

Ab-Hof-Verkauf: Ja
Kellermeister: Antonio Romano
Kontakt: Clemente Zecca
Produktion: 2.800.000 Flaschen, 3 % Schaumwein, 25 % weiß, 60 % rot, 12 % rosé, 320 Hektar

Conti Zecca ist eines der traditionsreichsten Weingüter Süditaliens und wird heute von den vier Brüdern Alcibiade, Francesco, Luciano und Mario sowie Marios Sohn Clemente geführt. Die Familie verfolgt mit Hingabe den von ihren Vorfahren eingeschlagenen Weg, den Weinberg unter stabilen Bedingungen zu halten, Böden und Reben in Gleichgewicht zu bringen und so die natürlichen Widerstandsfähigkeiten zu stärken sowie den Bedarf an menschlichen Eingriffen zu minimieren. Auf diese Weise erreichen die Winzer, dass hier das Terroir in den Weinen bestmöglich zum Ausdruck kommt.

92 Luna Bianco Salento IGP 2021 CH/MA2

13 Vol.-%, DIAM, Barrique

Leuchtendes Strohgelb mit grünfarbenen Reflexen. Würzige Nase nach sattem und edlem Holzeinsatz, gelbfruchtige Nuancen, im Nachhall Vanille, tropische Früchte und weiße Blüten. Mundfüllender Wein, cremige Textur, gut ausbalanciert, feines und langes Finale.

91 Venus Rosato Salento IGP 2021

12,5 Vol.-%, DIAM, Stahltank/Beton

Leuchtendes Orangerosa. In der Nase nach Orangenbluten und Veilchen, im Nachhall nach frischem Steinobst. Am Gaumen frisch und saftig, spannt sich mit kräutrigen Nuancen über die Zunge, salziges Finale.

92 Nero Rosso Salento IGP 2019 NA/CS

14 Vol.-%, NK, Stahltank/Barrique/Holzfass

Tiefes Rubinrot mit granatroten Reflexen. In der Nase Noten von schwarzen und roten Früchten, würzigen Tertiäraromen von Lakritze, Schokolade und Vanille. Im Mund harmonisch und weich, von feiner Struktur, mit anhaltendem Abgang und gut eingebundenen Tanninen.

91 Rifugio Primitivo Salento IGP 2020

14 Vol.-%, DIAM, Stahltank/Holzfass/Beton

Kräftiges, undurchdringliches Rubinrot. Intensive Aromen von Kirschen, Johannisbeeren und Brombeeren in der Nase, begleitet von Anklängen von Tierhaut und Tabakblätter. Im Mund cremig und ausgewogen, gut trinkbar in seiner ausgewogenen Tannin- und Säure-Textur.

88 Cantalupi Primitivo Salento IGT 2021

14 Vol.-%, DIAM, Stahltank/Beton

Sehr intensives und undurchdringliches Rubinrot. In der Nase Noten von schwarzen Früchten, begleitet von Aromen von Schokolade und Zimt. Im Mund lebhaft, mit einer diskreten Fruchtsüße und einer noch zu schleifenden Tanninstruktur.

91 Liranu Negroamaro Rosso Riserva Leverano DOP 2019

14 Vol.-%, DIAM, Stahltank/Holzfass/Beton

Intensives Rubinrot. In der Nase mit warmen, mediterranen Noten von roten Früchten, süßen Gewürzen, Vanillekräutern und Tabak. Der Geschmack ist weich, umhüllend, warm, aber auch angenehm frisch, dank einer schönen Säure, die ihm Ausgewogenheit verleiht.

San Nicola Arcella, Kalabrien

BASILIKATA KALABRIEN

Aglianico Weingärten in der Basilikata

DIE FASZINATION AUTOCHTHONER REBSORTEN

Basilikata und Kalabrien faszinieren durch ihre zerklüftete Küsten- oder Vulkanlandschaften, und sie überzeugen heute mit Weinen aus so spannenden Weißweinsorten wie Greco oder Zibibbo, oder Rotweinsorten wie Aglianico oder Gaglioppo.

Basilikata und Kalabrien bilden den südlichsten Punkt des italienischen Weinbaus auf dem Festland, bevor es auf die schöne Insel Sizilien geht. Beide Regionen gehören zu den am wenigsten entwickelten ganz Italiens. Das liegt nicht nur am ausgesprochen ländlichen Charakter beider Regionen, mangels beruflicher Perspektiven wurde Kalabrien wie auch Basilikata von einer großen Landflucht heimgesucht, die jüngere Generation zog es in die Metropolen nach Mittel- und Norditalien. Darunter litt auch lange Zeit der Weinbau.

BASILIKATA – der Name kommt von der byzantinischen Bezeichnung für Landesfürsten, den »Basilikos« – hat indes in den letzten 30 Jahren wieder den Sprung an die Spitze Italiens geschafft. Das verdankt sie nicht nur einer neuen Genreration hoch engagierter Winzer, sondern auch speziell zwei Rotweinen, dem Aglianico del Vulture und dem Canneto, die zu den besten Rotweinen Italiens zählen können und von Liebhabern in einem Atemzug mit z.B. Brunello di Montalcino oder Barolo genannt werden. Seit der Antike wird hier Wein angebaut, zu einem größeren Bekanntheitsgrad hat es die abseits beliebter Touristenpfade gelegene Region dennoch nicht gebracht. Die 10.000 Hektar Weinberge werden umschlossen von den Regionen Apulien im Osten, Kampanien im Westen und Kalabrien im Süden. Das Klima zeichnet sich durch Extreme aus, die Winter können rau und kalt ausfallen, die Sommer

© Shutterstock

* Gesamtweinprodukion Italien: 49.908.000 hl, Jahrgang 2020

heiß und trocken. Die besten Weine, so auch der Aglianico del Vulture, kommen von den Hängen des erloschenen Vulkans »Vulture« mit seinen vulkanischen Böden. Andere im Anbau befindliche Rotweinsorten sind Bombino Nero, Malvasia Nera oder Sangiovese, die aber lange nicht die Bedeutung des Aglianico erreichen. Die Weißweine, erzeugt aus Trebbiano, Bombino Bianco oder Moscato hingegen haben es schwer.

KALABRIEN mit seiner atemberaubenden, zerklüfteten Küstenlandschaft bildet die »Stiefelspitze« des italienischen Festlands, nur wenige Kilometer durch die Straße von Messina von Sizilien getrennt. Ca. 25.000 Hektar stehen hier zwischen dem Ionischen und dem Thyrrenischen Meer unter Reben, die Erträge sind allerdings hier so gering, dass diese gerade einmal ca. drei Prozent der italienischen Weinproduktion liefern. Das Klima ist mediterran geprägt durch die Meeresnähe, allerdings sind die Sommer sehr heiß, und die Winter vor allen Dingen im Landesinneren können sehr kalt bis hin zu Schneefällen ausfallen, gute Bedingungen aber bieten die hoch gelegenen, kühlen Weinberge. Bis zum Ende des 19. Jahrhunderts war der Wein aus Kalabrien sehr beliebt, in der Antike wurde er einer Legende zur Folge sogar an die heimgekehrten Olympiasieger ausgeschenkt, denn hier haben schon die Griechen Weinbau betrieben. Im 20. Jahrhundert machte sich dann auch hier die Massenproduktion breit. Eine neue Generation von Winzern hat aber nun in den letzten gut 30 Jahren für frischen Wind gesorgt. Der bekannteste und beste Rotwein ist der »Cirò« aus dem Nordosten der Region, der aus vorwiegend der autochthonen Sorte Gaglioppo erzeugt wird. Von dieser Sorte gibt es auch eine in Rosé getauchte Variante. Weißweine werden u.a. aus Greco Bianco, Ansonica oder Moscato d'Alessandria, hier Zibibbo genannt, erzeugt, weitere Rotweine liefern die Sorten Greco Nero, Nero d'Avola, Cabernet Sauvignon und Franc, sowie die sehr spannende, autochthone Sorte Nerello Mascalese.

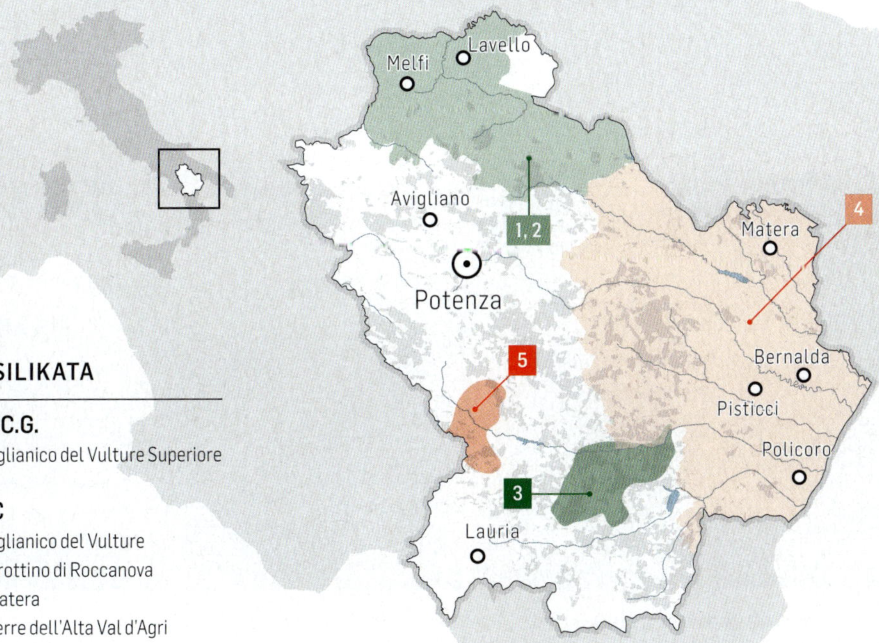

BASILIKATA

D.O.C.G.

1 Aglianico del Vulture Superiore

DOC

2 Aglianico del Vulture
3 Grottino di Roccanova
4 Matera
5 Terre dell'Alta Val d'Agri

Quelle: Istat date 2021

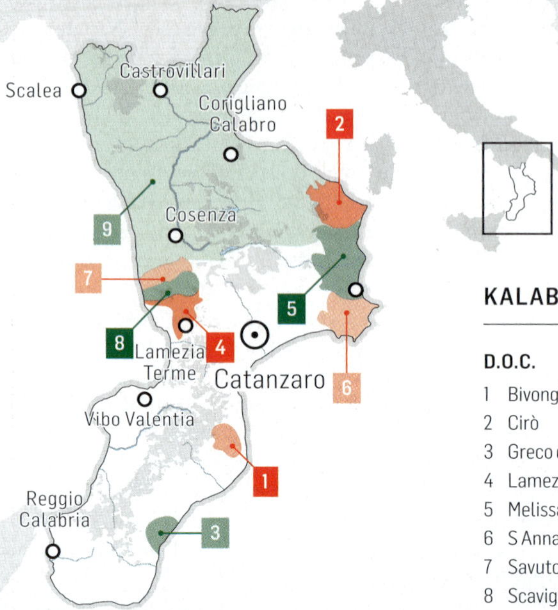

KALABRIEN

Weinprodukion: 280.000 hl*

D.O.C.

1 Bivongi
2 Cirò
3 Greco di Bianco
4 Lamezia
5 Melissa
6 S Anna di Isola Capo Rizzuto
7 Savuto
8 Scavigna
9 Terre di Cosenza

Weinberge in Kalabrien

© Shutterstock

* Gesamtweinprodukion Italien: 49.908.000 hl, Jahrgang 2020

★★★

PATERNOSTER

C.da Valle del Titolo, 85022 Barile (PZ)
T: +39 0972 770224, info@paternosterwine.it
paternostervini.it

Ab-Hof-Verkauf: Ja
Kellermeister: Giancarlo Tommasi
Anbauweise: Bio
Förderprogramm: EU Reg.No 1308/2013

Seit 1925 erzählt das Weingut Paternoster, eine der Ikonen der Basilikata, heute im Besitz der Familie Tommasi aus dem Veneto, die Geschichte einer exzellenten Weinproduktion. Das Gut liegt in Barile, im Herzen der Basilikata, der versteckten Perle Süditaliens. Alle Weinberge befinden sich an den Hängen des Vulture, eines erloschenen Vulkans. Die daraus gewonnenen Weine zeichnen sich durch ihre Authentizität aus. Der Betrieb besteht aus etwa 20 Hektar Weinbergen, die sich auf verschiedene Grundstücke verteilen, echte Crus, die sich seit jeher der Erzeugung großer Weine widmen.

90 Vulcanico Falanghina Basilicata IGT 2021
13 Vol.-%, NK
Leuchtendes Gelb mit goldenen Reflexen. In der Nase Noten von reifen gelben Früchten und ein Hauch von Blumen und geschnittenem Gras, gefolgt von intensiveren Noten von kandierten Zitrusfrüchten, leicht würzig. Am Gaumen ausgeprägt und angenehm strukturiert. Anhaltender Abgang, der an süße Zitrusnoten erinnert.

94 Don Anselmo Aglianico del Vulture Superiore DOCG 2016
14 Vol.-%, NK
Dunkles Rubingranat. In der Nase nach Wachs, Bienenwaben, dazu Noten nach Rhabarber, Chinarinde, Blutorangen und Erdbeeren im Hintergrund, entfaltet nach etwas Zeit im Glas ein schönes rotfruchtiges Bukett. Am Gaumen mit eng gewobenem, griffigem Tannin und edlem harzigem Unterton, feiner Holzeinsatz, etwas Preiselbeere, kann lange lagern.

92 Bariliott Aglianico del Vulture DOC 2020
13 Vol.-%, NK
Rubinrot. In der Nase Noten von Kirschen, reifen Erdbeeren, Pflaumen, Waldbeeren und Cassis, gefolgt von würzigen und mineralischen Noten am Ende. Am Gaumen saftig, erinnert an die in der Nase angeklungenen Früchte, dazu dichtes Tannin, nach Kirschen, trockener und langer Abgang.

91 Synthesi Aglianico del Vulture DOC 2018
13 Vol.-%, NK
Intensives, tiefes Rubinrot. Reiche Nase von reifen roten Früchten, gefolgt von Noten von Wachs, Honig, süßen Gewürzen und Nelken. Am Gaumen satt und kraftvoll, mit gut integriertem Tannin, im Finale mit zarter Frucht und mittellangem Abgang.

★★★★

LIBRANDI

C.da S. Gennaro SS106, 88811 Cirò Marina (KR)
T: +39 0962 31 518, librandi@librandi.it
librandi.it

Ab-Hof-Verkauf: Ja
Kellermeister: Donato Lanati
Kontakt: Familie Librandi
Produktion: 232 Hektar
Förderprogramm: EU Reg.No 1308/2013

Die Ländereien des Familienunternehmens Librandi erstrecken sich über 350 Hektar, von denen 232 Hektar mit Reben bepflanzt sind. Das Weingut Rosaneti beherbergt den Sortengarten der Librandi, eine Sammlung von rund 200 autochthonen Rebsorten. Heute füllt das Unternehmen rund 2.500.000 Flaschen Wein ab: von den traditionellen Rebsorten Gaglioppo und Greco Bianco über die autochthonen, wiederentdeckten Sorten Magliocco und Mantonico bis hin zu den internationalen Rebsorten Chardonnay, Sauvignon Blanc, Cabernet Franc und Cabernet Sauvignon.

Verkostungsraum,
Weingut Librandi

beigestellt

90 Efeso Bianco Calabria IGT 2021
14 Vol.-%, NK
Strohgelb mit goldenen Reflexen. Die Nase reichhaltig und intensiv, mit Noten von weißen Früchten, Salbei und frischem Gras. Im Mund weich, dicht und saftig, mit guter Struktur und Länge.

89 Critone Calabria Bianco IGT 2021 CH/SB
12,5 Vol.-%, NK
Leuchtendes Strohgelb. Frische und fruchtige Aromen mit Anklängen an frische gelbe Früchte und Wildblumen. Im Mund harmonisch, weich, ausgewogen und schließt mittellang frisch und saftig.

88 Segno Librandi Cirò Bianco DOC 2021
12,5 Vol.-%, NK
Leuchtendes Strohgelb. Aromen von mediterranen Kräutern und Gewürzen, Pfirsich, Zitrusfrüchten, Aprikosen, frischen Mandeln und Meeresnoten. Frischer, saftiger Geschmack mit leicht bitterem Abgang.

89 Terre Lontane Rosato Calabria IGT 2021 GA2/CF
13 Vol.-%, NK
Leuchtendes Lachsrosa. Noten von kleinen roten Früchten, Anklänge an mediterrane Macchia, Kräuter, Fenchel und Meeresbrise. Am Gaumen leicht, delikat, einfach und von guter Frische und Saftigkeit.

VERKOSTUNGSERGEBNISSE
LIBRANDI

88 Segno Librandi Cirò Rosato DOC 2021
13 Vol.-%, NK
Kupferfarbenes Rosa. In der Nase duftende und delikate Aromen von Granatapfel, mediterranen Kräutern, süßer Orange, Erdbeere und Rosenblättern. Im Mund frisch und etwas cremig, kurz, schließt mit einer würzigen Note ab.

93 Gravello Calabria Rosso IGT 2020 GA2/CS
14,5 Vol.-%, NK
Sattes Rubinrot mit leicht aufhellendem Rand. In der Nase nach reifen Waldfrüchten und Erdbeeren, im Hintergrund etwas Würze und Rhabarber. Am Gaumen geschmeidig und elegant, mit klarer roter Frucht, im Finale mit Druck, ein Klassiker.

92 Megonio Calabria Rosso IGT 2020
14,5 Vol.-%, NK
Rubinrot mit leichten granatroten Reflexen. Intensive Aromen von roten Früchten, Kirsche und Pflaume, gefolgt von Anklängen an schwarzen Beeren und Steinpilzen. Cremiger, eleganter und ausgewogener Geschmack, angenehm warm, mit einer abschließenden Pflaumennote.

90 Duca Sanfelice Rosso Riserva Cirò Classico Superiore DOC 2019
14 Vol.-%, NK
Sattes, leuchtendes Rubinrot. In der Nase nach reifen Himbeeren, Pflaumen und Hagebutten, im Nachhall ein Touch Würze. Am Gaumen mit feiner Textur, saftig, breitet sich schön über die Zunge, im Abgang minimal austrocknend.

89 Segno Librandi Rosso Cirò Classico DOC 2021
13,5 Vol.-%, PK
Helles und leuchtendes Rubinrot. In der Nase weinig, nach roten Waldbeeren und Veilchen, im Nachhall ein Touch Macchia. Am Gaumen mittelgewichtig, frisch und saftig, mit feinkörnigem Gerbstoff, im Finale etwas bitter und austrocknend.

90 Le Passule Passito Bianco Calabria IGT 2020
14,5 Vol.-%, NK
Leuchtendes, helles Orange mit kupferfarbenen Reflexen. Aromen von reifen Aprikosen, Kräutern, Kamille und Nuancen von Nougat. Im Mund sehr reichhaltig, voll, süß, mit ausgeprägten Noten von Honig und Haselnüssen.

beigestellt

★★★

STATTI

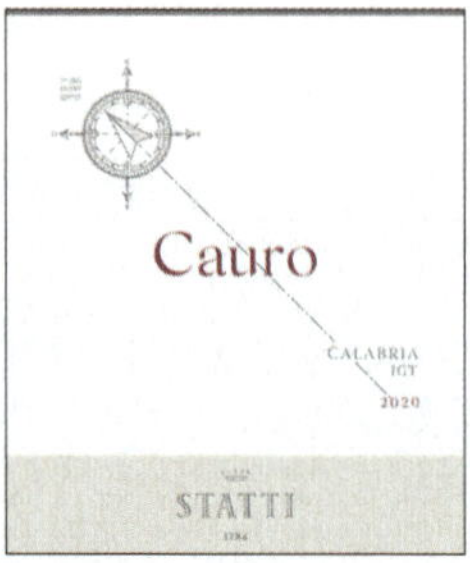

Contrada Lenti, 88046 Lamezia Terme (CZ)
T: +39 0968 456138, info@statti.com
statti.com

Ab-Hof-Verkauf: Ja
Kellermeister: Lorenzo Landi

Cantine Statti befindet seit dem 15. Jahrhundert im Besitz der Familie Statti. Das Gut erstreckt sich über 500 Hektar, davon 300 Hektar Olivenhaine, etwa 100 Hektar Weinberge und 50 Hektar Zitrusplantagen. 1994 wurden aus Überzeugung neue Weinberge mit einheimischen Rebsorten wie Mantonico und Greco sowie Gaglioppo und Magliocco bepflanzt, um sie mit internationalen Sorten wie Chardonnay, Cabernet Sauvignon und Merlot zu verbinden. Das Ergebnis sind spannende Weine wie: Batasarro, Cauro, Mantonico, Greco und die DOC-Weine von Lamezia.

92 Mantonico Calabria IGT 2020
13 Vol.-%, NK
Strahlendes, brillantes Strohgelb. In der Nase nach klar, nach Trauben, Butterkeksen, gelbem Steinobst, dazu etwas Litschi, im Nachhall etwas weißes Rosenblatt. Zeigt sich am Gaumen cremig und weich am Eintritt, dazu feine salzige Noten, grüner Tee, im Finale stoffig und salzig, mit Nachdruck.

91 Greco Bianco Calabria IGT 2021
13 Vol.-%, NK
Leuchtendes, aufhellendes Strohgelb. In der Nase blumig-aromatisch, auf zarten Muskat-Ton, dazu etwas Banane, Marille, sowie nach Birne im Nachhall, dazu Orangenblüten. Am Gaumen fruchtig und tänzelnd, mittelgewichtig, wirkt sehr ausgewogen, dazu feine blumige Anklänge, im Nachhall sanftmütig und zugänglich, trinkt sich sehr gut, eine Überraschung.

91 Gaglioppo Rosso Calabria IGT 2021
13 Vol.-%, DIAM
Dunkelleuchtendes, tief schimmerndes Rubinrot. In der Nase satte, tiefe Kirschfrucht, etwas gedörrtes Rosenblatt, dazu frische Waldbeeren und ein minimaler Hauch Würze. Am Gaumen saftig, knackig und fruchtbetont, zeigt fein eingebundenes Säurespiel, hervorragender Speisenbegleiter.

90 Batasarro Rosso Lamezia Riserva DOC 2017
13,5 Vol.-%, NK
Leuchtendes Rubinrot mit zart aufhellendem Rand. In der Nase würzig, nach Rosinen, getrockneten Feigen, dazu erdige Töne und Bitterschokolade, zögernde Beerenfrucht, Leder. Am Gaumen mit überraschender Frische und klarer Frucht, zeigt geschliffenes Tannin, im Finale dann leider etwas bitter.

91 Cauro Rosso Calabria IGT 2020 CS/GA2/GA2
13,5 Vol.-%, NK
Leuchtendes Rubinrot. In der Nase sehr holzwürzig, nach Vanille und Malz, dazu etwas Leder, im Nachhall eingelegte Kirschen. Öffnet sich am Gaumen mit feinem Schmelz, dazu engmaschiges, griffiges Tannin, mit satter Struktur, kann noch reifen.

PLATZ FÜR IHRE WEINNOTIZEN

Capo Milazzo, Sizilien

SIZILIEN
SARDINIEN

Heratempel in Selinunte, Sizilien

AUS DEM DORNRÖSCHENSCHLAF ERWACHT

Sizilien und Sardinien gelten als besondere Schönheiten des Mittelmeeres mit großer Geschichte. Weinbau betrieben wird hier seit fast drei Jahrtausenden. Wahrgenommen wird er erst heute. Das liegt an einer Qualitätsrevolution vor gut 30 Jahren, die die Weine dieser Inseln bei Liebhabern und Kritikern so spannend und faszinierend erscheinen lässt.

Die beiden mit Abstand größten Inseln Italiens beherbergen ebenfalls heute namhafte und wichtige Weinbaugebiete. Wobei die Reben auf **SIZILIEN** die dreifache Fläche einnehmen gegenüber Sardinien. Ca. 100.000 Hektar Reben sind hier gepflanzt, das entspricht allein der gesamten Rebfläche Deutschlands. Die Insel war über viele Jahrhunderte ein Spielball europäischer und arabischer Mächte, von den Griechen und Römern über die Byzantiner bis hin zu den Staufern und Mauren. Funde aus dem 7. Jahrhundert v. Chr. liefern Beweise, dass hier bereits die Griechen Wein angebaut haben. Große Relevanz allerdings hatte der Weinbau auf der schönen Insel bis in die Neuzeit nicht, mit einer Ausnahme – Marsala. Im ausgehenden 18. Jahrhundert war Sherry in England so gefragt und rar, dass die Engländer verzweifelt nach Ersatz suchten. Fündig wurden sie in Marsala mit seinem berühmten, aufgespriteten Süßwein, der aber spätestens im 20. Jahrhundert an Bedeutung verlor und eine Karriere als Back- und Kochzutat hinlegte. Bis in die 1990er Jahre diente der Wein aus Sizilien, vor allen Dingen der Rotwein der Sorte Nero d'Avola aus einer Massenproduktion, zum »Tuning« dünner Tropfen innerhalb und außerhalb Italiens. Mit dem Auftritt

© gettyimages

* Jahrgang 2020, Gesamtweinprodukion Italien: 49.908.000 hl

des Weinguts Planeta, aber auch mit Wineries wie Donnafugata, Tasca d'Almerita oder Regaleali, begann eine neue Zeitrechnung. Wegen des warmen, trockenen Klimas als »Kalifornien Italiens« definiert, begann man internationale Sorten wie Cabernet Sauvignon, Syrah, Merlot und Cardonnay zu pflanzen, die in der Folgezeit Aufsehen erregende Weine lieferten. Dann wurden zunehmend die einheimischen Rebsorten forciert, neben dem Nero d'Avola die Sorten Cattaratto, Inzolia oder Grillo für Weißwein, sowie auch Frappato für Rotwein. Insgesamt liegen im Rebsortenspiegel die Weißweine immer noch vorne, und dass dies gelingt, liegt daran, dass man die Ebenen mit ihrer Massenproduktion verlassen hat und auf wesentlich kühlere Höhenlagen ausgewichen ist. In diesem Punkt nimmt der Vulkan Ätna eine besondere Stellung ein, denn hier stehen auf den steilen

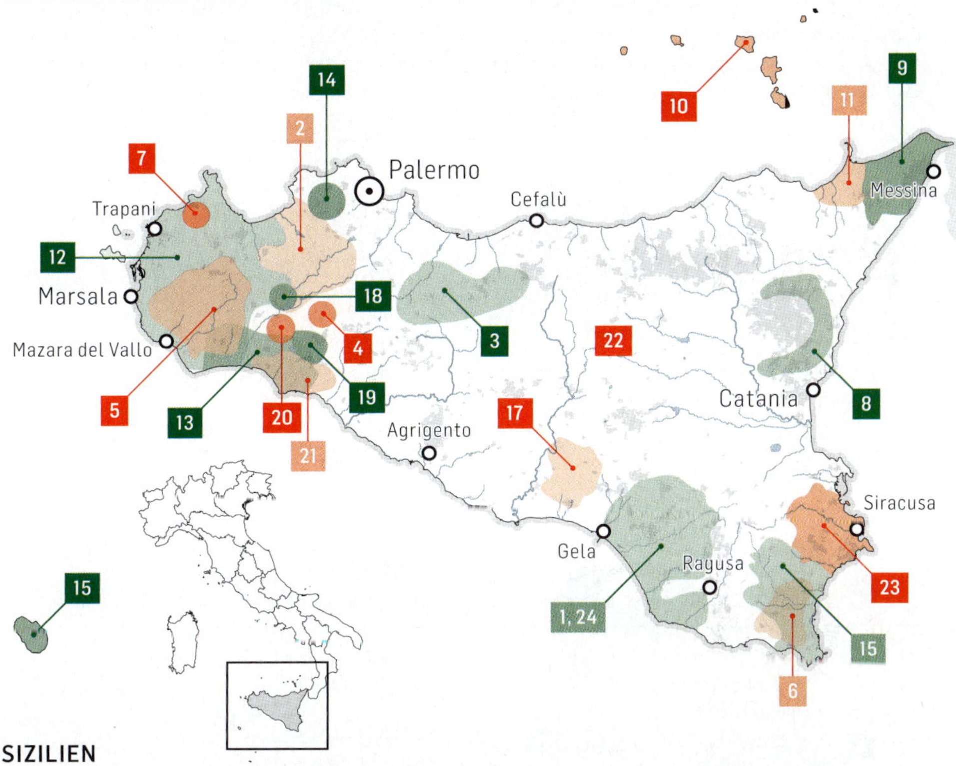

SIZILIEN

D.O.C.G.

1 Cerasuolo di Vittoria

D.O.C.

2 Alcamo
3 Contea di Sclafani
4 Contessa Entellina
5 Delia Nivolelli
6 Eloro
7 Erice
8 Etna
9 Faro
10 Malvasia delle Lipari
11 Mamertino di Milazzo
12 Marsala
13 Menfi
14 Monreale
15 Noto
16 Pantelleria
17 Riesi
18 Salaparuta
19 Sambuca di Sicilia
20 Santa Margherita di Belice
21 Sciacca
22 Sicilia – in der gesamten Region
23 Siracusa
24 Vittoria

Quelle: Istat date 2021

Vulkanterrassen die Reben bis zu einer Höhe von 1.000 Metern. Diese Weine sind straff und ungemein spannungsgeladen und genießen unter anspruchsvollen Weinliebhabern ein außerordentlich hohes Ansehen.

Auch **SARDINIEN** hat eine vergleichbar wechselvolle Geschichte: Hier herrschten ebenso abwechselnd Griechen, Römer und Byzantiner mit einer sich daran anschließenden langen spanischen Herrschaft. Erst seit 1718 gehört Sardinien zu Italien. Spanien hat jedoch Spuren hinterlassen, denn die wichtigste Rotweinsorte ist der Cannonau, hinter der sich die spanische Garnacha verbirgt. Ca. 32.000 Hektar nimmt die Rebfläche auf der Insel ein, deren Weine jedoch lange Zeit unentdeckt blieben. Das änderte sich, als Kritiker nach Verkostungen des »Turiga« von Argiolas förmlich aus dem Häuschen gerieten. Heute findet man einige sehr gute Cannonau-Weine, unter den Weißweinen ist es der Vermentino di Sardegna, der mittlerweile einen gewissen Bekanntheitsgrad erreicht hat. Vom Vernaccia di Oristano gibt es auch einen dem Sherry ähnlichen Likörwein. Mit den vielfältigen Böden und den unterschiedlichen Klimazonen, vom kühleren Norden bis zum warmen Süden, darf man für die Zukunft weitere interessante Weine erwarten.

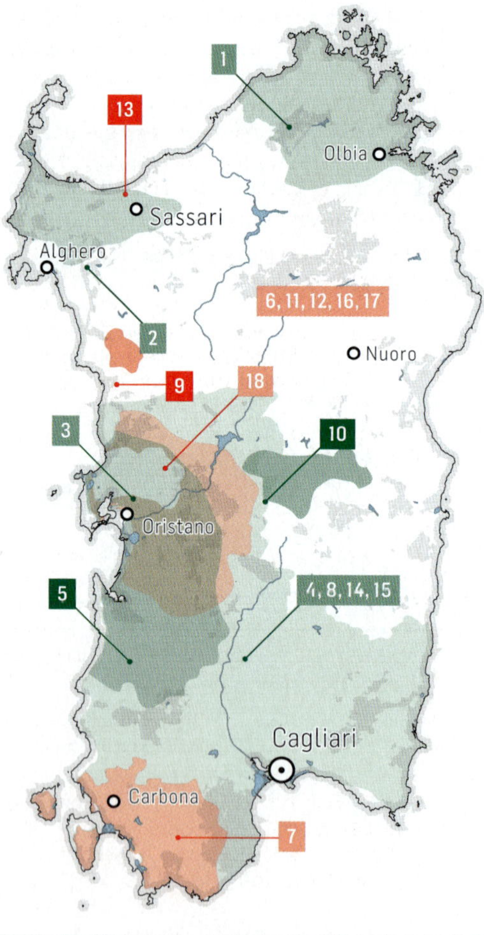

SARDINIEN Weinprodukion: 602.000 hl*

D.O.C.G.

1 Vermentino di Gallura

D.O.C.

2 Alghero
3 Arborea
4 Cagliari
5 Campidano di Terralba
6 Cannonau di Sardegna*
7 Carignano del Sulcis
8 Girò di Cagliari
9 Malvasia di Bosa
10 Mandrolisai
11 Monica di Sardegna*
12 Moscato di Sardegna*
13 Moscato di Sorso-Sennori
14 Nasco di Cagliari
15 Nuragus di Cagliari
16 Sardegna Semidano*
17 Vermentino di Sardegna*
18 Vernaccia di Oristano

* in der gesamten Region

★★★

ALESSANDRO DI CAMPOREALE

C.da Mandranova, 90043 Camporeale (PA)
T: +39 924 37038, info@alessandrodicamporeale.it
alessandrodicamporeale.it

Ab-Hof-Verkauf: Ja
Kellermeister: Benedetto Alessandro
Produktion: 40 Hektar
Anbauweise: Bio

Das Weingut Alessandro di Camporeale ist ein Unternehmen, in dem jede neue Generation ihre eigene Identität entwickelt und zugleich eine Produktionsphilosophie teilt, die in der Familiengeschichte verwurzelt ist. Mit dem Engagement und der Energie der Brüder Rosolino, Antonino und Natale und ihrer Kinder Anna, Benedetto und Benedetto stützt sich das Produktionsmodell auf den Weinberg und die guten Weinbereitungspraktiken. Sie alle entwickeln das Unternehmen mit Leidenschaft weiter und verbessern ständig ihre vollmundigen, ausdrucksvollen und ausgewogenen Weine.

93 Trainara Etna Bianco DOC 2020 CCT/CR2
12,5 Vol.-%, KK, Stahltank
Helles Strohgelb mit leicht grünlichen Reflexen. In der Nase nach Zitrusfrüchten, Salbei und Bergminze, im Nachhall leicht nach Feuerstein. Am Gaumen frisch und sehr saftig, mineralisch, harmonisch, mit langem Abgang.

92 Grillo Vigna di Mandranova Sicilia DOC 2021
13 Vol.-%, NK, Stahltank
Hell leuchtendes Strohgelb mit grünen Reflexen. In der Nase Aromen von Holunderblüten und grünem Apfel, Zitronenzesten und leicht laktischen Noten. Am Gaumen saftig, mit animierender Säure, schönem Trinkfluss und langem Finale.

92 Monreale Catarratto Vigna di Mandranova DOC 2020
12,5 Vol.-%, NK, Stahltank/Tonneau Fass
Intensives Strohgelb. Reichhaltiges und ausdrucksstarkes Bukett mit Noten von Zitrusfrüchten, Pfirsich und weißen Blüten, mit einigen rauchigen Nuancen. Im Mund frisch, ausgewogen, trocken und dynamisch, mit feinen mineralischen Noten.

94 MNRL Vigna di Mandranova Sicilia DOC 2017
14,5 Vol.-%, NK, Tonneau Fass Ⓑ
Tiefdunkles Rubinrot mit aufhellenden Rändern. In der Nase intensiver Duft von Herzkirschen und Preiselbeermarmelade, Bitterschokolade und ein Hauch Zedernholz. Am Gaumen dicht und satt, mit engmaschigem Tannin und tollem Spannungsbogen, klare, kompakte Frucht breitet sich über den Gaumen aus, toller, langer Abgang.

92 Kaid Syrah Sicilia DOC 2019
14 Vol.-%, NK, Tonneau Fass Ⓑ
Sattes, leuchtendes Rubinrot mit leicht aufhellendem Rand. In der Nase im Vordergrund leichte pfeffrige Note, fruchtig nach reifer Amarenakirsche und Waldbeeren, im Nachhall ein feiner balsamischer Touch. Am Gaumen mit frischem Fruchtkern und feinem Gerbstoff, harmonisch und gut ausbalanciert, feines Finale.

92 Croceferro Etna Rosso DOC 2020
13 Vol.-%, NK, Stahltank/Tonneau Fass
Mittleres leuchtendes Rubinrot. In der Nase zarter Duft von Preiselbeeren und Hagebutten sowie dezente Kräuterwürze. Am Gaumen spannt sich ein Bogen von ausgewogener Frische und Saftigkeit, angenehmer Tanninstruktur, endet mit Salzigkeit im langen Nachhall.

★★★

BAGLIO DEL CRISTO DI CAMPOBELLO

C.da Favarotta s.s. 123 km 19+200
92023 Campobello di Licata (AG)
T: +39 0922 877709, mail@cristodicampobello.it
cristodicampobello.it

Ab-Hof-Verkauf: Ja
Kellermeister: Riccardo Cotarella
Kontakt: Angelo Bonetta
Produktion: 30 Hektar

Die geeignete Lage, ein außergewöhnliches Mikroklima sowie qualifizierte Mitarbeiter haben Baglio del Cristo di Campobello ins Leben gerufen, ein Weingut, das in einem unberührten Land geboren wurde, das vielfältige Bodenstrukturen aufweist, einem Land, das mit Leidenschaft, Hingabe und Erfahrung bewirtschaftet wird. Die begrenzte Produktion richtet sich nach den Geschicken eines jeden Jahrgangs, die Trauben werden von Hand geerntet, und jede Sorte wird separat vinifiziert, um die Eigenschaften des einzigartigen Bodens zu erhalten.

Weinlese am Weingut
Baglio del Cristo di Campobello

92 Metodo Classico Grillo Sicilia DOC 2017 Extra Brut
12,5 Vol.-%, NK, Flaschengärung
Funkelndes Strohgelb mit feiner, subtiler Perlage. In der Nase vereinen sich sortentypische Blumen- und Zitrusnoten mit Anklängen an mediterrane Kräuter. Zart, reichhaltig, mineralisch, weiche und lebendige Frische am Gaumen.

92 Metodo Classico Nero d'Avola Sicilia Rosato DOC 2017 Extra Brut
12 Vol.-%, NK, Flaschengärung
Leuchtendes Blassrosa mit feiner, anhaltender Perlage. Intensive und elegante Aromen, mit Noten von Walderdbeeren, Himbeeren und mediterraner Macchia. Sehr frischer, ausgewogener und duftender Gaumen mit würzigem Abgang.

92 Lalùci Grillo Sicilia DOC 2021
13,5 Vol.-%, DIAM, Stahltank
Helles Zitronengelb mit grünen Reflexen. In der Nase intensiver Duft nach gelber Frucht, Banane und leicht nussig. Am Gaumen ausgewogen und saftig, mit schöner Säure und Mineralität sowie kompaktem Körper und langem Nachhall.

91 Adènzia Bianco Sicilia DOC 2021 GR5/IZ
13,5 Vol.-%, DIAM, Stahltank
Leuchtendes Strohgelb mit grünlichen Reflexen. Feine, deli-

beigestellt

VERKOSTUNGSERGEBNISSE
BAGLIO DEL CRISTO DI CAMPOBELLO

kate Aromen mit Noten von gelbfleischigen Früchten, weißen Blüten, Wildkräutern und intensiven Zitrusnoten. Lebendiger Gaumen mit umhüllender Frische und Saftigkeit.

90 Laudàri Chardonnay Sicilia DOC 2020
13,5 Vol.-%, DIAM, Barrique
Intensiv leuchtendes Strohgelb. In der Nase ausgeprägt rauchig, Brioche, reife Ananas und Banane, leicht nussig. Am Gaumen mit sattem Schmelz, mundfüllend, mit Körper, im Abgang leicht austrocknend durch spürbaren Holzeinsatz.

91 C'D'C' Cristo di Campobello Rosato Nero d'Avola Sicilia DOC 2021
12,5 Vol.-%, DIAM, Stahltank
Leuchtendes Lachsrosa. In der Nase zarte Aromen von Erdbeeren und Himbeeren mit einem Hauch von Rosenblättern. Im Mund frisch, saftig, angenehm, ausgewogen und anhaltend.

92 Adènzia Rosso Sicilia DOC 2019 ND/SY
14 Vol.-%, NK, großes Holzfass
Sattes, dunkles Rubinrot mit leicht aufhellendem Rand. In der Nase intensiv nach Waldbeeren, Bitterschokolade und Anklänge an Veilchen, im Nachhall feine Würze. Am Gaumen sehr fruchtbetont, gut integrierter Gerbstoff, dicht und kompakt, mit satter Länge.

90 C'D'C' Cristo di Campobello Rosso Terre Siciliane IGP 2021 ND/ME/SY
14 Vol.-%, DIAM, Stahltank
Intensives Rubinrot mit violetten Reflexen. Aromen von Johannisbeeren, Pflaumen und schwarzen Kirschen mit Anklängen von Schokolade und Lakritze. Im Mund verbindet sich die tanninhaltige Textur mit der säurehaltigen und fruchtigen Komponente, saftiger, relativ langer Abgang.

92 Lu Patri Nero d'Avola Sicilia DOC 2019
14,5 Vol.-%, NK, Barrique
Sattes Rubinrot mit aufhellendem Rand. In der Nase fruchtig nach sehr reifen Pflaumen, dunklen Waldbeeren und Amarenakirschen, im Nachhall ein Touch Würze und feine ledrige Note. Am Gaumen rund und kraftvoll, mit feinem und gut integriertem Gerbstoff, schön ausbalanciert, mit druckvollem Finale.

90 Lusirà Syrah Sicilia DOC 2019
14,5 Vol.-%, NK, Barrique
Sehr dunkles Rubin mit leicht aufhellendem Rand. In der Nase reife Frucht von Herzkirsche, Brombeere und Pflaume, schwarzer Pfeffer und Waldboden. Am Gaumen dicht und geschliffen, sehr fruchtig und würzig, mit balsamischer Tendenz, kraftvoll, wirkt bereits jetzt schon sehr trinkreif.

beigestellt

★★★★

BENANTI

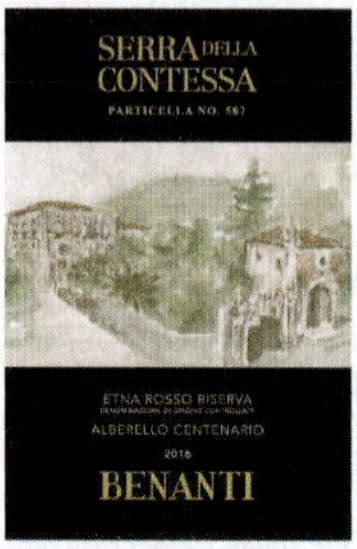

Via Garibaldi 361, 95029 Viagrande (CT)
T: +39 95 7893438, info@benanti.it
benanti.it

Ab-Hof-Verkauf: Ja
Kellermeister: Enzo Calì
Kontakt: Antonio und Salvino Benanti
Produktion: 28 Hektar

Eine innovative Vision, die auf eine exzellente Weinproduktion abzielt: Das ist das Dogma der Benanti, einer Familie mit Bologneser Wurzeln. Der sizilianische Zweig entstand 1734. Ende des 20. Jahrhunderts begann Giuseppe Benanti mit der Weinproduktion am Ätna. Seitdem ist es der Familie gelungen, ihre Leidenschaft in eine Meisterschaft zu verwandeln: die Besonderheiten der heimischen Reben in einem ungezähmten und heterogenen Gebiet zur Geltung zu bringen. Der Betrieb wird heute von Antonio und Salvino Benanti geleitet und produziert jährlich 170.000 Flaschen.

93 Contrada Rinazzo Etna Bianco Superiore DOC 2020
12,5 Vol.-%, NK Ⓥ
Leuchtendes, helles Goldgelb. In der Nase nach Orangenblüte und reifem Apfel, dann leicht nach mediterraner Macchia. Am Gaumen frisch und sehr saftig, harmonisch und elegant, nach Anis und Mandel, mit langem und mineralischem Finale.

92 Pietra Marina Etna Bianco Superiore DOC 2017
12,5 Vol.-%, NK Ⓥ
Strohgelb mit deutlichen grünlichen Reflexen. Das Bouquet ist komplex, breit gefächert und geprägt von Noten weißer Blumen, Ginster, Kamille und intensiven fruchtigen Noten von Apfel, Zeder und Anis. Im Trunk ausgesprochen mineralisch, würzig und mit guter Säure. Am Gaumen bleibt er frisch, angenehm zu trinken.

93 Contrada Monte Serra Etna Rosso DOC 2020
13,5 Vol.-%, NK Ⓥ
Leuchtendes Granatrot. In der Nase sehr verhalten, dann nach frischer Heidelbeere, im Nachhall leicht harzig. Am Gaumen ziemlich stoffig, mit gut eingebundenem Gerbstoff, saftig, hat Zug, salziges und mineralisches Finale.

93 Contrada Dafara Galluzzo Etna Rosso DOC 2020
13,5 Vol.-%, NK Ⓥ
Leuchtendes, helles Granatrot mit orangefarbenen Reflexen. In der Nase viel rote Frucht, im Nachhall leicht kräutrig. Am Gaumen saftig und frisch, mit Zug und Eleganz, gut ausbalanciert, langes Finale, hat noch viel Potential.

95 Serra della Contessa Particella No. 587 Riserva Etna Rosso DOC 2016 NM/NC
14 Vol.-%, NK Ⓥ
Rubinrot mit leichter Tendenz zum Granatrot. In der Nase Noten von reifen roten Früchten, Erdbeeren, Himbeeren und Walderdbeeren, mit einem Hauch von süßen Gewürzen im Finale. Am Gaumen vollmundig und ausgeprägt, mit gut integrierten Tanninen. Leicht pikanter Abgang.

94 Rovittello Particella No. 341 Riserva Etna Rosso DOC 2016 NM/NC
14 Vol.-%, NK Ⓥ
Rubinrot mit granatroten Reflexen. Nase mit Noten von kleinen roten Früchten, Johannisbeeren, Kirschen, Nektarinen und leicht verwelkten roten Blumen, mineralisches Finale. Am Gaumen mineralisch und straff, hinterlässt eine angenehme fruchtige Spur. Angenehm zu trinken.

★★★★

COTTANERA

Strada Provinciale, 89, 95030 Castiglione di Sicilia (CT)
T: +39 090 2936550, staff@cottanera.it
cottanera.it

Ab-Hof-Verkauf: Ja
Kellermeister/Kontakt: Enzo Cambria
Produktion: 65 Hektar

Die Weinberge von Cottanera liegen auf Lavaböden in einer Höhe von 680 bis über 800 Metern an den Nordhängen des Ätna. Von den 110 Hektar Land sind 65 mit Reben in Castiglione di Sicilia bepflanzt. In den 1960er Jahren wurden internationale Rebsorten angepflanzt, aber gleichzeitig ein Projekt zur Wiederherstellung der historischen Rebsorten des Ätna gestartet: Nerello Mascalese und Carricante. Das Ergebnis sind raffinierte Weine mit großer Persönlichkeit und Ausgewogenheit, elegant und sehr tiefgründig: drei Weißweine, sechs Rotweine, ein Rosé und ein Sekt.

91 Etna Bianco DOC 2021

12,5 Vol.-%, NK

Blasses Strohgelb mit grünlichen Reflexen. Ausgeprägte Aromen nach Stachelbeere, Melisse, frisch geschnittenes Gras, im Nachhall ein Hauch Tomatenblatt. Am Gaumen frisch und saftig, animiert zum Trunk, endet mit langem und klarem Finale.

91 Contrada Calderara Etna Bianco DOC 2020

12,5 Vol.-%, NK

Leuchtendes Strohgelb. Elegante und artikulierte Aromen mit Anklängen an Vanille, Orangenblüten, Zitrusfrüchte, Honig und weiße Früchte. Am Gaumen weich, ausgewogen und einhüllend, reich an Frische- und Zitrusaromen.

92 Contrada Diciasettesalmi Etna Rosso DOC 2020

13,5 Vol.-%, NK

Elegantes, funkelndes Hellrubin. In der Nase zu Beginn etwas reduktiv, dann kalter Rauch, fast schon speckig, im Nachhall nach Geranien. Am Gaumen dicht und sehr saftig, zeigt auch feine fruchtsüße Komponenten, wirkt im hinteren Bereich schön geschliffen, endet saftig-salzig.

92 Contrada Feudo di Mezzo Etna Rosso DOC 2020

13,5 Vol.-%, NK

Leuchtendes Rubinrot mit Tendenz zum Granatrot. Blumiges und leicht rauchiges Bouquet mit deutlichen Noten von roten Früchten, Beeren und wilden Gewürzen. Im Mund vollmundig, strukturiert und intensiv, mit guter Frische und Sauberkeit im Abgang.

92 L'Ardenza Mondeuse Sicilia DOC 2019

13,5 Vol.-%, NK

Sattes Rubinrot mit leicht aufhellendem Rand. In der Nase nach reifen Kirschen und Pflaumen, im Nachhall leicht ledrig und balsamisch. Am Gaumen saftig und frisch, mit feinkörnigem Tannin, gut ausbalanciert, mit langem Abgang.

92 Sole di Sesta Sicilia DOC 2019

13,5 Vol.-%, NK

Leuchtendes, mittleres Rubinrot mit leicht aufhellendem Rand. In der Nase nach schwarzem Pfeffer und reifen Kirschen, im Nachhall nach Schokolade. Am Gaumen saftig und gut ausbalanciert, mit feinkörnigem Tannin, langes und würziges Finale.

★★★★
CUSUMANO

Contrada San Carlo snc, 90047 Partinico (PA)
T: +39 091 8908713, info@cusumano.it
cusumano.it

Ab-Hof-Verkauf: Ja
Kellermeister: Mario Ronco, Alberto Cusumano
Kontakt: Mayra Bina
Produktion: 502 Hektar

Gegründet von Alberto und Diego Cusumano im Jahr 2001 in Partinico, produziert Cusumarno elegante Weine auf fünf Weingütern: Ficuzza in Piana degli Albanesi, San Giacomo in Butera, Presti e Pegni auf den Hügeln von Monreale, Monte Pietroso in Monreale und San Carlo in Partinico. Im Jahr 2013 beschloss die Familie Cusumano, die neuen Besitzungen in Contrade Guardiola, Pietramarina, Verzella, Feudo di Mezzo und Solicchiata an den Hängen des Vulkans Ätna unter einer einzigen neuen Marke zusammenzufassen und gründete mit Alta Mora einen weiteren Weinbaubetrieb.

Alberto und Diego Cusumano

92 Alta Mora Etna Bianco DOC 2021
12,5 Vol.-%, DIAM, Stahltank/Flaschenreifung
Leuchtendes Strohgelb mit goldigen Reflexen. In der Nase nach tropischen Früchten, Orangenschale, reifem Apfel und etwas Fumé. Am Gaumen sehr mineralisch, frisch und salzig, animiert zum Trunk, ausbalanciert, langes Finale.

89 Angimbé Tenuta Ficuzza Terre Siciliane IGT 2021 IZ/CH
13 Vol.-%, VL, Stahltank
Kräftiges Strohgelb mit goldenen Reflexen. Intensive Aromen von Zitrusfrüchten und gelben Blumen sowie Anklänge an exotische Früchte. Am Gaumen weich, warm, seidig und umhüllend, recht frisch und saftig.

89 Shamarls Grillo Tenuta Monte Pietroso Sicilia DOC 2021
12,5 Vol.-%, DIAM, Stahltank
Helles Strohgelb mit grünen Reflexen. In der Nase Nuancen von gelber Frucht, Holunder und Linde, im Nachhall ein Touch Quitte. Am Gaumen spannendes Säurespektrum, animiert zum Trunk, wirkt frisch und endet leicht zitrisch.

93 Alta Mora Feudo di Mezzo Etna Rosso DOC 2016
13,5 Vol.-%, DIAM, Eichenfass/Flaschenreifung
Hell leuchtendes Rubinrot. In der Nase intensiver Duft nach

VERKOSTUNGSERGEBNISSE
CUSUMANO

Himbeeren, Kirschen und mediterranen Kräutern sowie im hinteren Teil etwas rauchig. Am Gaumen sehr frisch und saftig mit sehr ansprechenden Gerbstoffen und angenehmen Trinkfluss.

91 Alta Mora Etna Rosso DOC 2019
13,5 Vol.-%, DIAM, Eichenfass/Flaschenreifung
Mittleres Rubinrot mit aufhellenden Rändern. In der Nase zuerst etwas verhalten, dann Granatapfel und Hagebutte sowie ein Hauch von Unterholz. Am Gaumen fruchtbetont mit angenehmem Druck.

91 Sàgana Vigneto del Torrone Bianco Tenuta San Giacomo Sicilia Nero d'Avola DOC 2019
15 Vol.-%, DIAM, Eichenfass
Dunkles, fast undurchdringliches Rubinrot. In der Nase satte Schokoladenoten, reife Cassis, Amarenakirschen und leicht vegetabil. Am Gaumen zupackend und kraftvoll, breitet sich weit aus, öffnet sich auf kernigem weitmaschigem Tannin, im Finale herzhaft.

90 Disueri Nero d'Avola Tenuta San Giacomo Sicilia DOC 2021
13,5 Vol.-%, DIAM, Stahltank
Leuchtendes, sattes Rubinrot. In der Nase nach reifen Amarenakirschen, nassem Leder, im Nachhall nach Pilzen. Am Gaumen frisch und salzig, fruchtbetont, mit feinem Tannin und mittellangem Finale.

89 Benuara Tenuta Presti e Pegni Sicilia DOC 2021 SY/ND
14 Vol.-%, DIAM, Eichenfass/Stahltank
Sehr dunkles, intensives Rot mit violetten Reflexen. In der Nase Aromen von Pflaume und Heidelbeere, begleitet von Noten von Lakritz und Kakao. Im Mund weich, aber mit einer schönen Säurenote, deutlichen Tanninen und einem leicht würzigen Abgang.

88 I Trubi Tenuta San Giacomo Sicilia DOC 2020
14 Vol.-%, DIAM, Stahltank
Dunkles Rubinrot mit purpurnem Kern. In der Nase ein Hauch von gezuckerte Himbeeren und einer feinen Gewürznote. Am Gaumen mit feiner Tanninstruktur, eher schlank und mit mittlerer Länge.

88 Marena Tenuta San Giacomo Sicilia Merlot DOC 2020
14 Vol.-%, DIAM, Stahltank
Intensives Purpurrot. In der Nase Aromen von Pflaumen, Johannisbeeren, Tabak und schwarzem Pfeffer. Im Mund ist die tanninhaltige Textur deutlich zu spüren, wobei die Säurekomponente die Süße der Frucht überdeckt.

★★★★★

DONNAFUGATA

Via S. Lipari 18, 91025 Marsala (TP)
T: +39 0923 724245263
pr.international@donnafugata.it
donnafugata.it

Ab-Hof-Verkauf: Ja
Kellermeister: Antonio Rallo, Antonino Santorio, Pietro Russo
Kontakt: Laura Ellwanger

Giacomo Rallo, die vierte Generation einer Familie mit 170 Jahren Erfahrung in der Welt des Qualitätsweins, gründet Donnafugata im Jahre 1983 mit seiner Ehefrau Gabriella, Pionierin des Weinbaus auf Sizilien. Heute leiten die Kinder José und Antonio mit viel Liebe zum Detail das Unternehmen. Neben den historischen Familienkellereien von Marsala umfasst Donnafugata vier Weingüter in unterschiedlichen Kontexten: von steilen Hängen, die bis zum Meer reichen, bis zu Weingärten auf den Bergen. Die Familie wendet seit über 20 Jahren nachhaltige Praktiken an.

91 Lighea Zibibbo Sicilia DOC 2021
12,5 Vol.-%, KK, Stahltank/Flaschenreifung
Hellstes Strohgelb mit silbrigem Schimmer. In der Nase intensiv nach reifem Steinobst und weißen Rosenblüten, im Nachhall etwas Lavendel, Salbei und Muskat. Am Gaumen feinwürzig, frisch und salzig, trinkig, kräutriges, an Macchia erinnerndes Finale.

90 Sur Sur Grillo Sicilia DOC 2021
13 Vol.-%, KK, Stahltank/Flaschenreifung
Leuchtendes Strohgelb. Aromen von weißfleischigen Früchten, Pfirsich und Zitrone, Anklänge von Wildblumen und Salbei. Am Gaumen weich, fließend, duftend, schließt mit einem Hauch von Mandel.

95 Mille e una Notte Sicilia Rosso DOC 2018 ND/PV/SY
14 Vol.-%, NK, Barrique/Flaschenreifung
Funkelndes, tiefdunkles Rubin mit Violettschimmer. Intensive und einladende Nase, fein gezeichnete Noten nach Sandelholz, etwas Lakritze, dazu viel Waldheidelbeere, erdig-balsamische Komponenten im Hintergrund. Saftig in Ansatz und Verlauf, zeigt sehr viel frische, gut herausgearbeitete Frucht, Heidelbeeren und etwas Blutorange, im Finale mit festem Grip, viel Druck im Nachhall.

91 Floramundi Cerasuolo di Vittoria DOCG 2020 ND/FP2
13 Vol.-%, KK, Stahltank/Flaschenreifung
Mittleres glänzendes Rubinrot. In der Nase Duft von Veilchen und Sauerkirschen sowie leicht würzigen Nuancen. Am Gaumen schöne Ausgewogenheit zwischen Säure und Tannin, mit angenehmer Salzigkeit im mittellangen Finale.

91 Cuordilava Etna Rosso DOC 2018
14 Vol.-%, NK, Barrique/Flaschenreifung
Dunkel leuchtendes Rubinrot mit zart aufhellendem Rand. In der Nase nach Siegellack, nassem Stein, einem Hauch Leder, dann nach roter Beerenfrucht und Noten von Earl Grey. Am Gaumen mit feiner Süße, auf reifen Himbeeren, zeigt ausgewogenes Tannin und feinen Druck, im Finale leichte Trocknung.

94 Ben Ryé Passito di Pantelleria Muscat d'Alexandrie DOC 2020
14,5 Vol.-%, NK, Stahltank/Flaschenreifung
Kraftvoll leuchtendes Bernstein, leicht rötliche Nuancen. Intensive und einladende Nase mit Noten nach Orangenzesten und Bergamotte, viel getrocknete Marille, etwas Feige. Am Gaumen tolles Spiel zwischen Süße und frischer Säure, nach Marille, Orangenblüte und Feigen, im Finale lange und klar.

★★★★

TENUTA DI FESSINA

Via Nazionale SS120 km 22 Rovittello
95012 Castiglione di Sicilia (CT)
T: +39 345 7230176, fessina@tenutadifessina.com
tenutadifessina.com

Ab-Hof-Verkauf: Ja
Kellermeister: Benedetto Alessandro
Kontakt: Jacopo Maniaci

Silvia Maestrelli ist eine Pionierin, die der Önologie am Ätna neue Impulse gegeben hat. Sie stammt aus Florenz und kam 2006 auf den Ätna. So begann eine neue Phase in ihrem Leben, die 2007 nach langen Verhandlungen mit den alten Eigentümern der Grundstücke zur Gründung der Tenuta di Fessina führte. Ein Projekt, bei dem die Sensibilität einer »weiblichen önologischen Vision« in Verbindung mit den unbestreitbaren Fähigkeiten der Berater und Mitarbeiter es ermöglicht hat, in nur zehn Jahren eine Referenzkellerei mit Wiedererkennungswert im Ätna-Gebiet zu schaffen.

93 A'Puddara Etna Bianco DOC 2020

12,5 Vol.-%, NK B

Funkelndes, helles Strohgelb mit grünen Noten. Ansprechende Nase mit Noten nach Mango, Salzzitrone und Ginster. Am Gaumen gute Spannung, zeigt im Verlauf feine Zitrusnoten, etwas weißer Pfirsich, saftig, gutes Potenzial.

94 Il Musmeci Etna Rosso DOC 2018

13,5 Vol.-%, NK B

Funkelndes, mitteldichtes Rubin. Ansprechende und fein gezeichnete Nase mit Noten nach Rhabarber, Erdbeere, frischer Himbeere, etwas Siegellack im Hintergrund. Salzig und saftig am Gaumen, breitet sich mit feiner Frucht aus, viel feinmaschiges Tannin, klar und geradlinig, salziges Finale.

93 Laeneo Nerello Cappuccio Sicilia DOC 2020

13 Vol.-%, NK

Dunkelleuchtendes Rubinrot mit zart aufhellendem Rand. In der Nase strahlende Noten nach Waldbeeren, Schwarztee, Leder, im Nachhall satte Himbeere und feiner kalter Rauch. Am Gaumen kompakt und mit klarer, präsenter Waldbeerfrucht, eingebettet in saftiges Tannin, eng gewoben, herzhaft und zugänglich, lässt die Zunge schnalzen.

92 Moscamento 1911 Etna Rosso Nerello DOC 2018

13 Vol.-%, NK

Leuchtendes, funkelndes Rubinrot mit zart aufhellenden Rändern. In der Nase nach edlem Holzeinsatz, dazu feines Fumé und feine harzige Noten, etwas Milchschokolade. Am Gaumen mit dicht gewobenem Tannin, griffig und spannungsgeladen, zeigt auch saftigen Unterton, im Finale dann etwas sperrig.

91 Erse Etna Rosso Nerello DOC 2020

13 Vol.-%, NK

Hellleuchtendes Rubinrot mit funkelndem Kern. In der Nase nach gerösteten Mandeln, etwas helles Malz, dazu Noten von nassem Stein, im Nachhall etwas Blutorange. Am Gaumen saftig, mit gut eingebundenem Tannin, von mittlerem Gewicht, im Finale etwas kühl.

★★★

FEUDO MACCARI

SP Noto - Pachino KM 13,5, 96017 Noto (SR)
T: +39 0931 596893, info@feudomaccari.it
feudomaccari.it

Ab-Hof-Verkauf: Ja
Kontakt: Fabiana Santi Laurini
Produktion: 60 Hektar
Anbauweise: Bio

Feudo Maccari, das sind mehr als 60 Hektar Weinberge auf unterschiedlichen Böden und Höhen, welche ein ausgewogenes Gesamtgleichgewicht für hervorragenden Wein bieten. Nero d'Avola ist es, die diesem Gebiet den besten Ausdruck verleiht und auch eine der Parade-Rebsorten des Weinguts; eine Traube mit alten Traditionen und eine der interessantesten unter den sizilianischen Rebsorten. Feudo Maccari kultiviert sie in natürlicher Buscherziehung. Genau so dürfen auch Grillo, Moscato und Syrah auf diese uralte Weise mit Wurzeln bis zurück in die griechische Antike frei wachsen.

94 Family and Friends Terre Siciliane IGP 2020
14,5 Vol.-%, DIAM, Beton/kleines Holzfass
Dichtes Goldgelb. Reichhaltige und intensive Aromen, mit Noten von Orangenblüten, Akazienhonig, Zitrusfrüchten, balsamischen Kräutern und zarten Nuancen von Vanille und süßen Gewürzen. Reichhaltiger, weicher, dichter und tiefgründiger Gaumen, mit angenehm frischer und würziger Entwicklung.

91 Olli Grillo Sicilia DOC 2021
13,5 Vol.-%, DIAM, Stahltank
Intensiv leuchtendes Strohgelb. In der Nase intensiver Duft nach Kräutern, weißem Pfirsich, Zitrusfrucht und Holunderblüten. Am Gaumen frisch, mit straffem Zug und angenehmer Saftigkeit sowie frischem und minzbetontem Finale.

91 Rosé di Neré Terre Siciliane Rosato Nero d'Avola IGT 2021
13,5 Vol.-%, DIAM, Stahltank
Rosa mit silbernen Reflexen. In der Nase Noten von roten Früchten, Unterholz und einigen würzigen Anklängen. Im Mund knackige Frucht, gut trinkbar mit einem salzigen Abgang und balsamischen Reflexen.

94 Maharis Syrah Sicilia DOC 2019
14,5 Vol.-%, NK, kleines Holzfass
Leuchtendes Rubinrot. Eröffnet die Nase auf kalten Rauch, dann frisch gemahlener Kaffee, Brombeeren, Preiselbeeren sowie getrocknetes Rosenblatt und grüner Pfeffer. Am Gaumen mit tollem Schmelz, öffnet sich präsent und klar, zeigt auch feine Süße, im Finale lange und mit saftig-salzigem Nachdruck.

92 Saia Nero D'Avola Sicilia DOC 2020
14,5 Vol.-%, NK, kleines Holzfass
Sehr intensives Dunkelviolett. In der Nase intensive Aromen von Sauerkirschen und Pflaumen, begleitet von Noten von Leder und weißem Pfeffer. Im Mund erweist er sich als kraftvoll, aber ausgewogen, sehr trinkig, auch dank einer feinen Tanninstruktur, anhaltend und salzig.

91 Neré Nero d'Avola Sicilia DOC 2019
14 Vol.-%, DIAM, Stahltank
Dunkel leuchtendes Rubinrot mit aufhellenden Rändern. In der Nase Duft nach roten Rosen, Himbeeren, Waldbeeren, leicht nach Hagebutten und etwas vegetal. Am Gaumen ausgewogen und harmonisch, spannt sich mit klarem, saftigem Bogen und fruchtigem Kern auf, aktuell noch sehr junge Gerbstoffe.

★★★★

FEUDO MONTONI

Contrada Montoni Vecchi snc, 92022 Cammarata (AG)
T: +39 091 513106, info@feudomontoni.it
feudomontoni.it

Ab-Hof-Verkauf: Ja
Kellermeister/Kontakt: Fabio Sireci
Produktion: 44 Hektar

Feudo Montoni wurde 1469 gegründet und ist damit eines der ältesten Weingüter Siziliens. Seit Ende des 19. Jahrhunderts im Besitz der Familie Sireci, erstreckt sich das Gut über 150 Hektar im Zentrum Siziliens, innerhalb der D.O.C. Contea di Sclafani, einem einzigartigen Gebiet: eine Art Insel innerhalb der Insel Sizilien. Die Höhenlage von 500 bis 700 Metern über dem Meer und die Ausrichtung nach Osten in einem ganzjährig windigen Gebiet schaffen ideale Bedingungen für den biologischen Anbau, was zu frischen Weinen mit ausgeprägter Säure führt.

90 Masso Catarratto Sicilia DOC 2021
13 Vol.-%, DIAM, Beton
Helles Strohgelb mit grünlichen Reflexen. Angenehme, mediterrane Aromen von Zitrone, Mandeln, weißen Blüten und Orangenblüten. Im Mund weich und frisch, zitrusartig, harmonisch und ausgewogen.

90 Timpa Grillo Sicilia DOC 2021
13 Vol.-%, DIAM, Beton
Helles Strohgelb. In der Nase würzig nach weißem Pfeffer, dann weiße Blüten und im Nachhall Apricot. Am Gaumen gut ausbalanciert, frisch und saftig, mit angenehmem Finale.

90 Rose di Adele Sicilia DOC 2021
13 Vol.-%, DIAM, Beton
Lachsrosa mit kupferfarbenen Reflexen. In der Nase Aromen von Himbeeren, Erdbeeren, ein paar pflanzliche und würzige Anklänge. Im Mund leicht warm, einhüllend, saftig, geradlinig und schließt mit einem saftigen und fruchtigen Abgang.

94 Vrucara Nero d'Avola Sicilia DOC 2018
14 Vol.-%, NK, Beton/Barrique/Flaschenreifung Ⓑ
Elegantes, leuchtendes Rubinrot. Einladende Nase nach getrockneten Hagebutten, reifen Kirschen, feinen harzigen Nuancen sowie deutlich nach Rooibos. Am Gaumen sehr ausgewogen und mit klarem Fruchtkern, saftig und kompakt, spannt sich mit balsamischen Nuancen über die Zunge, strahlend, prächtig.

91 Lagnusa Nero d'Avola Sicilia DOC 2020
13,5 Vol.-%, DIAM, Beton/Barrique/Flaschenreifung
Leuchtendes, helles Rubinrot. In der Nase würzig nach weißem Pfeffer, fruchtbetont nach dunklen Waldbeeren und reifen Kirschen, im Nachhall ein Touch Leder und Unterholz. Am Gaumen fruchtbetont und pfeffrig, frisch, gut ausbalanciert, mit feinem Tannin, langes Finale.

89 Core Perricone Sicilia DOC 2020
13,5 Vol.-%, DIAM, Beton/Barrique/Flaschenreifung
Rubinrot mit violetten Reflexen. In der Nase Aromen von Pflaume, Zwetschke, Schokolade und Lakritze. Im Mund zeigt er Charakter, leicht bitter mit Tannin, das die Säure und die Süße der Frucht überwiegt.

★★★

GORGHI TONDI

TENUTA
GORGHI TONDI
VINI PER NATURA

via Sanità 29 B, 91026 Mazara del Vallo (TP)
T: +39 0923 719741, info@gorghitondi.it
gorghitondi.it

Ab-Hof-Verkauf: Ja
Kellermeister: Tonino Guzzo
Kontakt: Marilena Leta
Produktion: 115 Hektar
Anbauweise: Bio
Förderprogramm: EU Reg.No 1308/2013

Die Tenuta Gorghi Tondi mit mehr als 100 Jahren Geschichte liegt in einem Naturschutzgebiet am Meer im Südwesten Siziliens. Hier hat Michele Sala mit seiner Familie im Jahr 2000 begonnen, 130 Hektar Rebflächen und Olivenbäume zu bearbeiten, um einzigartige Bioweine zu erzeugen. Das Weingut unter der Führung der Töchter Annamaria und Clara befindet sich in Mazara del Vallo und produziert autochthone Rebsorten wie Grillo, Zibibbo, Nero d'Avola, Catarratto, Frappato, Nerello Mascalese und Perricone sowie Syrah, Sauvignon Blanc und Pinot Noir.

Clara und Annamaria Sala,
Weingut Gorghi Tondi

89 Palmarès Rosé Spumante Biologico Extra Dry
11,5 Vol.-%, NK, Stahltank
Leuchtendes Rosé mit feiner Perlage. Duftende Aromen von Walderdbeeren, Veilchen, Kirschen und kleinen Beeren. Weicher, cremiger, würziger, frischer und fruchtiger Geschmack, sehr ausgewogen.

92 Rajàh Zibibbo Sicilia DOC 2021
13 Vol.-%, NK, Stahltank
Blass strohgelb. Reichhaltig und aromatisch, nach Orangenblüten, tropischen Früchten, Zitrusfrüchten, Mandeln und Kräutern, mit salzigen Noten. Schlank, agil, frisch und schmackhaft am Gaumen, mit zartem Mandelaroma im Abgang.

92 Coste a Preola Grillo Sicilia DOC 2021
12 Vol.-%, KK, Stahltank
Leuchtendes Strohgelb. Frische, blumige Anklänge von Kamille und fruchtige Noten von Pfirsich und Birne. Am Gaumen frisch, mit würzigen Noten, die für ein gutes Gleichgewicht sorgen.

90 Ziller 47 Vino Bianco 2021
16 Vol.-%, NK, Stahltank/großes Holzfass
Bernsteinfarben mit goldenen Reflexen. In der Nase Noten von reifen gelben Früchten, Zitronat und kandierten Oran-

VERKOSTUNGSERGEBNISSE
GORGHI TONDI

gen, Walnüssen, Haselnüssen und Datteln. Am Gaumen leicht bitter und holzig, schließt jedoch sauber ab und mit Fruchtnoten aus der Nase, gute Länge.

91 Midor Catarratto Sicilia DOC 2021
12,5 Vol.-%, KK, Stahltank
Strohgelb mit Tendenz zu Gold. Noten von reifem Pfirsich und Aprikose, gefolgt von Thymian und Anis. Am Gaumen fruchtig, ausgewogen, vollmundig, frisch und von guter Länge.

91 Rosa dei Venti Nerello Mascalese Terre Siciliane IGP 2021
11,5 Vol.-%, KK, Stahltank
Hell leuchtendes Lachsrosa. In der Nase intensiver Duft nach Chinarinde, Walderdbeeren und weißen Blüten sowie am Ende reifer Golden Delicius Apfel. Am Gaumen frisch und saftig, im Kern sehr fruchtbetont mit schönem Trinkfluss.

92 Spassoso Terre Siciliane Rosso IGP 2021 ND/SY/PC
14 Vol.-%, DIAM, Stahltank
Glänzendes, helles Rubinrot mit leicht aufhellendem Rand. In der Nase nach Sauerkirsche, Zwetschke und Veilchen, im Nachhall ein Hauch Würze. Am Gaumen frisch und saftig, gut ausbalanciert, mit feinkörnigem Tannin, trinkig, mittellanges Finale.

89 Sorante Nero d'Avola Sicilia DOC 2019
14,5 Vol.-%, NK, Stahltank/gebrauchte Barriques
Glänzendes Rubinrot mit leicht aufhellendem Rand. Im Duft nach reifer Sauerkirsche, Stachelbeere und Zwetschke, im Nachhall etwas fleischig, kräutrig und rauchig vom Holzausbau. Am Gaumen saftig, mit Zug, feinkörniges und gut eingebundenes Tannin, im Abgang leicht austrocknend.

88 Dumè Frappato Sicilia DOC 2021
13 Vol.-%, PK, Stahltank Ⓑ
Helles leuchtendes Rubinrot mit schimmerndem Kern. In der Nase intensiver Duft von Walderdbeere, Orangenblüte sowie reifer Kirsche. Am Gaumen sehr fruchtbetont, leichtfüßig und frisch, mit mittlerer Länge.

91 Grillodoro Vendemmia Tardiva Sicilia DOC 2017
13,5 Vol.-%, NK, Barrique Ⓑ
Intensives, leuchtendes Hellgold. In der Nase fein blumig, nach Orangenblüten, gedörrten Zitruszesten, dazu feiner Muskat-Ton, heller Honig. Am Gaumeneintritt mit feiner Süße, nach Südfrüchten, mit gut ausbalanciertem Süße-Säure-Spiel, im Nachhall minimal alkoholisch.

beigestellt

★★★★

GRACI

Via Sipioni 12, 95014 Giarre (CT)
T: +39 348 7016773, info@graci.eu
graci.eu

Ab-Hof-Verkauf: Ja
Kellermeister: Alberto Aiello Graci
Anbauweise: Bio

Dieses Weingut ist einer der Protagonisten der önologischen Renaissance des Ätna im Namen der Qualität und des Respekts für die eigene Identität. Es befindet sich am Nordhang des Vulkans, in Passopisciaro, einem Gebiet mit einer tausendjährigen Weinbautradition. Die Weinberge mit einer Dichte von 6.000 bis 10.000 Rebstöcken pro Hektar liegen zwischen 600 und 1.000 Metern über dem Meeresspiegel und sind zum Teil als Freilandkulturen angelegt. Angepflanzt wurden nur einheimische Rebsorten: Nerello Mascalese, Carricante und Catarratto. Die Weinberge sind biologisch zertifiziert.

92 Arcurìa Etna Bianco DOC 2020
12 Vol.-%, DIAM
Strahlend-leuchtendes Hellgold. In der Nase ausdrucksstarke Noten von Zitrusfrüchten, kandierte Zesten, etwas Grapefruitn-Frucht, dazu feine blumige Nuancen, sowie klar auf nassen Stein. Am Gaumen strahlend und mit feiner cremiger Textur, zeigt rassig-mineralischen Unterton, im Finale salzig.

91 Etna Rosato DOC 2021
12,5 Vol.-%, DIAM
Helles Apricot mit Tendenz zum Strohgelb. Duftende Nase, zart nach Pfirsich, geröstete Haselnuss, dazu feine blumige Aromen, einladend. Am Gaumen präzise und klar, zeigt feine salzige Untertöne, dazu steinig anmutende Haptik, im Finale karg und wiederkehrend saftig, mit minimaler Nachtrocknung.

96 Arcurìa Sopra Il Pozzo Etna Rosso DOC 2020
14,5 Vol.-%, NK
Leuchtendes, funkelndes Kirschrot. In der Nase nach gedörrten Rosen, Himbeeren, Kirschen, sanfte Orangenblüte, dazu feiner kalter Rauch, erinnert entfernt an roten Pfirsich. Am Gaumen sehr geschliffen und rund, spannt sich salzig auf, energiegeladen und mit feinem Druck, alles ist an seinem Platz, im Finale pikant, trinkt sich sehr gut.

93 Arcurìa Etna Rosso DOC 2020
14,5 Vol.-%, DIAM
Schimmerndes Kirschrot. In der Nase zunächst nach reifen Himbeeren, kandierten Hagebutten, dazu edle Anklänge von rauchigen Tönen, im Nachhall zarte Nuancen von Tee. Am Gaumen mit griffigem Tannin, zeigt dazu klare, strahlende Frucht, eng umwoben mit feinen erdig-steinigen Nuancen, im Finale mit Druck und zart bitterem Ausklang.

91 Etna Rosso DOC 2020
14,5 Vol.-%, DIAM
Sehr helles Kirschrot. Duftende Nase, nach Granatapfel, Walderdbeeren und Orangen, dazu feine rauchige Töne. Am Gaumen saftig, kompakt und mit zart würzigem Unterton, mit Spannung, im Finale zartbitter.

★★★★★

PASSOPISCIARO

Contrada, Via Guardiola, 95012 Castiglione di Sicilia (CT)
T: +39 057 5477857, passopisciaro@vinifranchetti.com
vinifranchetti.com

Kellermeister: Vincenzo Lo Mauro
Kontakt: Arianna Ciacci
Produktion: 30 % weiß, 70 % rot, 26 Hektar

Im Jahr 2000 beschloss Andrea Franchetti, ein altes Baglio samt Weinkeller an den Hängen des Ätna zu restaurieren. Das Weingut liegt in Castiglione di Sicilia, am Nordhang des Vulkans, etwa 1.000 m über dem Meer. Das Gut produziert hauptsächlich Nerello Mascalese in seinen Variationen des Terroirs, der Höhenlage und der Exposition, in Form von Crus oder Contrade, baut aber auch internationale Sorten an, wie Chardonnay, Petit Verdot oder Cesanese d'Affile. Franchettis Engagement hat zur Entdeckung der Ätna-Weine auf dem internationalen Markt beigetragen.

93 Contrada PC Terre Siciliane IGT 2020
13 Vol.-%, NK
Glänzendes helles Strohgelb mit silberfarbenen Reflexen. Eröffnet mit Noten nach Feuerstein, dann nach frischem Apfel, Birne und etwas Kapern. Am Gaumen gute Spannung, sehr saftig, zeigt gut herausgearbeitete Frucht, langer Nachhall.

92 Passobianco Terre Siciliane IGT 2020
13 Vol.-%, NK, Beton/großes Holzfass
Helles, funkelndes Strohgelb. Offene und fein gezeichnete Nase mit Noten nach Marille und Melone, im Hintergrund etwas Grapefruit. Am Gaumen rund und geschmeidig, breitet sich mit cremigem Schmelz aus, geschmeidig, im Finale viel Marille.

96 Franchetti Terre Sicliane IGT 2020 PV/CDA
15,5 Vol.-%, NK, Eichenfass/Beton
Dunkles Rubinrot mit zart aufhellendem Rand. In der Nase nach reifen Herzkirschen, gepaart mit kaltem Rauch, Maulbeeren sowie frisch geröstetem Kaffee und einem Hauch Ras-el-Hanout. Am Gaumen äußerst geschliffen und kompakt, öffnet sich saftigem Tannin, druckvoll und mit viel Finesse, kommt ständig wieder, dicht, lange und ausgewogen.

94 Contrada Rampante Terre Siciliane IGT 2020
14,5 Vol.-%, NK
Leuchtendes Rubinrot mit zart aufhellendem Rand. Edle und einladende Nase, nach kandierten Zitruszesten, Hagebutten, Walderdbeeren, dazu ein Hauch getrocknete rote Blüten, im Nachhall zart nach nassem Stein. Am Gaumen mit schöner Saftigkeit und geschliffener roter Beerenfrucht, breitet sich salzig über die Zunge, karge Eleganz, im Nachhall aktuell noch recht jugendliches Tannin.

93 Contrada Chiappemacine Terre Siciliane IGT 2020
15 Vol.-%, NK
Leuchtendes, funkelndes Rubinrot. In der Nase aktuell etwas verhalten, zeigt leichte Anklänge von Geranien und kaltem Rauch, entfernte Anklänge von gedörrten Tomaten. Am Gaumeneintritt äußerst geschliffen, mit cremigem Tannin, zeigt edle kandierte Himbeerfrucht, griffig-salziges Finale.

91 Passorosso Etna DOC 2020
15 Vol.-%, NK, Beton/großes Holzfass
Leuchtendes Rubinrot. In der Nase fruchtige und würzige Aromen, mit Noten von Unterholz, Asche und einigen pflanzlichen Anklängen. Am Gaumen schmackhaft, elegant, weich, mit dichtem Tannin und mittlerer Länge im Abgang.

★★★

CONTRADA SANTO SPIRITO DI PASSOPISCIARO

Contrada Santo Spirito, 95012 Castiglione di Sicilia (CT)
T: +39 0931 596893,
tenutasetteponti@tenutasetteponti.it
contradasantospiritodipassopisciaro.it

Kontakt: Fabiana Santi Laurini
Produktion: 26 Hektar

Die 26 Hektar des Anwesens liegen am Nordhang des Ätna, 700 Meter über dem Meer, und werden nach dem Alberello-System mit den autochthonen Rebsorten Nerello Mascalese, Carricante und Minnella bewirtschaftet. Sie gedeihen auf Böden vulkanischen Ursprungs, mal steinig und kiesig, mal sandig oder aschig, unter großen Temperaturschwankungen, bei guter Belüftung. Über 2.000 Rebstöcke sind wurzelecht. Das Ergebnis sind intensive Weine, reich an Essenzen und Aromen, mit mineralischen und ätherischen Noten, die an Lava-Asche erinnern.

Contrada Santo Spirito
di Passopisciaro

90 Animardente Etna Rosso DOC 2019
14 Vol.-%, NK, großes Holzfass
Leuchtendes Rubinrot mit funkelndem Kern. In der Nase von starker Reduktion geprägt, nach kaltem Rauch und Siegellack, zarte rote Beerenfrucht, nach Roten Johannisbeeren, hält sich insgesamt zurück. Am Gaumen klar und mit saftigem Kern, zeigt ebenso saftiges Tannin, auch satter Druck, im Finale dann etwas rau.

beigestellt

★★★★

PIETRADOLCE

Via San Giuseppe 3, 95012 Castiglione di Sicilia (CT)
T: +39 348 4037792, info@pietradolce.it
pietradolce.it

Ab-Hof-Verkauf: Ja
Kellermeister: Carlo Ferrini
Kontakt: Michele Faro

Pietradolce erzählt eine Geschichte von Leidenschaft und Verbundenheit mit dem Land. Es ist die Geschichte der Familie Faro. Der Ätna ist der Protagonist dieses einzigartigen Ortes, und an seinem Nordhang befinden sich die sechs Parzellen des Weinguts, insgesamt 35 Hektar. Die Rebstöcke, die meist aus 90 bis 130 Jahre alten wurzelechten Rebstöcken bestehen, haben die klassische Strauchform »Alberello« und werden stets von Hand kultiviert. Veredelt werden vor allem die einheimischen Rebsorten Der Betrieb verfolgt seit jeher umweltverträgliche Anbaumethoden.

92 Archineri Etna Bianco DOC 2021
13 Vol.-%, NK
Strohgelb und leuchtend. In der Nase Aromen von gelbem Pfirsich, Kaki, Mispel und zarte Anklänge von Feuerstein. Weicher, subtiler Gaumen, anfänglicher aromatischer Schub, frische Textur und langer Nachhall.

95 Barbagalli Etna Rosso DOC 2019
14,5 Vol.-%, NK
Leuchtendes Rubinrot mit dunklen Reflexen. In der Nase mit edlen Anklängen von satten Kirschen, dazu getrocknete Tomaten, Kräuter, im Nachhall nach Himbeeren und nassem Stein. Am Gaumen strahlend und tiefgründig, zeigt viel Saft und Salz, getragen von eng gewobenem Tannin, zeigt sogar florale Anklänge, im Nachhall fester Druck.

92 Etna Rosso DOC 2021
13,5 Vol.-%, DIAM
Helles, leuchtendes Rubinrot mit leicht aufhellenden Rändern. In der Nase Feuerstein, roten Johannisbeeren, Schwarztee und leichte Note von Blutorange. Am Gaumen sehr frisch und saftig, von klarer Struktur, gut integriertem Tannin und mit Druck am Gaumen.

92 Contrada Rampante Etna Rosso DOC 2020
14 Vol.-%, NK
Leuchtendes Rubinrot. In der Nase etwas zurückhaltend, feine Waldbeerfrucht mit leicht rauchigen Anklängen. Am Gaumen sehr saftig, zeigt klaren Fruchtkern, mit fein salzigen Anklängen, im Ausklang dann steinig und karg.

91 Contrada Santo Spirito Etna Rosso DOC 2020
14 Vol.-%, NK
Helles, funkelndes Kirschrot mit orangefarbenen Reflexen. In der Nase zart rauchig, nach gerösteten Haselnüssen, dazu feine Himbeerfrucht. Am Gaumen mit schöner Saftigkeit, mit feinen kräutrigen Nuancen, zeigt jugendliches Tannin im Ausklang, karg.

★★★★★

PLANETA

Contrada Dispensa, 92013 Menfi (AG)
T: +39 925 80009, planeta@planeta.it
planeta.it

Ab-Hof-Verkauf: Ja
Kellermeister: Carlo Corino
Kontakt: Alessio, Francesca und Santi Planeta
Produktion: 363 Hektar
Förderprogramm: EU Reg.No 1308/2013

Planeta ist ein »Viaggio in Sicilia«, eine Reise, die von mehreren Mitgliedern der zweiten Generation, die damals in ihren Zwanzigern waren, im Jahr 1994 unter der Leitung von Alessio Planeta und der schützenden Obhut des Gründers Diego Planeta auf dem ersten Familiengut Ulmo in Menfi gestartet wurde. Danach ging die Reise weiter, und so wurden in den inspirierendsten Weinbaugebieten der Insel weitere Weingüter gegründet. Seit 2011 werden alle Weingüter und Weinberge nach dem Nachhaltigkeitsprotokoll SOStain® bewirtschaftet.

94 Chardonnay Menfi Sicilia DOC 2020
13,5 Vol.-%, NK V
Kräftiges, tiefes Goldgelb mit leicht grünlichen Reflexen. Intensives, breites und komplexes Bouquet mit Noten von weißen Blumen, exotischen Früchten, Zitrusschalen, Butter, Honig und Ingwer. Am Gaumen weich, rund, voll, cremig, aber frisch, mit einer guten Würze im langen Zitrusabgang.

93 Eruzione 1614 Carricante Sicilia DOC 2019 CCT/RR
12,5 Vol.-%, NK V
Leuchtendes, sattes Goldgelb. In der Nase nach frischem Steinobst, grünem Apfel und Zitrusfrucht, dann nach Feuerstein und Bergamotte. Am Gaumen straff und saftig, sehr frisch und mit Zug, mineralisch, im Finale nach Zitrusfrüchten.

90 Terebinto Grillo Menfi Sicilia DOC 2021
13 Vol.-%, NK V
Strohgelb mit leuchtend grünlichen Reflexen. In der Nase finden sich Aromen von gelben Früchten, Pfirsichen, Heu, Zitrusfrüchten und Wildblumen. Am Gaumen weich, warm, aber mit einer guten saftigen Ader und schließt mit einem fruchtigen Abgang.

93 Santa Cecilia Sicilia Noto Nero d'Avola DOC 2019
13 Vol.-%, NK V
Mittleres, leuchtendes Rubinrot mit leicht aufhellendem Rand. In der Nase Duft nach Hagebutten, Preiselbeeren und Blutorangen, gepaart mit Süßholz und Kakao. Am Gaumen frisch, mit kernigem, gut integriertem Tannin, im langen Nachhall leicht salzig.

92 Cerasuolo di Vittoria DOCG 2021 ND/FP2
12,5 Vol.-%, NK B V
Leuchtendes Rubinrot mit violettem Schimmer. In der Nase intensiv nach frischen Erd- und Himbeeren, dann leicht würzig und ein Hauch Bitterschokolade. Am Gaumen salzig, mit feinem Säurespektrum, gut eingebundenes und feinkörniges Tannin, langes Finale.

91 Mamertino Rosso DOC 2018 ND/NOC
13,5 Vol.-%, NK V
Leuchtendes, helles Rubinrot. In der Nase nach Rumtopf und kaltem Rauch, dann nach reifen Preiselbeeren und Maraskakirschen, im Nachhall leicht pfeffrig. Am Gaumen mit feinkörnigem Tannin, sehr salzig und frisch, trinkig, langes Finale.

★★★★

GIROLAMO RUSSO

Via Regina Margherita 78, 95012 Passopisciaro (CT)
T: +39 328 3840247, info@girolamorusso.com
girolamorusso.it

Ab-Hof-Verkauf: Ja
Kontakt: Giuseppe Russo
Anbauweise: Bio

Die Weinherstellung auf dem Ätna ist ein Akt der Liebe – ohne Ende. Ein raues Land aus Lava, die nicht versiegt. Giuseppe »Beppe« Russo ist aus demselben Stoff gemacht, er und der Wein: der von Sonne, Licht und Wind berauscht ist. Wein, der den Atem des Vulkans, Rauch und Asche in sich trägt, saftig duftende Früchte, die weich und hingebungsvoll schmelzen. Saft, der lebendig ist, ein Genuss intensiver Aromen. Wein, der sich langsam entfaltet und dessen Temperament denen vorbehalten ist, die wissen, dass die Zeit der Erde heilig ist. So beschreibt sich der Betrieb selbst – pure Poesie. Wie auch dessen Weine.

94 Nerina Etna Bianco DOC 2021 CCT
12,5 Vol.-%, DIAM
Leuchtendes, intensives Zitronengelb. Tolle Nase, zart rauchig, dann satt nach Zitronenzesten, etwas Haselnuss, hat deutlich blumige Nuancen nach gelben Rosen, im Nachhall nach edlem Golden Delicious Apfel. Am Gaumen mit toller Spannung und feinen salzigen Noten, tolle steinige Haptik, elegant in Ansatz und Verlauf, hallt lange nach und kommt in Finale salzig wieder.

92 Etna Rosato DOC 2021
12,5 Vol.-%, DIAM
Helle Zwiebelschalen mit einem Tupfen Gold. In der Nase nach kalter Butter, zarter Himbeer-Anklang, auch feiner rauchiger Anklang, wirkt sehr kompakt, im Nachhall goldener, reifer Pfirsich. Am Gaumen saftig, salzig und sehr klar, spannt sich mit Rasse über den Gaumen, präzise, hallt schön nach, mit Druck.

96 San Lorenzo Etna Rosso DOC 2019 NM/NC
14,5 Vol.-%, NK
Strahlendes Kirsch-Rubin. In der Nase ausgeprägt und vielschichtig, nach reifen Waldbeeren, einer Prise Milchschokolade, dann reife Himbeeren, Zedernholz, im Nachhall wiederum Preiselbeeren und ein Hauch Meersalz. Am Gaumen mit geschliffenem Eintritt, zeigt sich strahlend und klar, dazu feinmaschiges Tannin, kommt ständig saftig wieder, langer, präziser Nachhall mit edler steiniger Haptik

95 Feudo Etna Rosso DOC 2019 NM/NC
14,5 Vol.-%, NK
Dunkelleuchtendes Kirschrot mit Rubin. Tiefgründige Nase, nach nassem Stein, kaltem Rauch, dazu edle Anklänge von reifen Himbeeren und reifen Kirschen, im Nachhall würzig, auf getrocknetem Rosenblatt. Am Gaumen ausgewogen und schwingend, öffnet sich auf samtigem, geschliffenem Tannin, kommt in vielen Schichten, druckvoll und elegant.

93 Feudo di Mezzo Etna Rosso DOC 2019 NM/NC
14,5 Vol.-%, NK
Dunkelleuchtendes Kirschrot mit Rubin. In der Nase kräuterwürzig, mit Anklänge von Rauch und nassem Stein, im Nachhall wiederum würzig, auf Kirschen und feiner Waldbeerfrucht. Am Gaumen eng gewoben mit kompaktem Tannin, sehr saftig und druckvoll, spannt sich schön auf, langer, salziger Nachklang.

92 'a Rina Etna Rosso DOC 2020 NM/NC
14 Vol.-%, DIAM
Aufhellendes Kirsch-Rubin. In der Nase ausdrucksvoll, blumig, mit Nuancen von Orangen und Himbeeren, dazu etwas Geranienblatt, einladend. Am Gaumen mit schönem Schmelz beim Eintritt und toller Spannung, ausgewogen, sehr klar, von mittlerem Gewicht und hohem Trinkfluss, im Finale junges Tannin.

★★★★

SPADAFORA

Via Ausonia 90, 90146 Palermo (PA)
T: +39 091 514952, export@spadafora.com
spadafora.com

Ab-Hof-Verkauf: Ja
Kellermeister: Francesco Spadafora
Kontakt: Enrica Spadafora
Anbauweise: Bio

Seit 1993 bewirtschaftet Spadafora die eigenen Weinberge rund um die Kellerei und verwendet für die Weinbereitung ausschließlich eigene Trauben. Der Anbau erfolgt biologisch; es werden nur natürliche Produkte mit eigenen Hefen in Spontangärung bei der Weinherstellung verwendet und ohne Schwefeldioxid vinifiziert. So können sich die typischen Aromen der jeweiligen Rebsorte entwickeln. Der Bio-Gedanke geht über den Verzicht von Chemikalien im Weinberg hinaus. Spadafora verwendet alternative Energien, leichteres Glas für die Flaschen und Bio-Korken aus Zuckerrüben.

91 Principe G Terre Siciliane Bianco IGP 2019
13 Vol.-%, KK B
Sattes Strohgelb mit grünlichen Reflexen. In der Nase nach Blutorange, Mandeln und etwas Brotkruste, im Nachhall ein Hauch Banane. Am Gaumen mundfüllend, mit feiner Textur, wirkt dicht, hat Zug, langes Finale.

90 Siriki Grillo Terre Siciliane IGT 2015
13 Vol.-%, NK B
Leuchtendes und intensives Orange. Aromen von reifen Trauben mit einem Hauch von Mandarinenschalen, Kräutern, Nelken, Mispel und einigen rauchigen Noten. Am Gaumen reichhaltig, vollmundig, sehr saftig und anhaltend, mit einem leicht bitteren Abgang.

91 Il Nostro Rosato Terre Siciliane Nero d'Avola IGT 2020
12,5 Vol.-% B
Tiefes Rosé. In der Nase Noten von Beeren, frischen Zitrusfrüchten, mediterraner Macchia, Anklängen von Meer und blumigen Düften. Am Gaumen würzig und frisch, duftend, offen und feinfruchtig, mit einer angenehm pikanten Note.

93 Schietto Nero d'Avola Terre Siciliane IGT 2014
14 Vol.-%, NK B
Transparentes Granatrot mit leicht aufhellendem Rand. In der Nase ein Hauch von Pflaumenmarmelade, Süßholz, im Hintergrund ein bisschen Graphit. Am Gaumen ausgewogen, sehr saftig mit angenehmer Frische, baut sich lange auf und schmiegt sich mit eng gewobenem Tannin langsam über die Zunge, gute Länge.

90 Principe N Rosso Terre Siciliane Nero d'Avola IGT 2019
13,5 Vol.-%, KK B
Funkelndes, helles Rubinrot. In der Nase nach reifen Waldbeeren, im Nachhall leicht würzig und animalisch. Am Gaumen frisch und saftig, fruchtbetont, mit gut eingebundenem Gerbstoff, mittellanger Abgang.

92 Don Pietro Rosso Terre Siciliane IGT 2019 ND/CS/ME
14 Vol.-%, KK B
Leuchtendes Rubinrot mit leicht aufhellendem Rand. In der Nase vegetale Noten von Tomatenblatt, dann Himbeere und getrocknete Waldfrüchte, im Nachhall ein Hauch Pfeffer. Am Gaumen mundfüllend und saftig, zeigt Noten von Cassis und Pfeffer, eng gewoben, mit würzigem Tannin, hat viel Charakter, sollte dekantiert werden, mit viel Druck.gut ausbalanciert, langes Finale.

★★★★★

TASCA D'ALMERITA

Via dei Fiori 13, 90129 Palermo (PA)
T: +39 091 6459711, info@tascadalmerita.it
tascadalmerita.it

Ab-Hof-Verkauf: Ja
Kellermeister: Laura Orsi
Kontakt: Ivo Basile
Produktion: 2.899.527 Flaschen, 2 % Schaumwein, 63 % weiß, 28 % rot, 7 % rosé, 480.82 Hektar
Anbauweise: Bio

Familie, Natur und Kultur sind die Grundlage der Philosophie der Winzerfamilie Tasca. Mit fünf Weingütern auf der ganzen Insel Sizilien – jedes mit seinem eigenen Charakter und seinen autochthonen Rebsorten – hat man ein Projekt gestartet, mit dem Ziel, die Regionen und autochthonen Rebsorten Siziliens besser zu verstehen und die lokalen Traditionen zu bewahren. Regaleali ist nicht nur ein landwirtschaftlicher Betrieb, sondern auch ein Freiluft-Weinbaulabor für Tests und Forschung. Im Jahr 2019 wurde das Weingut vom »Wine Enthusiast« mit der Auszeichnung »European Winery of the Year« geehrt.

90 Didyme Malvasia Salina IGT 2021
13,5 Vol.-%, NK, Stahltank Ⓥ
Helles, leuchtendes Strohgelb. In der Nase aromatisch und intensiv, mit meersalzigen und blumigen Noten, sowie Zitrusfrüchten und Mandeln. Am Gaumen weich und ausgewogen, mit feiner Saftigkeit und Frische.

90 Mozia Grillo Sicilia DOC 2021
13 Vol.-%, NK, Stahltank Ⓥ
Leuchtendes Strohgelb. In der Nase Noten von Ginster und Zitronengras, mit Finale von Minze und weißem Pfeffer. Am Gaumen frisch und cremig, mit Persönlichkeit und salzigem, anhaltendem Abgang

96 Contrada Sciaranuova V.V. Etna Rosso DOC 2017
14 Vol.-%, NK, Tonneau Fass/großes Holzfass Ⓥ
Leuchtendes, strahlendes Rubinrot mit zart aufhellendem Rand. Tolle, duftende Nase, nach Geranienblüten, Hagebutten, Orangen, etwas Granatapfel, sehr rotfruchtig-frisch, im Nachhall dazu feine Gewürze. Am Gaumen geschliffen und mit klarer Frucht, breitet sich sanft und stetig wachsend über die Zunge, kernig und klar, im Abgang äußerst finessenreich und lange.

95 Rosso del Conte Sicilia DOC 2017 ND/PC
14,5 Vol.-%, NK
Elegant leuchtendes Rubinrot mit zart aufhellendem Rand. Spannende und einladende Nase nach reifen Himbeeren, Walderdbeeren, einem Hauch Holunderbeeren, dann nach Minze und Salbei, zart nach Eisen. Am Gaumen kompakt und mit engmaschig-salzigem Tannin, spannt sich hervorragend auf, leicht harzig-fruchtiger Unterton, finessenreich und lange.

93 Vigna San Francesco Cabernet Sauvignon Sicilia DOC 2019
14 Vol.-%, NK, Barrique/Flaschenreifung Ⓥ
Dunkelleuchtendes Rubinrot mit zart violettem Kern. Tolle, einladende Nase nach saftiger Cassis, Holunderbeeren, dazu edler Holzeinsatz, im Hintergrund edle Milchschokolade, im Finale auf Weihrauch. Am Gaumen mit edlem, wenngleich sehr spürbarem Holzeinsatz, zeigt feine Würze und edle Cassis auf der Zunge, im Finale noch sehr jung, endet aktuell ruppig und rau, braucht unbedingt Lagerung.

92 La Monaca Syrah Monreale DOC 2019
15 Vol.-%, NK, Eichenfass Ⓥ
Leuchtendes Rubinrot mit violettem Schimmer. In der Nase nach saftigen Waldbeeren und reifen Kirschen, unterlegt von einem Hauch Würze, im Nachhall nach getrockneten Veilchen. Am Gaumen strahlend und saftig, zeigt sich knackig mit hohem Trinkfluss, in sich stimmig, macht viel Spaß.

★★★★★

TENUTA DELLE TERRE NERE

Contrada Calderara, 95036 Randazzo (CT)
T: +39 95 924002, info@tenutaterrenere.com
tenutaterrenere.com

Ab-Hof-Verkauf: Ja
Kellermeister: Marco de Grazia
Kontakt: Christian Liistro
Produktion: 40 Hektar
Anbauweise: Bio

Das Anwesen Tenuta delle Terre Nere liegt an den nördlichen Hängen des Ätna, in dem hügeligen Streifen zwischen Solicchiata und Randazzo. Das Gut umfasst rund 40 Hektar, aufgeteilt in 29 Parzellen. Die Böden sind von unterschiedlicher Beschaffenheit, ebenso wie ihre Höhenlage, die zwischen 600 und 1.000 Metern über dem Meeresspiegel liegt. Mit Ausnahme von etwa 7 Hektar, die erst kürzlich angepflanzt wurden, sind die übrigen zwischen 50 und 100 Jahre alt. Weniger als ein Hektar ist über 140 Jahre alt, hat die Reblaus überlebt und ist daher wurzelecht.

93 Montalto Etna Bianco DOC 2021
13 Vol.-%, NK
Helles Strohgelb mit goldenen Reflexen, leuchtend. Zart blumige Nase mit frischen Jodnoten, gefolgt von Noten von frischem weißem Steinobst. Am Gaumen sehr weich und einhüllend, fast cremig, mit angenehmer, ausgewogener Saftigkeit und Säure im Trunk.

92 Santo Spirito Etna Bianco DOC 2021
13 Vol.-%, NK
Helles, leuchtendes Strohgelb. In der Nase Noten von frischen weißen Früchten, Pfirsich und Melone, gefolgt von leichten Anklängen von mediterranen Kräutern und einem Hauch von Feuerstein. Am Gaumen leicht, frisch und mit guter Säure, der Abgang ist saftig, mineralisch, mit toller Ausgewogenheit und Länge.

94 Santo Spirito Etna Rosso DOC 2020 NM/NC
14,5 Vol.-%, NK
Helles, leuchtendes Rubinrot. In der Nase nach frischen Kirschen, Pflaumen und Walderdbeeren, Himbeeren und roten Johannisbeeren, gefolgt von einem Hauch von süßen Gewürzen und Staubzucker. Der Schluck ist trocken, frisch und mineralisch, mit toller Länge und deutlich salzigem Unterton.

94 Calderara Sottana Etna Rosso DOC 2020 NM/NC
14,5 Vol.-%, NK
Rubinrote Farbe. Elegante, parfümierte und lebendige Nase nach frischen roten Blumen und reifen roten Früchten. Schließt mit würzigen Noten von Pfeffer und nassem Stein. Am Gaumen strukturiert, frisch und schlank. Mineralische Note im Abgang, lange anhaltend.

90 Etna Rosso DOC 2020 NM/NC
13,5 Vol.-%, DIAM
Zartes Rubinrot. Angenehmes Bukett nach roten Früchten, süßen Gewürzen und einigen Anklängen von Wiesenkräutern. Im Mund sehr ausgewogen, mit guter Intensität und Frische und einer leicht würzigen Note im Abgang.

92 Moganazzi Etna Rosso DOC 2020
14,5 Vol.-%, NK
Rubinrot, leicht ins Violette tendierend. Die Nase hat frische Aromen mit Noten von kleinen reifen roten Früchten, Johannisbeeren, Brombeeren, frischen Kirschen, gefolgt von reichlich blumigen Noten. Am Gaumen würzig, trocken, mit leicht austrocknenden Tanninen im Abgang.

★★★

ZISOLA

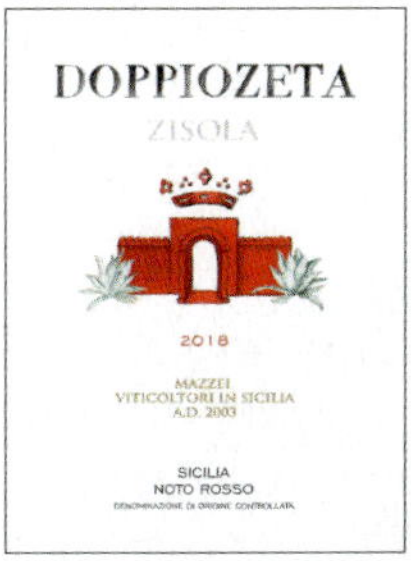

Contrada Zisola, 96017 Noto (SR)
T: +39 0577 73571, mazzei@mazzei.it
mazzei.it

Ab-Hof-Verkauf: Ja
Kellermeister: Gionata Pulignani
Kontakt: Giovanni Mazzei
Produktion: 21 Hektar

Vor herrlicher Naturkulisse mit Oliven-, Zitrus- und Mandelbäumen sind die Weinberge von Zisola im Südosten Siziliens perfekt positioniert: alle mit dem Alberello-System bepflanzt, mit 5.500 Pflanzen pro Hektar. Der Nero d'Avola überwiegt, flankiert von Syrah, Petit Verdot, Grillo und Catarratto. Das Klima ist inselartig mediterran mit milden Wintern und heißen, trockenen Sommern. Der Boden ist reich an Kalkstein und steinigem Skelett, ideal, um den Weinen Komplexität, Finesse und eine elegante Textur zu verleihen. Zisola wird bis 2023 offiziell die Bio-Zertifizierung erhalten.

90 Azisa Grillo Sicilia DOC 2021
13 Vol.-%, KK
Blasses Strohgelb mit schimmernden Reflexen. Sehr dezenter floraler Duft nach Kamille und weißen Blüten, dann im Nachhall ein Touch Apfel. Am Gaumen saftig und frisch, gut ausgewogen, mit kargem Finale.

94 Achilles Syrah Sicilia DOC 2017
14,5 Vol.-%, NK
Kräftiges Rubinrot. In der Nase nach satten Himbeeren und Waldfrüchten, zarte Pflaume, minimale Pfefferwürze, im Nachhall ein Hauch Milchschokolade. Am Gaumen dicht und mit Grip, spannt sich saftig und klar über die Zunge, spannender Verlauf, bleibt lange haften.

93 Effe Emme Petit Verdot Sicilia DOC 2019
14 Vol.-%, KK
Dunkelleuchtendes Rubinrot. In der Nase würzig, dunkelbeerig, dazu Anklänge von Kastanienhonig, Schwarzem Tee und etwas Leder. Am Gaumen mit elegantem, harzigem Unterton, sehr geschliffen mit viel Saft und leicht salzigem Tannin, spannt einen tollen Bogen auf, griffig-erdiges Finale.

93 Doppiozeta Sicilia Noto Rosso DOC 2017
13 Vol.-%, NK
Leuchtendes Rubinrot. In der Nase nach frischen Him- und Walderdbeeren, ein Hauch Blutorange, hat im Nachhall leicht blumige Komponenten. Am Gaumen saftig, klar und leicht salzig, breitet sich mit elegant-kompaktem Tannin über den Gaumen, zeigt hohen Trinkfluss, salziger Nachhall, macht Spaß.

91 Zisola Sicilia Noto Rosso DOC 2020
12,5 Vol.-%, NK
Leuchtendes Rubinrot mit leicht aufhellendem Rand. Duftet in der Nase nach reifen Waldbeeren, Kirschen, im Nachhall Orangenzesten und ein Anklang feiner Würze. Am Gaumen saftig und fruchtbetont, breitet sich mit Spannung aus, die Tannine sind gut eingebunden, langes, packendes Finale.

★★★

ANTONELLA CORDA

Strada Statale 466 km 6,800, 90040 Serdiana (CA)
T: +39 328 5911430, info@antonellacorda.it
antonellacorda.it

Ab-Hof-Verkauf: Ja
Kontakt: Antonella Corda
Produktion: 85.500 Flaschen, 76 % weiß, 24 % rot
17 Hektar
Anbauweise: Bio

Die Erde zu lieben bedeutet, sie wie eine Mutter zu respektieren. Antonella Corda erkennt sich in diesem Grundsatz wieder und glaubt an eine nachhaltige Bewirtschaftung als Bindemittel zwischen Boden, Natur und dem Faktor Mensch. Ihr Credo lautet: Nachhaltig, Generationenübergreifend. Dieses Bewusstsein geht Hand in Hand mit Antonellas Erfahrungen im Weinberg und schlägt sich in der Wahl organischer Düngung und biologischer Schädlingsbekämpfung, sowie nachhaltiger Bewässerungssysteme und erneuerbarer Energien nieder.

91 Vermentino di Sardegna DOC 2021
14 Vol.-%, DIAM, Stahltank Ⓑ
Leuchtendes Strohgelb mit gold funkelndem Kern. Einladend in der Nase auf reife Aprikose, Kamille, gefolgt von dezenten Ananasaromen. Frisch und direkt beim Gaumeneintritt, mit angenehmer Säure, geprägt von fruchtige, anhaltenden Noten von roter Grapefruit und tropischen Früchten.

89 Ziru Isola Dei Nuraghi Vermentino IGT 2020
14 Vol.-%, DIAM, Flaschenreifung/Amphore
Sattes Goldgelb mit leichter Trübung. In der Nase zurückhaltend, mit Anklängen von Wiesenblüten, Zitrusfrüchten, dazu nasser Stein. Im Trunk mit dezenter Fruchtnote von Grapefruit und Birne, leichter Grip, getragen von angenehmer Frische, insgesamt aber eher verhalten.

90 Nuragus di Cagliari DOC 2021
12,5 Vol.-%, DIAM, Stahltank Ⓑ
Helles Strohgelb mit silbrigen Reflexen. Filigran in der Nase nach Grapefruit und Zitrone, dazu ein Hauch Holunderbüte. Am Gaumen sehr saftig und frisch mit lebendiger Säure, direkt und geradlinig ins fruchtige Finish.

91 Cannonau di Sardegna DOC 2020
14,5 Vol.-%, DIAM, Stahltank
Leuchtendes Rubinrot mit aufhellenden Rändern. Würzig in der Nase nach weißem Pfeffer, mit frischer Fruchtnote von Himbeeren und knackigen Kirschen. Direkt und geradlinig am Gaumen, mit präziser Frucht, schönem Wechselspiel zwischen feinem Tannin und angenehmer Frische bis ins Finale.

★★★★

CANTINA SANTADI

Via Giacomo Tachis 14, 09010 Santadi (SU)
T: +39 0781 950127
cantinadisantadi@cantinadisantadi.it
cantinadisantadi.it

Ab-Hof-Verkauf: Ja
Kontakt: Raffaele Cani

Die Cantina Santadi – »vini fatte con arte«, was soviel bedeutet wie »Wein mit Kunst gemacht«, befindet sich in Sulcis, einer südwestlichen Region Sardiniens, nur wenige Kilometer Luftlinie von den herrlichen Stränden und weißen Dünen von Porto Pino entfernt. Nachdem das 1960 gegründete Unternehmen anfängliche Schwierigkeiten mit der Ankunft eines neuen Managementteams überwunden hatte, schlug es andere Wege ein und wandte innovative Strategien an, die ihm ein neues Gesicht mit kohärenteren Richtlinien für seine Traubenproduzenten und Zulieferer gaben.

92 Villa di Chiesa Valli di Porto Pino IGT 2020 VE2/CH
14 Vol.-%, NK, Barrique
Leuchtendes Goldgelb. In der Nase sehr intensiv nach reifem Pfirsich, Ananas und Banane sowie Akazienblüten. Am Gaumen ein schöner Spannungsbogen von Fülle und Frucht, schöner Cremigkeit, elegantem Holzeinsatz, anhaltend im Finale.

89 Cala Silente Vermentino di Sardegna DOC 2021
14 Vol.-%, NK, Beton/Stahltank
Strohgelb mit grünlichen Reflexen. In der Nase aromatische Noten von Ginster, Myrte und Wacholder mit angenehmen Anklängen von Mandarine und einigen tropischen Früchten. Weich und frisch am Gaumen, mit leichtem Gewicht, im Finale zitrusartig.

93 Terre Brune Carignano del Sulcis Superiore DOC 2018
15 Vol.-%, NK, Barrique
Funkelndes, sattes Rubinrot. In der Nase nach reifen Heidel- und Brombeeren, im Nachhall Lakritze und ein Hauch Minze. Am Gaumen fruchtbetont, mit stoffigem und dichtem Tannin, gut ausbalanciert, saftig, langes Finale.

92 Rocca Rubia Carignano del Sulcis Riserva DOC 2019
14,5 Vol.-%, NK, gebrauchte Barriques
Funkendes Granatrot mit leicht aufhellendem Rand. In der Nase intensive Frucht von Heidelbeere und Brombeere, sowie mediterranen Kräuternoten. Am Gaumen viel Frucht und Körper, angenehme Tanninstruktur und Druck mit toller Länge.

89 Noras Cannonau di Sardegna DOC 2019
15 Vol.-%, NK, gebrauchte Barriques
Leuchtendes Rubinrot mit leicht aufhellendem Rand. In der Nase nach Siegellack und Kirschenjoghurt, im Nachhall ein Touch Würze. Am Gaumen mit würziger Frucht, wirkt wärmend, im Finale dann etwas bitter.

92 Festa Noria Vino Liquoroso Rosso
17 Vol.-%, NK, gebrauchte Barriques
Funkelndes Rotbraun. In der Nase nach kandierten Pflaumen und Datteln, dann nach reifen Wal- und Haselnüssen, im Nachhall ein Touch Zimt sowie ein Hauch Macchia, vielschichtig und komplex. Am Gaumen gut ausbalanciert, wärmend, saftig, im langen Abgang viel Haselnuss.

★★★

SARDUS PATER

Via della Rinascità 46, 09017 Sant' Antioco (SU)
T: +39 0781 800274, info@cantinesarduspater.it
cantinesarduspater.it

Ab-Hof-Verkauf: Ja
Kellermeister: Francesco Chessa
Kontakt: Antonio Cabibi

Sardus Pater wurde 1949 als Genossenschaftskellerei im südwestlichen Teil Sardiniens gegründet. Fast 200 Mitglieder bewirtschaften eine Fläche von 180 Hektar. Sardus Pater produziert eine Vielzahl an Weinen: Carignano del Sulcis, Rosé, Rosso, Rosso Riserva, Rosso Superiore und Rosso Passito. Hinzu kommen der weiße Vermentino di Sardegna, die Roten Monica di Sardegna und Cannonau di Sardegna, sowie der Moscato di Cagliari und der Nasco di Cagliari, natursüße Weißweine. Der wichtigste Wein aber ist der Carignano del Sulcis, angebaut auf Alberello-Reben, wurzelecht und ohne Bewässerung nahe am Meer.

89 Terre Fenice Vermentino di Sardegna DOC 2021

13 Vol.-%, DIAM

Strohgelb mit grünlichen Reflexen. Die Nase ist intensiv blumig, mit Noten von Akazie, Zitrusfrüchten und Weißdorn. Im Mund warm und konzentriert, mit ausdrucksstarken Fruchtnuancen, ergänzt durch eine gute Saftigkeit.

90 Horus Rosato Carignano del Sulcis DOC 2021

13,5 Vol.-%, DIAM

Leuchtendes Kirschrosa. In der Nase zarte Aromen von Wildrose, Himbeere, Pfeffer und Zimt. Am Gaumen lebendig, trinkig, mit knackiger Frucht und einem lebendigen, würzigen Abgang.

91 Is Solus Carignano del Sulcis DOC 2021

15 Vol.-%, DIAM

Dunkelleuchtendes Rubinrot mit einem Tropfen Violett. In der Nase Anklänge nach Erdbeermarmelade, Rosenblättern, Veilchen und reifen Kirschen. Am Gaumen ebenso sehr fruchtbetont, spannt sich schön über die Zunge, von schöner Länge und leichtem Gewicht, trotz seiner dunklen Frucht, endet im Finale auf feinen Kakaonoten.

90 Arruga Carignano del Sulcis Superiore DOC 2018

14,5 Vol.-%, NK

Leuchtendes Rubinrot. In der Nase Noten von roten Früchten und Lakritze, mit einem krautigen Hintergrund. Weicher und umhüllender Geschmack, geschliffene Textur mit ausgeprägten, würzigen Tanninen.

89 Is Arenas Carignano del Sulcis Riserva DOC 2019

14 Vol.-%, NK

Dunkelleuchtendes Rubinrot. In der Nase nach Honig, reifen Erdbeeren, einem Hauch Harz, zeigt auch leicht erdig-ledrige Töne. Am Gaumen ebenso harzig, dunkle Würze, nach Kakao und Schwarzkirschen, mit zart vegetalem Unterton, wirkt unausgewogen, wird im Nachhall dann sperrig und trocknend.

89 Nur Carignano del Sulcis DOC 2020

14 Vol.-%, DIAM

Intensives Rubinrot. Fruchtiges und fein würziges Bouquet mit Noten von roten Früchten, Kirschen, Pfeffer und mediterraner Macchia. Weicher, warmer, fruchtiger, mediterraner und angenehmer Geschmack, mit griffigen Tanninen.

★★★

SELLA & MOSCA

Località I Piani, 07041 Alghero (SS)
T: +39 079 997700, welcome@sellaemosca.com
sellaemosca.com

Ab-Hof-Verkauf: Ja
Kellermeister: Giovanni Pinna
Kontakt: Alessandra De Giuli
Produktion: 542 Hektar

Im Nordwesten Sardiniens erstrecken sich über 500 Hektar Weinberge, Sella & Mosca verfügt über einen der größten zusammenhängenden Weinberge Europas. Das Weingut wurde 1899 von Erminio Sella und Edgardo Mosca gegründet. Die Tenuta wurde 2016 auf Betreiben von Vittorio Moretti und seiner Tochter Francesca, der Önologin der Familie, Teil der Welt von Terra Moretti Vino. Neue Anbaumethoden, die sich auf die autochthonen Sorten konzentrieren, sowie technologische Innovation ermöglichen die Herstellung zeitgemäßer Weine. Heute ist man eines der führenden Unternehmen auf Sardinien.

91 Monteoro Vermentino di Gallura Superiore DOCG 2021

14,5 Vol.-%, NK, Stahltank

Strohgelb mit zarten goldenen Reflexen. Zartes, sortentypisches Bouquet mit Aromen von gelben Früchten, weißen Blüten und mediterraner Macchia. Im Mund frisch und aromatisch, mit schönem Säurespiel, im Abgang zart auf gebrannten Mandeln.

90 La Cala Vermentino di Sardegna DOC 2021

12,5 Vol.-%, DV, Stahltank

Leuchtendes Strohgelb. Das Bouquet ist geprägt von fruchtigen Noten nach Pfirsich, Aprikose und einigen tropischen Früchten, ergänzt durch Nuancen von Kräutern. Der Geschmack ist weich und frisch zugleich, im Einklang mit der Nase, vielschichtig und satt.

91 Cannonau Di Sardegna Riserva DOC 2019

13,5 Vol.-%, NK, Stahltank

Leuchtendes, sattes Rubinrot mit leicht aufhellendem Rand. In der Nase nach reifen Sauerkirschen und Erdbeermarmelade, im Nachhall ein Touch Würze und Rauch vom Holzeinsatz. Am Gaumen fruchtbetont, frisch und saftig, gut ausbalanciert, mit feinkörnigem Gerbstoff, mittellanger Abgang.

91 Terre Rare Carignano del Sulcis DOC 2019

13 Vol.-%, NK, Stahltank

Funkelndes, helles Granatrot. In der Nase nach reifen Kirschen und Heidelbeeren, dann nach Macchia. Am Gaumen mit guter Struktur, gut ausbalanciert, mit feinkörnigem und passend eingebundenem Tannin, salziges Finale.

91 Tanca Farrà Sardegna Alghero Rosso DOC 2018 CS/GN

13,5 Vol.-%, NK, Stahltank

Sattes Rubinrot mit leicht aufhellendem Rand. In der Nase intensiv nach Blutorange, Lakritze und dunkle Waldbeeren Am Gaumen mit kräftigem Tannin, fruchtbetont, salzig, im Finale balsamische Noten.

91 Marchese di Villamarina Alghero Cabernet Riserva DOC 2016

13,5 Vol.-%, NK, Stahltank

Mittleres Granatrot mit dunklem Kern. In der Nase würzige Noten nach Leder und nassen Tabakblättern, reifen schwarzen Johannisbeeren, Paprika und leicht animalischem Touch. Am Gaumen geradlinig und mit schöner Säurestruktur, engmaschiges Tannin begleitet den Verlauf, im Ausklang betont würzige Nuancen.

★★★★

SIDDÙRA

Loc. Siddura snc, 07020 Luogosanto (OT)
T: +39 079 6573027, marketing@siddura.com
siddura.com

Ab-Hof-Verkauf: Ja
Kontakt: Dino Dini
Produktion: 300.000 Flaschen, 75 % weiß, 19 % rot, 5 % rosé, 1 % süß, 40 Hektar

Das Unternehmen wurde 2008 mit der Absicht gegründet, von Beginn an Weine zu produzieren, die sich mit ihrem Herkunftsgebiet identifizieren lassen. »Sardinien in Reinkultur« heißt demnach der Slogan des Betriebs. Deus ex Machina des Weingutes ist Dino Dini, der Önologe: »Die Grundlage unserer Unternehmensphilosophie ist die Überzeugung, dass der Wein als Spiegel des Terroirs seine qualitative Reise bereits im Weinberg beginnt. Es geht um einen umweltschonenden Weinbau, der das maximale Potenzial der Trauben herausholt und die Erkennbarkeit der Weine gewährleisten soll.«

92 Maìa Vermentino di Gallura Superiore DOCG 2020
14 Vol.-%, DIAM, großes Holzfass
Strohgelb mit goldenen Reflexen. Die Nase zeigt intensive Aromen mit Anklängen von tropischen Früchten und Zitrusfrüchten. Am Gaumen frisch, weich, saftig und einhüllend, mit einem angenehmen Ausklang auf Mandeln mit schöner Länge.

91 Spèra Vermentino di Gallura DOCG 2021
14 Vol.-%, DIAM, Stahltank
Strohgelb mit schwachen grünlichen Reflexen. Aromen von weißem Pfirsich und Banane vermischen sich mit blumigen Nuancen von Akazien und Glyzinien. Im Mund frisch und saftig, mit einem Abgang von aromatischen Kräuternund schöner Länge.

90 Nudo Cannonau di Sardegna Rosato DOC 2021
13,5 Vol.-%, DIAM, Stahltank
Leuchtendes Lachsrosa. Intensives Bouquet mit Noten von exotischen Früchten, rosa Grapefruit und Ananas, die sich mit blumigen Noten vermischen. Im Mund vereinen sich Frische und Saftigkeit, dazu feine rote Beerennoten, unbeschwertes Trinkvergnügen.

93 Bàcco Carignano Isola dei Nuraghi IGT 2020
14,5 Vol.-%, DIAM, Barrique
Dunkles Rubinrot mit leicht aufhellendem Rand. In der Nase würzig, dunkle Schokolade, reife Pflaumen und Feigen und ein Hauch von Macchia. Am Gaumen griffig und voluminös, fruchtsüß mit gut integriertem Tannin und langem Finale.

92 Tìros Colli del Limbara IGT 2017 CS/SN
15 Vol.-%, NK, Barrique/Holzfass
Sehr dunkles Rubinrot mit leicht aufhellendem Rand. In der Nase intensiver Duft nach Pflaume und Kirsche, Liebstöckel, Tabak und dunkler Schokolade. Am Gaumen viel Körper und Extraktsüße, feine Säure und gut integriertes Tannin mit lang anhaltendem Finale.

89 Èrema Cannonau di Sardegna DOC 2021
14,5 Vol.-%, DIAM, Stahltank
Leuchtendes, mittleres Rubinrot. In der Nase feiner Duft nach Erdbeeren und Himbeeren sowie feine Kräuternote. Am Gaumen saftig und mit bescheidener Fruchtsüße, leicht trockenem Tannin, mittlerer Länge.

WEINGÜTER A–Z

D

E

T

WEIN GUIDE ITALIEN 2023

MEDIENINHABER
Falstaff-Verlags-GesmbH
Führichgasse 8/2, 1010 Wien, Österreich
Tel.: +43 1 904 21 41, Fax: +43 1 904 21 41-450
www.falstaff.com
E-Mail: wein@falstaff.com

HERAUSGEBER
Wolfgang M. Rosam und Angelika Rosam

GESCHÄFTSFÜHRUNG
Mag. Elisabeth Kamper, Ronald Tomandl, Msc.

CHIEF DIGITAL OFFICER
Mag. Michael Spreitzhofer

PRODUKTION UND GESTALTUNG
Mag. Marcus Wiesner (Grafik, Fotografie)
Ing. Michael Lenhart (Produktion)
Mag. Georg Morawitz-Holeschofsky (IT)
Robert Pleniger (IT)
Thomas Kepplinger, M.A. (A.D. Marketing&Sales)

HERSTELLER/DRUCK
Parzeller
print & media GmbH & Co. KG
vertreten durch die Parzeller GmbH
Frankfurter Straße 8
36043 Fulda
www.parzeller.de

PEFC zertifiziert
Dieses Produkt stammt aus nachhaltig bewirtschafteten Wäldern und kontrollierten Quellen
www.pefc.org
PEFC/04-31-1308

CHEFREDAKTION
Dr. Othmar Kiem, Dr. Simon Staffler

CHEFINNEN VOM DIENST
Mag. Petra Kirchmayer
Mag. Marie Theres Mikhail

DEGUSTATION
Elvis Costa
Irene Forni
Emanuele Alessandro Gobbi
Jochen Heußner
Susanne Lehmann

REDAKTION
Eckhard Hillmann
Noah Neururer, B.A.
Daniela Pichler
Lukas Plattner
Mag. Lisa Steiner
Martina Wilfinger (Praktikantin)

ANZEIGEN
Lisa Tschernig, M.A. (Leitung Sales)
Christiane Ceccarelli (Anzeigenkoordination)